Geschichte
der deutschen
Literatur

Lexikon der Autoren und Werke

Von Christoph Wetzel
mit Valentin Wetzel

Ernst Klett Schulbuchverlag Leipzig
Leipzig · Stuttgart · Düsseldorf

Lexikon der Autoren und Werke
NEUAUSGABE

Verfasst von: Christoph Wetzel mit Valentin Wetzel

9 783123 474811

1. Auflage A 1 5 4 3 2 1 | 2008 2007 2006 2005 2004

Dieses Werk folgt der reformierten Rechtschreibung und Zeichensetzung. Ausnahmen bilden Texte, bei denen künstlerische, philologische oder lizenzrechtliche Gründe einer Änderung entgegenstehen.

Alle Drucke dieser Auflage können im Unterricht nebeneinander benutzt werden, sie sind untereinander unverändert. Die letzte Zahl bezeichnet das Jahr des Druckes.

Internetadresse: http://www.klett-verlag.de

Redaktion:	Sabine Grunow
Herstellung:	Carina Riehl
Umschlag:	Jens Krause, Leipzig; Carina Riehl
Satz:	Ernst Klett Schulbuchverlag Leipzig GmbH, Leipzig
Repro:	Meyle & Müller GmbH + Co. KG, Pforzheim
Druck:	Medien Druck Unterland, Flein
ISBN:	3-12-347481-X

Vorwort

Innerhalb der vielfältigen Formen des Dichterporträts gibt es eine Tradition, die sich über frühmittelalterliche Evangelistenbilder bis zu antiken Vorbildern zurückverfolgen lässt. Dieser Typus verbindet das Bild des Autors mit Darstellungen von Gestalten und Szenen aus seinen Werken, die rings um das eigentliche Bildnis gruppiert sind und gleichsam die geistig-künstlerische Biografie zur Anschauung bringen. In ähnlicher Weise verbindet das vorliegende Lexikon jeweils Person und Werk des vorzustellenden Autors zu einem Gesamtbild, wobei der begrenzte Raum die Beschränkung auf Konturen bedingt. Bei aller notwendigen und möglicherweise auch hilfreichen, die Orientierung erleichternden Kürze finden die Angaben zur Herkunft und zur Ausbildung besondere Berücksichtigung.

Bei einem Großteil der Autoren folgt dem Überblick über Leben und literarisches Schaffen sowie der Übersicht über weitere Werke (gegliedert nach Gattungen) als dritter Teil die Darstellung eines oder mehrerer repräsentativer Werke. Diese Artikel führen in den Inhalt und die Gestaltungsweise ein und sie regen zur Lektüre des betreffenden Werkes an. Zeitlich und räumlich umfasst die Auswahl der Autoren und Werke den gesamten deutschsprachigen Bereich bis zu den frühesten Literaturdenkmälern; der Schwerpunkt liegt allerdings auf der neueren Literatur. Dies verdeutlicht das die Seiten 346–352 umfassende abschließende chronologische Register der Werke, denen ein eigener Artikel gewidmet ist; es kann als Überblick der Entwicklung deutschsprachiger Literatur dienen.

Als eine Form der Interpretation und Verbreitung von Literatur bzw. literarisch geformten Themen sind neben Vertonungen auch Werkverfilmungen berücksichtigt. Genannt wird neben dem Herstellungsland und -jahr der Regisseur der Filmversion. Hinsichtlich der Erstveröffentlichung wird in Fällen, in denen es als sinnvoll erscheint (z. B. Klärung unterschiedlicher Datierungen in verschiedenen Nachschlagewerken), zwischen dem Vorabdruck in einer Zeitschrift (Zs) und der Publikation in Buchform (V) unterschieden. Fehlt diese Unterscheidung, so kann ein V sowohl die erstmalige Buch- als auch Zeitschriftenveröffentlichung bedeuten; dies gilt auch, wenn dem Titel lediglich eine Jahreszahl folgt.

Abgekürzt sind Herkunftsbezeichnungen auf -isch und deren Ableitungen (z.B. bayer. = bayerisch, Bayer. Wald = Bayerischer Wald). Im Übrigen werden außer den allgemein üblichen die folgenden Abkürzungen verwendet:

afrz.	altfranzösisch	ev.	evangelisch	nhdt.	neuhochdeutsch
ahdt.	althochdeutsch	frz.	französisch	Slg.	Sammlung
Bd., Bde.	Band, Bände	Hg.	Herausgeber	U	Uraufführung
B. D.	Bundesrepublik Deutschland	hg.	herausgegeben	Ü	Übersetzung
				u. d. T.	unter dem Titel
Bez.	Bezirk	jüd.	jüdisch	V	Veröffentlichung
Dramat	Dramatisierung	kath.	katholisch	Verf	Verfilmung
Dtl.	Deutschland	mhdt.	mittelhochdeutsch	Vert	Vertonung
E	Entstehung			Zs	Zeitschrift

Herbert Achternbusch

***23. 11. 1938 in München**

Der uneheliche Sohn eines Zahnarztes und einer Sportlehrerin wuchs im Bayer. Wald auf; nach dem Abitur studierte er in Nürnberg Kunst. Als Schriftsteller, Schauspieler und Filmemacher erwarb sich Achternbusch den Ruf eines „bayer. Buñuel“ und legitimen Nachfolgers Karl Valentins. Grundthema seiner Prosa, Dramen und Filme ist die innere Verletzbarkeit des seiner Umwelt ausgelieferten Menschen. Formale Gestaltungsmittel sind das Wortspiel und alle Spielarten der provozierenden Farce. 1983 entzündete sich an dem als blasphemisch kritisierten Christus-Film *Das Gespenst* die Diskussion um die Grenzen künstlerischer Freiheit; die juristischen Auseinandersetzungen endeten 1992 zugunsten von Achternbusch. Seine Filmografie verzeichnet von 1971 *(Das Kind ist tot)* bis 1998 *(Neue Freiheit, keine Jobs)* 29 Produktionen. Zu Achternbuschs Auszeichnungen gehört der zweimalige renommierte Mülheimer Dramatikerpreis: 1984 für *Gustl,* 1994 für *Der Stiefel und sein Socken:* Die Clownerie handelt vom „abgelebten Leben“.

In den Romanen *Hundstage* (1995) und *Der letzte Schliff* (1997) vermischt die assoziative Erzählweise aufgewühlte Empfindungen (Verlust der Geliebten), Spott und Zorn über die Gegenwart mit Bildern früher Demütigungen.

Romane: *Der Tag wird kommen* (1973, als Drama *Ella* 1978), *Die Stunde des Todes* (1975). – Erzählungen: *Slg. Hülle* (1969), *Die Macht des Löwengebrülls* (1970). – Dramen: *Susn* (1980), *Gustl* (U Paris 1980, dt. U 1985), *Plattling* (1982), *Mein Herbert* (1985). – Drehbücher (zu eigenen Filmen): *Das Andechser Gefühl* (1975), *Bierkampf* (1977), *Atlantikschwimmer* (1978).

Ilse Aichinger

***1. 11. 1921 in Wien**

Die Tochter einer jüd. Ärztin wuchs in Linz und nach der Scheidung der Eltern (1926) in Wien mit ihrer Mutter auf, zuletzt in einem Versteck. Ihre Zwillingsschwester entkam 1939 nach England. Die Großmutter und mehrere Verwandte wurden 1942 deportiert und im KZ ermordet. 1945–47 studierte Aichinger Medizin, wandte sich aber der Literatur zu. 1948 erschien ihr Roman *Die größere Hoffnung,* eine Schilderung von Judenverfolgung und Krieg aus der Perspektive eines Mädchens, das die Wirklichkeit mit Hilfe seiner Hoffnungen und Träume zu verstehen versucht. Als Mitglied der „Gruppe 47“ erhielt sie 1952 deren Preis. 1953 heiratete sie Günther ↑Eich. 1957 wurde sie mit dem Bremer Literaturpreis ausgezeichnet, 1995 galt der Große Österreich. Staatspreis für Literatur dem Gesamtwerk.

Das zentrale Thema ihrer Erzählungen, Hörspiele und Dialoge ist die Aufhebung einer vordergründigen, auf bloßes empirisches Wissen gestützten Realitätserfahrung. Die parabelhafte Gestaltung bedient sich einer realistischen, allerdings immer knapperen Sprache, zuletzt in *Film und Verhängnis. Blitzlichter auf ein Leben* (2001).

Gedichte: Slg. *Verschenkter Rat* (1978). – Erzählungen: *Spiegelgeschichte* (in der Slg. *Rede unter dem Galgen,* 1952; Neuausgabe 1953 *Der Gefesselte*), *Wo ich wohne* (1963), *Eliza, Eliza* (1965), *Nachricht vom Tag* (1970). – Hörspiele, Dialoge: *Knöpfe* (1953, als Drama 1957), *Zu keiner Stunde* (1957), *Besuch im Pfarrhaus* (1961), *Auckland* (1969).

Alfred Andersch

***4.2.1914 in München, †21.2.1980 in Berzona bei Locarno**

Politisch engagierte sich der 18-jährige Buchhandelslehrling 1932 als Organisationsleiter des Jugendverbands Südbayern der KPD; 1933 wurde er für drei Monate im KZ Dachau inhaftiert. Seine journalistische Tätigkeit begann Andersch 1945 in München. 1947 gehörte er zu den Mitbegründern der „Gruppe 47"; bis 1958 war er als Rundfunkredakteur tätig.

1952 formulierte er mit dem provozierenden Bericht über seine Desertion im Jahr 1944 zu den Amerikanern *(Die Kirschen der Freiheit)* ein Grundthema des weiteren schriftstellerischen Schaffens: die Deutung von Flucht aus ideologischen, kollektiven oder auch privaten Bindungen (Roman *Die Rote,* 1960) als Voraussetzung individueller Selbstfindung und verantwortlichen Handelns. 1976 zog Andersch mit dem Gedicht *artikel 3 (3)* Parallelen zwischen dem innenpolitischen Klima der B.D. („Radikalenerlass") und der NS-Zeit.

Romane: *Efraim* (1967), *Winterspelt* (1974). – Erzählungen: *Geister und Leute* (1958), *Ein Liebhaber des Halbschattens* (1963), *Tochter* (1970), *Mein Verschwinden in Providence* (1971). – Hörspiele: *Fahrerflucht* (1965). – Reiseberichte: *Wanderungen im Norden* (1962), *Aus einem römischen Winter* (1966), *Hohe Breitengrade oder Nachrichten von der Grenze* (1969). – Essays: *Deutsche Literatur in der Entscheidung* (1948), *Die Blindheit des Kunstwerks* (1965).

Der Vater eines Mörders.

Erzählung, V 1980, Verf B.D. 1985.

Die letzte von 6 autobiografischen Erzählungen mit Franz Kien als Stellvertreter des Autors schildert, wie Direktor Himmler „seine" Untertertia (4. von 9 Gymnasialklassen) inspiziert. Schauplatz ist das Wittelsbacher Gymnasium in München, das Andersch 1928 verlassen hat. Die Prüfung im Fach Griechisch richtet sich gegen Konrad von Greiff, der das autoritäre Verhalten des „Rex" ironisiert, und Franz Kien, der seiner Befreiung vom Schulgeld „unwürdig" ist. Der Titel der „Schulgeschichte" (Untertitel) durchbricht die Perspektive des 14-jährigen Franz Kien, der „nicht für viel Geld" der Sohn dieses Tyrannen sein möchte. Sohn des Direktors ist Heinrich Himmler (1900–1945), Organisator des nationalsozialistischen Völkermords an den Juden. Das Nachwort fragt angesichts Himmlers Herkunft aus „altem, fein gebildetem Bürgertum": „Schützt Humanismus denn vor gar nichts? Die Frage ist geeignet, einen in Verzweiflung zu bringen."

Sansibar oder Der letzte Grund.

Roman, V 1957, als Hörspiel *Aktion ohne Fahnen,* 1958, Verf B.D. 1985/86.

Die 1937 in einem dt. Ostseehafen angesiedelte Handlung kristallisiert sich um eine Plastik (sie ähnelt ↑ Barlachs „Lesendem Klosterschüler"), die der Pfarrer des Ortes, Mitglied der Bekennenden Kirche, vor der Vernichtung als „entartete Kunst" bewahren will. Der KPD-Funktionär Gregor leitet die Rettungsaktion, die auch einer Jüdin zur Flucht nach Schweden verhilft, „in eigenem Auftrag".

In die Erwachsenenhandlung sind monologartige Abschnitte eingefügt, in denen die Hoffnung des am Unternehmen beteiligten Schiffsjungen auf ein Entkommen aus seinen beengten Verhältnissen Ausdruck findet. Seine letztlich ziellose Sehnsucht symbolisiert die ferne Insel Sansibar, der „letzte Grund" seines Wunsches, zu entfliehen. Wie Gregor wird sich der Junge der Selbstverantwortung bewusst: Er kehrt mit dem Bootsbesitzer Knudsen nach Deutschland zurück. Der Pfarrer wird ein Opfer der SA.

Bruno Apitz

***28.4.1900 in Leipzig, †7.4.1979 in Ost-Berlin**

Der Sohn einer Arbeiterfamilie trat mit 27 Jahren der KPD bei, drei Jahre später dem „Bund Proletarisch-Revolutionärer Schriftsteller“. 1934 bis zum Ende der NS-Diktatur war Apitz im Zuchthaus und im KZ Buchenwald.1958 erschien sein Roman *Nackt unter Wölfen,* der in 28 Sprachen übersetzt und 1963 in der DDR verfilmt wurde. Zugrunde liegen ein authentisches Ereignis und die eigenen KZ-Leiden: Unmittelbar vor dem Ausbruch eines vom Internationalen Lagerkomitee vorbereiteten Aufstands schmuggelt ein aus Auschwitz verlegter Jude einen dreijährigen Knaben ins KZ, um ihn so vor der SS zu schützen. In kolportagehaftem Realismus schildert Apitz die Konflikte zwischen den (weitgehend kommunistischen) Mitgliedern des Komitees, die Suche der Wachmannschaft nach dem Kind, schließlich die Befreiung.

Jakob Arjouni (eigtl. Jakob Michelsen)

***1964 in Frankfurt a.M.**

Der Sohn des Dramatikers Hans Günther Michelsen nahm als Autor den Namen seiner marokkan. Ehefrau an. Er lebte nach dem Abitur u.a. in Montpellier, ab 1986 in Berlin und erhielt 1992 den Dt. Krimipreis. Zugrunde lag die Serie *Happy birthday, Türke!* (1987, verfilmt 1991), *Mehr Bier* (1987), *Ein Mann, ein Mord* (1991) mit Kemal Kayankaya als Hauptfigur. Der dt.-türk. Privatdetektiv in Frankfurt ist mit Verbrechen und Rassismus, politischen und familiären Intrigen konfrontiert. 2001 setzte *Kismet* die Serie fort; hier spiegelt sich der Krieg in Jugoslawien im Frankfurter Bahnhofsviertel. Die Slg. *Ein Freund* (1998) enthält Geschichten mit autobiografischen Themen. Als Dramatiker debütierte Arjouni mit *Nazim schiebt ab* über einen jugendlichen Palästinenser in Abschiebehaft (U 1990).

Magic Hoffmann.
Roman, V 1996 (Vorabdruck in der FAZ).
In einer hess. Kleinstadt wird der 24-jährige Fred Hoffmann auf Bewährung aus der Haft entlassen. Im Gefängnis hat er den Spitznamen Magic Hoffmann erhalten, eine Anspielung auf sein aus Büchern erworbenes und ständig verwendetes Englisch. Wie einst geplant, will Fred mit den beiden Kumpanen beim Banküberfall, der Freundin Annette und dem Freund Nickel, die er nicht verraten hat, mit der gemeinsamen Beute nach Kanada auswandern und dort eine Obstplantage samt Fabrik für Apfelwein gründen. Was in der Provinz beginnt, mit Rückblenden auf den Bankraub und Freds Familiengeschichte, entwickelt sich zum Großstadt-Roman mit Berlin unmittelbar nach der Wiedervereinigung. Annette produziert mit ihrem Anteil an der Beute Filme, und der Germanistikstudent Nickel ist inzwischen Hausbesitzer und Familienvater. Bevor Fred ihn erpressen kann, seinen in Anlagevermögen verwandelten Anteil bar auszuhändigen, entsteht ein Panorama der Stadt mit Schauplätzen wie einer billigen Absteige, Kneipen, dubiosen Läden als Tarnung der russischen Mafia, dem Ku-Damm, Kreuzberg, der U-Bahn und einem Schlupfwinkel einer Gruppe von Punks. Die Perspektive ergibt sich aus der Spurensuche des völlig unpolitischen, allein auf seinen Beuteanteil und den Kanada-Traum fixierten Fred. Sein Grundsatz „Was war, das war, was kommt, bestimme ich!“ triumphiert, bis am Ende ein Skinhead Freds Partnerin Moni erschlägt. Nach erneuter Haft besteht er als Ladengehilfe gegenüber seinem Arbeitgeber darauf: „Call me Hopeman!“

Achim von Arnim **(eigtl. Carl Joachim Friedrich Ludwig v. A.)**
***26. 1. 1781 in Berlin, †21. 1. 1831 in Wiepersdorf bei Jüterbog**
Aus altem märkischem Adel stammend, studierte Arnim nach einer gymnasialen Ausbildung in Halle und Göttingen Jura, Physik, Mathematik und Chemie (Publikationen zur Elektrizität), wandte sich jedoch 1801 der Literatur zu. Sein Erstlingswerk, der Briefroman *Hollins Liebesleben,* folgt dem Vorbild von ↑Goethes „Werther". Die standesgemäße Bildungsreise (1801 bis 1803) führte in die Schweiz, nach Oberitalien, Frankreich, England und Schottland. 1806–08 gab er mit ↑Brentano und in Verbindung mit den Brüdern ↑Grimm die (bearbeiteten) Volkslieder *Des Knaben Wunderhorn* heraus; 1808 gehörte er in Heidelberg zum Kreis der Romantiker um Joseph Görres. Danach lebte Arnim mit seiner Familie (1811 heiratete er Brentanos Schwester Bettina v. Arnim) zumeist in Berlin und Wiepersdorf.
Der mit Liedern, Gedichten, Erzählungen und Dialogspielen durchsetzte Zeitroman *Gräfin Dolores* (1810) beschwört neben der Rückbesinnung auf die „Frühzeit" die Ehe als reale wie sinnbildliche Grundlage der gesellschaftlichen Erneuerung. *Die Kronenwächter* (1817), ein unvollendeter historischer Roman mit zeitgeschichtlichen Bezügen (Kritik an einem idealisierenden oder rein konservatorischen Verhältnis zur Vergangenheit) aus dem Spätmittelalter, besitzt mit der Gestalt des angeblichen Hohenstaufen-Nachkommen Berthold den wohl frühesten Antihelden der dt. Literatur. In den Erzählungen überwiegt vielfach die von grotesker Verzerrung begleitete Gegenüberstellung von Wirklichkeit und Traum, Leben und Scheinleben, verbürgter Geschichte und Märchen.

Erzählungen: *Isabella von Ägypten, Kaiser Karls des Fünften erste Jugendliebe* (1812), *Fürst Ganzgott und Sänger Halbgott* (1818), *Der tolle Invalide auf dem Fort Ratonneau* (1818), *Die Majoratsherren* (1820).

Bettina von Arnim **(eigtl. Anna Elisabeth v. A., geb. Brentano)**
***4. 4. 1785 in Frankfurt a. M., †20. 1. 1859 in Berlin**
Die Tochter eines Großkaufmanns und Diplomaten italien. Herkunft wurde durch ihre Großmutter, die Schriftstellerin Sophie von La Roche, erzogen. Sie stand in enger Verbindung zur Mutter ↑Goethes, den sie schwärmerisch verehrte, zu Romantikern wie den Brüdern ↑Grimm und zu K. v. ↑Günderode; 1811 heiratete sie A. v. ↑Arnim, den Freund ihres Bruders C. ↑Brentano. Ihr Berliner Salon bildete in den 1840er/50er Jahren einen kulturellen Treffpunkt. Romantische Subjektivität verband sich in B. v. Arnims schriftstellerischer Arbeit zunehmend mit einem der Restauration scharf entgegengesetzten sozialen Engagement. 1835 veröffentlichte sie ihre (stark bearbeitete und ergänzte) Goethe-Korrespondenz *(Goethes Briefwechsel mit einem Kinde),* 1840 die Brief-Slg. *Die Günderode,* 1844 die gleichfalls bearbeitete Korrespondenz mit ihrem Bruder aus den Jahren 1800–1803 *(Clemens Brentanos Frühlingskranz). Dies Buch gehört dem König* (gemeint ist Friedrich Wilhelm IV.), erschienen 1843, enthält in Form eines Gesprächs mit Goethes Mutter über deren Begegnungen mit Königin Luise konkrete Forderungen zur Beseitigung gesellschaftlicher Missstände; 1852 folgte *Gespräche mit Dämonen. Des Königsbuches 2. Teil.*

Hans (Jean) Arp
***16.9.1887 in Straßburg, †7.6.1966 in Basel**
Nach einer künstlerischen Ausbildung in Straßburg, Weimar und Paris trat der Bildhauer, Maler und Schriftsteller in München in Verbindung zum 1911 gegründeten „Blauen Reiter" und wurde Mitarbeiter des Berliner „Sturm". 1916 beteiligte er sich in Zürich am „Cabaret Voltaire" (↑ Ball), dem Ausgangspunkt der Dada-Bewegung (Zusammenarbeit mit Max Ernst und ↑ Schwitters). 1926 ließ er sich in Meudon bei Paris nieder, floh 1940 nach Südfrankreich, 1942 in die Schweiz und kehrte 1946 nach Meudon zurück. In Lyrik und Prosa entwickelte Arp aus dem Spiel mit Lauten, Wortbildungen und herkömmlichen Bedeutungen neue Sinnzusammenhänge. Er knüpfte an Traditionen der Mystik an und nahm buddhistische Einflüsse auf.

Gedichtbände: *der vogel selbdritt* (1920), *die wolkenpumpe* (1920), *Der Pyramidenrock* (1924), *Weißt du schwarzt du* (1930), *Konfiguration* (1930), *Die Engelschrift* (1952), *Worte mit und ohne Anker* (1957), *Logbuch des Traumkapitäns* (1965). In frz. Sprache: *Le Siège de l'air. Poèmes 1915–45* (1946), *Vers le blanc infini* (1961). – Prosa: *Auch das ist nur eine Wolke* (1951), *vincente huidobro* (1964).

H(ans) C(arl) Artmann
***12.6.1921 in Wien, † 4.12.2000 in Wien**
Nach vergleichenden Sprachstudien bekämpfte Artmann Mitte der 1950er Jahre restaurative kulturelle Betulichkeit. Als Mittel diente ihm die Erneuerung der dadaistischen Sprachexperimente einschließlich des Sprach-Happenings. Aufsehen erregte seine ebenso sprachspielerische wie inhaltlich engagierte Verwendung der Wiener Mundart in der Slg. *med ana schwoazzn dintn* (Mit schwarzer Tinte, 1958). Im Sinne einer „Erweiterung der Poesie" imitierte Artmann fremde Sprachen durch Wortneuschöpfungen (vgl. ↑ Morgenstern) bis zum reinen Lautgedicht. Die Prosa benutzt u.a. Stilmuster von Fibeln *(fleiss und industrie,* 1967) sowie Motive der Schauerromantik *(Dracula, Dracula,* 1966; *frankenstein in sussex,* 1969). 1997 erhielt er den Georg-Büchner-Preis.

Gedichtbände: *med ana schwoazzn dintn* (1958), *hosn rosn baa* (Hosen, Rosen, Beine, 1959), *Persische Quatrainen* (1966), *ein lilienweißer brief aus lincolnshire. gedichte aus 21 jahren* (1969).

Rose Ausländer (eigtl. Rosalie A., geb. Scherzer)
***11.5.1907 in Czernowitz (Bukowina), †3.1.1988 in Düsseldorf**
Die Lyrikerin jüd. Herkunft wanderte, nach einem Literatur- und Philosophiestudium, 1921 in die USA aus und kehrte 1931 in ihre (ab 1918 rumän.) Heimatstadt zurück. Nach Essays über Platon, Spinoza und Freud erschien 1939 ihr erster Gedichtband: *Der Regenbogen*. Die Naziherrschaft in der Ukraine (1941–44) überlebte sie mit ihrer schwer kranken Mutter „im Kellerversteck". 1946–63 lebte sie erneut in den USA, 1965 ließ sie sich in Düsseldorf nieder. Freundschaft verband sie mit ↑ Celan, dem sie 1944 in Czernowitz und 1957 in Paris begegnete. Ein Grundthema ihrer in freien Rhythmen gestalteten Gedichte ist die Überwindung der traumatisch erfahrenen Heimatlosigkeit („Mein Vaterland ist tot / sie haben es begraben / im Feuer / / Ich lebe / in meinem Mutterland / Wort", *Mutterland*, 1978).

Gedichtbände: *Blinder Sommer* (1965), *Inventar* (1972), *Ohne Visum* (1974), *Noch ist Raum* (1976), *Aschensommer* (1978), *Einverständnis* (1980), *Mein Atem heißt jetzt* (1981).

Ingeborg Bachmann

***25.6.1926 in Klagenfurt, † 17.10.1973 in Rom**

Nach dem Studium in Innsbruck, Graz und Wien (Jura, Philosophie, Psychologie und Germanistik) und der Promotion (1950) mit einer Arbeit über *Die kritische Aufnahme der Existentialphilosophie Martin Heideggers* war Bachmann beim Rundfunk tätig; erste literarische Veröffentlichungen ab 1946. Als Mitglied der „Gruppe 47" (ab 1952) erhielt sie 1953 deren Preis. Sie lebte nun vorwiegend in Rom als freie Schriftstellerin (1955 politische Zeitungsbeiträge unter dem Pseudonym Ruth Keller). 1952 begann die Zusammenarbeit mit dem Komponisten Hans Werner Henze (Ballettpantomime *Der Idiot,* 1958 Libretto zu der Oper *Der Prinz von Homburg* nach ↑ Kleist, 1964 zu der Oper *Der junge Lord).* Dem Bremer Literaturpreis 1956 folgten u.a. der Hörspielpreis der Kriegsblinden 1958 (Dankrede *Die Wahrheit ist dem Menschen zumutbar*), 1964 der Georg-Büchner-Preis und 1968 der Große Österreich. Staatspreis für Literatur. 1959/60 las Bachmann als erste Dozentin der Gastdozentur für Poetik in Frankfurt a.M. über *Fragen zeitgenössischer Dichtung.*

Bachmanns Lyrik sowie lyrisch gestimmte Erzählungen und Hörspiele entstanden im Spannungsfeld zwischen Sprachphilosophie (1953 erschien die Untersuchung *Ludwig Wittgenstein: Zu einem Kapitel der jüngsten Philosophie*) und unmittelbarem Empfindungsausdruck. Diesem Zwiespalt entspricht inhaltlich das Grundthema des Leidens an scheinbar unabdingbaren Ordnungen, die gleichwohl keine Geborgenheit bieten und selbst die intimsten Beziehungen in Vereinsamung verwandeln. Im Hörspiel *Der gute Gott von Manhattan* (1958) wird der Mord an einer Liebenden durch Ordnungsdenken gerechtfertigt. Die Gesellschaft erweist sich als „Traumwäscherei sei ohne sorge sei ohne sorge", bis „Totenstille eintritt" (Gedicht *Reklame*).

Gedichtbände: *Die gestundete Zeit* (1953), *Anrufung des Großen Bären* (1956). – Romane: *Malina* (1971). – Erzählungen: Slg. *Simultan* (1972), *Gier* (1973). – Hörspiele: *Ein Geschäft mit Träumen* (1952), *Die Zikaden* (1955), *Der gute Gott von Manhattan* (1958).

Das dreißigste Jahr.
Erzählungen, V 1961.

In der Titelerzählung erschrickt ein Mann eines Tages bei dem Gedanken, dass er sich im 30. Lebensjahr befindet. Er hat an seine eigene Entfaltung geglaubt, obwohl er nur in den Tag hinein gelebt hat. Um zu sich selbst zu finden, will er seine Lebensweise vollständig ändern. Doch es gelingt ihm nicht, sich den an ihn gerichteten Erwartungen zu entziehen.

In der Erzählung *Alles* überträgt ein Vater seine unerfüllten Hoffnungen als Weltverbesserer auf den Sohn. Aber die Konventionen und Normen, von denen der Sohn durch seine Erziehung fern gehalten werden soll, behalten die Oberhand. Ein Motorradunfall setzt dem Experiment ein Ende.

Ein Schritt nach Gomorrha schildert den Versuch einer jungen Frau, sich in einer lesbischen Beziehung zu verwirklichen, nachdem ihr die Selbstverwirklichung in einer erstarrten Ehe verwehrt war.

Die Erzählung *Undine geht* verdeutlicht die Sprachlosigkeit im Zeichen der babylonischen Sprachverwirrung als ein Leitmotiv aller 7 Erzählungen. Die Titelheldin liebt das Wasser mit seinen sprachlosen Geschöpfen, die „nasse Grenze zwischen mir und dir". In der Sprache liegt „all unser Unglück".

Hugo Ball

***22. 2. 1886 in Pirmasens, † 14. 9. 1927 in Gentilino bei Lugano**

Einer kaufmännischen Lehre, dem Studium der Philosophie und Soziologie sowie einer Regieausbildung (Max Reinhardt) folgte die Tätigkeit als Dramaturg in Plauen und München. Erste Dichtungen sind dem Frühexpressionismus zuzurechnen. Der Kriegsfreiwillige wandelte sich zum entschiedenen Kriegsgegner und emigrierte in die Schweiz. In Zürich gehörte er 1916 mit ↑Arp zu den Begründern des „Cabaret Voltaire" und damit des Dadaismus, den Ball vor allem durch seine Lautgedichte und die Streitschrift *Zur Kritik der deutschen Intelligenz* (1919) prägte. Nach 1920 lebte er zurückgezogen als betont kath. Schriftsteller. Hohen dokumentarischen Wert besitzt sein Tagebuch *Die Flucht aus der Zeit* (1927). Postum erschienen der dadaistische Roman *Tenderenda der Fantast* (1967) und die *Gesammelten Gedichte* (1963).

Ernst Barlach

***2. 1. 1870 in Wedel (Holstein), † 24. 10. 1938 in Rostock**

Der Arztsohn erhielt seine künstlerische Ausbildung in Dresden und Berlin; Bedeutung gewann 1906 eine Russlandreise. Seit 1910 lebte Barlach in Güstrow bei Rostock als freischaffender Bildhauer, Grafiker (Holzschnitt-Illustrationen u. a. zu Werken ↑Goethes und ↑Schillers) und Schriftsteller. Sein Menschenbild ist von religiösen Fragen und oft quälender seelischer Anspannung geprägt. Erreichbar ist allenfalls die Einsicht in die Notwendigkeit der Leiderfahrung. Als Exponent des expressionistischen Dramas wurde Barlach 1924 mit dem Kleist-Preis ausgezeichnet. Schon vor 1933 als „entartet" und „ostisch" diffamiert, unterlag er im Dritten Reich einem Aufführungs- und ab 1937 einem Ausstellungsverbot.

Romane: *Der gestohlene Mond* (E 1936/37, V 1948). – Dramen: *Der tote Tag* (V 1912, U 1919), *Der arme Vetter* (V 1918, U 1921), *Die echten Sedemunds* (V 1920, U 1921), *Der Findling* (V 1922, U 1928), *Die Sündflut* (1924), *Der blaue Boll* (1926), *Die gute Zeit* (1929), *Der Graf von Ratzeburg* (E ab 1924, U 1951). – Autobiografisches: *Seespeck* (E 1913/14, V 1948), *Ein selbsterzähltes Leben* (1928).

Johannes R(obert) Becher

***22. 5. 1891 in München, † 11. 10. 1958 in Ost-Berlin**

Der Sohn eines Juristen lebte nach abgebrochenem Medizin- und Philosophiestudium als freier Schriftsteller in Berlin. Als Lyriker gehörte er zu den Hauptvertretern des ekstatischen Frühexpressionismus (Kleist-Hymne *Der Ringende*, 1911). In der Anthologie *Menschheitsdämmerung* (1920) ist er mit 14 Gedichten vertreten, darunter *Hymne an Rosa Luxemburg*. Als Mitglied der KPD wurde er 1928 der erste Vorsitzende des „Bunds Proletarisch-Revolutionärer Schriftsteller". Becher emigrierte 1933; ab 1935 war er in Moskau Chefredakteur der Zeitschrift „Internationale Literatur, Deutsche Blätter". Sein 1940 in Moskau erschienener autobiografischer Roman *Abschied* schildert den Konflikt eines sich zum Sozialisten entwickelnden Jugendlichen mit dem Elternhaus. Becher kehrte 1945 nach Ost-Berlin zurück und leitete ab 1954 das Ministerium für Kultur der DDR. Den Staatspreis erhielt er 1949 und (gemeinsam mit Hanns Eisler für die Nationalhymne) 1950.

Jurek Becker

***30. 9. 1937 in Łodz, † 14. 3. 1997 in Berlin**

Der Sohn eines jüd. Angestellten wuchs im 1939 errichteten Ghetto seiner Heimatstadt sowie in den KZs Ravensbrück und Sachsenhausen auf. Ab 1945 lebte er in Ost-Berlin, wo er nach einem Philosophiestudium (1957–60) als freier Schriftsteller für Film und TV arbeitete. 1969 erschien sein erster, in mehrere Sprachen übersetzter Roman: *Jakob der Lügner* (Heinrich-Mann-Preis der DDR 1971). *Irreführung der Behörden* (1973) schildert die in Anpassung mündende Laufbahn eines Schriftstellers, *Der Boxer* (1976) die Versuche eines ehemaligen KZ-Häftlings, sich in West-, dann in Ost-Berlin eine Existenz aufzubauen. 1976 beteiligte sich Becker (Nationalpreisträger der DDR 1975) am Protest gegen die Ausbürgerung ↑ Biermanns, wurde aus der SED ausgeschlossen und erhielt 1977 ein Ausreisevisum (1979 auf zehn Jahre verlängert). Nach Gastprofessuren in den USA und in Essen ließ sich Becker 1977 in West-Berlin nieder. Im Roman *Aller Welt Freund* (1982) verarbeitete er Erfahrungen nach der Übersiedlung. Als Drehbuchautor schuf er für die TV-Serie *Liebling Kreuzberg* (1986) die Figur eines unkonventionellen Berliner Anwalts. Von einer durch die dt. Einheit geschädigten DDR-Familie handelt die TV-Satire *Wir sind auch nur ein Volk* (1994). Seine Frankfurter Poetik-Vorlesungen sind eine *Warnung vor dem Schriftsteller* (1990). Die Slg. *Ende des Größenwahns* (1996) enthält Aufsätze und Vorträge (1971–95).

Jakob der Lügner.
Roman, V 1969, Verf DDR/ČSSR 1974 Frank Beyer, USA 1999 Peter Kassovitz.
Der Ich-Erzähler wurde aus dem jüd. Ghetto einer poln. Stadt (Łodz) in ein Vernichungslager geschafft. Dabei hat ihm Jakob Heym seine Geschichte anvertraut. Sie spielt 1944. Der alte Heym erfährt durch Zufall im „Revier" der Ghetto-Bewacher, dass die Rote Armee bis zu einem ca. 400 km entfernten Ort vorgerückt ist. Er verfügt nun im Ghetto, das von der Außenwelt isoliert ist, über ein Wissen, das den Lebenswillen zu erhalten vermag. Um glaubhaft zu sein, muss Heym den heimlichen Besitz eines Radios fingieren, ebenso die jeweils neuesten Nachrichten über den Vormarsch der Befreier. Der Blick des Erzählers richtet sich auf einzelne Leidensgefährten und ihren Umgang mit Heyms „Lügen". Sie sind human angesichts der Unmenschlichkeit. Problembereiche bilden das Verhältnis fiktionaler Literatur zum Holocaust sowie der Humor in der jüd. Erzähltradition.

Bronsteins Kinder.
Roman, V 1986, Verf B. D. 1990/91.
Der Bericht des 18-jährigen Ich-Erzählers Hans Bronstein handelt in der Gegenwart (1974) und im Jahr zuvor, in dem sein Vater Arno gestorben ist. Rückblenden beleuchten die Geschichte der jüd. Familie Bronstein. Die Tochter Elle war im Krieg bei Bauern versteckt und ist seitdem psychisch krank. Hans, ein Kind der Nachkriegsgeneration, wuchs in Ost-Berlin beim verwitweten Vater auf. Als Erzählender versucht Hans sich von seinen Erinnerungen ein „möglichst genaues Bild" zu machen. Ein Anlass ist die Entdeckung, dass der Vater mit zwei weiteren Überlebenden der Lagerhaft einen KZ-Aufseher entführt hat, um ihn zum Geständnis seiner Verbrechen gegen die Menschlichkeit zu zwingen Als Hans den Gefangenen befreien will, findet er den toten Vater als Opfer seiner Selbstjustiz. Zentrales Thema ist das Jude-Sein von Deutschen nach dem Holocaust im Spiegel eines Vater-Sohn-Konflikts.

Jürgen Becker

***10.7.1932 in Köln**

Der ehemalige Verlagslektor und Villa-Massimo-Stipendiat in Rom (1966/67) vertritt eine Form der experimentellen Literatur, bei der Texte ein Gefüge aus Beobachtungsfragmenten und Bewusstseinssignalen bilden. Der Prosaband *Ränder* (1968) zeigt zudem typografische Gestaltungsmittel, indem die Schrift zu einer im wörtlichen Sinne Randerscheinung der Buchseite schrumpft. Anregungen gingen von der Zusammenarbeit mit dem Happening-Künstler Wolf Vostell aus; gemeinsame Publikationen sind *Phasen, Texte und Typogramme* (1960) und die Dokumentation *Happenings* (1965). Mit seiner Frau, der Malerin Rango Bohne, entstanden u.a. der Lyrikband *Fenster und Stimmen* (1982) und der Prosaband *Häuser und Häuser* (2002). Der Autor mehrerer Hörspiele leitete 1974–94 die Hörspielredaktion des Deutschlandfunks in Köln. 1967 erhielt Becker den Preis der „Gruppe 47", 2001 den nach ↑Johnson benannten Literaturpreis.

Gottfried Benn

***2.5.1886 in Mansfeld (Westprignitz), †7.7.1956 in West-Berlin**

Die Verleihung des neu konstituierten Georg-Büchner-Preises an Benn im Jahr 1951 entfachte die Diskussion, inwiefern sein Eintreten für den Nationalsozialismus 1933 ein bloßer Irrtum oder aber die Konsequenz seines von ↑Nietzsches Auffassung der Kunst als „letzte metaphysische Realität innerhalb des europäischen Nihilismus" geprägten Weltbilds gewesen sei.

Aus einem protestantischen Pfarrhaus stammend, wechselte Benn 1905 von der Theologie und Philosophie zur Medizin und promovierte 1912. Nach seinem Einsatz als Militärarzt in Belgien eröffnete er 1917 in Berlin eine Praxis für Haut- und Geschlechtskrankheiten (bis 1935 und 1945–53). Als eine Form der Emigration wählte er 1935 die Reaktivierung als Militärarzt. Ab 1936 unter Zensur, erhielt er 1938 Schreibverbot. Nach 1945 galt er als „unerwünschte Person"; seine Werke fanden jedoch ab 1949 wachsende Verbreitung.

Benns unbestrittene Modernität zeigt sich in seiner Auseinandersetzung mit der intellektuellen „Gehirnlichkeit" und dem Verlust umfassender Lebenswirklichkeit. Dieses Bewusstsein ließ ihn nach der absoluten künstlerischen Form im Sinne einer neuen Wirklichkeit der „Ausdruckswelt" streben.

Gedichtbände: *Morgue* (1912), *Söhne* (1913), *Fleisch* (1917), *Schutt* (1924), *Spaltung* (1925), *Betäubung* (1925), *Ausgewählte Gedichte* (1936, als *Trunkene Flut* 1949), *Statische Gedichte* (1948 in Zürich, dt. Lizenz 1949), *Destillationen* (1953), *Aprèslude* (1955), *postum Späte Gedichte* (1961). – Erzählungen: Slg. *Gehirne* (1916), *Der Ptolemäer.* – Essays: *Das moderne Ich* (1919), *Nach dem Nihilismus* (1932), *Der neue Staat und die Intellektuellen* (1933), *Ausdruckswelt* (1949), *Probleme der Lyrik* (1951). – Autobiografisches: *Doppelleben* (1950).

Lyrik. Die frühen Gedichte (ab 1912) gehören dem Expressionismus an. Ihre Eigenart ergibt sich aus der Erfahrungswelt des Mediziners, die sich im Fachjargon und in der Schilderung körperlichen Verfalls Ausdruck verschafft (Mann und Frau gehn durch die *Krebsbaracke).* Die „klassische" Form (oft vierzeilige gereimte Strophen) verknüpft Jargon, Fachbegriffe, Fremdsprachliches, Evokationen „Keime, Begriffsgenesen, / Broadways, Azimut, / Turf- und Nebelwesen / mischt der Sänger im Blut (...)" (*Der Sänger,* in: *Trunkene Flut,* 1949).

Thomas Bernhard

***9. (oder 10.) 2. 1931 Kloster Heerlen bei Maastricht**
† 12. 2. 1989 in Gmunden (Salzkammergut)

Der uneheliche Sohn eines Landarbeiters wuchs in Oberösterreich auf. Im Großvater, dem Schriftsteller Johannes Feumbichler, fand der junge Bernhard die zentrale Bezugsperson, die ihn an die Literatur heranführte. Der Heilung einer 1948 aufgetretenen Lungenerkrankung folgte eine Ausbildung in Gesang, Regie und Schauspielkunst am Mozarteum in Salzburg. Der erste Gedichtband: *Auf der Erde und in der Hölle* (1957), artikuliert das Grundthema der Todesverfallenheit. Der erste Roman, *Frost* (1963), türmt in monologartigen Passagen wahnhafte Bilder des Entsetzens angesichts der sinnlosen Existenz in einer „kalten" Welt. Das erste Drama, *Ein Fest für Boris* (1970), enthält das Sinnbild der Verkrüppelung. Zahlreiche Auszeichnungen ab 1965 (Bremer Literaturpreis, Großer Österreich. Staatspreis 1967, 1970 Georg-Büchner-Preis, 1971 Grillparzer-Preis) wurden zu einer Bestätigung der radikalen Absage des „österreich. Beckett" an die Forderung gesellschaftlicher Analyse und „Relevanz". Danach lehnte er alle weiteren Preise ab. Der Zusammenarbeit mit dem Schauspieler Bernhard Minetti (1905–98) huldigt das Drama *Minetti. Ein Porträt des Künstlers als alter Mann* (1970). Ein testamentarisch verfügtes Aufführungsverbot seiner Stücke in Österreich wurde 1998 auf Initiative einer Privatstiftung aufgehoben.

Gedichtbände: *In hora mortis* (1958), *Unter dem Eisen des Mondes* (1958). – Romane: *Verstörung* (1967), *Das Kalkwerk* (1970), *Auslöschung – Ein Zerfall* (1986). – Erzählungen: *Amras* (1964), *Midland in Stilfs* (1971). – Dramen: *Der Ignorant und der Wahnsinnige* (1972), *Die Macht der Gewohnheit* (1974), *Immanuel Kant* (1978), *Vor dem Ruhestand* (1979), *Am Ziel* (1981), *Der Theatermacher* (1984, U 1985). – Autobiografisches: *Die Ursache. Eine Andeutung* (1975), *Der Keller. Eine Entziehung* (1976), *Der Atem. Eine Entscheidung* (1978), *Die Kälte. Eine Isolation* (1981), *Ein Kind* (1982).

Frost.
Roman, V 1963.

Der Medizinstudent und Ich-Erzähler soll den Kunstmaler Strauch beobachten, der zurückgezogen in einem Bergdorf lebt und von seiner Umwelt für verrückt gehalten wird. Der Student, dem er seine paranoide und resignative Weltsicht mitteilt, protokolliert die Monologe und hält sie in sechs Briefen fest. Ihnen entspricht die Wahrnehmung der Landschaft: Statt Idylle und Bergluft herrscht in diesem „neuen Heimatroman" Verfall und Verwesungsgeruch. Als Folge des Weltkriegs und der Technisierung erkennt Strauch „Hunderte und Tausende Geschwüre, die dauernd aufgehen. Stimmen, die fortwährend schreien."

Der Weltverbesserer.
Drama in 5 Szenen und einem Nachspiel, V 1979, U 1980.

Der Verfasser eines „Traktats zur Verbesserung der Welt" widmet sich vor und während seiner akademischen Ehrung den Symptomen seines körperlichen und geistigen Verfalls. Seine Botschaft: „Wir können die Welt nur verbessern / wenn wir sie abschaffen." Die Welt als „Kloake gehört ausgeräumt". Der Weltverbesserer wird für ein Traktat geehrt, das niemand anwenden kann oder auch nur verstanden hat. Dies entspricht der Lage Bernhards, der für seine Provokationen mit Preisen bedacht wurde: Die ihn Ehrenden müssten eigentlich als Teil der Gesellschaft die Angriffe auf diese abwehren.

Holzfällen. Eine Erregung.
Roman, V 1984.
Der Schriftsteller und Ich-Erzähler ist nach 20 Jahren aus London nach Wien zurückgekehrt. Hier erfährt er vom Selbstmord der früheren Freundin und gescheiterten Künstlerin Joana. Das Musiker-Ehepaar Auersberger, einst seine Förderer, die er wie alle früheren Freunde verachtet, lädt ihn zum „künstlerischen Abendessen" ein, wo die Erzählung einsetzt. In ihrem Verlauf entsteht das Bild eines Künstlerkreises, der von gegenseitigem Hass und Missgunst gescheiterter Personen geprägt ist und bei dem sich der Erzähler auch selbst mit Vorwürfen und Beschimpfung nicht schont. Die zentrale Figur ist der Ehrengast, ein Schauspieler des Wiener Burgtheaters. Er genießt einen hohen Rang in der Hierarchie dieser Abendgesellschaft und spitzt in einem Wutausbruch das Thema des Romans zu: den Gegensatz von unverdorbenem ländlichen und dekadentem städtischen Leben mit seinen Rangkämpfen. Seine „Lebensstichwörter Wald, Hochwald, Holzfällen" fesseln den Erzähler, der sich am Ende eingesteht, Wien und seinen früheren Freunden trotz allem verbunden zu sein: „daß ich sie hasse, aber daß sie rührend sind, daß ich Wien hasse und daß es doch rührend ist, daß ich diese Menschen verfluche und doch lieben muß und daß ich dieses Wien hasse und doch lieben muß ...".
Wie in den meisten Prosawerken Bernhards ist auch in *Holzfällen* eine Mischung fiktiver und autobiografischer Elemente zu erkennen. So ist z. B. die Choreografin Joana eine authentische Figur; im Erzähler ist unschwer Bernhard selbst zu erkennen. In ästhetischer Hinsicht ist der innere Monolog und die musikalisch-rhythmische Struktur des Textes kennzeichnend. Die zahlreichen Verweise auf Autoren (u. a. Ibsen, Strindberg und Tschechow) und Komponisten (u. a. Webern, Ravel und Purcell) ergeben ein vielfach vermitteltes ästhetisches Programm.

Heldenplatz.
Drama in 3 Szenen, U, V 1988.
Das Stück spielt im März 1988 in Wien. Professor Josef Schuster hat sich, wenige Tage vor dem 50. Jahrestag von Hitlers Einmarsch in Wien, aus dem Fenster gestürzt. Seine Wohnung liegt am Heldenplatz zwischen Hofburg und Volksgarten; hier war 1938 Hitler begeistert empfangen worden. Als Grund für seinen Selbstmord vermutet Frau Zittel, Schusters Vertraute und Wirtschafterin, die in der 1. Szene einen Anzug des Verstorbenen in Ordnung bringt, antisemitische Anfeindungen. Doch die Rück-kehr nach Oxford, dem ehemaligen Exil des Professors, stand unmittelbar bevor und sollte auch seine Frau heilen, die permanent das Geschrei der jubelnden Massen auf dem Heldenplatz von 1938 hört. Nach dem Begräbnis unterhalten sich die erwachsenen Töchter des Professors und dessen Bruder Robert im Volksgarten. Während die Tochter Anna noch Kampfgeist erkennen lässt, hat Robert bereits resigniert und ist zu keinem Protest mehr fähig. Während des Leichenmahls ergeht er sich in den heftigsten Österreich-Beschimpfungen, „diesem fürchterlichsten aller Staaten", in dem man nur die Wahl habe „zwischen roten und schwarzen Schweinen". Am Schluss wird das Geschrei vom Heldenplatz, das Hedwig, die Frau des Verstorbenen hört, immer lauter, bis sie schließlich tot zusammenbricht.
Das Stück ist im Werk des „Übertreibungskünstlers" Bernhard die wohl radikalste Österreich-Beschimpfung. Es legt nahe, dass Antisemitismus und Faschismus hier bis heute nicht überwunden sind, und entfachte damit einen der größten Theaterskandale in der Geschichte des Landes, verstärkt dadurch, dass einzelne Passagen vor der Uraufführung an die Öffentlichkeit drangen. Das Stück entstand zum 100-jährigen Jubiläum des Burgtheaters und wurde ein Beitrag zum „Bedenkjahr", in dem an den „Anschluss" Österreichs an Hitler-Deutschland erinnert werden sollte.

Marcel Beyer

***23.11.1965 in Tailfingen (Baden-Württemberg)**

In Kiel und in Neuss aufgewachsen, begann Beyer als Lyriker und machte sich durch „Konzertlesungen", die er zuweilen am Schlagzeug begleitete, sowie durch das Lektorat der Literatur-Zs „Konzepte" einen Namen in der Kölner Literaturszene. Dem Studium der Germanistik und Anglistik in Siegen (1987–91) folgten u.a. die Arbeit für das Pop-Magazin „Spex" und von 1989 bis 2000 die Mitarbeit an der Reihe „Vergessene Autoren der Moderne". Seit 1996 lebt er in Dresden. Verschiedene Stipendien führten ihn u.a. nach London, New York, Tokio und Kobe. Gedichte erschienen 1989 (Slg. *Walkmännin*) und 1997 (Slg. *Erdkunde*). In Romanen versucht Beyer, die Wahrnehmung ins Zentrum des Geschehens zu rücken. *Das Menschenfleisch* von 1991 (Fühlen), *Flughunde* von 1997 (Hören) und *Spione* von 2002 (Sehen) erschließen Geschichte und Gegenwart aus den jeweiligen sinnlichen Vermögen und reflektieren ihre Vermittlung u.a. in den Medien. In der Essay-Slg. *Nonfiktion* (2003) beschäftigt Beyer sein Verhältnis zur Sprache.

Flughunde.
Roman, V 1997.

Die Handlung spielt im Dtl. der Jahre 1940–45. Erzählende sind der Akustiker Karnau und Helga, eine der Töchter von Joseph Goebbels, die er als Angestellter des Propagandaministeriums gelegentlich zu betreuen hat. Karnau ist besessen von der Idee, dass sich die Geschichte eines Menschen auf den Stimmbändern einschreibt, und forscht mit dem Ziel, eine „Kartografie" des Kehlkopfes zu erstellen. Politische Umstände und Kriegsgeschehnisse treten in dem Maße in Erscheinung, wie sie der Forschungsarbeit dienen: Karnau beteiligt sich an der „Entwelschung", wird an die Front versetzt, um Aufnahmen von Feindsendern zu machen, gelangt an das Dresdner Hygiene-Museum und wird Leiter einer Sonderforschungsgruppe zur Sprachhygiene. Kennzeichnend ist der Wechsel der Perspektiven zwischen Karnau, dessen wissenschaftliche Interessen ihn zu Empathie unfähig machen, und der kindlich-unmittelbaren Sicht Helgas.

Peter Bichsel

***24.3.1935 in Luzern**

Der Sohn eines Handwerkers war 1955–73 Lehrer in Solothurn. Sein schriftstellerisches Schaffen umfasst Lyrik, Publizistik, Aufsätze (Slg. *Schulmeistereien,* 1985) und Erzählungen, die eine scheinbar distanzierte Schilderung des Alltäglichen in knappen Prosastücken kennzeichnet (21 Miniaturen *Eigentlich wollte Frau Blum den Milchmann kennen lernen,* 1964; *Geschichten zur falschen Zeit,* 1979). Die *Kindergeschichten* (1969) handeln u.a. von der sozialen Funktion der Sprache. Seinem Thema der Voraussetzungen für das Gelingen sprachlicher Kommunikation widmete er sich erneut mit dem Band *Ein Tisch ist ein Tisch* (1995), zusammen mit Angela von Roehl (Illustrationen). Der politische Publizist Bichsel veröffentlichte 1998 *Die Totaldemokraten. Aufsätze über die Schweiz.* 1965 erhielt Bichsel den Preis der „Gruppe 47", 1981 das „Stadtschreiber"-Amt von Bergen-Enkheim und 1999 den Gottfried-Keller-Preis. 1981/82 las er an der Universität Frankfurt a.M. über Poetik (*Der Leser. Das Erzählen,* 1982).

Wolf Biermann (eigtl. Karl-Wolf B.)
***15.11.1936 in Hamburg**
Der Sohn eines 1943 im KZ Auschwitz ermordeten kommunistischen Werftarbeiters übersiedelte 1953 nach Ost-Berlin und studierte dort Politische Ökonomie. Der Tätigkeit als Regieassistent beim „Berliner Ensemble" (1957 bis 59, Förderung durch Hanns Eisler) folgte ein 1963 abgeschlossenes Philosophiestudium. Die ab 1960 entstandenen Texte des „Liedermachers" (Biermann prägte den Begriff 1961 in Anlehnung an ↑ Brechts Selbstbezeichnung als „Stückeschreiber") kritisierten den Widerspruch zwischen kommunistischer Theorie und sozialistischer Praxis; so enthält die *Tischrede des Dichters* (1962) die Aufforderung: „Schafft in der Wirklichkeit mehr Glück! / Dann braucht Ihr nicht so viel Ersatz / in meinen Worten." 1963 wurde Biermann aus der SED ausgeschlossen. Einer erfolgreichen Tournee durch die B. D. folgte 1965 ein Auftrittsverbot. Im selben Jahr erschien in West-Berlin die Slg. *Die Drahtharfe*; sie enthält eine Ballade auf den „großen Bruder Franz Villon", der neben ↑ Heine, ↑ Tucholsky und ↑ Brecht zu Biermanns Vorbildern gehört. 1976 erhielt er die Erlaubnis zu einer B. D.-Tournee; nach seinem Auftritt in Köln wurde er wegen „Staatsfeindlichkeit" ausgebürgert, wogegen namhafte Autoren und Künstler der DDR protestierten. 1989 wurde sein erster Auftritt in der DDR (Leipzig) nach dem Mauerfall zum persönlichen Triumph. 1991 erhielt er den Georg-Büchner-Preis, 1996 war er Mitbegründer des „Bürgerbüros e.V." zur Unterstützung von Geschädigten des DDR-Regimes. Der CD *Brecht - Deine Nachgeborenen* (1998) folgte 1999 die CD *Paradies uff Erden. Ein Berliner Bilderbogen.*

Gedichtbände: *Mit Marx- und Engelszungen* (1968), *Deutschland. Ein Wintermärchen* (1971), *Für meine Genossen* (1972), *Verdrehte Welt – das seh' ich gern* (1982). – Dramen: *Der Dra-Dra* (U 1971). – Schallplatten: *Wolf Biermann (Ost) zu Gast bei Wolfgang Neuss (West)* (1965), *Es gibt ein Leben vor dem Tod* (1976), *Der Friedensclown* (1971), *Die Welt ist schön* (1985).

Maxim Biller
***25.8.1960 in Prag**
Der Sohn eines Dolmetschers jüd.-russ. Herkunft, wuchs in Prag auf und lebte nach der Emigration der Familie in die B. D. (1970) in Hamburg, dann in München. Hier beendete er 1983 sein Studium der Literatur, Philosophie und Geschichte. In den 1990er Jahren erregten seine Beiträge zur Debatte um die dt. Gegenwartsliteratur Aufsehen, der er mangelnde erzählerische Kraft und (wie auch der dt. Nachkriegsliteratur) „Verlogenheit" vorwarf. Für seine „Kunst der Zuspitzung" erhielt er u. a. 1998 den Theodor-Wolff-Preis. Neben den journalistischen Arbeiten und Essays (*Die Tempojahre,* 1991; *Deutschbuch,* 2001) erschienen Erzählungen (*Wenn ich einmal reich und tot bin,* 1991; *Land der Väter und Verräter,* 1994; *Harlem Holocaust,* 1998), bei denen, wie im Roman *Die Tochter* (2000), das heutige jüd. Leben im Mittelpunkt steht. Der Verkauf des Liebesromans *Esra* (2003), der autobiografische Züge trägt und gleichzeitig seine Form als Schlüsselroman reflektiert, wurde durch einstweilige Verfügung eingestellt: In den Roman als erkennbar dargestellte Personen aus seinen privaten Umfeld sahen ihre Persönlichkeitsrechte verletzt.

Johannes Bobrowski

***9.4.1917 in Tilsit, †2.9.1965 in Ost-Berlin**

Dem in Königsberg abgelegten Abitur folgte in Berlin ein Studium der Kunstgeschichte. Als Anhänger der Bekennenden Kirche gehörte Bobrowski dem Widerstand an. 1939 wurde er zum Militärdienst eingezogen, 1949 kehrte er aus russ. Kriegsgefangenschaft nach Ost-Berlin zurück. Neben seiner schriftstellerischen Tätigkeit leitete er das Lektorat des Union-Verlags.

In Bobrowskis Lyrik wirken Eindrücke der im litau.-dt. Grenzgebiet verbrachten Jugend nach; erste Gedichte entstanden 1941, veranlasst durch das Erlebnis der russ. Landschaft. Die zumeist in freien Rhythmen gestalteten Texte gründen auf „ein ungebrochenes Vertrauen zur Wirksamkeit (...) des Verses, der wahrscheinlich wieder mehr Zauberspruch, Beschwörungsformel wird werden müssen". Als Romancier setzte sich Bobrowski in Beschreibungsversuchen mit seiner dt. Heimatgeschichte auseinander, mit dem Verhalten der „Herrenmenschen" gegenüber Polen, Juden, Zigeunern; mit der Schilderung der Radikalisierung Mitte der 1930er Jahre ist im Roman *Litauische Claviere* die Biografie des litau., im 18. Jahrhundert lebenden Dichters Donelaitis in einer spezifischen Form perspektivischen Erzählens verschränkt. 1962 wurde Bobrowski mit dem Preis der „Gruppe 47" ausgezeichnet, 1965 mit dem Heinrich-Mann-Preis der DDR.

Johann Jakob Bodmer

***19.7.1698 Greifensee bei Zürich, †2.1.1783 Gut Schönenberg bei Zürich**

Ausgebildet als Theologe, unterrichtete Bodmer als Professor für Geschichte und Politik am Zürcher Gymnasium. Als Literaturtheoretiker nahm er zehn Jahre nach dem Erscheinen von ↑ Gottscheds *Versuch einer kritischen Dichtkunst vor die Deutschen* (1730) den Kampf gegen dessen am frz. „klassizistischen" Barock orientiertes Regelsystem auf. Seinen Widerspruch forderte die einseitige Betonung der Verstandeskräfte heraus, an die sich nach Gottscheds Auffassung die Dichtkunst halten musste. Stattdessen verteidigte Bodmer in seiner 1740 veröffentlichten *Kritischen Abhandlung von dem Wunderbaren in der Poesie und dessen Verbindung mit dem Wahrscheinlichen* die Fantasiekraft. Ihr allein gelingt es, die tiefere Bedeutung der unmittelbaren Wahrnehmung zu erkennen und in bildhaft-poetischer Sprache auszudrücken, wobei die Grenzen der „Wahrscheinlichkeit" gewahrt werden müssen.

1740 veröffentlichte Bodmers Mitstreiter, der Philologe und Schriftsteller Johann Jakob Breitinger (*1.3.1701 in Zürich, †13.12.1776 in Zürich), gleichfalls eine der Verteidigung der „malenden Dichtkunst" und der Einwirkung der Literatur auf „die Kraft der Gemüter" gewidmete *Kritische Abhandlung von der Natur, den Absichten und dem Gebrauch der Gleichnisse*. Die beiden Schweizer bereiteten dem Verständnis der Dichtkunst ↑ Klopstocks und dem Sturm und Drang den Weg.

Bodmer war auch ein Pionier der Wiederentdeckung der mhdt. Dichtung. Er übersetzte (in Hexametern!) Teile des *Parzival*: *Der Parcival, ein Gedicht in Wolframs von Eschinbach Denkart, eines Poeten aus der Zeit Kaiser Heinrichs VI.* (1753). 1774 erschien seine Bearbeitung von ↑ Wolfram von Eschenbachs Epos *Willehalm*.

Heinrich Böll
***21.12.1917 in Köln, †16.7.1985 in Hürtgenwald (Eifel)**

Die Ehrung der Person und des Autors Böll durch die Verleihung des Literatur-Nobelpreises 1972 schien auch die B.D. zu ehren. Doch hier war das Echo geteilt. Der Repräsentant einer gesellschaftskritisch engagierten und eben hierdurch humanen Literatur war in den Verdacht des „geistigen Sympathisantentums" mit dem Terrorismus geraten.

Der Sohn eines Tischlers und Holzbildhauers legte 1937 in Köln das Abitur ab. In seinem Elternhaus fanden ab 1933 Zusammenkünfte verbotener kath. Jugendverbände statt. Nach einem Semester Studium der Germanistik und klassischen Philologie wurde Böll im Herbst 1939 zur Wehrmacht eingezogen. 1943/44 mehrfach in Russland und Rumänien verwundet, desertierte er 1944 und kehrte 1945 aus amerikan. und engl. Kriegsgefangenschaft nach Köln zurück. Er nahm sein Studium wieder auf und arbeitete in der Schreinerei seines Bruders; ab 1947 Veröffentlichungen in Zeitschriften. Dem ersten Buch, *Der Zug war pünktlich* (1949), folgte 1951 der Preis der „Gruppe 47" (für die Satire *Die schwarzen Schafe*). Fortan lebte Böll als freischaffender Schriftsteller.

Der vom Ost-West-Konflikt begünstigten Restauration im Rahmen einer sich formierenden Wohlstandsgesellschaft setzte Böll 1952 sein *Bekenntnis zur Trümmerliteratur* entgegen. Sein Kampf galt dem Vertuschen der geschichtlichen Zusammenhänge *(Wanderer, kommst du nach Spa ...)* und der menschlichen Misere im Wirtschaftswunderland, galt dem Chauvinismus, Militarismus und Klerikalismus (1976 Austritt aus der kath. Kirche). Er unterstützte die außerparlamentarische Opposition, den Protest gegen Notstandsgesetzgebung (1968) und Extremistenbeschluss (1972), gegen die Aushöhlung des Rechtsstaats angesichts des Terrorismus („Spiegel"-Artikel *Will Ulrike* [Meinhof] *Gnade oder freies Geleit?*, 1972) und die atomare „Nachrüstung" (1983 Beteiligung an einer Blockade des Raketenstützpunkts Mutlangen). In besonderem Maße setzte sich Böll für im Ostblock verfolgte Schriftsteller ein (UdSSR-Reisen 1962, 1966, 1972, Pragreise 1968); 1974 war der aus der UdSSR deportierte Alexander Solschenizyn zunächst Bölls Gast. Mit ↑ Grass und Carola Stern gab er ab 1976 die Zeitschrift „L 76. Demokratie und Sozialismus" heraus. 1969 beteiligte er sich an der Gründung des Verbands dt. Schriftsteller (Rede *Das Ende der Bescheidenheit*). 1971–74 war er Präsident des internationalen PEN-Clubs. Zu seinen zahlreichen Auszeichnungen gehören der Georg-Büchner-Preis des Jahres 1967 und die 1974 verliehene Carl-von-Ossietzky-Medaille der Internationalen Liga für Menschenrechte.

Romane: *Wo warst du, Adam?* (1951), *Und sagte kein einziges Wort* (1953), *Haus ohne Hüter* (1954), *Gruppenbild mit Dame* (1971), postum *Frauen vor Flusslandschaft* (1985, als Hörspiel 1986). – Erzählungen: *Das Brot der frühen Jahre* (1955), Slg. *Doktor Murkes gesammeltes Schweigen* (Satiren, 1958), *Entfernung von der Truppe* (1964), *Ende einer Dienstfahrt* (1966, Verf B.D. 1971), *Die verlorene Ehre der Katharina Blum* (1974, Verf B.D. 1975 Volker Schlöndorff), *Berichte zur Gesinnungslage der Nation* (Satire, 1975), Slg. *Du fährst zu oft nach Heidelberg* (1979). – Dramen: *Ein Schluck Erde* (1962), *Aussatz* (1970). – Hörspiele: Slg. *Erzählungen, Hörspiele, Aufsätze* (1961), *Hausfriedensbruch* (1969). – Reisebücher: *Irisches Tagebuch* (1957). – Essays: *Frankfurter Vorlesungen* (1966), Slg. *Querschnitte* (1977).

Kurzgeschichten. Durch seine frühen Erzählungen gehört Böll neben ↑Borchert und ↑Schnurre zu den Begründern der dt. Kurzgeschichte der Nachkriegszeit. An die Stelle der im traditionellen Sinne „unerhörten Begebenheit" tritt die schmucklose, scheinbar distanzierte und ausschnitthafte Schilderung eines anscheinend banalen Vorfalls. Beispielhaft zeigt dies *Die Postkarte.* Der Ich-Erzähler erinnert sich an den Tag, an dem er kurz vor Beginn des II. Weltkriegs zu einer Wehrübung einberufen wurde. Die zwischen dem erinnerten Vorfall und der Gegenwart des sich Erinnerns liegenden Ereignisse bleiben ausgespart.

Die Titelgeschichte der Slg. *Wanderer, kommst du nach Spa ...* (1950) verkürzt den Zeitraum zwischen Vergangenheit und Gegenwart auf wenige Wochen. Ein Junge wird schwer verwundet auf einer Bahre durch die Gänge einer Schule, die nun als Lazarett dient, zum Operationssaal getragen. Mit der Abfolge der Ausstattungsstücke an den Wänden – Abgüsse antiker Skulpturen, Reproduktionen preuß. Herrscherbildnisse, einer Ansicht der ehemaligen Kolonie Togo, rassenkundlicher Lehrtafeln – wächst bei dem Jungen die Erkenntnis, dass der Schauplatz die eigene Schule ist, das humanistische Gymnasium „Friedrich der Große": An einer Wandtafel sieht der Junge das Fragment der den Opfertod des Leonidas und seiner Spartaner bei den Thermopylen verklärenden Verse: „Wanderer, kommst du nach Sparta, verkündige dorten, / du habest uns hier liegen gesehn, wie das Gesetz es befahl." Er selbst hatte diese Verse – als Schönschreibübung – an die Tafel geschrieben. Dieses Relikt aus dem Leben in der Schule wird zum Inbegriff eines mörderischen „Humanismus", der Antike, Preußentum, Imperialismus und Rassenlehre in Einklang gebracht hat. Kennzeichnend für die Gestaltungsweise ist die nüchterne Sprache, mit der aus der Sicht des Jungen die Gegenstände in diesem „Museum einer Totenstadt" registriert werden.

Satiren. Neben der sachlich kühlen, in der Beschreibung von Personen und Gegenständen knappen Kurzgeschichte entwickelte Böll eine Form der Satire mit grotesker Ausgestaltung des Details. Eine Mittelstellung besitzen kurze Texte wie *Es wird etwas geschehen* (1954). Er karikiert den total verinnerlichten Leistungszwang; durch die Beisetzung seines dem Managertod erlegenen Arbeitgebers findet der Ich-Erzähler seinen Beruf als bezahlter Beerdigungsteilnehmer, einen „Beruf, bei dem (...) Nichtstun meine Pflicht war".

Nicht nur zur Weihnachtszeit (1952) schildert den Zerfall einer gutbürgerlichen Familie, deren weibliches Oberhaupt nach dem Verzicht auf die bisherige Ausstattung des Weihnachtsbaums während der Kriegsjahre beim ersten Nachkriegs-Weihnachtsfest dem Wahn zum Opfer fällt, von nun an sei allabendlich Hl. Abend. Nur die unablässige Wiederholung der schließlich von Schauspielern und mit Hilfe von Wachspuppen als Enkelersatz durchgeführten Zeremonie verhindert den Ausbruch der Hysterie. In der fixen Idee konzentriert sich der zwanghafte Wunsch nach Rückkehr zur „Normalität" der Vorkriegszeit.

Dr. Murkes gesammeltes Schweigen (1958) prangert am Beispiel des Betriebs in einer Rundfunkanstalt die Oberflächlichkeit des kulturellen Neubeginns an. Redakteur Murke hat die Aufgabe, die Korrektur zweier auf Band gesprochener Vorträge des Kulturphilosophen Bur-Malottke zu leiten. Statt „Gott" muss jeweils „jenes höhere Wesen, das wir verehren" eingefügt werden, eine Formulierung, die „mehr der Mentalität entsprach", zu der sich Bur-Malottke „vor 1945 bekannt hatte". Die Tonbandschnipsel mit „Gott" finden sofort in einem Hörspiel Verwendung, in dem zu oft „Schweigen" herrscht; diese Schnipsel wiederum werden in Murkes Besitz gelangen, der mehr als jeder andere an der ringsum dominierenden Geschwätzigkeit leidet und an einem Tonband arbeitet, das ausschließlich aus „beschwiegenen" Bandteilen besteht.

Billard um halbzehn.
Roman, V 1959, Verf B. D. 1965.
Im Rahmen der Ereignisse eines einzigen Tages entwickelt sich ein historischer Längsschnitt durch den Zeitraum dt. Geschichte von 1907 bis 1958, vom Wilhelminischen Kaiserreich bis zur Gegenwart des „Wirtschaftswunders" in der B. D. Als Leitfaden dient die Geschichte dreier Generationen einer rhein. Architektenfamilie und deren Beziehung zur Abtei St. Anton, die von der ersten Generation erbaut, von der zweiten bei Kriegsende zerstört wurde und von der dritten neu errichtet wird. Träger der „Handlung" in Form des inneren Monologs und Dialogs sind der Architekt Fähmel und sein Sohn Robert.

Als Leitmotive, auf deren Gegensatz Böll die historische Entwicklung reduziert, dienen das „Sakrament des Büffels", Sinnbild für neugermanisches Heidentum, Nationalismus und kollektive Gewalt, und das „Sakrament des Lammes", Sinnbild einer christlich geprägten, zum Widerstand fähigen Lebenshaltung.

In weltanschaulicher Hinsicht steht der Roman im Zusammenhang von Bölls Auseinandersetzung mit der politischen Verantwortung des Katholizismus, ausgehend etwa von dessen Hinnahme, ja der Befürwortung und kirchlichen Unterstützung der Wiederbewaffnung der B. D. Unmittelbar vor Erscheinen des Romans richtete er eine scharfe Attacke gegen die „Turnlehrertheologie" und „Fast-Kongruenz von CDU und Kirche", die „verhängnisvoll ist, weil sie den Tod der Theologie zur Folge haben kann". Die in der Regel dann zitierten kath. Märtyrer, „wenn die Haltung der offiziellen kath. Kirche in Dtl. während der Nazizeit angezweifelt wird", handelten „nicht auf kirchlichen Befehl, sondern ihre Instanz war eine andere, deren Namen auszusprechen heute schon wieder verdächtig geworden ist: das Gewissen". Enthalten sind diese Sätze im *Brief an einen jungen Katholiken*. Er gehört zu den Beiträgen der Sammlung „Christ und Bürger heute und morgen" (1959).

Ansichten eines Clowns. Roman,
V 1963, Verf B. D. 1975 Voitech Josny.
Der Ich-Erzähler Hans Schnier, Sohn eines rhein. Braunkohlemillionärs und von Beruf Clown, ist finanziell, körperlich und seelisch am Ende. Nach einem Zusammenbruch auf offener Bühne ist er in seine Bonner Wohnung geflüchtet und versucht von hier aus, telefonisch mit seinen Angehörigen und Bekannten Kontakt aufzunehmen. Diese Gespräche sind Bestandteil einer umfassenden, Schniers Erinnerungen einbeziehenden Abrechnung mit einer durch Heuchelei und rücksichtsloses Machtstreben gekennzeichneten Umwelt; Schnier wird sich bewusst, dass er als Außenseiter in der „Gosse" enden muss. Seine Mutter, die 1945 ihre einzige Tochter als Flakhelferin in den Kampf gegen die „jüd. Yankees" und damit in den Tod geschickt hat, genießt Ansehen als Präsidentin des „Zentralkomitees der Gesellschaft zur Versöhnung rass. Gegensätze".

Im Mittelpunkt der immer wieder aufflackernden Hoffnungen Schniers steht Marie. Die kath. Tochter eines Kommunisten hat ihn nach sechsjährigem Zusammenleben verlassen, um den einflussreichen Katholiken Züpfner zu heiraten und zur – wie Schnier voraussieht – „‚first lady' des dt. Katholizismus" zu avancieren. Maries Anlass, sich von Schnier zu trennen, bildet dessen Weigerung, schriftlich die kath. Erziehung ihrer zukünftigen Kinder zu garantieren. Insofern ist der Einfluss, unter dem Marie gehandelt hat, Modell jeglicher Machtausübung, die das individuelle Glück des Einzelnen missachtet. Eine solche Macht besitzt, verkörpert durch Schniers Vater, das Geld – „nicht das konkrete, mit dem man Milch kauft und Taxi fährt, sich eine Geliebte hält und ins Kino geht", sondern das „abstrakte". Der Roman endet mit Schniers Selbsterniedrigung: Er lässt sich – inmitten des Karnevalstreibens – als kostümierter Bettler auf der Bahnhofstreppe nieder, um Marie und Züpfner bei ihrer Rückkehr von der Hochzeitsreise nach Rom zu begegnen.

Die verlorene Ehre der Katharina Blum oder: Wie Gewalt entsteht und wohin sie führen kann.
Erzählung, V 1974, Verf B. D. 1975 Volker Schlöndorff.

In Form eines Berichtes, den Reflexionen des Erzählers über die Rekonstruktion von Ereignissen begleiten, entsteht ein knapper Handlungsablauf. Sein Anfang und Ende leiten die Erzählung ein: Die freiberuflich als Haushälterin tätige Katharina Blum hatte bei einem privaten Tanzabend zur Karnevalszeit Ludwig Götten kennen gelernt und die Nacht mit ihm verbracht; vier Tage später erschoss sie Werner Töttges, einen Reporter des Boulevardblatts ZEITUNG. Die Verbindung zwischen diesen beiden Ereignissen erweist sich darin, dass Katharina Blum von der Polizei verdächtigt wurde, Komplizin des „Banditen" Götten zu sein, und die ZEITUNG diesen Verdacht zum Anlass nahm, die junge Frau nach allen Regeln der Skandalpresse an den Pranger zu stellen. „Sollten sich bei der Schilderung gewisser journalistischer Praktiken", betont die Vorbemerkung, „Ähnlichkeiten mit den Praktiken der ‚Bild'-Zeitung ergeben haben, so sind diese Ähnlichkeiten weder beabsichtigt noch zufällig, sondern unvermeidlich."

Im Mittelpunkt des Erzählerinteresses steht (ähnlich wie im vorangegangenen Roman *Gruppenbild mit Dame*, 1971) die Empfindungsweise einer sensiblen Frau, die sich nach schwerer Kindheit und erniedrigender Ehe durch Fleiß und Korrektheit den Schutz ihrer Privatsphäre erarbeitet hatte und dann unversehens zum Freiwild der öffentlichen Meinung wird.

Zu den Hauptgestalten gehört das Ehepaar Blorna, denen Katharina Blum den Haushalt geführt hat. Der Wirtschaftsanwalt und seine als Architektin tätige Frau werden in den Sumpf der Verdächtigungen mit hineingezogen und verlieren ihre gesellschaftliche Stellung. Sie durchschauen aber die politischen Machenschaften und moralischen Defekte ihrer Freunde und Geschäftspartner.

Fürsorgliche Belagerung.
Roman, V 1979.

Im Mittelpunkt steht die Familie des nach dem Krieg vom Verleger einer Provinzzeitung zum Großverleger aufgestiegenen Fritz Tolm, Besitzer eines Schlosses. Von den Kindern hat sich nur Sabine konform verhalten und eine standesgemäße, wenn auch unglückliche Ehe geschlossen. Der Sohn Rolf gehört, nachdem er wegen Beteiligung an gewaltsamen Demonstrationen zu Haft verurteilt worden ist, der alternativen Szene an. Andere Familienangehörige sind Kommunisten oder bekennen sich, wie die ehemalige Schwiegertochter Veronica, zum Terrorismus. Sämtliche Mitglieder der Familie stehen, soweit sie greifbar sind, als von terroristischen Anschlägen bedroht rund um die Uhr unter Sicherheitsschutz.

Die Zeitspanne der Gegenwartshandlung beschränkt sich auf zwei Tage; sie reicht von der Wahl Tolms zum Verbandspräsidenten bis zu seiner Teilnahme an der Beisetzung des in Istanbul erschossenen Terroristen Bewerloh, der früher in enger Verbindung zu der Familie Tolm stand. In diesen beiden Tagen wird auch klar, dass Sabine von einem ihrer Bewacher ein Kind erwartet. Am Ende stehen die Nachrichten, dass Sabine mit dem Polizisten „durchgebrannt" ist und der von Terroristen präparierte Enkel Holger das Schloss angezündet hat, worauf Tolm mit Gelächter reagiert.

Der Anteil dieser Gegenwartshandlung ist gering gegenüber der vergegenwärtigten Vergangenheit. Je näher die Erinnerungen an die Gegenwart heranrücken, desto deutlicher wird das dichte Gespinst der von den Sicherheitsbehörden ermittelten Informationen, umso größer wird aber auch die Sorge, dass das Sicherheitsnetz noch Lücken aufweist. So ist vor allem Tolm davon überzeugt, dass ihm aus seiner unmittelbaren Umgebung Gefahr droht. Der „Kapitalist" Tolm ist es auch, der den „Roman der siebziger Jahre" in die Überzeugung münden lässt: „Dass ein Sozialismus kommen muss, siegen muss ..."

Bonaventura (Pseudonym)

1804 erschien der Roman *Nachtwachen. Von Bonaventura.* Er bringt in komprimierter Form das Lebensgefühl der „Zerrissenheit“ in einer an kalter Vernünftigkeit erkrankten Welt zum Ausdruck und gehört insofern zu den Hauptwerken der Romantik. Der Text gliedert sich in 16 „Nachtwachen“ des als Nachtwächter tätigen Ich-Erzählers Kreuzgang. Als Findelkind aufgewachsen, büßte er für seine anlässlich einer Taufe gehaltene Leichenrede mit Haft; als Bänkelsänger zog er sich Beleidigungsklagen zu; den einzigen „Wonnemonat“ erlebte er im Irrenhaus. Kirchen reizten ihn stets zum Lachen, in Freudenhäusern wünschte er zu beten. Ein Sinnbild ist das „mit Vorsatz widersinnig gestimmte Saitenspiel“. Heute gilt als Verfasser der Schriftsteller und Theaterdirektor Ernst August Friedrich Klingemann (1777–1831).

Wolfgang Borchert
***20. 5. 1921 in Hamburg, †20. 11. 1947 in Basel**

Zunächst als Buchhändler, dann als Schauspieler tätig, kam der 20-jährige Borchert 1941 an die Ostfront. Er wurde zweimal wegen „Wehrkraftzersetzung“ zu Haft verurteilt und kehrte 1945 schwer erkrankt nach Hamburg zurück. In Kurzgeschichten *(Das Brot, Nachts schlafen die Ratten doch)* und manifestartigen Texten *(Generation ohne Abschied, Das ist unser Manifest, Dann gibt es nur eins: sag nein)* brachte er das Bewusstsein der vom Zusammenbruch aller Werte existentiell erschütterten „verlorenen Generation“ zum Ausdruck. Zum Frühwerk gehören Gedichte und die Erzählung *Schischyphus oder Der Bekannte meines Onkels,* in der zwei vom gleichen Sprachfehler betroffene, völlig gegensätzliche Männer Freunde werden. Borchert starb einen Tag vor der Uraufführung seines kurz zuvor als Hörspiel gesendeten Dramas *Draußen vor der Tür.* 1949 erschien das Gesamtwerk.

Draußen vor der Tür.
Drama, U 1947, Verf. u. d. T. *Liebe 47* Dtl. 1948 Wolfgang Liebeneiner.

Ein Vorspiel zeigt den Tod als „total überfressenen“ Beerdigungsunternehmer und einen alten, hilflosen Gottvater. Im Mittelpunkt steht der Kriegsheimkehrer Beckmann, ein „Gespenst“. Er hat einen anderen bei seiner Frau vorgefunden und will sich das Leben nehmen. Doch die Elbe akzeptiert seinen Selbstmord nicht; er wird an die Menschen verwiesen, die ihm gewiss helfen werden. Eine Folge von Spielszenen in der Tradition des Stationendramas beweist das Gegenteil. Zwar nimmt eine Frau Beckmann auf, doch deren eigener vermisster Mann kehrt als Einbeiniger auf Krücken heim. Der Oberst, dem Beckmann die Verantwortung für den Tod der ihm bei einem Spähtruppunternehmen unterstellten Soldaten zurückgeben will, hat sich längst im Zivilleben eingenistet; Beckmanns Alptraum vom blutigen General mit Knochenxylophon belustigt ihn. Der Kabarettdirektor vermisst an Beckmanns Probevortrag „das Positive“. Im Elternhaus berichtet eine kaltschnäuzige Frau Kramer vom Selbstmord der „alten Leute“. Beckmanns eingefügte Monologe reflektieren die Szenen in einer eruptiven, zwischen schneidender Kälte und Aufschrei gespannten Sprache. Eine Traumszene reiht die „Mörder“ Beckmanns, bis ihn der Einbeinige seinerseits zur Rechenschaft zieht und er erkennt: „Wir werden jeden Tag gemordet, und jeden Tag begehen wir einen Mord.“ Das Stück verhallt in dem Schrei: „Gibt denn keiner eine Antwort“, nachdem auch der Jasager verschwunden ist.

Nicolas Born

***31.12.1937 in Duisburg, † 7.12.1979 in Hamburg**

Der hauptberuflich als Chemigraf tätige Schriftsteller beteiligte sich 1965 neben ↑ Bichsel u.a. an dem von Walter Höllerer veranlassten Gemeinschaftsroman „Das Gästehaus" und veröffentlichte im selben Jahr den Roman *Der zweite Tag*. Der Durchbruch gelang ihm 1976 mit *Die erdabgewandte Seite der Geschichte* (Bremer Literaturpreis 1977). Als Erzähler und Lyriker gestaltet Born, ausgehend von der aktivistischen Aufbruchsstimmung der späten 60er Jahre (Studentenbewegung), die Erfahrung von Vereinzelung und Entmündigung in einer von technologischen Sachzwängen regierten Gesellschaft. Als Aufgabe der Literatur erweist sich der Widerstand gegen den „gesellschaftlichen Übereinstimmungswahn" und den für die Krise der sozialen Beziehungen symptomatischen Hang zur „Vereinheitlichung" durch ein exaktes Notieren persönlicher Wahrnehmungen.

Die Fälschung.
Roman, V 1979, Verf B.D. 1981 Volker Schlöndorff.
Die äußere Handlung umfasst etwa vier Wochen und ergibt sich aus dem Auftrag einer Hamburger Illustrierten an den Journalisten Georg Laschen, „ausgewogen" über den 1975 im Libanon ausgebrochenen Bürgerkrieg zwischen Christen und Muslimen zu berichten, die sich an Grausamkeit gegenseitig übertreffen. Mit dem Fotografen Hoffmann reist Laschen nach Beirut. Hier beginnt der Wettlauf mit anderen Reportern um die sensationellsten Stories. Zugleich verbindet Laschen eine Liebesbeziehung mit Ariane Nassar, einer Mitarbeiterin der dt. Botschaft. Die Handlung bilden Laschens Versuche, sich über sein Leben klar zu werden. Seine inneren Monologe kreisen um die Selbstverantwortung im Geflecht privater Beziehungen und beruflicher Konflikte; das „Zurechtschreiben" dessen, was er an Entsetzlichem gesehen hat, für das dt. Publikum, empfindet er als unweigerliche Fälschung der Wirklichkeit. Laschen gibt den Beruf auf und kehrt zu seiner Frau und seinen Kindern zurück. Die Kritik an bestimmten Formen des Journalismus dient als Beispiel für das krisenhafte Bewusstsein in einer Generation, die sich in den 1960er Jahren politisch engagiert hat und nun zu sich selbst zu finden sucht.

Ludwig Börne (eigtl. Löb Baruch)

***6.5.1786 in Frankfurt a.M., † 12.2.1837 in Paris**

Der 1818 zum Christentum konvertierte Schriftsteller jüd. Herkunft studierte in Berlin, Halle, Heidelberg und Gießen Medizin und Jura. In Frankfurt a.M. war Börne zunächst als Theaterkritiker tätig; ab 1818 gab er das liberale Blatt „Die Waage. Eine Zeitschrift für Bürgerleben, Wissenschaft und Kunst" heraus, das 1821 verboten wurde. Im selben Jahr veröffentlichte er die Satire *Monografie der deutschen Postschnecke,* 1826 die *Denkrede auf Jean Paul*; mit heftiger Polemik wandte er sich gegen den „Philister" und „Fürstendiener" ↑ Goethe. Unmittelbar nach der Julirevolution 1830 ließ Börne sich in Paris nieder. In seinen an die Freundin Jeannette Wohl gerichteten, für die Veröffentlichung bestimmten *Briefen aus Paris* (3 Bde. 1832–34) prangerte er die Restauration in Frankreich und Deutschland an. 1837 richtete er gegen Wolfgang Menzel, dessen Polemik 1835 das Verbot der Schriften des „Jungen Deutschland" mitveranlasst hatte, die Streitschrift *Menzel, der Franzosenfresser.*

Sebastian Brant

***um 1457 in Straßburg, †10. 5. 1521 in Straßburg**

Der Sohn eines Gastwirts studierte 1475–83 in Basel Rechtswissenschaft, lehrte anschließend dort und wurde 1492 Dekan der Juristischen Fakultät. 1500 kehrte er nach Straßburg zurück und amtierte bis zu seinem Tod als Stadtschreiber. Maximilian I. adelte ihn, indem er den kaisertreuen Schriftsteller zum Pfalzgrafen erhob.

Brants Hauptwerk ist die 1494 in Basel erschienene Moralsatire *Das Narrenschiff*. In dt., paarweise gereimten Versen und gegliedert in 112 Kapitel hält Brant den Menschen, die allesamt als Narren nach Narragonien segeln, den „Spiegel" ihres Fehlverhaltens vor – vom Ehebruch bis zur Weinpanscherei als eines von vielen Beispielen für „beschiss". Zwar beruft sich Brant noch auf religiöse Maßstäbe, doch appelliert er auch im Sinne des Humanismus an den Gebrauch der Vernunft. Er begründete damit die anspruchsvolle Narrenliteratur. In der Erstausgabe werden die 112 Kapitel durch Holzschnitte eingeleitet, die zumeist von Albrecht Dürer stammen und zu dessen frühen Meisterwerken gehören.

Thomas Brasch

***19. 2. 1945 in Westrow/Yorkshire, †3. 11. 2001 in Berlin**

Der Sohn jüd. Emigranten wuchs in Ost-Berlin auf und besuchte die Kadettenschule der Volksarmee. Während sein Vater eine steile Karriere als SED-Funktionär machte, geriet Brasch mehrfach in Konflikt mit der politischen Führung: 1965 wurde der Journalistikstudent in Leipzig zwangsexmatrikuliert, ebenso 1968 als Filmstudent in Potsdam-Babelsberg; sein Protest gegen den russ. Einmarsch in die ČSSR wurde mit Haft bestraft. Einer Anstellung beim Brecht-Archiv 1971/72 folgten Jahre schriftstellerischer Gelegenheitsarbeiten. Nach der Beteiligung am Protest gegen die Ausbürgerung ↑ Biermanns konnte er Ende 1976 nach West-Berlin ausreisen.

Aufsehen erregte Brasch 1977 mit der Prosa-Slg. *Vor den Vätern sterben die Söhne*. Die drei Erzählungen mit eingefügten parabelhaften Texten handeln von Roberts (tödlich endender) „Republikflucht", die er vor seinem Vater zu rechtfertigen versucht („Was ich will, schrie er, diese Nabelschnur durchreißen. Die drückt mir die Kehle ab. ... Von vorn anfangen. In einer offenen Gegend"), vom Tod des Fräsers Ramtur, der einen Briefwechsel mit seinem Chef hinterlässt, sowie vom Aufstieg und Fall des Arbeiters Fastnacht. Die Texte wurden als Hörspiel (*Robert, ich, Fastnacht und die anderen*), für die Bühne und das Fernsehen adaptiert (1981). Ebenfalls 1977 erschien *Kargo* (Lyrik, Prosa, Dialoge, Fotos) mit der Verarbeitung von DDR-Erfahrungen und als Ausdruck eines anarchischen Lebensgefühls.

Den Dramen *Rotter. Ein deutsches Märchen* („Höllenfahrt eines Konformisten", 1977) und *Lovely Rita* (1978) folgte 1980 die szen. Collage *Lieber Georg. Ein Eiskunstläufer-Drama aus dem Vorkrieg* um den expressionist. Dichter G. ↑ Heym. Für seinen Film *Engel aus Eisen* über die zur Zeit der Berliner Luftbrücke aktive Gladow-Bande (1981) erhielt Brasch 1982 den Bayer. Filmpreis. 1980 erschien der Gedichtband *Der schöne 27. September*, 1984 das Theaterstück *Mercedes*.

Volker Braun
***7. 5. 1939 in Dresden**

Der Lyriker, Erzähler und Dramatiker war nach dem Abitur als Arbeiter tätig und studierte 1960–64 in Leipzig Philosophie; 1965 ließ er sich in Ost-Berlin als Dramaturg („Berliner Ensemble“, Dt. Theater) und freier Schriftsteller nieder. Sein zunächst von kritischer Solidarität mit der DDR geprägtes literarisches Schaffen setzt sich mit Hemmnissen und Widersprüchen auf dem Weg einer Fortentwicklung der sozialistischen Gesellschaft auseinander. Diese Grundhaltung führte ihn vor allem in seinen Gedichten auch zur Kritik an einem Verständnis der Literatur als Instrument politischer Agitation, die von den Belangen und der Befindlichkeit des Individuums absieht. Nach dem Ende der DDR verarbeitete der „eigensinnige Sozialist“ Braun als Dramatiker mehrfach antike Themen als Spiegel von Problemen der Gegenwart. *Iphigenie in Freiheit* (1992) handelt von der Enttäuschung und Mutlosigkeit der Geschwister Iphigenie, Antigone, Elektra und Orest. In *Limes. Mark Aurel* (2001) betrachten die röm. Intellektuellen die Welt vernünftig, ohne vernünftig zu handeln.
1980 wurde Braun mit dem Heinrich-Mann-Preis, 1988 mit dem Staatspreis erster Klasse der DDR und 2000 mit dem Georg-Büchner-Preis ausgezeichnet.

Gedichtbände: *Provokation für mich* (1965), *Wir und nicht sie* (1970), *Gegen die symmetrische Welt* (1974), *Training des aufrechten Gangs* (1979), *Tumulus* (1999) – Romane: *Hinze-Kunze-Roman* (1985). – Erzählungen: *Das ungezwungene Leben Kasts* (1972). – Dramen: *Hans Faust* (1968, u. d. T. *Hinze und Kunze* 1973), *Tinka* (E 1973, U 1976), *Guevara oder Der Sonnenstaat* (1977), *Simplex Deutsch. Schauspielkasten für Theater und Schule* (1980), *Transit Europa* (1988), *Der Staub von Brandenburg* (1999).

Die Kipper.
Drama, E 1962–65, U 1972.

Angesiedelt Ende der 1950er Jahre, „nach der großen Vergesellschaftung der Maschinen“, handelt das Stück vom individualistischen, als „Sport“ betriebenen Leistungseifer des ungelernten Arbeiters Paul Bauch, der seine notwendige Grenze und Korrektur durch das Kollektiv findet. Es ist dies eine „Probe für andre Kämpfe der neuen Zeit“ *(Vorspruch)*.

Unvollendete Geschichte.
Erzählung, V 1975.

Karin, Tochter eines SED-Funktionärs, wird unter Druck gesetzt, ihre Beziehung zum vorbestraften „Rowdy“ Frank abzubrechen, zumal er angeblich „Republikflucht“ plant. Während des Bangens um Frank, der einen Selbstmordversuch unternommen hat, wird sich Karin ihrer Entfremdung von den Eltern und dem durch sie repräsentierten Staat bewusst.

Die Übergangsgesellschaft.
Komödie in 3 Teilen, E 1982, U 1987.

Schauplatz ist der Garten einer Villa in der DDR in den 1980er Jahren. Hier versammelt sich die Familie Höchst zu einer Geburtstagsfeier, die in gedrückter Stimmung verläuft. Das Spiel, ein Reiseziel eigener Wahl zu beschreiben, wird zum Anlass, insgesamt unterdrückte Hoffnungen auszusprechen. Die Gespräche ergeben das Bild einer in Stagnation verharrenden Gesellschaft. Nur wer seine individuelle Identität verleugnet, kommt – z. B. als Opportunist – zurecht.
Brauns Stück, zu dessen Hauptpersonen die Schwestern Irina, Masche und Olga gehören, erscheint als Neufassung von A. Tschechows gesellschaftskritischem Meisterwerk *Drei Schwestern* (U 1901). Wie bei mehreren Stücken Brauns ging auch hier der ersten Inszenierung in der DDR (Ost-Berlin 1988) die Uraufführung in der B. D. (Bremen 1987) voraus.

Bertolt Brecht **(eigtl. Eugen Berthold Friedrich B.)**
***10.2.1898 in Augsburg, † 14.8.1956 in Ost-Berlin**

1953 siegte Politik über Kunst: Nach dem Volksaufstand am 17. Juni veröffentlichte die DDR-Presse von einem kritischen Brief Brechts an Ulbricht lediglich die abschließende „Ergebenheitsadresse", worauf in der B.D. zum Boykott des Dramatikers aufgerufen wurde. Zwei Jahre später bestätigte das Internationale Theaterfestival in Paris den Weltrang des (parteilosen) Kommunisten: Das Programm trug die Überschrift „Hommage à Brecht" und würdigte ein Lebenswerk im Dienst der Erneuerung des künstlerischen und damit auch gesellschaftlichen Bewusstseins.

Der Sohn eines schließlich zum Direktor einer Papierfabrik aufgestiegenen Kaufmanns studierte 1917–21 in München Medizin und Literatur, 1918 unterbrochen durch den Einsatz als Sanitätshelfer; 1920/21 verfasste er Theaterkritiken für die Augsburger Zeitung der USPD. Als erstes Drama kam 1922 in München das Heimkehrer-Stück *Trommeln in der Nacht* zur Aufführung, für das Brecht mit dem Kleist-Preis ausgezeichnet wurde. 1923 folgten die Uraufführungen von *Im Dickicht der Städte* und dem expressionistischen Erstlingswerk *Baal.*

1924 ließ Brecht sich in Berlin nieder. Ausgehend von der Kritik am bestehenden Theaterbetrieb und in engem Zusammenhang mit seiner als Publizist entwickelten Gesellschaftskritik, erarbeitete er Theorie und Praxis des „epischen Theaters". Es zielt darauf ab, den Zuschauer durch verfremdende Mittel („V-Effekt", z.B. Heraustreten des Schauspielers aus seiner Rolle, Songs, Texttafeln) in ein kritisch-beobachtendes Verhältnis zum Bühnengeschehen zu versetzen („Glotzt nicht so romantisch!"). Die auf der Bühne vorgezeigten Verhaltensweisen sollen als gesellschaftlich bedingt und daher veränderbar erkannt werden. Die intensive Beschäftigung mit dem Marxismus (ab 1926) führte ihn zur Form des „Lehrstücks" (bestimmt zur Aufführung in Betrieben und auf Parteiversammlungen) mit dem zentralen Thema der Voraussetzungen eines angemessenen kollektiven Handelns. Zu Brechts eigenem „Kollektiv" gehörten Elisabeth Hauptmann und der Bühnenbildner Caspar Neher. Außerordentlichen Erfolg erlangte 1928 *Die Dreigroschenoper* (nach John Gays „The Beggar's Opera", 1728) mit der Musik von Kurt Weill. Bei den Lehrstücken arbeitete Brecht mit dem Komponisten Hanns Eisler zusammen (*Die Maßnahme,* 1930). 1932 inszenierte er seine Dramatisierung des Romans *Die Mutter* von Maxim Gorki; die Titelrolle spielte Helene Weigel (1900–71), die Brecht 1928 in zweiter Ehe geheiratet hatte. Ab 1930 erschienen in der Heftreihe „Versuche" u.a. Anmerkungen zu eigenen Stücken und deren Aufführung. Neben den Bühnenliedern entstanden eigenständige Gedichte (*Hauspostille,* 1927) sowie parabelhafte Erzählungen (*Geschichten vom Herrn Keuner,* ab 1930).

1933 emigrierte Brecht mit seiner Familie über Prag und die Schweiz nach Dänemark (Svendborg), 1940 nach Finnland, 1941 über Moskau in die USA (Santa Monica bei Hollywood). Vom Theater zunächst abgeschnitten, arbeitete er als Romancier *(Dreigroschenroman,* 1934), Lyriker *(Svendborger*

Gedichte, 1939), Essayist *(Fünf Schwierigkeiten beim Schreiben der Wahrheit,* 1934) und philosophisch-wissenschaftlicher Erzähler *(Me-ti/Buch der Wendungen).* 1936 gehörte Brecht zu den Gründungsherausgebern der in Moskau erscheinenden Zeitschrift „Das Wort", in der 1937/38 die „Expressionismusdebatte" geführt wurde. 1938–45 entstanden die Dramen, von denen drei während des Krieges in Zürich uraufgeführt wurden: 1941 *Mutter Courage und ihre Kinder* (Musik Paul Dessau), 1943 *Der gute Mensch von Sezuan* und *Galileo Galilei.* In den Dialogen *Der Messingkauf* (E 1939/40, V 1963) klärte Brecht seine Konzeption des „epischen" bzw. „didaktischen Theaters".
1947 wurde Brecht vom antikommunistischen „Committee of Un-American Activities" vernommen; kurz darauf verließ er die USA. Über die Schweiz (1948 in Chur Uraufführung der *Antigone*-Bearbeitung) und Prag kehrte er nach Ost-Berlin zurück. 1949 gründete er gemeinsam mit Helene Weigel das „Berliner Ensemble", das 1954 das Theater am Schiffbauerdamm bezog. Im 1949 erschienenen *Kleinen Organon für das Theater* entfaltete Brecht thesenartig die Vielfalt der Aspekte eines Theaters, das zwischen Belehrung und Vergnügen vermittelt: „Wie die Umgestaltung der Natur, so ist die Umgestaltung der Gesellschaft ein Befreiungsakt, und es sind die Freuden der Befreiung, welche das Theater eines wissenschaftlichen Zeitalters vermitteln sollte." Anlässlich seiner Inszenierung des Stücks *Katzgraben* von Erwin Strittmatter entwickelte er 1953 in den *Katzgraben-Notaten* eine explizit sozialistische, gegen „banale Durchidealisierung" gerichtete Dramaturgie. Brechts Arbeit galt nun vor allem den Modellinszenierungen eigener und fremder Stücke (*Der Hofmeister* von J. M. R. ↑ Lenz, *Der Biberpelz* und *Der rote Hahn* von ↑ Hauptmann). Brechts Funktion als kulturpolitischer Repräsentant (Staatspreis der DDR 1951) schloss Spannungen mit der SED nicht aus; so drohte dem Träger des Internationalen Stalin-Friedenspreises 1954 im folgenden Jahr das Verbot seiner als einseitig pazifistisch kritisierten *Kriegsfibel.*

Gedichtbände: *Hauspostille* (1927, als *Taschenpostille* 1926), *Aus einem Lesebuch für Städtebewohner* (1930 in *Versuche,* Heft 2), *Lieder, Gedichte, Chöre* (1934), *Svendborger Gedichte* (1939), *Buckower Elegien* (Auswahl 1953, als Slg. 1961). – Erzählungen, Romane, Prosa: *Dreigroschenroman* (1934), *Me-ti/Buch der Wendungen* (ab 1934), *Der Tui-Roman* (ab 1934), *Die Geschäfte des Herrn Julius Cäsar* (E 1937–39, V 1957, Verf Italien 1972 Jean-Marie Straub und Daniele Huillet), *Kalendergeschichten* (1949; darin *Die unwürdige Greisin,* E 1939, Verf Frankr. 1964 René Allio), *Flüchtlingsgespräche* (E 1940/41, V 1961). – Dramen: *Baal* (E 1918–20, V 1920, U 1923, 5. Fassung 1955, Vert 1981 Friedrich Cerha), *Trommeln in der Nacht* (E 1919, U 1922), *Im Dickicht der Städte* (E 1921–24, 1. Fassung U 1923), *Mann ist Mann* (E 1924–26, U 1926), *Die Dreigroschenoper* (1928, Verf Dtl./USA 1930/31 G. W. Pabst, B. D./Frankr. 1963 Wolfgang Staudte), *Aufstieg und Fall der Stadt Mahagonny* (E 1928/29, U 1930), *Das Badener Lehrstück vom Einverständnis* (1929), *Der Jasager* und *Der Neinsager* (E 1929–31, 1. Fassung *Der Jasager* U 1930), *Die Maßnahme* (1930), *Die Mutter* (E 1931, U 1932), *Die Rundköpfe und die Spitzköpfe* (E 1931–1934, U 1936), *Furcht und Elend des Dritten Reiches* (E 1935–1938, Teil-U 1938, U 1948), *Die Gewehre der Frau Carrar* (1937), *Herr Puntila und sein Knecht Matti* (E 1940, U 1948, Verf Österr. 1955 Alberto Cavalcanti), *Der aufhaltsame Aufstieg des Arturo Ui* (E 1941, V 1957, U 1958), *Die Gesichte der Simone Machard* (E 1941–43, U 1957), *Schweyk im Zweiten Weltkrieg* (E 1941–44, U 1957, V 1959), *Die Tage der Commune* (E 1948/49, U 1956), *Turandot oder Der Kongreß der Weißwäscher* (E 30er Jahre bis 1954, V 1967, U 1968). – Hörspiele: *Der Flug der Lindberghs* (1929, später: *Der Ozeanflug), Das Verhör des Lukullus* (E 1939, als Oper mit der Musik von Paul Dessau U 1951, 2. Fassung als *Die Verurteilung des Lukullus* U 1951). – Drehbücher: *Kuhle Wampe* (1932, Regie Slatan Dudow), *Hangmen also die! (Auch Henker sterben,* 1943, Regie Fritz Lang).

Die heilige Johanna der Schlachthöfe. Drama, E 1929/30, V und als Hörspiel 1932, U 1959.

In Chicago tobt ein Vernichtungswettbewerb unter den Produzenten von Büchsenfleisch. Er wird vom „Fleischkönig" Mauler gelenkt, dessen Entscheidungen wiederum von seinen Wallstreet-Beratern abhängen. Die zum Stillstand gelangte Produktion nimmt Tausenden ihre ohnehin erbärmliche Arbeit. Auf der Suche nach den Ursachen des Elends stößt Johanna Dark, Leutnant bei den „Schwarzen Strohhüten" (Heilsarmee), auf Mauler. Seine Bereitschaft, die Produktion wieder anzukurbeln, geht scheinbar auf ihren Einfluss zurück. Aus der Gemeinschaft der „Schwarzen Strohhüte" ausgeschlossen, reiht sich Johanna in das Heer der Arbeitslosen ein. Doch durch ihre Unwissenheit wird sie mitschuldig daran, dass ein Generalstreik niedergeschlagen wird. Das Bekenntnis der sterbenden Johanna, die als „Trösterin der Armen" zur Heiligsprechung vorgesehen wird, dass, „wo Gewalt herrscht, nur Gewalt hilft", wird von den Chören der inzwischen geschäftlich verbundenen „Schwarzen Strohhüte" und Fleischproduzenten lauthals übertönt.

Das Drama steht im Zusammenhang der „Lehrstücke". Vor dem Hintergrund der Weltwirtschaftskrise exemplifiziert es die Mechanismen des Kapitalismus und deren ideologische Verschleierung: „Wehe! Ewig undurchsichtig/Sind die ewigen Gesetze/Der menschlichen Wirtschaft!" Zu den Gestaltungsmitteln gehört die distanzierende sprachliche Überhöhung (Blankverse) bis hin zur Nachahmung bzw. Aktualisierung von Versen ↑Hölderlins in dessen *Schicksalslied*: „Den Preisen nämlich/War es gegeben, von Notierung zu Notierung zu fallen / Wie Wasser von Klippe zu Klippe geworfen / Tief ins Unendliche hinab. Bei dreißig erst hielten sie." Die Vorbemerkung interpretiert die kulturgeschichtlichen Bezüge: Dargestellt ist „die heutige Entwicklungsstufe des faustischen Menschen".

Furcht und Elend des Dritten Reiches. Drama in 24 Szenen, E 1935 bis 1938, V 1938, Teil-U 1938, amerikan. U (u.d.T. *The Private Life of the Master Race)* 1945.

Die 24 Szenen sind im Zeitraum 1933–38 angesiedelt, ihre Schauplätze über ganz Dtl. verstreut. Einleitende Verse geben die jeweilige Personengruppe an, deren Verhalten zur (auf Augenzeugenberichte und Zeitungsnotizen gestützten) Darstellung kommt: SA- und SS-Leute, Juristen, Mediziner, Naturwissenschaftler, Arbeiter, aus dem KZ Entlassene, Bauern und Kleinbürger. Aus zumeist kurzen Dialogen entwickelt sich das Bild eines Volkes, in dem unter dem Druck des nationalsozialistischen Terrors Furcht, gegenseitiges Misstrauen selbst unter den KZ-Gefangenen, Verrat herrschen: Kinder bespitzeln ihre Eltern, Eltern liefern ihre Kinder der Polizei aus. Der Endpunkt wird der Krieg sein, auf den die Machthaber hinarbeiten – als akustische Verbindung der Szenen dient das Rollen von Panzerketten.

Mutter Courage und ihre Kinder. Eine Chronik aus dem Dreißigjährigen Krieg. Drama in 12 Bildern, E 1939, U 1941, V 1949, Verf DDR 1960.

Die Titelgestalt, die Marketenderin Anna Fierling, genannt „Mutter Courage", entnahm Brecht dem Roman *Trutz Simplex* (1670) über die „Erzbetrügerin und Landstörzerin Courasche" von ↑Grimmelshausen. Die Handlung reicht vom Frühjahr 1624 bis zum Januar 1641; die Schauplätze liegen in Schweden, Polen, Sachsen und Bayern. Die Courage zieht mit ihrem Wagen und ihren drei Kindern, den Söhnen Eilif und Schweizerkas und der stummen Kattrin, von einem Kriegsschauplatz zum anderen. In Schweden lässt sich Eilif als Soldat anwerben. Zwei Jahre später begegnen sich Mutter und Sohn wieder: Dieser wird vom Feldhauptmann dafür ausgezeichnet, dass er vier Bauern, die ihren Besitz verteidigen wollten, umgebracht hat; am nun fälligen Festessen verdient die Courage. Ihr Sohn

Schweizerkas wird erschossen; er hat sich nach der Eroberung des Lagers geweigert, die ihm anvertraute Regimentskasse herauszugeben, und die Courage hat beim Versuch, die Richter zu bestechen, zu lange über die Höhe der Bestechungssumme verhandeln lassen. Um sich selbst zu schützen, muss sie ihren toten Sohn verleugnen. Kattrin wird, als sie aus der Stadt Waren bringt, überfallen und misshandelt. Hier, am Ende des 6. Bildes, verflucht die Courage den Krieg. Doch schon das nächste Bild beginnt mit dem Bekenntnis der „auf der Höhe ihrer geschäftlichen Laufbahn" angelangten Händlerin: „Ich laß mir den Krieg von euch nicht madig machen. Es heißt, er vertilgt die Schwachen, aber die sind auch hin im Frieden. Nur, der Krieg nährt seine Leut besser." Der Tod Gustav Adolfs scheint den Krieg zu beenden, und die Courage beeilt sich, ihre Waren loszuschlagen. Währenddessen wird Eilif, der trotz des Friedens erneut Bauern „gelegt" hat, hingerichtet. Die Courage wird bettelarm. Ein Koch, der sich ihr angeschlossen hat, bietet ihr an, gemeinsam in Utrecht eine Schenke zu führen, die er geerbt hat, allerdings ohne die verunstaltete Kattrin; die Courage bleibt bei ihrer Tochter. Während der Vorbereitung eines nächtlichen Überfalls auf Halle weckt Kattrin mit einer Trommel die Stadt und wird erschossen. Allein zieht die Courage hinter einem Regiment her.
Brecht musste sich mit Missverständnissen und Kritik verschiedener Herkunft auseinander setzen: Mit der Auffassung, das Stück handle, als „Niobetragödie", von „der erschütternden Lebenskraft des Muttertiers" einerseits, mit der Frage andererseits: Wie können wir das dt. Volk „aus seinem Fatalismus aktivieren gegen einen neuen Krieg? Und da hätte ich mir die ‚Courage' noch wirksamer gedacht, wenn ihr Wort ‚Verflucht sei der Krieg!' zum Schluss (wie bei der Kattrin) bei der Mutter einen sichtbaren Handlungsausdruck, eine Konsequenz dieser Erkenntnis gewonnen hätte" (F. Wolf). Brecht antwortete: „Dem Stückschreiber obliegt es nicht, die Courage am Ende sehend zu machen – (...), ihm kommt es darauf an, daß der Zuschauer sieht." Diesem Ziel dient neben dem Verzicht auf eine dem Zuschauer vorexerzierte Einsicht die konsequente Anwendung von Gestaltungsmitteln des „epischen Theaters", z. B. einleitende Zusammenfassung des Inhalts der einzelnen Szenen (Projektionen), um das Interesse vom „Was" auf das „Wie" zu lenken, und Songs.

Leben des Galilei.
Drama in 15 bzw. 14 Bildern. Das Stück besitzt drei Fassungen: Der 1938/39 entstandenen Erstfassung (U 1943) folgte eine mit dem Schauspieler Charles Laughton erarbeitete amerikan. Zweitfassung (1945–47, U 1947), dritte Fassung für das „Berliner Ensemble" (1954–56, U 1957).
Den Anstoß zur Dramatisierung des Lebens des Mathematikers, Astronomen und Physikers Galileo Galilei (1564 bis 1642) gab die Nachricht von der ersten Spaltung von Uranatomkernen (Otto Hahn) 1938. Brecht erkannte darin den Beginn eines zunächst neuen wissenschaftlichen Zeitalters, in seiner Bedeutung der „kopernikanischen Wende" des 16. Jh.s (nicht die Erde, sondern die Sonne ist der Mittelpunkt des Sonnensystems) vergleichbar. Der Durchsetzung der Erkenntnisse des Kopernikus war u. a. Galileis wissenschaftliche Arbeit gewidmet.
Die Handlung reicht von 1609 bis 1642, beginnend mit dem Bekenntnis des in Padua tätigen Forschers: „Die alte Zeit ist herum, und es ist eine neue Zeit. Bald wird die Menschheit Bescheid wissen über ihre Wohnstätte, den Himmelskörper, auf dem sie haust. Was in den alten Büchern steht, genügt ihr nicht mehr." Um seine finanziellen Probleme zu lösen, gibt er die holländ. Erfindung des Fernrohrs als seine eigene aus. Mit der Entdeckung der Jupitermonde gelingt ihm ein entscheidender Beweis für das von Kopernikus theoretisch entwickelte Weltbild. Der Versuch, durch seine Entde-

ckung eine Anstellung am Hof in Florenz zu erhalten, scheitert am Widerstand der Gelehrten. 1616 bestätigt zwar das vatikan. „Collegium Romanum" Galileis Entdeckung, doch setzt zugleich die Inquisition die Lehre des Kopernikus auf den Index, sodass Galilei zum Schweigen verurteilt ist. Acht Jahre später ermutigt der Regierungsbeginn des wissenschaftlich gebildeten Papstes Urban VIII. Galilei zur Fortsetzung seiner Forschungen, die neuen Erkenntnisse werden populär (Maskentreiben des 10. Bildes). 1633 zitiert ihn die Inquisition nach Rom; der Papst gestattet, Galilei zumindest die Folterinstrumente zu zeigen; Galilei widerruft. Von seinen enttäuschten Freunden und Schülern geschmäht und verlassen, verbringt er die letzten Lebensjahre als Gefangener der Kirche in seinem Haus. Das 14. Bild zeigt die Begegnung mit dem Lieblingsschüler Andrea Sarti, der im Begriff ist, nach Holland zu emigrieren. Ihm vertraut Galilei an, dass er heimlich seine „Discorsi" über Mechanik und Fallgesetze verfasst hat; Sarti erhält die Abschrift, um sie ins Ausland zu bringen.

Die drei Fassungen des Stücks unterscheiden sich vor allem in der Bewertung, die Galilei seinem Widerruf gibt. Bestätigt ihm Sarti in der Erstfassung, dass er, die Obrigkeit täuschend, „auch auf dem Gebiet der Ethik (...) um Jahrhunderte voraus" war, so klagt sich Galilei in der zweiten Fassung an: „Hätte ich widerstanden, hätten die Naturwissenschaftler etwas wie den hippokratischen Eid der Ärzte entwickeln können, das Gelöbnis, ihr Wissen einzig zum Wohle der Menschheit anzuwenden." Brecht selbst begründete diese in der dritten Fassung noch verstärkte Umdeutung Galileis zu einem „negativen Helden": „Das ‚atomarische' Zeitalter machte sein Debüt in Hiroshima in der Mitte unserer Arbeit. Von heut auf morgen las sich die Biographie des Begründers der neuen Physik anders." Den epischen Abstand zum Geschehen auf der Bühne unterstützen disputartige Dialoge. Sie fordern zur eigenen Stellungnahme heraus.

Der gute Mensch von Sezuan. Ein Parabelstück.
E 1938–40, U 1943, V 1953.
Da der Himmel „sehr beunruhigt (ist) wegen der vielen Klagen, die zu ihm aufsteigen", haben sich drei Götter auf die Erde begeben, um nach „guten Menschen" Ausschau zu halten. In der Hauptstadt der Provinz Sezuan werden sie von dem armen Wasserverkäufer Wang empfangen. Vergeblich bittet er bei seinen Mitbürgern um ein Nachtlager für die „Erleuchteten"; nur das Straßenmädchen Shen Te ist bereit, ihre Kammer zur Verfügung zu stellen. Die am anderen Morgen erbetene Entlohnung reicht aus, um einen Tabakladen zu kaufen. Doch Shen Tes Gutmütigkeit zieht scharenweise Schmarotzer an, die sie zu ruinieren drohen. Shen Te verwandelt sich in ihren angeblichen Vetter Shui Ta, der mit harter Hand Ordnung schafft. Erneut gerät Shen Te in Schwierigkeiten, als sie sich in den arbeitslosen Flieger Yang Sun verliebt. Für ihn nimmt sie Kredite auf und ist bereit, ihren Laden wieder zu verkaufen. Shui Ta findet jedoch heraus, dass es dem Geliebten nur um Shen Tes Geld geht; die Hochzeit findet nicht statt. Mit gestohlenen Tabakballen gründet Shui Ta eine durch Hungerlöhne gewinnbringende Tabakfabrik. Inzwischen erhebt sich der Verdacht, dass der rücksichtslose „Vetter" Shen Te umgebracht hat. Vor Gericht, dem die drei Götter vorsitzen, enthüllt Shen Te ihre Doppelrolle: „Euer einstiger Befehl, / Gut zu sein und doch zu leben / Zerriß mich wie ein Blitz in zwei Hälften." Der Epilog („Den Vorhang zu und alle Fragen offen") fordert auf: „Verehrtes Publikum, los, such dir selbst den Schluß! / Es muß ein guter da sein, muß, muß, muß!" Die Richtung, in der eine Antwort zu suchen ist, deutete Brecht in einer späteren Vorbemerkung im Hinblick auf die VR China an: „Die Provinz Sezuan der Fabel, die für alle Orte stand, an denen Menschen von Menschen ausgebeutet werden, gehört heute nicht mehr zu diesen Orten."

Der kaukasische Kreidekreis. Drama in 6 Bildern, E 1944/45, amerikan. U 1948, V 1949, dt. U 1954. Zugrunde liegt eine von Klabund (eigtl. Alfred Henschke) 1925 dramatisierte chines. Sage (*Der Kreidekreis*), die Brecht 1940 als Erzählung bearbeitet hat *(Der Augsburger Kreidekreis)*. Das Drama verbindet die Sage mit zwei anderen Themen: der Geschichte des Richters Azdak und einer nach dem II. Weltkrieg im Kaukasus angesiedelten Auseinandersetzung darüber, ob ein Tal den ehemaligen Dorfgemarkungen zugeschlagen oder als Kolchosebesitz Teil einer großen Bewässerungsanlage werden soll. *Der Streit um das Tal* (1. Bild) endet mit dem Sozialisierungsbeschluss. Nun führen Kolchosemitglieder das Stück *Der Kreidekreis* auf.

Im Mittelpunkt steht die Magd Grusche. Sie rettet bei einem Aufstand das von seiner flüchtenden Mutter zurückgelassene Kind des Gouverneurs. Die 5. Szene handelt vom Dorfschreiber Azdak, dem die revoltierenden Soldaten das Richteramt übertragen; er übt es als „Armeleuterichter" aus und schafft so eine kurze „Goldne Zeit beinah der Gerechtigkeit". Beide parallelen Handlungsstränge laufen im 6. Bild zusammen. Die Gouverneursfrau hat um des Erbes willen ihr Kind suchen lassen. Azdak muss entscheiden, wer die wirkliche Mutter ist. Die Gouverneursfrau und Grusche sollen das Kind aus einem Kreidekreis zu sich ziehen; Grusche erweist sich, indem sie loslässt, als die „Mütterliche" und erhält das Kind.

Die Analogie zwischen dieser Entscheidung und jener für die Sozialisierung des Tales geben die Schlussverse zu erkennen: „Daß da gehören soll, was ist, denen, die für es gut sind, also / Die Kinder den Mütterlichen, damit sie gedeihen / (...) Und das Tal den Bewässerern, damit es Frucht bringt." Das Stück über das neue sozialistische Verständnis von Besitz und Gerechtigkeit zeigt zugleich eine Fülle von Gestaltungsmitteln des „epischen Theaters" (beispielsweise die Funktion des Sängers, der das „Spiel im Spiel" kommentiert).

Geschichten vom Herrn Keuner. Brecht veröffentlichte seine ersten Keuner-Geschichten 1930 in Heft 1 der „Versuche"; weitere folgten in den Heften 5 (1932) und 12 (1953); sie sind auch in den *Kalendergeschichten* (1949) enthalten. Die mitunter auf ein oder zwei Sätze reduzierten Geschichten zeigen Verhaltensweisen, die zum Vergleich mit herrschenden Normen herausfordern. Ein Grundmotiv ist die Notwendigkeit der Veränderung: „Ein Mann, der Herrn K. lange nicht gesehen hatte, begrüßte ihn mit den Worten: ‚Sie haben sich gar nicht verändert.' ‚Oh!' sagte Herr K. und erbleichte."

Lyrik. Brechts Lyrik umfasst die Gedichte, Lieder, Songs der Dramen und die Texte der Gedichtbände. Grundsätzlich besteht jedoch kein Gegensatz, da die „Gedichte und Lieder aus Stücken" (erste Slg. 1963) durch ihre Selbstständigkeit innerhalb der Stücke gekennzeichnet sind. Nach expressionistischen Anfängen entwickelte Brecht seine Konzeption der „Gebrauchslyrik".

Zu der ihm eigenen Form des dialektischen Gedichts fand Brecht im „Kinderlied" *Der Schneider von Ulm. Ulm 1592* (in *Svendborger Gedichte,* 1939): Die Schlussverse der 2. Strophe („Es wird nie ein Mensch fliegen/Sagte der Bischof den Leuten") fordern den Widerspruch des Lesers heraus. Dieselbe Slg. enthält die *Legende von der Entstehung des Buches Taoteking auf dem Weg des Laotse in die Emigration* (Exilsituation) und die *Fragen eines lesenden Arbeiters* (Geschichtsbetrachtung „von unten"). Im amerikan. Exil entstanden Gedichte wie: *Hollywood:* „Jeden Morgen, mein Brot zu verdienen/Gehe ich auf den Markt, wo Lügen gekauft werden./ Hoffnungsvoll/ Reihe ich mich zwischen die Verkäufer".

Die Lyrik der letzten Jahre kennt Skepsis: „Ich sitze am Straßenrand/Der Fahrer wechselt das Rad./Ich bin nicht gern, wo ich herkomme./Ich bin nicht gern, wo ich hinfahre./Warum sehe ich den Radwechsel/Mit Ungeduld?" (Buckower Elegien, 1953).

Willi Bredel
***2.5.1901 in Hamburg, †27.10.1964 in Ost-Berlin**
Der Werftarbeiter trat 1923 der KPD bei; 1928 wurde er Mitglied des „Bundes Proletarisch-Revolutionärer Schriftsteller". 1933 im KZ Fuhlsbüttel inhaftiert, floh er 1934 über Prag nach Moskau, wo er mit ↑Brecht die Exilzeitschrift „Das Wort" herausgab. Er nahm am Span. Bürgerkrieg teil und lebte seit 1945 in Ost-Berlin, zuletzt als Präsident der Deutschen Akademie der Künste. Bredels zunächst reportagehaften und dokumentarischen Romane sind dem Sozialistischen Realismus verpflichtet. Der proletarischen Alltagsschilderung *Maschinenfabrik N&K* (1930) folgte der im Gefängnis konzipierte Roman *Die Prüfung* (1934), eine der frühesten Enthüllungen der Leiden der politischen Gefangenen unter dem Sadismus der KZ-Wächter. Die Romantrilogie *Verwandte und Bekannte* (1943–53) handelt vom Schicksal einer Arbeiterfamilie 1890 bis 1948.

Johann Jakob Breitinger ↑Bodmer

Clemens Brentano
***8.9.1778 in Ehrenbreitstein (= Koblenz), †28.7.1842 in Aschaffenburg**
Der Lyriker, Erzähler und Dramatiker repräsentiert die dt. Romantik, an deren Entwicklung er von den Anfängen bis zum Münchner Kreis der Spätromantiker wesentlichen Anteil hatte. Aus großbürgerlichem Hause stammend und vermögend, führte Brentano nach Studienjahren in Halle, Jena und Göttingen ein zur Exzentrik neigendes, freies Dichterleben. Gemeinsam mit A. v. ↑Arnim, dem späteren Mann seiner Schwester B. v. ↑Arnim, gab er 1805–08 die Sammlung (bearbeiteter) Volkslieder *Des Knaben Wunderhorn* heraus. Ein kennzeichnendes Frühwerk ist der „verwilderte Roman" *Godwi* (1801), begonnen als Briefroman, mit eingefügten Gedichten und Erzählungen. Romantische „Zerrissenheit" spiegelt sich in der breiten Skala der Sprachmittel des Lyrikers und Erzählers vom innigsten Gefühlsausdruck bis hin zu beißender Ironie. Beispiele für Synästhesie (die „Zusammenschau" von Sichtbarem und Hörbarem) enthält sein *Abendliedchen*: „Golden wehn die Töne nieder. / Stille, stille, lass uns lauschen! / Holdes Bitten, mild Verlangen, / Wie es süß zum Herzen spricht. / Durch die Nacht, die mich umfangen, / Blickt zu mir der Töne Licht" (in: *Die lustigen Musikanten*, 1803). Das Märchen *Gockel, Hinkel und Gackeleia* (V 1838) über den Aufstieg der verarmten, in einem Hühnerstall lebenden Familie des Grafen Gockel verbindet Prosa und Verse, schlichten „Volkston" mit Ironie und den Stilmitteln der Groteske. Nach seiner Rückkehr zur kath. Kirche (sog. Generalbeichte 1817 in Berlin) zeichnete Brentano 1818–23 die Visionen der stigmatisierten Nonne A. K. Emmerick auf (*Die bitteren Leiden unseres Herrn Jesu Christi*, anonym 1833).

Gedichtsammlungen: *Geistliche und weltliche Lieder* (Bd. 1 und 2 der *Gesammelten Schriften*, 1852), *Romanzen vom Rosenkranz* (Fragment, Bd. 3 der *Gesammelten Schriften*, 1852). – Romane: *Godwi oder Das steinerne Bild der Mutter* (1801). – Erzählungen: *Die Chronika des fahrenden Schülers* (Fragment, E ab 1803, V 1818), *Gockel, Hinkel und Gackeleia* (Märchen, E ab 1811, V 1838), *Die mehreren Wehmüller und ungarischen Nationalgesichter* (1817). – Dramen: *Ponce de Leon* (E 1801, V 1804, U 1814), *Die Gründung Prags* (V 1815).

Geschichte vom braven Kasperl und dem schönen Annerl. Novelle, 1817. Der Erzähler wird von einer alten Bäuerin gebeten, eine Bittschrift zu verfassen, um für ihren Enkel Kaspar und ihr Patenkind Annerl ein christliches Begräbnis zu erwirken. Schrittweise enthüllt sich die Vorgeschichte. Annerls Verlobter, der Ulan Kaspar, hat sich das Leben genommen, nachdem er entdeckt hatte, dass sein Vater und Stiefbruder zu Dieben geworden sind. Das von einem Adligen verführte Annerl hat ihr Kind getötet und soll hingerichtet werden. Der Erzähler überbringt die Bittschrift. Der vom Herzog gewährte Pardon bleibt wirkungslos: Der Überbringer der Begnadigung (Annerls Verführer) kommt zu spät und nimmt sich angesichts des vollstreckten Urteils das Leben. Kaspar und Annerl erhalten ein ehrliches Begräbnis. Als Leitmotiv dient das Verständnis der „Ehre", sei es als Kaspars „Soldatenehre", sei es als Wissen der Bäuerin, dass Gott allein die Ehre gebührt. Im Ehrbegriff spiegeln sich die sozialen Gegensätze.

Rolf Dieter Brinkmann

***16.4.1940 in Vechta, †23.4.1975 in London**

Nach einer Buchhandelslehre lebte Brinkmann in Köln als freier Schriftsteller. Seine erste Erzählung, *In der Grube,* erschien in dem von Dieter Wellershoff, dem Begründer des „Kölner Realismus", hg. Band *Ein Tag in der Stadt* (1962). 1972 lebte er als Villa-Massimo-Stipendiat in Rom, 1974 in Austin (Texas). Die hier gewonnenen Eindrücke spiegelt die Slg. *Westwärts 1 & 2,* die zu den erfolgreichsten Gedichtbänden der 1970er Jahre gehörte. Das Thema der Lyrik und Prosa Brinkmanns ist zumeist das banal Alltägliche. Als Material dienen vielfach Sprache und Figuren der Werbung, der Comic Strips und des Films; insofern bestehen Entsprechungen zur Pop-Art in der Kunst. Der Roman *Keiner weiß mehr* (1968) schildert in Form eines Stroms von Vorstellungen und Assoziationen die „private anhaltende Misere" eines jungen Mannes. 1975 war Brinkmann postum der erste Träger des Petrarca-Preises.

Gedichtbände: *Was fraglich ist wofür* (1967), *Die Piloten* (1968), *Gras* (1970), *Westwärts 1&2* (1975); als Hg. *Acid – Neue amerikanische Szene* (1969), *Silverscreen. Neue amerikanische Lyrik* (1969). – Erzählungen: *Die Umarmung* (1965), Slg. *Raupenbahn* (1966). – Essays: *Das Modell, das für Buick '69 Modell stand* (1969).

Georg Britting

***17.2.1891 in Regensburg, †27.4.1964 in München**

Nach schwerer Kriegsverwundung lebte Britting ab 1920 in München als freier Schriftsteller. Anfängen als Dramatiker *(Der Mann im Mond,* 1922; *Das Storchennest,* 1923) folgte ein umfangreiches Schaffen als Lyriker und Erzähler. Den Höhepunkt bildete der 1925 begonnene Roman *Lebenslauf eines dicken Mannes, der Hamlet hieß* (1932). Er schildert den Weg eines äußerlich erfolgreichen Hamlet (z. B. erledigt er die ihm auferlegte Rache, indem er seinen Schwiegervater zwingt, sich zu Tode zu fressen) ins Kloster. In den bildreichen Gedichten herrscht die Hingabe an Natureindrücke vor.

Gedichtbände: *Der irdische Tag* (1935), *Rabe, Ross und Hahn* (1939), *Lob des Weines* (1944, erweitert 1947), *Unter hohen Bäumen* (1951). – Erzählungen: *Die kleine Welt am Strom* (1933), *Das treue Eheweib* (1934), *Der bekränzte Weiher* (1937), *Das gerettete Bild* (1938), *Der Schneckenweg* (1941), *Der Eisläufer* (1948), *Afrikanische Elegie* (1953).

Hermann Broch

***1.11.1886 in Wien, †30.5.1951 in New Haven (Connecticut, USA)**

Der Sohn und Nachfolger eines jüd. Textilfabrikanten beendete 1927 seine Laufbahn als Industrieller (erste kulturkritische Aufsätze ab 1908). Die Analyse des modernen „Wertezerfalls" fand ihre komplexe literarische Gestaltung in der „polyhistorischen" Romantrilogie *Die Schlafwandler* (1931/32). Sie gliedert sich in die drei Querschnitte *1888. Pasenow oder die Romantik, 1903. Esch oder die Anarchie, 1918. Huguenau oder die Sachlichkeit.* Der preuß. Junker Passenow, der rhein. Kleinbürger Esch sowie der elsäss. Geschäftemacher und pure Pragmatiker Huguenau repräsentieren drei Stadien des moralischen Niedergangs der Gesellschaft. Anfang 1938 aus politischen Gründen inhaftiert, emigrierte Broch Ende des „Anschluss"-Jahres in die USA. Der Roman *Der Tod des Vergil* (1945, Urfassung 1937) handelt vom Entschluss Vergils, angesichts der Wirkungslosigkeit der Kunst sein Epos *Aeneis* zu vernichten. Der „Roman in elf Erzählungen" *Die Schuldlosen* (1950) mit den Hauptteilen *1913, 1923* und *1933* deckt das „Verbrechen der Gleichgültigkeit" als Nährboden des Nationalsozialismus auf. Der Titel bezieht sich auf die Einschätzung, dass die handelnden Personen nur insofern "schuldlos" sind, als ihre Taten nicht unmittelbar und im herkömmlichen kriminalistischen Sinne strafbar sind. Im 1953 postum erschienenen Roman *Die Verzauberung* erzeugt ein Scharlatan und „Prophet" in einem Gebirgsdorf einen Massenwahn, der zum rituellen Menschenopfer führt.
Kennzeichnende Gestaltungsmittel Brochs sind der innere Monolog, die Einbeziehung von Reflexionen und Träumen sowie der Übergang von Prosa in Lyrik.

Barthold H(e)inrich Brockes

***22.9.1680 in Hamburg, †16.1.1747 in Hamburg**

1715 gründete der Patrizier die Sprachgesellschaft „Teutsch Übende". Ab 1724 war er Mitglied der „Patriotischen Gesellschaft" in Hamburg und gehörte zu den Herausgebern der erfolgreichen, nach engl. Muster gestalteten Moralischen Wochenschrift „Der Patriot" (1724–26). 1721 veröffentlichte Brockes den ersten Band seiner schließlich neunbändigen Slg. (der letzte Band erschien postum 1748) *Irdisches Vergnügen in Gott bestehend in verschiedenen aus der Natur und Sittenlehre hergenommenen Gedichten.* Im Sinne der Frühaufklärung fordern die reflektierenden Gedichte zu der Einsicht auf, dass sich die Existenz Gottes in der zweckmäßigen Ordnung und vernünftigen Schönheit der Schöpfung manifestiert. Eingefügt sind Übersetzungen frz. und engl. Prosatexte. Bedeutung gewann die Slg. durch die vor allem in den ersten Bänden enthaltenen Naturschilderungen auf der Grundlage unmittelbarer Naturbeobachtung *(Frühe Knospen an einem Birnbaum, Kirschblüte bei Nacht, Die kleine Fliege).* 1745 veröffentlichte Brockes seine Übersetzung des Zyklus *The Seasons* (Die Jahreszeiten) des Schotten James Thomson (1700–48). Als Schriftsteller und Grafiker gehört Brockes zu den Doppelbegabungen. Erstrebenswert erschien ihm statt der barocken Synthese die jeweils selbstständige, aber vergleichbare Wirkung von Dichtung, Malerei und Musik.

Max Brod

***27.5.1884 in Prag, †20.12.1968 in Tel Aviv**

Nach einem Jurastudium war Brod als Theater- und Musikkritiker tätig. 1913 schloss er sich dem Zionismus an. Als Romancier und Essayist setzte er sich vorwiegend mit der Geschichte des Judentums auseinander. Sein Hauptwerk *Tycho Brahes Weg zu Gott* (1916) konfrontiert den dän. Astronomen Brahe (1546–1601) im Dienst Rudolfs II. in Prag mit dem jungen, der bloßen Empirie verpflichteten Johannes Kepler (1571–1630). Einsicht in die Harmonie der Schöpfung gewinnt Brahe durch den Rabbi Löw. Entgegen dem Willen ↑ Kafkas, zu dessen Prager Freundeskreis Brod gehörte, gab er postum 1935–37 Kafkas „Gesammelte Schriften“ heraus, 1937 erschien seine Kafka-Biografie (erweitert 1954). 1939 emigrierte Brod nach Palästina und wurde in Tel Aviv als Dramaturg tätig. Ab 1948 veröffentlichte er Kafka-Interpretationen (u. a. *Verzweiflung und Erlösung im Werke F. Kafkas,* 1959).

Romane: Trilogie *Tycho Brahes Weg zu Gott* (1916), *Rëubeni, Fürst der Juden* (1925), *Galilei in Gefangenschaft* (1948); *Der Meister* (Jesus-Roman, 1952). – Erzählungen: *Novellen aus Böhmen* (1936). – Dramen: *Das Schloß* (nach Kafka, 1953), *Amerika* (nach Kafka, 1957). – Essays: *Heidentum, Christentum, Judentum* (1921), *Rassentheorie und Judentum* (1936), *Das Unzerstörbare* (1968).

Ferdinand Bruckner (eigtl. Theodor Tagger)

***26.8.1891 in Wien, †5.12.1958 in West-Berlin**

Der Sohn eines jüd. Bankkaufmanns wandte sich nach einem Medizinstudium der Literatur zu. 1911 ließ er sich als Journalist in Berlin nieder. Hier gründete er 1922 das Renaissance-Theater als Bühne für zeitgenössische Stücke (Leitung bis 1927).

Als Schriftsteller entwickelte sich Tagger unter dem Pseudonym Ferdinand Bruckner zu einem Vertreter der Neuen Sachlichkeit. Aufsehen erregte er 1926 mit dem Stück *Krankheit der Jugend,* das in Hamburg u. d. T. *Tragödie der Jugend* uraufgeführt wurde. In ungewöhnlicher Offenheit thematisierte Bruckner im studentischen Milieu Sexualität und Ausbeutung der Frau innerhalb einer angehenden Elite ohne Zukunftsperspektive. Das Stück *Die Verbrecher* (1928) schildert in sieben Parallelhandlungen auf einer Simultanbühne am Beispiel der Bewohner eines Mietshauses verschiedene Formen der Kriminalität; Kritik wird an Ungerechtigkeiten der Justiz geübt. Mit *Elisabeth von England* (1930, Simultanschauplätze London und Madrid) begann eine Folge von Historiendramen mit dem zentralen Thema der Triebkräfte politischen Handelns. 1933 kehrte Bruckner nach Österreich zurück. Sein Ende des Jahres in Zürich uraufgeführtes Stück *Die Rassen* gehört zu den frühesten Anklagen gegen den nationalsozialistischen Antisemitismus. Bruckner bearbeitete auch zur Gegenwart in Beziehung gesetzte antike Stoffe *(Timon von Athen,* 1932, *Pyrrhus und Andromache,* 1953). Aus dem amerikan. Exil kehrte er 1951 nach West-Berlin zurück, wo er als Dramaturg tätig wurde.

Zuletzt verband Bruckner die drei Stücke *Krankheit der Jugend, Die Verbrecher* und *Die Rassen* zum Zyklus *Jugend zweier Kriege.* Vor allem das unter Intellektuellen angesiedelte Stück *Die Rassen* kam in den 1990er Jahren als nach wie vor aktuell auf die Bühne.

Thomas Brussig

***19. 12. 1965 in Ost-Berlin**

Zunächst als Baufacharbeiter ausgebildet, machte Brussig Abitur und arbeitete anschließend in verschiedenen Gelegenheitsjobs, vom Möbelpacker, Portier, Fremdenführer bis zum Fabrikarbeiter und veröffentlichte erste Texte im „Tagesspiegel" und der Wochenzs. „Sonntag", dem späteren „Freitag". Nach dem Wehrdienst begann er ein Soziologiestudium, das er 1993 abbrach, um an der „Filmhochschule Konrad Wolf" in Potsdam-Babelsberg Dramaturgie zu studieren. Der erste Roman *Wasserfarben* (E 1985–89, V 1991) erschien unter dem Pseudonym Cordt Berneburger und fand erst nach dem überragenden Erfolg von *Helden wie wir* (1995) Beachtung. Es ist eine Abiturientengeschichte aus den letzten Jahren der DDR, dessen Hauptfigur – privat und beruflich völlig orientierungslos und entscheidungsunfähig – sich tastend um seine Identität bemüht. Seit 1995 als freier Schriftsteller tätig, gehört Brussig mit ↑Ingo Schulze zu den erfolgreichsten Schriftstellern der sog. Wende-Generation. 1999 erhielt er mit Leander Haußmann den Drehbuchpreis der B. D. für den Film *Sonnenallee,* der die DDR aus der Perspektive einer Gruppe Jugendlicher schildert. Nach dessen Kinoerfolg entstand noch im selben Jahr die Romanfassung *Am kürzeren Ende der Sonnenallee.* Mit den Folgen der Wiedervereinigung beschäftigen sich das Theaterstück *Heimsuchung* (V, U 2000) und der Monolog *Leben bis Männer* (2001). Zu Brussigs Auszeichnungen gehört der Hans-Fallada-Preis (2000).

Helden wie wir.
Roman, V 1995, Dramat 1996, Verf B. D. 1999 Sebastian Peterson.

In der Tradition des Schelmenromans erzählt Klaus Uhltzscht aus der Perspektive des Außenseiters, der sich selbst als Held mit welthistorischem Format begreift und den Friedens-Nobelpreis beansprucht, da er es gewesen sei, der die Berliner Mauer „umgeschmissen" habe. Um die falschen Darstellungen zu korrigieren, berichtet er dem New-York-Times-Reporter Kitzelstein auf 7 Tonbändern sein bisheriges Leben, aber vor allem, wie er die innerdt. Grenze geöffnet habe: „Die Geschichte der Mauerfalls ist die Geschichte meines Pinsels". Uhltzscht ist die satirische Personifikation der Agonie der DDR, dessen Kindheit von Bevormundung und Kontrolle geprägt ist und der aus hygienischen Gründen die Grenzen der elterlichen Wohnung kaum verlassen darf. Sein Geburtshelfer war „ein Panzerregiment, dass am Abend des 20. August 1968 in Richtung Tschechoslowakei rollte". In jeder Hinsicht naiv, wird der an Minderwertigkeitskomplexen ebenso wie an Größenwahn leidende Uhltzscht zum eifrigen Mitarbeiter der Stasi; durch den tabuisierenden Hygiene-Wahn der Mutter entwickelt er sich zum notorischen Onanisten. Während der Observation der Kundgebung am 4. 11. 1989 auf dem Berliner Alexanderplatz stürzt er und verletzt sich am Penis, der infolge der Behandlung stetig wächst. Beim Anblick der Menschen, die am Grenzübergang Bornholmer Straße die Beamten davon überzeugen wollen die Grenze zu öffnen, entschließt er sich zu seiner heldenhaften Tat: „irgendwie hatte ich Mitleid mit ihnen, denn ich war einer von ihnen. Ein Volk, (...) das ratlos vor ein paar Grenzsoldaten stehen bleibt, ein solches Volk hat einen zu kleinen Pimmel – in diesen Dingen kenne ich mich aus." Uhltzscht entblößt sich, und die Menge nutzt die starre Fassungslosigkeit der Beamten, um sich den Weg durch die Kontrollstelle zu bahnen.

Günter de Bruyn

***1. 11. 1926 in Berlin**

Nach Kriegsdienst (als 17-Jähriger Luftwaffenhelfer, dann Soldat) und -gefangenschaft absolvierte de Bruyn 1946 in Potsdam einen Neulehrerkursus und war bis 1949 in einem märk. Dorf Lehrer. Anschließend besuchte er die Bibliothekarschule in Ost-Berlin, gehörte ab 1953 dem Zentralinstitut für Bibliothekswesen an und machte sich 1961 als Schriftsteller selbstständig. Zu seinen Vorbildern gehören ↑ Fontane und ↑ Jean Paul, dessen Biografie *Das Leben des Jean Paul Friedrich Richter* er 1975 veröffentlichte. Sie diente de Bruyn mit Blick auf die Gegenwart als Beispiel für die frühbürgerlichen Lebensbedingungen und die Schwierigkeiten der Künstler mit Zwängen wie der Zensur. *Die Märkischen Forschungen. Erzählung für Freunde der Literaturgeschichte* (1978) enthalten mit *Rotkäppchens Aufruf zur nationalen Erhebung. Literaturinterpretation nach Prof. Dr. Winfried Menzel* ein parodistisches Glanzstück. Das Grundthema seiner humorvoll-kritischen, den Erzählvorgang reflektierenden Romane und Erzählungen sind die Verzerrungen einer ideologisch fixierten Betrachtung der Lebenswirklichkeit.

1964 wurde er mit dem Heinrich-Mann-Preis der DDR ausgezeichnet. Im Oktober 1989 lehnte de Bruyn den Staatspreis der DDR ab und begründete dies mit der „Starre, Intoleranz und Dialogunfähigkeit" der Regierung. 1990 erhielt er den Heinrich-Böll-Preis der Stadt Köln.

Romane: *Der Hohlweg* (1962), *Preisverleihung* (1972), *Neue Herrlichkeit* (1984). – Erzählungen: Slg. *Ein schwarzer, abgrundtiefer See* (1963), *Maskeraden* (Parodien, 1966). – Hörspiele: *Aussagen unter Eid* (1964).

Buridans Esel. Roman, V 1968, Dramat, 1976 ↑ Plenzdorf

Im Mittelpunkt dieses „Liebes-, Frauen-, Ehe-, Moral-, Bibliothekars-, Sitten-, Gegenwarts-, Gesellschafts-, Berlin-Berichts (oder im Verkaufsinteresse auch: -Romans)" steht der verheiratete Bibliothekar Karl Erp. Die „Produktivkraft Liebe", nämlich zu der Praktikantin Broder, treibt ihn, einen neuen Anfang zu versuchen. Erp kehrt jedoch zu seiner Familie zurück, eingedenk des Esels, der verhungert, da er sich nicht zwischen zwei Heuhaufen entscheiden kann.

Der franz. Philosoph Buridan (um 1295 – um 1360) vertrat die Überzeugung, dass die Individuen über ein gewisses Maß an Entscheidungsfreiheit verfügen. Das Gleichnis vom Esel wurde von seinen Gegnern zur Verspottung dieser Lehre erfunden. De Bruyns Rekurs auf Buridan kennzeichnet seine Auseinandersetzung mit der Kulturgeschichte.

Zwischenbilanz, Vierzig Jahre. Autobiografie in 2 Teilen, V 1992/1996.

Zwischenbilanz. Eine Jugend in Berlin (1992) entstand als „ein Training im Ich-Sagen, im Auskunftgeben ohne Verhüllung durch Fiktion". De Bruyns Vater stammte aus einer bayer. Schauspielerfamilie, die Mutter war Tochter eines preuß. Briefträgers. Mit der NS-Herrschaft begann für de Bruyn 1933 zugleich die Schulzeit. Die „Zwischenbilanz" endet mit der Bibliothekarsausbildung in Berlin.

Vierzig Jahre. Ein Lebensbericht (1996). Der Titel bezieht sich auf das 40-jährige Bestehen der DDR bis zur Öffnung der Berliner Mauer 1989. De Bruyn schildert die Kompromisse, die er eingehen zu müssen glaubte, den Literaturbetrieb der DDR, Reisen in den Westen zu Lesungen. Er zieht das Resumee, dass die DDR bewiesen habe, die Verbindung von Demokratie und Sozialismus bleibe eine Utopie.

Georg Büchner
***17.10.1813 in Goddelau (= Riedstadt) bei Darmstadt**
†19.2.1837 in Zürich

Die neuere Geschichte der dt. Exilliteratur beginnt mit Georg Büchner. Autoren wie ↑Börne und ↑Heine hatten das restaurative Dtl. mehr oder weniger freiwillig verlassen, Büchner jedoch war, als er nach Frankr. floh, politisch verfolgt; ein am 13. Juni 1835 datierter Steckbrief bezichtigte ihn der „Teilnahme an staatsverräterischen Handlungen". Nach seinem Tod vergingen mehr als 50 Jahre, bis eine Gesamtausgabe seiner Werke erschien, und erst zu Beginn des 20. Jh.s, zur Zeit des Naturalismus und des Expressionismus, gewann das Schaffen des Dramatikers und Erzählers seine nun allerdings unauslöschliche Wirkung.

Der Sohn eines Amtsarztes wuchs in Darmstadt auf. Hier erhielt er seine Schulausbildung in einer Privatschule und ab 1825 im Gymnasium. 1831 begann er in Straßburg mit einem Medizinstudium; er wohnte bei dem Pfarrer Jaeglé, mit dessen Tochter Wilhelmine (Minna) er sich 1833 verlobte. Die politische Haltung des knapp 20-Jährigen zeigt ein Brief an die Eltern, in dem er nach dem „Frankfurter Putsch" (3.4.1833) schreibt: „Was nennt Ihr den gesetzlichen Zustand? Ein Gesetz, das die große Masse der Staatsbürger zum fronenden Vieh macht, um die unnatürlichen Bedürfnisse einer unbedeutenden und verdorbenen Minderzahl zu befriedigen? Und dies Gesetz, unterstützt durch eine rohe Militärgewalt und durch die dumme Pfiffigkeit seiner Agenten, ist eine ewige, rohe Gewalt, angetan dem Recht und der gesunden Vernunft, und ich werde mit Mund und Hand dagegen kämpfen, wo ich kann."

Im Herbst 1833 setzte Büchner sein Studium in Gießen fort. Hier trat er mit den „Oberhess. Verschwörern" um den Butzbacher Schulrektor Weidig in Verbindung, gründete in Gießen und später auch in Darmstadt eine geheime „Gesellschaft der Menschenrechte" und verfasste die (von Weidig redigierte und ergänzte) Flugschrift *Der Hessische Landbote* (Druck Juli 1834), die unter dem Motto „Friede den Hütten! Krieg den Palästen!" mit statistischen Angaben die Unterdrückung und Ausbeutung des Volkes belegt. Denunziation führte zu Verhaftungen im Freundeskreis; Büchner selbst wurde Anfang 1835 verhört. In dieser Zeit entstand das Drama *Dantons Tod*. Anfang März entging Büchner der Verhaftung durch die Flucht nach Straßburg. 1836 weckte er durch einen Vortrag über das Nervensystem der Fische, den die Straßburger „Gesellschaft für Naturwissenschaft" publizierte, die Aufmerksamkeit des in Zürich lehrenden Naturforschers Oken. Aufgrund seiner Dissertation *Über die Schädelnerven der Barben* promovierte ihn die Universität Zürich zum Dr. phil. An einem Wettbewerb des Cotta-Verlags beteiligte sich Büchner mit *Leonce und Lena*. Im Oktober 1836 zog Büchner nach Zürich und nahm seine Tätigkeit als Privatdozent auf. Zugleich begann er mit der Arbeit an *Woyzeck*. Im Alter von 23 Jahren erlag er einer Typhuserkrankung.

1922 stiftete der Volksstaat Hessen den Georg-Büchner-Preis für hess. Künstler (verliehen 1923–32 und 1945–50); er wird seit 1951 durch die Deutsche Akademie für Sprache und Dichtung bundesweit vergeben.

Dantons Tod. Drama in 4 Akten, E und V (in der Bearbeitung ↑Gutzkows und mit dem Untertitel „Dramatische Bilder aus Frankreichs Schreckensherrschaft") 1835, U 1902.

Dem nach Büchners Angaben „in höchstens fünf Wochen" verfassten Stück liegen die Darstellungen der Frz. Revolution von Mignet und Thiers sowie die populäre Slg. *Unsere Zeit* zugrunde. Aus allen drei Werken hat Büchner Passagen übernommen.

Das Bühnengeschehen reicht vom 24.3. bis zum 5.4.1794 (Hinrichtung Dantons und seiner Freunde). Rückerinnerungen (etwa an Dantons Tätigkeit als Justizminister und seine Verantwortung für die Ermordung von mehr als 1000 Gefangenen im September 1792) und die Vorausdeutung auf die Hinrichtung Robespierres (28.7.1794) ergeben ein Bild der jakobinischen Phase der Revolution.

Die Handlung gliedert sich in die Konfrontation zwischen Danton, der sich aus der Politik zurückgezogen hat und seinem Hang zum Wohlleben frönt, und Robespierre, dem sittenstrengen „Hüter" der Revolution (1. Akt), die Ereignisse um die Verhaftung Dantons (Warnungen, Verzicht auf Rettung durch Flucht), die Robespierre in einer Rede vor dem Nationalkonvent rechtfertigt (2. Akt), den Kampf gegen das Terrorregime, den Danton als Angeklagter vor dem Revolutionstribunal aufnimmt, und die erfolgreichen Gegenmaßnahmen seiner Gegner (3. Akt), schließlich die Vorbereitung Dantons und seiner Freunde im Gefängnis auf den Tod (4. Akt). Eingeflochten ist die Geschichte von Dantons Frau Julia, die sich das Leben nimmt, und Desmoulins' Frau Lucile, die im Wahnsinn endet.

Entscheidend für die dramatische Struktur und die inhaltliche Aussage ist jedoch nicht der Zusammenprall zweier durch Einzelgestalten und ihre Anhänger verkörperter politischer Auffassungen und Verhaltensweisen, sondern das Volk, das in Szenen von bisher unbekannter Ausdruckskraft in Erscheinung tritt. Zwar trifft Robespierres Analyse zu: „Die soziale Revolution ist noch nicht fertig; wer eine Revolution zur Hälfte vollendet, gräbt sich selbst sein Grab." Seine Folgerung („Das Laster muss bestraft werden, die Tugend muss durch den Schrecken herrschen") kann Danton leicht als Dogmatismus entlarven bzw. als Ausdruck individueller Bedürfnisse: „Es gibt nur Epikureer, und zwar grobe und feine, Christus war der feinste; das ist der einzige Unterschied, den ich zwischen den Menschen herausbringen kann. Jeder handelt seiner Natur gemäß, d.h. er tut, was ihm wohltut." Doch beide Protagonisten des politischen Kampfes verfehlen die Realität des Volkes, in dem das Bewusstsein lebt: „Unser Leben ist der Mord durch Arbeit; wir hängen sechzig Jahre lang am Strick und zappeln, aber wir werden uns losschneiden." Die realistischen Volksszenen entlarven sowohl Robespierres Programm einer Schreckensherrschaft der Tugend als auch Dantons Epikureismus als Ideologien, die mit den Bedürfnissen des Volkes nichts zu tun haben.

Vielfach wurde der Interpretation des Dramas ein Ende 1833 (d.h. vor Beginn der revolutionären Tätigkeit Büchners) an die Braut gerichteter Brief zugrunde gelegt, in dem es heißt: „Ich studierte die Geschichte der Revolution. Ich fühlte mich wie zernichtet unter dem grässlichen Fatalismus der Geschichte. Ich finde in der Menschennatur eine entsetzliche Gleichheit, in den menschlichen Verhältnissen eine unabwendbare Gewalt, allen und keinem verliehen." Es sind dies Überzeugungen, die im Stück zwar gleichfalls artikuliert werden, jedoch klar den Antagonisten Danton und Robespierre zugeordnet sind. Nicht die Revolution, sondern ihre Akteure sind zum Scheitern verurteilt. Damit steht im Einklang, dass die Szenen, die Danton und seine Freunde im Gefängnis zeigen, von erschütternder Expressivität geprägt sind und im Bekenntnis zum Nihilismus gipfeln: „Die Welt ist das Chaos. Das Nichts ist der zu gebärende Weltgott" (Danton).

Leonce und Lena. Lustspiel in 3 Akten, E 1836, V 1838, U 1885.
Büchner beteiligte sich mit diesem Stück an einem Wettbewerb des Cotta-Verlags um „das beste ein- oder zweiaktige Lustspiel in Prosa oder Versen"; es traf jedoch zu spät ein und blieb unberücksichtigt. Zu den Vorbildern gehören neben Shakespeares Komödien die Lustspiele *Ponce de Leon* von ↑ Brentano und *Prinz Zerbino* von ↑ Tieck.
Prinz Leonce von Popo leidet an grenzenloser Langeweile. Um der Ehe mit Prinzessin Lena von Pipi zu entgehen, bricht er mit seinem Freund Valerio nach Italien auf. Nachdem sie innerhalb eines halben Tages bereits „ein halbes Dutzend Großherzogtümer" und „ein paar Königreiche" durchquert haben, treffen sie auf die ihnen unbekannte Lena, die mit ihrer Gouvernante ebenfalls vor der bevorstehenden Hochzeit geflohen ist. Leonce verliebt sich in sie und will, da er in diesem Augenblick sein „ganzes Sein" erfahren hat, Selbstmord begehen, doch hält ihn Valerio von solcher „Leutnantsromantik" ab. Leonce und Lena wollen heiraten. Als Automaten verkleidet treffen sie im Schloss des Königreichs Popo ein, wo die Hochzeitsvorbereitungen in vollem Gange sind (der Schulmeister zu den als Ehrenspalier angetretenen Bauern: „Erkennt, was man für euch tut: man hat euch grade so gestellt, dass der Wind von der Küche über euch geht und ihr auch einmal in eurem Leben einen Braten riecht"). Die Unbekannten werden „in effigie" getraut und erkennen erst jetzt, dass alles so gekommen ist, wie es geplant war. König Peter dankt ab; mit seinem Staatsminister Valerio, der alle Arbeit unter Strafe stellt, wird Leonce ein Reich ohne Uhren, Kalender und Winterkälte errichten. Das Stück bildet ebenso eine Satire auf das feudalistische System bzw. die Scheinwelt der Duodezstaaten wie auf die Romantik und deren Italiensehnsucht. Die allumfassende Langeweile ist das Merkmal einer überlebten Gesellschaft.

Lenz. Erzählung, E 1835, V 1838, Verf 1970 B. D. George Moorse.
Die Titelgestalt ist der Dichter J. M. R. ↑ Lenz. Büchner hat dessen Briefe und die Tagebuchaufzeichnungen des Pfarrers Oberlin benutzt, in dessen Obhut im Elsass Lenz vom 20. 1. bis 8. 2. 1778 war.
Die Erzählung verfolgt die Ereignisse dieser wenigen Tage protokollartig, jedoch in einer sprachlichen Form, die der Erlebnisweise des vom Wahnsinn bedrohten Dichters unmittelbar Ausdruck verleiht. So heißt es in der Schilderung der Wanderung nach Waldbach: „Müdigkeit spürte er keine, nur war es ihm manchmal unangenehm, dass er nicht auf dem Kopf gehen konnte (…) er wühlte sich in das All hinein, es war eine Lust, die ihm wehe tat; oder er stand still und legte das Haupt ins Moos und schloss die Augen halb, und dann zog es weit von ihm, die Erde wich unter ihm, sie wurde klein wie ein wandelnder Stern."
Der Beruhigung, die zunächst im Waldbacher Pfarrhaus eintritt, folgen Anfälle von Selbstkasteiung und Selbstmordversuche, dann das „süße Gefühl unendlichen Wohls", als er eine Predigt halten darf, dann wieder das Bewusstsein der völligen Vereinsamung in einer von Hoffnungslosigkeit erfüllten Welt: „Das All war für ihn in Wunden; er fühlte tiefen, unnennbaren Schmerz davon." Der Zusammenbruch wird durch den Tod eines Kindes ausgelöst, das Lenz wieder zum Leben erwecken will; die Erfahrung seiner Ohnmacht treibt ihn zur Gotteslästerung: „Es war ihm, als könnte er (…) die Welt mit Zähnen zermalmen und sie dem Schöpfer ins Gesicht speien." In die Darstellung einer sich selbst und der Welt zunehmend entfremdeten Psyche ist, in Form eines Kunstgesprächs, ein Bekenntnis zum Leben eingefügt. Hier verurteilt Lenz (und mit ihm Büchner) den Idealismus als „schmählichste Verachtung der menschlichen Natur": „Ich verlange in allem – Leben, Möglichkeit des Daseins, und dann ist's gut; wir haben dann nicht zu fragen, ob es schön, ob es hässlich ist."

Woyzeck. Drama, E 1836/37, V 1879 u.d.T. *Wozzeck. Ein Trauerspiel-Fragment,* U 1913, Vert 1913 u. d. T. *Wozzeck* Alban Berg (U 1925), Verf u.d.T. *Der Fall Wozzeck* DDR 1947 Georg C.Klaren, B.D. 1979 Werner Herzog, u.d.T. *Wodzeck* B.D.1984 Oliver Herbrich.

Zugrunde liegt eine Begebenheit, deren medizinisch-psychologische Erörterung Büchner vermutlich durch „Henkes Zeitschrift für Staatsarzneikunde" kannte, die sein Vater abonniert hatte. 1821 erstach in Leipzig der Perückenmacher und Gelegenheitsarbeiter Johann Christian Woyzeck aus Eifersucht seine Geliebte. Ein Gutachten des Gerichtsmediziners Dr. Clarus erklärte ihn für voll zurechnungsfähig. Obwohl sich Zeugen für Anzeichen einer Geisteskrankheit Woyzecks fanden, wurde die Erstellung eines Gegengutachtens abgelehnt. Die öffentliche Hinrichtung fand 1824 statt.

Die vier Handschriften lassen keine eindeutige Entscheidung über die geplante Reihenfolge der Szenen und den vorgesehenen Schluss zu. So deutet etwa ein mit „Gerichtsdiener. Barbier. Arzt. Richter" überschriebenes Szenenfragment an, dass das Stück ursprünglich mit der Gerichtsverhandlung enden sollte.

Entsprechend den Handschriften H 2 und H 4 stellen die neueren Ausgaben eine Szene an den Anfang, in der Woyzecks Angstzustände zum Ausdruck kommen. Es folgt ein Dialog mit dem Hauptmann, den Woyzeck rasiert, über Moral und Tugend. Durch den an ihrem Fenster vorbeiziehenden Zapfenstreich bekommt Marie einen imposanten Tambourmajor zu Gesicht. Gemeinsam mit Marie besucht Woyzeck eine Schaubude, in der die „Vernunft" eines Pferdes demonstriert wird; Annäherung zwischen Marie und dem Tambourmajor. Woyzeck ertappt Marie, wie sie sich mit Ohrringen schmückt. Woyzeck beim Doktor, der an ihm die Folgen einer ausschließlichen Ernährung mit Erbsen erforscht. Marie gibt sich dem Tambourmajor hin. Der Hauptmann deutet gegenüber Woyzeck Maries Untreue an; Woyzecks Reaktion wird vom Doktor analysiert. Woyzeck fordert von Marie Rechenschaft. Er beobachtet sie beim Tanz mit dem Tambourmajor. Predigt eines Handwerksburschen („... alles Irdische ist übel, selbst das Geld geht in Verwesung über"). Woyzeck wird von Stimmen verfolgt („stich! stich!"), der Doktor präsentiert ihn seinen Studenten, der Tambourmajor verprügelt ihn. Marie liest in der Bibel die Erzählung von Jesus und der Ehebrecherin. Woyzeck kauft ein Messer; an einem Teich ersticht er Marie. Im Wirtshaus wird Blut an seiner Hand entdeckt; er kehrt zu Maries Leichnam zurück, wirft das Messer in den Teich und folgt ihm; zwei Personen hören einen Ton „wie ein Mensch, der stirbt".

Die vier handschriftlichen Fassungen enthalten mit unterschiedlicher Gewichtung drei Motivbereiche: das Leiden Woyzecks an halluzinatorischen „Stimmen" und apokalyptischen Wahrnehmungen („Hörst du das fürchterliche Getöse am Himmel. Über der Stadt. Alles Glut! Sieh nicht hinter dich. Wie es herauffliegt, und alles darunter stürzt"); das von körperlicher Benachteiligung und materieller Not belastete Verhältnis zu Marie; schließlich die Verachtung und Unterdrückung durch übergeordnete Instanzen wie den Hauptmann oder den Arzt, der Woyzeck zu medizinischen Experimenten missbraucht. Der gemeinsame Bezugspunkt ist das soziale Elend Woyzecks. Er selbst drückt das Bewusstsein der Deklassierung in dem Bild aus: „Unsereins ist doch einmal unselig in der und der andern Welt. Ich glaub, wenn wir in Himmel kämen, so müssten wir donnern helfen." Auf seinen Mangel an Tugend angesprochen, erwidert er: „Sehn Sie: wir gemeine Leut, das hat keine Tugend, es kommt einem nur so die Natur; aber wenn ich ein Herr wär und hätt ein' Hut und eine Uhr und eine Anglaise und könnt vornehm reden, ich wollt schon tugendhaft sein. Es muss was Schönes sein um die Tugend, Herr Hauptmann. Aber ich bin ein armer Kerl!"

Gottfried August Bürger

***31. 12. 1747 in Molmerswende (Harz), †8. 6. 1794 in Göttingen**

Der Sohn eines Pastors studierte ab 1764 in Halle Theologie, ab 1768 in Göttingen Jura. 1772 erhielt er eine kärglich besoldete Amtmannsstelle in Altengleichen bei Göttingen und heiratete zwei Jahre später Dorette Leonhart, doch verband ihn leidenschaftliche Liebe mit deren Schwester Auguste („Molly"). Nach dem Tod Dorettes ließ er sich 1784 in Göttingen als Privatdozent nieder und heiratete 1785 Auguste, die im folgenden Jahr starb. 1790–92 war er in unglücklicher dritter Ehe mit Elise Hahn verheiratet.
Bürger stand in freundschaftlicher Verbindung zu den Mitgliedern des 1772 gegründeten Dichterbundes „Göttinger Hain" (bzw. „Hainbund" nach ↑Klopstocks Ode „Der Hügel und der Hain"; ↑Claudius, ↑Hölty, ↑Voß). Unter dem Einfluss der Schriften ↑Herders über die Volkspoesie widmete er sich der Erneuerung der Ballade. In *Lenore* (1773) holt der Geist eines im Siebenjährigen Krieg gefallenen Soldaten als gespenstischer Reiter seine Braut ins Totenreich. 1776 erschien die Abhandlung *Herzensausguss über Volkspoesie*, 1784 *Von der Popularität der Poesie*. Im Vorwort des Bandes *Gedichte* (1778) bezeichnet Bürger die „Popularität" als „Siegel der Vollkommenheit"; die *„Molly"-Lieder* dieser Slg. sind von einer neuen Unmittelbarkeit des Gefühlsausdrucks im Sinne des Sturm und Drang geprägt. Umso vernichtender kritisierte ↑Schiller 1791 vom klassizistischen Standpunkt aus Bürgers Orientierung an der „Fassungskraft des großen Haufens" und Mangel an „Idealisierkunst". Volkstümlichkeit gewann Bürger durch *Wunderbare Reisen zu Wasser und zu Lande, Feldzüge und lustige Abenteuer des Freiherrn von Münchhausen* (1786, erweiterte Ausgabe 1788).

Wilhelm Busch

***15. 4. 1832 in Wiedensahl bei Stadthagen**
†9. 1. 1908 in Mechtshausen (Harz)

Nach einer künstlerischen Ausbildung in Düsseldorf und Antwerpen gehörte Busch 1859–71 in München zu den Mitarbeitern der illustrierten „Fliegenden Blätter". Nach einem Aufenthalt in Frankfurt a. M. lebte er zurückgezogen in seinem Geburtsort, ab 1898 in Mechtshausen.
In seinen mit Knittelversen unterlegten Bildfolgen – einer Vorform der Comic Strips – übte Busch scharfsichtige, vielfach als gemütvoll-humoristisch missverstandene Zeitkritik, die Bezüge zum Pessimismus der Philosophie Arthur Schopenhauers aufweist. Seine populärste Bildererzählung, *Max und Moritz. Eine Bubengeschichte in sieben Streichen* (1865, 1. Dramatisierung 1878, 39. Auflage 1897, mehrere Vert und Verf), geißelt die Beschränktheit und latente Aggressivität des Kleinbürgertums, dessen Lebenshorizont Lehrer Lämpel definiert: „Ach (...) die größte Freud/ist doch die Zufriedenheit!" *Die fromme Helene* und *Pater Filucius* handeln von scheinheiliger Sittsamkeit und Frömmigkeit; bürgerliches Ehe- und Familienglück gibt *Tobias Knopp* (3 Teile 1875–77) der Lächerlichkeit preis. Die Groteske *Eduards Traum* (1891) enthält eine Verlebendigung der Gegenstände und verdinglicht das Menschliche. 1909 erschien postum der Gedichtband *Schein und Sein*.

Elias Canetti

***25. 7. 1905 in Rustschuk (= Russe, Bulgarien), † 14. 8. 1994 in Zürich**

Der Sohn span.-jüd. Eltern wuchs in Manchester und Wien auf, besuchte ein Internat in Zürich und legte das Abitur in Frankfurt a. M. ab; 1929 schloss er ein naturwissenschaftliches Studium in Wien mit der Promotion in Chemie ab. Bekanntschaft verband ihn mit ↑ Musil und ↑ Broch (1936 Rede zum 50. Geburtstag). Seit der Emigration (1938) lebte er in London. Canettis Hauptwerk als Erzähler ist der Roman *Die Blendung* (E 1930/31, V 1935), dessen 3. Auflage (1963) seine Wirkung im dt. Sprachraum begründete. Im Mittelpunkt steht ein seiner monströsen Umwelt ausgelieferter Privatgelehrter, der sich am Ende auf dem aus seinen Büchern aufgetürmten Scheiterhaufen verbrennt. Als Dramatiker gestaltet Canetti eine groteske, vom Chaos bedrohte Welt; so endet *Hochzeit* mit dem Einsturz des Hauses, in dem die Feier stattfindet. Kennzeichnend für Canettis Literaturverständnis sind aphoristische Aufzeichnungen. Zu seinen Auszeichnungen gehören der Georg-Büchner-Preis 1972 und der Literaturnobelpreis 1981.

Dramen: *Hochzeit* (E 1932, V 1964, U 1965), *Komödie der Eitelkeit* (E 1934, V 1950, U 1965), *Die Befristeten* (engl. U 1956, V 1964, dt. U 1966). – Essays u. Ä.: *Masse und Macht* (E ab 1939, V 1960), *Aufzeichnungen* 1942–48 (1965), *Die Stimmen von Marrakesch. Aufzeichnungen nach einer Reise* (1967), *Der andere Prozeß. Kafkas Briefe an Felice* (1969), *Alle vergeudete Verehrung. Aufzeichnungen* 1949–60 (1970), *Die Provinz des Menschen. Aufzeichnungen* 1942–72 (1973).

Die gerettete Zunge.
Geschichte einer Jugend, V 1977.

Dieser 1. Teil der autobiografischen, bis 1937 reichenden Trilogie Canettis schildert die Kindheits- und Jugendjahre 1905–21 in Bulgarien, England, Österreich und der Schweiz. Der Titel bezieht sich auf ein Erlebnis des Kindes: die Drohung, ihm werde die Zunge abgeschnitten, und zugleich auf ein Leitthema: den Spracherwerb. Das einschneidendste Erlebnis ist der Verlust des Vaters (1912). Die Erzählweise ist der Entwicklung des Heranwachsenden angepasst.

Zum Sprechen kommt mit Teil 2 *(Die Fackel im Ohr,* 1980) das Hören; Teil 3 *(Das Augenspiel,* 1985) ist geprägt durch das Leitmotiv des Sehens.

Veza Canetti

***21. 11. 1897 in Wien, † 1. 5. 1963 in London**

Venetiana Taubner-Calderon stammte aus einer span.-jüd. Familie. Nach 1918 gab sie in Wien privaten Englischunterricht. Ende der 1920er Jahre lernte sie den Chemiker und angehenden Schriftsteller Elias ↑ Canetti kennen, den sie 1934 heiratete. Sie selbst veröffentlichte unter verschiedenen Pseudonymen Erzählungen in der „Arbeiter-Zeitung“, und zuletzt 1934 in den „Neuen dt. Blättern“. Ab 1938 mit ihrem Mann im Londoner Exil lebend, blieb sie als Schriftstellerin tätig, ohne Verleger zu finden.

1990 eröffnete *Die gelbe Straße* (E 1939) eine Werkausgabe (bis 2001 5 Bde.). Der sozialkritische Roman gliedert sich in Episoden aus der Wiener Gesellschaft, mit einem Zeitungskiosk als Katalysator. Die Episode *Der Oger* über die Rechtlosigkeit der Frau gegenüber der Gewalttätigkeit ihres Mannes wurde von Veza dramatisiert (V 1991). Der Roman *Die Schildkröten* (V 1999) handelt vom Austrofaschismus und Antisemitismus der „Männer mit dem Totenkopf als Sinnbild ihrer Macht“.

Paul Celan (eigtl. P. Anczel bzw. Antschel)
***23.11.1920 in Czernowitz (Bukowina, russ. Tschernowzy), † 1970 in Paris**
Vor dem Hintergrund der Feststellung des Philosophen Theodor W. Adornos (1903–63) aus dem Jahr 1949, „dass es nach Auschwitz unmöglich ward, Gedichte zu schreiben", erweist sich das Werk Celans als Ringen um eine Neuschöpfung der Dichtung. „Der falschen Vertrautheit des Alltageredens enthoben, war er imstande, diese mit so viel Bitterkeit geliebte deutsche Sprache für sich neu zu entdecken" (↑ Kaschnitz anlässlich der Verleihung des Georg-Büchner-Preises an Celan 1960).

Der Sohn eines dt.-jüd. Bautechnikers und Maklers begann nach dem Abitur 1938 in Tours (Frankr.) ein Medizinstudium, kehrte jedoch 1939 nach Czernowitz zurück und studierte Romanistik. Zu Beginn der dt. Besetzung der Bukowina 1941 lebte er mit seiner Familie im Ghetto. 1942 wurden seine Eltern in einem Vernichtungslager am Bug umgebracht, er selbst kam in ein Arbeitslager. Er konnte fliehen und setzte 1944, nachdem die Bukowina sowj. besetzt worden war, sein Studium in Czernowitz fort (Bekanntschaft mit ↑ Ausländer). Ab 1945 war er in Bukarest als Redakteur, Lektor und Übersetzer tätig; erste Veröffentlichung von Gedichten in der rumän. Zeitschrift „Agora" (1947) und der österreich. Zeitschrift „Plan" unter dem Pseudonym Celan (Anagramm von Anczel). Im Juli 1948 siedelte Celan nach Paris über. Er studierte Germanistik und Sprachwissenschaft und arbeitete ab 1950 als Übersetzer und freier Schriftsteller. 1952 erschien die Slg. *Mohn und Gedächtnis*. Im selben Jahr war Celan Gast der „Gruppe 47" und heiratete die Grafikerin Gisèle Lestrange (sie stattete die bibliophilen Bände *Atemkristall, Schlafbrocken* und *Schwarzmaut* mit Radierungen aus). 1958 erhielt Celan den Bremer Literaturpreis, 1960 den Georg-Büchner-Preis; die Dankesrede *Meridian* erschien nach *Gespräch im Gebirge* (1960) als weiterer Prosatext mit poetologischen Standortbestimmungen. Lesungen führten ihn u.a. nach Tübingen, Hannover und Stuttgart (Hölderlin-Tagung 1970). 1969 sprach er in Israel vor dem Hebräischen Schriftstellerverband. Ende April 1970 nahm sich Celan in Paris in der Seine das Leben.
Celan musste sich mit der Kritik auseinandersetzen, er baue Verständnisbarrieren auf oder beschäftige sich bei Themen wie Verfolgung und Vernichtung oder dem Scheitern von Verständigung im Grunde mit dem „Übersinnlichen". Er setzte den Angriffen seine Überzeugung entgegen, dass seine lyrische Sprache gerade durch ihre Paradoxie (Einheit der Widersprüche) sinnfällig ist und mit dem (lernfähigen) Leser in einen Dialog tritt. Der Philosoph Hans-Georg Gadamer (1900–2002) veranschaulichte die Lehre vom Verstehen (Hermeneutik) in seinen Betrachtungen *Wer bin ich und wer bist Du? Kommentar zu Paul Celans Gedichtfolge ‚Atemkristall'* (1973).

Gedichtbände: *Der Sand aus den Urnen* (1948), *Mohn und Gedächtnis* (1952), *Von Schwelle zu Schwelle* (1955), *Sprachgitter* (1959), *Die Niemandsrose* (1963), *Atemwende* (1967), *Lichtzwang* (1970), *postum Zeitgehöft. Späte Gedichte aus dem Nachlass* (1976). – Übersetzungen aus dem Russ. (Block, Jessenin, Mandelstam), Frz. (Cocteau, Picasso, Rimbaud, Simenon, Valéry), Italien. (Ungaretti), Engl. (Sonette Shakespeares, 1967).

Lyrik. Schlüsselbegriffe in Äußerungen Celans über sein Schaffen sind die „Einsamkeit des Gedichts", „Konzentration" („Die Kunst erweitern? Nein. Sondern geh mit der Kunst in deine allereigenste Enge. Und setze dich frei"), aber auch „Begegnung" (das Gedicht „braucht ein Gegenüber. Es sucht es auf, es spricht sich ihm zu"). Ein drittes prägendes Element ist das Bewusstsein von der Notwendigkeit der „Ergriffenheit", das in Celans Herkunft aus dem jüd. Chassidismus und dessen Betonung der religiösen Verinnerlichung begründet ist. Ein kennzeichnendes Frühwerk ist *Todesfuge* (1952), das die Erfahrung des Grauens in das Fließen von Langversen hüllt: „Er ruft stecht tiefer ins Erdreich ihr einen ihr andern singet und spielet / Er greift nach dem Eisen im Gurt er schwingts seine Augen sind blau/Stecht tiefer die Spaten ihr einen ihr andern spielt weiter zum Tanz auf." Mit der Slg. *Sprachgitter* (1959) setzt ein Zerbrechen des sprachlichen Zusammenhangs ein. Die Slg. *Die Niemandsrose* (1963) enthält Verse als Ausdruck eines radikalen Versagens der Sprache: „Käme, / käme ein Mensch, / käme ein Mensch zur Welt, heute, mit / dem Lichtbart der Patriarchen: er dürfte, / spräch er von dieser Zeit, er dürfte / nur lallen und lallen,/immer-, immer- / zu-zu." Zum Sinnbild der Hoffnung wird das alle Sprachnot aufhebende Pfingst-Ereignis: „Ein Dröhnen: es ist / die Wahrheit selbst / unter die Menschen / getreten / mitten ins Metapherngestöber."

Adelbert von Chamisso
(eigtl. Louis Charles Adélaïde de C. de Boncourt)
*30. 1. 1781 auf Schloss Boncourt (Champagne), †21. 8. 1838 in Berlin

1790 floh die aus lothring. Adel stammende Familie nach Preußen. Der 15-jährige Chamisso wurde Page der Königin Luise, 1798–1807 diente er als Offizier im preuß. Heer. Zu seinem Bekanntenkreis gehörten ↑Kleist sowie die Romantiker A. v. ↑Arnim und ↑Hoffmann (hinter Cyprian aus dem Kreis der „Serapionsbrüder" verbirgt sich Chamisso). 1815–18 nahm er als Botaniker an einer Weltumseglung teil (eine kleine Insel in der Beringstraße erhielt Chamissos Namen). Nach seiner Rückkehr wurde er Leiter des Botanischen Gartens in Berlin, später des Herbariums. Als Lyriker gestaltete er Sagenstoffe und soziale Themen in Form von Balladen *(Das Riesenspielzeug, Die Sonne bringt es an den Tag, Die alte Waschfrau, Der Invalide).* Seine 1831 erschienene Slg. *Gedichte* enthält den Zyklus *Frauen-Liebe und -Leben,* den Robert Schumann 1840 vertont hat.

Peter Schlemihls wundersame Geschichte. Erzählung, V 1814.
In elf an den fiktiven Herausgeber Chamisso gerichteten Briefen schildert der Ich-Erzähler Schlemihl sein Schicksal. Dessen Ausgangspunkt liegt im Verlangen nach Geld, dem Schlüssel zu gesellschaftlichem Ansehen. Schlemihl ist durch ein „Glückssäckel" reich geworden, das er von einem sonderbaren Mann (er kann alles Denkbare aus der Tasche ziehen) erhalten hat. Als Gegenleistung muss er seinen Schatten abgeben. Schattenlos gerät er in völlige Isolierung. Schließlich rettet ihn der Erwerb eines Paars Schuhe, die ihn als Siebenmeilenstiefel kreuz und quer über die Welt tragen: Von allem menschlichen Umgang ausgeschlossen, „ward ich zum Ersatz an die Natur, die stets geliebte, gewiesen, die Erde mir zu einem reichen Garten gegeben". Die Erzählung verbindet Märchen- und Sagenmotive (Teufelspakt) mit realistischer Gesellschaftsschilderung und dem romantischen Rückzug in eine hier als exotisch geschilderte, durch ihre Fremdheit und Unberührtheit zugleich den Forschergeist ansprechende Natur.

Peter O(tto) Chotjewitz

***14. 6. 1934 in Berlin**

Der Sohn eines Malermeisters besuchte neben einer Tätigkeit als Malergehilfe in Kassel das Abendgymnasium, studierte 1955–60 in Frankfurt a. M. und München Jura sowie während seines Referendariats in West-Berlin Publizistik, Geschichte und Philosophie. 1965 legte er die juristische Staatsprüfung ab, seit 1966 ist er als Schriftsteller tätig, z. T. gemeinsam mit seiner Frau Renate Chotjewitz-Häfner; 1967–73 lebten sie in Rom. 1973 erschien der sozialkritische Bericht *Malavita. Mafia zwischen gestern und morgen*, 1975 *Die Briganten. Aus dem Leben süditalienischer Sozialrebellen.* Der Roman *Der dreißigjährige Friede* (1977) über eine kleinbürgerliche Familie in der Nachkriegszeit ist autobiografisch fundiert, ebenso *Die Herren des Morgengrauens* (1978): Geschildert wird der Druck, der auf einem dem Verdacht des Sympathisantentums mit dem Terrorismus ausgesetzten Schriftsteller lastet (vgl. ↑ Böll): 1975 hatte Chotjewitz in Kruspis (Hessen) eine Anwaltspraxis eröffnet und wurde Wahlverteidiger des RAF-Terroristen Andreas Baader, 1977 verschickte er mit einer Hungerstreikerklärung Gudrun Ensslins einen Aufruf an Kollegen, worauf Anfang 1978 Anklage gegen ihn erhoben wurde. Aus Nachforschungen über das Schicksal von Juden, die in den 1930er Jahren aus einem hess. Dorf vertrieben wurden, entstand *Die mit Tränen säen. Israelisches Reisejournal* (1980). 2002 erhielt Chotjewitz den Literaturpreis seiner neuen Heimatstadt Stuttgart. 2002 erschien der historische Roman *Machiavellis letzter Brief.*

Gedichtbände: *Ulmer Brettspiele* (1965). – Romane: *Die Insel. Erzählungen auf dem Bärenauge* (1968), *Vom Leben und Lernen, Stereostücke* (1969), *Saumlos* (1979). – Erzählungen: Slg. *Durch Schaden wird man dumm* (1976). – Hörspiel: *Die Falle, oder die Studenten sind nicht an allem schuld* (1969, Collage über den Besuch des pers. Schah 1967 in West-Berlin).

Matthias Claudius

***15. 8. 1740 in Reinfeld (Holstein), †21. 1. 1815 in Hamburg**

Der Sohn eines Pfarrers war nach einem Theologie- und Jurastudium in Jena ab 1768 in Hamburg als Bankrevisor und Schriftsteller tätig (Mitarbeiter der „Hamburgischen Adress-Comptoir-Nachrichten“). 1771–75 gab er in Wandsbek die viermal wöchentlich erscheinende Zeitung „Der Wandsbecker Bote“ heraus (Beiträge u. a. von ↑ Bürger, ↑ Goethe, ↑ Herder, ↑ Lessing sowie den Mitgliedern des Göttinger „Hainbund“, ↑ Hölty und ↑ Voß, mit denen Claudius sich durch die gemeinsame Verehrung ↑ Klopstocks verbunden fühlte). 1775–1812 erschien (unter dem Pseudonym „Asmus“) das Sammelwerk *Asmus, omnia sua secum portans, oder Sämtliche Werke des Wandsbecker Boten* (7 Bde.). Es enthält Aufsätze, Erzählungen, Rezensionen, Briefe und Lyrik.

Das Streben nach natürlicher Schlichtheit und Volkstümlichkeit ist in den Gedichten zu innigem, oft auch lapidarem lyrischem Empfindungsausdruck vertieft: *Abendlied* („Der Mond ist aufgegangen“, 1779), *Der Krieg* („s'ist Krieg, s'ist Krieg! O Gottes Engel wehre“, 1779), *Der Mensch* („Empfangen und genähret/Vom Weibe wunderbar“, 1783). Satirische Züge besitzt das *Schreiben eines parforcegejagten Hirschen an den Fürsten, der ihn parforcegejagt hatte.* Der Brief *An meinen Sohn Johannes* verbindet Frömmigkeit mit Lebensklugheit („Sag nicht alles, was Du weißt, aber wisse immer, was Du sagst“).

Franz Josef Degenhardt

***3. 12. 1931 in Schwelm (Westfalen)**

Im proletarischen Milieu des Ruhrgebiets aufgewachsen, promovierte Degenhardt nach einem Jurastudium 1966 und ließ sich 1969 als Anwalt in Hamburg nieder. Sein Eintreten für eine Zusammenarbeit von Sozialisten und Kommunisten hatte 1971 den Ausschluss aus der SPD zur Folge. Der zunehmend politisch engagierte „Liedermacher“ begann Anfang der 1960er Jahre mit satirischen Chansons, vorgetragen im Parlandostil mit Gitarrenbegleitung *(Spiel nicht mit den Schmuddelkindern,* 1967). Vier Romane behandeln zeitgeschichtliche Themen: Einbeziehung von Jugendlichen in den antifaschistischen Widerstand in den letzten Kriegsjahren *(Zündschnüre,* 1973, Verf B. D. 1974 Reinhard Hauff*),* Kampf einer Bürgerinitiative gegen einen NATO-Truppenübungsplatz *(Brandstellen,* 1975, Verf DDR 1978 Horst E. Brandt*),* Kindesmisshandlung *(Die Misshandlung oder Der freihändige Gang über das Geländer der S-Bahn-Brücke,* 1979*)* und den Kulturbetrieb *(Der Liedermacher,* 1982).

Richard Dehmel

***18. 11. 1863 in Wendisch-Hermsdorf (Spreewald)**
†8. 2. 1920 in Blankenese

Der Sohn eines Försters studierte in Berlin und Leipzig Volkswirtschaft, Soziologie, Philosophie, Naturwissenschaften und promovierte 1887. Als Lyriker durchlief er eine Entwicklung vom Impressionismus (Einfluss ↑ Liliencrons) und Naturalismus *(Der Arbeitsmann)* über den Symbolismus (Verherrlichung der Macht des Eros) zum frühen Expressionismus. Als Dramatiker debütierte er 1895 mit *Der Mitmensch.* Das Stück *Die Menschenfreunde* (1917) handelt von einem Multimillionär und mutmaßlichen Mörder seiner Erbtante; als Seelendrama angelegt, lässt es die Schuldfrage offen.

F(riedrich) C(hristian) Delius

***13. 2. 1943 in Rom**

Der Sohn eines Pfarrers studierte in West-Berlin Germanistik und promovierte 1970 zum Dr. phil., anschließend war er Lektor beim Wagenbach-Verlag, 1973–78 beim Rotbuch-Verlag. Gesellschaftskritische Dokumentartexte sind *Wir Unternehmer. Über Arbeitgeber, Pinscher und das Volksganze* (Protokolle des CDU/CSU-Wirtschaftstags 1965, 1966) und die (gerichtlich angefochtene) Festschrift *Unsere Siemens-Welt* (1972, mit Anhang 1976). Der Roman *Ein Held der inneren Sicherheit* (1981) lehnt sich an die Entführung und Ermordung des Arbeitgeber-Präsidenten Hanns-Martin Schleyer 1977 durch die RAF an. Von der widerrechtlichen Bildungsreise eines DDR-Bürgers, der nur mit größter Mühe zurückkehrt, handelt die Erzählung *Spaziergang von Rostock nach Syrakus* (1995). Sie „aktualisiert“ den *Spaziergang nach Syrakus im Jahre 1802* (1803) von Johann Gottfried Seume (1763–1810).

Gedichtbände: *Kerbholz* (1965), *Ein Bankier auf der Flucht* (1975, darin die *Moritat auf Helmut Hortens Angst und Ende), Der unsichtbare Blitz* (1981), *Japanische Rolltreppe: Tanka-Gedichte* (1989). – Dramen: *Die nachlassende Geschmeidigkeit der Lippen* (2000). – Prosa: *Warum ich schon immer Recht hatte – und andere Irrtümer. Ein Leitfaden für deutsches Denken* (2003).

Alfred Döblin

***10.8.1878 in Stettin, †28.6.1957 in Emmendingen bei Freiburg i. Br.**

Das umfangreiche Romanwerk des Arztes und Schriftstellers – mit Schauplätzen in China, Indien, Südamerika, mit Themen aus Mythos, Geschichte und moderner technischer Entwicklung – liegt im Schatten eines Welterfolgs; 1955 bemerkte der Autor nicht ohne Enttäuschung: „Und wenn man meinen Namen nannte, so fügte man ‚Berlin Alexanderplatz' hinzu."

Der Sohn eines jüd. Kaufmanns wuchs, nachdem der Vater die Familie verlassen hatte, seit 1888 in Berlin auf. Sein Medizinstudium schloss er 1905 in Freiburg i. Br. mit der Promotion ab; nach einer Tätigkeit in der psychiatrischen Anstalt in Regensburg eröffnete er 1911 im Berliner Osten eine kassenärztliche Praxis für Neurologie und Psychiatrie (bis 1931, anschließend bis 1933 Privatarzt im Berliner Westen). Im I. Weltkrieg war er als Militärarzt tätig. 1918 trat er der revolutionären USPD bei, 1921–30 war er SPD-Mitglied.

In den Vorkriegsjahren gehörte Döblin zum Kreis um Herwarth Walden, den Förderer des Expressionismus, Kubismus und Futurismus. In Waldens Zeitschrift „Der Sturm" erschienen die frühen Erzählungen, etwa 1910 *Die Ermordung einer Butterblume,* eine Satire auf das oberflächliche Verlangen nach Harmonie im Verhältnis von Mensch und Natur. Für den weltanschaulich u. a. durch Arthur Schopenhauer geprägten Roman *Die drei Sprünge des Wang-lun* (1915) mit dem zentralen Motiv der freiwilligen Selbstaufgabe wurde Döblin mit dem Kleist- und dem Fontane-Preis ausgezeichnet. Unter dem Pseudonym „Linke Poot" (Linke Pfote) veröffentlichte er Satiren auf die reaktionären Tendenzen der Weimarer Republik *(Dt. Maskenball,* 1921).

Als Emigrant (ab 1933 in Paris) unterstützte Döblin die zionistische „Freilandbewegung". Sein 1935 erschienener Roman *Pardon wird nicht gegeben* schildert auf autobiografischer Grundlage (Werdegang des älteren Bruders) den äußeren Aufstieg und seelischen Niedergang eines Besitzbürgers im Wilhelminischen Dtl. Nach der Flucht in die USA (1940; New York, Los Angeles, Hollywood) konvertierte Döblin zum Katholizismus. 1945 kehrte er als kulturpolitischer Mitarbeiter der frz. Militärregierung nach Dtl. zurück; in Baden-Baden gab er 1946–51 die Zeitschrift „Das goldene Tor" heraus, 1949 war er Mitbegründer und Vizepräsident der Akademie der Wissenschaften und der Literatur in Mainz. 1953–56 lebte er erneut in Paris. Sein letzter Roman, *Hamlet oder Die lange Nacht nimmt ein Ende* (1956), handelt unter zeitkritischem, psychoanalytischem und religiösem Aspekt von der (u. a. anhand von Erzählungen durchgeführten) psychotherapeutischen Behandlung eines geistig umnachteten Kriegsheimkehrers.

Romane: *Wadzeks Kampf mit der Dampfturbine* (1918), *Der schwarze Vorhang* (E 1902/03, V 1919), *Wallenstein* (1920), *Berge, Meere und Giganten* (1924, Neufassung 1932 u. d. T. *Giganten. Ein Abenteuerbuch*), *Pardon wird nicht gegeben* (1935), Trilogie *Amazonas (Das Land ohne Tod, Der blaue Tiger, Der neue Urwald,* 1937–48), Trilogie *November* 1918 (1939–50). – Erzählungen: Slg. *Die Ermordung einer Butterblume* (1913), *Der Oberst und der Dichter* (1946). – Dramen: *Die Nonnen von Kemnade* (1923), *Die Ehe* (1931). – Essays: *Futuristische Worttechnik* (1913), *Das Ich über der Natur* (1928), *Jüd. Erneuerung* (1933), *Flucht und Sammlung des Judenvolks* (1935).

Berlin Alexanderplatz. Die Geschichte vom Franz Biberkopf. Roman, V 1929, Verf Dtl. 1931 Piel Jutzi, B.D. 1980 Rainer Werner Fassbinder.

Der Roman gliedert sich in neun durch Texte im Stil der Moritat bzw. von Stummfilm-Zwischentiteln eingeleitete Bücher: „Hier im Beginn verlässt Franz Biberkopf das Gefängnis Tegel." „Hier erlebt Franz Biberkopf, der anständige, gutwillige, den ersten Schlag. Er wird betrogen." „Er wird in ein Verbrechen hineingerissen (...)." Konkret heißt dies: Der ehemalige Beton- und Transportarbeiter Biberkopf, der seine Freundin Ida im Affekt tödlich verletzt hat, versucht nach seiner Entlassung aus dem Gefängnis als Straßenhändler Fuß zu fassen. Er gerät jedoch ins Verbrechermilieu; als Mitwisser soll er umgebracht werden und verliert hierbei einen Arm. Biberkopf wird Zuhälter. Der Psychopath Reinhold ermordet seine Geliebte, die Prostituierte Mieze. Als mutmaßlicher Täter verhaftet, bricht Biberkopf zusammen und kommt ins Irrenhaus. Reinhold wird als Täter entlarvt; Biberkopf erfährt eine innere Wandlung und erhält eine Anstellung als Hilfsportier.

Aufsehen erregte der Roman vor allem durch die Radikalität der Gestaltung der Großstadt als Panoptikum, in das die Biberkopf-Handlung eingebettet und mit dem sie verzahnt ist, und zwar ohne explizite psychologische oder soziologische Argumentation. Der Text bietet sich als Mosaik aus sprachlichen Realitätsfragmenten dar. Der Naturalismus der Dialoge (zumeist im Jargon des „kleinen Mannes" Berliner Prägung) und der Detailbeschreibungen ist durchsetzt von Schlager- und Reklamefetzen, Verlautbarungen, Presseberichten, Statistiken und Kinderversen. Straßenbahnfahrgäste und Mietskasernen, die ins Blickfeld rücken, geben Anlass zu Kurzbiografien im Stil des Sozialreports. Einzelmotive erinnern an George Grosz und Otto Dix („Großstadt-Triptychon", 1928).

Die Möglichkeiten der filmischen Montagetechnik hatte 1927 Walther Ruttmann mit „Die Sinfonie der Großstadt" demonstriert. Döblin zeigte jedoch, dass die Sprache mehr als alle anderen Gestaltungsformen in der Lage ist, die Heterogenität und Simultaneität der Wahrnehmung nachzubilden – eine ästhetische Maxime, die um 1910 die Begründer des Futurismus aufgestellt hatten. Mit ihm setzte sich Döblin anlässlich der Berliner Futuristen-Ausstellung 1912 auseinander. Er wendete sich gegen eine rein formalistische Aufhebung herkömmlicher Formen der Gegenstandsbeschreibung: „Was nicht direkt, nicht unmittelbar, nicht gesättigt von Sachlichkeit ist, lehnen wir ab." Solcher „Sättigung" diente Döblins Montage-Stil.

Ein zweites prägendes Stilmittel ist die Verwendung des inneren Monologs. Er setzt vielfach inmitten eines Dialogs oder einer Schilderung ein und dient dem Wechsel der Perspektive. Ihm entsprechen die reflektierenden, auch ironisierenden und vorausgreifenden Einschübe des Erzählers, zu dessen Funktionen es auch gehört, versuchsweise das Geschehen des Jahres 1928 auf den Hintergrund der antiken Mythologie zu projizieren oder einen Totschlag mit Hilfe physikalischer Gleichungen zu beschreiben.

Das offenkundige Ziel Döblins, ein „unmittelbares" Bild der „von Kriminalität unterwühlten" Gesellschaft am Beispiel Berlins zu gestalten, darf nicht darüber hinwegtäuschen, dass dem Roman eine religiöse Fragestellung zugrunde liegt. So gehören zu den „einmontierten" Fragmenten der Garten Eden und die Gestalten Hiob sowie Abraham und Isaak: „Das Opfer war das Thema des ‚Alexanderplatz'. Das Bild vom Schlachthof, von der Opferung Isaaks, das durchlaufende Zitat: ‚Es ist ein Schnitter, der heißt Tod' hätten aufmerksam machen sollen. Der ‚gute' Franz Biberkopf mit seinen Ansprüchen an das Leben lässt sich bis zu seinem Tod nicht brechen. Aber er sollte gebrochen werden, er musste sich aufgeben, nicht bloß äußerlich. Ich wusste freilich selbst nicht wie" (Döblin in *Epilog*, 1955).

Heimito von Doderer

***5. 9. 1896 in Weidlingau bei Wien, †23. 12. 1966 in Wien**

Der Sohn eines Architekten nahm am I. Weltkrieg als Dragoneroffizier teil und kam 1916 in russ. Gefangenschaft (1920 Heimkehr aus Sibirien). 1921–25 studierte er in Wien Geschichte. 1933–39 war er (infolge eines „theoretischen Irrtums“, Doderer) Mitglied der NSDAP, 1939 konvertierte er zum Katholizismus. Im II. Weltkrieg war er Fliegeroffizier.

Ab 1946 lebte Doderer vorwiegend in Wien als freier Schriftsteller (erste Veröffentlichungen in den 1920er Jahren). Das zentrale Thema der zumeist in Wien spielenden Romane ist die Personwerdung des Einzelnen inmitten eines dichten, aus einer Vielzahl von Romanfiguren kunstvoll gefügten Geflechts schicksalhafter Bezüge. Ein zweites Merkmal ist die Unterscheidung zwischen einer „ersten“ und einer „zweiten Wirklichkeit“; letzterer gehört alles Ideologische, aber auch das Krankhafte und Zerstörerische an, einschließlich zeitgeschichtlicher Ereignisse wie der Wiener Arbeiteraufstand 1927 *(Die Dämonen* schildern den Brand des Wiener Justizpalasts als Vorwegnahme späterer Verbrechen). Groteske Züge (mit Anleihen beim Grobianismus) besitzt der Roman *Die Merowinger oder Die totale Familie* (1962).

Romane: *Das Geheimnis des Reichs. Roman aus dem russ. Bürgerkrieg* (1930), *Ein Mord, den jeder begeht* (1938), *Ein Umweg* (1940), *Die erleuchteten Fenster oder Die Menschwerdung des Amtsrates Zihal* (1951), *Die Strudlhofstiege oder Melzer und die Tiefe der Jahre* (1951), *Die Dämonen. Nach der Chronik des Sektionsarztes Geyrenhoff* (E ab 1931, V 1956), *Roman Nr. 7* (Fragment, 2 Teile 1963 und postum 1967). – Erzählungen: *Die Bresche. Ein Vorgang in 24 Stunden* (1924), *Die Peinigung des Lederbeutelchens* (1959). – Essays: *Österreich* (1958), *Grundlagen und Funktion des Romans* (1958). – Autobiografisches: *Tangenten. Tagebuch eines Schriftstellers 1940–50* (1964).

Hilde Domin (verh. Palm)

***27. 7. 1912 in Köln**

Die Tochter eines jüd. Rechtsanwalts studierte in Heidelberg, Köln und Berlin Philosophie, Soziologie, Jura und Politologie. 1932 emigrierte sie nach Italien und promovierte 1935 in Florenz zum Dr. rer. pol. (Dissertation *Die Staatstheorie der Renaissance).* Ab 1940 lebte sie mit ihrem Mann, dem Kunstwissenschaftler Erwin Walter Palm, als Sprachlehrerin und Übersetzerin in der Dominikan. Republik. 1961 ließ sie sich in Heidelberg als freie Schriftstellerin nieder. 1992 erhielt sie den Hölderlin-Preis.

Als Lyrikerin setzte sich Domin mit der Erfahrung des Exils, mit Inhumanität und Konformismus auseinander, auf der Suche nach neuen Fundamenten der Sprache und menschlichen Gemeinschaft („Du fliehst und streust / die verwirrten Namen der Dinge / hinter dich. / Vertrauen, dieses schwerste / ABC“ heißt es im *Lied zur Ermutigung II,* 1962). Einen wesentlichen Beitrag zum Verständnis moderner Lyrik bildet ihre Anthologie *Doppelinterpretationen. Das zeitgenössische dt. Gedicht zwischen Autor und Leser* (1969) mit 31 Gedichten, die jeweils vom Autor und von einem Kritiker interpretiert werden.

Gedichtbände: *Nur eine Rose als Stütze* (1959), *Rückkehr der Schiffe* (1962), *Hier* (1964), *Höhlenbilder. Gedichte 1951–52* (1968), *Ich will dich* (1970). – Romane: *Das zweite Paradies. Roman in Segmenten* (1968). – Essays: Slg. *Wozu Lyrik heute. Dichtung und Leser in der gesteuerten Gesellschaft* (1968), *Nachkrieg und Unfrieden. Gedichte als Index 1945–70* (1970). – Autobiografisches: *Von der Natur nicht vorgesehen* (1974), *Aber die Hoffnung* (1982).

Tankred Dorst

***19. 12. 1925 in Oberlind bei Sonneberg (Thüringen)**

Der Sohn eines Ingenieurs und Fabrikanten wurde 1942 als Oberschüler zur Wehrmacht eingezogen und 1947 aus amerikan. Gefangenschaft entlassen. Er studierte (ohne Abschluss) Germanistik, Theaterwissenschaft, Kunstgeschichte und lebt seit 1952 in München. Den ersten großen Erfolg als Dramatiker erzielte er 1961 mit dem auf einem chines. Schattenspiel basierenden Antikriegsstück *Große Schmährede an der Stadtmauer.* Mitte der 1960er Jahre wandte sich Dorst historischen und zeitgeschichtlichen Themen zu: *Toller (1968)* über den expressionistischen Dichter ↑Toller und die Münchner Räterepublik 1919, *Sand (1971)* über den Mörder von ↑Kotzebue, *Eiszeit* (1973) über Knut Hamsun als Kollaborateur zur Zeit der dt. Besetzung Norwegens, *Goncourt (1977)* nach Tagebüchern Edmond Goncourts während des Aufstands der Pariser Kommune (1871). Zum Projekt einer z. T. autobiografischen bürgerlichen Familiengeschichte gehören die Stücke *Auf dem Chimborazo* (1975), *Die Villa* (1980) und *Heinrich oder Der Schmerz der Fantasie* (1985) sowie die Fernsehspiele *Dorothea Merz* (1976) und *Klaras Mutter* (1978, Debüt Dorsts als Filmregisseur). In *Merlin oder Das wüste Land* (1981) dient der Stoff der Artus- und der Parzival-Sage der Demonstration des notwendigen Scheiterns utopischer Entwürfe. Das Gegenwartsdrama *Die Schattenlinie* (1994) ist nach der Grenze zwischen Toleranz und Intoleranz benannt; im Mittelpunkt steht ein desillusionierter Vertreter der rebellischen 1968er-Generation, dessen Sohn zu den Neonazis gehört. 1918 spielt *Was sollen wir tun* (1997) und handelt von der gescheiterten Utopie eines russ. Grafen, der im Sinne Tolstois „Mensch unter Menschen" sein will. Mitautorin ist seit 1970 die Lebenspartnerin Ursula Ehler. 1990 erhielt Dorst den Georg-Büchner-Preis.

Dramen: *Gesellschaft im Herbst* (1959), *Große Schmährede an der Stadtmauer* (1961), *Toller. Szenen aus einer dt. Revolution* (1968, Verf B. D. 1969 u. d. T. *Rotmord* Peter Zadek), *Sand. Beschreibung eines Attentäters* (1971, Verf B. D. 1971 Peter Zadek).

Ingeborg Drewitz (geb. Neubert)

***10. 1. 1923 in Berlin, †26. 11. 1986 in Berlin**

Die Tochter eines Ingenieurs und einer Pianistin schloss ihr Studium (Geschichte, Philosophie, Germanistik) 1945 mit der Promotion zum Dr. phil. ab. In den Mittelpunkt ihrer schriftstellerischen Arbeit rückten die Lebensbedingungen der Großstadt (Roman *Das Hochhaus,* 1975: „In den 18 mal 6 Wohnungen werden 18 mal sechs Sprachen gesprochen") und das Rollenverständnis der Frau. „Frauenromane" in diesem Sinne sind *Oktoberlicht oder Ein Tag im Herbst* (1969), *Wer verteidigt Katrin Lambert?* (1974) und *Gestern war heute. Hundert Jahre Gegenwart* (1978), ebenso die Biografie B. v. ↑Arnims (1969). Bestandteil ihres sozialen Engagements war die Gefangenenbetreuung; 1979 erschienen *Schatten im Kalk. Lyrik und Prosa aus dem Knast* und *Mit Sätzen Mauern eindrücken. Briefwechsel mit einem Strafgefangenen.* 1981 erhielt sie die Ossietzky-Medaille der Internationalen Liga für Menschenrechte.

Erzählungen: Slg. *Und hatte keinen Menschen* (1955), Slg. *Im Zeichen der Wölfe* (1963), Slg. *Der eine, der andere* (1976). – Essays: *Berliner Salons. Gesellschaft und Literatur zwischen Aufklärung und Industriezeitalter* (1965), *Kurz vor 1984. Literatur und Politik* (1981).

Annette von Droste-Hülshoff
(eigtl. Anna Elisabeth Freiin Droste zu Hülshoff)
***10. 1. 1797 auf Schloss Hülshoff bei Münster**
†24. 5. 1848 auf Schloss Meersburg

Aus altem kath. Adel stammend, sah sich die Dichterin als Frau in enge Konventionen eingeschlossen. Ihre Überwindung durch eine vom Drang nach Ausdruck der eigenen Individualität geprägte Dichtung kam einem Vergehen gleich. So steht im Gedicht *Am Turme* dem Wunschbild der Mänade der Zwang gegenüber: „Nun muss ich sitzen so fein und klar, / Gleich einem artigen Kinde, / Und darf nur heimlich lösen mein Haar / Und lassen es flattern im Winde.“ Droste-Hülshoff erhielt ihre standesgemäße Ausbildung gemeinsam mit drei Geschwistern. Zum Bekanntenkreis gehörten die Brüder ↑Grimm (Wilhelm bemerkte 1813 an ihr „etwas Frühreifes bei vielen Anlagen“). 1815 erlitt sie eine schwere Erkrankung. 1819/20 entstanden die ersten 25, an die Evangelien der Sonn- und Feiertage anknüpfenden Gedichte (Neujahr bis Ostermontag) des späteren Zyklus *Das geistliche Jahr;* die Missbilligung durch die Mutter verhinderte die Fortführung (die weiteren 47 Gedichte entstanden 1839/40, der Zyklus erschien postum 1851). Nach dem Tod des Vaters (1826) lebte sie mit Mutter und Schwester in Haus Rüschhaus bei Münster. Ab 1841 hielt sie sich mehrfach in Meersburg auf, dessen altes Schloss ihr Schwager Joseph von Laßberg 1838 gekauft hatte. 1843 erwarb sie das oberhalb der Stadt in einem Weinberg gelegene „Fürstenhäuschen“. Seit Ende der 1830er Jahre verband sie enge Freundschaft mit dem um 17 Jahre jüngeren Levin Schücking, der sich 1841/42 in Meersburg als Bibliothekar betätigte. Die letzten Lebensjahre waren durch Krankheit („Auszehrung“) und die Trennung von Schücking überschattet.

Als erste Veröffentlichung erschien 1838 anonym der Band *Gedichte.* Die Slg. enthält u. a. drei Versepen bzw. -erzählungen: *Das Hospiz auf dem Großen Sankt Bernhard* (E ab 1828) schildert die Rettung eines alten Sennen und seines Enkels, die auf dem Weg über den Pass von einem Schneesturm überrascht wurden. *Des Arztes Vermächtnis* (E 1834) handelt vom Ursprung der seelischen Verdüsterung eines Arztes: Er war in seiner Jugend zu dem sterbenden Anführer einer Räuberbande im Böhmerwald geholt worden; auf dem Rückweg wurde er Zeuge der Ermordung der Geliebten des Toten und dadurch Mitwisser eines in spukhaftes Grauen gehüllten Verbrechens. Thema des „westfälischen Epos“ *Die Schlacht im Loener Bruch* ist ein Ereignis aus dem Dreißigjährigen Krieg, die Niederlage des von der kath. Liga abgefallenen „tollen Herzogs“ Christian von Braunschweig gegen Tilly am 6. 8. 1623 auf einem Heidefeld bei Münster; die Kritik warf dem Werk nach Bekanntwerden der Verfasserschaft eine „allzu männliche Neigung zu Krieg und Schlachtgetümmel“ vor. Die Novelle *Die Judenbuche* (1842) stand im Zusammenhang des Plans einer ganzen Reihe von westfälischen Erzählungen, die jedoch unausgeführt blieben. Die vermehrte Neuauflage der Slg. *Gedichte* (1844) enthält das balladenhafte Versepos *Der Spiritus familiaris des Rosstäuschers.* Ein Bund mit dem Teufel wird schließlich durch göttliche Gnade gelöst.

Die Judenbuche. Ein Sittengemälde aus dem gebirgichten Westfalen. Novelle, E 1837–41, V 1842.

Zugrunde liegt eine wahre Begebenheit aus der 2. Hälfte des 18. Jh.s, die August von Haxthausen, der Onkel der Dichterin, nach Gerichtsakten aufgezeichnet hat: *Geschichte eines Algierer Sklaven* (1818).

Im Mittelpunkt steht Friedrich Mergel, der Sohn eines Säufers und Holzdiebs, der eines Nachts tot aufgefunden wird. Durch seinen Onkel Simon gerät Friedrich in das Milieu der Wilderer und Holzfrevler; er wird mitschuldig an der Ermordung eines Försters. Den Makel seiner Herkunft kompensiert er durch Prahlerei, Wagemut und Tücke. Als ihn bei einem Tanz Aaron durch die Forderung einer Restschuld bloßstellt, erschlägt er den Juden und flieht mit seinem Gefährten Johannes Niemand. Alle diese Verbrechen ereignen sich im Brederholz. Hier befindet sich eine Buche, unter der Aarons Stab gefunden wird. Die Juden der Umgegend kaufen den Baum und hauen in seine Rinde die Worte: „Wenn du dich diesem Ort nahest, so wird es dir ergehen, wie du mir getan hast." Nach 28 Jahren kehrt Friedrich (als Johannes) verkrüppelt aus türk. Sklaverei zurück. Vom Brederholz angezogen, erhängt er sich an der „Judenbuche".

Wesentlich ist (im Vergleich zur Vorlage) die Erweiterung der Vorgeschichte des Judenmords und dessen Sühne. So rückt das Motiv der Magie jenes in den Baum eingehauenen Fluches aus dem Handlungszentrum. Die Entwicklung Friedrichs tritt als Resultat eines in düsteren Naturbildern widergespiegelten sozialen Klimas in Erscheinung, in dem Vergehen nicht auf gesetzlichem Wege bekämpft werden, sondern „in stets neuen Versuchen, Gewalt und List mit gleichen Waffen zu überbieten". Das Interesse richtet sich nicht auf die äußere Handlung (Haupterеignisse wie die Bloßstellung Friedrichs und der Mord an Aaron werden indirekt geschildert), sondern auf Friedrichs „arm verkümmert Sein".

Lyrik. Den Ausgangspunkt bildete die (zunächst nicht für eine Veröffentlichung gedachte) Gestaltung religiöser Themen. Die Erfahrung mangelnder Geborgenheit wurde durch die Hinwendung zur Natur gemildert, jedoch nicht aufgehoben. Selbst in den beseligten Ausdruck des Umfangenseins von den elementaren Sinneseindrücken des Naturerlebens mischt sich der Gedanke an den Tod: „Süße Ruh, süßer Taumel im Gras, / Von des Krautes Arome umhaucht, / Tiefe Flut, tief tief trunkene Flut, / Wenn die Wolke am Azur verraucht / (...) Liebe Stimme säuselt und träuft / Wie die Lindenblüt auf ein Grab" *(Im Grase)*. Hierbei handelt es sich nicht um eine bloße Fortführung der Vergänglichkeitsthematik alles Irdischen, sondern um das Ringen mit einem als schuldhaft empfundenen Verlangen nach ungebrochener Kreatürlichkeit. Der Mond ist, „was dem kranken Sänger sein Gedicht, / Ein fremdes, aber o! ein mildes Licht!" *(Mondesaufgang)*. Die innere Verbindung mit den Natureindrücken gewinnt in Vergleichen (der Weiher „liegt so still im Morgenlicht/So friedlich wie ein fromm Gewissen"), Metaphern und Allegorien Gestalt, doch heben Reflexionen den Einklang wieder auf. Innere und äußere Geschlossenheit besitzt die Beschreibung des kleinen Details; unter diesem Aspekt besteht eine gewisse Beziehung zum Biedermeier. Kühne Wortbildungen und moderne Vergleichsgegenstände („es beginnt zu ziehn/Gleich Bildern von Daguerre die Decke lang", *Durchwachte Nacht)* verwehren jedoch Behaglichkeit. In den Balladen gewinnt die Schilderung der Naturerscheinungen dramatische Funktion, etwa als Verkörperung der Bedrohung („O schaurig ist's übers Moor zu gehn, / Wenn es wimmelt vom Heiderauche", *Der Knabe im Moor)* oder als Szenerie eines blutigen Geschehens: „Wie dämmerschaurig ist der Wald / An neblichten Novembertagen, / Wie wunderlich die Wildnis hallt / Von Astgestöhn und Windesklagen!" *(Der Tod des Erzbischofs Engelbert von Köln)*.

Friedrich Dürrenmatt
***5. 1. 1921 in Konolfingen (Kt. Bern), † 14. 12. 1990 in Neuchâtel**

Als Episode, die in die Theatergeschichte einging, wurde 1983 der Auftritt Dürrenmatts bei der Zürcher Uraufführung von *Achterloo* empfunden. Der Autor trat im weißen Kittel vor das Publikum und stammelte in der Art des zum Personal der Komödie zählenden Irrenarztes: „Ich habe dieses Stück im Auftrag der städt. Klinik geschrieben. Mein Name ist ... Gotthelf ... Gotthold ... Ephraim ... Lessing." Der moderne Aristophanes und Moralist bekundete im Rollenspiel seine Skepsis gegenüber der Tradition der Aufklärung.

Der Sohn eines Pfarrers besuchte in Bern das Gymnasium und studierte in Zürich und Bern Theologie, Literatur, Philosophie sowie Naturwissenschaften; zugleich verfolgte er das Ziel, Maler zu werden. Erste literarische Arbeiten (Erzählungen unter dem Einfluss ↑ Kafkas) entstanden Anfang der 40er Jahre; 1947 erregte das Wiedertäufer-Drama *Es steht geschrieben* einen Theaterskandal. Ab 1952 lebte Dürrenmatt in Neuchâtel. Ein Welterfolg wurde *Der Besuch der alten Dame* (1956). Stets eng mit der Theaterpraxis verbunden, war er 1968/69 in Basel Theaterdirektor.

Als Romancier und Erzähler bevorzugte Dürrenmatt das Genre der Detektivgeschichte, als Dramatiker die Form der Tragikomödie, verbunden mit Elementen der Satire und Farce, des schwarzen Humors und des Aberwitzes. Verfremdungseffekte sind äußerliche Entsprechungen zur Dramaturgie ↑ Brechts, dessen Forderung, die Welt als veränderbar darzustellen, Dürrenmatt ebenso wie ↑ Frisch als unrealistisch abgelehnt hat. Ein zentrales Thema seines Schaffens ist die Macht. Um ihretwillen weist Nebukadnezar die Liebe des von einem Engel auf die Erde gebrachten, dem niedrigsten Menschen zugedachten Mädchens Kurribi zurück *(Ein Engel kommt nach Babylon);* Abscheu vor der Macht verbindet den letzten weström. Kaiser und seinen Gegner Odoaker *(Romulus der Große),* die Macht des Geldes dient als tödliche Waffe *(Der Besuch der alten Dame),* die Erkenntnisse der Wissenschaft werden von der Politik zur Massenvernichtung und insofern als Machtmittel missbraucht *(Die Physiker);* auch in *Achterloo,* der grotesken Widerspiegelung der Entwicklung in Polen unmittelbar vor Verhängung des Kriegsrechts 1981, stehen Machtstrukturen im Mittelpunkt des von den Insassen eines Irrenhauses in historischen Kostümen nachgespielten aktuellen Geschehens. Als Sinnbild der Unfähigkeit des Menschen, sich aus den Verstrickungen des Lebens zu lösen, dient in *Der Meteor* das Lazarus-Motiv der Auferweckung bzw. des Nichtsterbenkönnens. 1986 erhielt Dürrenmatt den Georg-Büchner-Preis.

Romane: *Der Verdacht* (1953), *Grieche sucht Griechin* (1955, Verf B. D. 1956), *Der Tunnel* (1964), *Justiz* (1985). – Erzählungen: Slg. *Die Stadt* (1952), *Die Panne* (1956), *Der Sturz* (1971). – Dramen: *Es steht geschrieben* (1947, Neufassung 1967 u. d. T. *Die Wiedertäufer*), *Romulus der Große* (1949), *Die Ehe des Herrn Mississippi* (1952, Verf B. D. 1961 Kurt Hoffmann), *Ein Engel kommt nach Babylon* (E ab 1948, U 1953), *Frank der Fünfte. Oper einer Privatbank* (1959, Musik Paul Burkhard), *Der Meteor* (1966), *Der Mitmacher* (1973), *Die Frist* (1976), *Achterloo* (1983). – Hörspiele: *Herkules und der Stall des Augias* (1954, als Drama 1963), *Das Unternehmen der Wega* (1955, als Drama *Porträt eines Planeten* 1970). – Essays: Slg. *Theaterprobleme* (1955), Slg. *Theater-Schriften und Reden* (2 Bde. 1966, 1972), *Zusammenhänge. Essays über Israel* (1976).

Der Richter und sein Henker. Roman, V 1952, als Hörspiel 1957, Verf B.D. 1978 Maximilian Schell.

Kommissar Bärlach von der Berner Kripo ist mit der Untersuchung der Ermordung seines Mitarbeiters Schmied beauftragt, der erschossen in seinem Auto aufgefunden worden ist; zu seiner Unterstützung lässt sich der schwer kranke Bärlach Schmieds Kollegen Tschanz zuweisen. Die Spuren deuten auf einen gewissen Gastmann, in dessen einsamer Villa Schmied mehrfach unter falschem Namen an Abendgesellschaften teilgenommen hat. Ein Gespräch zwischen Bärlach und Gastmann klärt darüber auf, dass beide vor 40 Jahren in der Türkei eine Wette abgeschlossen haben, die ihr weiteres Leben geprägt hat: Während Bärlach damals behauptete, ein Verbrechen zu begehen sei „eine Dummheit, weil es unmöglich sei, mit Menschen wie mit Schachfiguren zu operieren", stellte Gastmann die These auf, „daß gerade die Verworrenheit der menschlichen Beziehungen es möglich mache, Verbrechen zu begehen, die nicht erkannt werden könnten". Seitdem hat sich Bärlach zu einem der besten Kriminalisten, Gastmann zu einem souveränen Verbrecher entwickelt. Schmied diente Bärlach dazu, Belastungsmaterial gegen Gastmann zu sammeln.

Der Fall Schmied wird mit der Feststellung abgeschlossen, dass Gastmann Schmied umbringen ließ. In Wirklichkeit, so zeigt ein Gespräch zwischen Bärlach und Tschanz, ist Tschanz der Mörder Schmieds. Hierdurch wurde er zum Werkzeug Bärlachs: Tschanz musste den verdächtigen Gastmann töten, um die eigene Schuld zu verdecken, und diente hierdurch als „Henker" im Auftrag des „Richters" Bärlach.

Spannung entsteht durch Zuspitzung der psychologischen Dramatik: Der Leser erahnt Bärlachs Verdacht gegen Tschanz und verfolgt die Schachzüge des Alten, dessen Herz inmitten einer ebenso spießigen wie korrupten Umgebung „ein wütendes Feuer verzehrt".

Das Versprechen. Requiem auf den Kriminalroman. Roman, V 1958.

Zugrunde liegt das Drehbuch zu Ladislao Vajdas Film *Es geschah am helllichten Tage* über das Thema Sexualverbrechen an Kindern. Dürrenmatt griff die Fabel aufs Neue auf. Aus einem bestimmten Fall wurde der Fall des Detektivs als Inbegriff des logisch handelnden und daher am Zufall scheiternden Menschen.

Dieser Fall wird am Beispiel des mit der Ermordung eines Mädchens konfrontierten Kommissars Dr. Matthäi ad absurdum geführt. Der Schuldige schien in Gestalt eines Hausierers rasch gefunden zu sein: Nach stundenlangen Verhören gestand er und erhängte sich in seiner Zelle. Matthäi, der den Eltern des Kindes das Versprechen gegeben hat, den Mörder ausfindig zu machen, ist davon überzeugt, dass sich der tatsächliche Täter noch in Freiheit befindet. Er quittiert seinen Polizeidienst und erschließt aus den wenigen Anhaltspunkten, die er besitzt, Person und Verhaltensweise des mutmaßlichen Mörders; als Lockvogel dient ihm ein Mädchen, das er mit seiner Mutter bei sich aufgenommen hat. Als alles darauf hindeutet, dass der Mörder „angebissen" hat, kann Matthäi seinen ehemaligen Kommandanten dazu bewegen, eine entsprechende Aktion einzuleiten, die jedoch erfolglos verläuft. Matthäi erscheint als widerlegt und verkommt. Diese Geschichte wird dem Autor von jenem ehemaligen Vorgesetzten Matthäis erzählt, und zwar als Beispiel dafür, dass die wie eine „Rechnung" angelegten Kriminalromane nichts mit der Wirklichkeit gemeinsam haben. Zuletzt wird die „reichlich schäbige Pointe" nachgetragen: Durch Zufall kam der Kommandant an das Sterbebett einer Frau und erfuhr, dass deren Mann der Täter war, den Matthäi hinter einer Reihe von Mordtaten an Mädchen vermutet hatte. Die Polizeiaktion war nur deshalb ein Misserfolg, weil der Mörder auf dem Weg zu der ihm gestellten Falle bei einem Autounfall ums Leben kam.

Der Besuch der alten Dame.
Tragikomödie in 3 Akten, U, V 1956, Verf B. D./I/F 1963 Bernhard Wicki.
Die völlig verarmte Kleinstadt Güllen „irgendwo in Mitteleuropa" erwartet Kläri Wäscher alias Claire Zachanassian. Sie hat vor 45 Jahren, gebrandmarkt als Mutter eines unehelichen Kindes, Güllen verlassen. Von einem Ölmagnaten aus dem Bordell geholt und zur dreifachen Milliardärin aufgestiegen, hat sie sich den Ruf einer großzügigen Wohltäterin erworben. Die Erwartungen scheinen sich zu erfüllen: Claire ist bereit, der Stadt eine Milliarde zu schenken; als Gegenleistung verlangt sie Gerechtigkeit, nämlich den Tod ihres Jugendgeliebten Alfred Ill, der seinerzeit mit Hilfe von zwei bestochenen Zeugen vor Gericht seine Vaterschaft an Kläris Kind bestreiten konnte. Die empörte Zurückweisung dieses Handels erlahmt nach und nach. Angesichts des greifbar nahen, irgendwie zu packenden Reichtums verfallen die Bewohner Güllens in einen Konsumrausch auf Pump und überzeugen sich, dass durchaus eine Verpflichtung besteht, das Kläri angetane Unrecht zu sühnen. Ill selbst entwickelt Schuldbewusstsein und gibt einen Fluchtversuch mehr oder weniger freiwillig auf. Allerdings weigert er sich, Selbstmord zu begehen. Die Mitbürger müssen ihn, um ihr Ziel zu erreichen, töten. Gegenüber den durch Claire angelockten Vertretern der Medien wird Ill in doppelsinniger Weise als der Mann ausgegeben, dem die (schließlich durch Gemeindebeschluss akzeptierte) Claire-Zachanassian-Stiftung zu verdanken ist. Als sich der um das Opfer geformte Kreis wieder öffnet und Ill tot am Boden liegt, stellt der Bürgermeister „Tod durch Freude" fest und nimmt Claires Scheck entgegen.

Die „alte Dame", die als „altes Götzenbild aus Stein" den Schauplatz verlässt, und ihre Umgebung besitzen dämonisch-groteske Züge. Als Diener und Sänftenträger hat Claire zwei Schwerverbrecher engagiert, die „Kaugummi kauenden Monstren" Toby und Roby. Zu ihrem Gefolge gehören als Koby und Loby jene meineidigen Zeugen, die sie ausfindig machte, blenden und kastrieren ließ, sowie als Butler der ehemalige Richter, der Ill von der Vaterschaft freigesprochen hat. Randfiguren sind Claires einander in rascher Folge ablösende Ehemänner VII–IX. Nach und nach enthüllt sich Claires planmäßige Vorbereitung ihrer Abrechnung mit Güllen: Der Vorschlag des Lehrers, ihr Geld doch lieber in die stillgelegten Betriebe der Stadt zu investieren und sich hierdurch „zur reinen Menschlichkeit" durchzuringen, ist gegenstandslos, da Claire schon die gesamte Stadt gekauft und die Armut selbst herbeigeführt hat. Gegenüber Ill enthüllt sie das Kernmotiv ihres Handelns: „Deine Liebe ist gestorben vor vielen Jahren. Meine Liebe konnte nicht sterben. Aber auch nicht leben. Sie ist etwas Böses geworden (...), überwuchert von meinen goldenen Milliarden. Die haben nach dir gegriffen mit ihren Fangarmen, dein Leben zu suchen. Weil es mir gehört. Auf ewig."

Die an den Bewohnern Güllens demonstrierte Käuflichkeit der Moral wird zwar auf die Armut zurückgeführt und insofern in einen gesellschaftlichen Zusammenhang gestellt. Aber diese Erklärung nehmen die Güllener selbst vor, und zwar in der verfremdenden Form eines antikisierenden Chorgesangs, dem das 1. Standlied in *Antigone* von Sophokles zugrunde liegt: „Ungeheuer ist viel / Gewaltige Erdbeben / Feuer speiende Berge / Fluten des Meeres / Krieg auch/Panzer durch Kornfelder rasselnd / Der sonnenhafte Pilz der Atombombe. / / Doch nichts ungeheurer als die / Armut / Die nämlich kennt kein Abenteuer / Trostlos umfängt sie das Menschengeschlecht / Reiht / Öde Tage an öden Tag."

Im Nachwort verwahrt sich Dürrenmatt dagegen, mit dem Stück eine „Moral" aufzustellen, „wie man mir bisweilen andichtet"; es wurde „geschrieben von einem, der sich von diesen Leuten durchaus nicht distanziert und der nicht so sicher ist, ob er anders handeln würde.

Die Physiker. Eine Komödie in zwei Akten, U 1962, V 1963, Neufassung 1980. Die „Komödie in 2 Akten" spielt im Salon des Sanatoriums „Les Cerisiers", das von der verwachsenen Irrenärztin Dr. Mathilde von Zahnd geleitet wird. An den Salon grenzen die Zimmer dreier ehemaliger Physiker. Es sind dies: Beutler, der sich als Newton ausgibt, Ernesti, der sich für Einstein hält, und Möbius, der seine Eingebungen Salomo zu verdanken vorgibt.

Akt 1: Untersuchung des Leichnams der Pflegerin Straub; Ernesti hat sie erdrosselt und beruhigt sich durch Geigenspiel. Drei Monate zuvor hat Beutler die Pflegerin Moser umgebracht. Beide Mörder sind als Irre vor der Verhaftung geschützt, doch verlangt der Staatsanwalt, weiteren Gewalttaten durch den Austausch des weiblichen Personals gegen Pfleger vorzubeugen. Möbius erhält den Besuch seiner geschiedenen Frau und seiner drei Söhne; sie sind im Begriff, mit dem Missionar Rose zu den Marianen aufzubrechen. Möbius vertreibt die Gesellschaft mit dem „Psalm Salomos, den Weltraumfahrern zu singen", der als Schreckensbild der Raumfahrt in die Verse mündet: „In den Fratzen kein Erinnern mehr/An die atmende Erde." Mit Schwester Monika allein gelassen, erfährt Möbius, dass sie ihn für einen Simulanten hält; sie liebt Möbius und hat alles für ein gemeinsames Leben außerhalb des Sanatoriums vorbereitet. Möbius sieht sich durchschaut und erdrosselt Monika.

Der 2. Akt beginnt wie der erste, wobei der Inspektor seinen Dank ausdrückt, auch Möbius nicht verhaften zu müssen: „Die Gerechtigkeit macht zum ersten Male Ferien, ein immenses Gefühl." Der Dienstantritt der Pfleger zwingt „Newton" und "Einstein" zum Handeln. Sie sind im Auftrag zweier gegnerischer Geheimdienste als angebliche Irre in das Sanatorium gelangt, um Möbius, dessen Genialität als Physiker die beiden Staaten auf die Spur gekommen sind, zu entführen. Ihre Mordtaten dienten dazu, der Enthüllung ihrer Identität zuvorzukommen. Möbius gibt zu, während seines 15-jährigen Aufenthalts im Sanatorium, durch den er seine Entdeckungen dem Zugriff entziehen wollte, das Problem der Gravitation gelöst, die einheitliche Theorie der Elementarteilchen aufgestellt und das „System aller möglichen Erfindungen" entwickelt zu haben; seine Manuskripte hat er verbrannt. Doch Dr. von Zahnd, die sich als wahnsinnig entpuppt, hat längst die Papiere kopiert und einen Trust gegründet; sie wird „die Länder, die Kontinente erobern, das Sonnensystem ausbeuten, nach den Andromedanebeln fahren. Die Rechnung ist aufgegangen. Nicht zugunsten der Welt, aber zugunsten einer alten, buckligen Jungfrau." Möbius erkennt: „Was einmal gedacht wurde, kann nicht mehr zurückgenommen werden."

In seinen *21 Punkten zu den Physikern* stellt Dürrenmatt das Stück unter den Leitbegriff des Paradoxen, entsprechend der Einsicht, die sein Protagonist Möbius im Gespräch mit den enttarnten Fachkollegen formuliert: „Unsere Wissenschaft ist schrecklich geworden, unsere Forschung gefährlich, unsere Erkenntnisse tödlich. Es gibt für uns Physiker nur noch die Kapitulation vor der Wirklichkeit. Sie ist uns nicht gewachsen. Sie geht an uns zugrunde. (...) Entweder bleiben wir im Irrenhaus, oder die Welt wird eins. Entweder löschen wir uns im Gedächtnis der Menschen aus, oder die Menschheit erlischt." Die Entscheidung wird ohne ihr Zutun getroffen: Die drei Physiker bleiben gezwungenermaßen im Irrenhaus, während zugleich die „Welt in die Hände einer verrückten Irrenärztin" fällt.

Diese „Lösung" verdeutlicht, dass *Die Physiker* die Frage der Verantwortung des Wissenschaftlers weit weniger als etwa ↑Brechts thematisch verwandtes „Leben des Galilei" diskutieren, sondern vor allem Dürrenmatts dramaturgische Grundkonzeption realisieren, der zufolge eine „Geschichte dann zu Ende gedacht (ist), wenn sie ihre schlimmstmögliche Wendung genommen hat".

Karen Duve
***16.1.1961 in Hamburg**
Die Tochter eines Apothekers schlug sich nach dem Abitur mit Gelegenheitsarbeiten durch, arbeitete als Korrektorin und Taxifahrerin in Hamburg, bis sie 1990 den Entschluss fasste, sich ganz dem Schreiben zu widmen. Ihre erste Kurzgeschichten-Sammlung *Im tiefen Schnee ein stilles Heim* erschien 1995, in einem weiteren Erzählungsband *Keine Ahnung* (1999) schildert sie mit schwarzem Humor die Trostlosigkeit vom Glück vernachlässigter Jugendlicher. Mit Elementen der Schauerromantik spielend, persifliert ihr erster Roman, *Regenroman* (1999), der am Rand eines ostdeutschen Moores spielt, das Thema der Sintflut. *Dies ist kein Liebeslied* (2002) ist eine sarkastische Variante des Bekenntnisromans mit einer jungen Frau als Hauptfigur, die den herrschenden Idealen in keinerlei Hinsicht entspricht.
Zu den Auszeichnungen Duves, deren Werke wegen ihrer erzählerischen Frische großen Anklang fanden, gehören Stipendienaufenthalte im Rowohlt-Haus in New York und dem Stuttgarter Schloss Solitude.

Marie von Ebner-Eschenbach (geb. Gräfin Dubsky)
***13.9.1830 auf Schloss Zdislawitz (Mähren), †12.3.1916 in Wien**
Aus der kritischen Beobachtung ihrer Standesgenossen und der ländlichen Lebensverhältnisse entwickelte Ebner-Eschenbach eine vom sozialen Ethos des Mitgefühls und von sittlichen Normen geprägte Erzählweise. Das *Gemeindekind* schildert mit volkspädagogischer Absicht den Weg eines auf Gemeindekosten erzogenen Sohns eines Mörders zu einer geachteten Existenz. Die Titelgestalt der Novelle *Krambambuli* ist ein Jagdhund, der am Konflikt zwischen der Treue zu einem Wilderer und einem Jäger zugrunde geht.

Romane: *Božena* (1876), *Das Gemeindekind* (1887), *Unsühnbar* (1890), *Glaubenslos?* (1893). – Erzählungen: *Dorf- und Schlossgeschichten* (1883, darin *Krambambuli,* Verf Dtl. 1940, Österr. 1955 u.d.T. „Heimatland“), *Neue Dorf- und Schlossgeschichten* (1886, darin *Er lasst die Hand küssen),* Slg. *Aus Spätherbsttagen* (1901, darin *Mašlans Frau*).

Kasimir Edschmid (eigtl. Eduard Schmid)
***5.10.1890 in Darmstadt**
†31.8.1966 in Vulpera (= Schuls, Kt. Graubünden)
Durch seine frühen Essays, Erzählungen und Romane gehört der spätere Reise- und Unterhaltungsschriftsteller zu den ersten Propagandisten des literarischen Expressionismus, als dessen Kern er die „Explosion“ der Gefühlswelt verstand. Schauplätze sind exotische Gegenden (*Der Gott,* in der Slg. *Timur*) oder das Milieu der gesellschaftlichen Außenseiter: „Aus Dreck und Kot und Unzucht“ kommen im Roman *Die achatnen Kugeln* für die Millionärin Daisy „die Übersicht und die Entscheidung in ihr Leben“. Die Slg. *Das rasende Leben* ist ↑Büchner gewidmet, über den Edschmid in den 1920er Jahren mehrere Essays verfasste (hess. Büchner-Preis 1927) sowie der Roman *Wenn es Rosen sind, werden sie blühen* (1950, u.d.T. *Georg Büchner. Eine dt. Revolution,* 1966): Neun Berichterstatter schildern die Ereignisse um den *Hessischen Landboten.* 1935–48 erschien *Italien* (5 Bde.).

Günter Eich

***1.2.1907 in Lebus a.d.Oder, †20.12.1972 in Salzburg**

Der Sohn eines Gutsverwalters ging in Berlin und Leipzig zur Schule. 1925 begann er ein Studium der Volkswirtschaft und der Sinologie (Leipzig, Berlin, Paris). Erste Gedichte erschienen 1927 (Verbindung mit ↑ Kasack und ↑ Loerke), als erstes Hörspiel wurde 1931 *Das Leben und Sterben des Sängers Caruso* (1929) gesendet. Ab 1931 lebte Eich vorwiegend in Berlin als freier Schriftsteller, 1933–39 war er Mitarbeiter des Reichssenders Berlin (Hörspiele, Funkbearbeitungen). 1939 wurde er zur Wehrmacht eingezogen und 1946 aus amerikan. Gefangenschaft entlassen. 1947 gehörte er zu den Gründern der „Gruppe 47" (Preis der Gruppe 1950), 1953 heiratete er in zweiter Ehe Ilse ↑ Aichinger. Nach verschiedenen Wohnorten in Oberbayern ließ er sich 1963 bei Salzburg nieder. Zu seinen Auszeichnungen gehören der Hörspielpreis der Kriegsblinden 1952, der Georg-Büchner-Preis 1959 und der Mannheimer Schiller-Gedächtnispreis 1968.

Als Lyriker gehörte Eich zu Beginn der 1950er Jahre zu den Vertretern des „Kahlschlags": Gedichte als emotionslose Notate. So endet *Inventur* mit der Strophe: „Dies ist mein Notizbuch, / dies ist meine Zeltbahn, / dies ist mein Handtuch, / dies ist mein Zwirn." Ein zentrales Thema und zugleich wesentliches Gestaltungsmittel der Hörspiele ist die Diskrepanz zwischen Wirklichkeit und Vorstellung. Die Möglichkeiten der akustischen Darstellung gewannen durch Eich eine maßgebende Bereicherung (Slg. *Träume,* 1953; Slg. *Stimmen,* 1958). Letztere Slg. mit 7 Stücken enthält *Die Mädchen aus Viterbo* (Erstsendung 1953): Spiegelbildliche Szenen kontrastieren die Furcht eines jüd. Großvaters und seiner Enkelin vor Entdeckung in ihrem Versteck (Berlin 1943) mit der Hoffnung der Mädchen, die sich mit ihrem Lehrer in einer Katakombe verirrt haben, dass sie gefunden werden. Die späte Prosa *(Maulwürfe)* besitzt satirischen Charakter einschließlich des Kalauers: „Im Steiß meines Angesichts bemühe ich mich um Anfänge. Goethes Gespräche mit Neckermann, das wärs."

Gedichtbände: *Gedichte* (1930), *Abgelegene Gehöfte* (1948), *Botschaften des Regens* (1955), *Zu den Akten* (1964), *Anlässe und Steingärten* (1966). – Erzählungen und Kurzprosa: *Züge im Nebel* (1947), Slg. *Maulwürfe* (1968), Slg. *Ein Tibeter in meinem Büro. 49 Maulwürfe* (1970). – Hörspiele: *Geh nicht nach El Kuwehd* (1950), *Die andere und ich* (1951), *Der Tiger Jussuf* (1952), *Blick auf Venedig* (1952), *Das Jahr Lazertis* (1954), *Zinngeschrei* (1955), *Allah hat hundert Namen* (1957), *Die Brandung von Setúbal* (1957), *Festianus, Märtyrer* (1958), *Man bittet zu läuten* (1964), *Zeit und Kartoffeln* (1972).

Träume. **Hörspiel, U 1951, V 1953.**
Fünf alptraumartige Szenen variieren das Motiv von Bedrohung und Vernichtung: Drei Generationen einer Familie sind in einem fensterlosen Güterwaggon eingeschlossen; ein türk. Beamter wird mit der Bedienung einer Anlage betraut, die sich als Fallbeil erweist; eine austral. Familie verfällt beim Anrücken eines einzelnen Feindes der Ächtung; ein Moskauer Kartenzeichner wird im afrikan. Urwald von seinen Trägern im Stich gelassen; eine Hausfrau in New York erkennt den drohenden Zusammenbruch ihres Hauses (Sie hört das Nagen von Termiten).

Die Erstsendung hatte wütende Anrufe im Hamburger Sender zur Folge („Schmutzfink!"), denn der Appell zur Wachsamkeit störte die bedingungslose Bereitschaft zum „Aufbau", zumal die Szenen in die Aufforderung mündeten: „Seid Sand, nicht das Öl im Getriebe der Welt!"

Joseph Freiherr von Eichendorff
***10. 3. 1788 auf Schloss Lubowitz bei Ratibor (= poln. Racibórz)**
†26. 11. 1857 in Neisse (= poln. Nysa)

„Lass es Deiner Begeisterung keinen Eintrag tun, dass er Geheimer Regierungsrat ist", ermutigte Bismarck 1851 seine Ehefrau und Eichendorff-Verehrerin. Tatsächlich scheinen Werk und Lebenswirklichkeit des Dichters von Liedern im reinsten Volksliedton, der nahezu drei Jahrzehnte in der preuß. Kultusbürokratie tätig war, auf erschreckende Weise auseinander zu klaffen. In Wahrheit erweist sich der „letzte Romantiker" – fasst man sein Gesamtwerk ins Auge – als engagierter Interpret seiner Zeit.

Eichendorff stammt aus einer schles. Adelsfamilie, deren Verarmung 1823 den Verkauf fast aller Besitzungen erzwang. Dem Jurastudium (1805–12, Halle, Heidelberg, Wien) folgten die Teilnahme an den Befreiungskriegen, die Eheschließung (1815) mit Luise von Larisch, die ein Kind von Eichendorff erwartete, und der Eintritt in den Staatsdienst (1816–44, Breslau, Danzig, Königsberg, Berlin). Konflikte mit der Staatsführung des protestantischen Preußen ergaben sich aus Eichendorffs Katholizismus und seiner Treue zu den Idealen der Stein'schen Reformen. Die Kritik an der Restauration blieb gepaart mit Skepsis gegenüber der frühindustriellen Gesellschaft und dem Liberalismus.

Prägende Bedeutung gewann in der Studienzeit, in der Eichendorff unter dem Pseudonym „Florens" erste Gedichte veröffentlichte, die Begegnung mit ↑Brentano und A. v. ↑Arnim (Heidelberg) sowie F. ↑Schlegel (Wien). Hier wurzelt sein Verständnis der Volkspoesie als Ausdruck noch ungeteilter Lebenseinheit. Die Suche nach neuen Formen einer Einheit von Leben und Kunst führte zu einer gerade durch Schlichtheit äußerst kunstvollen Bildersprache, die vieles mit den Grundelementen der Landschaftsbilder C. D. Friedrichs (Nähe und Ferne, Licht und Raum) gemeinsam hat.

Eichendorffs Gesamtwerk umfasst Lyrik, Prosa (Romane und Erzählungen mit eingefügten Gedichten), Dramen, Versepen und Abhandlungen. Inhaltlich reicht das Spektrum von bewusst zeitgeschichtlicher Thematik, z. T. in satirischer Gestaltung (*Auch ich war in Arkadien*), über die Auseinandersetzung mit der Frz. Revolution (*Das Schloss Dürande, Robert und Guiscard*) bis zur christlichen Spätantike (*Julian, Lucius*). Zu den von Eichendorff übersetzten Werken der span. Barockliteratur gehört Calderóns *Großes Welttheater*.

Lyrik: V ab 1808, 1. GA 1837 (erw. 1941), Vert u. a. R. Schumann („Liederkreis" op. 39), F. Mendelssohn Bartholdy, H. Wolf, H. Pfitzner. – Versepen: *Julian* (1853), *Robert und Guiscard* (1855), *Lucius* (1857). – Erzählungen: *Viel Lärmen um nichts* (1833), *Auch ich war in Arkadien* (E 1832, V 1866), *Das Schloss Dürande* (1836), *Die Glücksritter* (1841). – Romane: *Ahnung und Gegenwart* (E 1809–12, V 1815), *Dichter und ihre Gesellen* (1834). – Dramen: *Krieg den Philistern* (satirisches „Märchen", 1824), *Der letzte Held von Marienburg* (historisches Trauerspiel, V 1830, U 1831), *Die Freier* (Lustspiel, V 1833, U 1849, Verf B. D. 1968, F. Umgelter). – Literaturgeschichte: *Zur Geschichte der neuern romantische Poesie in Dtl.* (1846), *Der dt. Roman des 18. Jh.s in seinem Verhältnis zum Christentum* (1851), *Zur Geschichte des Dramas* (1854). – Autobiografisches: *Erlebtes (Der Adel und die Revolution, Halle und Heidelberg,* E wohl 1857, V postum 1866). – Übersetzungen: *Graf Lucanor* (1840), *Aus dem Spanischen* (Romanzen, V 1841), *Geistliche Spiele von Calderón* (1846 und 1853).

Das Marmorbild. Novelle, V 1819.
Die Vorstufe bildet eine Skizze *Die Zauberei im Herbste* (1808/09). Anregungen bot u.a. ↑Tiecks Erzählung *Der getreue Eckart und der Tannhäuser* (1799).
Den Schauplatz bildet Lucca zu einer nicht näher bestimmten Zeit. Hier begegnet der junge Dichter Florio dem Sänger Fortunato und dem geheimnisvollen Ritter Donati. In einer nächtlichen Szene gerät Florio in den Bann einer marmornen Venusstatue und damit psychisch in die Gewalt Donatis, der den Jüngling schließlich dazu verführt, den Palast der Liebesgöttin aufzusuchen. Die Erinnerung an Fortunato und ein Gebet bewahren Florio vor dem Schicksal Tannhäusers.
Die Bedeutung der Novelle beruht auf Eichendorffs differenzierter Gestaltung des Gegensatzes zwischen Heidentum und Christentum, antiker Sinnlichkeit und deren christlicher Überwindung, nächtlichem Dunkel und Tageshelle. Das Reich der Venus erscheint nicht als bloßes „Teufelswerk" im Sinne mittelalterlicher Dämonisierung der Antike, sondern besitzt ebenso den Charakter eines verlorenen Paradieses wie die reine Gottesliebe. Beides wurzelt in der Kindheit der Menschheit wie des einzelnen Menschen. Vor allem aber ist der Künstler durch den menschheitsgeschichtlichen Zwiespalt zwischen (in ↑Heines Terminologie) „Sensualismus" und „Spiritualismus" betroffen. Dass die „Verlockung" einen unabdingbaren Bestandteil der Künstlerexistenz bildet, hat Eichendorff in dem Gedicht *Schlimme Wahl* (1839) unter Verwendung des Loreley-Motivs mit den folgenden Versen zum Ausdruck gebracht: „(...) Doch streift beim Zug dich aus dem Walde eben / Der Feie Blick, und brennt dich nicht zu Asche: / Fahr wohl, bist nimmer ein Poet gewesen." Im *Marmorbild* bekennt Fortunato: „Glaubt mir, ein redlicher Dichter kann viel wagen, denn die Kunst, die ohne Stolz und Frevel, bespricht und bändigt die wilden Erdengeister, die aus der Tiefe nach uns langen."

Lyrik. Eichendorffs Dichtungen besitzen zwei Ausgangspunkte, die beide in Heidelberg liegen. Hier lernte er 1807 die Slg. (bearbeiteter) Volkslieder *Des Knaben Wunderhorn* von A.v. ↑Arnim und ↑Brentano kennen. Zugleich gehörte er zum „Eleusischen Bund" des Dichters Otto Heinrich Graf von Loeben (gen. „Isidorus Orientalis"), durch dessen Vermittlung Eichendorff 1808 unter dem Pseudonym „Florens" erstmals Gedichte veröffentlichen konnte. Zwar wandte er sich bald vom Ästhetizismus Loebens ab und karikierte seinen Stil, indem er im 12. Kapitel des Romans *Ahnung und Gegenwart* einen „schmachtenden" Dichter u.a. das Sonett „Ein Wunderland ist oben aufgeschlagen" und „noch einen Haufen Sonette mit einer Art von priesterlicher Feierlichkeit" vortragen ließ. Dennoch nahm Eichendorff ausgerechnet dieses Gedicht 1841 in die Neuauflage seiner erstmals 1837 erschienenen Gesamtausgabe der Gedichte auf, allerdings mit einer kennzeichnenden Abwandlung: Aus dem Indikativ der Erstfassung („Wie bald liegt da tief unten alles Trübe! / Er kniet ewig betend einsam nieder") wurde der Konjunktiv: „Wie bald läg unten alles Bange, Trübe, / Du strebtest lauschend, blicktest nicht mehr nieder."
Die konjunktivische Umformung entspricht der „als ob"-Haltung vieler Gedichte Eichendorffs, die in *Mondnacht* unmittelbar ausgedrückt ist: „Es war, als hätt der Himmel / Die Erde still geküsst, / Dass sie im Blütenschimmer / Von ihm nur träumen müsst." Insofern ist Eichendorffs Lyrik nichts weniger als „naiv" bzw. „ungebrochen". Andererseits erlebte er, dass zumal seine frühen Gedichte als reine Volksliedddichtung verstanden wurden. 1838 nannte er *Das zerbrochene Ringlein* („In einem kühlen Grunde", E 1810/11, V 1813) „ein einfaches Liedchen, dem man vielfach die Ehre angetan, es für ein Volkslied zu halten, und das also wohl nicht das Schlechteste sein kann".
Die 1837 erschienene Gesamtausgabe ist in sieben thematische Gruppen geglie-

dert: Zu den *Wanderliedern* gehören das bekenntnishafte Lied *Frische Fahrt,* das in die Verse mündet: „Fahre zu! Ich mag nicht fragen, / Wo die Fahrt zu Ende geht!", und *Sehnsucht* („Es schienen so golden die Sterne") mit den charakteristischen Versen: „Ach, wer da mitreisen könnte/In der prächtigen Sommernacht!" Die umfangreiche Gruppe *Sängerleben* lotet das Verhältnis zwischen Kunst und Leben aus und mündet in *Wünschelrute* (E 1835): „Schläft ein Lied in allen Dingen, / Die da träumen fort und fort,/Und die Welt hebt an zu singen, / Triffst du nur das Zauberwort." Den Humoristen Eichendorff lässt das Gelegenheitsgedicht *Toast* erkennen: „Auf das Wohlsein der Poeten, / Die nicht schillern und nicht göthen, / Durch die Welt in Lust und Nöten/Segeln frisch auf eignen Böten." Die *Zeitlieder* enthalten u. a. Gedichte aus der Zeit der Befreiungskriege. *Frühling und Liebe* umfasst auch Lieder der Klage und Einsamkeit. Im Mittelpunkt der Gruppe *Totenopfer* steht der Zyklus *Auf meines Kindes Tod,* entstanden 1832 nach dem Tod von Eichendorffs jüngstem Kind, Anna. Zu den *Geistlichen Liedern* gehören neben Marienliedern auch Gedichte, die den Jahres- und Tageszeiten gewidmet sind. Bei den *Romanzen* herrscht die volksliedhafte Verserzählung vor. Als achte Gruppe enthält die Neuauflage 1841 die Romanzen-Übersetzungen *Aus dem Spanischen,* denen u. a. die 1815 von J. ↑ Grimm herausgegebene Slg. *Silva de romances viejos* zugrunde liegt.

Ein charakteristisches Spätwerk ist *Prinz Rokoko* (V 1854, enthalten auch in dem Memoiren-Fragment *Der Adel und die Revolution*): „Prinz Rokoko, hast dir Gassen /Abgezirkelt fein von Bäumen, / Und die Bäume scheren lassen,/Dass sie nicht vom Wald mehr träumen." Die Titelgestalt versinnbildlicht in ästhetischer, aber auch in gesellschaftlicher Hinsicht die Erstarrung alles Natürlichen unter dem Zwang künstlicher Regeln – eine Kritik, die Eichendorff ausdrücklich auf den „heutigen Aristokratismus" bezog.

Aus dem Leben eines Taugenichts. **Novelle, E ab 1817, 1. Kapitel V 1823, V 1826 mit *Das Marmorbild,* Verf. Dtl. 1921/22 Carl Froelich, B.D. 1972/73 Carl Bleichweiß, B.D. 1977 Bernhard Sinkel.** Der Ich-Erzähler, Sohn eines Müllers, schildert rückblickend die Ereignisse des dreiviertel Jahres, das zwischen seinem Aufbruch von zu Hause („Der Frühling ist vor der Tür, geh auch einmal hinaus in die Welt und erwirb dir selber dein Brot!" befahl ihm sein Vater) und der Verlobung mit der Nichte eines Schlossportiers vergangen ist. Die erste Station auf dem Weg des „Taugenichts" (so nannte ihn sein Vater) ist ein bei Wien gelegenes Schloss, wo er eine Anstellung als Gärtnerjunge findet und zum Zolleinnehmer avanciert. Er verliebt sich in eine "schöne Fraue", deren angebliche Hochzeit ihm solchen Kummer bereitet, dass er heimlich das Schloss verlässt und in Richtung Italien wandert. Zwei Maler – Leonhard und Guido – nehmen ihn als Diener in Dienst, lassen ihn jedoch eines Nachts in einem Wirtshaus zurück, worauf er die nach genauem Plan verlaufende Kutschfahrt allein fortsetzt. Er kommt nach Rom, bei der Heimreise gelangt er auf der Donau zu „seinem" Schloss, wo eine Hochzeit vorbereitet wird. Nun klärt sich alles auf: Leonhard ist ein junger Graf, der seine als Guido verkleidete Braut Flora entführt hat, um Zeit zu gewinnen, die Ehehindernisse aus dem Weg zu räumen; Die „schöne Fraue" entpuppt sich als Nichte des Portiers, und somit war „alles, alles gut!"

Kritik an Spießbürgertum und Standesdünkel ergibt sich aus der Entschlüsselung dessen, was der „Taugenichts" wahrnimmt. Ein Beispiel ist die Ankunft im Schloss. Es entwickelt sich das groteske Bild einer Hierarchie vom Portier, einem „großen Herrn in Staatskleidern", bis hinab zum Gärtner, der sich seinerseits als erhaben über den „Bauernlümmel" versteht. Diese Ordnung wird durch den Vergleich des auf und ab schreitenden Portiers mit dem „Perpendikel einer Turmuhr" als leblose Mechanik charakterisiert.

Hans Magnus Enzensberger
***11.11.1929 in Kaufbeuren**

Als 15-Jähriger zum Volkssturm eingezogen, besuchte Enzensberger nach dem Krieg die Oberschule, studierte ab 1949 in Erlangen, Freiburg, Hamburg, Paris (Literaturwissenschaft, Philosophie) und promovierte 1955 mit einer Dissertation über die Poetik ↑ Brentanos; im selben Jahr wurde er Mitglied der „Gruppe 47". Von 1957 an lebte er als freier Schriftsteller, Übersetzer und Gastdozent (Ulm, Frankfurt, Middletown in den USA) u.a. in Norwegen, West-Berlin, auf Kuba; 1983 ließ er sich in München nieder. 1963 erhielt er den Georg-Büchner-Preis, 1970 den Bremer Literaturpreis, 1982 den Pasolini-Preis der Stadt Rom. Seine umfangreiche Tätigkeit als Herausgeber reicht vom „Museum der modernen Poesie" (1960) über das „Kursbuch" (ab 1965) bis zur Buchreihe „Die Andere Bibliothek".

Der Lyriker Enzensberger knüpfte als „zorniger junger Mann" an ↑ Brechts Konzeption des Gedichts als „Gebrauchsgegenstand" an. Als Essayist gelangte er von der Medienkritik (Sprache des „Spiegel" 1957, der FAZ 1962) zu gesellschaftskritischen Analysen, die wesentlich für die Studentenbewegung und die Neue Linke wurden. Tonbandprotokolle verwertet das als „Selbstbildnis der Konterrevolution" („Schweinebucht"-Invasion auf Kuba 1961) gestaltete Dokumentarspiel *Das Verhör von Habana* (U 1970, V 1973). Das Epos in 33 Gesängen *Der Untergang der Titanic* kam als Rezitationsstück auf die Bühne. Der radikalen Modernisierung von Molières *Menschenfeind* (1979) folgte die Diderot-Komödie *Der Menschenfreund* (1984). Als Bastion in der Medienwelt erweist sich die Lyrik. In der Slg. *Kiosk* (1995) zitiert *Altes Medium* Gedichte von ↑ Goethe, ↑ Benn und ↑ Gryphius: „Aber wem es wirklich ernst ist / mit virtual reality, / sagen wir mal: Füllest wieder Busch und Tal, / oder: Einsamer nie / als im August, oder auch: Die Nacht schwingt ihre Fahn, / der kommt mit wenig aus."

Gedichtbände: *Verteidigung der Wölfe* (1957), *Landessprache* (1960), *Gedichte* (1962), *Blindenschrift* (1964), *Gedichte* 1955–1970 (1971), *Mausoleum. 37 Balladen aus der Geschichte des Fortschritts* (1975), *Die Furie des Verschwindens* (1980), *Die Geschichte der Wolken* (2003). – Romane: *Der kurze Sommer der Anarchie. Buenaventura Durrutis Leben und Tod* (1972). – Hörspiele: *Taube Ohren* (1971), *Die Bakunin-Kassette* (1977), *Der tote Mann und der Philosoph* (1978). – Essays: Slg. *Einzelheiten* (1962), Slg. *Politik und Verbrechen* (1964), Slg. *Palaver. Politische Überlegungen* 1967–1973 (1974), Slg. *Politische Brosamen* (1982).

Der Untergang der Titanic. Eine Komödie, E 1969–77, Dramat George Tabori (U 1980), V 1981.
Die „33 Gesänge" dieser Dichtung (wie Dantes Versepos *Divina Commedia* eine „Komödie") ist ein Geflecht aus Assoziationen: Eisbergen, an denen 1912 der Luxusdampfer „Titanic" gescheitert ist, Apokalypsen in der Kunstgeschichte, Kuba und die Revolution, Berlin im Kalten Krieg, der „Untergang im Kopf". Untergegangen ist das erste „Titanic"-Gedicht auf dem Postweg von Havanna nach Paris.

Die Große Wanderung. Essay, V 1992.
„Die 33 Markierungen" bilden den für Enzensbergers Essayistik der 1990er Jahre charakteristischen Versuch, bei der Erörterung aktueller Fragen von öffentlichem Interesse Alternativen zu den Gesichtspunkten der „politischen Klasse" und der Massenmedien (Talkshows) zu entwickeln. Hier geht es um die weltweite Migration in Form von Einwanderung und die Kategorien Ausländer/Inländer, die aphoristisch aus dem Blickwinkel der Menschheitsgeschichte betrachtet werden.

Jenny Erpenbeck
***12.3.1967 in Ost-Berlin**
Jenny Erpenbeck ist Spross einer Schriftstellerfamilie. Großeltern sind die Autorin Hedda Zinna und Fritz Erpenbeck, ein Mitgründer der Zs „Theater der Zeit“ und bis zu seinem Tod Chefdramaturg der Volksbühne in Berlin; der Vater ist der Physiker, Philosoph und Autor John Erpenbeck. Nach einer Buchbinderlehre studierte Erpenbeck in Berlin Theaterwissenschaften und Musiktheaterregie, u.a. bei Peter Konwitschny und Heiner ↑ Müller und inszenierte Aufführungen in Berlin und Graz. Ihr Roman-Debüt *Die Geschichte vom alten Kind* (1999) schildert das „Glück der Regression“, indem ein Findling konsequent darauf hinarbeitet, die unterste Stufe in allen Hierarchien einzunehmen und dadurch das Gefühl von Sicherheit zu erlangen. Dieses Kind entpuppt sich am Ende als eine erwachsene Frau, die sich durch ein dickes Fettpolster getarnt hatte. 2001 erhielt Erpenbeck den Ingeborg-Bachmann-Preis für die Erzählung *Sibirien* (in der Slg. *Tand,* 2001). Daneben entstanden die Theaterstücke *Katzen haben sieben Leben* (U 2000) und *Leibesübungen für eine Sünderin* (U 2003).

Hans Fallada (eigtl. Rudolf Ditzen)
***21.7.1893 in Greifswald, †5.2.1947 in Berlin**
Der Sohn eines Landgerichtsrats wurde wegen eines Duells mit einem Mitschüler vom Gymnasium verwiesen. 1913 wurde er in Sachsen Landwirtschaftsschüler und arbeitete danach auf verschiedenen Gütern. Alkoholabhängig und morphiumsüchtig, unterzog er sich 1917 und 1919 Entziehungskuren. Nach einer wegen Unterschlagung verbüßten Haftstrafe war er in Schleswig-Holstein Annoncenwerber und Berichterstatter einer Lokalzeitung. Hier sammelte er 1929 anlässlich des Landvolk-Prozesses in Neumünster das Material für seinen Roman *Bauern, Bonzen und Bomben* (1931) über eine blutig endende Bauerndemonstration gegen überhöhte Steuern und den sich anschließenden Prozess. Große Verbreitung fand der 1932 erschienene Roman *Kleiner Mann – was nun?* Es folgten die Romane *Wer einmal aus dem Blechnapf frisst* (1934, Scheitern eines entlassenen Strafgefangenen), *Wolf unter Wölfen* (1937, Chronik der Weltwirtschaftskrise), *Der eiserne Gustav* (1938, Zerfall einer Familie im Zeitraum 1914–24, endend mit der Fahrt des Berliner Lohnkutschers Gustav Hackendahl nach Paris, Verf B.D. 1958). Der Roman *Ein Mann will hinauf* (1942) handelt vom Waisenjungen Karl Siebknecht, der nach Berlin kommt, um zu Reichtum und Ruhm zu gelangen; zunächst muss er sich als Handlanger durchs Leben schlagen. Humorvolle Erinnerungsbücher sind *Damals bei uns daheim* (1942) und *Heute bei uns zu Haus* (1943). Gestapo-Akten liegen dem Roman *Jeder stirbt für sich allein* (1947) zugrunde: Das Arbeiter-Ehepaar Quangel wagt nach dem Tod des Sohnes an der Front auf eigene Faust den Widerstand gegen das Naziregime. Den Anstoss zu diesem Roman gab ↑ Becher, der 1945 aus dem Exil in Moskau nach Berlin zurückgekehrt war und Fallada eine Tätigkeit für die „Tägliche Rundschau“ vermittelt hatte. Autobiografisch geprägt ist der Roman *Der Trinker* (postum 1950). Fallada starb infolge seiner Drogensucht an einer Herzlähmung.

Kleiner Mann – was nun? Roman, V 1932, **Verf Dtl. 1933 Fritz Wendhausen, USA (u. d. T.** ***Little Man What Now*****) 1934 Frank Borzage, Dramat (Revue) ↑Dorst und Peter Zadek (U 1972, V 1979).**
Der Buchhalter Johannes Pinneberg heiratet in aller Heimlichkeit im Dorf Ducherow seine schwangere Freundin Emma, gen. „Lämmchen". Als der Arbeitgeber Kleinholz, der Pinneberg mit der eigenen Tochter verkuppeln wollte, davon erfährt, entlässt er seinen Angestellten. Pinnebergs verwitwete Mutter Mia lädt das junge Paar ein, zu ihr nach Berlin zu kommen. Hier spielt der 2. Teil. Mias zwielichtiger Freund Jachmann vermittelt eine Anstellung in einem Warenhaus, in dem Pinneberg dem ständigen Druck der übrigen Verkäufer ausgesetzt ist. Als er erkennt, dass Mia ein Bordell betreibt, zieht er mit Emma in eine kleine eigene Wohnung; der Sohn Horst wird geboren. Jachmann wird als polizeilich gesuchter Falschspieler und Hochstapler verhaftet. Der befreundete, stets hilfsbereite Kollege Heilbutt, der in Nudistenkreisen verkehrt und Aktfotos von sich verkauft, wird entlassen, und auch der erfolglose Pinneberg verliert seinen Arbeitsplatz. Von einem Schupo als gesetzwidrig verdächtigt, begreift Pinneberg, „daß er draußen ist, daß er hier nicht mehr hingehört, daß man ihn zu Recht wegjagt: ausgerutscht, versunken, erledigt. Ordnung und Sauberkeit: es war einmal. Arbeit und Brot: es war einmal. Vorwärtskommen und Hoffen: es war einmal. Armut ist nicht nur Elend, Armut ist auch strafwürdig. Armut ist Makel, Armut ist Verdacht." Der Epilog „Alles wird gut" handelt vom kümmerlichen Dasein der Familie Pinneberg in einem Schreberhäuschen. Für den Lebensunterhalt sorgt „Lämmchen" durch Handarbeiten. Sie ist es auch, deren Liebe Pinnebergs Depression angesichts der aussichtslosen Lage auf dem Arbeitsmarkt und somit in der Gesellschaft besiegt.
Der Roman zeigt keine politische Position des Autors, doch verkörpert Pinneberg das Kleinbürgertum, das von den Nazis eine Besserung der desolaten Lebensverhältnisse erwartet.

Jörg Fauser

***16. 7. 1944 Bad Schwalbach/Taunus, †17. 7. 1987 in München**

Der Sohn eines Malers und einer Schauspielerin begann bereits als Schüler journalistisch zu arbeiten. Das Studium der Ethnologie und Anglistik in Frankfurt a. M. brach er ab und setzte sich, nach ebenfalls abgebrochenem Zivildienst und schwer drogensüchtig, nach Istambul ab. 1968 kehrte er in die B. D. zurück, wo er neben seiner literarischen Arbeit als Journalist tätig war. Gesammelte Kolumnen und Essays erschienen in *Der Strand und die Städte* (1978) und *Blues für Blondinen* (1984). Der Erzähler debütierte 1971 mit *Aqualunge* und der Prosa-Slg. *Tophane* (1972, benannt nach dem berüchtigten Viertel Istanbuls), in der er seine Zeit im Drogenmilieu verarbeitete. Im selben Jahr gelang Fauser die Entziehungskur vom Heroin. Als Underground-Poet nur einem kleineren Kreis bekannt (Gedichtbde. *Die Harry-Gelb-Story,* 1973, und *Trotzki, Goethe und das Glück,* 1979), gelang ihm 1981 mit *Der Schneemann* der Durchbruch. Die Geschichte des Anti-Helden Blum, der bei dem Versuch scheitert durch Drogengeschäfte aus seinem Kleinkriminellendasein zu entkommen, wurde mit Marius Müller-Westernhagen in der Hauptrolle zu einem Kinoerfolg (B. D. 1985, Peter F. Bringmann). Dem folgten die Kriminalromane *Rohstoff* (1984), *Das Schlangenmaul* (1985) und *Kant* (1987). Unmittelbar nach seinem 43. Geburtstag kam Fauser im Straßenverkehr ums Leben.

Lion Feuchtwanger

***7.7.1884 in München, †21.12.1958 in Los Angeles**

Nach Studienjahren in München und Berlin gehörte Feuchtwanger als Theaterkritiker zu den Mitarbeitern der „Schaubühne" und begründete 1908 die Kulturzeitschrift „Der Spiegel". Während des I. Weltkriegs war er zeitweilig in Tunis interniert; 1918 beteiligte er sich an der Novemberrevolution. Ab 1919 stand er in Verbindung mit ↑ Brecht (gemeinsame Bearbeitung von Christopher Marlowes *Leben Eduards II. von England*, U 1924; sein 1944 erschienener Roman *Simone* liegt Brechts Stück *Die Gesichte der Simone Machard* zugrunde). Als Romancier entwickelte sich Feuchtwanger zu einem bedeutenden Vertreter des psychologischen historischen Romans mit zeitgeschichtlichen Bezügen. 1933 wurde er während einer Vortragsreise durch die USA aufgrund seiner jüd. Herkunft und linksliberalen Haltung ausgebürgert und ließ sich in Südfrankreich nieder. 1935 nahm er in Paris am „Kongress zur Verteidigung der Kultur" teil, 1936 gehörte er zu den Gründungsherausgebern der in Moskau erscheinenden Zeitschrift „Das Wort". 1940 konnte er aus einem frz. Internierungslager in die USA fliehen. Nach Aufenthalten in New York und Los Angeles ließ er sich 1943 in Pacific Palisades bei Hollywood nieder. Die amerikan. Staatsbürgerschaft blieb ihm versagt, zumal er unter Kommunismus-Verdacht stand (Nationalpreis der DDR 1953). Zu einer Rückkehr konnte er sich, im Unterschied zu Brecht, T. ↑ Mann und A. Zweig, nicht entschließen. Zum Spätwerk gehört der Roman *Narrenweisheit oder Tod und Verklärung des Jean-Jacques Rousseau* (1952) über die Verwirklichung von Ideen des (bei Feuchtwanger ermordeten) Philosophen in der Frz. Revolution.

Romane: *Die hässliche Herzogin Margarete Maultasch* (1923), *Josephus-Trilogie* (1932–1945: *Der Jüd. Krieg, Die Söhne, Der Tag wird kommen*), *Der falsche Nero* (1936), *Die Füchse im Weinberg* (1950), *Jefta und seine Tochter* (1957). – Dramen: *Die Kriegsgefangenen* (1919), *Angelsächsische Trilogie* (1927). – Essays: *Vom Sinn und Unsinn des historischen Romans* (1936), Slg. *Centum Opuscula* (1956). – Autobiografisches: *Moskau* (1937), *Unholdes Frankreich* (1942).

Jud Süß. Roman, V 1925, als Drama U 1917, V 1918, Verf England 1934.

Die Titelgestalt ist der halbjüd. Finanzier Joseph Süß-Oppenheimer. Als Berater des Herzogs Karl Alexander von Württemberg (ab 1733) initiierte er Maßnahmen zur rücksichtslosen Erhöhung der Staatseinnahmen. Der Widerstand der Standesvertreter richtete sich in wachsendem Maße gegen den Hofjuden. Nach dem Tod des Herzogs wurde er 1738 hingerichtet.

Themenbereiche des durch die gleichnamige Erzählung von ↑ Hauff angeregten Romans sind die Formen brutaler (Herzog) und raffiniert gehandhabter Machtgier (Süß) und die Entfachung einer antisemitischen Psychose; zugleich gestaltete Feuchtwanger am Beispiel der Schicksalsergebenheit seines Protagonisten (z. B. Verzicht auf Rettung durch Konversion) sein Thema des vor allem für den jüd. Menschen kennzeichnenden Zwiespalts „zw. Tun und Nichttun, zw. Macht und Erkenntnis". 1933 in Dtl. verboten, diente der Roman in völlig verzerrter Form als Grundlage eines antisemitischen Hetzfilms (1940). Sein Regisseur Veit Harlan wurde 1949/50 in zwei Prozessen freigesprochen. Harlan berief sich auf „Befehlsnotstand" (Auftrag von Goebbels).

Der Wartesaal. Romantrilogie als „Rechenschaftsbericht", 1930–40.

***Erfolg. Drei Jahre Geschichte einer Provinz* (V 1930)** spielt zu Beginn der 1920er Jahre. Im Mittelpunkt steht der in einen Meineidsprozess verwickelte Kunsthistoriker Dr. Krüger, der im Gefängnis einem Herzleiden erliegt. Die Haupthandlung ist in eine scharfsichtige Darstellung der Ausbreitung des Faschismus eingebettet. Zu den Ereignissen gehört der Putschversuch Hitlers 1923 in München.

***Die Geschwister Oppenheim* (1933, 1948 u. d. T. *Die Geschwister Oppermann*)** schildert am Beispiel einer jüd. großbürgerlichen Familie den Beginn der Judenverfolgung 1933. Hauptgestalt ist der Schriftsteller und Unternehmer Gustav Oppenheim. Er kehrt nach kurzer Zeit des Exils illegal nach Dtl. zurück, um sich am antifaschistischen Widerstand zu beteiligen; er wird verhaftet und stirbt an den Folgen seiner Misshandlungen im KZ. Zum 50. Jahrestag der sog. Machtergreifung der Nazis 1933 entstand unter der Regie des einstigen Brecht-Assistenten Egon Monk eine 2-teilige mehrfach prämierte TV-Version, die in mehr als 10 Ländern (u. a. in Israel) gezeigt wurde.

***Exil.* E 1935–39, V 1940 (Exilverlag); der DDR-Ausgabe folgte erst 1979 eine Ausgabe in der B. D., TV-Version B. D. 1981 Egon Günther.** Schauplatz ist Paris 1935. Im Mittelpunkt steht die aus Dtl. emigrierte Familie des Komponisten Sepp Trautmann. Er übernimmt – beispielhaft für den Vorrang politischer gegenüber künstlerischen Herausforderungen – die Stelle eines von der Gestapo entführten Journalisten bei der Emigrantenzeitschrift „Pariser Nachrichten". Sein Sohn Hans setzt seine Hoffnungen auf eine Volksfront mit den Kommunisten gegen die Nazis. Frau Trautwein zerbricht unter der Last der Sorge um ein Überleben im Exil und der Entfremdung von ihrem Mann, den sein politisches Engagement gefangen nimmt. Dieser vollendet am Ende seine „Wartesaal-Sinfonie", gewidmet dem Exil als Zustand des Wartens auf den Neubeginn.

Goya oder
Der arge Weg der Erkenntnis.
Roman, V 1951, Verf DDR/UdSSR 1969/70 Konrad Wolf.

Ein Ausgangspunkt für Feuchtwangers Beschäftigung mit dem span. Maler und Grafiker Francisco de Goya (1746–1828) war 1926 ein Besuch des Museo del Prado in Madrid. Goya entwickelte sich innerhalb Feuchtwangers Konzeption des kulturgeschichtlichen Romans zur Verkörperung der Wechselbeziehung zwischen künstlerischer Steigerung und politisch-sozialer Einsicht: Vom Hofkünstler entwickelte sich Goya unter dem Einfluss der frz. Aufklärung zu einem von der Inquisition bekämpften, dem Volk verbundenen Verteidiger der Menschenwürde. Um den „argen und schmerzhaften Weg der Erkenntnis" als historisch notwendig zu erweisen, ist die Künstlerbiografie in eine materialreiche Schilderung Spaniens im späten 18. Jh. eingebettet. Mittelbar bestehen zeitgeschichtliche Bezüge zu Spanien unter der Franco-Diktatur. Der Roman wurde zu Feuchtwangers international größtem Bucherfolg (Übersetzung in 24 Sprachen).

Die Jüdin von Toledo.
Roman, V 1955 in der DDR, in der B. D. u. d. T. *Spanische Ballade.*

Das Thema der Verzauberung des Königs Alfonso von Kastilien durch die Jüdin Raquel, der wegen dieser Liebe seine Pflicht zum Krieg gegen die Muslime vernachlässigt, wurde in span. Balladen und Chroniken, einem Stück von Lope de Vega Carpio (1616) und in ↑Grillparzers gleichnamigem Trauerspiel (1872) dargestellt. Feuchtwanger widmete die mittelalterliche Geschichte über Christen und Muslime vor allem den Juden in Spanien, „die schon deshalb ihr Bestes tun, den Frieden zu wahren, weil sie die ersten sein werden, die zwischen den Kriegführenden umkommen. (...) Männer, die der gerüsteten Tapferkeit der Ritter nichts entgegenzusetzen haben als den stillen Mut ihres Geistes" (Nachwort).

Hubert Fichte

***31. 3. 1935 in Perleberg (Westprignitz), †8. 3. 1986 in Hamburg**

Aufgewachsen in Hamburg, in der Provence als Schafhirte und in Schweden als Landwirtschaftspraktikant tätig, ließ sich Fichte 1963 in Hamburg als freier Schriftsteller nieder (Julius-Campe-Stipendium für die Slg. von Erzählungen *Der Aufbruch nach Turku*). Sein zentrales Thema ist die Diskriminierung. Der Roman *Das Waisenhaus* (1965) schildert sie am Beispiel eines Jungen, der als unehelicher Sohn eines Juden von seiner ev. Mutter während des II. Weltkriegs in einem kath. Waisenhaus untergebracht wird. Der dokumentarische Roman *Die Palette* (1968) porträtiert mosaikartig das gleichnamige Hamburger „Gammler"-Lokal und die hier heimischen Außenseiter der Wohlstandsgesellschaft. 1972 folgten *Interviews aus dem Palais d'amour etc.*

Marieluise Fleißer

***23. 11. 1901 in Ingolstadt, †2. 2. 1974 in Ingolstadt**

Die Tochter eines Handwerkers studierte ab 1919 in München, dann in Berlin Germanistik und Theaterwissenschaft; Freundschaft verband sie mit ↑Brecht und ↑Feuchtwanger. Als „unbarmherzige, barmherzige Seelenzustandsgestalterin" (Kurt Pinthus, 1926) erlebte sie heftige Anfeindungen und zog sich 1932 in ihre Heimatstadt zurück. Ende der 60er Jahre kam es u. a. durch Autoren wie ↑Kroetz und ↑Sperr zu einer Wiederentdeckung der Dramatikerin als Vertreterin des gesellschaftskritischen Volksstücks, dessen Realismus u. a. auf der Wiedergabe sprachlicher Deformation beruht.

Fegefeuer in Ingolstadt, „ein Stück über das Rudelgesetz und über die Ausgestoßenen" (Fleißer), schildert am Beispiel des um seine Identität ringenden Schülers Roelle die provinzielle Dumpfheit einer kath. Kleinstadt. Zentrales Thema von *Pioniere in Ingolstadt* sind Unterdrückung und Ausbeutung vor allem der Frau als Arbeitskraft und als geschlechtliches Wesen. Brecht, der bei der Berliner Uraufführung des 1. Stücks 1926 Regie geführt hatte, bearbeitete das 2. Stück (U 1928 Dresden) für die Berliner Inszenierung 1929 und erregte durch die Einfügung erotischer sowie antimilitaristischer Szenen einen Skandal, dem sich Fleißer nicht gewachsen sah. Sie kehrte nach Ingolstadt zurück, wo sie als „Nestbeschmutzerin" verfemt wurde. Ihre Beziehung zu einem rechtsnationalen Journalisten, Dichter und Gegner Brechts ist Thema des Stücks *Der Tiefseefisch* (E 1929/30, U postum 1980). Fleißer war unglücklich mit einem Tabakhändler verheiratet und unterlag in der NS-Zeit einem Schreibverbot. 1950 kam in München das sozialkritische Volksstück *Der starke Stamm* auf die Bühne. Es spielt in der Nachkriegszeit und handelt von der „Mentalität solcher zwischen Bürger- und Bauerntum schwankender Leute", die mit Geschäften am Rande der Legalität rasch zu Wohlstand kommen wollen. Die Erzählung *Avantgarde* (1963) beschreibt die problematische Beziehung der Schriftstellerin zu Brecht.

Romane: *Mehlreisende Frieda Geier* (1931, Neufassung *Eine Zierde für den Verein* 1972). – Erzählungen: Slg. *Ein Pfund Orangen* (1929), Slg. *Andorranische Abenteuer* (1932). – Dramen: *Fegefeuer in Ingolstadt* (1. Fassung E 1924, U 1926, 2. Fassung U 1971), *Pioniere in Ingolstadt* (1. Fassung U 1928, 2. Fassung U 1929, 3. Fassung U 1970, Verf B. D. 1971 Rainer Werner Fassbinder), *Der starke Stamm* (E 1944/45, U 1950).

Theodor Fontane
***30.12.1819 in Neuruppin, †20.9.1898 in Berlin**
„Viele, die eine Ahnung haben von ihren Möglichkeiten und ihren Bedürfnissen und dennoch das herrschende System in ihrem Kopf akzeptieren durch ihre Taten und es somit festigen und durchaus bestätigen" lautet der Untertitel von R. W. Fassbinders Filmversion (1974) des Romans *Effi Briest,* die zugleich eine Huldigung an den Schöpfer des dt. Gesellschaftsromans im Realismus bildet. Im Titel *Ein weites Feld* seines Romans von 1995 zur dt. Einigung bezieht sich ↑Grass auf eine Redewendung, die Effie Briests Vater gern verwendete („Das ist ein weites Feld."). Darüber hinaus verweist Grass mit diesem „Zitat" auf Fontane als Zeugen der ersten dt. Einigung (Reichsgründung 1871) und als Figur in seinem bundesrepublikanischen Zeitroman.

Der Sohn eines Apothekers hugenott. Herkunft war ab 1836 im väterlichen Beruf tätig (Berlin, Leipzig, Dresden). Seine literarische Laufbahn begann 1839 (Novellen, Gedichte unter dem Einfluss ↑Herweghs); 1844 trat er als „Lafontaine" dem Berliner Verein „Tunnel über der Spree" bei, dem auch ↑Heyse und ↑Storm angehörten. 1849 wechselte er zum Journalismus über, nachdem er im Revolutionsjahr 1848 Beiträge im radikaldemokratischen Blatt „Zeitungshalle" veröffentlicht hatte; als Mitarbeiter der „Dresdner Zeitung" nahm er an der Opposition gegen die preuß. Reaktion teil *(Die Wiedergeburt des Polizeistaats).* 1855–59 lebte Fontane mit seiner Familie als freier Korrespondent in England. 1860–70 war er in Berlin Mitarbeiter der konservativen „Kreuz-Zeitung"; zugleich pflegte er die Gattung der kulturgeschichtlichen Reiseliteratur *(Wanderungen durch die Mark Brandenburg,* ab 1861). Als Kriegsberichterstatter hielt er sich 1865/66 in Dänemark und Böhmen, 1870 in Frankreich auf, wo er als mutmaßlicher Spion in Haft genommen wurde. Als Theaterkritiker der „Vossischen Zeitung" gehörte er Ende der 1880er Jahre zu den Verteidigern des Naturalismus (Ibsen, ↑Hauptmann) als Fortentwicklung des Realismus. Als Erzähler begann Fontane mit der Gestaltung historischer Stoffe, allerdings mit der Absicht, „nicht zu erschüttern, kaum stark zu fesseln"; die Hauptsache ist „anregendes, heiteres, wenn's sein kann geistvolles Geplauder" (1866 über den ab 1862 entstandenen und 1878 erschienenen Roman *Vor dem Sturm,* angesiedelt 1812/13 unmittelbar vor Beginn der Befreiungskriege). 1880 erschien mit *L'Adultera* (benannt nach Tintorettos Gemälde „Die Ehebrecherin") Fontanes erster Berliner Gesellschaftsroman. Bereits in *Schach von Wuthenow* (1882/83) ist das gesellschaftlich bedingte Verständnis von Ehre ein zentrales Thema Fontanes: 1879 fasste er den Inhalt der Erzählung (nach einem Ereignis von 1815) zusammen: „Eitlen, auf die Ehre dieser Welt gestellten Naturen ist der Spott und das Lachen der Gesellschaft derart unerträglich, dass sie lieber den Tod wählen als eine Pflicht zu erfüllen, die sie selber klug und gut genug sind, als Pflicht zu erkennen, aber auch schwach genug sind, aus Furcht vor Verspottung nicht erfüllen zu wollen." Indem die Handlung in das Jahr 1806 unmittelbar vor dem Zusammenbruch Preußens verlegt wird, gewinnt der Einzelfall symptomatischen Charakter für das Verhängnis

„falscher Ehre“, an der Preußen in der Auseinandersetzung mit Napoleon scheiterte. Kennzeichnend für Fontanes personale (statt auktoriale) Erzählweise ist die Vielfalt der Blickwinkel in breit angelegten Dialogszenen. Zu diesem „Perspektivismus“ gehört die ironische Replik. So erhält eine Adlige, die sich die hl. Elisabeth von Thüringen zum Vorbild nimmt („der Armut Brot geben – darin allein ruht das Glück. Ich möchte, dass ich mir das erringen könnte“) zur Antwort: „Du wirst Unter den Linden noch für Geld gezeigt werden.“ Das Beispiel für Ironie findet sich im Roman *Der Stechlin*. Er enthält die Analogie zwischen dem Zusammenhang der Naturerscheinungen und dem Zusammenhang zwischen den so verschiedenen Einzelexistenzen. Denn „wer demütig ist, der sieht die Scheidewände fallen und erblickt den Menschen im Menschen“.
Auch Gedichte hat Fontane verfasst, v.a. Balladen *(Archibald Douglas, Die Brücke am Tay, John Maynard, Herr von Ribbeck)*.

Gedichtbände: *Männer und Helden. Acht Preußenlieder* (1849), *Gedichte* (1851, erweiterte Neuauflagen 1875, 1889, 1892). – Romane: *Vor dem Sturm* (E ab 1862, V 1878), *L'Adultera* (Zs 1880, V 1882), *Cécile* (Zs 1886, V 1887), *Stine* (1890, Verf Dtl. 1944 u. d. T. „Das alte Lied“, B. D. 1967 Wilm ten Haaf, DDR 1978 Thomas Langhoff), *Unwiederbringlich* (1891, Verf B. D. 1968 Falk Harnack), *Die Poggenpuhls* (1896), *Mathilde Möhring* (E 1891, Zs postum 1906, Verf DDR 1945/50, B. D. 1967/68 Claus Peter Witt). – Erzählungen: *Ellernklipp. Nach einem Harzer Kirchenbuch* (1881), *Schach von Wuthenow* (Zs 1882, V 1883). – Essays, Rezensionen: *Unsere lyrische und epische Poesie seit 1848* (1853), *„Gottfried Keller“*. Essay von Otto Brahm (1882), *„Die Wildente“* von Henrik Ibsen (1888). – Reiseberichte: *Ein Sommer in London* (1854), *Jenseits des Tweed. Bilder und Briefe aus Schottland* (1860), *Wanderungen durch die Mark Brandenburg* - (4 Bde. 1862–82). – Autobiografisches: *Meine Kinderjahre* (1893), *Von Zwanzig bis Dreißig* (1897).

Grete Minde. Nach einer altmärkischen Chronik. Erzählung, V 1879 (in der Zeitschrift „Nord und Süd“), Buchausgabe 1880, Verf u. d. T. *Grete Minde – Der Wald ist voller Wölfe* B. D. 1976 Heidi Genée.
Schauplatz der historischen Erzählung ist Tangermünde um das Jahr 1615. Die Titelheldin, Tochter einer kath. Spanierin, wächst als Waise im Haus ihres Halbbruders Gerdt und dessen engherziger Frau Trud auf. Den ständig wachsenden Anfeindungen entzieht sie sich durch die Flucht, begleitet von ihrem Jugendgespielen Valtin. Nach drei Jahren kehren sie mit ihrem Kind nach Tangermünde zurück. Valtin stirbt, Grete wird die Aufnahme in Gerdts Haus versagt; ihr Anspruch auf das Erbteil wird vom Rat der Stadt, dem Gerdt Minde angehört, auf dessen falsche Aussagen hin zurückgewiesen. In ihrer völligen Verlassenheit bemächtigen sich Wahnvorstellungen der Frau: Schon vor Jahren war Grete durch die Vorstellung eines Puppenspiels „Das Jüngste Gericht“ zugleich geängstigt und fasziniert. Sie zündet in düsterer Rache- und Zerstörungslust ihr Vaterhaus und die Stadt an. Vor den Augen ihres Halbbruders wird sie mit dessen Sohn und ihrem eigenen Kind vom brennenden Kirchturm in die Tiefe gerissen.
Durch die dramatische, an die Balladendichtung anknüpfende Gestaltung vor allem des Finales bildet *Grete Minde* eine Ausnahme innerhalb Fontanes Erzählwerk. Dies gilt auch für den Charakter Gretes bzw. die in ihrem Handeln wirksame Getriebenheit. Wegweisend für das weitere Schaffen sind jedoch das Dominieren einer Frauengestalt und das Thema der Lebensfeindlichkeit starrer Moralvorstellungen. Über Geschichte als Stoff der Dichtung schrieb Fontane 1854 an ↑ Storm: „Nur sowie ich die Geschichte als Basis habe, gebiete ich über Kräfte, die mir sonst fremd sind, wie jener, dem auf heimatlicher Erde die Seele wieder stark werde.“

Unterm Birnbaum. Erzählung, V 1885 (in „Die Gartenlaube"), **Buchausgabe 1885, Verf Dtl. 1944 Harald Braun, B.D. 1963 G. Klingenberg, B.D. 1964 Mark Lawton, DDR 1973 Ralf Kirsten.**
Schauplatz ist das Dorf Tschechin im Oderbruch, den zeitgeschichtlichen Hintergrund bildet die poln. Erhebung 1830/1831. Der Kaufmann und Gastwirt Abel Hradscheck ist in großer wirtschaftlicher Bedrängnis, während seine Frau Ursel nach dem Tod ihrer Kinder sich den Anschein eines vornehmen Lebens leistet. Als Hradscheck unter seinem Birnbaum den vor Jahren verscharrten Leichnam eines frz. Soldaten findet, verzichtet er auf die Meldung des Funds; er „hing all jenen Gedanken und Vorstellungen nach, wie sie seit Wochen ihm immer häufiger kamen". Der sich abzeichnende Zusammenbruch wird durch die Ermordung des Geldeintreibers der Krakauer Gläubiger verhindert. Die „Hexe" Jeschke beobachtet zwar, wie Hradscheck sich nachts im Garten zu schaffen macht, doch stößt die Polizei lediglich auf jenen toten Franzosen unterm Birnbaum, und Hradscheck gilt als rehabilitiert. Seine Frau jedoch siecht dahin und stirbt. Hradscheck gelangt zu Wohlstand, doch halten die Geisterfurcht seiner Angestellten und die Andeutungen der Jeschke die Erinnerung an die Mordtat wach. Eines Tages wird Hradscheck tot im Keller aufgefunden, neben ihm die ausgegrabene Leiche des Ermordeten.
Als Kriminalerzählung handelt *Unterm Birnbaum* von der Vorbereitung und zeitweiligen Vertuschung eines Mordes und konzentriert sich auf die Erlebnisweise des Mörders. Hieraus ergibt sich die Einbeziehung seiner Umwelt, von der er die Entdeckung seiner Tat befürchten muss. Ein dichtes Geflecht von Motiven umfasst Konfessionalismus (der Pfarrer deckt unwissend Hradscheck, da er stolz ist, dessen kath. Frau zur „gereinigten Lehre" bekehrt zu haben), Aberglaube, Aufrechterhaltung der Fassade von Wohlstand. Teile der Gespräche werden in Mundart geführt.

Irrungen Wirrungen. Roman, V 1887 (in der „Vossischen Zeitung"), **Buchausgabe 1888, Verf B.D. 1966 Rudolf Noelte.**
Schauplatz ist u.a. eine bei Berlin-Wilmersdorf gelegene Gärtnerei und das dazugehörige Häuschen der Waschfrau Nimptsch und ihrer Pflegetochter Lene. Bei den hier in bescheidenen Verhältnissen lebenden Menschen findet der junge Graf Botho von Rienäcker ein unverhofftes Glück durch die innige Liebe, die ihn mit Lene verbindet. Den Höhepunkt bildet die Schilderung einer Landpartie entlang der Spree. Doch vor allem Lene ist sich bewusst, dass Standesbarrieren zwischen ihr und dem Geliebten bestehen. Beide sind bereit, die bestehende Ordnung, „die Grundbedingung, auf der Staat und Familie beruhen", anzuerkennen. Diese Notwendigkeit wird ihnen u.a. durch das Eintreffen von drei Kameraden Bothos mit ihren „Damen" vor Augen geführt, durch das die gesellschaftlichen Vorurteile selbst in der ländlichen Idylle zur Wirkung gelangen. Botho beugt sich der Pflicht, durch die Heirat mit einer ebenso reichen wie oberflächlichen Kusine die Familiengüter zu sanieren. Jahre später heiratet Lene einen überaus ehrbaren Laienprediger. Die Wiederherstellung der konventionellen Ordnung wird nüchtern registriert und gewinnt eben hierdurch den Beiklang tiefer Resignation.
Die „Hurengeschichte", in der die Gefühle eines Mädchens aus den unteren Schichten als „einfach, wahr und natürlich" bezeichnet werden, rief sittliche Entrüstung hervor, mit der sich Fontane u.a. in einem Brief an seinen Sohn Theodor auseinander gesetzt hat: „Wir stecken ja bis über die Ohren in allerhand konventioneller Lüge und sollten uns schämen über die Heuchelei, die wir treiben, über das falsche Spiel, das wir spielen. Gibt es denn, außer ein paar Nachmittagspredigern, (...) noch irgendeinen gebildeten und herzensanständigen Menschen, der sich über eine Schneidermamsell mit einem freien Liebesverhältnis wirklich moralisch entrüstet?"

Frau Jenny Treibel oder „Wo sich Herz zu Herzen find't".
Roman aus der Berliner Gesellschaft, V 1892 (in der „Dt. Rundschau"), Buchausgabe 1893, Verf u.d.T. *Corinna Schmidt* DDR 1951 Artur Pohl.

Die Hauptpersonen verteilen sich auf zwei Generationen und zwei gesellschaftliche Gruppen: Repräsentanten des Besitz- und des Bildungsbürgertums. Die aus kleinbürgerlichem Milieu stammende Jenny Treibel, geb. Bürstenbinder, hat sich in ihrer Jugend für den Besitz und gegen die Bildung als Lebenssphäre entschieden, indem sie statt des (inzwischen immerhin zum Gymnasialprofessor avancierten) Willibald Schmidt den reichen Fabrikanten Treibel geheiratet hat. Als Schmidts Tochter Corinna den zweitältesten Treibelsohn, Leopold, heiraten will, fordert sie Jenny Treibels Widerstand heraus; in Frage kommt nur eine standesgemäße, d.h. eine Geldheirat. Es gelingt ihr, Leopold in Corinnas Augen unglaubwürdig zu machen, sodass diese sich auf ihren Vetter, den Archäologen Marcell, besinnt, der ihr im Unterschied zu Leopold ein intellektuell ebenbürtiger Partner ist. Für den Treibelsohn findet sich eine Frau in der Familie des reichen Hamburger Holzhändlers, in die schon der älteste Sohn eingeheiratet hat.

Die Verlobung, Trennung und jeweils anderweitige Verheiratung Corinnas und Leopolds sind alles, was der Roman an Handlung im engeren Sinne aufzuweisen hat. Diese ist eingebettet in ein vor allem durch Gespräche im größeren Kreis (Diner im Hause Treibel) oder paarweise (im Zusammenhang einer Landpartie) entfaltetes perspektivenreiches Bild des Bürgertums zu Beginn der Wilhelminischen Ära (der Roman spielt im Dreikaiserjahr 1888). Einzelaspekte sind die Orientierung des Besitzbürgertums am Adel; die mit innerlicher Verachtung gepaarte Willfährigkeit des Künstlers gegenüber den Besitzenden; die Sentimentalität, mit der die im Wohlstand Lebenden den geistigen Werten huldigen. So äußert etwa Jenny Treibel im Gespräch mit Schmidt in wehmütiger Erinnerung, dass sie „in einfacheren Verhältnissen und als Gattin eines in der Welt (...) des Idealen stehenden Mannes wahrscheinlich glücklicher geworden wäre"; das Bekenntnis zum Herzensbund (der Untertitel des Romans zitiert ein Gedicht Schmidts, das dieser seinerzeit Jenny gewidmet hat) bleibt jedoch ein Lippenbekenntnis. Die Vorherrschaft von Gesprächen lässt den Erzähler in den Hintergrund treten. Die Personen charakterisieren sich wechselseitig und durch die Art und Weise ihres Sprechens zugleich sich selbst.

Den gesellschaftskritischen Kern des Romans hat Fontane 1888 in einem Brief an seinen Sohn Theodor mit der Absicht gekennzeichnet, „das Hohle, Phrasenhafte, Lügnerische, Hochmütige, Hartherzige des Bourgeoisstandpunkts zu zeigen". Die Kritik richtet sich gegen gesellschaftliche Verhältnisse, in denen Besitz und Bildung sich als Gegensatz erweisen. Nicht allein die Bourgeoisie ist durch Besitzstreben und Standesdünkel deformiert; ebenso fehlt dem Bildungsbürgertum die Fähigkeit zur (im Sinne der Klassik) harmonischen Entfaltung der Persönlichkeit. Dies verdeutlichen die zum Absonderlichen neigenden Kollegen Schmidts, aber auch die als geistreich charakterisierte Corinna, indem sie ihre Fähigkeiten als Mittel zum sozialen Aufstieg einsetzt. Die Annäherung zwischen Bildungs- und Besitzbürgertum unter der Vorherrschaft des letzteren hat Fontane in seiner Autobiografie *Von Zwanzig bis Dreißig* (1897) in folgender Weise konstatiert: „Denn der Bourgeois, wie ich ihn auffasse, wurzelt nicht eigentlich oder wenigstens nicht ausschließlich im Geldsack, viele Leute, darunter Geheimräte, Professoren und Geistliche, Leute, die gar keinen Geldsack haben oder einen sehr kleinen, haben trotzdem eine Geldsackgesinnung und sehen sich dadurch in der beneidenswerten oder auch nicht beneidenswerten Lage, mit dem schönsten Bourgeois wetteifern zu können."

Effi Briest. Roman, V 1894/95 (in der „Dt. Rundschau“), Buchausgabe 1895, Verf u. d. T. *Der Schritt vom Wege* Dtl. 1938 Gustaf Gründgens, u. d. T. *Rosen im Herbst* B. D. 1955 Rudolf Jugert, DDR 1968/70 Wolfgang Luderer, B. D. 1974 Rainer Werner Fassbinder.

Baron von Innstetten, Landrat des Kreises Kessin in Hinterpommern, hält nach flüchtiger Bekanntschaft um die Hand der Tochter seiner Jugendfreundin Frau von Briest an. Im Hinblick auf die aussichtsreiche Zukunft an der Seite eines Mannes mit bestem Ruf und gesicherter Stellung wird die Ehe zwischen der 17-jährigen Effi und dem um 21 Jahre älteren Baron geschlossen. Schon nach kurzer Zeit fühlt sich die im Grunde noch kindliche Frau des im Ausdruck von Empfindungen zurückhaltenden, auf Korrektheit bedachten Landrats vereinsamt; Innstetten war „lieb und gut, aber ein Liebhaber war er nicht“. Nach der Geburt ihrer Tochter Anni macht Effi die Bekanntschaft des neuen Bezirkskommandanten Major von Crampas, bekannt als leichtsinniger „Damenmann“. Diese Beziehung findet ihr von Effi letztlich als Befreiung empfundenes Ende durch Innstettens Versetzung nach Berlin. Nach Jahren entdeckt Innstetten die Briefe, die von Crampas in Kessin an Effi gerichtet hat. Er sieht sich gezwungen, den ehemaligen Rivalen zum Duell zu fordern. Der Gegner fällt, Innstetten lässt sich scheiden, wobei ihm die Tochter zugesprochen wird. Da Effi die Rückkehr in ihr Elternhaus verwehrt ist, lebt sie, zunehmend kränkelnd, in einer bescheidenen Berliner Wohnung. Das nach langem Bitten gewährte Wiedersehen mit der nun 10-jährigen Tochter löst durch deren abweisendes Verhalten den physischen Zusammenbruch aus. Die Eltern lassen sich dazu bewegen, die todkranke Effi aufzunehmen. Sie stirbt ohne alle Bitterkeit gegenüber Innstetten, von dem sie weiß, dass er „so edel“ war, „wie jemand sein kann, der ohne rechte Liebe ist“. Die Frage der Schuld erscheint, so Effis Vater, als „ein zu weites Feld“.

Dem Roman liegt ein Gesellschaftsskandal aus den 1880er Jahren zugrunde. Fontane nahm jedoch einige entscheidende Änderungen vor: Effi ist um fast 10 Jahre jünger als ihr „Vorbild“; der Ehebruch und dessen Aufdeckung sind durch sieben Jahre voneinander getrennt. Hierdurch wird die Fragwürdigkeit der von Innstetten mittels des Duells angestrebten Wiederherstellung seiner Ehre zugespitzt. Innstetten selbst ist sich bewusst, dass er „einer Vorstellung, einem Begriff zuliebe“ handelt, dass seine Ehrenrettung „eine gemachte Geschichte, halbe Komödie“ ist, und er erkennt: „Diese Komödie muss ich nun fortsetzen und muss Effi wegschicken und sie ruinieren, und mich mit (...).“ Dennoch beugt er sich dem Gesetz eines als inhaltsleer und lebensfeindlich durchschauten Ehrbegriffs.

Dies verdeutlicht – als Sinnbild einer Gegenwelt – die Schaukel Effis im Garten des Elternhauses. „Effi, eigentlich hättest du doch wohl Kunstreiterin werden müssen. Immer am Trapez, immer Tochter der Luft. Ich glaube fast, dass du so etwas möchtest“, vermutet die Mutter. Nach Hause zurückgekehrt, überlässt sich Effi noch einmal ihrem Element: „Sie sprang hinauf mit einer Behendigkeit wie in ihren jüngsten Mädchentagen, und ehe sich noch der Alte, der ihr zusah, von seinem halben Schrecken erholen konnte, huckte sie schon zwischen den zwei Stricken nieder und setzte das Schaukelbrett durch ein geschicktes Auf- und Niederschnellen ihres Körpers in Bewegung. Ein paar Sekunden noch, und sie flog durch die Luft, und bloß mit einer Hand sich haltend, riss sie mit der andern ein kleines Seidentuch von Brust und Hals und schwenkte es wie in Glück und Übermut.“ Als „Tochter der Luft“ steht Effi Briest in Beziehung zu etwas Elementarem, das außerhalb der gesellschaftlich geprägten und daher gebundenen Lebenssphäre liegt. Bezeichnend ist allerdings, dass die Romanentwürfe Fontanes, in denen märchenhafte Natur- und Elementarwesen vorkommen, unausgeführt geblieben sind.

Der Stechlin. Roman, V 1897 (in der Zeitschrift „Über Land und Meer"), Buchausgabe postum 1899, Verf B. D. 1974/75 Rolf Hädrich.

Fontane hat sein letztes vollendetes Erzählwerk ausdrücklich als „politischen Roman" bezeichnet: „Gegenüberstellung von Adel, wie er bei uns sein *sollte* und wie er *ist*." Die Auflösung der Handlung in Gespräche ist mit einem Höchstmaß an Komposition in der Konstellation der Romanfiguren verbunden. Sie repräsentieren ein breites Spektrum sozialer, religiöser und politischer Positionen und Gegebenheiten. Hierbei unterscheiden sich Personen, die zur Relativierung ihrer Position fähig sind, von solchen, die sich als befangen erweisen. Zu Ersteren gehört der alte Dubslav von Stechlin, zu Letzteren dessen Schwester, die Stiftsdame Adelheid, ein „aufgesteiftes Individuum". Während sich Dubslav als Konservativer versteht, vertritt sein Freund Graf Barby politisch den Liberalismus; der Katholik und Bayer Baron Berchtesgaden ist der Zentrumspartei zugeordnet. Die Sozialdemokratie vertritt der (nur mittelbar geschilderte) Torgelow (ihm unterliegt Dubslav bei der Reichstagswahl). Stechlins Diener Engelken und Barbys Diener Jeserich verkörpern den mit Mutterwitz begabten Volkstyp. Das Vertrauensverhältnis, das jeweils Diener und Herr verbindet, relativiert die Standesgrenzen. Der älteren Generation steht die jüngere gegenüber: Dubslavs Sohn Woldemar von Stechlin und dessen Offizierskameraden, der freisinnige Czako und der zu religiösem Moralismus neigende Rex, ferner Barbys Töchter Melusine und Armgard. Zwei Gestalten außerhalb der gesellschaftlich definierten Lebensbereiche sind die alte Buschen, eine als Hexe beargwöhnte Kräuterfrau, und deren Enkelin Agnes. Durch sie wird die Sphäre des Naturhaften und Geheimnisvollen berührt, die schon zu Beginn in Gestalt des Sees „der Stechlin" zur Geltung kommt: Eine Mahnung Dubslavs, die dieser gleichsam im Namen Fontanes ausspricht, lautet: „Alles Alte, soweit es Anspruch darauf hat, sollen wir lieben, aber für das Neue sollen wir recht eigentlich leben."

(Johann) Georg Forster

***27. 11. 1754 in Nassenhuben bei Danzig, † 10. 1. 1794 in Paris**

Der Sohn des naturwissenschaftlich engagierten Pfarrers Johann Reinhold Forster nahm gemeinsam mit diesem 1772–75 an der 2. Forschungsreise James Cooks teil. 1777 veröffentlichte er seinen Reisebericht *Reise um die Welt* (engl., dt. 2 Bde. 1779/80). 1778 erhielt er in Kassel eine Professur für Naturkunde, 1784 folgte er einem Ruf nach Wilna; 1784 nahm er eine Anstellung als kurfürstlicher Bibliothekar in Mainz an. Im Sommer 1790 unternahm er mit Alexander von Humboldt eine Reise durch Westeuropa, die ihren Niederschlag in den *Ansichten vom Niederrhein, von Brabant, Flandern, Holland, England und Frankreich* fand (1. und 2. Teil 1791, 3. Teil postum 1794). Dieser ersten dt. essayistischen Reisebeschreibung liegen die unterwegs verfassten Briefe zugrunde. Kennzeichnend ist die Verbindung von Schilderung und Abstraktion; es entsteht ein fortwährender Reflexionsprozess, als dessen Zielrichtung die Notwendigkeit des politischen Engagements im Interesse der Emanzipation erkennbar wird. Ab 1792 war Forster ein führendes Mitglied der Mainzer Jakobiner („Klubisten"), 1793 verfocht er die Bildung eines linksrhein. Freistaats und dessen Anschluss an die Frz. Republik. Als Leiter einer Mainzer Deputation kam er nach Paris, wo er mit der jakobinischen Gewaltherrschaft konfrontiert wurde.

Julia Franck

*20.2.1970 in Ost-Berlin

Mit der Familie gelang Franck 1978 die Übersiedlung nach West-Berlin. Hier studierte sie Neuere dt. Literatur und Altamerikanistik. Neben der freien Mitarbeit beim „Tagesspiegel" und gelegentlichen Übersetzungen war sie 1994–96 Regieassistentin für Features beim SFB. Ihr Roman *Liebediener* (1999) schildert das Berliner Viertel Prenzlauer Berg zwischen Verfall und Aufbruchstimmung sowie die wachsende Hörigkeit einer jungen Frau zu einem Mann, der sich schließlich als Callboy entpuppt. Für die Erzählung *Mir nichts dir nichts* erhielt sie 2000 den 3Sat-Literaturpreis (V in *Bauchlandung. Geschichten zum Anfassen,* 2000). Der Roman *Lagerfeuer* (2003) gründet sich auf Francks traumatische Erlebnisse 1978 im Notaufnahmelager Marienfelde.

Leonhard Frank

***4.9.1882 in Würzburg, †18.8.1961 in München**

Der Sohn einer Arbeiterfamilie war zunächst Mechaniker und wandte sich 1910 dem Schreiben zu. Sein bekanntester Roman, *Die Räuberbande,* handelt von einer Gruppe Jugendlicher, deren Aufsässigkeit die Utopie des freien Menschen beschwört. Für die Novellenslg. *Der Mensch ist gut* (1917), die an Menschenrechte und Völkerverständigung apelliert, erhielt Frank 1920 den Kleist-Preis. Der Roman *Das Ochsenfurter Männerquintett* erzählt von der gebrochenen Generation der Kriegsheimkehrer und der restriktiven Gesellschaft der 1920er Jahre mit den Folgen der Weltwirtschaftskrise. Der Pazifist Frank hielt sich 1915–18 in der Schweiz auf und emigrierte 1933 in die USA. 1950 kehrte er nach Dtl. zurück, wo er die Autobiografie *Links wo das Herz ist* (1952) vollendete.

Ferdinand Freiligrath

***17.6.1810 in Detmold, †18.3.1876 in Cannstatt (= Stuttgart)**

Der Sohn eines Kaufmanns war im Handel sowie als Banklehrling tätig; daneben studierte er engl. und frz. Literatur. Der Erfolg der Slg. *Gedichte (1838)* bewog ihn, sich ganz der Dichtung zu widmen; 1842 verlieh ihm der preuß. König Friedrich Wilhelm IV. ein Ehrengehalt. Unter dem Einfluss von Friedrich Engels und Karl Marx (Zusammenarbeit an der „Rheinischen Zeitung") entstanden Gedichte, die ↑ Heine als bloße „Tendenzpoesie" des guten Willens kritisierte. Im Schweizer Exil entstand 1845/46 der Zyklus *Ça Ira!,* dessen 6 Gedichte der Überzeugung von der Notwendigkeit einer proletarischen Revolution Ausdruck geben. So enthält das Gedicht *Von unten auf* die Verse: „Wir sind die Kraft! Wir hämmern jung das alte morsche Ding, den Staat/Die wir von Gottes Zorne sind bis jetzt das Proletariat!" Der Epilog *Springer,* in dem die verfolgten Flüchtlinge mit der Springer-Figur des Schachspiels verglichen werden, endet: „Kein Zug des Schicksals setzt mich matt: –/Matt werden kann ja nur der König!" Im Revolutionsjahr 1848 kehrte Freiligrath von London aus nach Dtl. zurück. 1849 veröffentlichte er die Slg. *Neuere politische und soziale Gedichte* (Bd. 2 1851). Wegen staatsgefährdender Umtriebe 1851 verhaftet, begab er sich nach seiner Freilassung ins engl. Exil;

Gustav Freytag

***13.7.1816 in Kreuzburg (Oberschlesien), †30.4.1895 in Wiesbaden**

Nach einem Germanistikstudium in Breslau (bei ↑ Hoffmann von Fallersleben) und Berlin lehrte Freytag ab 1839 in Breslau als Dozent für dt. Sprache und Literatur. Als ihm seine kulturgeschichtlichen Vorlesungen untersagt wurden, gab er 1847 die akademische Laufbahn auf und leitete 1848–70 in Leipzig mit Julian Schmidt die Wochenschrift „Der Grenzbote". 1867–70 gehörte er als Abgeordneter der Nationalliberalen Partei dem Norddt. Reichstag an; am Dt.-Frz. Krieg nahm er bis zur Schlacht bei Sedan teil.
Der Schriftsteller Freytag begann mit Gedichten und Theaterstücken (Lustspiel *Die Journalisten,* E ab 1849, U 1852, V 1854). Der Roman *Soll und Haben* schildert den vorbildlichen Werdegang des Kaufmanns Anton Wohlfahrt und sollte laut Motto „das dt. Volk da suchen, wo es in seiner Tüchtigkeit zu finden ist, nämlich bei seiner Arbeit". Die Kontrastfiguren zweier unlauter spekulierender Juden lassen antisemitische Tendenzen erkennen. Die 1859–67 erschienenen *Bilder aus der dt. Vergangenheit* bildeten die Grundlage für den Romanzyklus *Die Ahnen* (6 Bde. 1872–80); Freytag wollte anhand der Geschlechterfolge einer Sippe vom 4. Jh. bis zum Revolutionsjahr 1848 das historische Wachstum des schließlich unter preuß. Führung 1870/71 geschaffenen Kaiserreichs darstellen.

Erich Fried

***6.5.1921 in Wien, †22.11.1988 in Baden-Baden**

Der Schriftsteller jüd. Herkunft lebte seit 1938 (Flucht nach dem „Anschluss" Österreichs und der Ermordung des Vaters durch die Gestapo) in London. Er arbeitete u.a. als Chemiker, 1952–68 war er Mitarbeiter der BBC. Als Lyriker gehörte Fried seit Beginn der 1960er Jahre zu den konsequentesten Vertretern des Kampfes mit literarischen Mitteln gegen staatliche Gewalt, ausgehend von dem als Völkermord verurteilten Krieg der USA in Vietnam, der ab 1964 (Bombardierung von Nordvietnam) zum Vernichtungskrieg eskalierte (Slg. *und Vietnam und,* E ab 1962, V 1966). Die Slg. *Höre, Israel!* (1974) kritisiert die Politik Israels gegenüber den Palästinensern. 1980 erhielt er den Preis der Stadt Wien für Literatur, 1987 den Georg-Büchner-Preis.
Obwohl Fried, ein Mitglied der „Gruppe 47", innerhalb der Studentenbewegung außerordentlich geschätzt und von seinen Gegnern als „politische Gefahr" mit Pressekampagnen sowie Prozessen bekämpft wurde, entspricht das vielfältige Gesamtwerk seiner Absage an Agitation als ausschließlichem Zweck der politisch engagierten Lyrik. Doch ebenso beruhte die Einschätzung seiner späteren Werke als ein Rückzug ins Private auf einem grundsätzlichen Missverständnis. Vielmehr stand im Mittelpunkt einer Schaffensperiode, die 1979 von der Slg. *Liebesgedichte* eingeleitet wurde, der Zusammenhang zwischen Politik und Alltagsleben.

Gedichtbände: *Deutschland* (1944), *Österreich* (1945), *Warngedichte* (1964), *Anfechtungen* (1968), *Befreiung von der Flucht. Gedichte und Gegengedichte* (1968), *Die Freiheit, den Mund aufzumachen* (1972), *Gegengift* (1974), *100 Gedichte ohne Vaterland* (1978), *Zur Zeit und zur Unzeit* (1981). – Romane: *Ein Soldat und ein Mädchen* (1960, Neuauflage 1982). – Hörspiele: *Erinnerung an einen Feiertag* (1958), *Die Beine der größeren Lügen* (1969). – Übersetzungen: Werke von Shakespeare, T.S. Eliot, Dylan Thomas.

Max Frisch
***15.5.1911 in Zürich, †4.4.1991 in Zürich**

Im sog. Zürcher Literaturstreit (1966/67) um eine Rede Prof. Emil Staigers war Frisch einer der Ersten, die sich öffentlich gegen die Diffamierung der „heutigen Literatur" und insbesondere der „littérature engagée" als dekadent und „entartet" zur Wehr setzten. In seiner *Antwort an Emil Staiger (Endlich darf man es wieder sagen,* 1966) gab er zu bedenken: „Hast nicht Du selbst einen entwaffnenden Witz gespendet? ‚Wenn solche Dichter behaupten, die Kloake sei ein Bild der wahren Welt, Zuhälter, Dirnen und Säufer Repräsentanten der wahren, ungeschminkten Menschheit, so frage ich: in welchen Kreisen verkehren sie?' Vielleicht in den gleichen wie wir, Emil Staiger, aber sie durchschauen sie etwas anders."

Der Sohn eines Architekten musste 1932 nach dem Tod des Vaters sein in Zürich begonnenes Studium der Germanistik, Romanistik und Kunstgeschichte abbrechen. Gelegenheitsarbeiten als Journalist und dem Roman *Jürg Reinhart* (1934) folgte ab 1936 ein Architekturstudium, während dessen Frisch seine literarischen Ambitionen aufgab und sämtliche Manuskripte verbrannte. Ab 1939 wurde er mehrfach zum Militärdienst eingezogen; mit einer Art von Kriegstagebuch kehrte er 1940 zur Literatur zurück *(Blätter aus dem Brotsack).* 1942 eröffnete er in Zürich ein Architekturbüro (bis 1955), ab 1944 stand er in enger Verbindung mit dem Zürcher Schauspielhaus (1945 Uraufführung von *Nun singen sie wieder. Versuch eines Requiems,* nämlich auf die Opfer des Kriegs und des Faschismus). 1947 machte er die persönliche Bekanntschaft mit ↑Brecht. 1951/52 war er Stipendiat der Rockefeller Foundation in den USA, 1960 ließ er sich in Rom nieder, ab 1965 lebte er im Tessin. Reisen führten ihn in die UdSSR und nach China. Zu Frischs Auszeichnungen gehören der Zürcher Literaturpreis und der Georg-Büchner-Preis (beide 1958), der Große Schillerpreis der Schweizerischen Schillerstiftung 1974 und der Friedenspreis des Dt. Buchhandels 1976. Sein größter Bühnenerfolg wurde *Andorra* (1961). Die meisten seiner Dramen sind in mehreren Fassungen erschienen.

Eine Art literarischer Nährboden waren die mit fiktionalen Texten vermischten Tagebuchaufzeichnungen. Sie bildeten erste Wege der Suche nach der eigenen Identität, die sich in den Romanen und Dramen zum umfassenden, jedoch an die Grenzen bestimmter Grunderfahrungen stoßenden Rollenspiel erweitert. Beispielhaft zeigt dies *Biografie* (1967), ein „Spiel" mit verschiedenen Möglichkeiten der Entscheidung in einer bestimmten Lebenssituation des Protagonisten Kürmann. Ein weiteres Thema ist der Widerstand gegen Ideologien: „Was hassen sie denn mehr, hüben wie drüben, als Darstellung von Menschen, die das Hüben und Drüben aufhebt?"

Lange vor seinem Landsmann und „Rivalen" ↑Dürrenmatt widmete „Der Spiegel" 1953 Frisch eine Titelgeschichte. Sie porträtierte ihn als einen Autor, der „vornehmlich die Haare und nicht die Fettaugen in der westlichen Suppe" entdeckt und in der Schweiz in den Verdacht geraten ist, „mit dem Osten zumindest zu sympathisieren". Als politisch engagierter Dramatiker setzte sich Frisch mit Brecht auseinander, den er im Aufsatz „Der Autor und sein

Theater" (in *Öffentlichkeit als Partner,* 1967) rückblickend würdigt: Brecht „war ein unermüdlicher Probierer, das heißt: ein Veränderer, dabei voller Lust und dann alles andere als ein Dogmatiker, kein Welt-Erzieher". Zwar beharrte Frisch auf seiner Skepsis gegenüber den Möglichkeiten des Theaters, Veränderungen zu bewirken, doch näherte er sich mit seinem „tragischen Muster" *Andorra* Brechts „epischem Theater". Dies zeigt der Wechsel zwischen den Szenen der Handlung und den Szenen einer imaginären Gerichtsverhandlung, in der alle Andorraner, mit Ausnahme des Paters, ihr Verhalten rechtfertigen: „Was hat unsereiner denn eigentlich getan? Überhaupt nichts." Dieser formale Wechsel, durch den die Figuren gleichsam aus ihrer Rolle treten, ohne sich zu verändern, betont den Modellcharakter des Stückes und die Übertragbarkeit der hier exemplifizierten Verurteilung von irrationalem Kollektivismus, Feigheit, Diskriminierung und Suche nach einem Sündenbock.

Romane: *Die Schwierigen oder J'adore ce qui me brûle* (1943, Neuausgabe 1957). – Erzählungen: *Bin oder Die Reise nach Peking* (1945), *Wilhelm Tell für die Schule* (1971), *Der Mensch erscheint im Holozän* (1979), *Blaubart* (1980). – Dramen: *Nun singen sie wieder* (U 1945, V 1946), *Die Chinesische Mauer* (U 1946, V 1947), *Als der Krieg zu Ende war* (1949), *Graf Öderland* (1951), *Die große Wut des Philipp Hotz* (1958), *Biografie: Ein Spiel* (1967), *Triptychon* (V 1978, frz. U 1979, dt. U 1981). – Hörspiele: *Rip van Winkle* (als Fernsehspiel *Zum Freispruch verurteilt* 1954). – Essays: *Erinnerungen an Brecht* (1966), Slg. *Öffentlichkeit als Partner* (1967), *Dramaturgisches. Briefwechsel mit Walter Höllerer* (1969). – Autobiografisches: *Blätter aus dem Brotsack* (1940), *Tagebuch* 1946–49 (1950), *Tagebuch* 1966–71 (1972), *Dienstbüchlein* (1974).

Don Juan oder Die Liebe zur Geometrie. Komödie in 5 Akten und 3 Intermezzi, U, V 1953, Neufassung 1962.
Nach altem Brauch geht der Hochzeit Don Juans, eines Offiziers und Liebhabers der „männlichen Geometrie", ein nächtliches Maskenfest voraus, auf dem sich die Brautleute kraft ihrer Liebe unter all den Vermummten herausfinden sollen. Am folgenden Tag verweigert Don Juan den Eheschwur: Die Frau, deren Gunst er in der Nacht gewonnen hat, war zwar Donna Anna, doch hat er sie für eine Fremde gehalten – „Ich weiß nicht, wen ich liebe. Ehrenwort. Mehr kann ich nicht sagen. Das beste wird sein, man läßt mich gehen, je rascher, um so besser." Verfolgt von den Verwandten Annas, landet er im Bett von Annas Mutter: Donna Elvira, dann im Bett der Braut seines Freundes Roderigo. Am andern Tag dringt das Straßenmädchen Miranda im Brautgewand bei Don Juan ein. Sie liebt ihn, seitdem sie ihn im Freudenhaus in ein Schachspiel vertieft gesehen hat, „der erste Mann, der den Mut hatte zu tun, was ihn wirklich gelüstet". Er glaubt, Donna Anna vor sich zu haben, doch diese hat sich ertränkt. An ihrem Leichnam ersticht er ihren Vater, Don Gonzalo, Komtur von Sevilla.

Nach zwölf Jahren ist Don Juan seiner Verführungskünste überdrüssig. Mit Hilfe des Bischofs („Ohne Kirche keine Hölle") und der Kupplerin Celestine, die den „steinernen Gast" (das Grabmal des Komturs) spielt, inszeniert er vor einer Versammlung betrogener Frauen seine Höllenfahrt. Doch statt sich ins Kloster zurückzuziehen, folgt er Miranda auf deren Schloß. Hier erwartet er, während in den Theatern Sevillas Leben und Verdammnis des „Burlador von Sevilla" bejubelt wird, in seiner Rolle als Ehemann, daß ihm „das Geschlecht (...) auch noch die letzte Schlinge um den Hals wirft" und ihn „zum Vater macht".

Frischs Don Juan ist, wie das Nachwort erläutert, „ein Intellektueller, wenn auch von gutem Wuchs und ohne alles Brillenhafte", sein Ruhm als Verführer ein „Mißverständnis seitens der Damen".

Stiller. Roman, V 1954.
Der Hauptteil umfasst die sieben Hefte von *Stillers Aufzeichnungen im Gefängnis*. Verfasst sind sie von einem unter dem Namen White in die Schweiz eingereisten Mann, der unter dem Verdacht verhaftet wurde, der 1946, vor knapp sieben Jahren, verschollene Bildhauer Anatol Ludwig Stiller zu sein, verheiratet mit der Tänzerin Julika Stiller-Tschudy. Die Aufzeichnungen verknüpfen die Gegenwartshandlung im Gefängnis und vor Gericht (Julika sowie andere Personen erkennen in White Stiller wieder) mit Erinnerungen (Scheitern als Künstler, als Ehemann und Liebhaber, als Freiwilliger im Span. Bürgerkrieg), die bis zu dem zwei Jahre zurückliegenden Selbstmordversuch führen: „Ich hatte die bestimmte Empfindung, jetzt erst geboren worden zu sein, und fühlte mich mit einer Unbedingtheit, die auch das Lächerliche nicht zu fürchten hat, bereit, niemand anders zu sein als der Mensch, als der ich eben geboren worden bin, und kein anderes Leben zu suchen als dieses (...)." Das Gericht bestätigt seine Identität mit Stiller.
Das *Nachwort des Staatsanwaltes* schildert das Zusammenleben des als Töpfer tätigen Stiller mit Julika. Wieder scheitert Stillers Versuch, seine ebenso schöne wie verschlossene Frau zu „erlösen".
Das Thema der Identitätskrise wird durch zwei den Aufzeichnungen vorangestellte Zitate aus Kierkegaards *Entweder-Oder* in den Zusammenhang der Krise des modernen Menschen gestellt: „Sieh, darum ist es so schwer, sich selbst zu wählen, weil in dieser Wahl die absolute Isolation mit der tiefsten Kontinuität identisch ist, weil durch sie jede Möglichkeit, etwas anderes zu werden, vielmehr sich in etwas anderes umzudichten, unbedingt ausgeschlossen ist." Und: „–: indem die Leidenschaft der Freiheit in ihm erwacht (und sie erwacht in der Wahl, wie sie sich in der Wahl selbst voraussetzt), wählt er sich selbst und kämpft um diesen Besitz als um seine Seligkeit, und das ist seine Seligkeit."

Homo faber. Ein Bericht.
Roman, V 1957, Verf B.D./F 1991 Volker Schlöndorff. Elemente der Handlung enthält die *Kalendergeschichte* (1946) im *Tagebuch 1946–49* (V 1950).
In Aufzeichnungen während eines Fluges nach Caracas und kurz vor seiner wahrscheinlich aussichtslosen Operation in einem Athener Krankenhaus rekonstruiert der erfolgreiche Ingenieur Walter Faber entscheidende Ereignisse seines Lebens. Sie konfrontieren den Rationalisten mit dem seiner Lebensauffassung widersprechenden „Zufall". Im Mittelpunkt dieses Konfliktes steht die junge Sabeth. Faber ist ihr während einer Schiffsreise begegnet und hat sie zu seiner Geliebten gemacht, unwissend, dass sie seine Tochter ist. Sabeths Mutter ist Fabers Freundin aus der Zürcher Studentenzeit, die Halbjüdin Hanna. Er hatte sie vor 20 Jahren verlassen und ein verlockendes Angebot aus Bagdad angenommen; er war überzeugt, dass Hanna das Kind, das sie von ihm erwartete, abgetrieben habe und auch selbst tot sei. Und doch ahnte er im Grunde etwas von der Vater-Tochter-Beziehung zu Sabeth (sie ist, nicht ohne sein Mitverschulden, verunglückt). Hanna, der er in Athen begegnet, bestätigt diese Ahnung. Aus ihrer Sicht ist Faber (der Prototyp des sich die Natur unterwerfenden „Homo faber", wie sie ihn einst genannt hat) unfähig, die schicksalhafte Verstrickung („Was ist denn meine Schuld?") zu erkennen; er behandelt „das Leben nicht als Gestalt, sondern als bloße Addition, daher kein Verhältnis zur Zeit, weil kein Verhältnis zum Tod". Dies bedeutet zugleich, dass Liebe, Kunst und Religion der Kalkulierbarkeit des Lebens widersprechen.
Durch die Form der Ich-Erzählung kommt die Subjektivität Fabers zur Geltung. In ihr dokumentiert sich trotz oder gerade wegen der Bereitschaft zur schonungslosen Selbstprüfung die Beschränkung der rationalen Weltsicht. Diese stellt Frisch durch die Anspielung auf den antiken Ödipus- bzw. Inzest-Mythos in Frage.

Biedermann und die Brandstifter. Ein Lehrstück ohne Lehre. Drama in 6 Szenen, U, V 1958. Zugrunde liegt eine Notiz (1948) im *Tagebuch 1946–49*, Hörspielfassung 1953.

In einer Stadt, in der Brandstifter ihr Unwesen treiben, nimmt der Haarwasserfabrikant Gottlieb Biedermann den obdachlosen Ringer Joseph Schmitz auf und weist ihm den Dachboden als Schlafstätte zu. Der Versuch Babette Biedermanns, den Gast am anderen Morgen aus dem Haus zu komplimentieren, misslingt. Im Gegenteil: Zu Schmitz gesellt sich der Kellner Willi Eisenring. Gemeinsam lagern sie auf dem Dachboden Benzinfässer, hantieren mit Zündkapseln, Knallzündschnüren und versuchen, sich Holzwolle zu beschaffen – sie „trägt die Funken am weitesten". Biedermann tut alles, um die offenkundigen Vorbereitungen zur Brandstiftung leugnen zu können: Er übernimmt gegenüber dem Polizisten die Version, die Fässer enthielten Haarwasser, amüsiert sich über die Scherze Eisenrings („die beste und sicherste Tarnung ist immer noch die blanke und nackte Wahrheit. Komischerweise. Die glaubt keiner"), rechtfertigt sein Verhalten mit der Notwendigkeit, sich keine Feinde zu schaffen, und hilft schließlich selbst mit Streichhölzern aus. Ein antikisierender Chor aus Feuerwehrleuten schwankt zwischen Verständnis für Biedermann („Schwer hat es, wahrlich, der Bürger! / Der nämlich, hart im Geschäft, / Sonst aber Seele von Mensch, / Gern bereit ist, / Gutes zu tun") und Warnung, die sich Biedermann als Einmischung verbittet.

Ein für die Erstaufführung in der B. D. (1959) verfasstes Nachspiel zeigt das Ehepaar Biedermann in der Hölle. Da der Himmel die Großverbrecher zu amnestieren pflegt, kommt es zum Höllenstreik; der Chor der Feuerwehrleute löscht das Höllenfeuer, und die zerstörte Stadt entsteht neu, „Turmhoch-modern, / Alles aus Glas und verchromt, / Aber im Herzen die alte": Die Katastrophe (Faschismus und Krieg) bleibt folgenlos.

Andorra. Drama in 12 Bildern, U, V 1961. Das *Tagebuch 1946–49* enthält die Prosafassung *Der andorranische Jude*.

Schauplatz ist das fiktive Andorra. Im Mittelpunkt steht der junge Andri, der uneheliche Sohn des Lehrers Can und einer Frau aus dem feindlichen Land der „Schwarzen". Im Vertrauen auf die oft genug bekundete Bereitschaft der „weißen" Andorraner, sich Verfolgter anzunehmen, hat Can seinen Sohn zu seinem eigenen Schutz als Kind jüd. Herkunft ausgegeben, das er vor den antisemitischen „Schwarzen" retten konnte. Enge Freundschaft verbindet Andri und Cans Tochter Barblin.

Schritt für Schritt erweist sich, dass die Andorraner in Andri den „Andersartigen" sehen. Die Andorraner sehen sich in ihrem Verhalten bestätigt, als Can sich der Heirat Andris und Barblins widersetzt: „Auch einem Judenretter ist das eigene Kind zu schad für den Jud." Der Pater will Andri dazu bewegen, sich zu seinem Anderssein zu bekennen: „Wir müssen uns selbst annehmen, und das ist es, was du nicht tust." Als Andris Mutter in Andorra auftaucht und von Can fordert, die wahre Herkunft Andris zu bekennen, stößt sie auf Widerstand. Stattdessen übernimmt der Pater diese Aufgabe, doch Andri hat sich inzwischen in sein Anderssein geflüchtet; er hat sich als Jude „angenommen" und fordert: „Jetzt ist es an Euch, Hochwürden, Euren Juden anzunehmen." Als Spionin der „Schwarzen" verdächtigt, wird Andris Mutter umgebracht und dieser der Tat beschuldigt. Die „Schwarzen" nehmen den Mord zum Anlass für eine längst geplante Invasion, bei der sich die Andorraner widerstandslos entwaffnen lassen. Es kommt zur „Judenschau". Unter den mit verdeckten Köpfen und barfuß am „Judenschauer" vorbeiziehenden Andorranern entdeckt der „Judenschauer" Andri als Juden; er wird „selektiert" und erschossen. Can nimmt sich das Leben. Zurück bleibt Andris von den Soldaten ausgepeitschte und als „Judenbraut" kahlgeschorene Schwester Barblin.

Mein Name sei Gantenbein. Roman, V 1964.
Die Erzählweise reflektiert das Rollenverhalten des Menschen. Alle Materialien der Darstellung (Namen, Berufe, Handlungsweisen, Ereignisse) erweisen sich als austauschbare Erfindungen, die dazu dienen, zwischen Erfahrung und deren Einkleidung eine Entsprechung in Form von Geschichten herzustellen, die bei unbefriedigendem Verlauf abgebrochen und durch neue ersetzt werden können. So tritt der Erzähler zunächst als Enderlin mit Lila Svoboda in Beziehung; als Gantenbein ist er mit Lila verheiratet; als Svoboda findet er sich mit der Rolle des ungeliebten Ehemanns ab.
Ähnlich wie in Frischs Konzeption des Dramas das Bühnengeschehen lediglich eine „spielbare, eine durchschaubare, eine Welt, die Varianten zuläßt", zur Darstellung bringt (am klarsten realisiert in dem Stück *Biografie,* 1967), so dient der Roman dazu, die Wirklichkeit variierend zu reflektieren. Hierbei handelt es sich um eine extreme Ausbildung der auktorialen Erzählweise, gekennzeichnet durch Kommentare und Absichtserklärungen des Erzählers. Diese Offenlegung des Erzählvorgangs wechselt mit dem Hineintauchen des Erzählers in seine Geschichten, sodass sich zwei kunstvoll aufeinander bezogene Erzählebenen ergeben.
Eine Episode des Romans hat Frisch zu *Zürich-Transit. Skizze eines Films* (1966) umgearbeitet. Der Ingenieur Theo Ehrismann gilt als bei einem Autounfall tödlich verunglückt. In Wirklichkeit ist ein Autodieb in Ehrismanns Porsche ums Leben gekommen. Der Impuls, das Missverständnis aufzuklären, wird zunehmend schwächer. Ehrismann nimmt unbemerkt an seiner Bestattung teil; im Landesmuseum spielt er verschiedene Vorstellungen vom Ablauf der unverhofften Wiederbegegnung mit seiner Frau Monika durch; Vergangenheit und Gegenwart vermischen sich. Ehrismann stattet sich mit Geld aus („Mein Konto lebte noch"), doch die geplante Weltreise unterbleibt.

Montauk. Eine Erzählung, V 1975.
Frisch nutzt eine Rahmenhandlung, um autobiografische Episoden zu einer Collage zu verarbeiten: Während einer Lesereise im Mai 1974 lernt er die rund 30 Jahre jüngere Verlagsangestellte Lynn kennen. Sie verbringen zwei gemeinsame Tage in Montauk auf Long Island – für den Autor der Anlass, sich an Schlüsselerlebnisse, frühere Beziehungen und Freunde zu erinnern und so sein ganzes Leben in einem Wochenende zu spiegeln. Möglich wird die Erinnerungsarbeit durch die Übereinkunft des Paars, eine Beziehung, bei der die Distanz aufgegeben wird, zu verhindern: „Lynn wird kein Name für eine Schuld".
Durch die Montage sind erzählerische Gegenwart und Erinnerung eng verzahnt, ebenso die Beschreibung und die Reflexion des „Lebens als Mann". Kennzeichnend ist der häufige und fließende Übergang der Erzählung von der ersten zur dritten Person sowie die Rhythmisierung durch Zwischentitel, die u.a. das Schreiben selbst problematisieren: „DIES IST EIN AUFRICHTIGES BUCH, LESER / und was verschweigt es und warum?" Der ostentative Verzicht auf „die Flucht in die Erfindung", machen die Erzählung zum Pendant des Romans *Mein Name sei Gantenbein* („Ich probiere Geschichten an wie Kleider"). Dass *Montauk* nicht in erster Linie als Autobiografie gelesen wird, sondern die Biografie als Poesie zur Geltung bringt, bewirkt die Montage aus Fragmenten und die poetische Verdichtung der Episoden, die um die Themen Liebe, Liebe im Alter und Vergänglichkeit kreisen. Der Autor stellt fest, es sei Zeit, „nicht bloß an den Tod zu denken, sondern davon zu reden." Dass der Grund für unüberbrückbare Gräben gerade zwischen Menschen, die sich nahe stehen, in den Biografien zu finden sind, deutet die Schlüsselszene über seine Beziehung zu Ingeborg ↑Bachmann an: Eines Tages fand sie Frischs Tagebuch und verbrannte es. Dieses Ende haben sie „nicht gut bestanden, beide nicht".

Barbara Frischmuth

***5.7.1941 in Altaussee (Salzkammergut)**

Die Tochter eines im Krieg gefallenen Hoteliers erhielt ihre Schulausbildung u.a. in einem von Nonnen geleiteten Internat. In Graz, der Türkei, Ungarn und Wien studierte sie bis 1964 Orientalistik. Während der Grazer Studienzeit gehörte sie mit ↑Handke zum Literaturkreis „Forum Stadtpark". Frischmuths Romane besitzen autobiografische Bezugspunkte: *Die Klosterschule* (1968), der Türkei-Roman *Das Verschwinden des Schattens in der Sonne* (1973) und die Trilogie *Die Mystifikationen der Sophie Silber* (1976), *Amy oder Die Metamorphose* (1978), *Kai und die Liebe zu den Modellen* (1979). Sie schildert, Märchen und Realität verknüpfend, die Geschichte der Mensch gewordenen Fee Amaryllis Sternwieser, die als Schriftstellerin und Mutter zu sich selbst findet. Schon *Amoralische Kinderklapper* (1969) enthält das Ziel, offen zu sein für die natürliche Erlebnisweise von Kindern. 1986 erschien der Erzählband *Traumgrenze,* 2001 der Roman *Schamanenbaum.*

Walter Helmut Fritz

***26.8.1929 in Karlsruhe**

Der Sohn eines Architekten studierte in Heidelberg; 1954–64 war er in Karlsruhe Lehrer, dann Dozent am Studienkolleg für ausländische Studierende der Universität Karlsruhe, 1968–70 in Frankfurt a.M. Verlagslektor und wurde danach freier Schriftsteller. Unter dem programmatischen Titel *Achtsam* erschien 1956 sein erster Gedichtband. Von sprachlicher Verknappung als Gestaltungsmittel handelt der Essay *Die Lakonie des zeitgenössischen Gedichts* (1979). Der Titel der Slg. *Das offene Fenster* (1997) deutet Gedichte als Blicke in die Räume der Außen- und der Innenwelt. Eine bevorzugte Form ist das Prosagedicht mit fließenden Übergängen zu Erzählungen in Gestalt von Miniaturen und den sog. Aufzeichnungen. Als Übersetzer befasst er sich mit frz. Lyrik. Fritz erhielt u.a. den Georg-Trakl-Preis 1999.

Gedichtbände: *Treibholz* (1964) *Schwierige Überfahrt* (1976), *Werkzeuge der Freiheit* (1983), *Pulsschlag* (1996), *Die Liebesgedichte* 1956–2002 (2002), *Maskenzug* (2003). – Romane: *Abweichung* (1965, als Hörspiel 1966), *Verwechslung* (1970). – Erzählungen: Slg. *Cornelias Traum und andere Aufzeichnungen* (1985). – Autobiografisches: *Bevor uns Hören und Sehen vergeht* (1975).

Günter Bruno Fuchs

***3.7.1928 in Berlin, †19.4.1977 in West-Berlin**

Der uneheliche Sohn einer Stenotypistin war mit 16 Jahren Luftwaffenhelfer und befand sich bis Ende 1945 in Kriegsgefangenschaft. In Berlin studierte er Kunst und Bautechnik, ab 1950 arbeitete er im Ruhrgebiet in einer Zeche und beim Zirkus, 1952–58 in Reutlingen u.a. als Zeichenlehrer. 1959 gründete er in Berlin-Kreuzberg die Galerie „Zinke", 1963 die „Rixdorfer Drucke". Der „Malerpoet" schuf eine in Hinterhöfen, Kneipen und auf Rummelplätzen angesiedelte skurrile Großstadtpoesie in Form von Gedichten und Geschichten, Ansprachen und Hörspielen; 1972 drehte er den Film *Denkmalforschung.* Mit eigenen Holzschnitten illustriert sind seine Gedichtbände *Nach der Haussuchung* (1957) und *Brevier eines Degenschluckers* (1960), Zeichnungen enthält *Herrn Eules Kreuzberger Kneipentraum* (Prosa, 1966).

Franz Fühmann

***15. 1. 1922 in Rochlitz (Riesengebirge), †8. 7. 1984 in Ost-Berlin**

Der Sohn eines Apothekers kam als überzeugter Nationalsozialist in russ. Kriegsgefangenschaft und gelangte hier zu einer sozialistischen Einstellung; nach seiner Entlassung ließ er sich 1949 in Ost-Berlin nieder. Der autobiografische Roman *Das Judenauto* (E ab 1959, V 1962) reflektiert in Form von Ich-Berichten die Erfahrungen des Zeitraums 1929–49; das „Prinzip der Selbstironie" weicht im letzten Kapitel „einer Haltung absoluter Übereinstimmung zwischen dem Individuum und der von ihm zur Lebenssphäre gewählten Gesellschaft" (Fühmann). 1961 veröffentlichte er Reportagen (*Kabelkran und Blauer Peter*).

Christian Fürchtegott Gellert

***4. 7. 1715 in Hainichen, †13. 12. 1769 in Leipzig**

Der Schulausbildung an der Fürstenschule in Meißen (1729–34) folgte ein Studium der Theologie und Philosophie in Leipzig (Beziehung zu ↑ Gottsched). Ab 1745 lehrte Gellert in Leipzig Poesie, Beredsamkeit und Moral.
Als Schriftsteller vertrat Gellert (nach ↑Goethes Urteil der „Gewissensrat von ganz Dtl.") im Sinne der Frühaufklärung eine Auffassung des Lebens als ein Gut, das „uns die Vorsehung zum Vergnügen und zur Ausübung der Tugend geschenkt hat". Diese Maxime befindet sich in dem 1747/48 anonym in 2 Bde. erschienenen Roman *Das Leben der schwedischen Gräfin von G…*; er schildert als Ich-Erzählung der Titelgestalt, wie sich Gefühls- und Eheverwicklungen höchst vernünftig lösen lassen. Zwei 1745 durch die Theatergruppe der Caroline Neuber aufgeführte Lustspiele *(Die Betschwester* und *Die zärtlichen Schwestern)* geißeln als „Familiengemälde" Heuchelei und Habgier. Zu einem Hausbuch bürgerlicher Lebensklugheit entwickelten sich Gellerts Fabeln und Erzählungen (3 Bde. 1746–54).

Stefan George

***12. 7. 1868 in Büdesheim bei Bingen, †4. 12. 1933 in Minusio bei Locarno**

Ein Foto aus dem Jahr 1904 zeigt George als Dante (ital. Dichter, 1265–1321), begleitet von dem als Florentiner Edelknabe kostümierten „Maximin". Die Gruppe aus einem Faschings-„Dichterzug" der Freunde spiegelt das Streben des George-Kreises nach einer letztlich im Mythos wurzelnden Kunstwelt. „Was uns not tat", schreibt George über den 16-jährig verstorbenen Maximilian Kronberger, „war Einer der (…) uns die dinge zeigte wie die augen der götter sie sehen" *(Maximin. Ein Gedenkbuch,* 1906).
Der Sohn eines Gastwirts legte 1888 in Darmstadt das Abitur ab und bereiste England, die Schweiz, Italien, Spanien und Frankreich; in Paris lernte er Stéphane Mallarmé kennen. 1889–91 studierte er in Berlin Germanistik, Romanistik, Philosophie und Kunstgeschichte; danach lebte er zumeist ohne festen Wohnsitz als freier Schriftsteller. Sein erster Gedichtband, *Hymnen,* erschien 1890, ab 1892 gab George die zunächst als Zirkular im Freundeskreis gedachte, der Verbreitung zeitgenössischer Lyrik gewidmete Zeitschrift *Blätter für die Kunst* heraus. Nach und nach bildete sich der schließlich als „Staat" bezeichnete, von George als „Meister" geführte George-Kreis, dem u. a. die

Literaturwissenschaftler Friedrich Gundolf und Max Kommerell angehörten. Der Jugendstilgrafiker Melchior Lechter gestaltete die in einer eigens für George entworfenen Schrift gedruckten Gedichtbände. Scheinbar der konkreten Gegenwart zugewandt, sprach George in seiner letzten Slg. *(Das Neue Reich)* von den Deutschen als dem „Volk dem noch viel verheißung innewohnt/Und das darum nicht untergehen wird". 1927 war er der erste Träger des Goethe-Preises der Stadt Frankfurt a. M. Dem Versuch der NS-Kulturpolitik, sich seiner Person zu bedienen, entzog sich George im Juli 1933 durch das freiwillige Schweizer Exil.

Gedichtbände: *Pilgerfahrten* (1891), *Algabal* (1892), *Die Bücher der Hirten- und Preisgedichte, der Sagen und Sänge und der Hängenden Gärten* (1895), *Das Jahr der Seele* (1897), *Der Teppich des Lebens und die Lieder von Traum und Tod. Mit einem Vorspiel* (1899), *Der siebente Ring* (1907), *Der Stern des Bundes* (1914), *Das Neue Reich* (1928).

Lyrik. Georges Dichtung wurzelt in der Ablehnung des Naturalismus als Inbegriff einer oberflächlichen Auffassung der Wirklichkeit. Das Vorbild einer radikalen Alternative fand er innerhalb der engl. und frz. Literatur im Symbolismus, zu dessen bedeutendstem dt. Vertreter sich George entwickelt hat. Merkmale der von ihm angestrebten erlesenen, bildhaften, in strengem Vers- und Strophenbau gestalteten Sprache des „Künders" verbildlichen die folgenden Verse aus dem Gedicht *Die Spange:* „Nun aber soll sie also sein: / Wie eine große fremde dolde, / Geformt aus feuerrotem golde / und reichem blitzendem gestein."

Die im Frühwerk vorherrschenden Themenbereiche bezeichnet der Titel der 1895 erschienenen Slg. *Die Bücher der Hirten- und Preisgedichte, der Sagen und Sänge und der Hängenden Gärten:* Antike, christliches Mittelalter und Orient werden als neu ins Bewusstsein zu hebende Grundlagen der abendländischen Kultur vergegenwärtigt. Auf dem Weg über eine Beseelung des Naturbildes gelangte George in den Gedichten der Slg. *Der Stern des Bundes* (1914) zum bekenntnishaften und Bekenntnis fordernden Appell: „Wer je die flamme umschritt / Bleibe der flamme trabant! (...) Fehlt ihm der mitte gesetz / Treibt er verstiebend ins all."

Paul Gerhardt

***12.3.1607 in Gräfenhainichen bei Wittenberg, †27.5.1676 in Lübben**

Nach einer Tätigkeit als Erzieher in Wittenberg und Berlin wurde Gerhardt 1651 in Mittenwalde (Mark Brandenburg) Propst und 1657 Pfarrer an der Berliner Nikolaikirche. Als Anhänger der lutherischen Orthodoxie widersetzte er sich der vom Kurfürsten Friedrich Wilhelm angestrebten Union zwischen lutherischer und reformierter (calvinistischer) Kirche und wurde 1666 entlassen. Ab 1669 war er im kursächs. Lübben a. d. Spree Archidiakon.

Gerhardt entwickelte sich zu dem nach Martin Luther (1483–1546) bedeutendsten protestantischen Kirchenlieddichter. Die Lieder erschienen ab 1647 in dem für Hausandachten bestimmten Gesangbuch *Praxis pietatis melica*. Im Unterschied zu Luthers Gemeindegesang geprägten Liedern sind sie zumeist Ausdruck persönlichen religiösen Empfindens. Die Slg. *Geistliche Andachten* (1667) enthält 55 Eigenschöpfungen und 75 Nachdichtungen (u. a. *O Haupt voll Blut und Wunden* nach dem Lied *Salve caput cruentatum* des Zisterziensers Arnulf von Löwen, †um 1250). Das Ev. Kirchengesangbuch enthält 38 Lieder Gerhardts, darunter *Nun ruhen alle Wälder* (1648), *Befiehl du deine Wege* (1656) und *Geh aus, mein Herz, und suche Freud* (1656).

Robert Gernhardt

***13.12.1937 in Reval (heute Tallinn, Estland)**

Der Sohn eines Richters wuchs in Posen (heute Poznan, Polen) und nach der Flucht ab 1946 in Göttingen auf. Er studierte in Stuttgart und West-Berlin Malerei und Germanistik. 1964 ließ sich Gernhardt als freischaffender Cartoonist, Maler und Schriftsteller in Frankfurt a.M. nieder. Er gehörte zu den Mitarbeitern der Satirezeitschriften „Pardon" und „Titanic" sowie zur „Frankfurter Schule", in parodistischer Weise benannt nach der gleichnamigen Richtung in der Soziologie an der Universität Frankfurt. Lange Zeit als Nonsens-Lyriker mit Vorliebe für Kalauer abgetan, verschaffte sich Gernhardt seit den 1980er Jahren Anerkennung als Dichter in der Tradition von ↑Morgenstern, ↑Kästner und ↑Tucholsky. 1996 erschien die Gesamtausgabe der Gedichte 1954–94; daraus ein Beispiel für Gernhardts Verbindung von Kritik (etwa an linker „Elite") und Ironie: „Die Basis sprach zum Überbau: ‚Du bist ja heut' schon wieder blau!' / Da sprach der Überbau zur Basis: ‚Was is?'". Als Parodist zollte er im Band *Klappaltar. Drei Hommagen* (1998) zugleich Respekt vor ↑Goethe, ↑Heine und ↑Brecht. Mit ↑Rühmkorf entstand der Band *In gemeinsamer Sache* (2001). Zum Gesamtwerk gehören Essays zu Humor und Kunst, Bildergeschichten, Kinder- und Jugendbücher. Gernhardt erhielt u.a. den Kasseler Literaturpreis für grotesken Humor 1991, den Augsburger Brecht-Literaturpreis 1998 und den Kästner-Preis 1999.

Friedrich Glauser

***4.2.1896 in Wien, †8.12.1938 in Nervi/Italien**

Unter schwierigen familiären Bedingungen aufgewachsen, litt Glauser Zeit seines Lebens unter einer Kette von Internierungen in psychiatrische Anstalten und Gefängnisse (denen er sich auch durch den Eintritt in die Fremdenlegion zu entziehen versuchte), Bewährungsproben in verschiedenen Berufen und ständigen Rückfällen in die Morphiumsucht, in die ihn die Behandlung einer Tuberkulose gestürzt hatte. 1916 war er in Zürich mit dem Kreis der Dadaisten in Kontakt gekommen und nahm wahrscheinlich an den ersten Soireen im „Cabaret Voltaire" teil, 1928–30 entstand sein erster Roman, *Gourrama*, der die Erlebnisse in der Fremdenlegion verarbeitete, wegen homoerotischer Passagen aber zunächst keinen Verleger fand. Der Roman *Schlumpf Erwin, Mord* (E 1934–35), der 1936 u. d. T. *Wachtmeister Studer* (Verf CH 1939 Leopold Lindtberg) erschien, machte Glauser berühmt. Die Hauptfigur, der Ermittler Studer, ist bei seinen Vorgesetzten unbeliebt und zeichnet sich durch eine Menschlichkeit aus, die Verbrechen nicht als Ausdruck des Bösen, sondern durch die Verhältnisse bedingt sieht. Ihm folgten nach *Matto regiert* (1936, Verf CH 1947 Leopold Lindtberg) der Glausers Erfahrungen in den Irrenhäusern verarbeitet, fünf weitere Studer-Romane. Mit der Krankenschwester Berthe Bendel, die Glauser 1936 half aus dem Teufelskreis von Sucht und Verwahrung auszubrechen, siedelte er nach Frankreich über. In der Nähe von Genua, wo im Dezember 1938 die Hochzeit stattfinden sollte, starb Glauser überraschend. Über die Schweiz hinaus wurden seine Werke erst durch die Neuausgabe (1969–74) bekannt, als man in ihm – neben dem wegweisenden Krimiautor – einen Gesellschaftskritiker erkannte.

Johann Wolfgang (von) Goethe

***28.8.1749 in Frankfurt a.M., †22.3.1832 in Weimar**

Goethe ist der einzige dt. Schriftsteller, nach dem eine Epoche benannt ist: die „Goethezeit“ vom Sturm und Drang bis zur Klassik und Romantik. Schon ↑Heine betonte seine repräsentative Bedeutung, indem er 1831 von der „Kunstperiode“ sprach, „die bei der Wiege Goethes anfing und bei seinem Sarge enden wird“, sowie später, die Bezeichnung als „Dichterfürst“ steigernd, von der „Goetheschen Kaiserzeit“, die freilich auch von erbitterter Opposition etwa gegen den „Heiden“ Goethe gekennzeichnet war. Der „Olympier“ selbst zog kurz vor seinem Tode die Bilanz: „Wenn ich aber aussprechen soll, was ich den Deutschen überhaupt, besonders den jungen Dichtern geworden bin, so darf ich mich wohl ihren *Befreier* nennen; denn sie sind an mir gewahr geworden, dass, wie der Mensch von innen heraus leben, der Künstler von innen heraus wirken müsse, indem er, gebärde er sich wie er will, immer nur sein Individuum fördern will“ (*Noch ein Wort für junge Dichter*). Um diese Beziehung zwischen Ich und Welt kreist, als eine „einzige Konfession“, das in seiner Spannweite einzigartige Gesamtwerk des Lyrikers, Dramatikers, Erzählers, Literatur- und Kunstkritikers, Naturforschers und Zeichners, dessen Person und Schaffen ebenso oft mythisch überhöht wie „demaskiert“ worden ist.

Der Sohn des vermögenden privatisierenden Juristen Johann Kaspar Goethe (mit dem Ehrentitel eines kaiserlichen Rates) und der Tochter eines Frankfurter Schultheißen, Katharina Elisabeth Textor („Frau Rat“ gen.), erhielt seine Schulausbildung durch den Vater sowie Hauslehrer. 1765 begann er in Leipzig ein Jurastudium, das er 1768 wegen eines Lungenleidens abbrechen musste. Zu den Leipziger Lehrern gehörten ↑Gottsched und (als Zeichenlehrer) Adam Friedrich Oeser, ein Anhänger des Klassizismus. Goethes literarische Frühwerke gehören dagegen dem Rokoko an: die Lieder der handschriftlichen Slg. *Annette* ebenso wie das Schäferspiel *Die Laune des Verliebten* (E 1767/68); als erste Veröffentlichung erschien 1769 die Slg. *Neue Lieder*. Während der Genesungszeit im Elternhaus stand Goethe unter dem Einfluss pietistischer und mystischer Schriften. 1770/71 brachte Goethe in Straßburg das Jurastudium zum Abschluss. Seine im Sturm und Drang gipfelnde neue Auffassung von Leben und Kunst entwickelte sich nicht zuletzt aus der durch ↑Herder vermittelten Beschäftigung mit Homer, Shakespeare, Rousseau und der Volkspoesie. In der sog. Sesenheimer Lyrik (Liebe zu der Pfarrerstochter Friederike Brion) streifte Goethe alle Konventionen des Empfindungsausdrucks ab (*Willkommen und Abschied*). Im Aufsatz *Von deutscher Baukunst* (V 1772) huldigte er dem Genie des angeblichen Erbauers des Straßburger Münsters, Erwin von Steinbach. Im Sommer 1772 arbeitete der Advokat Goethe als Praktikant am Reichskammergericht in Wetzlar (Liebe zur verlobten Charlotte Buff). Durch die 1774 uraufgeführten Dramen *Götz von Berlichingen mit der eisernen Hand* (2. Fassung) und *Clavigo* erwarb er sich den Ruf eines führenden Mitglieds der Opposition gegen das bestehende Theater. Seine Dichtung steigerte sich zur freien expressiven Form der Hymnen

(Prometheus, Ganymed). 1774 löste der Briefroman *Die Leiden des jungen Werthers* das „Werther-Fieber" eines mit Lebensüberdruss gepaarten Protests gegen das Philistertum aus. Vorübergehend mit der Frankfurter Bankierstochter „Lili" Schönemann verlobt, nahm Goethe im Oktober 1775 nach einer Schweizreise (in Zürich bei Bodmer und Johann Caspar Lavater, dessen Schrift *Von der Physiognomik* 1772 erschienen war) die Einladung des durch seine Volljährigkeit zur Regierung gelangten Karl August (1757–1828), Herzog von Sachsen-Weimar-Eisenach, an den Hof in Weimar an.
Als (1782 geadelter) Minister leitete Goethe in Weimar die Finanzen, das Bergbau- und das Militärwesen, später auch das Theater- und Bildungswesen; zugleich diente er dem ungestümen Herzog als Gefährte („Geniereise" in die Schweiz 1779). Zum „Musenhof" der Herzoginmutter Anna Amalia gehörten ↑Herder und ↑Wieland. Leidenschaftliche Zuneigung verband Goethe mit der verheirateten Freifrau Charlotte von Stein (1742–1827). Zu den literarischen Werken, die er nach Weimar mitbrachte, gehörten der *„Urfaust"* und eine erste Fassung des *Egmont;* als neue Arbeiten entstanden die ersten Fassungen des *Wilhelm-Meister-Romans* sowie der Dramen *Iphigenie auf Tauris* (U 1779) und *Torquato Tasso.* Zu den naturwissenschaftlichen Studien gehört die Entdeckung des menschlichen Zwischenkieferknochens.
Den Weimarer Verhältnissen entzog sich Goethe im Herbst 1786 durch eine in Karlsbad fluchtartig angetretene Reise nach Italien (Hauptaufenthalt Rom, Reise nach Neapel und Sizilien), von der er Mitte 1788 zurückkehrte. In Italien fand Goethe das Erlebnis der Antike und einer sich in Natur und Gesellschaft frei entfaltenden Sinnlichkeit; sie sind Themen der *Römischen Elegien* (E 1788–90, 1. Titel *Erotica Romana),* die zugleich den Beginn der Lebensgemeinschaft mit Christiane Vulpius spiegeln (1789 Geburt des Sohns August, Trauung 1806). Die Entstehung der neuen Konzeption der „Klassik" bezeugen die in Italien entstandenen Neufassungen der Weimarer Dramen; kennzeichnend für Goethes organische Auffassung aller Naturphänomene ist die 1788 entwickelte Idee einer „Urpflanze". 1787–90 erschien die erste autorisierte Werkausgabe (8 Bde.), darin enthalten *Faust. Ein Fragment* (1790). Einen zweiten Italienaufenthalt brachte 1790 eine Reise nach Venedig (Beginn der Auseinandersetzung mit der Frz. Revolution in den *Venetianischen Epigrammen).* 1791 übernahm Goethe die Leitung des Weimarer Hoftheaters (bis 1817), im 1. Koalitionskrieg gegen die frz. Republik gehörte er zur Begleitung des in preuß. Dienst kämpfenden Herzogs (1792 Kanonade von Valmy, 1793 Rückeroberung von Mainz).
Goethes enge Verbindung mit ↑Schiller von 1794 bis zu dessen Tod 1805 bildete den produktiven Mittelpunkt der „Weimarer Klassik": Zusammenarbeit an Schillers „Horen" und „Musenalmanach" (darin 1797 die zeit- und literaturkritischen *Xenien,* 1798 „Balladenalmanach") sowie an Goethes Kunstzeitschrift „Propyläen" (1798–1800, Beginn der Beziehung zum Verlag Cotta), literaturtheoretische Erörterungen (Gattungsgesetze der Epik und Dramatik), gemeinsame Theaterarbeit. Unter Schillers kritischer Anteilnahme kam *Wilhelm Meisters Lehrjahre* zum Abschluss (V 1795/96), entstand das Versepos *Hermann und Dorothea* und nahm Goethe sein Faust-Drama wieder in Arbeit *(Faust. Der Tragödie erster Teil,* V 1808; Beginn der Arbeit an *Faust,*

II. Teil um 1800, V postum 1833). Goethes wissenschaftliche Tätigkeit war vor allem der Widerlegung der mechanistischen Erklärung der Licht- und Farberscheinungen durch Newton gewidmet *(Zur Farbenlehre,* 2 Bde. 1810). Zunehmende Bedeutung gewann die Auseinandersetzung mit der Literatur- und Geschichtsauffassung sowie Naturphilosophie der Romantiker (A. W. ↑ Schlegel, F. ↑ Schlegel, Schelling, 1807 Beginn des Umgangs mit B. v. ↑ Arnim). Sie spiegelt sich u. a. in dem Eheroman *Die Wahlverwandtschaften.* 1814 und 1815 reiste Goethe ins Rhein-Main-Gebiet; in Wiesbaden lernte er Marianne von Willemer kennen, die „Suleika" des unter dem Eindruck pers. Dichtung entstandenen *West-östlichen Divan* (V 1819). Die Slg. steht im Zusammenhang der von Goethe entwickelten Vorstellung einer sich heranbildenden „Weltliteratur".
Zum Alterswerk gehören die mit *Aus meinem Leben. Dichtung und Wahrheit* (V ab 1811) begonnenen autobiografischen Schriften, der Roman *Wilhelm Meisters Wanderjahre oder Die Entsagenden* (vollständig 1829), die „Wundersprüche über Menschenschicksale" *Urworte. Orphisch* (1820) und die nach dem Tod des Herzogs 1828 entstandenen *Dornburger Gedichte,* aber auch die *Trilogie der Leidenschaft* mit der *Marienbader Elegie,* veranlasst durch die Abweisung der Werbung um die 19-jährige Ulrike von Levetzow im Sommer 1823. Zähmung der Leidenschaft durch Kunst ist das Thema der Erzählung *Novelle* (V 1828, in diesem Zusammenhang Definition der Gattung Novelle als „ereignete, unerhörte Begebenheit"). Goethes lebenslange Beschäftigung mit der bildenden Kunst dokumentieren seine Beiträge in der 1816–32 hg. Zeitschrift „Über Kunst und Altertum". Goethes letzter Sekretär (ab 1823) war Johann Peter Eckermann (*Gespräche mit Goethe,* 1836–48).

Gedichtbände und Zyklen: *Neue Lieder* (1769), *Hymnen* (E ab 1772, V teilweise 1775 in „Iris"), *Gedichte* (1789, Bd. 8 von *Goethes Schriften), Römische Elegien* (E 1788–90, V 1795), *Venetianische Epigramme* (E ab 1790, V 1796), *Xenien* (1797), *Balladen* (1798 in Schillers „Musenalmanach für das Jahr 1798", u. a. *Der Schatzgräber, Der Zauberlehrling, Die Braut von Korinth, Der Gott und die Bajadere;* 1782 erschien Der Erlkönig), *Gedichte* (1800, Bd. 7 von *Goethes neue Schriften), Gedichte* (1806, Bd. 1 von *Goethes Werke), Gedichte* (1815, Bd. 1 und 2 von *Goethes Werke;* darin *Sonette,* E 1807/08), *West-östlicher Divan* (E ab 1814, V 1819, erweiterte Fassung 1827), *Urworte. Orphisch* (1820), *Gedichte* (1827, Bd. 1–4 von *Goethes Werke. Vollständige Ausgabe letzter Hand;* darin *Trilogie der Leidenschaft,* E ab 1823), *Chinesisch-deutsche Jahres- und Tageszeiten* (1830). – Epen: *Reineke Fuchs* (1794), *Hermann und Dorothea* (1797), *Achilleis* (Fragment, E 1797–99, V 1808). – Erzählungen: *Unterhaltungen deutscher Ausgewanderten* (1795, darin *Das Märchen), Novelle* (1. Plan 1797, E 1826/27, V 1828). – Dramen: *Stella. Ein Schauspiel für Liebende* (1776; 2. Fassung U 1806, V 1816), *Der Groß-Cophta* (U 1791, V 1792), *Der Bürgergeneral* (1793), *Die natürliche Tochter* (U 1803, V 1804). – Schriften zur Kunst: *Von deutscher Baukunst. D. M. Ervini a Steinbach* (1772), *Einfache Nachahmung der Natur, Manier, Stil* (1789), *Über Laokoon* (1798), *Von deutscher Baukunst* (1823). – Schriften zur Literatur: *Zum Shakespeares-Tag* (E 1771, V 1854), *Literarischer Sansculottismus* (1795), *Über epische und dramatische Dichtung* (E 1797, V 1827), *Shakespeare und kein Ende* (Teil I und II E 1813, V 1815, Teil III E 1816, V 1826), *Nachlese zu Aristoteles' Poetik* (V 1827). – Schriften zur Naturwissenschaft: *Versuch die Metamorphose der Pflanzen zu erklären* (1790), *Beiträge zur Optik* (2 Bde. 1791/92), *Sammlung zur Kenntnis der Gebirge in und um Karlsbad* (1807), *Zur Farbenlehre* (1. Bd. 1808), *Zur Farbenlehre* (2 Bde. 1810, Tafelband 1812), *Zur Naturwissenschaft überhaupt, besonders zur Morphologie* (2 Bde. 1817–24). – Autobiografisches: *Aus meinem Leben. Dichtung und Wahrheit* (3 Bde. V 1811–1814, Bd. 4 E 1816–1831, V postum 1833), *Kunstschätze am Rhein, Main und Neckar* (1816), *Italienische Reise* (1816/17, erweiterte Fassung 1829), *Campagne in Frankreich 1792 und Belagerung von Mainz 1793* (1822), *Tages- und Jahreshefte* (1830).

Götz von Berlichingen mit der eisernen Hand. Schauspiel in 5 Akten, E 1773, V 1773, U 1774. Der „Urgötz" *Geschichte Gottfriedens von Berlichingen mit der eisernen Hand,* dramatisiert, E 1771, V postum 1832.

Die Hauptquelle bildete die 1731 veröffentlichte Autobiografie *Lebensbeschreibung Herrn Goezens von Berlichingen, zugenannt mit der eisernen Hand* des am Bauernkrieg beteiligten Reichsritters Götz (Gottfried) von Berlichingen (1480–1562). Die Schauplätze der Handlung gliedern sich in zwei Hauptbereiche: die Burg Jagsthausen des Götz von Berlichingen und den Hof des Bischofs von Bamberg. Sie repräsentieren den historischen Gegensatz zwischen freiem Reichsrittertum und der neuen Macht der (weltlichen und geistlichen) Landesfürsten. Höhepunkte der auf die Fehde zwischen Götz und dem Bischof bezogenen Handlung sind die Gefangennahme des in bischöflichem Dienst stehenden Jugendfreundes Adelbert von Weislingen und die Befreiung des gefangenen Götz durch Franz von Sickingen; zum Verhängnis wird Götz die Beteiligung am Bauernkrieg 1525; er stirbt als Gefangener. In diese Grundstruktur des Gegensatzes von Freiheit und Gefangenschaft ist die (fiktive) Gestalt Weislingens dialektisch einbezogen: Als Gefangener des Götz soll er sich von seiner aus der Sicht des Ritters unwürdigen Bindung an den Hof befreien; wieder auf freiem Fuß, fesselt ihn in Bamberg erneut der aus „Weiber-, Fürstengunst und Schmeichelei" gedrehte Strick. Weislingen lässt sich von der verführerischen Adelheid zum doppelten Treubruch gegenüber Götz und dessen Schwester Maria, mit der er sich verlobt hat, verleiten und wird zum Anführer im Kampf gegen den vom Reich Geächteten. Doch Weislingen bleibt ein bloßes Werkzeug, das sich notfalls beseitigen lässt: Er wird, inzwischen mit Adelheid verheiratet, durch den ihr hörigen Pagen Franz vergiftet; Adelheid selbst fällt der Rache eines Femegerichts zum Opfer. In krassem Gegensatz hierzu umgibt die Sterbeszene des Götz etwas Verklärendes; seine letzten Worte im Gärtchen beim Gefängnisturm sind: „Himmlische Luft. – Freiheit! Freiheit!"

Vom „Urgötz" unterscheidet sich die 2. Fassung vor allem hinsichtlich des Anteils, den der Themenbereich des Bauernkriegs besitzt. Während der „Urgötz" Gewicht auch auf die Gründe des Aufstands legt, reduziert die Neufassung die Auftritte des Bauernheers, das den Ritter zur Teilnahme zwingt, und verstärkt hierdurch den Eindruck, als handle es sich bei den Bauern um eine brand- und mordlüsterne Bande. So hat Goethe – wohl um der Profilierung seines Titelhelden willen – die sog. Helfenstein-Szene gestrichen, in der die Frau des gefangenen Otto von Helfenstein vergeblich um dessen Freiheit fleht; Metzler, ein Anführer der Bauern, erinnert in diesem Zusammenhang an eine Schandtat des Adligen: „Er stund der Abscheu wie ein eherner Teufel, stund er und grinste uns an. Verfaulen sollen sie lebendig und verhungern im Turm knirscht er. Damals war kein Gott für uns im Himmel, jetzt soll auch keiner für ihn sein."

Die revolutionäre Wirkung des Dramas beruhte auf der an Shakespeare geschulten freien Form in Gestalt der hier erstmals radikal durchgeführten Aufhebung der Einheit von Zeit, Ort und Handlung, die sich in mehr als 50 Einzelszenen gliedert. Ein zweites wesentliches Merkmal bildet die Einbeziehung von Repräsentanten sämtlicher Schichten und Institutionen vom Kaiser über den Kaufmann bis hinab zum Köhler und deren realistische Charakterisierung durch ihr jeweiliges Sprachverhalten. Hinzu kam, dass sich zumindest ein Teil der Leserschaft und des Publikums mit der Auflehnung des „Selbsthelfers" Götz gegen die Fürstenmacht identifizieren konnte. Brennende Aktualität besaßen beispielsweise die Worte des sterbenden Gefangenen: „Es kommen die Zeiten des Betrugs, es ist ihm Freiheit gegeben. Die Nichtswürdigen werden regieren mit List, und der Edle wird in ihre Netze fallen."

Die Leiden des jungen Werthers. **Briefroman in 2 Teilen, V 1774, Neufassung u.d.T. *Die Leiden des jungen Werther* ab 1782, V 1787, Vert 1891 J.E.F. Massenet, Verf u.a. Frankr. 1938 Max Ophüls, vgl. ↑Plenzdorf.**

Das nach Goethes Erinnerung im Februar/März 1774 in vier Wochen niedergeschriebene Werk, „ohne dass ein Schema des Ganzen oder die Behandlung eines Teils irgend vorher wäre zu Papier gebracht gewesen", besitzt autobiografische Elemente: 1772 befand sich Goethe in Wetzlar in einem „Dreiecksverhältnis" mit Charlotte Buff und ihrem Verlobten Kestner; bald nach Goethes fluchtartiger Abreise aus Wetzlar nahm sich der Leipziger Studienfreund und ebenfalls in Wetzlar tätige Jurist Karl Wilhelm Jerusalem aus Verzweiflung über seine aussichtslose Liebe zu einer verheirateten Frau das Leben; Anfang 1774 unterband Peter Anton Brentano (der spätere Vater ↑Brentanos und B.v.↑Arnims) Goethes Freundschaft zu Maximiliane von La Roche, die er soeben geheiratet hatte. Die Motive der Liebe zu einer „gebundenen" Frau und des Selbstmords angesichts unerfüllbarer Liebe ergeben im Wesentlichen die Handlung des Romans.

Der Text besteht zum Großteil aus Briefen, die Werther an seinen Freund Wilhelm richtet. Hierdurch ist gewährleistet, dass die dargestellte Realität als subjektive Spiegelung in Erscheinung tritt. Im 2. Brief wird diese Erlebnis- und Gestaltungsweise unmittelbar angesprochen: „Ach, könntest du das wieder ausdrücken, könntest du dem Papier das einhauchen, was so voll, so warm in dir lebt, dass es würde der Spiegel deiner Seele, wie deine Seele der Spiegel des unendlichen Gottes ist!" Unmittelbar darauf klingt, gleichsam als „Exposition", das Todesmotiv an: „Aber ich gehe darüber zugrunde, ich erliege unter der Herrlichkeit dieser Erscheinungen."

Der Spannungsbogen des 1. Teils reicht von der ersten Begegnung mit Lotte, die Werther zu einem Ball begleitet, über den fast täglichen Umgang mit Lotte und ihrem Verlobten Albert, die Verzweiflung über Lottes Unerreichbarkeit bis zu Werthers freiwilligem Entschluss zu weichen. Zu den Höhepunkten des 1. Teils gehört die Auseinandersetzung mit Albert über „Vernunft" und „Leidenschaft" sowie über das Recht zum Selbstmord, den Werther als Ausdruck einer „Krankheit zum Tode" verteidigt.

Der 2. Teil zeigt Werther im Dienst eines Gesandten, dessen Pedanterie ihm viel Verdruss bereitet. Der Schilderung des „glänzenden Elends" des Hoflebens folgen Episoden, in denen Werther tiefe Kränkungen durch Standesdünkel und die Herabwürdigung seiner Person erfährt. Er nimmt seinen Abschied und kehrt zu Lotte und Albert zurück. Er glaubt zu erkennen, dass die Verlobten in ihren Empfindungen nicht völlig übereinstimmen, und spielt mit der Vorstellung vom Tod Alberts; Werthers Naturschilderungen enthalten Bilder der Zerstörung, an die Stelle Homers tritt Ossian. Den Schlussteil bildet ein Bericht des Herausgebers, in den die Abschiedsbriefe Werthers an Wilhelm und an Lotte eingefügt sind: Hingerissen von der eigenen Lesung seiner Ossian-Übersetzung, überwältigt Werther die sinnliche Leidenschaft, doch Lotte entzieht sich und verbietet ihm das Haus. Seinen Selbstmord deutet Werther als Opfer für die Geliebte. Durch die (in der Neufassung noch verstärkte) Einbettung der Haupthandlung in korrespondierende Nebenhandlungen wird der exemplarische Charakter unglücklicher Liebe betont. Im Grunde ist jedoch allein schon die bedingungslose Subjektivität Werthers der „objektive" Ausdruck des Problems der Beschränkung und Erniedrigung des Reichtums an Empfindung, Gefühl und Fantasie.

Dem ungeheuren Erfolg des Romans (mit zahlreichen Parodien) liegt nicht zuletzt die Unmittelbarkeit zugrunde, mit der die Skala von Empfindungen zwischen höchster Wonne und tiefster Verzweiflung ihre sprachliche Gestalt gefunden hat.

Iphigenie auf Tauris. **Schauspiel in 5 Akten. 1. Fassung (Prosa) 1779 als vom Weimarer Hof in Auftrag gegebenes Festspiel, U 1779 (mit Goethe in der Rolle des Orest); 2. Fassung (freie Jamben) 1780; 3. Fassung (Prosa) 1781; 4. Fassung (Jamben) 1786, V 1787, U in ↑ Schillers Bearbeitung 1802. Goethe stützte sich auf die Tragödie des Euripides *(Iphigenie bei den Tauriern,* U 414/12 v. Chr.).**

Der Schauplatz ist der Hain vor dem Tempel der Diana auf Tauris (= Halbinsel Krim). Das Schauspiel beginnt mit der Bitte Iphigenies an Diana, deren Dienst sie als Priesterin versieht, um die Rückkehr in die Heimat: „(...) Und an dem Ufer steh ich lange Tage,/Das Land der Griechen mit der Seele suchend;/Und gegen meine Seufzer bringt die Welle/Nur dumpfe Töne brausend mir herüber" (in der Prosafassung von 1779: „[...] denn mein Verlangen steht hinüber nach dem schönen Lande der Griechen, und immer mögt ich übers Meer hinüber das Schicksal meiner Vielgeliebten teilen"). Arkas kündigt die Ankunft des Königs Thoas an, der erneut um die Priesterin werben will. Iphigenie, die bisher ihre Herkunft verschwiegen hat, schildert dem König die Verbrechen ihrer Vorfahren seit Tantalus sowie ihre durch Diana verhinderte Opferung bei der Ausfahrt der Griechen gegen Troja. Thoas spricht von der Gefangennahme zweier Fremder. Es sind dies Iphigenies Bruder Orest und dessen Freund Pylades. Durch diesen erfährt Iphigenie vom Ausgang des Trojanischen Krieges und der Ermordung ihres Vaters Agamemnon, durch Orest von der Ermordung ihrer Mutter Klytämnestra. Orest gibt sich als Bruder und Muttermörder zu erkennen und erkennt in Iphigenie die totgeglaubte Schwester. In ihrem Auftrag, an den beiden Fremden das Menschenopfer vorzunehmen, sieht er die Bestätigung des auf der Familie lastenden Fluchs: „Der Brudermord ist hergebrachte Sitte / Des alten Stammes (...)." Zugleich ahnt er seine bevorstehende Befreiung von der Verfolgung durch die Erinnyen, und zwar mittels des Raubs des Diana-Kultbilds, den ein Orakelspruch Apollons als Voraussetzung für Orests Entsühnung genannt hat. Iphigenie ist zunächst bereit, an dem von Pylades entwickelten Plan der gemeinsamen Rettung mitzuwirken, enthüllt ihn jedoch nach schwerem innerem Kampf dem König, der seinerseits zur reinen Humanität gelangt, indem er schließlich die Geschwister und Pylades in die Heimat ziehen lässt. Die einzige Bedingung des Thoas, das Diana-Kultbild müsse auf Tauris bleiben, erweist sich als erfüllbar, indem die Orakel-Formulierung „seine Schwester" nicht auf Apollons Schwester Diana bzw. Artemis, sondern auf Iphigenie als die Schwester des Orest bezogen wird.

Die ausschließliche Deutung des Stücks als Inbegriff des klassischen, in Iphigenie verkörperten Humanitätsideals („Alle menschlichen Gebrechen / sühnet reine Menschlichkeit") verkennt die skeptischen Töne, die vor allem in der Beziehung zwischen Iphigenie und Thoas anklingen. So antwortet der „barbarische" Skythenkönig auf Iphigenies im Grunde herablassende Herausforderung „Verdirb uns – wenn du darfst" mit bitterer Ironie: „Du glaubst, es höre / Der rohe Skythe, der Barbar, die Stimme / Der Wahrheit und der Menschlichkeit, die Atreus / Der Grieche nicht vernahm?" Theodor W. Adorno geht in seinem Aufsatz „Zum Klassizismus in Goethes Iphigenie" (1967) auf das „Gefühl einer Ungerechtigkeit" ein, das daher rührt, „dass Thoas, der Barbar, mehr gibt als die Griechen, die ihm, mit Einverständnis der Dichtung, human überlegen sich dünken". Thoas „darf, um eine Sprachfigur Goethes anzuwenden, an der höchsten Humanität nicht teilhaben, ist verurteilt, deren Objekt zu bleiben, während er als ihr Subjekt handelte". Der Verzicht des Thoas auf eine Verbindung mit Iphigenie enthält das Motiv der Entsagung.

In autobiografischer Hinsicht ist Iphigenie als Widerspiegelung der Persönlichkeit Charlotte von Steins zu verstehen.

Torquato Tasso. Schauspiel in 5 Akten, E ab 1780, V 1790, U (in einer gekürzten Bühnenbearbeitung Goethes) 1807. Während der Arbeit an dem als Prosadrama begonnenen Stück in Italien konnte die 1785 in Rom erschienene Biografie des Dichters Torquato Tasso (1544–1595) von Pierantonio Serassi herangezogen werden. Tassos Hauptwerk „Das befreite Jerusalem" kannte Goethe von früher Jugend an (Tasso war ein Lieblingsdichter Johann Kaspar Goethes). Den autobiografischen Zusammenhang bildet der Zwiespalt, in den Goethe in Weimar als Künstler und als mit Ämtern und Pflichten überhäufter Hofmann geraten war.

Der Schauplatz ist das Lustschloss Belriguardo des Herzogs von Ferrara, Alfons II. d'Este. Im Park flechten dessen Schwester Leonore und die Gräfin von Scandiano Kränze, mit denen sie die Hermen (Büstenpfeiler) der Dichter Vergil und Ariost schmücken. Ihr Gespräch über Tasso kennzeichnet ihn als „in den Reichen süßer Träume" schwebenden Künstler, den zugleich „das Wirkliche gewaltig anzuziehn und festzuhalten" scheint. Tasso übergibt dem Herzog das vollendete Manuskript seines Epos „Das befreite Jerusalem" und wird von Leonore mit einem jener Kränze gekrönt. Der Hofmann Antonio Montecatino äußert sich herablassend und kränkend über Tasso. Im Dialog mit Leonore schwärmt Tasso von jener „goldnen Zeit", in der „jedes Tier, durch Berg' und Täler schweifend, / Zum Menschen sprach: Erlaubt ist, was gefällt". Die Prinzessin erkennt Tassos Bereitschaft, die ihm gesetzten Grenzen zu überschreiten, und entgegnet: „Noch treffen sich verwandte Herzen an/Und teilen den Genuss der schönen Welt; / Nur in dem Wahlspruch ändert sich, mein Freund, / Ein einzig Wort: Erlaubt ist, was sich ziemt." Vergeblich versucht Tasso auf Leonores Bitte hin, die Freundschaft Antonios zu gewinnen; Alfons muss ein Degenduell verhindern und stellt Tasso vorübergehend unter Arrest. Dem Beispiel der „Geduld und Langmut" anderer Mäzene folgend, bewilligt Alfons Tassos Bitte um Urlaub vom Hof; Tassos Bekenntnis zur Unbedingtheit seines Schaffens begegnet der Herzog mit dem Rat zu ausgleichendem „Genuss des Lebens". Beim Abschied von Leonore, die ihre unwandelbare Zuneigung zu erkennen gibt, lässt sich Tasso zu einer leidenschaftlichen Umarmung hinreißen – eine sträfliche Übertretung der Standesgrenzen, die der Herzog durch Tassos Verhaftung ahndet. Zurück bleibt Tassos ehemaliger Kontrahent Antonio, auf dessen Mahnung, sich zu fassen, der Dichter mit der Klage antwortet: „Die Träne hat uns die Natur verliehen, / Den Schrei des Schmerzes, wenn der Mann zuletzt / Es nicht mehr trägt –Und mir noch über alles– / Sie ließ im Schmerz mir Melodie und Rede, / Die tiefste Fülle meiner Not zu klagen:/Und wenn der Mensch in seiner Qual verstummt, / Gab mir ein Gott, zu sagen, wie ich leide."

Ähnlich wie *Egmont* enthält *Torquato Tasso* unterschiedliche Bezugspunkte: Als „gesteigerter Werther" übt Tasso in seinem Unglück radikale Kritik an den Schranken der Konvention und an der Verfügung über Menschen („So hat man mich bekränzt, um mich geschmückt/Als Opfertier vor den Altar zu führen!"). Leonore dagegen verkörpert das für die klassische Lebens- und Kunstauffassung kennzeichnende Streben nach den im Besonderen enthaltenen allgemeinen Gesetzmäßigkeiten; es drückt sich in sentenzenhaften Äußerungen aus, etwa: „Nach Freiheit strebt der Mann, das Weib nach Sitte." Auch die durchgehende Verwendung von Blankversen (fünfhebige Jamben ohne Endreim) zielt auf Mäßigung und Bändigung der (im Götz-Drama noch extrem individualisierten) Sprache. Dennoch hat *Torquato Tasso* gesellschaftskritische Schärfe behalten. Yaak Karsunke hat sie 1969 in seinem Gedicht „simples sonett auf Torquato Tasso: für Bruno Ganz" (Tasso-Darsteller der Bremer Inszenierung Peter Steins) auf diese Weise betont: „dass der beherrschte sich nicht selbst beherrscht, heißt: schuld."

Wilhelm Meisters Lehrjahre.
E ab 1794, V 1795/96. **Als Grundlage diente das Fragment *Wilhelm Meisters theatralische Sendung*, E 1777–85, V (nach einer wiederentdeckten Abschrift) 1911.**
Im Mittelpunkt der fragmentarischen Erstfassung steht Wilhelm als von Jugend an mit dem Theater vertrauter Schriftsteller, der sich zum Theaterdichter und Regisseur entwickelt. Zahlreiche autobiografische Bezüge lassen das Werk als Darstellung von Goethes eigener „theatralischer Sendung" erscheinen.
Durch die Neufassung hat Goethe den modernen Erziehungs- und Bildungsroman begründet. Die letztere Bezeichnung deutet an, dass diese Ausprägung des Romans das breite Spektrum der im weitesten Sinne „bildenden" Kräfte einer Zeit zur Darstellung bringt, und zwar anhand der Entwicklung der handelnden Personen. Wilhelm nennt in einem Brief an seinen zukünftigen Schwager eine Voraussetzung, die hierbei bestehen muss, nämlich die Bereitschaft der Protagonisten, sich den Entwicklungsmöglichkeiten zu öffnen: „Mich selbst, ganz wie ich da bin, auszubilden, das war dunkel von Jugend auf mein Wunsch und meine Absicht." Allerdings sind *Wilhelm Meisters Lehrjahre* nichts weniger als eine „soziokulturelle" Bestandsaufnahme, so reich das Werk an konkreten Zeitbezügen auch ist. Die unerschöpfliche Fülle resultiert aus der romanhaften „Aufhebung" der Zeitdarstellung durch die Vielfalt der Gestaltungsmittel; sie erzeugen Spannung, bieten Abenteuerliches, lassen manches im Geheimnisvollen, verknüpfen Reflexionen mit Liedern, den programmatischen Disput mit der ironischen Brechung. Die Haupthandlung führt Wilhelm aus dem bürgerlichen Elternhaus über die Mitgliedschaft in einer Theatergruppe bis hin zur „Turmgesellschaft", die Züge des Freimaurertums aufweist. Daneben zeichnen die Bekenntnisse einer schönen Seele (6. Buch) ein Bild des Pietismus. Irrationale und tragische Aspekte der Kunst verkörpern Mignon und der Harfner.

Wilhelm Meisters Wanderjahre oder Die Entsagenden. **E ab 1807, 1. Fassung V 1821, 2. Fassung V 1829.**
Das nach Goethes eigenem Urteil „wenn nicht aus einem Stück, so doch aus einem Sinne" geformte Werk schließt insofern an die Lehrjahre an, als Wilhelm im Auftrag der „Turmgesellschaft" eine ihm von diesem Orden der Entsagenden genau vorgeschriebene Bildungsreise in Mignons Heimat unternimmt.
Das 2. Buch handelt von der „Pädagogischen Provinz", in der Wilhelm seinen Sohn Felix erziehen lassen will. Die jungen Menschen werden zu den drei Formen der Ehrfurcht angehalten: zur Ehrfurcht vor dem, was über uns, was neben uns und was unter uns ist. „Aus diesen drei Ehrfurchten entspringt die oberste Ehrfurcht, die Ehrfurcht vor sich selbst, und jene entwickeln sich abermals aus dieser, sodass der Mensch zum Höchsten gelangt, (...) ohne durch Dünkel und Selbstheit wieder ins Gemeine gezogen zu werden."
Zugleich tritt an die Stelle der individuellen Selbstentfaltung die Bindung an die Gemeinschaft: „Narrenpossen sind eure allgemeine Bildung und alle Anstalten dazu. Dass ein Mensch etwas ganz entschieden verstehe, vorzüglich leiste, wie nicht leicht ein anderer in der nächsten Umgebung, darauf kommt es an." Hierbei ist Goethes Blick in die Zukunft, auf die sich entwickelnde Industriegesellschaft, gerichtet. Als Summe aller Weisheit nennt Wilhelm „Denken und Tun, Tun und Denken". Ein schon in den *Lehrjahren* angesprochenes Thema ist das der Auswanderung nach Amerika, verstanden als ein Land ohne belastende Vergangenheit, in dem das soziale Leben etwa in Form von Arbeitergenossenschaften neue Entwicklungsformen erreichen kann.
Dem in loser Form aus erzählenden Teilen, Briefen, Abhandlungen und aphoristischer Spruchweisheit gestalteten Wilhelm-Meister-Bereich ist ein Zyklus von Novellen eingefügt, u. a. *Die neue Melusine* und *Der Mann von fünfzig Jahren.*

Die Wahlverwandtschaften.
Roman, E ab 1807, V 1809, Verf DDR 1974 Siegfried Kühn.
Der Titel bezieht sich auf die als „Wahlverwandtschaft" bezeichnete Fähigkeit chemischer Elemente, eine Verbindung aufzulösen und mit dem frei gewordenen Element eine neue Verbindung einzugehen. Goethes Absicht war es, in einem „sittlichen Falle eine chemische Gleichnisrede zu ihrem geistigen Ursprung zurückzuführen". Zugrunde liegt die Überzeugung, dass „überall nur *eine* Natur ist und auch durch das Reich der heiteren Vernunftfreiheit die Spuren trüber, leidenschaftlicher Notwendigkeit sich unaufhaltsam hindurchziehen, die nur durch eine höhere Hand und vielleicht auch nicht in diesem Leben völlig auszulöschen sind" (*Vorankündigung des Romans*, 1809).
Die Protagonisten der ins Sittliche gewendeten „chemischen Gleichnisrede" sind der Baron Eduard und seine Frau Charlotte, ein Hauptmann und die junge Ottilie. Den äußeren Rahmen bildet das Zusammenleben auf Eduards Landgut; man beschäftigt sich mit allerlei Verschönerungsarbeiten im Haus und Landschaftsgarten. Zum Symbol des „geistigen Ehebruchs", den Eduard mit Ottilie, der Hauptmann mit Charlotte begeht, wird Charlottes Kind, das Züge Ottilies und des Hauptmanns trägt. Eine tragische Wendung nimmt die Handlung, als Charlottes Kind durch die Schuld Ottilies ums Leben kommt; sie stirbt an den Folgen ihres Fastens. Eine Gegenfigur zu Ottilie ist Charlottes Tochter aus erster Ehe, die „luziferische" Luciane mit einer Vorliebe für Affen. Die unmittelbare Charakterisierung von Personen, zu der auch Ottilies Tagebuch gehört, ist ebenso ein Merkmal der Erzählweise wie ein dichtes Geflecht aus Dingsymbolen.
Entstanden in einer Zeit weit verbreiteter Eheskepsis, ist das von den Romantikern begeistert aufgenommene Werk als der erste moderne Eheroman der dt. Literatur zu betrachten.

Egmont. Trauerspiel in 5 Akten, **E 1774–87, V 1788, U 1789, Bühnenbearbeitung ↑Schillers (aus Goethes Sicht „grausam, aber konsequent") 1796, Beethovens Bühnenmusik 1809/10.**
Die Charakterisierung der Titelgestalt hat nur wenig mit dem Grafen Egmont (1522 bis 1568), Statthalter von Flandern und Artois, gemein. Den historischen Zusammenhang der Handlung bildet der Beginn des Freiheitskampfs der Niederlande: Bildersturm, Ablösung der Regentin Margarete von Parma durch Herzog Alba, Adelsopposition unter Wilhelm von Oranien. Der Schauplatz ist Brüssel.
Die drei Szenen des 1. Akts beleuchten Egmont aus der Sicht des Volkes (Leutseligkeit, Toleranz, Wertschätzung des „freien Lebens"), der Regentin (Sorge über Egmonts Popularität) und aus der Sicht Klärchens, der bürgerlichen Geliebten des Grafen: Für sie ist Egmont „nur Mensch, nur Freund, nur Liebster". Der 2. Akt zeigt Egmont als politischen Menschen, der zwar den Aufruhr dämpft, jedoch die Kritik an der span. Gewaltherrschaft teilt. Den Höhepunkt der politischen Auseinandersetzung bildet der Disput Egmonts mit Alba über die verbürgte Freiheit der Niederlande im 4. Akt; Egmont wird verhaftet. Vergeblich versucht Klärchen, das Volk zum Aufstand zu bewegen; sie nimmt Gift. Im Kerker erscheint sie Egmont als Allegorie der Freiheit und gibt dem zum Tode Verurteilten die Gewissheit, dass der Freiheitskampf der Niederlande siegreich enden wird.
Aufgrund der langen Entstehungszeit des „vertrödelten Stücks" (Goethe 1781 an Charlotte von Stein) enthält es Elemente aus verschiedenen Entwicklungsstufen im Schaffen Goethes: Mit der Sturm-und-Drang-Gestalt des Götz von Berlichingen teilt Egmont das blinde Vertrauen in die eigenen Rechte; in demselben Zusammenhang steht die beißende Kritik am Absolutismus. Die Darstellung des Adligen Egmont als Anwalt bürgerlicher humaner Freiheit entspricht Goethes frühklassischer Gesellschaftskonzeption.

Lyrik. V ab 1769, Vert Karl Friedrich Zelter (Goethes „Hauskomponist“, u. a. *Es war ein König in Thule),* Ludwig van Beethoven *(Kennst du das Land, Nur wer die Sehnsucht kennt),* Franz Schubert *(Heidenröslein, An Schwager Kronos, Prometheus, Wandrers Nachtlied, Grenzen der Menschheit, Erlkönig, Suleika-Lieder),* Robert Schumann *(Wandrers Nachtlied,* Johannes Brahms *(Harzreise im Winter, Gesang der Parzen für Chor und Orchester),* Hugo Wolf (Lieder aus *Wilhelm Meister* und dem *West-östlichen Divan, Balladen),* Richard Strauss *(Wanderers Sturmlied).*

Bei der Herausgabe seiner ersten Werkausgabe *(Schriften,* 8 Bde., 1787–90) stellte Goethe die 1784 entstandenen Stanzen *Zueignung* als Einleitung in das Gesamtwerk an den Beginn des 1. Bandes. Das Gedicht handelt von der Erscheinung eines „göttlichen Weibes“, das dem Dichter eine Gabe überreicht: „Der Dichtung Schleier aus der Hand der Wahrheit“. Dieses Bild kann als Grundzug in Goethes lyrischem Schaffen verstanden werden: Alle im Gedicht erfasste sinnliche und geistige Wahrnehmung verweist auf eine tiefere Bedeutung, ohne sich dualistisch als „vordergründig“ von einem „Hintergrund“ zu trennen. Es gehört zum Wesen der Wahrheit, dass sie nur im „Schleier“ der Dichtung in Erscheinung treten kann. Diese Auffassung liegt insgesamt Goethes Symbolbegriff zugrunde und verbindet die Vielfalt der Themen und Formen seiner Lyrik.

Das erste erhaltene Gedicht hat der 7-jährige Goethe an den „Erhabnen Großpapa!“ und die „Erhabne Großmama!“ gerichtet *(Bei dem erfreulichen Anbruche des Jahres 1757).* Zehn Jahre später entstand als erste handschriftliche Sammlung das Buch *Annette,* dessen Lieder der spielerisch-heiteren, pointierten Liebeslyrik der Anakreontik angehören. Aus demselben Jahr stammen aber auch die drei *Oden an meinen Freund* (veranlasst durch den erzwungenen Abschied Ernst Wolfgang Behrischs aus Leipzig), in denen sich die Verse finden: „Gebärort / Schädlicher Insekten, / Mörderhülle/Ihrer Bosheit“. Das Grundthema der Betroffenheit durch die Erscheinungen der Natur schlägt das Lied *Maifest* mit der Durchbrechung des metrischen Schemas (Auftakt kurz-lang) im 2. Vers der 1. Strophe an: „Wie herrlich leuchtet/ Mir die Natur!“ Es steht im Zusammenhang der sog. Sesenheimer Lieder (1770/71), zugleich entstanden volksliedhafte Gedichte *(Heidenröslein,* von ↑Herder als authentisches Volkslied veröffentlicht).

Ab 1772 folgte Goethe mit der Verwendung freier Rhythmen dem Vorbild ↑Klopstocks (Hymnen der „Geniezeit“ des Sturm und Drang: *Wandrers Sturmlied, Mahomets-Gesang, Prometheus, Ganymed, An Schwager Kronos, Harzreise im Winter).* Vor der Übersiedlung nach Weimar richtete Goethe Lieder an die Verlobte Lili Schönemann.

Die Spannweite des lyrischen Schaffens der ersten Weimarer Jahre reicht vom geselligen Gelegenheitsgedicht über die an Charlotte von Stein gerichteten Liebesgedichte bis zur Natur- und Weltanschauungslyrik *(An den Mond, Wandrers Nachtlied, Gesang der Geister über den Wassern, Grenzen der Menschheit, Das Göttliche).* Dem Vorbild der Antike (Tibull, Properz, Ovid) folgen die *Römischen Elegien* (1788 bis 1790); ihr zentrales Thema ist Rom als Stadt der Antike und erfüllter Liebe: „Froh empfind' ich mich nun auf klassischem Boden begeistert,/Vor- und Mitwelt spricht lauter und reizender mir“ (V. Elegie). In stofflicher und formaler Hinsicht machte sich Goethe zunehmend fremde Anregungen in schöpferischer Neugestaltung zu Eigen: Die 1797 im Wettstreit mit ↑Schiller entstandenen *Balladen* verarbeiten z. T. antike Stoffe, die *Sonette* (1807/08) zeigen den Einfluss der Romantik, der *West-östliche Divan* (ab 1814, V 1819) ist unter dem Eindruck pers. Dichtung entstanden (Beginn der Rezeption der orientalischen Lyrik in Dtl.). Die Vielfalt des lyrischen Schaffens gipfelt in Goethes letztem Drama, dem zweiten Teil der *Faust*-Dichtung.

Faust. Der Tragödie erster Teil.
E der 3. Fassung ab 1797, V 1808 *(Faust. Eine Tragödie),* U von Einzelszenen 1819, vollständig 1829, Vert Hector Berlioz *Acht Szenen aus Goethes Faust* 1829 (Endfassung *Fausts Verdammnis* 1846), Richard Wagner *Faust-Ouvertüre* 1840, Franz Liszt *Faust-Sinfonie* 1857, Charles Gounod *Faust* bzw. *Margarete* 1859, Verf Dtl. 1926 *Faust. Eine deutsche Volkssage* F. W. Murnau, B. D. 1960 als Aufzeichnung der Hamburger Inszenierung von Gustaf Gründgens. Vorstufen: *Urfaust,* E 1772–75, V (nach einer 1887 wiederentdeckten Abschrift) 1887; *Faust. Ein Fragment,* V 1790.

Zu den Quellen gehören das Volksbuch „Historia von D. Johann Fausten" (V 1587) über den historischen Johannes bzw. Georg Faust (um 1480 bis um 1540), das Goethe vermutlich in einer der späteren Bearbeitungen kennen gelernt hat, und die Puppenspiele, denen die erste Dramatisierung des Stoffes durch Christopher Marlowe „The tragical history of Doctor Faustus" (E um 1589, V 1604) zugrunde liegt. Bekannt war Goethe auch ↑Lessings Faust-Fragment (erstmals Möglichkeit der Rettung Fausts). Schon im „Urfaust" verband Goethe die „Gelehrtentragödie" mit der „Gretchentragödie", veranlasst durch die Hinrichtung der Kindsmörderin Susanna Margaretha Brandt 1772 in Frankfurt (Akten über den Prozess befanden sich im Besitz Johann Kaspar Goethes). *Faust. Ein Fragment* bricht nach der *Domszene* ab, enthält also nicht den Abschluss der „Gretchentragödie" *(Kerkerszene);* neu ist gegenüber dem „Urfaust" die 1788 in Italien entstandene Szene *Hexenküche* (Fausts Verjüngung). In beiden Vorstufen fehlen noch der *Osterspaziergang,* Fausts erste Begegnung mit dem in Gestalt eines Pudels in Fausts Studierstube gelangten Mephisto und die *Walpurgisnacht.*

Faust I besitzt drei Prologe: *Zueignung* (Reflexionen des Autors über die Beziehung zu seinen Dramengestalten), *Vorspiel auf dem Theater* (Gespräch zwischen Dichter, Theaterdirektor und Lustiger Person über das Verhältnis zwischen Theaterdichtung und deren publikumswirksamer Darbietung) und *Prolog im Himmel* (Wette zwischen dem „Herrn" und Mephisto: Die Seele Fausts soll dem Teufel gehören, wenn es diesem gelingt, den Gelehrten vom „richtigen Weg" abzubringen).

Der Eingangsmonolog zeigt Faust in seiner Qual angesichts der Begrenztheit menschlicher Erkenntnis; verborgen bleibt ihm trotz aller Kenntnisse, „was die Welt/Im Innersten zusammenhält". Die Hinwendung zur Magie in der Form naturphilosophisch-alchimistischer Weltdeutung bringt Begeisterung und Ernüchterung: „Welch Schauspiel! Aber ach! ein Schauspiel nur!" Angesichts der Erscheinung des Erdgeistes wird Faust zum „furchtsam weggekrümmten Wurm". Dem Dialog mit dem pedantischen Famulus Wagner folgt Fausts Selbstmordversuch, den Glocken und Gesänge des Ostermorgens verhindern.

Fausts Pakt mit Mephisto enthält die Bedingung: Sollte er jemals einen Augenblick der Zufriedenheit erleben, gehört seine Seele dem Teufel. Die anschließende *Schülerszene* verzerrt die Gelehrtentragödie zur Wissenschaftskomödie. Dem Spuk in Auerbachs Keller folgen Fausts Verjüngung und der Anblick Helenas in einem Zauberspiegel; Faust verlangt ihren leibhaftigen Besitz. In rascher Szenenfolge entwickelt sich nun die „Gretchentragödie": erste Begegnung, wechselseitige Zuneigung, Liebesnacht, Verbrechen: Gretchens Mutter ist an dem ihr eingegebenen Schlafpulver gestorben, Faust tötet ihren Bruder Valentin, das verlassene Gretchen tötet ihr Kind und verfällt in Wahnsinn; Fausts Versuch, sie aus dem Kerker zu befreien, misslingt. Eingefügt ist die gespenstische *Walpurgisnacht,* in der Faust Gretchen in Gestalt der Medusa mit abgeschlagenem Haupt erblickt. Faust erlebt sich als „Unmensch ohne Zweck und Ruh". Mephistos Urteil über Gretchen („Sie ist gerichtet!") hebt eine „Stimme von oben" auf: „Ist gerettet!"

Faust. Der Tragödie zweiter Teil. Drama in 5 Akten, E um 1800–31, Teil-V *Helena, klassisch-romantische Phantasmagorie. Zwischenspiel zu Faust* (3. Akt von *Faust II*) 1827, Szenen am Kaiserhof (Teile des 1. Akts von *Faust II*) 1828, vollständig postum 1833 (1. Band der *Nachgelassenen Werke*), U 1854, erste gemeinsame Inszenierung beider Teile (in der Bearbeitung von Otto Devrient) 1876, alljährliche Aufführung von *Faust I* und *II* am anthroposophischen Goetheanum in Dornach (Schweiz).

Faust wird in den Schlaf des Vergessens gesungen. Erwachend beobachtet er den Übergang von der Dämmerung zum Aufgang der Sonne, deren blendende Helle (Sinnbild des Göttlichen) ihn belehrt: „Am farbigen Abglanz haben wir das Leben." Nicht Unmittelbarkeit der (Gottes-, Natur-) Erkenntnis, sondern die Hinwendung zu den Phänomenen bildet für Fausts Streben das neue Ziel.

„Wir sehn die kleine, dann die große Welt" – mit diesen Worten hat in Faust I der gemeinsame Aufbruch mit Mephisto begonnen. Der „kleinen Welt" der mittelalterlichen Stadt als Schauplatz der „Gretchentragödie" folgt nun die „große Welt" der Kaiserpfalz. Der Kaiser erhält Bericht über die erbärmliche Lage des Reiches; Mephisto verweist auf Schätze, die „im Boden" liegen. In einem ausgelassenen Mummenschanz wird der Zerfall der höfischen Gesellschaft dargestellt; Faust tritt in der Kostümierung als Plutus (Gott des Reichtums) auf und demonstriert die Allmacht des Goldes; als Fausts Gegenspieler erfindet Mephisto Papiergeld (Sinnbild des Übergangs zur modernen Wirtschaftsform). Im Auftrag des Hofes sollen Mephisto und Faust Paris und Helena heraufbeschwören; Faust wagt den Gang zu den „Müttern". Das Wunderspiel gelingt, doch als Faust Helena ergreifen will, beendet eine Explosion die Szene.

Der 2. Akt zeigt den Famulus Wagner, der während Fausts Abwesenheit erstaunliche Fortschritte gemacht hat: Soeben entsteht in seinem Laboratorium das künstliche „Menschlein" Homunculus. Dieser vermag, Fausts Traum von der Begegnung Ledas mit dem Schwan, d. h. von der Zeugung Helenas, mitzuerleben, und erkennt Fausts Sehnsucht nach der antiken Welt. Geführt von Homunculus nehmen Faust und Mephisto an der *Klassischen Walpurgisnacht* teil.

Der 3. Akt vereinigt Faust und Helena; ihr Sohn Euphorion (eine Huldigung Goethes an den philhellenischen Dichter Lord Byron) stürzt gleich Ikarus zu Tode; auch Helenas „Körperliches" entschwindet, ihr Gewand löst sich in Wolken auf, die Faust umgeben und in die Höhe tragen.

Der 4. und 5. Akt zeigen Faust und Mephisto als Kriegshelden und bei der Landgewinnung. Faust wird schuldig, indem er duldet, dass die Hütte von Philemon und Baucis seinen Plänen zum Opfer fällt. Der erblindete Faust hat die Vision der durch seine Kultivierungsarbeit für Millionen eröffneten Räume: „Solch ein Gewimmel möcht' ich sehn, / Auf freiem Grund mit freiem Volke stehn! / Zum Augenblicke dürft' ich sagen: ‚Verweile doch, du bist so schön! (...).'" Damit hat Mephisto formal das Anrecht auf Fausts Seele gewonnen, doch muss er nun erfahren: „Herkömmliche Gewohnheit, altes Recht, / Man kann auf gar nichts mehr vertrauen!" Die Faust-Gestalt ist dem mittelalterlichen Teufels- und Höllenwesen entwachsen; die Mephisto narrenden Engel erheben sich schließlich, „Faustens Unsterbliches entführend".

Goethe sah voraus, dass seine Faust-Dichtung „ein offenes Rätsel bleibe, die Menschen fort und fort ergötze und ihnen zu schaffen mache" (an Zelter, 1831). Diese Offenheit gewährleistet nicht zuletzt die in *Faust II* unerschöpfliche Vielfalt der Motive, Bezüge und Gestaltungsformen (allein schon in metrischer Hinsicht); sie bietet im Grunde zu jeder Interpretation auch deren gegenteilige Verständnismöglichkeit und relativiert Maximen wie die viel zitierte, als Zitat in den Text eingefügte „Quintessenz": „‚Wer immer strebend sich bemüht, / Den können wir erlösen.'"

Rainald Goetz
*** 24. 5 1954 in München**

Der Sohn eines Chirurgen und einer Fotografin studierte Geschichte (Promotion 1978) und Medizin (Promotion 1982) in München und veröffentlichte als Student erste Texte in der "Süddeutschen Zeitung". 1983 hatte er einen spektakulären Auftritt beim Wettbewerb um den Ingeborg-Bachmann-Preis: Beim Vortrag seines Textes *Subito* (V 1986 in *Hirn*) schnitt sich Goetz mit einer Rasierklinge in die Stirn und las den Text blutend zu Ende. Diesem Medienereignis folgten verschiedene Auszeichnungen, u. a. das Suhrkamp-Stipendium (1983) und der Förderpreis der Stadt München (1984) sowie die Veröffentlichung des viel beachteten Romandebüts *Irre.* 1986 erschien die Theatertrilogie *Krieg* mit den Stücken *Heiliger Krieg, Schlachten* und *Kolik* (U 1987/88), sowie der Prosaband *Kronos*. Der zweite Roman, *Kontrolliert* (1988), der „die Geschichte des Jahres 1977" erzählt, nährte den Verdacht einer RAF-Sympathie. Die Textstellen, die dies zu belegen scheinen, müssen aber auch im Zusammenhang der Goetzschen Schreibweise gelesen werden. Sie sind weniger Standortbestimmung des Autors als vielmehr Niederschlag einer Situation, die den Leser zu eigenen Standpunkten herausfordert. So verschwimmen auch in den Materialsammlungen *1989* (3 Bde., V 1993), die mit den Theaterstücken *Kritik in Festung* (U 1993), *Festung* und *Katarakt* (beide U 1992) zu der Werkgruppe *Festung* zusammengefasst sind, persönliche Ansichten mit den Meldungen der allgegenwärtigen Medien zu einer über den inneren Monolog hinausgehenden Textcollage. Zur bislang letzten Werkgruppe *Heute Morgen*, die 1998–2000 entstand, gehören die Erzählung *Rave*, das Bühnenstück *Jeff Koons* (U 1999), die Erzählung *Dekonspiratione*, der Materialband *Celebration* sowie das Tagebuch *Abfall für alle*, das gleichzeitig die Veröffentlichung zur Frankfurter Poetikvorlesung ist, zu der Goetz 1998 eingeladen war, und für das er den Wilhelm-Raabe-Preis erhielt. Die Trilogie *Krieg* sowie die Stücke *Katarakt* und *Jeff Koons* wurden 1988, 1993 und 2000 mit dem Mülheimer Dramatikerpreis ausgezeichnet.

Irre. Roman, V 1983, Dramat 2000.
Thema ist das System der Psychiatrischen Klinik. Der anfangs idealistische Ludwig Raspe, der eine Stelle als Assistenzarzt antritt, droht in diesem in sich geschlossenen System selbst verrückt zu werden, es „zerstört von innen. Nichts bleibt". Das rationale und vernünftige Argumentieren der Ärzte entpuppt sich als Entmündigung der Patienten, die Strukturen und Behandlungsmethoden als ein sich selbst erhaltender Kreislauf, der den Karrieren des Personals dient.
Die drei Teile des Romans (*Sich entfernen, Drinnen* und *Die Ordnung*) schildern die Entwicklung Raspes zunächst im inneren Monolog. Der Mittelteil setzt die Geschichte in auktorialer Form fort und mündet in eine radikale Verweigerung: Raspe quittiert – inzwischen ein Punk, Künstler und Alkoholiker – den Dienst. In diesem letzten Teil ist die Psychiatrie durch das „System Bundesrepublik" ersetzt. Der Hass richtet sich gegen die „8-Jahres-Plage Kohl" und die „Fantasie- und Wort-Hochjubilierer (...) das ganze Kultur-Verteidiger-Pack". Hier entsteht unter dem Motto „Don't cry – work" die für Goetz typische Prosa mit ihren heterogenen Perspektiven.

Rave.
Erzählung, V 1998, Dramat 2001.
Der Ich-Erzähler und das Alter Ego von Rainald Goetz ist Mitglied des „harten Kerns“ der Techno-Szene in den 1990er Jahren. Diese wird in einer Montage aus Sprach- und Handlungsfragmenten, Erinnerungen und reflektierenden Passagen vielfach gebrochen porträtiert. Dabei greift die Sprache den Technorhythmus auf; die Technomusik wird gleichsam in Sprache verwandelt. Zum Rausch des kollektiven Glücks im Tanz und den Drogenexzessen gesellt sich immer auch die Kehrseite der Bewegung: Die sinnentleerten Sprachfetzen sind nicht nur das „Verstehen ohne Worte“, sondern auch gestörte Verständigung; der körperliche Verfall rückt ebenso in das Blickfeld wie die Kommerzialisierung und Vereinnahmung und so wird ein zwiespältiges Bild der unbekümmert erscheinenden Partygemeinde gezeichnet.
Der Text demonstriert dabei gleichzeitig, dass Sprache die entscheidenden Ereignisse nicht festhalten kann. Charakteristisch ist der Versuch, den Text aus dem Erlebten hervorgehen zu lassen, anstatt es zu beschreiben: „Wie müsste so ein Text klingen, der von unserem Leben handelt?“, fragt der Erzähler und fordert, nicht ohne Ironie, der Leser solle den Text nicht „vom Sinn her“, sondern „betend“ denken.

Eugen Gomringer

***20. 1. 1925 in Cachuela Esperanza (Bolivien)**

Nach einem Studium in Bern und Rom war der Schweizer Schriftsteller und Werbefachmann 1954–58 Sekretär von Max Bill an der Hochschule für Gestaltung in Ulm. 1960 gründete er in Frauenfeld (Kt. Thurgau) die „eugen gomringer press für konkrete poesie“. 1962 wurde er Geschäftsführer des Werkbunds der Schweiz, 1967 Kulturbeauftragter der Firma Rosenthal in Selb (Oberfranken). Als Dozent für Ästhetik an der Kunstakademie in Düsseldorf stand er mit der Ende der 1950er Jahre gebildeten Künstlergruppe „Zero“ (benannt nach dem Null- oder Endpunkt des Countdowns beim Start einer Rakete, in übertragenem Sinne: Neubeginn; mit Heinz Mack, Otto Piene, Günther Uecker) in Verbindung *(Wie Weiß ist, wissen die Weisen. Hommage à Uecker,* 1975).
Ab 1991 lehrte er als Professor für angewandte Kunst und Kunsttheorie an der Hochschule für Kunst und Wissenschaft in Zwickau. 2000 wurde er Leiter des Instituts für Konkrete Kunst und Poesie in Rehau-Wurlitz bei Hof (Oberfranken).
Gomringer ist neben ↑Heißenbüttel, ↑Jandl und ↑Mayröcker ein Hauptvertreter der „konkreten Poesie“; 1955 übertrug er die Bezeichnung „konkret“ im Sinne von autonom, ohne Nachahmungsfunktion von der abstrakten Malerei auf die Literatur. Die Grundelemente der Sprache (Laute bzw. Schriftzeichen, Wörter) werden experimentell zu Textstrukturen kombiniert, wobei nicht zuletzt die visuellen Eigenschaften der Schrift strukturbildend sind. Gomringer nannte seine ab 1953 veröffentlichten „absoluten“ Gedichte „Konstellationen“. 1982 erschien die Slg. *quadrate aller länder. das kleine gelbe quadrat. märchen.*

Gedichtbände: *Worte sind Schatten. Die Konstellationen* 1951–68 (1969), *Konstellationen, Ideogramme, Stundenbuch* (1977). – Essays: *Josef Albers. Das Werk des Malers und Bauhausmeisters als Beitrag zur visuellen Gestaltung im 20. Jh.* (1968, überarbeitet 1971), *Poesie als Mittel der Umweltgestaltung* (1969).

Gottfried von Straßburg

†um 1210

Neben ↑Hartmann von Aue und ↑Wolfram von Eschenbach ist Gottfried von Straßburg der dritte herausragende Epiker der dt. Literatur des Hochmittelalters. Über seine Person ist so gut wie nichts bekannt. Wahrscheinlich war er ein Kleriker bürgerlicher Herkunft (seine Darstellung in der „Manessischen Liederhandschrift" zeigt ihn ohne ein Wappen) und besaß einen städtischen Lebensumkreis. Neben einigen Liedern ist sein Hauptwerk das Fragment gebliebene Epos *Tristan*.

Tristan (Tristan und Isolt, Tristan und Isolde). Mhdt. Versepos, um 1200 bis um 1210, fortgesetzt von Ulrich von Türheim (um 1230) und Heinrich von Freiberg (um 1290); 11 Handschriften und 12 Bruchstücke, 1. Druckausgabe 1821, 1. nhdt. Übersetzung (H. Kurz) 1844, Vert Richard Wagner (U 1865).

Dem Tristan-Stoff liegt eine keltische Sage zugrunde. Ihre erste dt. Bearbeitung ist das (nur in einer Überarbeitung aus dem 13. Jh. erhaltene) frühhöfische Versepos „Tristrant und Isalde" (E um 1160) des Eilhart von Oberge. Gottfrieds Vorlage war das afrz. Versepos „Tristan" von Thomas d'Angleterre bzw. von Britanje.

Tristan wächst als Waise auf und wird entführt; schließlich erhält er bei seinem Onkel, König Marke, die Schwertleite. Er rächt seinen Vater und besiegt den irischen König Morolt, wobei er sich eine Verwundung durch Morolts vergiftetes Schwert zuzieht. Heilung findet er durch Morolts Schwester Isolde, deren gleichnamiger Tochter er als Erzieher und Musiklehrer zugeführt wird. Zu Marke zurückgekehrt, schildert Tristan Isoldes Schönheit und wird als Brautwerber nach Irland gesandt. Bei der Rückfahrt trinken Isolde und Tristan von dem eigentlich für Marke bestimmten Liebeszaubertrank. Nach Isoldes Verheiratung mit Marke können die Liebenden ihr Verhältnis lange Zeit geheim halten; ein Gottesurteil fällt zu ihren Gunsten aus. Aus einer zeitweiligen Verbannung, die sie in der Höhle eines Venusberges verbracht haben, zurückgekehrt, verlässt Tristan Isolde. Er tritt in fremde Kriegsdienste; seine Frau wird die Königstochter Isolde Weißhand. Hier bricht Gottfrieds Epos ab. Seine Nachfolger schildern den Liebestod Tristans und Isoldes. Schwer verwundet, schickt Tristan ein Schiff zu Isolde mit der Bitte, ihm durch ihre Zauberkraft Heilung zu bringen. Ein weißes Segel soll zu erkennen geben, dass Isolde sich auf dem zurückkehrenden Schiff befindet. Von Isolde Weißhand gezwungen, berichten die am Strand wartenden Boten fälschlich von schwarzen Segeln. Tristan bricht tot zusammen. An seinem Leichnam wird Isolde vom Schmerz überwältigt und stirbt ebenfalls. Der Rosenstock auf Tristans Grab und der Weinstock auf Isoldes Grab verschlingen sich.

Ein schon im Prolog vorbereitetes Leitthema ist die Nähe von Leben und Tod. So stirbt etwa Tristans Mutter, als sie vom Tod ihres Mannes erfährt, während Tristans Geburt. In der Liebestrank-Szene gibt Tristan selbst dem Bewusstsein Ausdruck, dass Tod auch Leben bedeuten kann: „dirre tôt, der tuot mir wol, / solte diu wuneclîche Isôt / iemer alsus sîn min tôt, / so wolte ich gerne werben / umb ein êweclîches sterben" („Dieser Tod, der tut mir wohl, / Sollte die wonnigliche Isolde / Immer so mein Tod sein, / So wollte ich gerne werben / Um ein ewiges Sterben"). Hier wird zugleich der Einfluss der Mystik erkennbar, d. h. der Auffassung der bedingungslosen Liebe als Sinnbild der „unio mystica" zwischen Gott und der Seele des Menschen. In diesem Zusammenhang steht auch das „falsche" Ergebnis des Gottesurteils, das dazu dient, Tristans und Isoldes Liebe zu schützen.

Jeremias Gotthelf (eigtl. Albert Bitzius)
*** 4. 10. 1797 in Murten (Kt. Freiburg), † 22. 10. 1854 in Lützelflüh (Kt. Bern)**
Der Sohn eines Pfarrers aus einer Altberner Patrizierfamilie besuchte das Berner Gymnasium und studierte Theologie. Während seines Vikariats in der Gemeinde seines Vaters besuchte er 1821/22 Göttingen. Ab 1830 war er Vikar, ab 1832 Pfarrer der Gemeinde Lützelflüh im Emmental. Er ist ein Begründer des realistischen Dorfromans. Als Erstlingswerk erschien 1837 *Der Bauernspiegel oder Lebensgeschichte des Jeremias Gotthelf. Von ihm selbst beschrieben.* Es folgten die beiden Dorfromane *Uli der Knecht* (1846, Erstfassung u. d. T. *Wie Uli der Knecht glücklich wird* 1841) und *Uli der Pächter* (1849), die das Grundmuster der Zeitkritik Gotthelfs aus konservativer Sicht enthalten: Warnung vor der Versuchung, vom rechten Weg der Bescheidenheit, der Ordnungsliebe und der Übereinstimmung mit dem Herkommen abzuweichen. In seiner Rezension (1849) bestätigt ↑ Keller die Leistung Gotthelfs als „vortrefflicher Maler des Volkslebens, der Bauerndiplomatik, der Dorfintrigen, des Familienglücks und des Familienleids", kritisiert jedoch die Verwendung des Dorfromans (in seiner Eigenschaft als „Volkspoesie") zu volkspädagogischer Belehrung. Gotthelfs realistische Darstellungsweise kommt vor allem in der Schilderung von Fehlverhalten zur Geltung.

Romane: *Wie Uli der Knecht glücklich wird* (1841, Neufassung u. d. T. *Uli der Knecht* 1846, Verf Schweiz 1954 Franz Schnyder), *Geld und Geist oder Die Versöhnung* (1843), *Wie Anne Bäbi Jowäger haushaltet und wie es mit dem Doktern geht* (1843/44), *Uli der Pächter* (1849, Verf Schweiz 1956 Franz Schnyder), *Zeitgeist und Berner Geist* (1852), *Erlebnisse eines Schuldenbauers* (1854). – Erzählungen: *Wie Joggeli eine Frau sucht* (1841), *Elsi, die seltsame Magd* (1843), *Wie Christen eine Frau gewinnt* (1845), *Michels Brautschau* (1849), *Die Käserei in der Vehfreude* (1850), *Das Erdbeeri Mareili* (1851).

Die schwarze Spinne.
Erzählung, V 1842 (in der Slg. *Bilder und Sagen aus der Schweiz,* Bd. 1), Vert 1932 J. M. Hauer (U 1966), Heinrich Sutermeister (Funkoper 1936, Kammeroper 1949).
Als Rahmen dient ein Tauffest auf einem reichen Emmentaler Bauernhof. Es wird die Sage „Vo dr schwarze Spinnele" erzählt; Anlass ist ein alter Fensterpfosten, der dem Haus „übel ansteht", sich jedoch als mahnendes Sinnbild der Gottesfurcht erweist.
Vor langer Zeit litten die Bauern von Sumiswald unter harter Fronarbeit. Eines Tages bot der Teufel seine Hilfe an; als Lohn verlangte er ein neugeborenes, ungetauftes Kind. Stellvertretend für das Dorf schloss Christine den Pakt, den der Teufel mit einem Kuss auf die Backe der Frau besiegelte.
Nachdem der Teufel seinen Teil geleistet hatte, wurde er mit Hilfe des Priesters um seinen Lohn gebracht und gab sich scheinbar geschlagen; lediglich auf Christines Backe wuchs ein spinnenförmiges Mal. Dieses platzte, als der Teufel zum zweiten Mal hintergangen wurde, und entließ Tausende kleiner Spinnen, denen das gesamte Vieh zum Opfer fiel. Als eine dritte Geburt bevorstand, gelang es Christine, sich des Kindes zu bemächtigen; doch bevor es in die Hände des Teufels gelangte, trat der Priester dazwischen. Christine verwandelte sich in eine Giftspinne, die nahezu das gesamte Dorf ausrottete. Der Mutter des geretteten Kindes gelang es, das Untier in einem Loch im Fensterpfosten einzuschließen. Zwei Jahrhunderte später kam die Spinne durch die Freveltat eines Knechts erneut frei. Diesmal war es der Besitzer des Hofes, der sich opferte und die todbringende Spinne ins Pfostenloch bannte, in dem sie sich der Überlieferung zufolge noch immer befindet.

Johann Christoph Gottsched

***2.2.1700 in Juditten bei Königsberg, † 12.12.1766 in Leipzig**

Nach einem Studium der Theologie, Philosophie und Philologie in Königsberg floh Gottsched 1724 vor den Werbern des preuß. „Soldatenkönigs" Friedrich Wilhelm I. nach Leipzig, wo er sich im folgenden Jahr habilitierte (Philosophie und Dichtkunst). 1725/26 gab er die moralische Wochenschrift „Die vernünftigen Tadlerinnen", 1727/28 eine entsprechende Publikation „Der Biedermann" heraus. Ab 1730 lehrte er an der Leipziger Universität als Dozent Poesie, ab 1734 als Professor Logik und Metaphysik.

Als sprach- und literaturreformerisches Hauptwerk erschien 1730 der *Versuch einer kritischen Dichtkunst vor die Deutschen* (Neuauflagen 1737–51); 1732 bis 1744 folgte die Literaturzeitschrift „Beiträge zur kritischen Historie der dt. Sprache, Poesie und Beredsamkeit" (8 Sammelbände). Beide Publikationen verfolgten die Ziele einer Reinigung der Sprache von mundartlichen Provinzialismen und barockem Schwulst sowie einer Hebung des Niveaus der dt. Literatur und der Theaterpraxis. In diesem Zusammenhang steht die 1737 gemeinsam mit der Theaterleiterin Friederike Caroline Neuber in einem allegorischen Spiel durchgeführte *Vertreibung des Hanswursts von der Bühne*. Als Muster für die Orientierung der Dramatik am Vorbild des frz. Klassizismus (Einheit von Zeit, Ort und Handlung, Alexandriner-Versmaß) brachte Gottsched 1731 die Tragödie *Sterbender Cato* zur Uraufführung (V 1732). 1741–45 gab er die Slg. *Dt. Schaubühne nach den Regeln und Exempeln der Alten* (6 Bde.) heraus. Sie enthält 38 Dramen, darunter 16 Übersetzungen bzw. Nachgestaltungen (u.a. Werke von Pierre Corneille, Molière, Racine, Voltaire und dem Dänen Ludvig Holberg); die dt. Originalwerke stammen u.a. von Johann Elias Schlegel, Gottsched selbst *(Die Parisische Bluthochzeit König Heinrichs von Navarra* über die „Bartholomäusnacht", 1572) und dessen Frau L. A. V. ↑ Gottsched. Durch die einseitige Betonung des Vernünftigen im Sinne der Frühaufklärung zog sich Gottsched die Gegnerschaft ↑ Bodmers, ↑ Herders und ↑ Lessings zu. Als Lyriker ist Gottsched ein Repräsentant der Huldigungsdichtung. So feierte er 1733 in einem Nekrolog August den Starken als sächs. Trajan; 1730 verfasste er eine *Jubelode auf die Augsburger Konfession.*

Luise Adelgunde Victorie Gottsched (geb. Kulmus)

***11.4.1713 in Danzig, † 26.6.1762 in Leipzig**

Als Schriftstellerin besaß die hochgebildete „Gottschedin", seit 1735 nach fast sechsjähriger Verlobungszeit verheiratet mit J. C. ↑ Gottsched, wesentlichen Anteil an den Bemühungen ihres Mannes um eine Reform der dt. Literatur und des Theaters. Aufsehen erregte sie 1736 durch ihr Lustspiel *Die Pietisterey im Fischbein-Rocke oder Die doctormäßige Frau* über den Gegensatz zwischen Pietismus und Orthodoxie mit den Motiven Frömmelei und heuchlerischer Betrug; zugrunde liegt ein frz. Lustspiel von Père Bougeant über den Gegensatz zwischen Jansenisten und Jesuiten. Die Slg. *Deutsche Schaubühne nach den Regeln und Exempeln der Alten* (6 Bde., 1741–45) enthält ihre Lustspiele *Das Testament* und *Der Unempfindliche* im Stil der sog. „sächs. Typenkomödie", das Trauerspiel *Panthea* sowie die Übersetzung von Molières *Menschenfeind.*

Christian Dietrich Grabbe
***11.12.1801 in Detmold, †12.9.1836 in Detmold**

Wie sein Zeitgenosse ↑Büchner ist Grabbe erst Ende des 19.Jh.s wieder entdeckt worden, ohne jedoch eine breite Bühnenwirkung zu erreichen; allzu konsequent hat er die „Geschlossenheit" der Form gesprengt. Seine persönliche „Zerrissenheit" hat Immermann von Grabbes Physiognomie abgelesen: „Eine Stirn, hoch, oval, gewölbt, wie ich sie nur in Shakespeares Bildnis von ähnlicher Pracht gesehen habe, darunter große, geisterhaft weite Augenhöhlen und Augen von tiefer, seelenvoller Bläue, eine zierlich gebildete Nase (...). Und von da hinunter alles hässlich, verworren, ungereimt." Das 1917 uraufgeführte Grabbe-Drama *Der Einsame. Ein Menschenuntergang* veranlasste ↑Brecht zu seinem dramatischen Erstlingswerk „Baal".

Der Sohn des Detmolder Zuchthausverwalters brach sein 1820 in Leipzig begonnenes und in Berlin fortgeführtes Jurastudium 1823 ab, um Schauspieler zu werden. Diesem Ziel diente ein Aufenthalt in Dresden bei ↑Tieck, der im Vorjahr über das Manuskript der Tragödie *Herzog Theodor von Gothland* an Grabbe geschrieben hatte, es unterscheide sich „sehr von dem gewöhnlichen Tross" der Theaterstücke, besitze jedoch eine tadelnswerte „Seltsamkeit, Härte, Bizarrerie" und einen „unpoetischen Materialismus". 1824 holte Grabbe sein Staatsexamen nach und war ab 1827 in Detmold Militärauditor. Im selben Jahr erschienen seine *Dramatischen Dichtungen* (2 Bde.), 1829 kam in Detmold als erstes (und einziges) Drama *Don Juan und Faust* zur Aufführung. Seine 1833 mit der Schriftstellerin Luise Klostermeyer geschlossene Ehe war unglücklich; 1834 wurde er, von Alkoholexzessen zerrüttet, entlassen. Der Versuch einer Zusammenarbeit mit dem Düsseldorfer Theaterleiter Immermann endete im Zerwürfnis. Grabbe starb kurz nach seiner Rückkehr in die Heimatstadt an Rückenmarkschwindsucht.

Die unter dem Einfluss Shakespeares und der Dramen des Sturm und Drang weitgehend „offene", den szenischen Zusammenhang auflösende Dramaturgie Grabbes entspricht einer Auffassung der Weltgeschichte als Schauspiel, dem jegliche Größe mangelt. Ein typischer Held Grabbes ist Hannibal, der an der Mittelmäßigkeit seiner Zeitgenossen zugrunde geht; die Nachricht von seinem Sieg bei Cannae ist im heimischen Karthago nur eine jener Botschaften, die „keinen Scheffel Weizen einbringen". Schlachtenszenen dienen dazu, an die Stelle dramatischer Höhepunkte ein zersplittertes Ereignisbild zu setzen. Auch der Konflikt zwischen den Figuren verliert an Bedeutung. Dies gilt vor allem für *Don Juan und Faust,* dessen Hauptgestalten in gleicher Weise dem jeweiligen Prinzip ihrer Existenz verfallen sind: der Romane dem Lebensgenuss, der Nordländer dem Streben nach Allwissenheit, wobei beide dem in Gestalt eines Ritters auftretenden Teufel zum Opfer fallen; ihr Wettstreit um Donna Anna erweist sich als belanglos.

Dramen: *Herzog Theodor von Gothland* (E 1819–1822, V 1827, U 1892), *Scherz, Satire, Ironie und tiefere Bedeutung* (E 1822, V 1827, U 1876 bzw. 1907), *Marius und Sulla* (Fragment, E ab 1823, V 1827), *Don Juan und Faust* (E ab 1823, U, V 1827, Bühnenmusik Albert Lortzing 1829), *Die Hohenstaufen* (Doppeldrama Kaiser Friedrich Barbarossa und Kaiser Heinrich VI., E 1827 bis 1829, U 1875), *Napoleon oder Die hundert Tage* (E 1829/30, V 1831, U 1868 bzw. 1895), *Hannibal* (E 1834, V 1835, U 1918), *Die Hermannsschlacht* (E 1835/36, V 1838, U 1936). – Essays: *Über die Shakespearomanie* (1827), *Das Theater zu Düsseldorf* (1835).

Scherz, Satire, Ironie und tiefere Bedeutung. Lustspiel in 3 Akten, E 1822, V 1827, U 1876 (Privataufführung) bzw. 1907 (Bearbeitung Max Halbe).
Da in der Hölle ein Großputz stattfindet, muss der Teufel auf die Erde ausweichen, wo ihn vier Naturforscher vor dem Tod durch Erfrieren retten. Aus dieser einleitenden Episode entwickelt sich eine aus Versatzstücken (romantische Literatursatire mit Seitenhieben etwa auf ↑ Klopstock, Schauerdrama) zusammengefügte Handlung, in die schließlich der Autor eingreift. Zu den prägnantesten Figuren gehört der Modedichter Rattengift. In satirischer Überspitzung bringt der Teufel Grabbes eigene Auffassung zum Ausdruck, dass die Welt nichts ist „als ein mittelmäßiges Lustspiel, welches ein unbärtiger, gelbschnabeliger Engel, der (...) noch in Prima sitzt, während seiner Schulferien zusammengeschmiert hat"; die Hölle bildet „die ironische Partie des Stücks".

Napoleon oder Die hundert Tage. Drama in 5 Akten, E 1829/30, V 1831, U 1868 (mit verstümmeltem Text) bzw. 1895, Vert E. v. Borek 1942.
Die Ereignisse des Zeitraums zwischen der Rückkehr Napoleons von Elba (1.3.1815) und seiner endgültigen Niederlage bei Waterloo (18.6.1815) spiegeln das generelle Verhältnis zwischen Revolution und Restauration in Europa zu Beginn des 19. Jh.s. Napoleon ist nicht der legitime Erbe der Revolution, sondern der Träger eines Mythos, seine Größe ist das Resultat des Kontrastes zur Umwelt. In der Praxis erweist sich sein Handeln als ebenso restaurativ wie das der vertriebenen Bourbonen. Diese Einsicht ergibt sich aus der Perspektive des einfachen Volkes, das zugleich den Kreislauf der Geschichte als „Komödie" erfasst. Die Handlung ist in eine panoramaartige Szenenfolge mit rasch wechselnden Schauplätzen aufgelöst mit vielfältigen Gestaltungsmitteln bis hin zur Desillusionierung.

Oskar Maria Graf

***22.7.1894 in Berg am Starnberger See, †28.6.1967 in New York**

Der Sohn eines Bäckers erlernte das väterliche Handwerk; 1911 entfloh er dem Elternhaus und lebte in München, Oberitalien und Berlin in Bohemekreisen. 1915 entzog er sich dem Wehrdienst; in eine Irrenanstalt gebracht, wurde er 1917 entlassen. Graf nahm an der Novemberrevolution teil (erste Publikation 1918 der Gedichtzyklus *Die Revolutionäre*) und beteiligte sich an der Errichtung der bayer. Räterepublik. Der Schwerpunkt seiner Arbeit als Schriftsteller lag auf autobiografischen Schriften; daneben entstanden sozialkritische, mitunter derb-erotische sowie volkstümlich-humorvolle Dorf- und Kleinstadtromane und Erzählungen *(Das bayer. Dekameron)*. 1933 emigrierte Graf über Wien und Prag (Mitherausgeber der „Neuen Dt. Blätter") sowie Moskau in die USA (1938). In dem Roman *Unruhe um einen Friedfertigen* (1947) zeichnete er die Ausbreitung des Faschismus im dt. Kleinbürgertum nach. Seine pazifistisch-sozialistische Grundposition verdeutlicht die pessimistische Zukunftsvision *Die Eroberung der Welt* (1949, Neufassung u. d. T. *Die Erben des Untergangs* 1959).

Gedichtbände: *Die Revolutionäre* (1918), *Altmodische Gedichte eines Dutzendmenschen* (1962). – Romane: *Die Chronik von Flechting* (1925), *Bolwieser* (1931, Verf B. D. 1976/77 Rainer Werner Fassbinder), *Anton Sittinger* (1937), *Mitmenschen* (1947), *Der große Bauernspiegel* (1962), *Die Ehe des Herrn Bolwieser* (1964). – Erzählungen: *Das bayerische Dekameron* (1927, 1940, 1959), *Kalender-Geschichten* (1929, erweitert 1957). – Autobiografisches: *Frühzeit* (1920, u. d. T. *Dorfbanditen* 1932), *Wir sind Gefangene* (1927), *Das Leben meiner Mutter* (engl. 1940, dt. 1946), *Größtenteils schimpflich* (1962), *Gelächter von außen. Aus meinem Leben* 1918–33 (1966).

Günter Grass
***16. 10. 1927 in Danzig (heute Gdansk, Polen)**
Ähnlich wie sein „Lehrer" ↑ Döblin wurde Grass lange Zeit mit einem seiner Bücher identifiziert und attackiert: Als Autor der *Blechtrommel* zog er sich den Vorwurf der Blasphemie und Pornografie zu, Grund genug für den Bremer Senat, 1960 den von einer unabhängigen Jury Grass zugesprochenen Bremer Literaturpreis zu widerrufen; 1965 zählte Bundeskanzler Erhard ihn zu den „Pinschern" und verbrannten Jugendliche in Düsseldorf Grass-Werke. Oft genug diente die „moralische" Entrüstung dazu, den Wahlhelfer der SPD zu diskreditieren. Als Grass nach ↑ Böll (1972) als zweiter Schriftsteller der B. D. 1999 den Nobelpreis erhielt, bezog sich die Begründung ausdrücklich auf die vor genau 40 Jahren erschienene *Blechtrommel;* dieser zeitgeschichtliche Roman werde, so prognostizierte die Schwed. Akademie in Stockholm, das zu Ende gehende Jahrhundert überdauern. Der Sohn dt.-poln. Eltern besuchte in Danzig das Gymnasium und wurde 1944 zum Arbeitsdienst, dann zum Kriegsdienst eingezogen. 1945 verwundet, geriet er in Bayern in amerikan. Kriegsgefangenschaft, aus der er 1946 entlassen wurde. Im Rheinland war er als Landarbeiter und im Bergbau tätig. 1947 machte er in Düsseldorf eine Steinmetz- und Bildhauerlehre, anschließend studierte er an der Düsseldorfer, ab 1953 an der Westberliner Kunstakademie Malerei, Grafik und Bildhauerei (Schüler von Karl Hartung). 1955 wurde er Mitglied der „Gruppe 47", deren Preis er 1958 nach Lesung aus dem noch unvollendeten Roman *Die Blechtrommel* (V 1959) erhielt. 1956–59 lebte er als freier Künstler und Schriftsteller in Paris, 1960 ließ er sich in West-Berlin nieder (Zusammenarbeit mit ↑ Johnson im Kampf gegen „Uniformität" der Presse). Ab 1961 unterstützte er die SPD in Bundes- und Landtagswahlkämpfen. Eine Eintragung im *Tagebuch einer Schnecke* (1972) lautet: „Ich bin Sozialdemokrat, weil mir der Sozialismus ohne Demokratie nichts gilt und weil eine unsoziale Demokratie keine Demokratie ist." Ab 1976 gab er mit Böll und Carola Stern die Zeitschrift „L 76. Demokratie und Sozialismus" heraus. Zu seinen Auszeichnungen in den 1960er Jahren gehören der Georg-Büchner-Preis des Jahres 1965 und die 1968 verliehene Carl-von-Ossietzky-Medaille der Internationalen Liga für Menschenrechte. Sein kulturpolitisches Engagement galt u. a. dem Kontakt zwischen den Schriftstellern der beiden dt. Staaten. Ein Kernsatz der Erzählung *Das Treffen in Teltge* (1979) lautet: „Unsere Geschichten von heute müssen sich nicht jetzt zugetragen haben." Als Beispiel dient hier eine fiktive Zusammenkunft von Schriftstellern aus der Epoche des Barock, u. a. ↑ Gerhardt, ↑ Grimmelshausen, ↑ Gryphius) im Jahr 1647 – 300 Jahre vor der Gründung der „Gruppe 47". Einer ersten Reise nach Indien 1975 folgten 1986/87 Aufenthalte in Vororten von Kalkutta; das Tagebuch *Zunge zeigen* (1987) handelt von der westlichen Mitschuld am Elend auf diesem Subkontinent.

Im Mittelpunkt der öffentlichen Auseinandersetzung und Anerkennung steht der Erzähler und Essayist Grass. Sein Gesamtwerk umfasst jedoch ebenso das Drama (mit Anfängen unter dem Einfluss des absurden Theaters) und eine dem grafischen Schaffen vielfach verwandte bildhafte, aber auch reflektierende Lyrik. Grafische Gestaltungen begleiten die Entstehung der Erzählwerke; so sind Butt und Rättin Figuren des literarischen wie des bildnerischen Schaffens. Seinen Rang als Doppelbegabung bestätigte Grass als Illustrator (Aquarelle) seines Prosawerks *Mein Jahrhundert* (1999). Jedem der 100 Jahre ist eine Erzählung aus der Perspektive jeweils unterschiedlicher, zumeist fiktiver Zeitzeugen gewidmet, etwa eines konservativen Journalisten, der über Willy Brandts Kniefall 1970 in Warschau, ein Symbol der dt.-poln. Aussöhnung, berichtet. Hier wird in satirischer Einkleidung (der Journalist weiß, dass seine „Chefetage diesen Kniefallkanzler lieber heut als morgen weg hätte") der autobiografische Anteil deutlich; 1993 wurde Grass Ehrenbürger seiner Heimatstadt Danzig/Gdansk.

Gedichtbände: *Die Vorzüge der Windhühner* (1956), *Gleisdreieck* (1960), *Ausgefragt. Gedichte und Zeichnungen* (1967), *Die Schweinekopfsülze* (1969), *Gesammelte Gedichte* (1971), *Letzte Tänze. Gedichte und Bilder* (2003). – Romane: *Örtlich betäubt* (1969, als Drama u. d. T. *Davor*, U 1969). – Erzählungen: *Geschichten* (u. d. Pseudonym Artur Knoff, 1968), *Liebe geprüft. 7 Geschichten und 7 Radierungen* (1974), *Unkenrufe* (1992). – Dramen: *Noch zehn Minuten bis Buffalo* (E 1954, U 1959), *Hochwasser* (1957), *Onkel, Onkel* (1958), *Die bösen Köche* (E 1956, U 1961), Slg. *Theaterspiele* (1970). – Essays und andere Prosa: *Dich singe ich, Demokratie. 5 Wahlreden* (1965), *Über das Selbstverständliche. Reden, Aufsätze, Offene Briefe, Kommentare* (1968), *Über meinen Lehrer Döblin und andere Vorträge* (1968), *Günter Grass – Pavel Kohout, Briefe über die Grenze* (1968), *Der Schriftsteller als Bürger – eine Siebenjahresbilanz* (1973), *Der Bürger und seine Stimme. Reden, Aufsätze, Kommentare* (1974), *Kopfgeburten* (1980).

Die Blechtrommel. **Roman, E ab 1954, V 1959, 1. Teil der *Danziger Trilogie*, Verf B. D. 1979 Volker Schlöndorff.**
Als Erzähler dient der 30-jährige Oskar Matzerath (Größe 1,32 m), der im Gitterbett einer Heil- und Pflegeanstalt seine Lebensgeschichte aufschreibt. Er beginnt bei der mutmaßlichen Zeugung seiner Mutter im Oktober 1899 durch den Brandstifter Koljaicek, der – von zwei Landgendarmen verfolgt – unter den Röcken der im Herzen der Kaschubei am Rande eines Kartoffelackers sitzenden Anna Bronski Unterschlupf gefunden hatte. Oskar selbst wurde 1924 in Danzig als Sohn des Kolonialwarenhändlers Alfred Matzerath oder seines Onkels Jan Bronski geboren. Er „gehörte zu den Säuglingen, deren geistige Entwicklung schon bei der Geburt abgeschlossen ist"; von den Äußerungen seiner Eltern angesichts des Neugeborenen erschien ihm lediglich die Zusage der Mutter verlockend, zum 3. Geburtstag eine Blechtrommel zu erhalten. Seinen Entschluss, als Dreijähriger nach Erhalt der Trommel sein Wachstum einzustellen, motivierte er während des Geburtstagsfestes durch einen selbst herbeigeführten Sturz von der Kellertreppe. 18 Jahre später holte er ein Stückchen Wachstum nach, wodurch er zugleich einen Buckel erhielt. Schauplätze des mit Hilfe der Blechtrommel erinnerten Geschehens sind Danzig, die Westfront (Oskars Mitgliedschaft in einer Fronttheatertruppe) und nach 1945 Westdeutschland. Familiäre Ereignisse wie der Tod der Mutter und der beiden als Väter in Frage kommenden Männer oder Oskars Vaterschaft an Kurt, dem Sohn seiner späteren Stiefmutter Maria, sind verwoben mit zeitgeschichtlichen Ereignissen, etwa dem Beginn der „Zeit der Fackelzüge und Aufmärsche vor Tribünen" im Jahr 1933, dem russ. Einmarsch in Danzig oder mit satirischen Miniaturen aus der westdt. Nachkriegs-Kulturszene (Oskar als Modell an der Düsseldorfer Kunstakademie).
Äußerlich infantil, mit der Waffe einer glaszersingenden Stimme ausgestattet und mit seiner Trommel die eigene Welt entwickelnd, hat Oskar 30 Jahre dt. Ge-

schichte als Außenseiter erlebt und schildert sie aus dieser Perspektive. Die hieraus sich ergebenden Verzerrungen und Missverhältnisse zwischen Oskar und dem Milieu seiner kleinbürgerlichen Umwelt dienen dem Zweck, die dargestellte Realität als ihrerseits deformiert erkennbar werden zu lassen. Je provozierender Oskars Erlebnisse und Handlungsweisen erscheinen, desto stärker rücken die Voraussetzungen der Provokation ins Blickfeld. Dies gilt für den sexuellen Bereich ebenso wie für den religiösen. Im Mittelpunkt steht jedoch die Frage nach dem Zusammenhang zwischen der Ausbreitung des Faschismus und dem depravierten Kleinbürgertum, wobei Grass seinen Protagonisten und Erzähler als „Teil dieser Kleinbürgerschicht" verstanden wissen will, „als deren Sprachrohr er sich zu Wort meldet".
Aufsehen erregte der Roman zunächst als Ausdruck einer scheinbar verlorenen epischen Fantasie und Erzähllust von barocker Wort- und Bildfülle, anknüpfend an die Tradition des pikarischen bzw. Schelmenromans. Grass / Oskar reflektiert diese Rezeptionsbedingungen im 1. Kapitel in folgender Weise: „Man kann sich modern geben, alle Zeiten, Entfernungen wegstreichen und hinterher verkünden oder verkünden lassen, man habe endlich und in letzter Stunde das Raum-Zeit-Problem gelöst. Man kann auch ganz zu Anfang behaupten, es sei heutzutage unmöglich, einen Roman zu schreiben, dann aber, sozusagen hinter dem eigenen Rücken, einen kräftigen Knüller hinlegen, um schließlich als letztmöglicher Romanschreiber dazustehn. Auch habe ich mir sagen lassen, daß es sich gut und bescheiden ausnimmt, wenn man anfangs beteuert: Es gibt keinen Romanhelden mehr, weil es keine Individualisten mehr gibt, weil die Individualität verlorengegangen" ist. Diesem „Der Roman ist tot"-Bewusstsein setzte Grass ein Erzählwerk entgegen, das – wenn auch mit Hilfe einer „gebrochenen" Hauptfigur – eine neue Unmittelbarkeit und Unbefangenheit zur Geltung brachte.

Katz und Maus. **Novelle, V 1961, 2. Teil der *Danziger Trilogie,* Verf B. D. 1968 Hansjürgen Pohland.**
Der Schauplatz ist Danzig während des II. Weltkriegs. Als Ausgangspunkt dient ein für die weiteren Ereignisse paradigmatischer Vorfall: Der aggressive Schüler Pilenz setzte einst eine Katze auf den zuckenden, an eine Maus erinnernden überdimensionalen Adamsapfel des frühreifen Mitschülers Joachim Mahlke an. Als Erzähler vergegenwärtigt Pilenz den Kampf Mahlkes gegen die Wirkung (Spott und Neugier), die fortan sein „Knorpel" hervorrief. Allerlei Halsumhänger vom Schraubenzieher über Orden bis hin zu einem Madonnenmedaillon sowie sportliche Höchstleistungen, die sich Mahlke mit „Leidensmiene" abrang, sollten „die ewige Katze von der ewigen Maus ablenken". Zuflucht fand Mahlke in der Kabine eines untergegangenen U-Boots, die er ausgestaltete und als Renommierstück einsetzte. Befriedigung fand er jedoch erst durch ein Ritterkreuz, das seinen Adamsapfel völlig verdeckte. Da er den Orden jedoch einem vor den Schülern auftretenden Kapitänleutnant gestohlen hat, wird er von der Schule verwiesen. Bald darauf als Panzerkommandant selbst mit einem Ritterkreuz ausgezeichnet, will er sich durch einen eigenen Auftritt in seiner ehemaligen Schule rehabilitieren, wird jedoch abgewiesen. Mahlke desertiert und kommt vermutlich bei dem Versuch, zu seinem U-Boot-Versteck zu tauchen, ums Leben.
Die Novelle gestaltet in 13 locker verbundenen, durch das „Knorpel"-Sinnbild zentrierten Abschnitten ein Zeitbild von eindringlicher Wirkung. Symptomatisch ist Mahlkes Flucht in den „Heroismus", die Grass im Zusammenhang der pubertierenden Schülergruppe (mit Ursula „Tulla" Pokriefke) und einer gegenüber dem psychischen Notstand des „Großen Mahlke" verständnislosen Erwachsenenwelt schildert. Durch die Erzählstruktur des Erinnerns stellt sich die Frage nach der Schuld der Beteiligten am Schicksal Mahlkes.

Hundejahre. Roman, V 1963, 3. Teil der *Danziger Trilogie.*

Im Unterschied zur einheitlichen Erzählperspektive von *Die Blechtrommel* und *Katz und Maus* gliedert sich der mehr noch als die vorausgehenden Werke von „anarchischer Einbildungskraft" geprägte Roman in drei von verschiedenen Erzählern stammende Hauptteile: in 33 Frühschichten von Brauxel alias Haseloff alias Eduard Amsel, in als Liebesbriefe an Tulla Pokriefke (eine Gestalt aus *Katz und Maus*) etikettierte Erinnerungen Harry Liebenaus und in 103 Materniaden von Walter Matern. Der erste Teil schildert die Danziger Ereignisse (Freundschaft, dann Feindschaft zwischen Matern und dem Halbjuden Amsel), der zweite die 1930er Jahre bis 1945, der dritte die Nachkriegsepoche. Zu den zentralen Motivreihen gehört Amsels Bau von Vogelscheuchen, die Menschen und Situationen nachbilden; Matern vertritt den Typus des Mitläufers, der von der DKP zur SA wechselt, zum Opfer wird und sich schließlich durch die Übertragung einer Geschlechtskrankheit an seinen Peinigern bzw. deren Frauen rächt. Der Titel bezieht sich auf den die drei Teile verbindenden Hund, der, aus einer Danziger Zucht stammend, Hitler geschenkt wurde und diesem 1945 in den Westen entlaufen ist. Er wird zuletzt zum Wächter Pluto eines Bergwerks, in dessen Schächten Amsel-Brauxel eine von Matern im letzten Kapitel besichtigte „Hölle" nach dem Vorbild von Dantes „Inferno" eingerichtet hat. In dieser Unterwelt sind in der Art eines Pop-Environments die Repräsentanten des politischen, militärischen, kirchlichen und „zivilen Alltags" der B.D. versammelt; „Vogelscheuchenfamilien – denn sie sind die Keimzelle des Staates! – werden über alle Artikel des Grundgesetzes belehrt". Als Vertreter der „philosophischen Erkenntnisse" dienen eine Heidegger-Vogelscheuche und „hundert angepaßte Philosophen", die den Lehrsatz verkünden: „Gescheucht-Sein heißt: Hineingehalten-Sein in das Nichts."

Die Plebejer proben den Aufstand. Ein deutsches Trauerspiel. Drama in **4 Akten, U, V 1966.**

Das Stück spielt am 17. Juni 1953, dem „Datum einer dt., also gescheiterten Revolution"; der Schauplatz ist die Probenbühne des „Berliner Ensembles", mit dem ↑Brecht (im Stück „Der Chef") seine Bearbeitung von Shakespeares *Coriolan* einstudiert. Drei Vertreter der gegen die Normenerhöhung protestierenden Maurer bitten Brecht um die Verdeutlichung ihrer Forderungen durch ein von ihm verfasstes Manifest. Brecht jedoch verschanzt sich hinter seinem „alten Übel", der „Neugierde", bzw. wehrt sich gegen die „Teigkneter", die aus ihm einen „rasselnden Helden backen wollen". Weitere Arbeiter dringen ein und werden in die Probenarbeit einbezogen: Die „Wirklichkeit" beflügelt die Fiktion. Doch während sich der Aufstand ausbreitet, spitzt sich auch im Theater die Lage zu: Eine ironische Adresse des „Chefs" an Ulbricht weckt den Zorn der Arbeiter, die schließlich die Schauspieler dazu bewegen können, mit auf die Straße zu gehen, wo sowjet. Panzer Stellung bezogen haben. Der „Chef" erkennt: „Ich, wissend, listig, kühl, allein, / war ein Gedicht lang fast dabei. / (…) Es atmete der heilige Geist / Ich hielt's für Zugluft, / rief: wer stört!" Nachdem er sich doch zu einem kritischen Brief an Ulbricht entschlossen hat, sieht er voraus, dass der Wortlaut nur verstümmelt wiedergegeben wird; zu seiner Rechtfertigung sollte „die Kopie bei Freunden im Westen sicher liegen".

Grass bedient sich der Mittel des Dokumentartheaters und steht daher vor dem Problem, über den „Einzelfall" hinauszugelangen, zumal bezweifelt werden muss, dass Brechts Konzeption des Theaters angemessen im Verhalten des „Chefs" zur Darstellung gelangt. In formaler Hinsicht thematisiert der Wechsel von Prosa und gebundener Sprache den Konflikt zwischen Kunst und Realität; Anspielungen auf Stücke Brechts sind in die Bühnenhandlung integriert.

Der Butt. Roman, V 1977.
Als äußeres Gliederungsprinzip dienen die neun Monate (= Kapitel) der Schwangerschaft Ilsebills, der Frau des Erzählers. Dieser ist die jüngste Wiederverkörperung des Fischers Edek aus der Jungsteinzeit; die Jahrtausende durchlebter Kulturgeschichte bilden den Stoff der Romanhandlung. Jener Edek hat einst einen sprechenden Plattfisch, den Butt, gefangen, einen entschiedenen Verfechter der „Männersache". Unter seinem Einfluss entzog sich Edek der dreibrüstigen Köchin und Priesterin Aua. Auch Edeks Nachfolger ließen sich vom Butt beraten, was jedoch nicht verhindern konnte, dass sie allesamt zu Köchinnen in Beziehung getreten sind: zur bronzezeitlichen Wigga, zur eisenzeitlichen Mestwina, zu Dorothea von Montau, Margarete Rusch, zur Gesindeköchin Amanda Woyke bis hin zu Lena Stubbe, Verfasserin eines „Proletarischen Kochbuchs". Themengerecht sind Kochrezepte eingefügt.
Während der neunmonatigen Erzählzeit fällt jener Butt drei Frauen in die Hände, die ihn, in einer Zinkbadewanne aufbewahrt, in einem Berliner Kino vor ein feministisches Tribunal stellen: das „Feminal". Die Verhandlung verwandelt den jahrtausendelangen Verfechter männlicher Vorherrschaft, der „den Krieg zum Vater der Dinge" erklärt hat, in einen Anwalt der „Frauensache". Schon während des Tribunals hat er der „internationalen Frauenbewegung" geraten, „überall in der Welt feministische Klöster mit durchaus irdischer Zielsetzung zu gründen und so wirtschaftlich machtvolle Gegengewichte zu den allerorts herrschenden Männerbünden zu schaffen. So, nur so, im Zustand ökonomischer und sexueller Unabhängigkeit, könne die verlernte weibliche Solidarität wieder eingeübt und endlich im Sinne der Gleichberechtigung beider Geschlechter geübt werden." Die insgesamt vorherrschende Ironie der Erzählweise gibt dem Roman die Balance zwischen den Fronten patriarchalischer und matriarchalischer Positionen.

Die Rättin. Roman, V 1986, Verf B.D. 1997 Martin Buchhorn.
Was den Abschluss einer Endzeitvision bilden könnte, steht am Anfang: „Schluß! sagte sie. Euch gab es mal. Gewesen seid ihr, erinnert als Wahn. Nie wieder werdet ihr Daten setzen. Alle Perspektiven gelöscht. Ausgeschissen habt ihr. Und zwar restlos. Wurde auch Zeit!" Es sind dies Feststellungen der Rättin, die dem Erzähler im Traum erscheint, nachdem sein Weihnachtswunsch, eine graubraune Wanderratte (im Unterschied zu weißen Laborratten, wie sie „bei Schering oder Bayer-Leverkusen in Gebrauch sind"), erfüllt worden ist. Sie wird zum Dialogpartner im Sinne einer noch offenen Auseinandersetzung, die jedoch in Gefahr steht, ins Leere zu laufen, indem alles, was sich noch sagen lässt, zum „Nachtrag" wird.
Zwei andere Handlungsstränge knüpfen an Grass-Romane an: Fünf Frauen gehen mit dem Schiff „Die neue Ilsebill" auf Forschungsreise auf der Ostsee, die „von Algen verkrautet, vergreist durch Tangbärte, von Quallen übersättigt, obendrein quecksilbrig, bleihaltig, was sonst alles ist"; sie kommen mit dem Butt in Kontakt und steuern dem geheimnisvollen Vineta zu. Und der um 30 Jahre gealterte Oskar Matzerath tritt auf, inzwischen ein erfolgreicher Videoproduzent. Durch ihn wird die Gegenwart mit den 1950er Jahren verknüpft. Sie setzt sich in Szenen wie derjenigen fort, in der ein Kanzler mit seiner Frau eine dem abgestorbenen Gehölz vorgeblendete Waldattrappe besichtigt.
Eine von der Rättin „zum Ausklang" angebotene Anekdote lautet: „Als die betagten Staatsoberhäupter der beiden Schutzmächte in ihren Endspieltheatern zusehen mußten, wie sich ihre tausend und mehr Interkontinentalraketen, die Friedensmacher, Völkerfreund und ähnlich hießen, ihren jeweiligen Zielen, also auch den strategischen Sicherheitszentren näherten, baten sie einander, von Dolmetschern unterstützt, wiederholt um Verzeihung; eine durch und durch menschliche Geste."

Ein weites Feld. Roman, V 1995.

Die Zeichnung von Grass auf dem Umschlag zeigt die beiden Protagonisten: Theo Wuttke ist als „Fonty" ein Wiedergänger ↑Fontanes; sein „Tagundnachtschatten" Hoftaller ist (mit Erlaubnis seines Erfinders) der Titelfigur des Romans *Tallhover* (1986) von ↑Schädlich nachgebildet und ist weiterhin Spitzel. Zum Personal gehört ein Archivar des Potsdamer Fontane-Archivs, dessen Mitglieder als Erzähler fungieren. Einen wesentlichen Teil der Handlung bilden die Gespräche zwischen Wuttke und Hoftaller während der gemeinsamen Unternehmungen der beiden ehemaligen DDR-Bürger in Berlin und Umgebung. Anlass zur Kommentierung der Entwicklung in Dtl. ab 1991 ergeben sich u. a. durch Wuttkes Anstellung als Bote der „Treuhand". Als Behörde zur privatwirtschaftlichen Neuordnung der neuen Bundesländer symbolisiert sie aus Wuttkes Sicht eine Konstante: „Dt. Einheit ist immer die Einheit der Raffkes und Schofelinskis." Die auf vielfältige Weise hergestellte Präsenz Fontanes, auf die bereits der Titel aus einer Redewendung des Herrn von Briest im Roman *Effie Briest* vorbereitet, entspricht dem von Grass formulierten Ziel dieses Deutschland-Romans zu Beginn der 1990er Jahre, „den gegenwärtigen Prozess der dt. Einheit vor dem Hintergrund der ersten Einheit, der Gründung des Dt. Reiches, ablaufen zu lassen". Fontane dient insofern als der kritische Zeuge des historischen „Vorbildes" der zweiten dt. Einigung. Gemeinsam ist die jeweilige Hegemonie eines Teilstaats: An die Stelle der Vormacht Preußen trat 1989/90 die B. D., der sich die DDR anschloss. Gegen den Vorwurf politischer Einseitigkeit und Vereinfachung – etwa durch das Motiv des Paternoster-Aufzugs als Sinnbild für geschichtlichen Kreislauf – führte Grass ins Feld, die Romanfiguren seien nicht Sprachrohre des Autors. Was nicht widerlegt, das dessen literarische „Bewältigung der Wiedervereinigung" Skepsis gegenüber ihrer Durchführung zum Ausdruck bringt.

Im Krebsgang. Novelle, V 2002.

Der Titel dient als Metapher für eine Erzählweise, vergleichbar der nach vorn, rückwärts und zur Seite gerichteten Fortbewegung des Krebses, einer weiteren Tierart in Grass' Menagerie. Der literarische Krebsgang bewegt sich innerhalb von 6 Jahrzehnten. Er verbindet Fiktion mit der Information über Fakten; ein Motiv ist das Internet, in dem die fiktiven Figuren recherchieren, per Web-Sites agitieren oder sich im Chat bekämpfen.

Eine Bedeutungsebene ist die (Selbst-)Kritik an der dt. Literatur nach 1945 im Hinblick auf die Tabuisierung dt. Opfer im II. Weltkrieg und zur Zeit der Vertreibung aus dem Osten: „Niemals hätte man über so viel Leid, nur weil die eigene Schuld übermächtig und bekennende Reue in all den Jahren vordringlich gewesen sei, schweigen, das gemiedene Thema den Rechtsgestrickten überlassen dürfen." Mit diesen Worten zitiert der Ich-Erzähler und Journalist Paul Pokriefke den „Alten" (ein Alter Ego des Autors Grass), in dessen Auftrag Paul über die sowjet. Versenkung des Flüchtlingsschiffs „Wilhelm Gustloff", (benannt nach einem 1936 in Davos ermordeten Nazi und „Blutzeugen der Bewegung") im Januar 1945 berichten soll. Von den 10 000 Flüchtlingen aus Ostpreußen konnten nur etwa 1200 gerettet werden. Die Verschränkung von Tatsachen, Fiktion und Grass' *Danziger Trilogie* (1959–63) beginnt damit, dass Pauls Mutter Ursula „Tulla" Pokriefke, das Mädchen aus Katz und Maus, sich auf der Gustloff befindet, gerettet wird und ihn in derselben Nacht geboren hat. Bei seinen Recherchen stößt Paul im Internet auf einen der „Rechtsgestrickten". Dieser Neonazi erweist sich als sein Sohn Konrad, der seinen Internet-Kontrahenten „David" ermordet.

Zur Resonanz gehörte der Vergleich zwischen wissenschaftlicher und literarischer Vergegenwärtigung dt. Schuld und dt. Opfer, denn im selben Jahr erschien *Der Brand. Deutschland im Bombenkrieg 1940–45* des Historikers Jörg Friedrich.

Franz Grillparzer

***15.1.1791 in Wien, †21.1.1872 in Wien**

„Eines nur ist Glück hienieden, / Eins: des Innern stiller Frieden / Und die schuldbefreite Brust! / Und die Größe ist gefährlich, / Und der Ruhm ein leeres Spiel; / Was er gibt, sind nicht'ge Schatten, / Was er nimmt, es ist so viel." Mit diesen viel zitierten Versen Rustans aus dem „dramatischen Märchen" *Der Traum ein Leben* hat Grillparzer einerseits eine Grundüberzeugung der Biedermeier-Epoche formuliert, die er zugleich weit überragt als in weltgeschichtlichen Zusammenhängen und in innerseelischen Tiefen beheimateter Künstler, der sich bewusst war: „Mein ganzer Anteil blieb immer der Poesie vorbehalten, und ich schaudere über meinen Zustand als Mensch, wenn die immer seltener und schwerer werdenden Anmahnungen von Poesie endlich ganz aufhören sollten" (Tagebucheintrag 1827). Der Sohn eines Juristen studierte 1807–11 in Wien Rechtswissenschaft; zugleich musste er nach dem Tod des Vaters (1809) als Hofmeister zum Lebensunterhalt der Familie beitragen. Nach einem Praktikum an der Hofbibliothek war er ab 1814 in der Finanzverwaltung tätig, 1832 bis zu seiner Pensionierung 1856 leitete er das Hofkammerarchiv. Nach dem Selbstmord der Mutter (1819) unternahm Grillparzer eine Italienreise. 1826 führte ihn eine Dtl.-Reise nach Berlin (Hegel) und Weimar (↑ Goethe), 1836 besuchte er Paris (↑ Heine) und London, 1843 Athen und Konstantinopel, 1847 Hamburg. 1821 lernte er „Kathi" Fröhlich kennen, mit der er zeitlebens verlobt blieb; Freundschaft verband ihn mit Franz Schubert und im Alter mit Moritz von Schwind. Zum 80. Geburtstag wurde er vom Kaiser als „der echte Patriot" geehrt.

Grillparzers Karriere als Dramatiker begann mit den Bühnenerfolgen der Schicksalstragödie *Die Ahnfrau* (1817) und des *Sappho*-Dramas (1818) über den Zwiespalt zwischen Kunst und Leben. In der Trilogie *Das Goldene Vlies* unterwarf er den antiken Stoff eindringlicher Psychologisierung; die antike Sage von Hero und Leander liegt dem Seelendrama *Des Meeres und der Liebe Wellen* zugrunde. Die span. Barockdramatik (Calderón, Lope de Vega) beeinflusste *Der Traum ein Leben* und *Die Jüdin von Toledo*. Nach vielfachem Kampf mit der Zensur der Metternich-Ära und dem Misserfolg des Lustspiels *Weh dem, der lügt!* (1838) zog sich Grillparzer aus der Öffentlichkeit zurück. Seine weiteren Stücke kamen erst postum zur Veröffentlichung bzw. Aufführung, darunter das Schauspiel *Libussa* über die Gründung Prags. Die Empfindung der Isolierung als „Spätgeborener" hat Grillparzer in den Versen ausgedrückt: „Will unsere Zeit mich bestreiten / Ich lass es ruhig geschehn, / Ich komme aus besseren Zeiten / Und hoffe in andre zu gehn."

Gedichtzyklen: *Trista ex Ponto* (E 1824–33, V 1835). – Dramen: *Die Ahnfrau* (E 1816, U, V 1817), *Sappho* (E 1817, U, V 1818), Trilogie *Das Goldene Vlies (Der Gastfreund, Die Argonauten, Medea;* E 1818–20, U 1821, V 1822), *König Ottokars Glück und Ende* (E 1822/23, U, V 1825), *Ein treuer Diener seines Herrn* (E 1826/27, U 1828, V 1830), *Des Meeres und der Liebe Wellen* (E ab 1825, U 1831, V 1840), *Der Traum ein Leben* (1. Plan 1817, E 1829–31, U 1834, V 1840), *Libussa* (1. Notizen 1822, V 1872, U 1874), *Die Jüdin von Toledo* (E ab 1824 bzw. 1839, V, U 1872). – Essays: *Über den Gebrauch des Ausdrucks „romantisch" in der neueren Kunstkritik* (1818), *Goethe und Schiller* (1836), *Worin unterscheidet sich der österreich. Dichter von den anderen?* (1837).

Weh dem, der lügt! Lustspiel in 5 Akten, E 1834–37, U 1838, V 1840. Nach einer Episode aus der *Historia Francorum* des Bischofs Gregor von Tours (6. Jh.).
Der Küchenjunge Leon im Dienst des Bischofs Gregor von Chalons übt harte Kritik am Geiz seines Herrn, wird jedoch belehrt, dass dieser das Lösegeld für seinen Neffen Atalus zusammenspart, der sich in der Gewalt des heidnischen Grafen Kattwald befindet. Leon erbietet sich, Atalus zu befreien, muss allerdings absolute Wahrhaftigkeit geloben. In den Dienst Kattwalds gelangt, kann Leon gerade durch seine als Lügnerei verstandene Aufrichtigkeit den Befreiungsplan verwirklichen. Ein Thema des Lustspiels bildet die Sprache, die unwillkürlich zum Hilfsmittel der Täuschung wird.

Der arme Spielmann.
Erzählung, E 1831–44, V 1847.
Auf dem Brigittenkirchtag, einem Wiener Volksfest, begegnet der Erzähler einem wunderlichen Musikanten, den er dazu bewegen kann, ihm seine Lebensgeschichte zu erzählen. Als Sohn eines hohen Staatsbeamten gelang es Jakob nicht, die an ihn gestellten Erwartungen zu erfüllen; von der Schule genommen, musste er als Schreiber in einem Büro arbeiten. Zum Lebensinhalt wurde ihm die Musik und die Liebe zu Barbara, der Tochter eines Pastetenbäckers. Doch auch hier scheiterte er an seiner Verinnerlichung (er wagte es lediglich, Barbara durch eine Glasscheibe zu küssen); er verlor die Geliebte an einen Schlachtermeister. Nach dem Tod seines Vaters wurde er um sein Erbe betrogen. Seitdem zieht er als Straßenmusikant durch Wien, doch sein Können widerspricht der Vorstellung vom absoluten Kunstschaffen: Er ist kaum in der Lage, eine einfache Walzermelodie fehlerfrei zu spielen. Jahre später trifft der Erzähler den Spielmann, der bei einer Überschwemmung sein Leben für andere aufs Spiel gesetzt hat, auf dem Sterbebett wieder; bei ihm ist Barbara, die ihm letztlich die Treue gehalten hat.
Die (autobiografische) Erzählung besitzt zeitgeschichtliche Bezüge (Überschwemmung als Sinnbild revolutionärer Veränderung). Die Nachwirkung reicht über ↑Stifter und Th.↑Mann (Lebensuntüchtigkeit des Künstlers) bis hin zu ↑Kafka, der eine Wesensverwandtschaft mit jenem Spielmann und seinem Autor empfunden hat (Dominanz des Vaters, problematische Beziehung zur Frau).

Ein Bruderzwist in Habsburg.
Trauerspiel in 5 Akten, E ab 1825, V, U postum 1872.
Die Handlung spielt unmittelbar vor dem Ausbruch des Dreißigjährigen Kriegs. Im Mittelpunkt steht Kaiser Rudolf II., ein der Kunst und Wissenschaft, Astrologie und Alchimie verbundener Herrscher. Während das Reich an seiner konfessionellen Spaltung zugrunde zu gehen droht und die kath. Seite ein energisches Vorgehen gegen die Lutheraner fordert, versucht der Kaiser, sich über den politischen Alltag zu erheben. Zum Gegenspieler Rudolfs wird sein Bruder Mathias; er setzt den Kaiser auf dem Hradschin gefangen. Abweichend von den historischen Fakten fasst Grillparzer den Tod Rudolfs (in Wirklichkeit 1612), den Herrschaftsantritt des Bruders und den Prager Fenstersturz (1618) zeitlich zusammen. Als skrupelloser Tatmensch tritt im letzten Akt Wallenstein auf, erfüllt von Genugtuung über den bevorstehenden Krieg. Mathias dagegen fühlt sich vom Hass Rudolfs verfolgt und bricht zusammen, während von der Straße die Vivatrufe zu Ehren des neuen Kaisers hereinklingen.
Den weltanschaulichen Rahmen des Historiendramas bildet die Unterscheidung zwischen der ewigen, göttlichen Ordnung, wie sie die Gestirne verkörpern, und der irdischen Ordnung der geschichtlichen Welt. Angesichts der Unüberwindbarkeit des Zwiespalts kann allenfalls Passivität einer weiteren Zuspitzung dieses Gegensatzes vorbeugen – eine Haltung, deren Tragik Grillparzer vor Augen führt.

Jacob Grimm

***4. 1. 1785 in Hanau, †20. 9. 1863 in Berlin**

Der Sohn des Hanauer Stadt- und Landschreibers studierte ab 1802 in Marburg Jura. Freundschaft verband Jacob und seinen Bruder ↑Wilhelm Grimm mit A. v. ↑Arnim und ↑Brentano. 1806 trat Jacob in kurhess. Dienst, 1808 in den Dienst des von Napoleon geschaffenen Königreichs Westfalen (ab 1809 Mitglied des Staatsrats). Im Dienst des wiederhergestellten Kurfürstentums Hessen-Kassel hielt er sich 1814 und 1815 in Paris auf; dazwischen liegt die Teilnahme am Wiener Kongress. 1816–29 war er Bibliothekar in Kassel, 1830 bis zur Amtsenthebung und Ausweisung als Mitglied der gegen den Verfassungsbruch durch König Ernst August von Hannover protestierenden „Göttinger Sieben" Bibliothekar und Professor in Göttingen. Von 1841 an lebte er in Berlin. 1846 leitete er in Frankfurt a. M. den ersten Germanistentag, 1847 die zweite Versammlung in Lübeck. 1848 gehörte er der Frankfurter Nationalversammlung an. Reisen führten ihn 1831 in die Schweiz, 1834 nach Belgien, 1843 nach Italien, 1844 nach Skandinavien, 1853 nach Südfrankreich. Neben der Zusammenarbeit mit ↑Wilhelm Grimm vor allem am *Dt. Wörterbuch* (Vorarbeiten ab 1838, 1. Lieferung 1852, Fertigstellung 1863 bis zum Stichwort „Frucht", Vollendung in 16 Doppelbänden 1961) galt Jacob Grimms Hauptarbeit der dt. Sprachgeschichte (*Dt. Grammatik,* 1. Bd. 1819, ab 1822 Umarbeitung, bis 1837 4 Teile; *Geschichte der dt. Sprache,* 1848); er entdeckte die Gesetzmäßigkeiten der Lautveränderung, der Lautverschiebungen, den Umfang der Verwandtschaft der german. und indogerman. Sprachen. Als Hg. veröffentlichte er Quellen zur Rechtsgeschichte sowie Werke der altdt., altnord., angelsächs., lat., mittellat. und span. Literatur.

Wilhelm Grimm

***24. 2. 1786 in Hanau, †16. 12. 1859 in Berlin**

Der jüngere Bruder ↑Jacob Grimms teilte weitgehend dessen Ausbildungs- (Kassel, Marburg) und Lebensweg; auch Wilhelm wurde 1837 als Mitglied der „Göttinger Sieben" seines Lehramts enthoben und folgte freiwillig seinem zugleich des Landes verwiesenen Bruder; gemeinsam lebten sie ab 1841 in Berlin. Zu den wenigen Reisen Wilhelms gehört ein Aufenthalt in Halle und Weimar (Besuch bei ↑Goethe) im Jahr 1809; 1825 heiratete er.

Ab etwa 1806 zeichneten die Brüder Märchen als Dokumente der Volkspoesie auf, 1812 erschien der 1. Bd. der *Kinder- und Hausmärchen. Gesammelt von den Brüdern Grimm* (Bd. 2 1815, 2. Auflage 1819–22, 7. Auflage 1857; daneben „Kleine Ausgabe" 1825 mit Illustrationen des „Malerbruders" Emil Ludwig Grimm, der ab 1832 an der Kunstakademie in Kassel lehrte). Ein weiteres Gemeinschaftswerk ist die Slg. *Dt. Sagen* (2 Bde., 1816 und 1818). Für das *Dt. Wörterbuch* bearbeitete Wilhelm den Buchstaben D. Zu seinen wissenschaftlichen Forschungsgebieten gehörte die Motivforschung *(Die dt. Heldensage,* 1829). Im Unterschied zu Jacob widmete sich Wilhelm stärker der Übersetzung von Sprachdenkmälern; 1811 erschien die Slg. *Altdän. Heldenlieder, Balladen und Märchen* (ursprünglich für den nicht erschienenen 4. Bd. von *Des Knaben Wunderhorn* gedacht). Der klassische „Märchenton" der Grimm'schen Märchen wurde vor allem durch Wilhelms Bearbeitung geschaffen.

Johann (Hans) Jakob Christoffel von Grimmelshausen

***1621/22 in Gelnhausen, †17.8.1676 in Renchen (Lkr. Kehl)**

Der Sohn eines Gastwirts, Schüler der lutherischen Pfarrschule in Gelnhausen, wurde nach der Verwüstung seiner Heimatstadt durch Kroaten in span. Dienst (1634) in die Kriegsereignisse des Dreißigjährigen Kriegs verwickelt (1638 Teilnahme an der Schlacht bei Wittenweil). Im Regiment des kaiserlichen Obersts Freiherr von Schauenburg brachte er es zum Regimentsschreiber; in diese Zeit fällt wohl seine Konversion zum Katholizismus. 1649 heiratete er in Offenburg und gab bald darauf seine militärische Laufbahn auf. Bis 1660 diente er den Herren von Schauenburg in Gaisbach im oberen Renchtal als Verwalter; zugleich erwarb er Grundbesitz und führte ein Wirtshaus. 1662–65 stand er als Burgvogt im Dienst eines Arztes, durch den er zu Straßburger literarischen Gesellschaften in Beziehung trat. Im Dienst des Bischofs von Straßburg versah er ab 1667 das Schultheißenamt in Renchen. Ebenfalls 1667 trat Grimmelshausen als Schriftsteller an die Öffentlichkeit *(Der satirische Pilgram,* angekündigt 1665; *Exempel unveränderlicher Vorsehung Gottes/unter der Historie des keuschen Josephs in Ägypten vorgestellt).* Dem überaus erfolgreichen Roman *Der Abentheuerliche Simplicissimus Teutsch* (1669) folgten als weitere „Simpliciaden" 1670 *Trutz Simplex oder Ausführliche und wunderseltsame Lebensbeschreibung der Erzbetrügerin und Landstörzerin Courasche* (Grundlage für ↑Brechts Drama „Mutter Courage und ihre Kinder") und *Der seltsame Springinsfeld,* 1672 *Das wunderbarliche Vogel-Nest* (2.Teil 1675). 1671 setzte sich Grimmelshausen mit *Simplicissimi Prahlerei und Gepränge mit seinem teutschen Michel* für die Reinheit der dt. Sprache ein.

Der Abentheuerliche Simplicissimus Teutsch *(Simplicius Simplicissimus).* Roman in 5 Büchern, V1669 (u.d. Pseudonym German Schleifheim von Sulsfort), als 6.Buch *Continuatio des Abenteuerlichen Simplicissimus,* 1670.

Nach der stark mundartlich gefärbten Ausgabe erschien die „gereinigte" Fassung eines Korrektors. Zugrunde liegen neben den eigenen Kriegserlebnissen literarisch vorgeformte, von Grimmelshausen neu bearbeitete Episoden und Motive der Schwank- und der Erbauungsliteratur. Gattungsgeschichtlich besteht eine Verwandtschaft mit dem (span.) pikarischen Roman und Schelmenroman.

Die Gliederung des einerseits durch bunte Stofffülle geprägten Romans weist andererseits eine klare symmetrische Ordnung auf: Das 1.Buch handelt von der Vertreibung des 10-jährigen Knaben vom väterlichen Bauernhof durch plündernde Soldaten und seinem zweijährigen Aufenthalt bei einem Eremiten, der ihm den Namen „Simplex" (der „Einfältige") gegeben hat. Entsprechend endet das 5.Buch mit der zurückgezogenen Existenz des Ich-Erzählers als Einsiedler, nachdem er von seiner adligen Herkunft erfahren und eine Weltreise unternommen hat. Das 2. und 4.Buch zeigen ihn im Strudel der Ereignisse, nachdem er (vergleichbar Parzival, ↑Wolfram von Eschenbach) als „tumber" Tor in die Welt aufgebrochen ist. Er lebt als Narr, Soldat, Quacksalber und Pilger; zu den Schauplätzen gehören ein Kloster und der Pariser „Venusberg" ebenso wie verschiedene Heerlager. Das mittlere 3.Buch schildert die Taten des Simplicius als „Jäger von Soest".

Als ein Hauptwerk der auf Volkstümlichkeit bedachten dt. Barockliteratur ist der *Simplicissimus* nicht allein ein reiches Epochenbild aus der Zeit des Dreißigjährigen Krieges, sondern spiegelt darüber hinaus das Ringen um Wertmaßstäbe in einer chaotischen Welt, in der „nichts Beständigeres ist als die Unbeständigkeit selbsten".

Max von der Grün

***25.5.1926 in Bayreuth**

Der Enkel eines Kutschers und Sohn eines Schusters machte eine kaufmännische Lehre. 1943 wurde er als Soldat gefangen genommen und verbrachte drei Jahre in einem Lager in den USA. 1951–63 war er im Ruhrgebiet als Bergmann tätig. Seit 1964 lebt er als freier Schriftsteller in Dortmund.
Grün verfasste ab Mitte der 1950er Jahre Gedichte und Essays. 1961 gehörte er zu den Begründern der „Gruppe 61" (bis 1972); 1966 war er Mithg. des Gruppenalmanachs *Aus der Welt der Arbeit.* Der Durchbruch als Erzähler gelang ihm mit dem inzwischen in knapp 20 Sprachen übersetzten Ruhrrevier-Roman *Irrlicht und Feuer* (1963), der Grüns Entlassung aus der beschriebenen Zeche zur Folge hatte; Angriffen war er nicht allein von Unternehmer-, sondern auch von Gewerkschaftsseite ausgesetzt. Im Unterschied zur im Prinzip dokumentarischen Literatur ↑Wallraffs verarbeitet Grün seine Erfahrungen mit den Mitteln der realistischen fiktionalen Schilderung. Das Jugendbuch *Wie war das eigentlich?* (1979) handelt von den Lebensbedingungen im Dritten Reich. Nach dem „Wirtschaftskrimi" *Die Lawine* (1986) setzte sich Grün im Roman *Springflut* (1990) mit Fremdenhass im Spiegel einer am Profit orientierten populistischen Presse auseinander.

Gedichtbände: *Wir tragen ein Licht durch die Nacht* (1964). – Romane: *Männer in zweifacher Nacht* (1962), *Zwei Briefe an Pospischiel* (1968), *Stellenweise Glatteis* (1973, Verf B.D. 1974/75 Wolfgang Petersen), *Flächenbrand* (1979, Verf B.D. 1981 Alexander von Eschwege). – Erzählungen: Slg. *Fahrtunterbrechung* (1965), *Menschen in Dtl. 7 Porträts* (1973), *Vorstadtkrokodile* (Jugendbuch, 1976, Verf B.D. 1977 Wolfgang Becker).

Durs Grünbein

***9.10.1962 in Dresden**

Der Sohn eines Ingenieurs und einer Chemikerin hatte zunächst das Ziel Medizin zu studieren, was das staatliche Auswahlverfahren verhinderte. Das Studium der Theaterwissenschaften brach er ab und lebte ab 1987 als freier Schriftsteller in Ost-Berlin. Der erste Gedichtband *(Grauzone morgens)* erschien 1988 in der B.D. 1991 folgte der Band *Schädelbasislektion,* der um die historische Situation des Mauerfalls kreist und von der Kritik als „Literaturereignis" gefeiert wurde. Der Band *Den Teuren Toten. 33 Epitaphe* (1994) stellt in einem Nachwort einen fiktiven Autor vor, der die in der Antike gepflegte Kunst des Epitaphs zu heutigen Pressemeldungen in Beziehung setzt und das veränderte Verhältnis zum Tod über die Jahrhunderte erforscht. Zahlreiche Essays versammelt der Band *Galilei vermisst Dantes Hölle und bleibt an den Maßen hängen.* 1999 folgte der Gedichtband *Nach den Satiren,* der thematisch– ebenso wie *Das erste Jahr* (2001), einem Tagebuch vom Beginn des neuen Jahrtausends – 2000 Jahre Menschheitsgeschichte umfasst. 2003 erschien als Vorabdruck (FAZ) das in 42 Abschnitte gegliederte Erzählgedicht *Vom Schnee oder Descartes in Deutschland* über den frz. Philosophen im Kriegswinter 1619 und dessen fundamentalen Satz „Cogito ergo sum" (Ich denke, also bin ich).
Zu Grünbeins Auszeichnungen gehören der Bremer Literaturpreis (1992) und der Georg-Büchner-Preis (1995).

Andreas Gryphius (eigtl. A. Greif)
***2.10.1616 in Glogau (Schlesien, poln. Glogów), †16.7.1664 in Glogau**

Der Barockdichter der Vergänglichkeit und christlich-stoischen Weltüberwindung angesichts der Verheerungen des Dreißigjährigen Krieges gewann in der Nachkriegszeit neue Aktualität: Zu den Preisstiftungen der 1950er Jahre gehörte der ab 1957 verliehene Andreas-Gryphius-Preis.

Gryphius verlor mit 4 Jahren den Vater, mit 12 Jahren die Mutter; er erlebte in seiner Jugend Religionsverfolgung und die Zerstörung Glogaus. In Fraustadt, einem Sammelplatz der Protestanten, besuchte er das Gymnasium. 1634–36 war er in Danzig als Hauslehrer tätig; zugleich verfasste er lat. Epen über biblische Themen (u.a. *Herodis furiae et Rachelis lachrymae*), die ihm 1637 die Krönung zum Poeta laureatus eintrugen. Ab 1638 studierte und lehrte er in Leiden. 1644–47 führte ihn eine Studienreise nach Paris, Florenz, Rom, Venedig und zurück über Straßburg und Amsterdam nach Stettin. Von 1650 bis zu seinem Tod übte er das Amt des Syndikus (Führung der Sitzungsprotokolle) der Landstände in Glogau aus. 1662 wurde er als „der Unsterbliche" Mitglied des um 1617 in Weimar als erste dt. Sprachgesellschaft gegründeten „Palmordens" (auch „Fruchtbringende Gesellschaft" genannt).

In seinem literarischen Schaffen bewahrte Gryphius Selbstständigkeit gegenüber dem Regelwerk seines schles. Landsmanns ↑Opitz. Als Lyriker bevorzugte er die Formen der Ode und des Sonetts. In zunehmend freier rhythmischer Gestaltung entwickelte er das Gedicht zum eindringlichen, bildreichen Ausdruck des Strebens nach Überwindung des Irdischen.

Als Dramatiker stand Gryphius unter dem Eindruck des Jesuitendramas sowie der Tragödien des Holländers Joost van den Vondel und der frz. „Klassizisten" (Thomas und Pierre Corneille). Er strebte nach einer für die Gebildeten bestimmten dt. Bühnenkultur im Unterschied zur vorherrschenden Bühnenpraxis der volkstümlichen Wandertheater. Das Hauptthema seiner Trauerspiele ist der schuldlose Untergang, das (christliche wie weltliche) Martyrium. Die Stoffe fand Gryphius sowohl in der Spätantike bzw. im Frühmittelalter (*Leo Armenius* handelt vom Sturz des byzantinischen Kaisers Leon V. im Jahr 820) als auch in der unmittelbaren Gegenwart (*Carolus Stuardus* über Sturz und Hinrichtung König Karls I. von England 1649). Das Versmaß der in fünf Akte gegliederten Trauerspiele ist der Alexandriner, dem Vorbild des antiken Chores folgt der kommentierende „Reyen" am Aktschluss bzw. zwischen den Akten. Die Darstellung der Vergänglichkeit alles Irdischen reicht bis hin zu Schauermotiven: In der Liebestragödie *Cardenio und Celinde* (U 1661) verwandelt sich die (vermeintliche) Geliebte auf offener Bühne in ein Totengerippe. Als Lustspielautor setzte sich Gryphius u.a. mit dem barocken Sprachbombast auseinander (*Horribilicribrifax*, V 1663).

Gedichtbände: *Sonn- und Feiertagssonette* (1634), *Sonette* (1637), *Teutsche Reimgedichte* (1650), *Dt. Gedichte* (1657, Sonette, Oden, Epigramme, 2 Zyklen: *Tränen über die Leiden des Herrn* und *Kirchhofsgedanken*). – Dramen: *Leo Armenius oder Fürstenmord* (E um 1646, V 1650, U 1651), *Catharina von Georgien oder Bewährte Beständigkeit* (E 1646/47, U 1651, V 1657), *Ermordete Majestät oder Carolus Stuardus* (E 1649, U 1650, V 1657; 2. Fassung V 1663).

Absurda comica oder Herr Peter Squentz. „Schimpfspiel" in 3 Akten, E 1647/50, V 1657.

Zugrunde liegen die Rüpelszenen in Shakespeares *Sommernachtstraum,* die schon von engl. Komödianten als selbstständiges Schauspiel aufgeführt wurden. Ungewiss ist, ob Gryphius vom Originaltext ausgegangen ist oder den Stoff lediglich in der Bearbeitung durch den Mathematikprofessor Daniel Schwenter kennen gelernt hat.

Der Schreiber und Schulmeister Peter Squentz studiert mit einer Gruppe von Handwerkern die Tragödie von Pyramus und Thisbe ein, um sie dem durchreisenden König und seinem Gefolge vorzuführen. Mit großem Eifer widmen sich die Laienschauspieler der Aufgabe, den Liebestod des Pyramus (er glaubt, seine Geliebte sei das Opfer eines Löwen geworden, und ersticht sich) und der Thisbe (sie nimmt sich am Leichnam des Prinzen ebenfalls das Leben) als Trauerspiel zur Darstellung zu bringen. Sie wecken jedoch zunehmende Heiterkeit, etwa indem sie aus ihren Rollen fallen, und werden schließlich entsprechend der Anzahl ihrer „Säue" (d.h. der ihnen unterlaufenen Fehler) belohnt.

Der Autor steht auf der Seite des höfischen Bühnenpublikums und gibt die „Volkskünstler" damit ebenso dem Gelächter des realen Publikums preis. Insofern spiegelt das Lustspiel die Kluft zwischen den Gebildeten, an die sich Gryphius mit seinen Trauerspielen gewandt hat, und dem breiten Volk bzw. den kleinbürgerlichen Schichten. Dennoch ist die *Absurda comica* nicht allein von Herablassung geprägt. Sie gewinnt ihre Komik nicht zuletzt aus dem Sprachwitz, mit dem sich die biederen Handwerker und ihr Lehrmeister Squentz zu behaupten wissen; sie wandeln sich gleichsam unter der nachsichtigen Leitung des Autors vom Objekt zum Subjekt des Lustspiels. Erhalten bleibt jedoch das Missverhältnis zwischen künstlerischem Wollen und Können.

Lyrik. Gryphius bevorzugte das Sonett mit seinem Gegensatz zwischen den beiden Quartetten und Terzetten. Das in Titeln wie *Alles ist eitel* oder *Vanitas! Vanitatum vanitas!* ausgedrückte Grundthema ist die Vergänglichkeit alles Irdischen. Es bezieht sich vielfach konkret auf die Schrecken des Krieges. So zeichnet der 20-jährige Gryphius im 18. Jahr des Dreißigjährigen Krieges ein Bild der Verwüstung: „Wir sind ja nunmehr ganz, ja mehr denn ganz verheeret, / Der frechen Völker Schar, die rasende Posaun, / Das vom Blut fette Schwert, die donnernde Kartaun, / Hat aller Schweiß und Fleiß und Vorrat aufgezehret." Den Blickwinkel dieses 1. Quartetts von *Tränen des Vaterlandes. Anno 1636* erweitert das letzte Terzett: „Doch schweig ich noch von dem, was ärger als der Tod, / Was grimmer denn die Pest und Glut und Hungersnot: / Dass auch der Seelen Schatz so vielen abgezwungen." Während hier noch ein konfessioneller Standpunkt anklingt (Gryphius stammte aus einem ev. Pfarrhaus), überwiegt in den späteren Gedichten die grundsätzliche Gegenüberstellung von Diesseits und Jenseits.

Bildhafte Vergleiche und Metaphern sind ein wesentliches Gestaltungsmittel, wobei Gryphius eine im Barock häufige schwülstige Üppigkeit des bildhaften Sprechens vermeidet. Lapidar stellt das Sonett *Menschliches Elend* fest: Der Mensch ist „ein bald verschmelzter Schnee und abgebrannte Kerzen". Es endet, die Vanitas-Symbole (z.B. Kerze) im Bild des Allerflüchtigsten verdichtend: „Was sag ich? Wir vergehn, wie Rauch von starken Winden."

Das Gedicht kann aber auch zum Gebet werden, ausgehend vom Vergleich des Lebens mit einer „Rennebahn": „Lass, höchster Gott, mich doch nicht auf dem Laufplatz gleiten! / Lass mich nicht Ach, nicht Pracht, nicht Lust, nicht Angst verleiten! / Dein ewig heller Glanz sei vor und neben mir! (...) So reiß ich mich aus dem Tal der Finsternis zu Dir!" *(Abend).*

Karoline von Günderode (Günderrode)

***11.2.1780 in Karlsruhe, †26.7.1806 in Winkel am Rhein**

Die „Sappho der Romantik" stand in enger freundschaftlicher Beziehung zu ↑Brentano und dessen Schwester Bettina (B. v. ↑Arnim). 1804 veröffentlichte sie unter dem (männlichen) Pseudonym Tian die Slg. *Gedichte und Fantasien* mit Themen von der altnordischen Sagenwelt über die antike Mythologie bis hin zum Orient. 1805 folgte die Slg. *Poetische Fragmente,* die u.a. das Drama *Mahomed, der Prophet von Mekka* enthält.
1804 lernte Karoline von Günderode den in Heidelberg lehrenden Philosophen und Mythenforscher Georg Friedrich Creuzer kennen. Die unglückliche Liebe zu Creuzer spiegelt der Gedichtzyklus *Melete.* Das Gedicht *Die eine Klage* enthält das Wunschbild, dass „der Zweiheit Grenzen schwinden / Und des Dasein Pein". Wie kaum ein anderer Repräsentant der Romantik war die Schriftstellerin von dem Bewusstsein geprägt, dass ein Teil unseres Lebens „im Halbschlaf gehalten wird und sich in den kurzen Augenblicken, da er hellwach wird, in Sehnsucht verzehrt". Im Alter von 26 Jahren nahm sie sich das Leben. Ihrem Andenken widmete Bettina von Arnim 1840 die (bearbeitete) Brief-Slg. *Die Günderode.* In der Erzählung *Kein Ort. Nirgends* (1979) bringt Christa ↑Wolf Günderode mit ↑Kleist zusammen.

Karl Gutzkow

***17.3.1811 in Berlin, †16.12.1878 in Sachsenhausen (= Frankfurt a.M.)**

Der Sohn eines preuß. Hofbediensteten studierte 1829/30 in Berlin Theologie, war 1831/32 in Stuttgart Mitarbeiter an dem von Menzel hg. „Literaturblatt" und promovierte 1833 in Jena. Im Jahr zuvor veröffentlichte er die *Briefe eines Narren an eine Närrin;* in ihnen stellte er fest: „Die Notwendigkeit der Politisierung unserer Literatur ist unleugbar." Diesem Ziel diente die Tätigkeit in Frankfurt a.M. als Redakteur der Zeitschrift „Phönix"; in ihr erschien 1835 *Dantons Tod* (von ↑Büchner). Im selben Jahr veröffentlichte Gutzkow den freisinnigen und erotischen Roman *Wally, die Zweiflerin.* Er gehörte zu den Neuerscheinungen, die das Verbot des „Jungen Deutschland" auslösten; der Autor musste 1836 in Mannheim eine Gefängnisstrafe verbüßen. Danach war Gutzkow in Frankfurt und Hamburg Redakteur des „Telegraph", 1846–61 in Dresden zunächst Dramaturg des Hoftheaters, ab 1852 Redakteur der Zeitschrift „Unterhaltungen am häuslichen Herd".
Gutzkow gehört zu den entschiedenen liberalen Kritikern der politischen Restauration und der kirchlichen Orthodoxie. Zu den von ihm verfochtenen Zielen zählt die Emanzipation der Frau. „Eure Weiber sollen euch in den Himmel führen, und ihr lehrt sie nur die Hölle kennen!" heißt es in den *Briefen eines Narren an eine Närrin.* In *Wally, die Zweiflerin* schildert Gutzkow die „geistige Vermählung" der Titelheldin mit ihrem Geliebten am Tag der erzwungenen Hochzeit mit einem Diplomaten, der ihre Schönheit als bloßes Werkzeug benutzt. Literaturgeschichtliche Bedeutung hat der als zeitgeschichtliches Panorama mit Repräsentanten sämtlicher Bevölkerungsschichten konzipierte Roman *Die Ritter vom Geiste* (1850/51). Das Stück *Das Urbild des Tartüffe* (U 1844) handelt vom Kampf Molières um die von klerikaler Seite hintertriebene Aufführung seines *Tartuffe.*

Erich Hackl

***26. 5. 1954 in Steyr**

Nach dem Studium der Hispanistik und Germanistik in Salzburg, Salamanca und Malaga, war Hackl an der Universität von Madrid Lektor für dt. Sprache und österr. Literatur (1977–79). Danach unternahm er zahlreiche Reisen in verschiedene Länder Lateinamerikas und war Lehrer für Spanisch und Deutsch in Wien (1979–80), wo er 1981–90 am Institut für Romantik lehrte. Neben zahlreichen Übersetzungen lateinamerikan. Gedichte und Romane begann Hackls Arbeit als Hörspielautor (u. a. *Tode,* 1982; *Durch die Wüste,* 1983; *Erinnerungen an einen Aufstand,* 1984). Seit 1994 ist er Hg. der „Aurora Bücherei für internationale Lyrik". Hackls bisherige Erzählungen rekonstruieren authentische Fälle und beleuchten damit einerseits das gesellschaftliche Umfeld, das sie ermöglicht, und andererseits die Beweggründe und Entscheidungen der Einzelnen. 1987 erschien seine erste Erzählung, *Auroras Anlass,* die den Fall der A. Rodriguez schildert, die ihre Tochter zu einer leidenschaftlichen sozialistischen Politikerin erzieht und, als diese an ihrem Idealismus zu scheitern droht, auf ihren Wunsch tötet. Der Durchbruch gelang Hackl mit *Abschied von Sidonie* (1989). Es folgten *Sara und Simón. Eine endlose Geschichte* (1995), *Entwurf einer Liebe auf den ersten Blick* (1999) und *Die Hochzeit von Auschwitz* (2000).

Zu Hackls Auszeichnungen gehören der Bruno-Kreisky-Preis für das politische Buch (1996) und der Solothurner Literaturpreis (2003).

Abschied von Sidonie. **Erzählung, V 1989, Verf. u. d. T.** ***Sidonie*** **A/B. D. (TV) 1991 Karin Brandauer.**

Das Zigeunermädchen Sidonie wird 1933 vor dem Steyrer Krankenhaus ausgesetzt. In der Arbeiterfamilie von Hans und Josefa Breirather findet es liebevolle Aufnahme und verlebt in deren Obhut eine kaum getrübte Kindheit – trotz wachsender Armut und Gefährdung der in der sozialistischen Partei aktiven Pflegeeltern und trotz zunehmender rassistischer Anfeindungen. Im Verborgenen bereitet sich in den bürokratischen Apparaten die Katastrophe vor, indem Sidonie der leiblichen Mutter übergeben wird. Den Beteiligten ist bewusst, dass sie damit das Herz des Kindes brechen und dass es mit den leiblichen Eltern nach Auschwitz deportiert werden wird. Sie berufen sich auf die Gepflogenheiten und Gesetze.

Hackl erzählt diese erschütternde Begebenheit über die „Bestialität des Anstands" mit Rückblenden und Vorausnahmen, ganz der Darstellung der Fakten verpflichtet. Der nüchterne Stil der Beschreibung wird erst durchbrochen, als Sidonie am Bahnhof abgegeben werden muss, und der Chronist sich „nicht länger hinter Fakten und Mutmaßungen verbergen kann". Er sieht die Möglichkeiten für die beteiligten Personen, in den gnadenlosen Ablauf der Ereignisse einzugreifen und dass Sidonie „ohne Heldenmut hätte gerettet werden können". Ihre Fortsetzung findet die Geschichte in der Gegenwart im zermürbenden Kampf um die Gedenktafel für Sidonie. Sie endet mit der Erinnerung an die Möglichkeit der Courage: In einem ebenfalls authentischen Fall, unweit von dem Dorf Sidonies, wurde ein Zigeunermädchen dank des mutigen und beherzten Auftretens der Nachbarn geschützt „und kein Buch muss an ihr Schicksal erinnern, weil zur rechten Zeit Menschen ihrer gedachten".

Peter Hacks

***21. 3. 1928 in Breslau, † 28. 8. 2003 in Groß Machnow bei Berlin**

Der Sohn eines Rechtsanwalts machte 1946 in Wuppertal das Abitur. Ein 1947 in München begonnenes Studium (Soziologie, Philosophie, Literatur- und Theaterwissenschaft) schloss er 1951 mit der Promotion ab *(Das Theaterstück des Biedermeier)*. Seine ab 1953 entstandenen Dramen (*Das Volksbuch vom Herzog Ernst,* U 1967) zeigen den Einfluss ↑Brechts. 1955 gelangte in München das Kolumbus-Schauspiel *Eröffnung des indischen Zeitalters* zur Aufführung; im selben Jahr siedelte Hacks nach Ost-Berlin über und wurde Mitarbeiter beim „Berliner Ensemble". Ab 1960 Dramaturg und Theaterdichter am Dt. Theater, musste er 1963 im Zusammenhang der Auseinandersetzung um seine Darstellung der sozialistischen Gesellschaft diese Anstellung aufgeben und lebte fortan als freier Schriftsteller. 1974 und 1977 wurde er mit dem Nationalpreis, 1981 mit dem Heinrich-Mann-Preis der DDR ausgezeichnet. Seine Resonanz litt in der B. D. (diesem „faulen Apfel" hat er, wie er später erklärte, auf Dauer den „sauren Apfel" DDR vorgezogen), nachdem er 1961 den Mauerbau und 1976 die Ausbürgerung von Biermann gerechtfertigt hatte. Daraufhin wurden seine Stücke – wie einst die Stücke von Brecht nach 1953 – zeitweilig von den Spielplänen abgesetzt. Insgesamt gehörte Hacks jedoch bis zur „Wende" auch im Westen mit seinen rund 50 Stücken zu den meistgespielten dt. Bühnenautoren der Gegenwart.

Das dramatische Gesamtwerk gliedert sich in vier Hauptgruppen. Die frühen „historischen Komödien" demontieren den Typus des geschichtlichen Helden, indem sie sein Handeln in den Zusammenhang der Klassengegensätze stellen. So schildert *Der Müller von Sanssouci* (1958) Friedrich II. als absolutistischen Herrscher, der die berühmte Anekdote vom Müller, der sein Recht dem König gegenüber einfordert, aus propagandistischen Gründen inszenieren lässt. Die in der DDR angesiedelten Zeitstücke unterscheiden zwischen Anspruch und Wirklichkeit des Sozialismus, sie malen „mit den grauen Tinten / Der Gegenwart der Zukunft buntes Bild" (*Die Sorgen und die Macht,* 1959; *Moritz Tassow* mit einem Plädoyer für die Befriedigung von individuellen Bedürfnissen, U 1965). Eine dritte Gruppe bilden die Bearbeitungen (*Der Frieden* und *Die Vögel* nach Aristophanes, Letzteres als Opernlibretto) und Parodien (Kriminaloper *Noch ein Löffel Gift, Liebling?,* U 1972). Schließlich beteiligte sich Hacks an der Entwicklung einer „sozialistischen Klassik" mit stilisierenden Tendenzen. Kennzeichnend hierfür ist das Monodrama *Ein Gespräch im Hause Stein über den abwesenden Herrn von Goethe* (U 1976), in dem sich Charlotte von Stein mit ihrem als Puppe anwesenden Mann darauf vorbereitet, von ↑Goethe einen Heiratsantrag entgegenzunehmen. Zu seinen letzten Stücken gehört die „Operette für Schauspieler" *Orpheus in der Unterwelt* (U 1998, V 1999) nach der Musik von Jacques Offenbach (1858). Das neue Libretto handelt von der dt. Einigung: „Die Wende kann sich wenden, / Was schlecht begann / muss ja nicht schlecht enden."

Der Essayist veröffentlichte 1972 die Slg. *Das Poetische. Ansätze einer nachrevolutionären Dramaturgie* (Neuausgabe 2001). Eine breite Leserschaft erreichte Hacks mit Kinderbüchern; er erhielt 1998 den Sonderpreis des Dt. Jugendliteraturpreises; 2002 erschien sein Hörbuch *Kinderkurzweil.*

Ulla Hahn

***30.4.1946 in Brachthausen (Sauerland)**

Nach einem Studium ab 1965 in Köln und Hamburg (Germanistik, Geschichte, Soziologie) promovierte Ulla Hahn 1978 mit dem Thema „ Operative Literaturformen" über die dt. Literatur der 1960er Jahre und war ab 1979 Kulturredakteurin bei Radio Bremen. Seit 1987 lebt sie als freie Schriftstellerin in Hamburg. 1994 übernahm sie in Heidelberg eine Professur für Poetik. 1997 heiratete sie den Politiker Klaus von Dohnanyi. 2002 erhielt sie den Dt. Bücherpreis.

Populär wurde die Lyrikerin bereits mit den Liebesgedichten der Slg. *Herz über Kopf* (1981). Als Stipendiatin der Villa Massimo in Rom arbeite Ulla Hahn an der Slg. *Spielende* (1983). Es folgten weitere Gedichtbände, z. B. 1997 *Galileo und die zwei Frauen.* Kennzeichen sind Reim und metrisches Gleichmaß, etwa in *Bildlich gesprochen:* „Wär ich eine Nixe ich saugte / dich auf den Grund hinab / und wärst du ein Stern ich knallte / dich vom Himmel ab." Mit ihrem Mann veröffentlichte sie 1999 die kommentierte Anthologie *Gedichte fürs Gedächtnis zum Inwendig-Lernen und Auswendig-Sagen.* Als Erzählerin debütierte Ulla Hahn 1991 mit dem Roman *Ein Mann im Haus:* Eine Frau rächt sich für jahrelang erzwungene Verfügbarkeit.

Das verborgene Wort. Roman, V 2001. Schauplatz des autobiografisch fundierten Romans ist die fiktive Kleinstadt Dondorf am Rhein. Hier wächst die Ich-Erzählerin Hildegard Palm in einem proletarischen und erzkatholischen Elternhaus auf. Schon früh und gegen den mit wachsender Feindseligkeit, ja Brutalität verbundenen Widerstand der Familie versucht das Kind, der geistigen Enge zu entkommen. Als Fluchtweg dient das Lesen als Zugang zur Literatur. Dazu gehört die Überwindung des (rheinischen) Dialekts; diesen verwendet die Erzählerin bei der detailreichen Schilderung des Milieus, aus dem sich „Heldejaad" als „Hilla" emanzipiert. Den Hintergrund bildet die Adenauer-Ära der 1950er Jahre.

Albrecht (von) Haller

***16.10.1708 in Bern, †12.12.1777 in Bern**

Als 15-Jähriger begann Haller in Tübingen ein Studium der Medizin, das er in Leiden fortsetzte. 1736 folgte er einem Ruf als Professor für Anatomie, Chirurgie und Botanik nach Göttingen; hier wurde er 1749 geadelt. 1753 kehrte er nach Bern zurück und verfasste sein medizinisches Hauptwerk *Elementa physiologiae corporis humani* (8 Bde. 1757–66). Hallers literaturgeschichtliche Bedeutung gründet sich auf das 1732 in der Slg. *Versuch Schweizerischer Gedichte* veröffentlichte Lehrgedicht (in Alexandrinern) *Die Alpen,* entstanden unter dem Eindruck einer Studienreise im Jahr 1728. Obwohl vom antiken Topos des „Goldenen Zeitalters" beeinflusst, gab Haller erstmals in dt. Sprache dem Naturerleben unmittelbaren dichterischen Ausdruck. Das kulturkritische Grundgerüst bildet eine auf Rousseau vorausweisende Gegenüberstellung von unverfälschter Lebensweise im Einklang mit der Natur und durch Zivilisation verdorbenem städtischem Leben.

Peter Handke
***6. 12. 1942 in Griffen (Kärnten)**

1966 bezichtigte der 23-jährige Debütant Handke die in Princeton (USA) versammelten Mitglieder der „Gruppe 47" der „Beschreibungsimpotenz" – ein Vorwurf, zu dem er sich sieben Jahre später weiterhin bekannte: „Ein großer Teil der Literatur besteht aus Beschreibungen, die einfach Ausdruck von Hilflosigkeit, die nur Eselsbrücken sind zu dem, um was es dem Autor geht." Er forderte die Entfaltung der „zukunftsmächtigen Kraft des poetischen Denkens" und wurde zum Repräsentanten einer neuen Subjektivität.

Der leibliche Sohn eines verheirateten dt. Zahlmeisters bekam kurz vor seiner Geburt einen Berliner Straßenbahnfahrer als Stiefvater. 1944–48 lebte er in Berlin-Pankow, anschließend mit seiner Familie im Haus des Großvaters, eines Bauern und Zimmermanns, in Griffin. 1954–59 besuchte er als Internatsschüler das kath.-humanistische Gymnasium in Tanzenberg, 1961 machte er in Klagenfurt das Abitur, begann in Graz ein Jurastudium und gehörte zur literarischen Vereinigung „Forum Stadtpark". Aufsehen erregte er 1966 durch die Uraufführungen der ab 1964 entstandenen „Sprechstücke" *Publikumsbeschimpfung, Weissagung* und *Selbstbezichtigung*. 1979 ließ er sich in Salzburg nieder. Seit 1991 lebt er in Chaville bei Paris. Zu seinen Auszeichnungen gehört der Georg-Büchner-Preis 1973 (Rückgabe 1999).

Ein wesentlicher Ausgangspunkt Handkes ist das Sprachexperiment im Sinne einer Bloßstellung sprachlicher Fixierungen, „unbewusster literarischer Schemata". Aufgabe der Literatur ist das „Zerbrechen aller endgültig scheinenden Weltbilder". Diese grundsätzlich gesellschaftskritische Funktion verteidigte er gegen eine Politisierung der Literatur durch unmittelbare Kritik. Um so überraschender war in den 1990er Jahren Handkes proserbische Parteinahme, zuletzt gegen die westliche Kriegspolitik (Kosovokrieg 1999). Der Bericht *Unter Tränen fragen. Nachträgliche Aufzeichnungen von zwei Jugoslawien-Durchquerungen im Krieg, März und April 1999* (2000) wurde überwiegend als wirklichkeitsfremd kritisiert. Die Slg. *Mündliches und Schriftliches. Zu Büchern, Bildern und Filmen 1992–2002* (2002) spiegelt u. a. Handkes Tätigkeit als Drehbuchautor, z. B. *Falsche Bewegung* (Bundesfilmpreis in Gold 1975) und *Der Himmel über Berlin* (1987), beide von Wim Wenders. Sein Debüt als Regisseur gab Handke 1977 bei *Die linkshändige Frau;* 1992 folgte der Spielfilm *L'absence – Die Abwesenheit* nach seinem gleichnamigen Märchen.

Gedichtbände: *Die Innenwelt der Außenwelt der Innenwelt* (1969), *Das Ende des Flanierens* (1977). – Romane: *Die Hornissen* (1966, überarbeitet 1978), *Der Hausierer* (1967), *Mein Jahr in der Niemandsbucht* (1994), *Der Bildverlust oder Durch die Sierra de Gredos* (2002). – Erzählungen: Slg. *Die Begrüßung des Aufsichtsrats* (1967), *Der kurze Brief zum langen Abschied* (1972, Verf B. D. 1976/77 Herbert Vesely), *Die Stunde der wahren Empfindung* (1975), *Langsame Heimkehr* (1979), *Der Chinese des Schmerzes* (1983), *Die Wiederholung* (1986). – Dramen: *Der Ritt über den Bodensee* (V 1970, U 1971), *Die Unvernünftigen sterben aus* (V 1973, U 1974), *Über die Dörfer* (V 1981, U 1982). – Hörspiele: *Geräusch eines Geräusches* (1970), *Wind und Meer* (1971). – Autobiografisches: *Das Gewicht der Welt. Ein Journal* (Aufzeichnungen 1975–77, V 1977), *Die Lehre der Sainte-Victoire* (1980), *Die Geschichte des Bleistifts* (Aufzeichnungen 1976–80, V 1982), *Phantasien der Wiederholung* (Aufzeichnungen 1981/82, V 1983).

Publikumsbeschimpfung. Drama, sog. „Sprechstück", E 1965, U, V 1966.
Nach akustisch vorgetäuschten betriebsamen Bühnenvorbereitungen treten vier Sprecher ohne besondere Kennzeichen und bestimmte Textrollen (sie „sind ungefähr gleich viel beschäftigt") auf die leere Bühne, um nach einer kurzen „Schimpfprobe" auf das Publikum einzureden. Ihr Thema ist die dadurch geschaffene Situation, dass keinerlei theatralische Darbietung vorgesehen ist, die über die (räumliche) Trennung zwischen Publikum und Schauspielern hinausreichen würde. Als sprachliches Material dienen geläufige Formeln und deren Anwendung auf das Hier und Jetzt: „Die Handlung ist nicht frei erfunden, denn es gibt keine Handlung. Weil es keine Handlung gibt, ist auch kein Zufall möglich. Eine Ähnlichkeit mit noch lebenden oder gerade sterbenden oder schon toten Personen ist nicht zufällig, sondern unmöglich." Die vom Titel angekündigte Beschimpfung bildet das Finale, ausgehend von der Charakterisierung der Zuschauer als Schauspieler: „Ihr wart lebensecht. Ihr wart wirklichkeitsnah. (...) Ihr zeugtet von hoher Spielkultur, ihr Gauner, ihr Schrumpfgermanen, ihr Ohrfeigengesichter." Was immer zur Sprache kommt („ihr Kriegstreiber, ihr Untermenschen", erscheint als Worthülse.
Dieses wie die weiteren „Sprechstücke" sind „Schauspiele ohne Bilder, insofern, als sie kein Bild von der Welt geben. Sie zeigen auf die Welt nicht in der Form von Bildern, sondern in der Form von Worten, und die Worte der Sprechstücke zeigen nicht auf die Welt als etwas außerhalb der Worte Liegendes, sondern auf die Welt in den Worten selber. (...) Sie wollen nicht revolutionieren, sondern aufmerksam machen" (*Bemerkung zu meinen Sprechstücken*, 1967). In ihrem Ziel, nichts „vorzumachen" bzw. den Vorgang der Trennung zwischen Zeichen und Bezeichnetem bewusst zu machen, berühren sich die „Sprechstücke" mit der Konzeptkunst.

Kaspar. Drama, U, V 1968, als Hörspiel 1981.
Der Titel bezieht sich auf die Gestalt des Kaspar Hauser, der 1828 in Nürnberg als etwa 16-jähriger Knabe aufgegriffen worden ist und, offensichtlich unter den Folgen einer Gefangenschaft leidend, kaum sprechen konnte. Das Stück bildet jedoch nicht den Versuch, einen Beitrag zur Erhellung des Schicksals des historischen Kaspar Hauser zu leisten. Der thematische Zusammenhang beschränkt sich auf die Frage des Spracherwerbs als Instrument der sozialen Einordnung und Anpassung. Kaspar besitzt zunächst den Satz: „Ich möcht' ein solcher werden, wie einmal ein andrer gewesen ist." Unter dem Einfluss der Einsager, die diesen Satz in ein System von Sätzen einbauen, gewinnt Kaspar zwar eine Erweiterung seiner sprachlichen Möglichkeiten, wird aber zugleich austauschbar und endet wieder beim Gestammel seiner Sprachlosigkeit.

Das Mündel will Vormund sein.
Drama, U, V 1969.
Der Titel bezieht sich auf Prosperos Frage in Shakespeares Romanze *Der Sturm*: „Was, das Mündel will Vormund sein?"
Während Handkes „Sprechstücke" auf jegliches „Bild von der Welt" verzichten, beschränkt sich dieses Stück auf das „Bild". Gestaltungsmittel sind Gestik, kleine Handlungsabläufe, Beziehungen im Raum, Bühnenbild (Front und Interieur eines Bauernhauses) und Requisiten. Als Akteure dienen neben einer Katze (sie „tut, was sie tut") der „Vormund" und das „Mündel". Die in einer z. T. raschen Folge von Szenen sich entwickelnde Handlung deutet ein sich zuspitzendes Spannungsverhältnis zwischen den beiden Personen an, ohne das Herr-Knecht-Verhältnis aufzuheben. Die Schlussszene (das „Mündel" lässt Sand in eine Wasserwanne rinnen) könnte wie viele andere der Aktionen des Bühnengeschehens aus einem Happening stammen. Musik und Geräusche begleiten das pantomimische Bild-Stück.

Die Angst des Tormanns beim Elfmeter. Erzählung, V 1970, Verf B.D. 1971 Wim Wenders.

Die Schauplätze liegen in Wien und einem „südlichen Grenzort"; als Protagonist, aus dessen Perspektive (in der dritten Person) erzählt wird, dient der „Monteur Josef Bloch, der früher ein bekannter Tormann gewesen war". Das durchgängige Thema ist Blochs Schwierigkeit, die „Signale" seiner Umgebung richtig zu deuten. So stellt der erste Satz der Erzählung fest: Bloch wurde „mitgeteilt, daß er entlassen sei"; der zweite relativiert: „Jedenfalls legte Bloch die Tatsache, daß bei seinem Erscheinen in der Tür der Bauhütte, wo sich die Arbeiter gerade aufhielten, nur der Polier von der Jause aufschaute, als eine solche Mitteilung aus." In einer diffusen bzw. als eine solche wahrgenommenen Umwelt gewinnt Bloch durch den Mord an einer Kinokassiererin gleichsam einen roten Faden für sein Handeln und die Suche nach Mitteilungen: Er sieht sich gezwungen, Wien zu verlassen, und verfolgt anhand der Zeitungen, ob ihm die Polizei auf die Spur gekommen ist. Tatsächlich wird nach mehreren Tagen eine Täterbeschreibung veröffentlicht, doch die betreffende Überschrift erscheint Bloch als fingiert, „wie auf die Zeitung aufgeklebt; wie Zeitungen im Film, dachte er: dort waren auch die wirklichen Schlagzeilen ersetzt", und zwar durch solche, „die auf den Film paßten".

Die Versuche Blochs, seine Situation zu analysieren, treiben ihn immer stärker in seine „verhaßte Wortspielkrankheit": Alle Bezeichnungen und die mit ihnen verbundenen Gegenstände oder Geräusche sind mehrdeutig und lassen keine Rückschlüsse auf die bestehenden Absichten zu – vergleichbar dem Elfmeterschützen, der über seine Schussrichtung hinwegzutäuschen versucht und hierdurch den Tormann in ein nervöses Hin und Her versetzt. Die Erzählung endet mit einem Schützen, der dem ruhigen, von Deutungszwängen unberührten Tormann den Ball in die Hände schießt.

Wunschloses Unglück.
Erzählung, V 1972.

Wie *Der kurze Brief zum langen Abschied* (1972, Beziehung zur Ehefrau, der Schauspielerin Libgart Schwarz) und *Kindergeschichte* (1981, Zusammenleben mit der Tochter Amina) ist auch dieser Text autobiografisch fundiert. Den Anlass bildete der Selbstmord der Mutter 1971.

Handke zeichnet das eindringliche Lebensbild einer Frau, die in engen dörflichen Verhältnissen aufgewachsen war und als Mädchen keine Möglichkeit besaß, ihrer Begabung und Lernfreude gerecht zu werden. „Doch immerhin gab es in der Bevölkerung eine überlieferte Achtung vor den vollendeten Tatsachen: eine Schwangerschaft, der Krieg, der Staat, das Brauchtum und der Tod. Als meine Mutter einfach von zu Hause wegging, mit fünfzehn oder sechzehn Jahren, und in einem Hotel am See kochen lernte, ließ der Großvater ihr den Willen, ‚weil sie nun schon einmal weggegangen war'; außerdem war beim Kochen wenig zu lernen." Der erste Mann, in den sie sich verliebte (Handkes leiblicher Vater, „im Zivilberuf Sparkassenangestellter, nun als militärischer Zahlmeister ein bißchen etwas Besonderes"), blieb in der Erinnerung trotz der Eheschließung mit einem anderen der einzige Mann, „es gab keinen ‚anderen' mehr: die Lebensumstände hatten sie zu einer Liebe erzogen, die auf einen nicht austauschbaren, nicht ersetzbaren Gegenstand fixiert bleiben mußte".

Eingeflochten sind Reflexionen des Erzählers über die psychische Funktion seines Erzählens und dessen Ziel, sich „mit gleichbleibend starrem Ernst an jemanden heranzuschreiben, den ich doch mit keinem Satz ganz fassen kann, so daß ich immer neu anfangen muß und nicht zu der üblichen abgeklärten Vogelperspektive komme". Distanzieren kann sich der Erzähler nur von sich selber, „meine Mutter wird und wird nicht, wie ich sonst mir selber, zu einer beschwingten und in sich schwingenden, mehr und mehr heitern Kunstfigur".

Die linkshändige Frau. Erzählung, V 1976, Verf B. D. 1977 Peter Handke.
Titelfigur ist die 30-jährige Marianne mit einer Vorliebe für den Song „The Lefthand Woman" mit den Zeilen: „Ich möchte dich in einem fremden Erdteil sehen, / Denn da werde ich dich unter den andern endlich allein sehen. / Und du wirst unter tausenden mich sehen / und wir werden endlich aufeinander zugehen."
Die äußere Handlung beginnt mit der Rückkehr von Mariannes Mann Bruno von einer Geschäftsreise. Nach einer gemeinsamen Nacht im Hotel wünscht Marianne die Trennung. Bruno zieht zur gemeinsamen Freundin Franziska, die Marianne aus feministischer Sicht bewundert. Diese lebt nun allein mit dem 8-jährigen Sohn Stefan im gemieteten Bungalow in einer sterilen Terrassensiedlung am Rand einer Großstadt. Um ihre Selbstständigkeit zu sichern, kehrt sie zu ihrer Tätigkeit als Übersetzerin zurück. Im ersten Auftrag übersetzt sie: „Im Land des Ideals: Ich erwarte von einem Mann, daß er mich liebt für das, was ich bin, und für das, was ich werde." Eine Folge von alltäglichen Begegnungen und Ereignissen im Stil von short cuts (filmsprachlich „kurze Schnitte", der Erzählung ging das Drehbuch zu Handkes Debütfilm als Regisseur voraus) mündet in eine improvisierte Party Mariannes mit Bruno, dem Verleger und dessen Fahrer, einem Schauspieler, Franziska und einer Verkäuferin. Zu den Leitmotiven mit der Bedeutung von Selbstwahrnehmung und Selbstachtung als Bestandteilen von Emanzipation gehört der Spiegel, in dem sich „die Frau" betrachtet. Ein Zitat aus ↑Goethes Eheroman *Die Wahlverwandtschaften* dient am Ende als zum Widerspruch reizendes literarisches Spiegelbild der Erzählung: „So setzen alle zusammen, jeder auf seine Weise, das tägliche Leben fort, mit und ohne Nachdenken; alles scheint seinen gewöhnlichen Gang zu gehen, wie man auch in ungeheuren Fällen, wo alles auf dem Spiele steht, noch immer so fort lebt, als wenn von nichts die Rede wäre."

Die Fahrt im Einbaum oder Das Stück zum Film vom Krieg.
Drama, V, U 1999.
Das Stück spielt „etwa ein Jahrzehnt nach dem vorläufig letzten Krieg" auf dem Balkan. Hier befindet sich der Schauplatz: der Speisesaal eines großen Provinzhotels „fern der europäisch-amerikanischen Welt". Mit dieser Lokalisierung begrüßt der span. Regisseur Luis Machado seinen amerikan. Kollegen John O'Hara. Gemeinsam wollen sie hier Material und Darsteller für einen Film über jenen Krieg finden. Die Erinnerungen der Einheimischen handeln vom jahrzehntelangen Nationalitätenkonflikt. Im Disput zwischen drei „Internationalen" und dem „Griechen" wird diesem vorgehalten: „Warum gibst du dieses Land nicht endlich auf? Es ist ein verlorenes Land. Auch die Chance des Volkes, das Volk der Dulder zu werden, das Volk Hiob: vertan!" Der „Grieche" (bzw. Handke) hält dagegen: „Im Namen des Guten tretet ihr auf, und keinen Hauch von Gutem habt ihr je hinterlassen hier im Land." Nun stehen die Medien am Pranger, und in rüdem Ton beklagt der „Grieche" das „Ende des Wahr- und Schönheitssinns. Ende des Formbewahrens." Eine junge „Fellfrau" gewinnt die Oberhand gegenüber den „Klartextleuten"; den „Fragern" gibt sie den Bescheid: „Merk dir, du westlicher Wackerstein: wir sind euch weit weniger ähnlich, als ihr es bestimmt. Und ihr seid uns weit ähnlicher, als ihr es euch träumen laßt." Ihr gelingt es, die inzwischen einheitlich gekleideten Einheimischen in dem Einbaum unterzubringen, der als Baumstamm von Anfang an im Saal liegt und in dem eigentlich nur zwei Personen Platz haben. Das Gefährt setzt sich in Bewegung, und „von oben senkt sich nun eine Riesenapparatur herab, in allen möglichen Farben bemalt, mit den Wimpeln und Sternen und Sternenbannern sämtlicher möglicher Staatengemeinschaften bestückt, lustig anzusehen".
Gewidmet ist das (u.a. medienkritische) Stück „dem Theater als freiem Medium".

Peter Härtling
***13.11.1933 in Chemnitz**

Der Sohn eines Rechtsanwalts verlor 13-jährig die Eltern (1946 Tod des Vaters in russ. Kriegsgefangenschaft, Freitod der Mutter nach der Flucht über Zwettl in Niederösterreich nach Nürtingen a.N.). Nach abgebrochener Gymnasialzeit begann Härtling 1952 mit einer Ausbildung als Zeitungsredakteur; 1953 erschien sein erster Gedichtband: *Poeme und Songs*. Ab 1956 war er Feuilletonredakteur der „Dt. Zeitung", ab 1962 Mitarbeiter bzw. Hg. der Zeitschrift „Der Monat" (bis 1970), ab 1967 Cheflektor des S. Fischer Verlags. Seit 1974 lebte er in Walldorf als freier Schriftsteller. 1983/84 hatte er die Dozentur für Poetik der Universität Frankfurt a.M. inne (Vorlesungen *Der spanische Soldat oder Finden und Erfinden*, V 1984). 1985 wurde er in die Synode der Ev. Kirchen in Dtl. (EKD) gewählt (*Brüder und Schwestern. Tagebuch eines Synodalen*, 1991). Als Herausgeber veröffentlichte er nach mehreren Anthologien die Slg. *Goethe für Kinder. „Ich bin so guter Dinge"* (1998). Zu seinen Auszeichnungen als Lyriker, Erzähler, Romancier, Dramatiker und Essayist sowie Literar- und poetischer Musikhistoriker gehören, beginnend 1964 mit dem Literaturpreis des Verbandes der dt. Kritiker, der Dt. Jugendbuchpreis (1976) und der Sonderpreis des Dt. Jugendliteraturpreises (2001). Für das Lebenswerk wurde er 2003 mit dem Dt. Bücherpreis geehrt. Mehr als 10 Schulen in der B.D. sind nach Härtling benannt.

Als Erzähler setzte sich Härtling mit der eigenen wie mit fremden Biografien auseinander; der Roman *Niembsch oder Der Stillstand* (1964) ist dem Leben ↑Lenaus gewidmet. Zu den unmittelbar autobiografischen Werken gehört *Zwettl. Nachprüfung einer Erinnerung* (1973). Hier deutet sich die Überwindung des Misstrauens gegenüber der Möglichkeit einer realistischen Vergegenwärtigung des Vergangenen an. Dennoch sind die einfühlsame Romanbiografie *Hölderlin* (1976) und der Mörike-Roman *Die dreifache Maria* (1982) von der Spannung zwischen historischer Authentizität und Fiktion geprägt. Der Roman *Das Windrad* (1983, der Titel bezieht sich auf die Nutzung von Windenergie) steht im Zusammenhang mit der politischen Entwicklung Härtlings vom SPD-Wahlhelfer zum Mitglied der Friedens- und Ökologiebewegung (1982 Naturschutzpreis des Bundes für Umwelt und Naturschutz). Breiten Raum nehmen für Kinder (und Erwachsene) bestimmte Erzählungen ein; sie fordern zum Abbau von Vorurteilen und zur Entwicklung von Kritikfähigkeit und selbstverantwortlichem Handeln auf.

Gedichtbände: *Yamins Stationen* (1955), *Spielgeist – Spiegelgeist* (1962), *Anreden* (1977), *Vorwarnung* (1983), *Das Land, das ich erdachte* (1993), *Ein Balkon aus Papier* (2000). – Romane: *Im Schein des Kometen* (1959), *Das Familienfest oder Das Ende der Geschichte* (1969), *Eine Frau* (1974, Verf u.d.T. *Intermezzo für fünf Hände* B.D. 1978), *Herzwand. Mein Roman* (1990), *Schubert* (1992), *Schumanns Schatten* (1996). – Kinderliteratur: *Zum laut und leise Lesen. Geschichten und Gedichte für Kinder* (1975), *Oma* (1975), *Theo haut ab* (1977), *Ben liebt Anna* (1979), Slg. *Sofie macht Geschichten* (1980), *Alter John* (1981), *Jakob hinter der blauen Tür* (1983), *Krücke* (1986). – Essays: Literatur, *Politik, Polemik* (1962), *Das Ende der Geschichte. Über die Arbeit an einem „historischen Roman"* (1968), *Die Wirklichkeit der Kinder* (1969), *Über Heimat* (1982), *Der Anspruch der Kinderliteratur* (1991), *Notenschrift. Wörter und Sätze zur Musik* (1998).

Hubert oder Die Rückkehr nach Casablanca. Roman, V 1978.

Die Biografie des Hubert Windisch, Jahrgang 1923, reicht bis Mitte der 1960er Jahre. Als Kind wird ihm „Heldentum" eingeprügelt, der Krieg zerstört sein Leben. Der „Wiederaufbau" gründet sich auf eine verdrängte oder gefälschte Vergangenheit; so verschweigt Hubert im Zuge der Entnazifizierung den SS-Status seines Vaters, der sich das Leben genommen hat. Während seines Studiums ist „Hjubört" Kellner in einem US-Offizierskasino und wird „amerikanisiert", was subjektiv bedeutet: „Er war zwanzig Jahre nicht er selbst gewesen. Vielleicht gelang es ihm jetzt, sich zu fassen, (...), sich zu widersetzen." Zu Hilfe kommen ihm Filmfiguren wie Sam Spade, Privatdetektiv in *Der Malteserfalke* dargestellt von Humphrey Bogart („Bogie"). Hubert macht in einem Frankfurter Zeitungsverlag Karriere von der Finanzverwaltung bis zur Aquisition von Anzeigen, was mit ausgedehnten Reisen verbunden ist. Doch der Wunsch, seine Kenntnis amerikan. Filme als Rezensent zu verarbeiten, bleibt eine Illusion. Stattdessen ersetzt die filmische Scheinwelt Huberts eigene Geschichte, und die Imitation von Bogarts Erscheinungsbild (Zweireiher, Trenchcoat und in die Stirn gedrückter breitkrempiger Borsalino-Hut, Hände in den Taschen und leicht vorgebeugter Gang) verhilft Hubert zur eigenen, allerdings geborgten Identität. Als Philipp Marlowe scheint Bogart „für Hubert noch tiefer in jener handelnden Melancholie zu stecken, der alles Pathos abhanden gekommen war, weil sie sich selbst gar nicht ernst nahm". An die Spitze rückt Bogie in *Casablanca* als desillusionierter Besitzer des Emigranten-Treffpunkts „Rick's Café Americain" in Casablanca. Doch was die Fantasiewelt nicht verdecken kann, ist das Trauma von „den Männern, die auszogen, die Welt in Trümmer zu legen". Der Roman lässt am Ende offen, ob Hubert jemals darüber zu sprechen imstande sein wird.

Nachgetragene Liebe.
Erzählung, V 1980, als Hörbuch, von Härtling gelesen, 1983.

Härtling schildert seine Kindheit bis zur Flucht 1945 von Chemnitz nach Zwettl (Oberösterreich) und zum Tod des Vaters, der 1946 im russ. Kriegsgefangenenlager Döllersheim bei Zwettl umgekommen ist. Ziel des autobiografischen Berichts ist es, die während des unmittelbaren Zusammenlebens mit dem als Rechtsanwalt tätigen Vater unterdrückten menschlichen Begegnungen erzählend nachzuholen. Vergegenwärtigt wird die kindliche Erlebniswelt. Zu ihr gehörte nicht zuletzt die Einsicht in die Ohnmacht des scheinbar allmächtigen Vaters, der zwar Opfer des Naziregimes verteidigte, aber keinen aktiven Widerstand gegen den Nationalsozialismus geleistet hat. Der Titel verweist auf ein wesentliches Element in Härtlings Literaturverständnis, das er mit den Worten charakterisiert hat: „Literatur trägt nach, sie eilt selten voran." Seine Auseinandersetzung mit dem Erinnern spiegeln die Sätze des dän. Philosophen Sören Kierkegaard, die Härtling der „Suite" *Niembsch oder Der Stillstand* (1964) als Motto vorangestellt hat: „Wiederholung und Erinnern sind dieselbe Bewegung, nur in entgegengesetzter Richtung. Denn was da erinnert wird, ist gewesen, wird nur nach rückwärts wiederholt, wohingegen die eigentliche Wiederholung nach vorwärts erinnert wird."

Der *Nachgetragenen Liebe* ging 1973 *Zwettl. Nachprüfung einer Erinnerung* voraus (in Zwettl erlebte der 12-jährige Junge den Einmarsch der Roten Armee). Ein drittes autobiografisches Werk über die tragische Kindheit sowie den Beginn bei der „Nürtinger Zeitung" ist *Herzwand. Mein Roman* (1990). Hier spricht Härtling vom Tod seiner Mutter nach der Flucht aus Zwettl ins schwäb. Nürtingen. Die Mutter war vergewaltigt worden, erkrankte an Depression und nahm sich 1946 das Leben. Ein Anlass für das Buch war Härtlings Herzoperation, auf die sich der Titel u. a. bezieht.

Hölderlin. Ein Roman. V 1976.
Härtling bekennt zu Beginn seines Künstlerromans über Johann Christoph Friedrich ↑Hölderlin: „Ich schreibe keine Biografie. Ich schreibe vielleicht eine Annäherung." Als Grundlage dienen neben Hölderlins Werken und Briefen sowie den dokumentierten Ereignissen auch – unter dem Vorbehalt „So könnte es gewesen sein" – erfundene Dialoge zwischen Hölderlin und seinen Mitmenschen. Unter dem Gesichtspunkt der Wirkungsgeschichte sind persönliche Erfahrungen und Erinnerungen Härtlings eingeflochten, zumal u.a. die Stadt Nürtingen einen Berührungspunkt bildet: 1774 heiratete Hölderlins verwitwete Mutter Johanna den Schreiber Gok, der 1776 Bürgermeister von Nürtingen wurde. In diesem Jahr trat Hölderlin in die Nürtinger Lateinschule ein. Härtling lebte ab 1946 in der schwäb. Stadt am oberen Neckar. Als Ort der Begegnung nimmt die „gemeinsame Heimat" breiten Raum ein. Auch Frankfurt a.M. ist mit biografischen Gemeinsamkeiten verbunden. Kürzer fasst sich Härtling bei Hölderlins Aufenthalt in der Autenriethschen Klinik und schließlich in der Obhut der Familie Zimmer im Tübinger Turm am Neckar, dem heutigen Hölderlinturm.
Härtlings Roman erreichte zu einer Zeit, in der über die politischen Erwartungen Hölderlins im Zeichen der Französischen Revolution diskutiert wurde, ein breites Publikum.
Als Herausgeber veröffentlichte Härtling 1984 ausgewählte Werke Hölderlins, 1993 *Gegenden, Orte – Landschaften Hölderlins,* 1994 *Behalten Sie mich immer freundlich im Angedenken. Briefe von und an Friedrich Hölderlin* sowie *Hölderlin und Nürtingen.* 1987 erhielt Härtling den Hölderlin-Preis der Stadt Bad Homburg. Hier lebte Hölderlin, nachdem er 1798 das Haus des Frankfurter Bankiers Gontard, wo er als Hauslehrer tätig war, aufgrund der Beziehung zu dessen Frau Susette (Hölderlins „Diotima") verlassen musste.

Hoffmann oder Die vielfältige Liebe. Eine Romanze. Roman, V 2001.
Den Künstlerromanen über ↑Lenau *(Niembsch oder Der Stillstand,* 1964), ↑Hölderlin (1976), ↑Mörike *(Die dreifache Maria,* 1983) und *Waiblingers Augen* (1998) über Wilhelm Waiblinger (1804–1830) sowie über die Komponisten Franz Schubert (1992) und Robert Schumann (1996) folgte 2001 Härtlings teils wiederum fiktionale Annäherung an E.T.A. ↑Hoffmann. Der Titel verweist auf das besondere Interesse an der Beziehung des exzentrischen Schriftstellers, Musikers und Komponisten (Oper *Undine*) zu Frauen: 1803 löste Hoffmann seine Verlobung mit „Minna" Doerffer, und heiratete in Posen die Polin „Mischa" Rorer. Hoffmann plante einen autobiografischen Roman über sein Leben mit „Mischa" u.d.T. „Timotheus Schnellpfeffers Flitterwochen vor der Hochzeit". An „Mischa", die Hoffmann in den oft schwierigen Lebensverhältnissen treu zur Seite stand, wurde später bemängelt, sie sei ihrem Mann geistig nicht ebenbürtig gewesen. Einen Schwerpunkt bildet Hoffmanns Beziehung zur „Kindfrau" Julia Mark (1796–1865). Sie ist „eine Person, die er erwartet, schon erfunden hat. Eine schmerzliche, um so köstlichere Inkarnation der Liebe." Hilfreich ist die Musik: Hoffmann gibt Julia in Bamberg ab 1809 Gesangsunterricht. Durch sein Tagebuch geistert sie unter dem chiffrierten Decknamen Käthchen (nach dem *Käthchen von Heilbronn* von ↑Kleist). Julia heiratete 1812 und in 2.Ehe 1821, im Jahr vor Hoffmanns Tod. Charakteristisch für Härtlings literarisches Verfahren, sich seine Figuren gleichsam anzueignen, ist die Szene von Julias Verlobung 1812: Hoffmann macht bei der Feier eine erbärmliche Figur, und Härtling leidet mit ihm. Dies gilt insgesamt für Hoffmanns Zwiespalt zwischen idealisierter Liebe und sinnlicher Erotik. Dieser Zwiespalt ist ein Spiegelbild seiner Künstlerexistenz in einer Gesellschaft, die Wert auf eine biedere Fassade legt.

Hartmann von Aue (H. ze Ouwe)
***um 1165, †um 1215**

Über die Lebensumstände des neben ↑Gottfried von Straßburg und ↑Wolfram von Eschenbach bedeutendsten mhdt. Lyrikers und Epikers ist kaum etwas bekannt. Er selbst bezeichnet sich als gelehrten Ritter und spricht von einem Dienstherrn, ohne dessen Namen zu nennen. Worauf sich „Ouwe" („Aue") bezieht, ist umstritten. Das Wappen seines Autorenbildes in der *Großen Heidelberger Liederhandschrift* (Codex Manesse) ist als das der Herren von Wespersbühl bei Andelfingen (Kt. Zürich) belegt. Als sicher gilt, dass er sich an der Kreuzzugsbewegung beteiligt hat (3 *Kreuzlieder*), am 1189 von Friedrich I. Barbarossa begonnenen 3. Kreuzzug oder am Kreuzzug Heinrichs VI., der am Tod des Kaisers 1197 in Messina gescheitert ist.

Als Frühwerk gilt das sog. *Büchlein*, ein Minne-Lehrgedicht mit den Leitbegriffen „milte, zuht, diemut, triuwe, staete, kiuscheit, gewislichiu (zuverlässige) manheit". Zu den im *Codex Manesse* enthaltenen Liedern gehört das älteste Lied der „niederen Minne". Den beiden Artusromanen *Erec* und *Iwein* liegen Epen von Chrétien de Troyes zugrunde. An Erec, Mitglied der Artus-Tafelrunde, wird ein zweifaches Abweichen vom ritterlichen Ideal der „mâze" vor Augen geführt: Er verabsolutiert zunächst die „minne", dann die „êre", bis er gemeinsam mit seiner Frau Enite zum harmonischen Ausgleich im Sinne höfischer Gesittung gelangt. Iwein vergisst über seinen Abenteuern seine Frau Laudine, wird verflucht, verfällt in Wahnsinn und muss sich durch schwere Buße (u. a. beschämt durch die Treue eines Löwen) den Weg zurück in die höfische Gesellschaft erkämpfen.

Gregorius. **Mhdt. Verslegende, E um 1188 oder zwischen 1190 und 1197, überliefert in 11 Handschriften aus dem 13.–15. Jh., 1. Druckausgabe 1838. Zugrunde liegt die *Vie du pape Grégoire;* erneute Bearbeitung des Stoffes durch Th. ↑Mann.**

Gregorius ist das Kind eines herzoglichen Geschwisterpaares. In einer Barke ausgesetzt, gelangt das Neugeborene zu einer Insel, auf der es im Kloster erzogen wird. Der Herangewachsene folgt seinem Wunsch, Ritter zu werden, und befreit schließlich die Hauptstadt des Reiches, in dem seine Mutter regiert. Er heiratet diese unwissend. Nachdem die Blutschande zutage gekommen ist, lässt sich Gregorius auf einer Insel an einen Felsen anschmieden. Nach 17-jähriger Buße wird er auf Geheiß Gottes befreit und in Rom als Papst inthronisiert. Als „guter Sünder" (Hartmann im Prolog) verkörpert Gregorius ein Übermaß (schuldloser) Schuld, dem ein Übermaß der Gnade Gottes entspricht.

Der arme Heinrich. **Mhdt. Verslegende, E um 1195, 1. Druckausgabe 1815; erneute Bearbeitung des Stoffes durch ↑Hauptmann.**

Der mit „êre unde guot" gesegnete Heinrich, ein Repräsentant des höfischen Rittertums, wird vom Aussatz befallen und damit zur Hiob-Gestalt. Das einzige Rettungsmittel ist das „herzbluot" einer Jungfrau. Diese findet sich in Gestalt der Tochter des Pächters, bei dem Heinrich lebt: Liebe und Todessehnsucht haben sie zu ihrem Entschluss gebracht. Obwohl Heinrich inzwischen zur Einsicht gelangt ist, dass die Krankheit eine Strafe für seine Weltverfallenheit bildet, nimmt er das Opfer an. Erst im letzten Augenblick bekennt er sich zu der von Gott auferlegten eigenen Buße. Auf wunderbare Weise genesen, heiratet er die verhinderte Märtyrerin. Durch diese Wendung verliert die Verurteilung des Weltlebens ihre Radikalität; gefordert ist die Anerkennung der Allmacht Gottes.

Walter Hasenclever

***8. 7. 1890 in Aachen, †21. 6. 1940 in Les Milles (Bouches-du-Rhône)**

Der Sohn eines Arztes studierte 1908 in Oxford und Lausanne, ab 1909 in Leipzig Philosophie, Geschichte und Literatur; 1910 erschien sein erster Gedichtband: *Städte, Nächte und Menschen, Erlebnisse.* Mit seinem Drama *Der Sohn* (V 1914, U mit Ernst Deutsch, Kleist-Preis 1917) rebellierte er gegen die im Vater verkörperten lebensfeindlichen Autoritäten: In Ketten aus einem Bordell ins Elternhaus zurückgeschleppt, zieht der Sohn gegen den Vater den Revolver und triumphiert über den am Schlag Gestorbenen. Ausdruck der Wandlung Hasenclevers vom Kriegsfreiwilligen des Jahres 1914 zum Pazifisten ist das 1917 uraufgeführte Drama *Antigone* (ekstatischer Aufruf gegen Krieg und Massenbeeinflussung). In der expressionistischen Anthologie *Menschheitsdämmerung* (1920) ist er mit 19 Gedichten einer der am stärksten vertretenen Dichter. Anfang der 1920er Jahre beschäftigte er sich mit dem Mystizismus Swedenborgs (1925 erschienen Nachdichtungen seiner theosophischen Gedichte u. d. T. *Himmel, Hölle, Geisterwelt*). Ab 1924 in Paris als Korrespondent des Berliner „8-Uhr-Abendblatts" tätig, verfasste er mehrere Lustspiele, darunter *Ein besserer Herr* (U 1927) über einen Heiratsschwindler; 1930 war er als Drehbuchautor in Hollywood *(Anna Christie,* verfilmt mit Greta Garbo). 1933 in Dtl. verboten und anschließend ausgebürgert, lebte er als Exilant in Südfrankreich, Italien, England; 1939 in Antibes zweimal interniert und beim Einmarsch der dt. Truppen 1940 im Lager Les Milles inhaftiert, nahm er sich das Leben. Sein 1939 abgeschlossener autobiografischer Roman *Irrtum und Leidenschaft* erschien postum 1969.

Gedichtbände: *Der Jüngling* (1913), *Tod und Auferstehung* (1917), *Gedichte an Frauen* (1922). – Dramen: *Die Menschen* (1918), *Der Retter* (1919), *Jenseits* (1920), *Gobseck* (1922), *Ehen werden im Himmel geschlossen* (1928), *Christoph Columbus oder Die Entdeckung Amerikas* (mit ↑Tucholsky 1932, Verf B. D. 1969 Helmut Käutner), *Münchhausen* (E 1934, V 1952).

Josef Haslinger

***5. 7. 1955 in Zwettl/Niederösterreich**

Bereits während des Studiums der Philosophie, Theaterwissenschaft und Germanistik in Wien war Haslinger Mitherausgeber der Literatur-Zs »Wespennest« (1976–92). Der Promotion 1980 über *Die Ästhetik des Novalis* (V 1981), folgten Lehraufträge in Kassel, Innsbruck, Wien und Ohio. Seit 1996 lehrt Haslinger am Deutschen Literaturinstitut in Leipzig. Bereits 1980 debütierte er mit dem Erzählband *Der Konviktskaktus,* war einem breiteren Publikum aber vor allem als politischer Essayist bekannt (*Politik der Gefühle,* 1987; *Wozu brauchen wir Atlantis,* 1996; *Das Elend Amerikas. 11 Versuche über ein gelobtes Land,* 1992). Haslingers Beschäftigung mit den sozialen und politischen Verhältnissen v. a. in Österreich (1992 gehörte er zu den Gründern der Antirassismus-Organisation „SOS Mitmensch") mündeten in seine Romane *Opernball* (1995) und *Das Vaterspiel* (2000).

Zu Haslingers Auszeichnungen gehören der Förderpreis der Theodor-Körner-Stiftung (1980), der Förderpreis der Stadt Wien (1984), der Preis der Literaturzeitschrift „erostepost" (1989), das Elias-Canetti-Stipendium der Stadt Wien (1992) und der Ehrenpreis des österreich. Buchhandels (2000).

Opernball. Roman, V 1995, Verf (TV) A/B. D. 1998 Urs Egger.
Der Wiener Opernball wird zum Ziel eines Terroranschlages. Der Journalist und frühere Kriegsberichterstatter Fraser leitet die Live-Übertragung des Fernsehens und wird mit Millionen von Zuschauern Zeuge, wie die zahlreichen Prominenten und Politiker an der Blausäure grausam ersticken, die in das Belüftungssystem der Oper geleitet wurde. Auch sein Sohn, der als Kameramann tätig ist, kommt dabei ums Leben. Tief getroffen vom Verlust des Sohnes, an den er sich erst vor kurzem angenähert hatte (als populärer Journalist war er bis dahin stets lästig und uninteressant), beginnt Fraser die Hintergründe der Tat zu recherchieren. Hinter dem Anschlag verbirgt sich eine neofaschistische Gruppe, die sich „Die Entschlossenen" nennt. Bei seinen Nachforschungen stößt Fraser auf zahlreiche Fehler der Polizei und erkennt, dass die Aufklärung dieses Verbrechens auch den verantwortlichen Politikern höchst unwillkommen ist.
Opernball wurde nicht nur als Mediensatire und politische Provokation ein Erfolg bei Publikum und Kritik, sondern auch, weil es seine Themen in Form des populären Thrillers behandelt und stilistisch die amerikan. Unterhaltungsliteratur zum Vorbild hat. Den ästhetischen Einwänden gegen diese Popularisierung des komplexen Themas begegnete Haslinger mit dem Essay *Hausdurchsuchung im Elfenbeinturm* (1996).

Wilhelm Hauff

***29.11.1802 in Stuttgart, †18.11.1827 in Stuttgart**

Dem Theologiestudium am Tübinger Stift (ab 1820), der Promotion zum Dr. phil. (1825) und einer steilen Karriere als Schriftsteller folgte 1827 die Anstellung als Redakteur bei Cottas „Morgenblatt für gebildete Stände"; am Ende desselben Jahres starb Hauff an einem Nervenfieber.
An den Gedichtband *Kriegs- und Volkslieder* (1824) schloss sich ein umfangreiches erzählerisches Werk an, in dessen Mittelpunkt der dem Vorbild der historischen Romane Walter Scotts folgende Roman *Lichtenstein. Romantische Sage aus der württembergischen Geschichte* (1826) steht. Er verbindet Geschichte (frühes 16. Jh.: Herzog Ulrich von Württemberg), Fiktion (Hauptgestalt Georg von Sturmfeder) und Landschaftsschilderung (Schwäbische Alb). Einen Stoff aus dem 18. Jh. behandelt die Erzählung *Jud Süß* (1827, ↑Feuchtwanger). In verschiedener Hinsicht ist Hauff als „Schüler" ↑Hoffmanns zu betrachten. Dies betrifft die Pflege der Gattung des Kunstmärchens (Drei Märchen-Almanache) sowie die Vorliebe für die Gestaltung des Spukhaften, der Realität des Irrealen (*Fantasien im Bremer Ratskeller*, 1827). Der von Hauff 1827 hg. „Märchenalmanach für Söhne und Töchter gebildeter Stände auf das Jahr 1828" enthält die Rahmenerzählung *Das Wirtshaus im Spessart:* Reisende geraten in einen Hinterhalt, und um während der Nacht wach zu bleiben, erzählen sie sich reihum fantastische Geschichten, darunter *Das kalte Herz.* Dieses Teufelsmärchen (vgl. ↑Chamissos *Schlemihl*) handelt vom armen Köhler Peter Munk im Schwarzwald. Er verschreibt sich, um zu Wohlstand zu gelangen, dem dämonischen Holländer-Michel um den Preis seines Herzens, das sich in Stein verwandelt. Erlöst wird Peter mit Hilfe des Glasmännleins, einer Personifikation des ehrbaren Handwerks.

Märchen: Drei Märchen-Almanache (1825–27) mit den Rahmenerzählungen *Die Karawane* (eingefügt u. a. *Kalif Storch, Geschichte vom kleinen Muck*), *Der Scheikh von Alessandria und seine Sklaven* (eingefügt u. a. *Zwerg Nase, Der Affe als Mensch*) und *Das Wirtshaus im Spessart.*

Gerhart Hauptmann
***15. 11. 1862 in Bad Salzbrunn (Schlesien)**
†6. 6. 1946 in Agnetendorf (Schlesien)

Als 1894 das zwei Jahre zuvor mit Aufführungsverbot belegte Drama *Die Weber* erstmals öffentlich gezeigt wurde, kündigte Wilhelm II. die kaiserliche Loge im Dt. Theater. Aus demselben Anlass schrieb ↑Fontane als Theaterrezensent: „Was Gerhart Hauptmann für seinen Stoff begeisterte, das war zunächst wohl das Revolutionäre darin; aber nicht ein berechnender Politiker schrieb das Stück, sondern ein echter Dichter, den einzig das Elementare, das Bild von Druck und Gegendruck reizte." In der Tat verbindet die Suche nach Gestaltungsformen des „Elementaren" die vielgestaltigen Teile, in die sich das in rund 60 Jahren entstandene Gesamtwerk des Dramatikers und Epikers gliedert.

Der Sohn eines Gastwirts und jüngere Bruder des Dramatikers Carl Hauptmann (1858–1921) studierte nach abgebrochener Realschulzeit und landwirtschaftlicher Ausbildung ab 1880 in Breslau und Dresden Bildhauerei, in Jena und Berlin Philosophie, Geschichte und Naturwissenschaften (Ernst Haeckel). Nach einem Romaufenthalt (1884) lebte er in bzw. bei Berlin (1885 Heirat mit der Großkaufmannstochter Marie Thienemann). Hauptmann trat in Verbindung mit dem Theoretiker des Naturalismus ↑Holz und mit Otto Brahm, dem Gründer des literarischen Vereins „Die freie Bühne", dessen Theateraufführungen 1889 mit Henrik Ibsens naturalistischem Drama *Die Gespenster* begannen. Als zweite Inszenierung folgte Hauptmanns *Vor Sonnenaufgang*, ein „soziales Drama", das sowohl einen Skandal verursachte als auch dem Naturalismus im dt. Drama zum Durchbruch verhalf. Von hier aus führt in Hauptmanns Schaffen eine Linie bis hin zu *Vor Sonnenuntergang* (1932), gekennzeichnet durch die Gestaltung der Abhängigkeit des Menschen vom Milieu, seinen Trieben sowie von Konventionen. In diesem Zusammenhang steht das Drama *Rose Bernd* (1903) über den Kindsmord einer ledigen Bäuerin, v. a. aber über mitmenschliche Blindheit (Vater und Bräutigam trifft Roses Anklage: „Ihr habt nischt gesehn mit offenen Augen!"), religiös kaschierte Selbstsucht und rücksichtsloses Streben nach (männlichem) Sexualprestige. Zugrunde liegt ein Prozess, an dem Hauptmann im März 1903 in Hirschberg (Schlesien) als Geschworener teilgenommen hat. Die Borniertheit der „besseren Gesellschaft" entlarvt die mit einem tödlich endenden Vater-Sohn-Konflikt verbundene Künstlertragödie *Michael Kramer* (1900). In Komödien karikierte Hauptmann den Wilhelminismus (*Der Biberpelz*, 1893), näherte sich aber auch der Neuromantik an (*Hanneles Himmelfahrt*, 1893), setzte sich mit dem Historiendrama auseinander (Bauernkriegs-Tragödie *Florian Geyer*, 1896) und bearbeitete mittelalterliche Stoffe (*Der arme Heinrich* nach ↑Hartmann von Aue, 1902). Ein Prosahauptwerk der Vorkriegszeit ist *Der Narr in Christo Emanuel Quint* (1910), die Lebensgeschichte eines tragisch scheiternden, um 1890 in Schlesien aufgetretenen Bußpredigers. Die Macht naturhaft-antiker Sinnlichkeit ist das Thema der Erzählung *Der Ketzer von Soana* (1918), in der Hauptmanns Erlebnis seiner Griechenlandreise des Jahres 1907 nachwirkt.

1891 war Hauptmann vorübergehend nach Schlesien zurückgekehrt, um an seinem Stück *Die Weber* zu arbeiten, kam aber wieder nach Berlin zurück. Ab 1901 lebte er vorwiegend in Agnetendorf im Riesengebirge (1904 Heirat mit Margarete Marschalk). 1894 reiste er in die USA (Amerikanismus-Kritik enthält der Roman *Atlantis*, 1912; zweiter Amerika-Aufenthalt 1932). 1896 untersagte Wilhelm II. die Verleihung des Schiller-Preises, 1912 erhielt Hauptmann nach dem Historiker Theodor Mommsen (1902), dem Philosophen Rudolf Eucken (1908) und Paul (von) ↑Heyse (1910) als vierter Deutscher den Nobelpreis für Literatur. Die Auszeichnung galt „vor allem als Anerkennung für sein fruchtbares und vielseitiges Wirken im Bereich der dramatischen Dichtung".
Als zeitgeschichtliches und zugleich universelles Werk mit Bezügen u.a. zu ↑Goethes *Faust* entstand ab 1919 das Epos in Hexametern *Des großen Kampffliegers, Landfahrers, Gauklers und Magiers Till Eulenspiegel Abenteuer, Streiche, Gaukeleien, Gesichte und Träume* (E ab 1919, V 1928): Als Kriegsheimkehrer erlebt Eulenspiegel eine chaotische Gegenwart, die zunehmend durch visionäre Erlebnisse überlagert wird. Parodistische Züge besitzt der Roman *Die Insel der großen Mutter oder Das Wunder von Ile des Dames. Eine Geschichte aus dem utopischen Archipelagus* (1924). Er handelt von einen matriarchalischen Inselstaat „Mütterland", der sich schließlich dem „Mannland" bzw. dem geschlechtlichen Eros beugen muss. Von Hauptmanns Auseinandersetzung mit Gestalten der Weltliteratur zeugen die Dramen *Shakespeares tragische Geschichte von Hamlet, Prinzen von Dänemark* (1930) und *Hamlet in Wittenberg* (1935).
Während des Dritten Reichs gehörte Hauptmann zu den geduldeten Autoren in der „inneren Emigration". Unveröffentlicht blieb sein Versuch, zur Judenverfolgung Stellung zu nehmen (*Die Finsternisse. Requiem*, E 1937, V postum 1947). Die Hoffnung auf eine Wiedergeburt der Humanität nach den Schrecken fortwährender Bluttaten liegt der *Atriden-Tetralogie* zugrunde; sie gestaltet den antiken Stoff im antiklassischen Sinne als Tragödie des Untergangs und gliedert sich in die 4 Teile *Iphigenie in Aulis* (U 1943, V 1944), *Agamemnons Tod* (als Hörspiel 1946, U 1947, V 1948), *Elektra* (U 1947, V 1948) und *Iphigenie in Delphi* (mit dem Opfertod Iphigenies, U 1941, V 1942). Hauptmann starb 1946 völlig vereinsamt in Agnetendorf.

Gedichtbände: *Das bunte Buch* (1888), *Sonette* (1921), *Neue Gedichte* (1946). – Versepen: *Promethidenlos* (1885), *Anna* (1921), *Die blaue Blume* (1927), *Mary* (1931), *Der große Traum* (1942). – Romane: *Phantom* (V 1922, Verf Dtl. 1922 F. W. Murnau), *Wanda* (1928). – Erzählungen: *Der Schuss im Park* (nach der Sage von der Doppelehe des Grafen von Gleichen, 1939). – Dramen: *Das Friedensfest* (U, V 1890), *Einsame Menschen* (U, V 1891), *Kollege Crampton* (U, V 1892), *Die versunkene Glocke. Ein dt. Märchendrama* (U, V 1896), *Fuhrmann Henschel* (U, V 1898), *Michael Kramer* (U, V 1900), *Schluck und Jau* (U, V 1900), *Rose Bernd* (E, U, V 1903), Verf Dtl. 1919 A. Halm, B. D. 1957 Wolfgang Staudte), *Elga* (nach ↑Grillparzers Novelle *Das Kloster von Sendomir*, E 1896, U, V 1905, Vert Erwin Lendvai 1916, Verf Dtl. 1919), *Und Pippa tanzt. Ein Glashüttenmärchen* (U, V 1906), *Die Jungfern vom Bischofsberg* (U, V 1907, Verf Dtl. 1942/43 P. P. Brauer), *Kaiser Karls Geisel. Ein Legendenspiel* (U, V 1908), *Gabriel Schillings Flucht* (E 1905/06, U, V 1912), *Der Bogen des Odysseus* (E 1907–13, U, V 1914), *Winterballade* (nach Selma Lagerlöfs Novelle *Herrn Arnes Schatz*, U, V 1917), *Vor Sonnenuntergang* (E 1928–1931, U, V 1932, Verf Dtl. 1937 Veit Harlan), *Die Tochter der Kathedrale* (E 1935–38). – Autobiografisches: *Griechischer Frühling* (Tagebuch, 1908), *Buch der Leidenschaft* (1929), *Im Wirbel der Berufung* (1936), *Das Abenteuer meiner Jugend* (1937).

Bahnwärter Thiel. Novellistische Studie aus dem märkischen Kiefernforst. E 1887, V 1888.
Der pflichtbewusste, äußerlich robuste Bahnwärter Thiel heiratet nach dem Tod seiner kränklichen Frau Minna die derbsinnliche Bauernmagd Lene, um seinen Sohn Tobias versorgt zu wissen. In sexuelle Abhängigkeit geraten, muss er hilflos zusehen, wie Lene das Stiefkind gegenüber dem eigenen Kind zurücksetzt, es vernachlässigt und misshandelt. Als Lenes Unachtsamkeit dazu führt, dass Tobias von einem Zug überfahren wird, schlägt Thiels Dumpfheit in Raserei um; er tötet Lene und ihr Kind mit einem Beil, verfällt in Wahnsinn und wird in eine Irrenanstalt eingeliefert.
Die knappe Schilderung der äußeren Handlung gibt zugleich Einblick in Thiels Psyche. In einer nächtlichen Erscheinung sieht er, das Unglück vorausahnend, seine Frau Minna mit einem blutigen Bündel auf dem Arm, verfolgt von einem Zug. Unmittelbar vor der Mordtat hält er Zwiesprache mit Minna, wobei die abgehackten Sätze („und da will ich mit dem Beil – siehst du? – Küchenbeil – mit dem Küchenbeil will ich sie schlagen") nicht zufällig an die Tötungsvorstellungen Woyzecks erinnern (1887 hat Hauptmann im sozialdemokratisch orientierten literarischen Verein „Durch!" einen Vortrag über ↑Büchner gehalten).
Im Sinne des Naturalismus bildet die „Studie" eine vorurteilsfreie Darstellung des Wirkungszusammenhangs von Hilflosigkeit, Triebhaftigkeit und Gewalt, verursacht durch die Lebensverhältnisse der Unterschicht. Als Sinnbild einer in Thiels kleine Welt einbrechenden fremden Übermacht erscheint der vorbeirasende Zug: „Ein Keuchen und Brausen schwoll stoßweise fernher durch die Luft. Dann plötzlich zerriss die Stille. Ein rasendes Tosen und Toben erfüllte den Raum, die Geleise bogen sich, die Erde zitterte – ein starker Luftdruck – eine Wolke von Staub, Dampf und Qualm, und das schwarze, schnaubende Ungetüm war vorüber."

Vor Sonnenaufgang. Soziales Drama. V 1889, U (geschlossene Vorstellung des Vereins „Die freie Bühne", danach auch öffentliche Aufführung) 1889.
Das Stück verbindet die Schilderung der sozialen Verhältnisse im Kohlerevier Schlesiens (Verarmung der Bergbauern, Spekulantentum, Ausbeutung der Bergleute) mit der Darstellung des moralischen Verfalls der Neureichen. Der Bauer Scholz, durch Landverkäufe an Bergwerksgesellschaften zum Millionär geworden, verkommt als Säufer; seine triebhafte zweite Frau, eine ehemalige Magd mit Allüren, betrügt ihn; die Tochter aus erster Ehe ist ebenfalls dem Alkohol verfallen; ihr Mann, der Ingenieur Hoffmann, frönt seiner Genusssucht und Profitgier. In dieser Umgebung erscheint Hoffmanns Studiengenosse Alfred Loth, ein Sozialreformer und Gesundheitsfanatiker, der als intellektueller Außenseiter die sozialen Missstände analysiert. In ihm sieht die vom sittlichen Niedergang noch verschonte Tochter Helene den Retter; Loth scheint bereit zu sein, sie zu heiraten. Doch vom Arzt der Familie über das ganze Ausmaß der auch biologischen Verderbnis ins Bild gesetzt, verlässt Loth aus Furcht vor Erbschäden Helenes das Haus; die Verlassene nimmt sich das Leben.
Dem Naturalismus verpflichtet sind die sozialkritische Perspektive, der sprachliche Realismus, der Verzicht auf jegliche „künstlerische Überhöhung". Allerdings stellte schon ↑Fontane (der das Stück Otto Brahm zur Aufführung empfohlen hatte) in seiner Rezension fest: „Es ist töricht, in naturalistischen Derbheiten immer Kunstlosigkeit zu vermuten." Im Hinblick auf den Einfluss Ibsens (z. B. dramaturgisch: Enthüllung der die Gegenwart bedingenden Vergangenheit, Motiv der erblichen gesundheitlichen Belastung) urteilte Fontane in einem Brief: „Ibsen mag die größere Natur, die stärkere Persönlichkeit, das überlegene bahnbrechende Genie sein, dichterisch steht mir G. Hauptmann höher, weil er menschlicher, natürlicher, wahrer ist."

Die Weber. Schauspiel aus den vierziger Jahren. Drama in 5 Akten, E 1891/92, Dialektfassung *De Waber* V 1892, dem Hdt. angenäherte Fassung V 1892, U (geschlossene Vorstellung des Vereins „Die freie Bühne") 1893, erste öffentliche Aufführung 1894, Zyklus „Ein Weberaufstand" (3 Lithografien, 3 Radierungen von Käthe Kollwitz 1894–98, Verf Dtl. 1927 Friedrich Zelnik (unter der Mitarbeit von George Grosz).
Zugrunde liegen Erzählungen von Hauptmanns Vater (dessen Vater selbst als Weber tätig war) und Quellenstudien über den Weberaufstand in Schlesien im Jahr 1844 (vgl. ↑Heines *Weberlied,* 1844) sowie Reisen, die Hauptmann während der Arbeit an dem Stück durch die Weberdörfer im Eulengebirge unternommen hat und die ihm das unveränderte Elend vor Augen führten. Insofern argwöhnte die Zensur zu Recht, dass *Die Weber* keineswegs als historisches, sondern als aktuelles Drama mit entsprechender politischer Wirkung aufgefasst würden.

Der 1. Akt zeigt eine Gruppe von Webern, wie sie im Kontor des Parchentfabrikanten Dreißiger in Peterswaldau ihre Ware abliefern. Widerspruchslos nehmen sie es hin, dass der Expedient Pfeifer jeden sich bietenden Vorwand dazu benutzt, den Preis zu drücken; allein der „rote Bäcker" brandmarkt die Ausbeutung. Ein vor Entkräftung ohnmächtiger Junge dient Dreißiger dazu, über die Verantwortungslosigkeit der Eltern herzuziehen. Der Fabrikant lamentiert über die Risiken des freien Unternehmertums, ist jedoch „aus Barmherzigkeit" bereit, zusätzlich 200 Webern Arbeit zu geben; allerdings wird der Preis ein weiteres Mal gesenkt. Schauplatz des 2. Akts ist die Hütte des Häuslers Ansorge. Hier haust die Weberfamilie Baumert in tiefem Elend. Der in sein Heimatdorf zurückkehrende Reservist Jäger hat ein Flugblatt mit dem Lied vom Blutgericht bei sich, dessen Text den alten Baumert „zu deliranter Raserei" hinreißt und Ansorge die Worte stammeln lässt: „Mir leiden's nimehr! Mir leiden's nimehr, mag kommen, was will." Im Gasthaus von Peterswaldau treffen im 3. Akt Vertreter der verschiedenen Bevölkerungsgruppen aufeinander, vom Forstmeister im Adelsdienst über Bauern und Handwerker bis hin zu den Webern, die sich unter der Führung Jägers und Bäckers zu einem Zug formieren und das Lied vom Blutgericht singen. Im 4. Akt erleben das Ehepaar Dreißiger und das Pfarrehepaar Kittelhaus den Beginn des Aufstands: Die Menge befreit den gefangenen Jäger aus den Händen der Polizei und stürmt das Haus Dreißigers, nachdem dieser geflohen ist. Bäcker gibt die Parole aus: „Von hier aus geh mer nach Bielau nieder, zu Dittrichen, der de mechan'schen Webstühle hat. Das ganze Elend kommt von a Fabriken." Im 5. Akt erreicht der Aufstand Langenbielau; als Schauplatz dient die Hütte der Hilses, deren Oberhaupt aus Gottvertrauen jegliche Gewalt ablehnt. Während es den Webern gelingt, das Militär mit Pflastersteinen zum Rückzug zu zwingen, bricht der alte Hilse, von einer verirrten Kugel getroffen, tot am Webstuhl zusammen.

Die außerordentliche Bedeutung des Dramas beruht auf der mosaikartigen Darstellung der sozialen Verhältnisse, die durch eine große Anzahl prägnanter Einzelgestalten vor Augen geführt werden. Vor allem die „Masse" der Weber gliedert sich in Repräsentanten unterschiedlicher Verhaltensweisen, ohne die Merkmale der gemeinsamen Deklassierung zu verlieren. Auf den Vorwurf, das Schauspiel besitze keinen „Helden", antwortete Hauptmann mit den Versen: „Heldlos scheint euch das Stück? Wie denn? Durch sämtliche Akte, / Wachsend ein riesiges Maß, schreitet als Heldin die Not." Den Widerspruch, der zwischen den „revolutionären" Akten 1–4 und dem „antirevolutionären" 5. Akt (Tod des unschuldigen Hilse) besteht, hat Fontane 1894 in einer Rezension als „doppelte Mahnung" gedeutet, „eine, die sich nach oben, und eine andere, die sich nach unten wendet und beiden Parteien ins Gewissen spricht".

Der Biberpelz. Eine Diebskomödie. Drama in 4 Akten, E 1892/93, U, V 1893.
Der Ort des Geschehens liegt „irgendwo in Berlin", als Zeitpunkt der Handlung wird der „Septennatskampf" (7-jähriger Militärhaushalt) Ende der 1880er Jahre angegeben. Als Schauplätze dienen abwechselnd die Küche der Familie Wolff und eine Amtsstube; Erstere wird von „Mutter Wolffen", Letztere vom Amtsvorsteher Baron von Wehrhahn beherrscht, den beiden eigentlichen Kontrahenten. In Wirklichkeit trägt Wehrhahns Fixierung auf die Entlarvung von „reichs- und königsfeindlichen Elementen" wesentlich dazu bei, dass die mit einem Schiffszimmermann verheiratete Waschfrau Wolff bei ihrem Wild-, Holz- und schließlich Pelzdiebstahl unentdeckt bleibt. Ihr gemeinsames Opfer ist der Rentier Krüger, der rechtmäßige Besitzer des Biberpelzes, den die Wolffen für ihren Kunden, den Schiffer Wulkow, entwendet hat; denselben Krüger hat Wehrhahn im Verdacht, mit dem freisinnigen Privatgelehrten Dr. Fleischer subversiv tätig zu sein, so dass Krügers Drängen auf Wiederbeschaffung seines Besitzes wirkungslos bleibt. Dieses Grundmuster der Handlung gewinnt seine „Farbe" durch die Gewitztheit der Wolffen, die alle Fäden in der Hand behält; zuletzt muss sie es jedoch hinnehmen, von Wehrhahn als naive „ehrliche Haut" tituliert zu werden. „Da weeß ich nu nich ...", kann sie darauf nur kopfschüttelnd antworten.
Als eine Art Fortsetzung entstand die Tragikomödie *Der rote Hahn* (1901). Die verwitwete Frau Wolff, verheiratet mit dem Schuster und Polizeispitzel Fielitz, begeht durch Brandstiftung einen Versicherungsbetrug und kann den Verdacht auf den schwachsinnigen Sohn des pensionierten Wachtmeisters Rauchhaupt lenken. Letzterer setzt jedoch der Betrügerin so zu, dass sie stirbt. 1950/51 fasste ↑Brecht beide Stücke (stark bearbeitet, z. B. ist Rauchhaupt durch den klassenbewussten Arbeiter Rauert ersetzt) zu einem Schauspiel zusammen.

Michael Kramer. Drama in 4 Akten, E, U, V 1900.
Die in einer Provinzstadt angesiedelte Tragödie verknüpft das Thema des Vater-Sohn-Konflikts mit der Künstlerproblematik. Michael Kramer ist Lehrer an einer Kunstschule. Auch seine nur mäßig begabte Tochter Michalina unterrichtet Malerei. Der äußerlich abstoßende, als Künstler hochbegabte Sohn Arnold hat nach frühen Erfolgen in München jegliche Tätigkeit aufgegeben und droht zu verkommen; er ist in die Gastwirtstochter Liese Bänsch vernarrt und macht sich hierdurch zum Hanswurst.
Die Akte 1–3 schildern Ereignisse eines Tages: Kramers ehemaliger Schüler Lachmann ist zu Besuch gekommen; beruflich und in seiner Ehe gescheitert, verkörpert er jene Resignation, der Arnold durch die Rebellion gegen alle an ihn gerichteten Forderungen zu entgehen hofft. Eine Auseinandersetzung zwischen Vater und Sohn mündet in den Fluch Michael Kramers: „Mich ekelt's! Du ekelst mich an!!" Im Gasthaus Bänsch wird Arnold von den betrunkenen Stammtisch-Honoratioren gereizt, bis er einen Revolver zieht; von den Gästen überwältigt, kann er (vorbei an Michalina und Lachmann, die unwissentlich Zeugen der Szene im Nebenraum waren) entkommen; er nimmt sich das Leben.
Der 4. Akt spielt im Atelier Kramers, in dem Arnold aufgebahrt ist. In Lachmanns Anwesenheit ringt Kramer um eine Deutung des Schicksals seines Sohnes. Das Pathos ist sprachlich gebrochen durch die Vermischung „hoher" und „niederer" Sprachformen: „Nun ist alles voll Klarheit um ihn her, das geht von ihm aus, von dem Antlitz, Lachmann, und hör'n Se, ich buhle um dieses Licht, wie so'n schwarzer, betrunkener Schmetterling." Im Bewusstsein der eigenen Mitschuld richtet Kramer seine Anklage zugleich gegen eine bornierte Umwelt: „Was haben die Gecken von dem da gewusst (...)!? Von dem und von mir und von unseren Schmerzen!? Sie haben ihn mir zu Tode gehetzt."

Die Ratten. Berliner Tragikomödie. **Drama in 5 Akten, E 1909/10, U, V 1911, Verf Dtl. 1921 Hans Kobe, B.D. 1955 Robert Siodmak.**
Die beiden Schauplätze (der vom ehemaligen Theaterbesitzer Hassenreuter bewohnte, mit seinem Theaterfundus ausgestattete Dachboden und die Wohnung des Ehepaars John) befinden sich in einer ehemaligen Berliner Kavalleriekaserne, die jetzt als Mietskaserne dient.
Entsprechend gliedert sich das Drama in zwei aufeinander kontrastierend bezogene Handlungsstränge. Frau John will um jeden Preis den Wunsch ihres als Maurerpolier auswärts tätigen Mannes nach einem Kind erfüllen. Sie bringt das schwangere ledige Dienstmädchen Piperkarcka dazu, ihr das Neugeborene zu überlassen. Doch die wirkliche Mutter überlegt es sich anders. Frau John unterschiebt ihr das todkranke Kind der Morphinistin Knobbe. Doch inzwischen hat Frau Johns Bruder die Piperkarcka, statt sie lediglich einzuschüchtern, ermordet. Als Betrügerin entlarvt und der Anstiftung zum Mord verdächtigt, nimmt sich Frau John das Leben. Der Kleinbürger-Tragödie steht die Hassenreuter-Komödie des verstiegenen Idealismus und des (durch die Person des seinen „verlorenen Sohn" im Sodom Berlin suchenden Landpfarrers Spitta verkörperten) weltfremden Frömmlertums gegenüber.
Zu den Berührungspunkten gehören literaturtheoretische Anspielungen: So preist Hassenreuter das „stille, eingezogene, friedliche Leben" der Frau John, das sie „zur tragischen Heldin ungeeignet macht". Das beide Handlungsbereiche verbindende Sinnbild sind die Ratten und deren unaufhaltsame Zerstörung des Hauses, das stellvertretend für die Gesellschaft steht. „Allens unterminiert von Unjeziefer", erkennt John, „von Ratten und Mäusen zerfressen! – Allens schwankt! Allens kann jeden Oojenblick bis in Keller durchbrechen." Die groteske Kehrseite bildet Hassenreuters Beschimpfung des jungen Spitta als Ratte im „Garten der dt. Kunst".

Marlen Haushofer (eigtl. Marie Helene H., geb. Frauendorfer)
***11.4.1920 in Frauenstein (Oberösterreich), †21.3.1970 in Wien**

Die Tochter eines Revierförsters trat 1930 in die Internatsschule der Ursulinenschwestern in Linz ein; 1939 legte sie hier das Abitur ab und leistete in Ostpreußen Arbeitsdienst, 1940 begann sie ein Germanistikstudium (Wien, Graz). Ab 1947 lebte sie in Steyr. Neben ihrer Tätigkeit als Hausfrau und Sprechstundenhilfe ihres Mannes, des Zahnarztes Manfred Haushofer (die Scheidung 1956 wurde 1958 wieder aufgehoben), widmete sie sich ihrer schriftstellerischen Arbeit. 1952 erschien die Erzählung *Das fünfte Jahr*; es folgten u.a. die Romane *Eine Hand voll Leben* (1955) und *Die Wand* (1963).
Zentrales Thema der autobiografisch geprägten Erzählwerke Marlen Haushofers ist die Selbstentfremdung der Frau in einer von häuslichen, familiären und gesellschaftlichen Pflichten regulierten Scheinwelt; geschildert wird vielfach die Suche nach realen bzw. fiktiven Zufluchtsorten einschließlich der Stätten der Kindheit. Das Gesamtwerk führt gleichsam an die Schwelle des literarischen Feminismus. Zu ihren Auszeichnungen gehören der Arthur-Schnitzler-Preis 1963 und der Österreich. Staatspreis für Literatur 1968; die eigentliche Entdeckung der Autorin erfolgte zu Beginn der 1980er Jahre.

Romane: *Die Tapetentür* (1957), *Himmel, der nirgendwo endet* (1966), *Die Mansarde* (1969). – Erzählungen: Slg. *Die Vergissmeinnichtquelle* (1956), *Wir töten Stella* (1958), Slg. *Schreckliche Treue* (1968), Slg. *Begegnung mit dem Fremden* (postum 1985). – Kinderbücher: *Bartls Abenteuer* (1964), *Brav sein ist schwer* (1965), *Müssen Tiere draußen bleiben?* (1967), *Wohin mit dem Dackel?* (1968).

Christian Friedrich Hebbel
***18.3.1813 in Wesselburen (Holstein), †13.12.1863 in Wien**

Das „Märchenlustspiel“ *Der Rubin* endet mit einer Amnestie, die der ehemalige Fischerjunge Assad als neuer Kalif erlässt. Der Beifall, den diese Szene bei der Uraufführung im Wiener Burgtheater Ende 1849 fand, glich einer politischen Demonstration und widersprach damit der Auffassung Hebbels vom Wesen des Theaters: Die dramatische Kunst dürfe sich nicht an Zeitereignisse binden, sondern müsse, wie es in einer Eintragung in den *Tagebüchern* heißt, „die Grundverhältnisse, innerhalb deren alles vereinzelte Dasein entsteht und vergeht, ins Auge fassen, und die sind bei dem beschränkten Gesichtskreis des Menschen grauenhaft“. Sein „Pantragismus“ unterscheidet Hebbel von ↑Stifter, auf den er Ende der 1840er Jahre das Epigramm münzte: „Wisst ihr, warum euch die Käfer, die Butterblumen so glücken? / Weil ihr die Menschen nicht kennt, weil ihr die Sterne nicht seht!“

Der Sohn eines armen Maurers wurde als 13-Jähriger zur Maurerlehre gezwungen; ab 1827 (Tod des Vaters) war er als Laufbursche und Schreiber beschäftigt. Erste Gedichte weckten die Aufmerksamkeit der Dichterin Amalie Schoppe, mit deren Unterstützung Hebbel 1835 nach Hamburg zog, um ein Studium zu beginnen; versorgt wurde er jahrelang durch die Näherin Elise Lensing, mit der er zwei Kinder hatte. Studienjahren in Heidelberg und München (Jura, Geschichte) folgte 1840 die Rückkehr nach Hamburg; im selben Jahr kam in Berlin sein Drama *Judith* zur Uraufführung. Ein Reisestipendium des dän. Königs Christian VIII. ermöglichte Hebbel 1843/44 die Aufenthalte in Paris und Rom. Auf der Rückreise ließ er sich 1845, statt sein Eheversprechen gegenüber Lensing einzulösen, in Wien nieder, wo er 1846 die Burgschauspielerin Christine Enghaus heiratete. Die Krönung seines Schaffens als Dramatiker bildete 1863 die Verleihung des Schiller-Preises.

Hebbel strebte nach einer Verbindung von Idealismus und Realismus durch die Gestaltung der Unfähigkeit des Individuums, sich angesichts des „Weltgesetzes“ (im Sinne Hegels) zu behaupten. Indem die „tragische Kunst“ das „individuelle Leben der Idee gegenüber vernichtet“, wird sie zum „leuchtenden Blitz des menschlichen Bewusstseins, der aber freilich nichts erhellen kann, was er nicht zugleich verzehrte“ *(Tagebücher)*. Die Tragödien zeigen geschichtliche Umbruchssituationen und menschliche Grundhaltungen: Beharren auf Machtvollkommenheit *(Herodes und Mariamne,* 1849), Asiatentum, Griechentum und in der ind. Kultur verwurzeltes Keuschheitsideal *(Gyges und sein Ring,* V 1856, U postum 1889), Germanentum und Christentum (die *Nibelungen*-Trilogie endet mit dem Herrschaftsantritt Dietrichs von Bern im „Namen dessen, der am Kreuz erblich“).

Gedichtbände: *Gedichte* (1842), *Neue Gedichte* (1848, Gesamtausgabe 1857). – Versepen: *Mutter und Kind* (1859). – Erzählungen: *Anna* (1836), *Matteo* (1839), *Die Kuh* (1849), Slg. *Erzählungen und Novellen* (1855). – Dramen: *Genoveva* (E 1840/41, V 1843, U in tschech. Übersetzung 1849, dt. 1854), *Der Diamant* (E 1838–41, V 1847, U 1852), *Die Nibelungen*, Trilogie: *Der gehörnte Siegfried, Siegfrieds Tod, Kriemhilds Rache* (E 1855–60, U 1861, V 1862). – Autobiografisches: *Tagebücher* (E 1835–63, V 2 Bde. postum 1885–87).

Maria Magdalene. Drama in 3 Akten, E 1843, V 1844, U 1846.

Klara, die Tochter des Tischlermeisters Anton, ist mit dem Schreiber Leonhard verlobt. Als ihr Bruder Karl in den Verdacht gerät, einen Diebstahl begangen zu haben, und verhaftet wird, benutzt Leonhard dies als Vorwand, Klara um einer besseren Partie willen zu verlassen, obwohl sie ein Kind von ihm erwartet. Klaras eigentliche Liebe gehört einem Sekretär, der jedoch ihre Hingabe an den Nebenbuhler nicht verwinden kann. Klara, die am Sterbebett der Mutter ihrem Vater schwören musste, ihm niemals als sündige Maria Magdalene Schande zu machen, sieht den einzigen Ausweg im Selbstmord. Auf dem als „Kerker" und „Grab" charakterisierten Schauplatz bleibt Meister Anton zurück, der seine Verlassenheit in den Satz fasst: „Ich verstehe die Welt nicht mehr."

Das einzige Gegenwartsdrama Hebbels verfolgt das Ziel einer „Regenerierung" des von ↑Lessing und ↑Schiller noch aus dem Konflikt zwischen Adel und Bürgertum entwickelten bürgerlichen Trauerspiels, und zwar durch den Nachweis, „dass auch im eingeschränktesten Kreis eine zerschmetternde Tragik möglich ist". In sozialgeschichtlicher Hinsicht reflektiert das Drama die Deklassierung des ökonomisch überholten Handwerkerstands, zu dessen moralischer Grundlage die persönliche Integrität gehört.

Agnes Bernauer. Ein deutsches Trauerspiel. Drama in 5 Akten, E 1851, U 1852, V 1855.

Zugrunde liegt die historisch verbürgte Geschichte der unstandesgemäßen Eheschließung (1342) zwischen dem bayer. Thronfolger Albrecht und der Augsburgerin Agnes Bernauer, die als „Hexe" in der Donau ertränkt worden ist.

Den Ausgangspunkt für Hebbels Gestaltung des Stoffes bildete die Absicht, „die Schönheit einmal von der tragischen, den Untergang durch sich selbst bedingenden Seite darzustellen". Die klar gegliederte Handlung führt vom Kennenlernen zwischen Agnes und Albrecht während eines Turniers in Augsburg und der Eheschließung über die Konfrontation zwischen Vater und Sohn, die Weigerung der Bernauerin, auf ihre Ehe zu verzichten und ins Kloster zu gehen, und ihre Hinrichtung bis zur Abdankung von Herzog Ernst; Er zieht sich ins Kloster zurück, um dort „als Mensch zu büßen, was er als Herrscher um der Staatsnotwendigkeit willen tat".

Innerhalb Hebbels Konzeption der in dramaturgischer und tragischer Hinsicht fruchtbaren historischen Wendepunkte reflektiert das Schicksal der Agnes Bernauer den Übergang vom ständisch gebundenen Mittelalter zur Neuzeit. An deren Beginn steht die Entdeckung des Individuums und kündigt sich eine neue Sittlichkeit an.

Johann Peter Hebel

***10. 5. 1760 in Basel, †22. 9. 1826 in Schwetzingen**

Der Sohn armer Dienstleute war nach einem Theologiestudium seit 1791 Lehrer, 1808–14 Direktor des Gymnasiums in Karlsruhe, ab 1819 Prälat. 1803 veröffentlichte Hebel die Slg. *Alemannische Gedichte*. Sie enthält mundartliche Schilderungen des Natur- und Dorflebens. Als Mitarbeiter (ab 1803) und Hg. (1808–11) des Landkalenders „Der Rheinländische Hausfreund" veröffentlichte Hebel Erzählungen und Anekdoten (1811 V als *Schatzkästlein des Rheinischen Hausfreundes,* darin z. B. *Kannitverstan*). Sie scheinen, wie Hebel selbst bemerkte, „leicht hingegossen", entwickeln jedoch die Schilderung von Tugend und Torheit aus einer bewussten Handhabung der sprachlichen Mittel mit dem Ziel, Belehrung mit Vergnügen zu verbinden; die Darstellung von Spitzbübereien zeigt Abscheu vor Scheinmoral.

Christoph Hein

***8. 4. 1944 in Heinzendorf (Schlesien)**

Dem Sohn eines ev. Pfarrers wurde der Besuch einer höheren Schule in der DDR verwehrt. 1958 ging er deshalb nach West-Berlin um dort das Gymnasium zu besuchen, wechselte aber 1960 nach Ost-Berlin, wohin die Familie inzwischen gezogen war. Nach dem Abitur arbeitete er u. a. als Montagearbeiter, Kellner und Journalist, bis er an der „Volksbühne" eine Regieassistenz bei Benno Besson bekam und als Schauspieler in kleineren Rollen auftrat. 1967–71 studierte Hein Philosophie und Logik in Leipzig und Berlin und kehrte anschließend an die „Volksbühne" zurück, zunächst als Dramaturg, ab 1973 als Hausautor. Sein erstes Stück, die Komödie *Schlötel oder Was solls* (V 1981) konnte 1974 erst nach drastischen Streichungen uraufgeführt werden. Es handelt vom Konflikt zwischen dem aufklärerischen Intellektuellen und den nur über ein ausschnitthaftes Bewusstsein der geschichtlich-gesellschaftlichen Entwicklung verfügenden Mitbürgern. Auch in den folgenden Stücken machte Hein den Versuch, die Widersprüche der sozialistischen Gesellschaft aufzudecken und die Frage nach den treibenden Kräften der Geschichte zu stellen *(Cromwell,* U 1980, V 1980; *Lassalle fragt Herrn Herbert nach Sonja,* U 1980, V 1981). Seit 1979 lebt Hein als freier Schriftsteller. Über die Landesgrenzen hinaus bekannt wurde Hein 1982 mit der Novelle *Der fremde Freund.* Ihr folgte das Roman-Debüt *Horns Ende* (1985) über das Schicksal eines Historikers, den die Verhältnisse des Stalinismus in der DDR in den Selbstmord treiben. Seine Reden und Essays erschienen in den Bänden *Öffentlich arbeiten* (1987) und *Die fünfte Grundrechenart* (1990). Der Roman *Das Napoleonspiel* (1993) handelt von einem Rechtsanwalt, der Menschen vor allem als Mittel zum Zweck betrachtet und aus reiner Langeweile einen ihm völlig Unbekannten ermordet. Die Erzählungen des Bandes *Exekution eines Kalbes* (1994) beschäftigen sich mit dem Ungewöhnlichen und Unberechenbaren in menschlichen Schicksalen. Im selben Jahr erschien das Stück *Randow* (U 1994), das versucht die Zeitstimmung und die Schwierigkeiten der Neuorientierung in der deutsch-deutschen Gegenwart einzufangen, im Jahr darauf das Stück *Die Ritter der Tafelrunde* (U 1994), in dem die Suche des Grals von den Rittern infrage gestellt wird und das u. a. das in Agonie verfallene Politbüro der SED parodiert.

In den 1980er Jahren trat Hein wiederholt als scharfer Kritiker der DDR hervor, u. a. 1987, als er die Zensurpraxis als „menschenfeindlich, volksfeindlich, ungesetzlich und strafbar" anprangerte. Mit seiner Haltung wurde er zu einem wichtigen Protagonisten der Wendezeit, der für einen Erhalt der DDR und den Aufbau eines demokratischen Sozialismus plädierte. 1998 kam Hein als erstem Präsident der Vereinigten Schriftstellerverbände PEN-Ost und PEN-West die Aufgabe zu, die gegenseitigen Zerwürfnisse zu überwinden.

Zu Heins zahlreichen Auszeichnungen gehören der Heinrich-Mann-Preis der Akademie der Künste der DDR (1982), der Kritikerpreis West-Berlins (1983), der Erich-Fried-Preis (1990), der Peter-Huchel-Preis (1994) und der Österreich. Staatspreis für Europäische Literatur (2002).

Der fremde Freund/Drachenblut. Novelle, **V** 1982.
Ich-Erzählerin ist die Ärztin Claudia, die anlässlich der Beerdigung des unerwartet verstorbenen Liebhabers ihr bisheriges Leben resümiert. Die gescheiterte Ehe erscheint ihr lediglich als Irrtum, die Besuche bei den Eltern als lästige Pflicht, Bekannte hält sie auf Distanz; Claudia hat „in Drachenblut gebadet". Die Reise an den Ort ihrer Kindheit gibt einen Hinweis auf die Ursache ihrer Verschlossenheit: Damals hatte sie eine kath. Klassenkameradin bedingungslos geliebt; der Druck zu ideologischem Konformismus in der DDR der 1950er Jahre bedrängte nicht nur die religiöse Freundin, sondern veranlasste auch Claudia ihre Freundin aufzugeben, die dadurch restlos isoliert wurde. Diesen Verrat kann Claudia sich und den anderen niemals verzeihen. Sie arrangiert sich, verweigert sich und anderen aber jede innere Anteilnahme.
Heins Novelle erschien in der B. D. u. d. T. *Drachenblut*. Der spröde innere Monolog löst die Geschichte aus ihrem zeitgeschichtlichen Zusammenhang: Jede Gesellschaft kann Menschen auf diese Weise seelisch verstümmeln, bis sie ebenso „cool" wie Claudia sind.

Der Tangospieler. Roman, DDR V 1989.
Dallow, Dozent für Neuere Geschichte in Leipzig, verbüßt eine Gefängnisstrafe. Er war für den erkrankten Klavierspieler eines Studentenkabaretts eingesprungen, das in einer Tango-Nummer die Staatsoberhäupter veralberte. Die Erzählung setzt mit seiner Entlassung ein und schildert die Schwierigkeiten beim Wiedereinstieg in das alltägliche Leben, der nicht gelingt, weil Dallow ihn eigentlich nicht will. Emotional erkaltet und auf völlige Unabhängigkeit bedacht, scheut er sich Beziehungen einzugehen, aber auch den Angeboten der Stasimitarbeiter „Müller und Kunz" verweigert er sich. Desillusioniert lassen ihn die Vorgänge in Prag, wo unter Dubček der „Prager Frühling" beginnt und die Menschen in der DDR mit Zuversicht erfüllt, völlig kalt. Schließlich gelangt er als Saison-Kellner auf die Insel Hiddensee, wo er sich jeder persönlichen und gesellschaftlichen Bindung entziehen kann und ihn „ein Gefühl alles umfassender Gleichgültigkeit" erfüllt. In den vom Wind geformten Bäumen erkennt er Geschöpfe, „die ihren ständigen Demütigungen erlegen" sind. Als der Leiter seines ehemaligen Instituts und Dallows Widersacher über die Äußerung stolpert, die Meldungen über den Einmarsch der Warschauer-Pakt-Truppen in Prag seien westliche Propaganda, wird Dallow gedrängt, die frei gewordene Stelle zu übernehmen. Auf der Fahrt nach Leipzig begegnet er einer Panzerkolonne. In einer Vision sieht er, wie ihn einer der Panzer überrollt.

Von allem Anfang an. Erzählung, V 1997.
Die autobiografisch geprägte Erzählung schildert die DDR Mitte der 1950er Jahre aus der Sicht des Heranwachsenden Daniel. „Von allem Anfang an" erfährt der Sohn eines Pastors die Bedrängnis durch die politischen Richtlinien, das Mitläufertum und den notwendigen Selbstschutz in der stalinistischen DDR. Anfang und Ende der Erzählung sind durch die entscheidende Zäsur im Leben des Pubertierenden miteinander verknüpft: In der ersten der zwölf Episoden bereitet sich Daniel auf seinen Fortgang nach Westberlin vor, wo er das Gymnasium besuchen wird, das ihm in der DDR verwehrt ist. Der Bruder David lebt bereits dort und wird von der Familie in der letzten Episode besucht. Verbunden sind Anfang und Ende auch durch die kath. Klassenkameradin Lucie, bei der sich kindliche Bigotterie mit opportunistischem Strebertum verbinden und die Daniel bei den Lehrern denunziert. Daniel hat ihr zunächst noch arglos von der Flucht des Bruders erzählt, verschweigt ihr aber nach den schlechten Erfahrungen mit seiner Offenheit den eigenen Umzug nach West-Berlin.

Heinrich Heine (bis 1825 Harry H.)
***13.12.1797 in Düsseldorf, †17.2.1856 in Paris**
Kein anderer dt. Schriftsteller ist nicht allein zu Lebzeiten, sondern über den Tod hinaus mit derart beharrlichem Hass verfolgt worden wie Heine, sei es im Zeichen des Antisemitismus, des Nationalismus, sei es im Zeichen der Verteidigung von Sitte und Anstand, des religiösen Empfindens oder der Würde der Kunst. Allerdings ist auch kein anderer mit solcher Beharrlichkeit für die Freiheit als „Religion unserer Zeit" und für das Leben als ein Recht eingetreten: „Das Leben will dieses Recht geltend machen gegen den erstarrenden Tod, gegen die Vergangenheit, und dieses Geltendmachen ist die Revolution. Der elegische Indifferentismus der Historiker und Poeten soll unsere Energie nicht lähmen bei diesem Geschäfte; und die Schwärmerei der Zukunftsbeglücker soll uns nicht verleiten, die Interessen der Gegenwart (...) aufs Spiel zu setzen" (um 1830).

Der Sohn eines jüd. Textilkaufmanns besuchte 1810–14 das Lyzeum in Düsseldorf und war 1815/16 Bankvolontär in Frankfurt a.M. und Hamburg. 1817 veröffentlichte er erste Gedichte. Sein 1818 vom Onkel Salomon Heine eingerichtetes Manufakturwarengeschäft musste im folgenden Jahr liquidieren. Der Onkel erklärte sich nun bereit, ein Studium zu finanzieren, das Heine 1819 in Bonn begann (Jura, Geschichte, Literatur; A.W. ↑Schlegel), 1820 in Göttingen (Relegierung wegen einer Duellaffäre) und 1821 in Berlin fortsetzte (Hegel, Verkehr im Haus des Ehepaars ↑Varnhagen von Ense, Mitgliedschaft im „Verein für Kultur und Wissenschaft der Juden"); 1822 erschienen die *Briefe aus Berlin*. Zum Studienabschluss kehrte Heine 1824 nach Göttingen zurück (im Herbst Wanderung durch den Harz und Besuch ↑Goethes in Weimar). 1825 legte er das juristische Examen ab, konvertierte zum Protestantismus und promovierte zum Dr. jur. mit dem Ziel, sich in Hamburg als Anwalt niederzulassen.
Mit dem 1. Teil der *Reisebilder* (1826) und der Slg. *Buch der Lieder* (1827) begann die Zusammenarbeit mit dem Hamburger Verleger Julius Campe. Anfang 1828 übernahm Heine in München die Redaktion der „Neuen allgemeinen politischen Annalen"; die zweite Hälfte des Jahres verbrachte er in Italien. Nachdem alle beruflichen Pläne (u.a. Professur in München oder Berlin) gescheitert waren, ließ Heine sich (wie zuvor ↑Börne) Mitte 1831 in Paris, dem Schauplatz der „heiligen Tage" der Julirevolution, nieder. Als Korrespondent der Cotta'schen „Allgemeinen Zeitung" (Augsburg) schrieb er über den „Salon" 1831 sowie in „Tagesberichten" über die restaurative Entwicklung in Frankreich unter dem „Bürgerkönig" Louis-Philippe (Buchausgabe *Französische Zustände* 1832). Nicht zuletzt an das frz. Publikum wandte sich Heine mit seinen Abhandlungen *Zur Geschichte der neueren schönen Literatur in Deutschland* (1833, erweitert 1835 *Die Romantische Schule*) und *Zur Geschichte der Religion und Philosophie in Deutschland* (frz. 1834, dt. 1835); der Leitgedanke ist die Verdeutlichung einer in der dt. (Geistes-)Geschichte antizipierten, in der Realität unterdrückten politischen, sozialen und religiösen Emanzipation.

Ende 1835 gehörte Heine zu den vom Verbot des „Jungen Deutschland" betroffenen Autoren (vgl. ↑Gutzkow); die frz. Regierung gewährte ihm daraufhin eine Pension (bis 1848). 1840–44 war Heine erneut für die „Allgemeine Zeitung" tätig. 1841 heiratete er seine Lebensgefährtin (ab 1834) „Mathilde" Mirat, 1843 reiste er inkognito nach Hamburg (Besuch der Mutter), Ende 1843 lernte er in Paris Karl Marx kennen. Nach dem Tod des Onkels begann 1845 der auch in der Öffentlichkeit ausgetragene Erbschaftsstreit. Heines literarischer Kampf der 1840er Jahre galt dem kleinbürgerlichen Republikanismus (*Ludwig Börne. Eine Denkschrift*, 1840) und der „Tendenzpoesie" ↑Freiligraths und ↑Herweghs ebenso wie der Reaktion (*Deutschland. Ein Wintermärchen*, 1844). Ihren klarsten kämpferischen Ausdruck fand Heines politische Lyrik in den *Zeitgedichten* der Slg. *Neue Gedichte* (1844).
Die seit Jahren aufgrund einer Rückenmarksschwindsucht auftretenden Lähmungserscheinungen banden Heine ans Krankenbett. Am Beginn der achtjährigen körperlichen Leiden in der „Matratzengruft" steht die Slg. *Romanzero* (1851); im Nachwort bekennt Heine seine Rückkehr zu einem „persönlichen Gott". Das schon in den Frühwerken erörterte Thema des Antagonismus zwischen Spiritualismus und Sensualismus reflektiert der Essay *Die Götter im Exil* (1853) anhand der Gegenüberstellung von „nazarenischem" und „hellenischem" Lebensprinzip. Als gesellschaftskritisches Vermächtnis ist die bearbeitete Buchfassung der Korrespondentenberichte vom Beginn der 1840er Jahre zu betrachten (*Lutetia. Berichte über Politik, Kunst und Volksleben*, 1854); das Vorwort zur frz. Ausgabe (1855) enthält Heines Auseinandersetzung mit dem Kommunismus; weckt der Gedanke an die Zeit, in der „jene dunklen Bilderstürmer zur Herrschaft gelangen werden", einerseits „Grauen und Schrecken", so besitzt die proletarische Bewegung andererseits ihre historische Notwendigkeit aufgrund ihrer „obersten Prinzipien" des „absolutesten Kosmopolitismus, einer allgemeinen Völkerliebe, einer auf Gleichheit beruhenden Verbrüderung aller Menschen, freier Bürger dieses Erdballs".

Gedichtbände und -zyklen: *Gedichte* (E ab 1816, V 1822), *Lyrisches Intermezzo* (E 1821/22, V 1823), *Buch der Lieder* (1827, 10. Auflage 1852), *Neue Gedichte* (1844, 3. erweiterte Auflage 1852), *Romanzero* (1851), *Gedichte 1853 und 1854* (1854). – Erzählungen: *Aus den Memoiren des Herren von Schnabelewopski* (E 1827–33, V 1834), *Florentinische Nächte* (E 1835/36, V 1837), *Der Rabbi von Bacherach* (Fragment, E 1824/25 und 1840, V 1840). – Dramen und andere Bühnenwerke: *Almansor* (E 1820–22, U, V 1823), *William Ratcliff* (E 1822, V 1823), *La légende du docteur Jean Faust* (E 1846/47, V 1847, u. d. T. *Der Doktor Faust. Ein Tanzpoem nebst kuriosen Berichten über Teufel, Hexen und Dichtkunst* 1851), *Die Göttin Diana* (1854). – *Reisebilder: Erster Teil* (1826, darin u. a.: *Die Harzreise*, E 1824–26), *Zweiter Teil* (1827, darin u. a.: *Die Nordsee. 3. Abteilung*, E 1826/27), *Dritter Teil* (1830, darin u. a.: *Reise von München nach Genua*, E 1828/29; *Die Bäder von Lucca*, E 1828/29), *Nachträge zu den Reisebildern* (1831, darin: *Die Stadt Lucca*, E 1829/30; *Englische Fragmente*, E 1827–30). – Kultur- und zeitgeschichtliche Abhandlungen, Korrespondentenberichte: *Französische Maler* (Zs u. d. T. *Gemäldeausstellung in Paris 1831*, erweiterte Fassung 1834), *Französische Zustände* (Zs 1831/32, V 1832), *Zur Geschichte der neueren schönen Literatur in Deutschland* (1833, erweiterte Fassung *Die Romantische Schule* 1835), *De l'Allemagne depuis Luther* (1834, u. d. T. *Zur Geschichte der Religion und Philosophie in Deutschland* 1835), *Elementargeister* (1837), *Ludwig Börne. Eine Denkschrift* (E 1830 und 1837–40, V 1840), *Lutetia. Berichte über Politik, Kunst und Volksleben* (Zs 1840–44, V 1854), *Les dieux en exil* (1853, u. d. T. *Die Götter im Exil* 1854). – Autobiografisches: *Ideen. Das Buch Le Grand* (1827), *Geständnisse* (1854), *Memoiren* (postum 1884).

Die Harzreise. Reisebeschreibung, E 1824/25, Zs 1826, V (im 1. Teil der Slg. *Reisebilder*) 1826, frz. Ü 1834.
Mit diesem ersten seiner *Reisebilder* gab Heine einen wesentlichen Anstoß zur breiten Entfaltung einer engagierten Literatur, deren kritisches Potenzial weniger in den vorgetragenen Überzeugungen, sondern vielmehr im Stilprinzip der freien assoziativen Verknüpfung des Witzes sowie in der Subjektivität der Betrachtungsweise bestand. Hieraus ergab sich gleichsam von selbst die Kritik an philisterhafter Spießbürgerlichkeit, an hohlem Pathos, an Dünkelhaftigkeit, beschränkter Gelehrsamkeit – kurz: an allem, was sich dem Drang nach geistiger und politischer „Bewegung“ in den Weg stellte.
Zugrunde liegt die Wanderung, die Heine im September/Oktober 1824 durch den Harz unternommen hat; geschildert wird der erste Teil mit dem Ausgangspunkt Göttingen und den Stationen Northeim, Osterode, Clausthal, Goslar, dem Brocken und dem Ilsetal. Nichts liegt Heine ferner, als topographische Angaben zu sammeln (die Stadt Göttingen ist „berühmt durch ihre Würste und Universität“, Osterode hat „soundsoviel Häuser, verschiedene Einwohner, darunter auch mehrere Seelen“). Annähernd beschreibende Passagen wechseln mit physiognomischen Kuriositäten („ein rotes Quadratmeilengesicht mit Grübchen in den Wangen, die wie Spucknäpfe für Liebesgötter aussahen“, ein anderes Gesicht ist „nur ein Mund zwischen zwei Ohren“), grotesken Traumbildern, Liedern und Romanzen, literaturkritischen Seitenhieben und anekdotischen Schilderungen, die in den Szenen eines Trinkgelages in der Brockenhütte gipfeln, einem Zerrbild der Walpurgisnacht, in welcher der Brocken „seine Nebelkappe jubelnd in die Luft (wirft) und, ebensogut wie wir übrigen, recht echtdeutsch romantisch verrückt“ wird. Kennzeichnend sind Kontraste, etwa zwischen einem sehnsuchtsvollen Morgenlied und der „Sehnsucht nach einem Frühstück“.

Lyrik. Heines Gedichte gliedern sich hinsichtlich ihrer Veröffentlichung in drei Hauptgruppen, zwischen denen die beiden wesentlichen Zäsuren seines Lebenswegs (Übersiedlung nach Paris 1831, Beginn der Leiden in der „Matratzengruft“ 1848) liegen. Es sind dies: 1. Das *Buch der Lieder* (E ab 1816, V 1827, gegliedert in: *Junge Leiden, Lyrisches Intermezzo, Die Heimkehr, Aus der Harzreise, Die Nordsee*), Vert einzelner Lieder durch Franz Schubert (*Der Atlas, Der Doppelgänger*), Friedrich Silcher *(Loreley)*, Franz Liszt *(Loreley)*, Richard Wagner, Johannes Brahms, vor allem aber durch Robert Schumann („Liederkreis“, op. 24; „Dichterliebe“, op. 48; Balladen *Belsazar, Zwei Grenadiere*); 2. Die Slg. *Neue Gedichte* (1844, gegliedert in: *Neuer Frühling, Verschiedene* [Geliebte: *Seraphine, Angelique, Diana* u. a.], *Romanzen, Zur Olla, Zeitgedichte*), Vert Felix Mendelssohn Bartholdy *(Leise zieht durch mein Gemüt)*, Richard Strauss *(Frühlingsfeier)*. 3. Die Slg. *Romanzero* (1851, gegliedert in: *Historien, Lamentationen, Hebräische Melodien*). Hieran schließt sich die Slg. *Gedichte 1853 und 1854* an (mit *Zum Lazarus*).
Aufsehen erregten zunächst Heines souveräne Handhabung der Motive und Themen der klassischen und romantischen Natur- und Liebeslyrik, seine Verbindung von Kunst- und Volkspoesie, die verschwenderische Fülle des poetischen Empfindungsausdrucks von zumeist unglücklicher Liebe. In diesem Sinne beginnt das der 3. Auflage (1839) des *Buchs der Lieder* vorangestellte Gedicht mit den Versen: „Das ist der alte Märchenwald! / Es duftet die Lindenblüte! / Der wunderbare Mondenglanz / Bezaubert mein Gemüte!“ Es mündet in die Klage: „O Liebe! was soll es bedeuten, / Dass du vermischest mit Todesqual / All deine Seligkeiten?“ Zugleich thematisieren die meisten der frühen Gedichte direkt oder indirekt die Diskrepanz zwischen literarisch geformter bzw. vermittelter Empfindung und realer Verhaltensweise: „Und als ich euch meine Schmerzen geklagt, /

Da habt ihr gegähnt und nichts gesagt; / Doch als ich sie zierlich in Verse gebracht, / Da habt ihr mir große Elogen gemacht." Spott („Philister in Sonntagsröcklein / Spazieren durch Wald und Flur; / Sie jauchzen, sie hüpfen wie Böcklein, / Begrüßen die schöne Natur") und Ironie wechseln mit dem bildhaften Ausdruck unerfüllbarer Sehnsucht: „Ein Fichtenbaum steht einsam / Im Norden auf kahler Höh'. / Ihn schläfert; mit weißer Decke / Umhüllen ihn Eis und Schnee. / / Er träumt von einer Palme, / Die fern im Morgenland / Einsam und schweigend trauert / Auf brennender Felsenwand."

Der thematische Bogen der Slg. *Neue Gedichte* spannt sich von der Gebundenheit durch die „Blumenketten" der Liebe, wobei der Ausdruck sinnenfroher Beglückung vorherrscht („Holdes Zittern, süßes Beben, / Furchtsam zärtliches Umschlingen – / Und die jungen Rosen lauschen, / Und die Nachtigallen singen"), bis hin zur politischen Satire (*Der Kaiser von China* über Friedrich Wilhelm IV. von Preußen); diese *Zeitgedichte* werden durch das programmatische Gedicht *Doktrin* eingeleitet: „Schlage die Trommel und fürchte dich nicht, / Und küsse die Marketenderin! / Das ist die ganze Wissenschaft, / Das ist der Bücher tiefster Sinn. (...)" Dazwischen liegen die ironisch-erotischen Lieder der Abteilung *Verschiedene:* „(...) Die Göttin der Gelegenheit, / Wie'n Zöfchen, flink und heiter, / Kam sie vorbei und sah uns stehn, / Und lachend ging sie weiter."

In den *Historien des Romanzero* gewinnen Heines politische und weltanschauliche Reflexionen ihre umfassende dichterische Gestalt (z. B. *Vitzliputzli* über die Eroberung Mexikos durch Cortez). In den *Lamentationen* wird Lazarus zur Identifikationsfigur, in deren *Rückschau* Heine resümiert: „Ich habe gerochen alle Gerüche/ In dieser holden Erdenküche; / (...) Lebt wohl! Dort oben, ihr christlichen Brüder, / Ja, das versteht sich, dort sehn wir uns wieder." Eines der letzten Gedichte Heines ist das Elise Krinitz gewidmete Liebesgedicht *Für die Mouche*.

Atta Troll. Ein Sommernachtstraum. Versepos in 27 Kapiteln, E 1841, Zs 1843, Buchausgabe (in bearbeiteter Form) 1847. Als Handlungsgerüst dient die Verfolgung des in den Pyrenäen entlaufenen Tanzbären Atta Troll durch den als versierter „Bärenjäger" ausgewiesenen Erzähler. Die Inschrift des Denkmals, das dem schließlich erlegten Bären in der „Walhalla" Ludwigs I. von Bayern gesetzt wird, fasst die Hauptzielrichtung der Satire zusammen: „Atta Troll, Tendenzbär; sittlich / Religiös; als Gatte brünstig; / Durch Verführtsein von dem Zeitgeist, / Waldursprünglich Sansculotte; / / Sehr schlecht tanzend, doch Gesinnung / Tragend in der zott'gen Hochbrust; / Manchmal auch gestunken habend; / Kein Talent, doch ein Charakter!" Der Bär verkörpert ein ebenso pathetisches wie simplifiziertes Freiheits- und Gleichheitsstreben, das sich in blindem Enthusiasmus selbst vor den Karren der „christlich germanischen Nationalität" spannen lässt. Genannt wird ↑ Freiligrath, aus dessen Gedicht *Der Mohrenfürst* das Motto stammt. Eingeflochten sind u. a. Attacken auf die romantische „Schwäbische Dichterschule" (↑ Kerner, Gustav Pfizer, Gustav Schwab); zugleich bezeichnet Heine sein Epos als das „vielleicht letzte freie Waldlied der Romantik". In der Vorrede zur Buchausgabe rechtfertigt Heine seinen Angriff auf die ja durchaus oppositionelle „Tendenzpoesie" Freiligraths und ↑ Herweghs gegen den Vorwurf „nicht bloß der literarischen, sondern auch der gesellschaftlichen Reaktion, ja sogar der Verhöhnung heiligster Menschheitsideen": „Nein, eben weil dem Dichter jene Ideen in herrlichster Klarheit und Größe beständig vorschweben, ergreift ihn desto unwiderstehlicher die Lachlust, wenn er sieht, wie roh, plump und täppisch von der beschränkten Zeitgenossenschaft jene Ideen aufgefasst werden können. (...) Es gibt Spiegel, welche so verschroben geschliffen sind, dass selbst ein Apollo sich darin als eine Karikatur abspiegeln muss und zum Lachen reizt."

Deutschland. Ein Wintermärchen. Versepos in 27 Kapiteln, E 1843/44, V 1844 (in *Neue Gedichte* und als Separatdruck).

Der in *Atta Troll* karikierten „Tendenzpoesie" setzte Heine mit seinem zweiten Versepos das Gegenbeispiel einer politischen Dichtung entgegen, die in formaler und inhaltlicher Hinsicht differenziert genug ist, um der politischen, sozialen und kulturellen Misere nachhaltig entgegenzuwirken. Das „versifizierte Reisebild" schildert den Deutschlandaufenthalt Heines im Herbst 1843 (u. a. Besuch der Mutter). Der Untertitel bezieht sich auf den Vers „Ein traurig Märchen passt für den Winter" in Shakespeares *The Winter's Tale*.

Programmatisch konfrontiert Caput I das „alte Entsagungslied" eines Harfnermädchens, „das Eiapopeia vom Himmel/ Womit man einlullt, wenn es greint,/ Das Volk, den großen Lümmel", mit dem „neuen", dem „besseren Lied" des Erzählers vom Glück auf Erden, das unabdingbar mit der politischen, moralischen und religiösen Emanzipation verbunden ist: „Die Jungfer Europa ist verlobt/Mit dem schönen Geniusse/Der Freiheit, sie liegen einander im Arm,/Sie schwellen im ersten Kusse.//Und fehlt der Pfaffensegen dabei,/Die Ehe wird gültig nicht minder –/Es lebe Bräutigam und Braut,/ Und ihre zukünftigen Kinder." Aus dieser Perspektive entwickelt Heine anhand der Stationen von Aachen über Köln und den Teutoburger Wald bis Hamburg ein kritisches Profil der dt. politischen und kulturellen Landschaft, gekennzeichnet durch Zensur (sie „gibt die innere Einheit uns"), Militarismus, Nationalismus und Franzosenhass; ein zentrales Thema ist die Auseinandersetzung mit der antiquierten Idee des mittelalterlichen Kaisertums (Kyffhäuser-Traumszenen). Zahlreiche Impressionen, Erinnerungen und Anspielungen ergeben den vorherrschenden Eindruck subjektiver Betroffenheit bis hin zur Traumgestalt des Mannes mit dem Richtbeil; er verkörpert die Tat, die dem Gedanken folgen will.

Helmut Heißenbüttel

***21.6.1921 in Rüstringen (= Wilhelmshaven)**
†19.9.1996 in Borsfleth (= Hamburg)

Der Sohn eines Gerichtsvollziehers legte 1939 in Papenburg das Abitur ab. Nach einer schweren Verwundung in Russland wurde er vom Kriegsdienst entbunden; 1942 studierte er in Dresden Architektur, ab 1943 in Leipzig und 1945/46 in Hamburg Germanistik und Kunstgeschichte. 1954 erschien Heißenbüttels erster Gedichtband: *Kombinationen*, 1960 das erste *Textbuch*. Einer Tätigkeit als Lektor (ab 1955) folgte 1957–81 die Mitarbeit am „Radio-Essay" des Süddt. Rundfunks in Stuttgart. 1963 war er Gastdozent für Poetik an der Universität in Frankfurt a. M. (Vorlesungen *Grundbegriffe der Poetik im 20. Jh.*, V 1970). Zu Heißenbüttels Auszeichnungen gehören der Georg-Büchner-Preis 1969 und der Hörspielpreis der Kriegsblinden 1970.

Als Vertreter der experimentellen Literatur entwickelte Heißenbüttel, parallel zu einem umfangreichen essayistischen Werk, konsequent das Montageprinzip. Als Material dienen sprachliche Grundelemente und Zitate. Zu den Kombinationstechniken gehört die Mehrdeutigkeit („Seine Sitten sind englisch und sein Essen ist himmlisch", in: *D'Alemberts Ende*).

Hörspiele: *Was sollen wir überhaupt senden?* (1970), *Marlowes Ende* (1971), *Warzen und alles* (1980), *Zwei oder drei Porträts* (1981). – Essays: Slg. *Über Literatur* (1970), Slg. *Zur Tradition der Moderne* (1972), *13 Thesen über ästhetische Grenzüberschreitung* (1978), *Von fliegenden Fröschen, libidinösen Epen, vaterländischen Romanen, Sprechblasen und Ohrwürmern* (1982).

Eckard Henscheid
***14.9.1941 in Amberg (Oberpfalz)**
Der Sohn eines Bahnbeamten studierte in München Germanistik und Publizistik. Er gehörte zu den Autoren der Satire-Magazine „Pardon" und „Titanic" sowie zu den Begründern der „Neuen Frankfurter Schule" (u.a. mit ↑Gernhardt; 2003 wurde die Satiriker-Gruppe von der Binding-Kulturstiftung für ihr Lebenswerk ausgezeichnet). Seit 1972 ist Henscheid freier Schriftsteller. Ein breites Publikum erreichte die *Trilogie des laufenden Schwachsinns* (1973–78) aus den Romanen *Die Vollidioten, Geht in Ordnung – sowieso – genau* und *Die Mätresse des Bischofs*. Zum schier uferlosen Gesamtwerk gehört Polemik als literarische Form, die sich u.a. der Sprachkritik bedient. Ihr widmet sich das Wörterbuch *Dummdeutsch* (1985, neu bearbeitet 1993). Mit ↑Kronauer veröffentlichte er 1997 als eine Art Enthüllungs-Lexikon *Lauter Missverständnisse. Studien zur Geistesgeschichte*. Das Thema seiner Poetik-Dozentur in Heidelberg (2000) war der Humor in der dt. Literatur.

Johann Gottfried (von) Herder
***25.8.1744 in Mohrungen (Ostpreußen), †18.12.1803 in Weimar**
Einem Studium der Theologie, Philosophie und Literatur in Königsberg (1762–64; Kant, Hamann) folgte die Tätigkeit als Lehrer, ab 1767 als Prediger in Riga. 1770/71 hielt er sich in Straßburg auf, wo er Einfluss auf ↑Goethe gewann; er folgt ihm 1776 nach Weimar (Generalsuperintendent und erster Prediger, Verbindung mit ↑Schiller, 1802 geadelt).
Herder besaß wesentlichen Anteil an der Überwindung des Rationalismus durch den Sturm und Drang (Hinwendung zu Shakespeare und zur Volksdichtung). Seine Sprach-, Literatur- und Geschichtsphilosophie schuf Grundlagen für das Verständnis der Kulturgeschichte im Sinne eines organischen Entwicklungsprozesses unter bestimmten natürlichen Gegebenheiten; in den Mittelpunkt rückte der Gedanke der fortschreitenden Entfaltung der Humanität. Hauptwerke sind *Kritische Wälder* (1769), die Abhandlung *Über den Ursprung der Sprache* (1772), *Auch eine Philosophie der Geschichte zur Bildung der Menschheit* (1774) und *Briefe zur Beförderung der Humanität* (10 Bde., 1793–97); die Slg. *Volkslieder* (Nachdichtungen, 1778/79) erschien postum 1807 als Neuauflage u.d.T. *Stimmen der Völker in Liedern*.

Judith Hermann
*** 1970 in West-Berlin**
Nach dem Studium der Germanistik, Philosophie und Musik, das sie abbrach, besuchte Hermann die Berliner Journalistenschule und absolvierte ein Volontariat bei einer New Yorker Zeitung. 1998 debütierte sie mit der Slg. *Sommerhaus, später;* Dramatisierungen von zwei dieser Erzählungen (*Sonja* und *Rote Korallen*) wurden 1999 von der Bielefelder „Autorenbühne Neue Szene" uraufgeführt. 2003 erschien die Slg. *Nichts als Gespenster*. Hermanns Erzählungen handeln von Personen ihrer Generation und deren Gemütslagen; schlichten Erklärungsmustern entzieht sie den Boden.
Hermann erhielt den Hugo-Ball-Förderpreis (1999), den Bremer Literaturpreis (1999) sowie den Preis der Heinrich-von-Kleist-Gesellschaft (2001).

Stephan Hermlin (eigtl. Rudolf Leder)
***13.4.1915 in Chemnitz (Karl-Marx-Stadt), † 7.4.1997 in Berlin**
Aus gutbürgerlichem Haus stammend (der Vater war ein passionierter Kunstsammler; er wurde im KZ umgebracht), trat Hermlin nach der Schulzeit in Dresden 1931 in Berlin dem kommunistischen Jugendverband bei und beteiligte sich ab 1933 am Widerstand. 1936 emigrierte er über Ägypten und Palästina nach England; er nahm am Span. Bürgerkrieg teil, gehörte 1940 der frz. Armee an und war 1944 in der Schweiz interniert. 1945 wurde er literarischer Mitarbeiter beim Radio Frankfurt a.M., 1947 ließ er sich in Ost-Berlin nieder. Seine kulturpolitischen Ämter legte Hermlin 1963, von der SED mangelnder Treue zum sozialistischen Realismus beschuldigt, nieder. Zu seinen Auszeichnungen gehören der Heine-Preis (1948, 1972) und der Nationalpreis der DDR (1950, 1954, 1975).
Themen der frühen Lyrik Hermlins sind der antifaschistische Kampf und der Aufbau der sozialistischen Gesellschaft. Wesentlicher Bezugspunkt ist ↑ Hölderlin; ihm sind der Essay *Gesang vom Künftigen* (1944/45) und das als Zitatcollage gestaltete Hörspiel *Scardanelli* (1970) gewidmet. Die Erzählung *Der Leutnant Yorck von Wartenburg* (1945) hebt die Realität (Folterung und Hinrichtung von Mitgliedern der Verschwörung des 20.Juli 1944) durch die Schilderung einer erfolgreichen Befreiungsaktion auf (Geschichte, wie sie hätte sein sollen). Der Titel der Slg. *Abendlicht* (1979) verweist auf die arkadischen Motive der Utopie, auf welche die autobiografisch geprägten Lebensläufe ausgerichtet sind. 1995 erschien *In den Kämpfen dieser Zeit.*

Gedichtbände: *12 Balladen von den großen Städten* (1945), *Die Straßen der Furcht* (1946), *22 Balladen* (1947), *Der Flug der Taube* (1952), *Dichtungen* (1956). – Erzählungen: *Reise eines Malers in Paris* (1947), Slg. *Die Zeit der Gemeinsamkeit* (1949), *Die Zeit der Einsamkeit* (1951), Slg. *Lebensfrist* (1980). – Essays: *Wo bleibt die junge Dichtung* (1947), *Der Kampf um eine Nationalliteratur* (1952), Slg. *Die Sache des Friedens* (1953), Slg. *Aufsätze, Reportagen, Reden, Interviews* (1980). – Autobiografisches: *Deutsches Tagebuch in Ost und West* (1951), *Mein Friede* (1985).

Georg Herwegh
***31.5.1817 in Stuttgart, † 7.4.1875 in Lichtenthal (= Baden-Baden)**
Nachdem er 1835 in Tübingen ein Theologiestudium begonnen hatte, lebte Herwegh ab 1836 als freier Schriftsteller in Stuttgart; 1839 floh er anlässlich eines Ehrenhandels aus dem Militärdienst in die Schweiz (Zürich). Hier veröffentlichte er 1841 die Slg. *Gedichte eines Lebendigen* (2.Bd. 1843), die ↑ Keller als „Trompetenstoß" empfand, und ↑ Heine übergab ihm 1841 in Paris das Gedicht *An Herwegh* („Herwegh, du eiserne Lerche"), anspielend auf das Gedicht *Aufruf*: „Reißt die Kreuze aus der Erden! / Alle sollen Schwerter werden, / Gott im Himmel wird's verzeihn. / Lasst, o lasst das Verse schweißen! / Auf den Amboss legt das Eisen! (...)." Sein für den Vormärz kennzeichnendes Dichtungsverständnis enthält *Die neue Literatur* („kein Interesse des Volkes bleibt seinem [des Dichters] Herzen fremd", 1839). Herweghs Versuch, Friedrich Wilhelm IV. von Preußen 1842 in einer Audienz zu einer Liberalisierung zu bewegen, blieb erfolglos; er wurde kurz darauf aus Preußen ausgewiesen. 1848 beteiligte er sich mit einer dt.-frz. Arbeiterkolonne am Aufstand in Baden und floh erneut in die Schweiz. Für den „Allgemeinen dt. Arbeiterverein" (1865) dichtete Herwegh das Bundeslied *Mann der Arbeit, aufgewacht.*

Hermann Hesse
***2.7.1877 in Calw, † 9.8.1962 in Montagnola (Tessin)**

Zu den Überraschungen in der Wirkungsgeschichte der „klassischen“ modernen Literatur gehörte Ende der 1960er Jahre die (von den USA ausgehende) Hesse-Renaissance im Zusammenhang der neuen „Jugendbewegung“: Vor allem im Roman *Der Steppenwolf* fanden die „Blumenkinder“ der Hippie-Kultur ein frühes Vorbild für die radikale Absage an gesellschaftliche Normen und die Zuflucht bei der psychedelischen Traumwelt der Drogen, die der Schriftsteller in den 1920er Jahren auch als Maler gestaltet hat.

Hesse ist der Sohn eines aus dem Baltikum stammenden Missionspredigers pietistischer Prägung, die Eltern der Mutter stammten aus dem Schwäbischen und der frz. Schweiz (ihr Vater war zeitweise in Indien missionarisch tätig).
Als zukünftiger Theologe trat Hesse 1891 in das ev.-theologische Seminar im ehemaligen Kloster Maulbronn ein, das er jedoch 1892 wieder verlassen musste (vgl. *Unterm Rad,* 1905). Nach mehreren fehlgeschlagenen Berufsversuchen war er in Tübingen und Basel im Buchhandel tätig, 1899 erschien seine Slg. *Romantische Lieder*. 1904, im Jahr des Erscheinens seines ersten erfolgreichen Erzählwerks, *Peter Camenzind,* ließ er sich als freier Schriftsteller in Gaienhofen am Bodensee nieder. 1905 gründete er mit ↑Thoma die oppositionelle Zeitschrift „März“. 1911 reiste er nach Indien. 1912 siedelte er in die Schweiz über; in Bern gehörte er ab 1914 der „Dt. Gefangenenfürsorge“ an, ab 1919 lebte er in Montagnola bei Lugano (Schweizer Staatsbürgerschaft 1923). Freundschaft verband ihn mit ↑Ball (der 1927 eine Monografie über Hesse veröffentlichte) und Th. ↑Mann (der Briefwechsel ist 1968 erschienen). Während des Dritten Reichs fand Hesse in Dtl. kaum Publikationsmöglichkeiten, er galt als „Verräter der dt. Literatur an das Judentum“. 1946 wurde er mit dem Frankfurter Goethepreis und dem Literaturnobelpreis ausgezeichnet, 1955 erhielt er den Friedenspreis des Dt. Buchhandels.
Ein Grundthema Hesses ist der Widerstreit zwischen Geist und Natur, Kunst und Leben. So versteht sich die Titelgestalt der Künstlererzählung *Klingsors letzter Sommer* (1920) als der „müde, gierige, wilde, kindliche und raffinierte Mensch unserer späten Zeit, der sterbende, sterbenwollende Europamensch (...), Tier und Weiser“. Zu Hesses Konzeption einer Aufhebung des Widerstreits gehören die Idylle (etwa im Vagabundenroman *Knulp* [1915]) ebenso wie die Utopie des Landes Kastalien, in dem (im Jahr 2400) das *Glasperlenspiel* angesiedelt ist. Der ab 1934 in Teilen, 1943 bzw. 1946 (erste Ausgabe in Dtl.) vollständig erschienene Roman handelt vom Weg einer Gemeinschaft auserlesener Geister „weg von den Worten, hin zur Musik, weg von den Gedanken, hin zur Einheit“; der Glasperlenspielmeister Knecht allerdings kehrt als Erzieher in die „minderwertige Welt“ zurück im Dienst der „schönen Bestimmung des Menschen, zu lieben und tätig zu sein“. Als Lyriker gelangte Hesse zum bildhaften Ausdruck von der Empfindungsweise der modernen „Wind- und Seifenblasenseelen“ (*In Sand geschrieben,* 1947). Als kulturgeschichtlicher Essay erschien 1919 *Faust und Zarathustras Wiederkehr.*

Peter Camenzind. Erzählung, V 1904. Die autobiografisch geprägte Darstellung eines „Bildungsweges" besitzt die Form des Lebensrückblicks der Titelgestalt. Anfangs- und Endpunkt liegen im Seeort Nimikon in der Schweiz. Hier ist Camenzind als Dorfhirte in enger Naturverbundenheit herangewachsen. Seine „Zickzackwege im Reich des Geistes und der Bildung" beginnen mit Schuljahren in klösterlicher Umgebung; die Studienjahre in der Stadt, publizistische und schriftstellerische Tätigkeit sowie Reisen bringen es nicht zuwege, ihn zum „Stadt- und Weltmenschen" zu formen, und finden ihr Gegengewicht in der Beschäftigung mit dem Leben des Franz von Assisi, in der sich Camenzinds Abwendung von der „großen Welt" ankündigt. Der Verlust des Freundes und enttäuschte Liebe veranlassen ihn, in den Heimatort zurückzukehren und damit zur Natur; in ihr redet „laut und ungebrochen die Stimme Gottes, wie sie nie über eines Menschen Lippen kam". Zuvor findet Camenzind eine ihn erfüllende Aufgabe in der Pflege des Krüppels Boppi.

Wie Hesses frühe Lyrik, so steht auch die Erzählung im Zusammenhang der Neuromantik der Jahrhundertwende. Das zuletzt religiös überhöhte Naturerlebnis gehört zu den ursprünglichen „Bildungserlebnissen" Camenzinds: „Berge, See, Sturm und Sonne waren meine Freunde, erzählten mir und erzogen mich und waren mir lange Zeit lieber und bekannter als irgend Menschen und Menschenschicksale. Meine Lieblinge aber, die ich dem glänzenden See und den traurigen Föhren und sonnigen Felsen vorzog, waren die Wolken." Alles, was aus dieser seelischen Heimat hinwegführt, mündet letztlich in Resignation und benötigt die Lebensweisheit, „daß die Fische ins Wasser und die Bauern aufs Land gehören". In mancher Hinsicht knüpft Hesse an ↑Keller an, dessen Bildungs- und Entwicklungsroman „Der grüne Heinrich" zu den wichtigen Leseeindrücken des jungen Camenzind gehört.

Unterm Rad. Roman, E 1903, Zs 1905, V 1906. **Zugrunde liegt Hesses Internatszeit in Maulbronn 1891/92.**
Auf dem ebenso begabten wie fleißigen Schüler Hans Giebenrath lastet die Verantwortung für ein erfolgreiches Abschneiden beim württemberg. Landexamen. Das Bestehen der Prüfung öffnet den Weg ins ev.-theologische Seminar Maulbronn (vgl. ↑Hölderlin) und befriedigt zugleich den Ehrgeiz des Vaters, der Lehrer, des an der Vorbereitung beteiligten Pfarrers, ja des ganzen Heimatstädtchens. Tatsächlich schneidet Hans nach pausenlosem Lerndrill als Zweitbester ab. Im Seminar befreundet er sich mit dem musischen und frühreifen Hermann Heilner, der sich den strengen schulischen Anforderungen nicht beugt und dafür verantwortlich gemacht wird, dass Hans in seinen Leistungen absinkt. Nachdem Heilner des Seminars verwiesen worden ist, gerät Hans in eine schwere seelische und körperliche Krise und muss die Schule ebenfalls verlassen. Zu Hause beginnt er eine Lehre als Mechaniker. Nach einem feuchtfröhlichen Ausflug mit den Gesellen der Werkstatt ertrinkt er auf dem Nachhauseweg; „wieder nahmen die Lehrer, der Rektor und der Stadtpfarrer an seinem Schicksal teil". Eingefügt sind idyllische Szenen, beispielsweise die Schilderung der wenigen arbeitsfreien Tage zwischen Landexamen und Schulbeginn.

In autobiografischer Hinsicht bilden Giebenrath und Heilner zwei Ausprägungen der Persönlichkeit des jungen Hesse. Die detailgenaue Darstellung der Vorbereitungszeit sowie des Schul- und Internatslebens bildet eine in ihrer generellen Aktualität kaum geminderte Kritik an einem Erziehungs- und Ausbildungssystem, das den Schüler als Mittel zum Zweck missbraucht. Literaturgeschichtlich steht *Unterm Rad* im Zusammenhang der um die Jahrhundertwende zahlreichen Darstellungen des Unverständnisses von Eltern und Lehrern gegenüber den ihnen anvertrauten Heranwachsenden (H. ↑Mann, Th. ↑Mann, ↑Musil, ↑Wedekind).

Siddharta. Eine indische Dichtung. **Roman, V 1922. Zugrunde liegt das Erlebnis der Indienreise (1911), über die Hesse in *Aus Indien* (1913) berichtet hat.** Im Mittelpunkt steht der Brahmanensohn Siddharta, der mit seinem Freund Govinda aufbricht, um die Erfahrung des „Innersten des Wesens, das nicht mehr Ich ist", zu suchen. Während Govinda ein Schüler des Gautama Buddha wird, ist dieser in Siddhartas Augen noch in dogmatischer Lehrweisheit befangen. Das Streben nach Selbsterkundung führt Siddharta zur Kurtisane Kamala und zum Kaufmann Kamaswami; Erstere lehrt ihn die Liebeskunst, Letzterer verhilft ihm zu Reichtum. Von derlei „Kinderspielen" sich abwendend, lernt er, nachdem er als Gehilfe eines Fährmanns der sterbenden Kamala begegnet ist und diese ihm ihr gemeinsames Kind hinterlassen hat, durch seinen Sohn, indem dieser ihn verlässt, die Leiden der Vaterliebe kennen. Siddhartas Weg mündet in die Fähigkeit, „den Gedanken der Einheit zu denken, die Einheit fühlen und einatmen zu können"; sein Freund Govinda erkennt auf dem Antlitz des im Ruf eines Heiligen Stehenden das „Lächeln der Einheit über den strömenden Gestaltungen". Als Sinnbild der Lehre vom Bleibenden im Wechsel der Erscheinungen dient der Fluss; die Vollkommenheit erweist sich in der Wahrnehmung der „Musik des Lebens", in der Freude und Leid ihre Aufhebung finden. Die sprachliche Gestaltung ist archaisierend; Leitmotive wecken den Eindruck des Rituellen.

Bei allem Einfühlungsvermögen Hesses in die indische Geisteswelt ist doch eine letztlich „westliche" sowie autobiografische Grundhaltung erkennbar. So erscheint Gautama Buddha als Christusgestalt und verweist auf Hesses Ablehnung jeglicher religiösen Dogmatik. In *Mein Glaube* (1931) bekannte sich Hesse zu einer Religiosität, die „nicht die Erkenntnis, sondern die Liebe obenanstellt" und deren „einziges Dogma der Gedanke der Einheit ist".

Der Steppenwolf. **Roman, E 1925, V 1927, Verf USA/F/CH 1974 Fred Haines.** In Form von Aufzeichnungen des vereinsamten „Steppenwolfs" Harry Haller entsteht das Bild einer zutiefst zwiespältigen Welt. Bezugspunkte sind Mozart, ↑Goethe und ↑Nietzsche, Gegensätze bestehen zwischen dem überalterten Europa und dem technokratisch aufgerüsteten Amerika, zwischen Geistigkeit und Animalität, zwischen Individuum und (kleinbürgerlicher) Umwelt, Realität und Vorstellungswelt. Letztere wird zum eigentlichen Schauplatz und Zielpunkt der Entwicklung Hallers, und zwar in Gestalt der Drogenorgie des „Magischen Theaters" unter der Regie des Jazztrompeters Pablo, mit dem Haller durch das Mädchen Hermine in Verbindung tritt. In Pablos Panoptikum werden in einer „Hochjagd" Autos abgeschossen, dem „Aufbau der Persönlichkeit" dient die Zergliederung in eine Vielzahl von „Seelen" und „Ichs", Wunsch- und Angstvorstellungen nehmen Gestalt an: Ein vorgetäuschtes Liebesspiel zwischen Pablo und Hermine verwirrt Haller, so dass er die Geliebte ersticht und damit zugleich deren Wunsch erfüllt. War Siddharta, der Held der legendenhaften „indischen Dichtung", zur alle Anfechtung aufhebenden „Musik des Lebens" vorgedrungen, so soll Haller lernen, die „verfluchte Radiomusik des Lebens" anzuhören und „über den Klimbim in ihr" zu „lachen". Das alptraumartige Gegenbild zur Gestalt des von Neurosen geschüttelten Außenseiters der Gesellschaft ist der leistungsorientierte „moderne Mensch" mit den Merkmalen „schneidig, tüchtig, gesund", der sich „im nächsten Krieg vortrefflich bewähren" wird.

Trotz des kulturpessimistischen Befunds dieser Diagnose der „Krankheit der Zeit" betonte Hesse, dass der Roman „zwar von Leiden und Nöten berichtet, aber keineswegs das Buch eines Verzweifelten ist, sondern das eines Gläubigen", dessen Hoffnung über den Horizont der Weltverneinung hinausweist.

Narziß und Goldmund. Erzählung, E 1927/28, V 1929/30 (in der Zs „Neue Rundschau" als *Geschichte einer Freundschaft),* 1930 in den „Gesammelten Werken" und in Einzelausgaben.
Bewunderung und Freundschaft verbinden den Klosterschüler Goldmund mit seinem Lehrer, dem Novizen Narziß. Dieser „hatte recht wohl bemerkt, welch ein holder Goldvogel ihm da zugeflogen war. Er, der in seiner Vornehmheit Vereinsamte, hatte alsbald in Goldmund den Verwandten gewittert, obwohl er in allem sein Gegenspiel zu sein schien. Wie Narziß dunkel und hager, so war Goldmund leuchtend und blühend. Wie Narziß ein Denker und Zergliederer, so schien Goldmund ein Träumer und eine kindliche Seele zu sein" (II). Diese „Exposition" kennzeichnet als Thema der umfangreichen, in 20 Kapitel gegliederten Erzählung in der Tradition des dt. Bildungsromans die Suche nach einer Überwindung des Zwiespalts zwischen dem Geistigen und dem Sinnlichen. Zunächst öffnet Narziß dem Freund die Augen dafür, dass der Vater, indem er Goldmund dem Kloster Mariabronn übergab, das Andenken an die Mutter, eine zuletzt als Hexe verrufene ehemalige Tänzerin, „entsündigen" wollte. Goldmunds Bestimmung sei jedoch nicht das Klosterleben (V). Nachdem Goldmund die Klosterschule verlassen hat, verfolgt die Handlung mit Schauplätzen wie einer Burg, verschiedenen Dörfern und einer Bischofsstadt dessen abenteuerliche, von Liebesaffären gesäumte Wanderschaft durch die feudale, bäuerliche und bürgerliche Welt des Spätmittelalters. Dabei wird Goldmund einmal sogar auch zum Totschläger. Schließlich kehrt er als Bildhauer in jenes Kloster zurück, das nun Narziß, der den Freund vor dem Galgen gerettet hat, als Abt Johannes leitet. Goldmund erhält eine Werkstatt, und Narziß sieht den ohne kommerzielle Interessen künstlerisch Tätigen „auf dem entgegengesetzten Weg, auf dem Weg der Sinne, das Geheimnis des Seins ebenso tief erfassen und viel lebendiger ausdrücken, als die meisten Denker es können" (XIX). Als Sterbender offenbart Goldmund Narziß den mit ihm sterbenden Traum der „schönen Figur, das Bild der großen Eva-Mutter". Die Sehnsucht nach der Urmutter hat Goldmund sein Leben lang begleitet, seitdem mit Hilfe des Freundes die eigene Kindheit und damit die einst für immer verschwundene Mutter wieder lebendig geworden ist. Damals erklärte ihm Narziß: „Du bist erwacht, und du hast ja jetzt auch den Unterschied zwischen dir und mir erkannt, den Unterschied zwischen mütterlichen und väterlichen Herkünften, zwischen Seele und Geist." Diese Unterscheidung bleibt am Ende als Polarität bestehen. Wobei es nun Goldmund (der Künstler) ist, der Narziß (dem Gelehrten) die Augen öffnet: Ohne das Mütterliche und Erotische bleibt die ganzheitliche menschliche Existenz ein bloßer Wunsch.

Thomas Hettche

***30.11.1964 in Treis bei Gießen**

Bereits während des Studiums der Germanistik und Philosophie in Frankfurt a. M. journalistisch tätig, trat Hettche als Rezensent von Film und Fernsehen hervor. 1989 debütierte er als Erzähler mit dem Roman *Ludwig muss sterben* über die Todesangst eines schwer Herzkranken, bei dem die Zeichen der Krankheit als Selbstentfremdung und das Schreiben als Selbstfindung erscheinen. Mit der Schriftstellerin Jana Hensel initiierte er 1999 die Internet-Anthologie *NULL. Literatur im Netz* (V 2000). Das in Varianten wiederkehrende Thema Hettches ist der Körper als Medium: Im Wenderoman *Nox* (1995) über die Nacht des Mauerfalls (9. November 1989) korrespondiert das Geschehen mit dem detailliert beschriebenen Verfallsprozess einer Leiche.

Verbunden sind Körper und Schauplatz auch durch das Bild der „schlecht vernarbten Wunde“, die sich durch Berlin zieht und in dieser Nacht wieder aufbricht. Als Essayist beschäftigte sich Hettche in *Das Sehen gehört zu den glänzenden und farbigen Dingen* (1997) und *Animation* (1999) mit der Zukunft der Literatur, wenn es erst „gänzlich unrentabel geworden sein wird, Wissen und Geschichte in Form von Sprache aufzubewahren“.
Zu Hettches Auszeichnungen gehören der Rauriser Literaturpreis (1989), der Robert-Walser-Preis (1990), der Ernst-Robert-Curtius-Förderpreis für Essayistik (1994) und der Spycher-Literaturpreis Leuk (2001 mit ↑Grünbein).

Der Fall Arbogast.
Kriminalroman, V 2001.
Der auf konkreten Ereignissen basierende Kriminalroman handelt von einem spektakulären Justizirrtum der 1950er Jahre. Der (fiktive) Hans Arbogast wird des Sexualmordes an Marie Gurth beschuldigt und 1955 zu lebenslangem Zuchthaus verurteilt. Arbogast beharrt darauf, unschuldig zu sein: „Wir haben uns geliebt, und plötzlich war sie tot. Das ist die Wahrheit.“ Erst 14 Jahre später gelingt es, die Wiederaufnahme des Verfahrens durchzusetzen und den Schuldspruch als Fehlurteil zu entlarven. Die drei Personen, die sich dies zur Aufgabe gemacht haben, der Publizist Sarrazin, der Rechtsanwalt Klein und die Pathologin Lavans, die aus Ost-Berlin stammt und dadurch nicht in die Seilschaften der Gutachter der B. D. verstrickt ist, sind über den Ehrgeiz hinaus, die Fehler des ersten Verfahrens zu berichtigen, von Arbogast und seinem Fall fasziniert und stärker davon in Bann geschlagen als vorgesehen: „Der Tod, dachte Klein, haftet ihm an, weil er ihm so nah war.“ Alle drei ahnen etwas von dem Geheimnis, das Liebe und Tod miteinander verbindet. Angelpunkt der Urteilsfindung wie auch der Erzählung ist die Interpretation von Fotografien und den Spuren an der Leiche, die detailliert beschrieben und analysiert werden. Durch die falsche Interpretation dieser Spuren wurde Arbogast seinerzeit verurteilt. Sie kam allerdings nicht durch mangelnde Fachkenntnis zustande (darin hat es in den vergangenen 14 Jahren kaum Fortschritte gegeben), sondern, wie Sarrazin mutmaßt, durch die Verdrängungsmechanismen der Nachkriegszeit: Arbogast habe den Krieg in sich. „Das durfte es nicht mehr geben. Die Angst war zu groß.“

Georg Heym

***30. 10. 1887 in Hirschberg (Schlesien), † 16. 1. 1912 in Berlin**

Der Sohn eines Staats- und Militäranwalts studierte 1907–1910 in Würzburg, Jena und Berlin Jura und 1911 Orientalistik mit dem Ziel einer diplomatischen Laufbahn. Er ertrank beim Eislaufen auf der Havel. Als Lyriker steigerte Heym den freien bildhaften Ausdruck ↑Hölderlins und ↑Georges zu einer von Enthusiasmus und Grauen geprägten visionären Bildsprache, in der die expressionistische Dichtung ihren ersten Höhepunkt fand. Das Leben („wie gehetzt, wie hohl, wie gottverlassen. Das kann nicht bleiben, das muss zugrunde gehen“, notierte Heym) treibt der Apokalypse zu: „Aufgestanden ist er, welcher lange schlief, / Aufgestanden unten aus Gewölben tief. / In der Dämmrung steht er, groß und unbekannt, / Und den Mond zerdrückt er in der schwarzen Hand“ *(Der Krieg)*. Der Slg. *Der ewige Tag* (1911) folgten postum 1912 die Gedichte *Umbra vitae* (1924 mit Holzschnitten von Ernst Ludwig Kirchner), 1913 der Novellenband *Der Dieb*, 1914 die Slg. *Sonette*.

Stefan Heym (eigtl. Helmut Flieg)
***10.4.1913 in Chemnitz, †16.12.2001 am Toten Meer (Israel)**

Der Sohn eines jüd. Kaufmanns begann 1932 in Berlin ein Studium der Philosophie, Germanistik und Zeitungswissenschaften; er schrieb u.a. für Carl von Ossietzkys „Weltbühne“. 1933 nahm er den Namen Stefan Heym an und emigrierte nach Prag, 1935 in die USA. Im folgenden Jahr beendete er sein Studium in Chicago mit einer Arbeit über ↑Heine. 1937–39 leitete er in New York die Emigrantenzeitschrift „Dt. Volksecho“. Sein erster Roman *Hostages* (dt. 1958 *Der Fall Glasenapp*) erschien 1942.1943 trat Heym in die US-Army ein und nahm 1944 als Sergeant für psychologische Kriegsführung an der Invasion in der Normandie teil. 1945 war er in München Mitbegründer der Zeitung „Neue Zeit“. Nach seiner Rückversetzung in die USA wurde Heym wegen „prokommunistischer Haltung“ aus der Armee entlassen und lebte als freier Schriftsteller; 1948 erschien sein Kriegsroman *The Crusaders,* der zum Bestseller wurde (dt. 1950 in der DDR u.d.T. *Kreuzfahrer von heute,* in der B.D. u.d.T. *Bitterer Lorbeer*). Aus Protest gegen die Beteiligung der USA am Koreakrieg (1950–53) verließ er Amerika und ließ sich 1952 nach Aufenthalten in Prag und Warschau in Ost-Berlin nieder. 1953–56 war er Kolumnist der „Berliner Zeitung“. Als kritischer Marxist geriet er zunehmend in Auseinandersetzung mit dem DDR-Regime, das „den Sozialismus zu einem Zerrbild der Idee“ entstellte. 1976 gehörte Heym zu den Unterzeichnern der Protesterklärung gegen die Ausbürgerung von ↑Biermann. Seine Bücher erschienen überwiegend in der B.D.; daraufhin wurde Heym 1979 wegen „Devisenvergehen“ verurteilt und aus dem Schriftstellerverband der DDR ausgeschlossen (Rehabilitierung 1989). Fünf Tage vor Öffnung der Berliner Mauer (9.11.1989) forderte er bei einer Kundgebung „den neuen, den besseren Sozialismus in der DDR“. 1994 gehörte Heym als parteiloses Mitglied der PDS-Fraktion dem Dt. Bundestag an (Eröffnungsrede als Alterspräsident). 1995 legte er sein Mandat aus Protest gegen die geplante Diätenerhöhung für Abgeordnete nieder und wurde wieder verstärkt als Schriftsteller tätig. Er starb während der Teilnahme an einem Heinrich-Heine-Kongress, der in einem Hotel am Toten Meer stattfand.

Frühe historische Romane sind *Lenz oder die Freiheit* (1965) über einen Bauernaufstand in Baden und *Lasalle* (V 1969 in der B.D., 1974 in der DDR) über die Entstehung der dt. Arbeiterbewegung. 1984 erschien in der B.D. *Schwarzenberg*. Der Roman schildert am Beispiel eines 1945 unbesetzt gebliebenen, von ehemaligen Widerstandsgruppen verwalteten Kreises am Rand des Erzgebirges eine in Dtl. utopische „Revolution aus eigener Kraft“. 1988 erschien der autobiografische *Nachruf,* 1995 der Roman *Radek* über den KPD-Politiker Karl Radek; dieser wurde Opfer eines stalinistischen Schauprozesses.

Erzählungen: *Die Kannibalen und andere Erzählungen* (1953), *Schatten und Licht. Geschichten aus einem geteilten Land* (1960), Slg. *Auf Sand gebaut* (1990), *Pargfider* (1998). – Kinderbücher: Slg. *Märchen für kluge Kinder* (1984). – Berichte: *Forschungsreise ins Herz der deutschen Arbeiterklasse* (1953), *Reise ins Land der unbegrenzten Möglichkeiten* (1954, in der B.D. u.d.T. *Keine Angst vor Russlands Bären*). - Essays: *Streitbare Schriften aus 5 Jahrzehnten* (1980).

5 Tage im Juni. Roman, E ab Mitte der 1950er Jahre (Arbeitstitel „Der Tag X"), V 1974 B. D., 1989 DDR.

Der Handlungszeitraum 13. bis 17. Juni 1953 umfasst den Aufstand in Ost-Berlin am 17. Juni und dessen unmittelbare Vorgeschichte. Als Erzählgerüst dient eine fiktive Chronologie von Ereignissen dieser 5 Tage. Im Mittelpunkt steht Martin Witte, Vorsitzender der Gewerkschaftsleitung im VEB (Volkseigenen Betrieb) „Merkur". Sein Gegenspieler ist der Parteifunktionär Baumgartz. Witte versteht die Unruhe unter den Arbeitern, nachdem die Regierung auf die angespannte wirtschaftliche Lage in der DDR mit einer Erhöhung der Arbeitsnormen um 10 Prozent reagiert hat. Als überzeugter Kommunist sieht Witte das Problem der Loslösung der politischen Führung von der Basis und versucht seine Parteigenossen von der Notwendigkeit zu überzeugen, die Normerhöhung zurückzunehmen, da sie als obrigkeitlicher Zwang empfunden wird. Als die Partei am Abend des 16. Juni die Rücknahme der Normerhöhung beschließt, ist es bereits zu spät. Am nächsten Tag formieren die Arbeiter des VEB „Merkur" einen Demonstrationszug, der sich zwar auflöst, als es im Zentrum von Ost-Berlin zu Plünderungen kommt; doch noch am selben Tag wird der Aufstand blutig niedergeschlagen. Ein Jahr später erkennt Witte, dass die Widersprüche weiterhin bestehen.

Mehrere Nebenpersonen repräsentieren die Positionen von blinder Parteihörigkeit („Eine Erkenntnis ist erst dann richtig, wenn ein betreffender Parteibeschluss vorliegt") bis zur eigennützigen Pflege von Westkontakten. Einbezogen ist dokumentarisches Material, etwa Zitate aus den Erklärungen der SED-Führung. Zwar widerspricht Heyms Darstellung der im Westen verbreiteten Auffassung über die Unruhen als spontaner Aufstand gegen den totalitären Staat, lässt aber ebenso wenig die östliche Verurteilung des Aufstands als westlich gelenkter Umsturzversuch als einzige Erklärung gelten.

Der König David Bericht. Roman, engl. verfasst als *The King David Report*, V 1972 B. D., 1973 DDR.

König Salomo (reg. um 1000–961 v. Chr.) hat eine Kommission eingesetzt, um mit dem Lobpreis der gottgefälligen Regierung seines Vaters David zugleich die Legitimität der eigenen Herrschaft zu propagieren. Denn Salomo beunruhigt, dass über David „vielerlei Geschichten" in Israel im Umlauf sind, „nutzlose und sogar schädliche. Und so wie ich unserm HErrn Jahweh einen Tempel baue, damit das Beten und Opfern auf jedem Hügel hinter jedem Dorf aufhört und die Beziehungen zwischen Mensch und GOtt unter ein einheitliches Dach kommen, so benötigen wir einen autoritativen, alle Abweichungen ausschließenden Bericht über das Leben, die großen Werke und heroischen Taten meines Vaters, König David, welcher mich erwählt hat, auf seinem Thron zu sitzen." Zu jener Kommission gehört als „Redaktor, jedoch ohne Stimmrechte" der Autor und Historiker Ethan. Er berichtet als Ich-Erzähler über seine Versuche, durch das Studium von Dokumenten und die Befragung überlebender Zeugen des gewaltsamen Aufstiegs von David zum mächtigen König die Wahrheit ans Licht zu bringen. Zu den Zeuginnen gehören Michal, Davids erste Frau, und Salomos Mutter Bath-sheba, die David, nachdem er sie geschwängert hatte, zur Witwe machte (vgl. das 2. Buch Samuel, Kapitel 11). Ethans Fassung des „autoritativen Berichts" enttäuscht Salomo, doch statt ihn zu töten, verurteilt der König den Intellektuellen dazu, totgeschwiegen zu werden.

Die fiktionale Demaskierung der alttestamentlichen Überlieferung karikiert jeglichen Personenkult und appelliert an die kritische Autonomie der Schriftsteller. Der aus Jerusalem verbannte Ethan blickt auf die Stadt Davids zurück, „und ich wollte sie verfluchen; doch ich konnte es nicht, denn ein großer Glanz des HErrn lag über Jerusholayim im Lichte des Morgens".

Collin. Roman, V B. D. 1979, Verf 1981 (TV) B. D. Peter Schulze-Rohr.
Der Schriftsteller Hans Collin, Jahrgang 1915, ausgezeichnet mit dem Nationalpreis der DDR, erleidet in einer Prominenten-Klinik einen Herzanfall. Ein Mitpatient ist Wilhelm Urack, langjähriger Chef der Staatssicherheit (Stasi). Collin, der sich zu sterben weigert, bevor er nicht durch seine Memoiren seelische Lasten der Vergangenheit abgewälzt hat, wird von Urack verhöhnt: „Du bist nicht nötig. Nötig sind wir, wir allein, merk dir das. Wir sind unersetzlich, Hirn der Klasse, Schild der Klasse, Scharfrichter der Klasse. Alle anderen sind auswechselbar."
In die Gegenwartshandlung sind mehrere Personen einbezogen, die v. a. mit Collin in Verbindung stehen und wie er biografisch mit der stalinistischen Vergangenheit der DDR verbunden sind. Diese Vergangenheit findet ihren allegorischen Ausdruck in der Krankheit des Schriftstellers und des Parteifunktionärs. Als Urack in eine Spezialklinik überführt wird, wähnt sich Collin als Sieger über seinen Gegenspieler. Er erzwingt seine Entlassung und stirbt zu Hause, ohne die Memoiren zum Abschluss gebracht zu haben. Sein Freund Pollack nimmt das Manuskript heimlich an sich und wird es „vor unberufenen Augen hüten". Die Verschärfung der Zensur ab Mitte der 1970er Jahre verhinderte eine DDR-Ausgabe.

Ahasver. Roman, V B.D. 1981.
Heym schuf eine weitere Version der seit dem 13. Jh. literarisch verarbeiteten Gestalt des „Ewigen Juden" Ahasverus, der in der NS-Propaganda als Verkörperung des „Weltjudentums" verwendet wurde. In den ältesten judenfeindlichen Legenden wird Jesus auf dem Weg nach Golgatha von Ahasver jeglicher Beistand versagt; daher wird er zum Weiterleben bis zum Ende der Welt verdammt.
Heyms Roman gliedert sich in drei Ebenen, beginnend mit dem jüdisch-christlichen Mythos vom Engelsturz am Beginn der Schöpfung (Trennung von Licht und Finsternis). Gestürzt werden auch Lucifer und Ahasver, zwei Revolutionäre. Auf dieser Ebene schildert Ahasver seine Auseinandersetzung mit Reb Joshua (Jesus) über die Erfüllung der messianischen Weissagungen der Propheten, die Joshua fälschlich auf sich bezieht. Eine zweite Ebene bilden religionsgeschichtliche Ereignisse im 16. Jh. (Erstarrung einer von Ahasver geförderten revolutionären Bewegung im Dogmatismus) mit den Schauplätzen Wittenberg und Hamburg-Altona. Die dritte Ebene bildet als Wissenschaftssatire ein Briefwechsel zwischen Prof. Beifuß am Berliner Institut für wissenschaftlichen Atheismus, einem Hauptabteilungsleiter des Berliner Ministeriums für Hoch- und Fachschulwesen und Prof. Leuchtenträger in Jerusalem über Ahasver.

Paul (von) Heyse

***15. 3. 1830 in Berlin, † 2. 4. 1914 in München**

Der Sohn des Philologieprofessors Karl Heyse studierte klassiche Philologie in Berlin. 1854 folgte er der Einladung Maximilians II. Joseph von Bayern; mit einem Ehrensold bedacht, bildete er den Mittelpunkt des Münchner Dichterkreises. 1910 wurde Heyse geadelt und mit dem Literaturnobelpreis ausgezeichnet (vgl. ↑ Hauptmann). Der Preis würdigte eine „von Idealismus durchleuchtete Kunst" des Lyrikers, Dramatikers und Erzählers.
Der Großteil der Novellen Heyses spielt in Italien, dem Land der „einfachen und großen Leidenschaften". Seine „Falkentheorie" zur Gestaltungsweise einer Novelle besagt, dass die epische Kleinform eines prägnanten Gegenstandes oder eines bestimmten Ereignisses als Leitmotiv bedarf, wie die 9. Erzählung des 5. Tages in Giovanni Boccaccios Slg. von 100 Novellen *Decamerone* (entstanden um 1350) am Beispiel eines Falken vorführt.

Wolfgang Hilbig

***31.8.1941 in Meuselwitz (Sachsen)**

Der Sohn eines in Stalingrad Gefallenen wuchs in der Bergarbeiterfamilie des Großvaters auf. Nach Schulzeit, Militärdienst und einer Dreher-Lehre war Hilbig als Heizer tätig und bemühte sich im Verborgenen, schriftstellerisch zu arbeiten. 1967 wurde er zu einem „Zirkel schreibender Arbeiter" delegiert. Erst 1978 erschienen in der B.D. Gedichte in der Anthologie *Hilferufe von drüben* und in der Literatur-Zs „L'76". Sein 1979 in der B.D. veröffentlichter Gedichtbd. *abwesenheit,* mit Arbeiten aus den Jahren 1965–78, hatte die Verhaftung durch die DDR-Staatssicherheit zur Folge sowie eine Geldstrafe wegen „Devisenvergehen". Nach seiner Entlassung zog er nach Ost-Berlin und konnte 1982 in der B. D. den Erzählbd. *Unterm Neomond* und, dank der Unterstützung ↑Fühmanns, in der DDR die Slg. *stimme stimme* (1983) mit Gedichten und Kurzprosa veröffentlichen. Diese frühen Gedichte und Texte sprechen von einer krisenhaften Wahrnehmung der Wirklichkeit, dem die aufgelöste Syntax entspricht. Der Titel der Slg. *abwesenheit* kennzeichnet eine Position des lyrischen Ichs als „Wo-Anders-Sein", als Abgrenzung nicht nur vom staatlich gesteuerten Literaturbetrieb, sondern auch als Gegenposition zum gewöhnlichen Leben. Damit war Hilbig vorbildhaft für die letzte Generation der nonkonformistischen Literaten und Künstler in der DDR der 1980er Jahre.

Nach der Übersiedelung in die B.D. 1985 erschienen in rascher Folge Gedichte (*die versprengung,* 1986), kleine Prosa (*Die Territorien der Seele,* 1986) und Erzählungen (*Aufbrüche,* 1992; *Die Arbeit an den Öfen,* 1994). In seinem ersten Roman *Eine Übertragung* (1989) verarbeitete Hilbig die prägende Erfahrung seiner Doppelexistenz als Arbeiter und Schriftsteller in einem Land, dessen Grenzen „von Mördern mit Schnellfeuergewehren besetzt war". Autobiografisch fundiert sind auch die Romane *Ich* (1993) und *Das Provisorium* (1999). Trotz der hohen Anerkennung, die ihm für diese Romane zuteil wurde, blieb die Erzählung Hilbigs bevorzugte Gattung, in der er die Möglichkeit fand, die verdichtete Sprache seiner Lyrik fortzuführen: In der Erzählung *Alte Abdeckerei* (1991) durchstreift der Ich-Erzähler die apokalyptische Landschaft mit einem Waldstück, wo in den Ruinen „irgendeines *Tausendjährigen Reiches*" die Abdeckerei „Germania II" arbeitet. Sein surrealer innerer Monolog reflektiert auch die Hinfälligkeit der Sprache angesichts der historischen Verbrechen, welche die Natur gleichsam kontaminieren: „... es war vielleicht nicht einmal *Erde* zu nennen, worauf ich die Füße setzte, diese Materie, die sich da unter meinem Schritt krümmte und manchmal mit hohlem Widerhall in der Tiefe zu seufzen schien. War nicht der Begriff Erde nur aufgrund einer schamhaften Übereinkunft entstanden, war es nicht ein Substantiv, das die wahre Beschaffenheit der Stoffe verschwieg (...) und war dieses Verschweigen nicht so wesentlich für uns, dass es zum Grundstoff unseres Denkens geworden war?"

Zu Hilbigs Auszeichnungen gehören der Ingeborg-Bachmann-Preis (1989), der Bremer Literatur-Preis (1994) und der Georg-Büchner-Preis (2002).

Ich. Roman, V 1993.
Der Schriftsteller M. W. erhält als Stasi-Spitzel Cambert die Aufgabe, die inoffizielle Literatur-Szene Ost-Berlins zu observieren. Vor allem der „Vorgang Reader", eines mysteriösen Autors, der seine Texte nur auf Lesungen vorträgt und nie den Versuch macht zu veröffentlichen, beschäftigt Cambert, da er diesen sowohl literarisch als auch persönlich wegen dessen Beziehung zu der attraktiven und geheimnisvollen „Studentin" aus dem Westen (die vermutlich aber eine Journalistin oder Redakteurin ist) als Konkurrent empfindet. Mit der Unterwanderung des literarischen „underground" korrespondiert der Rückzug M.W.s in das Labyrinth des Berliner Keller-Systems, wo er sich und seine Texte der allgegenwärtigen Kontrolle zu entziehen versucht, was sich als Täuschung herausstellt. Der Roman spielt im Sommer 1989 und reicht durch die Erinnerungen M. W.s bis in die 1960er Jahre zurück.
Die Stasi ist bei Hilbig allerdings „nicht recherchiert, sondern fantasiert" und ins Satirische gewendet, u. a. wenn der Kontaktmann *Feuerbach* (eine Anspielung auf den Vormund Kapar Hausers) Cambert tagelang auf sich warten lässt und sich mehr als Literaturagent bzw. -kritiker gebärdet denn als Offizier eines Überwachungsapparates. Doch gerade der ist auf die deprimierten und kritischen Künstler angewiesen: „Ihre Stimmungslage ist genau die, die wir brauchen. Das macht sie hellhörig für die kleinen miesen Dinge des Lebens. (...) Wir haben sie doch alle gemacht und unentbehrlich gemacht. Sie haben völlig Recht, wenn sie sagen, damit haben wir *uns* unentbehrlich gemacht." Dabei persifliert *Ich* den Künstler- bzw. Entwicklungsroman (das Kürzel M. W. kann z. B. als Anagramm von ↑Goethes *Wilhelm Meister* gelesen werden), doch führt der Weg der Selbstfindung nicht wie in der Tradition des Genres in die Welt hinaus, sondern in das Netz der Kellergewölbe als vermeintlich einzigem verbliebenem Freiraum.

Das Provisorium. Roman, V 1999.
Der DDR-Schriftsteller C. erhält ein befristetes Visum für die B. D. Der autobiografisch geprägte Roman schildert in sich durchdringenden Rückblenden und beständig von personaler in auktoriale Erzählhaltung wechselnd, die tiefe Krise, in die C. nach seiner Ankunft im Westen stürzt, wo „genauso saudumm dahergeseiert (wird) wie in seinem sozialistischen Vaterland ... Deshalb konnte er eigentlich wieder nach drüben abhauen. Die Dummheiten unterschieden sich eigentlich nur in ihrer Effizienz; diejenige im Westen war allerdings respektabel." Orientierungslos und entscheidungsunfähig pendelt er zwischen der DDR und dem Westen, zwischen der Geliebten in Nürnberg und der in Leipzig, getrieben von den Erinnerungen an seine zerrüttete Kindheit. Auf die halt- und bodenlose Situation, die kein Arrangement zulässt, reagiert er mit Schreibblockade und exzessivem Alkoholkonsum. Den Termin für seine Rückreise lässt C. verstreichen, wodurch die Heimat für ihn unerreichbar wird. Sein provisorisches Dasein ist geprägt von wütenden Beobachtungen der Welt; die Schreibversuche, die C. unter dem Titel „Das Visum" fortzusetzen versucht, erscheinen ihm ebenso unzulänglich wie das bisher Geschriebene, dem er seinen Erfolg verdankt. Das ständige Reisen mit dem Zug, das auch der Motor seiner Erinnerungen ist, mündet in Grenzerfahrungen, in denen C. schutzlos mit seinen Schuld- und Schamgefühlen konfrontiert ist – aber auch mit seinen Zweifeln an der Literatur: Nach den Berichten über Holocaust und Gulag ist für C. „die so genannte Unschuld des Erzählens zu einer Krankheit geworden". Am Ende findet sich C. auf dem Leipziger Bahnhof nach der Wiedervereinigung wieder, wo die Buchstaben „AEG" als „siegreiches Zeichen der Sonne ihren Namen" gibt. Neben diesem sarkastischen Schluss-Satz gibt es aber auch Hoffnung: Der Roman dokumentiert die Überwindung der Schreibblockade des Erzählers.

Hildebrandslied

Das einzige erhaltene german. Heldenlied in ahdt. Sprache (68 stabreimende Langzeilen, 9. Jh.) erzählt von der Begegnung zwischen Hildebrand, einem Gefolgsmann Dietrichs von Bern, und Hadubrand. Während sich Hildebrand bewusst wird, dass er nach 30-jähriger Trennung seinen Sohn vor sich hat, glaubt dieser an den Tod des Vaters, und es kommt zum Zweikampf. Aufgrund der nordischen Überlieferung kann angenommen werden, dass das *Ältere Hildebrandslied* mit dem Tod des Sohnes endete, während das wohl im 13. Jh. entstandene *Jüngere Hildebrandslied* gut ausgeht.

Wolfgang Hildesheimer

***9. 12. 1916 in Hamburg, †21. 8. 1991 in Poschiavo (Schweiz)**

Der Sohn jüd. Eltern (sein Vater war Chemiker) wuchs in Hamburg, Berlin, Kleve und Nijmwegen auf, ab 1929 besuchte er die Odenwaldschule. 1933 emigrierte die Familie über England nach Palästina. 1937–39 studierte Hildesheimer in London Kunst, in Tel Aviv war er als Englischlehrer tätig. Als Dolmetscher nahm er 1946–49 am Nürnberger Prozess teil.

Ab 1949 lebte Hildesheimer am Starnberger See, dann in München als freier Künstler, Schriftsteller und Übersetzer, 1957 ließ er sich in Poschiavo (Kt. Graubünden) nieder. 1952 veröffentlichte er eine Slg. von Satiren auf den Kulturbetrieb (*Lieblose Legenden*, Illustrationen Paul Flora) und trat der „Gruppe 47" bei, 1955 erhielt er den Hörspielpreis der Kriegsblinden. Er wurde zu einem Hauptvertreter des „Absurdismus"; zentrales Thema ist die Verstrickung in das Netz von Assoziationen (1966 Bremer Literaturpreis und Georg-Büchner-Preis, 1968/69 Poetik-Dozentur in Frankfurt a. M.: *Zwei Interpretationen. Joyce, Büchner*). Thema der Hörspiele *Hauskauf* (1974) und *Biosphärenklänge* (1977) ist die Selbstvernichtung der Menschheit. Aufsehen erregte die Biografie *Mozart* (1977), der 1981 die fiktive Biografie *Marbot* folgte. 1983 erklärte Hildesheimer aufgrund eines radikalen Pessimismus seinen Abschied von der Literatur.

Romane: *Paradies der falschen Vögel* (1953), *Masante* (1973). – Dramen: *Der Drachenthron* (U, V 1955, Neufassung *Die Eroberung der Prinzessin Turandot* 1961), Slg. *Spiele, in denen es dunkel wird* (1958, darin: *Landschaft mit Figuren*, U 1959), *Mary Stuart* (U 1970, V 1971).

Tynset. Erzählung, V 1965.

Scheinbar aufgehoben in der Sicherheit eines alten Hauses, das der Ich-Erzähler mit der Haushälterin Celestina bewohnt, befindet er sich geistig im Zustand des Exils. In seinen von Angst geprägten Assoziationen lassen sich Vorstellung und Wirklichkeit kaum noch unterscheiden. Schlaflos durchstreift er nachts das Gebäude, sucht Halt bei telefonischen Wettervorhersagen, dem Telefonbuch und Zugfahrplänen. Tynset ist der Name einer norwegischen Kleinstadt, die er zufällig in einem alten Kursbuch findet. Sie wird zum Ziel seiner Fluchtfantasien aus einer „Gefangenschaft mit versteckten Misshandlungen, die wie Liebkosungen erscheinen, für die wir aber mit schwerer Münze bezahlen – in einem Käfig, ohne Möglichkeiten." Erst im Morgengrauen beendet der Erzähler seine Wachträume: Das friedliche Tynset ist ein utopischer Ort und bleibt unerreichbar.

Durch die der musikalischen Rondo-Form nachempfundenen Erzählstruktur wird die Entfremdung des Erzählers von der Welt und die Hoffnungslosigkeit seiner Bewältigungsversuche als Teufelskreis dargestellt, in dem die Wachträume die Intensität realen Erlebens erlangen.

Rolf Hochhuth
***1.4.1931 in Eschwege (Nordhessen)**

Der Sohn eines Kaufmanns war nach der mittleren Reife im Buchhandel und ab 1955 als Verlagslektor tätig, seit 1963 lebt er als freier Schriftsteller in Basel und Wien. Die Berliner Uraufführung des „christlichen Trauerspiels“ *Der Stellvertreter* (in der Bearbeitung des Regisseurs Erwin Piscator) 1963 ist als Beginn des dokumentarischen Theaters in der B.D. zu betrachten. U.d.T. *Historische Streiflichter* gibt die Buchausgabe einen Überblick über die Quellen. Einleitend beruft sich Hochhuth, zwischen dem Medium Drama und dem historischen Material unterscheidend, auf ↑Schillers Forderung, dass der Dramatiker „kein einziges Element aus der Wirklichkeit brauchen kann, wie er es findet, dass sein Werk in *allen* seinen Teilen ideell sein muss, wenn es als Ganzes Realität haben soll“. Anders als etwa ↑Dürrenmatt oder ↑Frisch gab Hochhuth trotz dieses Bekenntnisses zur künstlerischen Transformation dem Theater wieder die Aufgabe, unmittelbare poltische Diskussionen zu entzünden. ↑Muschg zog literaturgeschichtliche Parallelen zwischen *Der Stellvertreter* und ↑Lessings *Nathan der Weise,* bei dem das Christentum der Kreuzzüge „nicht weniger schlecht wegkommt“. Steht in *Der Stellvertreter* (= der Papst als „Stellvertreter Christi auf Erden“) die Mitverantwortung der kath. Kirche unter Papst Pius XII. an der Judenvernichtung zur Diskussion, so im „Nekrolog auf Genf“ (Genfer Kriegsrechtskonvention von 1864) *Soldaten* (1967) die Mitverantwortung Winston Churchills am totalen Bombenkrieg. *Die Hebamme* (1972) kritisiert den Sozialstaat B.D. am Beispiel einer Barackensiedlung, in *Lysistrate und die Nato* (1974) kämpfen griech. Inselbewohnerinnen nach dem Vorbild der Aristophanes-Komödie *Lysistrata* (Liebesstreik der Frauen, um den Krieg zu beenden, U 411 v. Chr.) gegen den Bau einer Militärbasis. Im Mittelpunkt des Monodramas *Der Jäger* (1977) steht Ernest Hemingway unmittelbar vor seinem (angeblichen) Selbstmord 1961. Politische Folgen (Rücktritt des baden-württemberg. Ministerpräsidenten und ehemaligen Marinerichters Hans Filbinger 1978) hatten Hochhuths Recherchen über NS-Richter zum Roman *Eine Liebe in Deutschland* (1978) und zum Stück *Juristen* (1980). Der 1983 von Andrzej Wajda verfilmte Roman spielt 1941 im südbad. Brombach und handelt von der Beziehung zwischen einer Dorfbewohnerin und einem poln. Zwangsarbeiter; der „Fremdvölkische“ wird denunziert und hingerichtet, die Frau zu Zwangsarbeit im KZ Ravensbrück verurteilt. Das Drama *Ärztinnen* (1980) attackiert inhumane Tendenzen der modernen Medizin, *Judith* (1984) handelt von der Ermordung eines US-Präsidenten, der die Aufrüstung mit chemischen Waffen anordnet. Zu den Dramen der 1990er Jahre gehören *Sommer 1914. Ein Totentanz* (über die dt. Mitschuld am I. Weltkrieg), *Wessis in Weimar* und *Arbeitslose oder Das Recht auf Arbeit.*

Der Essayist Hochhuth veröffentlichte 2001 die Slg. *Einsprüche! Zur Geschichte, Politik und Literatur* sowie *Die Geburt der Tragödie aus dem Krieg.*

Zu Hochhuths zahlreichen Auszeichnungen gehören der Hamburger Lessing-Preis (1981) und der Jacob-Grimm-Preis (2001).

Der Stellvertreter. Ein christliches Trauerspiel. Drama in 5 Akten, V, U 1963, Verf B. D./F 2002 C. Costa-Gravas.
Die Bühnenhandlung beginnt im August 1942. Der Apostolische Nuntius stellt mit Befriedigung fest, dass sich in den vergangenen 10 Jahren die Anzahl kath. Kirchen in Berlin erhöht hat; dagegen „gibt es nun keine einzige Synagoge mehr". Im Übrigen zeigen Proteste der Kirche Wirkung, „gerade jetzt, wo Bischöfe in halb Europa für Hitlers Kreuzzug gegen Moskau werben". Dieses Stichwort weckt historische Vergleiche: „Kreuzzüge fangen damit an, dass Juden totgeschlagen werden." Als der (historisch verbürgte) Kurt Gerstein, der Mitglied der Waffen-SS wurde, um in dieser Tarnung gegen das NS-Regime zu kämpfen, den Nuntius anfleht, den Vatikan zu alarmieren, erklärt sich die Exzellenz als „nicht zuständig" für das Schicksal der Juden. Nur der anwesende Jesuit Riccardo Fontana wird von Gersteins Augenzeugenbericht über das Grauen in den Vernichtungslagern erschüttert. Die weiteren Szenen vertiefen den aussichtslosen Kampf einiger weniger, hochrangige Kleriker und schließlich den „Stellvertreter Christi" persönlich, Papst Pius XII. (reg. 1939–58), zu bewegen, den unbestreitbaren Einfluss der kath. Kirche zur Rettung der Juden einzusetzen. Den Völkermord versucht der letzte Akt, der in Auschwitz spielt, als Bühnengeschehen zu gestalten.

Wessis in Weimar. Zehn Szenen aus einem besetzten Land. Drama, V, U (in der Bearbeitung des Regisseurs Einar Schleef) 1993.
Das Stück spielt 1993, im dritten Jahr nach der Eingliederung der DDR in die B. D. Die Kritik richtet sich in der 1. Szene gegen die 1990 eingerichtete „Treuhand" zur Verwaltung und Privatisierung von „Volkseigentum" der DDR. Diese Behörde erscheint als Institution zur Ausplünderung der Ostdeutschen. Authentisch ist die Ermordung des „Vollstreckers" (Präsident Rohwedder wurde 1991 von einem RAF-Terroristen erschossen). Die weiteren Szenen demonstrieren auf dokumentarischer Grundlage, deren Nachweis hier wie bei allen Stücken von Hochhuth einen Großteil der Buchausgabe einnimmt, den Niedergang von „Ossis" aus allen Schichten, während „Wessis" günstig Besitz erwerben, etwa das „Goethe-Hotel" in Weimar.
Ein Beispiel für ökonomische Selbstzerstörung: Aufgrund eines Gerüchts über hohe EG-Zuschüsse bei Verminderung der Obsternte werden in Brandenburg eine Million Apfelbäume abgeholzt. Ein altes Ehepaar nimmt sich das Leben; es sollte von seinem Bauernhof „delogiert", also vertrieben werden. In einem Waschsalon werden „Abgewickelte", also Arbeitslose, interviewt. Am Ende steckt ein Arzt sein Anwesen in Brand, um es nicht der „Treuhand" zu überlassen.

Jakob von Hoddis (eigtl. Hans Davidsohn)

***16. 5. 1887 in Berlin, †30. 4. 1942 bei Koblenz**

Der Sohn eines jüd. Arztes und einer schles. Gutsbesitzerstochter studierte 1906 Architektur, ab 1907 Griechisch und Philosophie; zugleich erste Dichtungen. 1909 gehörte er in Berlin zu den Mitbegründern der frühexpressionistischen Vereinigung „Neuer Club", in dem 1910 ↑Heym mit Lesungen auftrat. 1912 zeigten sich erste Anzeichen einer Schizophrenie, ab 1914 lebte Hoddis zumeist in Pflege. 1918 erschien sein Gedichtband *Weltende*, dessen Titelgedicht die Anthologie *Menschheitsdämmerung* (1920) einleitet: „Dem Bürger fliegt vom spitzen Kopf der Hut, / In allen Lüften hallt es wie Geschrei. / Dachdecker stürzen ab und gehn entzwei, / Und an den Küsten – liest man – steigt die Flut. (...)." 1933 in einer Anstalt Bendorf-Sayn bei Koblenz interniert, wurde er 1942 beim Abtransport in die Deportation umgebracht.

E(rnst) T(heodor) A(madeus) Hoffmann
(eigtl. Ernst Theodor Wilhelm H.)
***24.1.1776 in Königsberg, †25.6.1822 in Berlin**

Als 1980 der Bamberger Kunstverein eine Ausstellung über „Künstlerische Doppelbegabungen" veranstaltete, diente Hoffmann als „Grundpfeiler" und „Inbegriff der Vielseitigkeit": Als bildender Künstler, Komponist und Schriftsteller verkörperte er das Streben der Romantik nach universellem künstlerischem Ausdruck. Der Maler Philipp Otto Runge nannte das Ziel aller wahren Kunsttätigkeit „eine abstrakte malerische fantastisch-musikalische Dichtung mit Chören, eine Komposition für alle drei Künste zusammen, wofür die Baukunst ein ganz eigenes Gebäude aufführen sollte". Doch dieser Konzeption des schließlich von Richard Wagner verwirklichten Gesamtkunstwerks entspricht nichts weniger als das Leben und Werk des „Gespenster-Hoffmann", dessen Modernität sich auf die Auseinandersetzung mit der Disharmonie zwischen Leben und Kunst gründet.

Der Sohn eines Juristen wurde bei der Scheidung der Eltern 1778 der Mutter zugesprochen, die in ihr Elternhaus zurückkehrte; die Erziehung des Kindes lag in den Händen von Großmutter, Tante und Onkel. Dem Schulbesuch, begleitet von musikalischer Ausbildung, folgte 1792–95 ein Jurastudium in Königsberg mit anschließendem Referendariat; Anstoß erregte die Beziehung Hoffmanns zu seiner um 10 Jahre älteren Klavierschülerin Dora Hatt, Ehefrau eines Weinhändlers. Nach weiterer Lehrzeit in Glogau und Berlin wurde Hoffmann als Assessor nach Posen versetzt; in der Berliner Zeit entstanden das Singspiel *Die Maske,* eine Bühnenmusik zu ↑Goethes *Scherz, List und Rache* sowie zahlreiche Zeichnungen, darunter Straßenszenen mit Figurentypen, die auf spätere literarische Gestalten vorausweisen. 1802 wurde er in einen Skandal (Karikaturen Posener Honoratioren) verwickelt und zwar zum Hofrat befördert, jedoch zugleich nach Płock an der Weichsel (straf)versetzt. Im selben Jahr heiratete er seine Geliebte „Mischa" Rohrer. In Płock entstand 1803 als erste Publikation das *Schreiben eines Klostergeistlichen an seinen Freund in der Hauptstadt* (über ↑Schillers Erneuerung des antiken Chors in *Die Braut von Messina*). 1804 bis Ende 1806 (Einmarsch Napoleons) gehörte Hoffmann im seit 1795 preuß. Warschau der südpreuß. Regierung an; 1807 (Zusammenbruch Preußens) lebte er in Berlin als einer von Tausenden stellungsloser Beamter. 1808 erhielt er eine Anstellung am Bamberger Theater als Kapellmeister, Komponist und Bühnenbildner.

Neben seiner Bamberger Theatertätigkeit war Hoffmann als Rezensent für die Leipziger „Allgemeine Musikalische Zeitung" tätig; hier erschien 1809 als erste Erzählung *Ritter Gluck.* Leidenschaftliche und unglückliche Liebe empfand er zu seiner Gesangschülerin Julia Mark. 1813/14 war er abwechselnd in Leipzig und Dresden Kapellmeister, 1814 kehrte er in den preuß. Staatsdienst zurück und lebte fortan in Berlin (Mitglied des Kammergerichts, ab 1819 der „Immediatskommission zur Ermittlung hochverräterischer Verbindungen und anderer gefährlicher Umtriebe", z.B. gegen „Turnvater" Jahn, 1821 des Oberappellationssenats). 1816 kam Hoffmanns Oper *Undine* (nach einem Libretto von Friedrich de La Motte-Fouqué) zur Uraufführung (Bühnenbild: Karl Friedrich Schinkel); im selben Jahr begannen die Seraphinen- bzw. Serapionsabende (u. a. mit ↑ Chamisso), deren Atmosphäre die Rahmenhandlung der Slg. Die *Serapionsbrüder* spiegelt. Hoffmanns tödliche Erkrankung 1822 machte das gegen ihn u. a. wegen der Erzählung *Meister Floh* in die Wege geleitete Disziplinarverfahren gegenstandslos.

Hoffmanns umfangreiches erzählerisches Werk besitzt eine Voraussetzung in der romantischen Entdeckung der (nach G. H. Schubert) „Nachtseite der Naturwissenschaft“ (z. B. psychischer Magnetismus) im Unterschied zur „Tageshelle“ des rationalen Verstandes. Die grundlegende Erfahrung des Gegensatzes zwischen künstlerischer und prosaischer, innerer und äußerer Welt verdichtete sich bei Hoffmann zur Doppelgesichtigkeit der Erscheinungen; in diesem Zusammenhang steht das Motiv des Doppelgängers. Als Vor- und Gegenbild dient der Einsiedler Serapion, dessen Wahnsinn darin besteht, dass er „die Erkenntnis der Duplizität“ verloren hat, „von der eigentlich unser irdisches Dasein bedingt ist“. Auf die Anerkennung der Ambivalenz der Wahrnehmung gründet sich Hoffmanns (satirischer, grotesker) Realismus. Das Reich der Fantasie erscheint letztlich als Funktion der Realität und bildet deren gleichsam entzerrte Widerspiegelung. Die poetische Leistung der Fantasie besteht in der Entschlüsselung dessen, was in verwirrend vielfältiger Weise wahrgenommen wird. Diesem Thema widmet sich Hoffmanns letzte Erzählung: *Des Vetters Eckfenster* (1822). Der Titel bezieht sich auf den gelähmten Vetter des Erzählers, der von seinem hoch über dem Markt gelegenen Fenster aus das „grandiose Panorama des Platzes“ überblickt. Während der Erzähler zunächst nur eine „dicht gedrängte Volksmasse“ erkennt, führt ihn sein Vetter in die von der Fantasie geleitete „Kunst des Schauens“ ein. Je stärker diese Kunst dem Eigenleben der Außenwelt zugewandt ist, desto näher steht sie dem „poetischen Realismus“, zu dem Spätromantiker wie Hoffmann oder ↑ Tieck überleiten.

Romane: *Die Elixiere des Teufels. Nachgelassene Papiere des Bruders Medardus, eines Kapuziners* (2 Bde. 1815/16, Verf DDR 1972 Ralf Kirsten, B. D. 1976 Manfred Purzer). – Erzählungen: Slg. *Fantasiestücke in Callot's Manier* (4 Bde. 1814/15, darin u. a.: *Ritter Gluck*, 1809; *Kreisleriana*, 1810–1814; *Don Juan*, 1813; *Nachrichten von den neuesten Schicksalen des Hundes Berganza; Die Abenteuer der Silvester-Nacht; Kreisleriana*, 1814), *Nussknacker und Mausekönig* (1816, Vert als Ballett *Der Nussknacker* und *Nussknackersuite* 1892 Peter Tschaikowski), *Nachtstücke* (2 Teile 1816/17, darin: *Ignaz Denner, Die Jesuitenkirche in G., Das Sanctus, Das öde Haus, Das Majorat, Das Gelübde, Das steinerne Herz*), *Klein Zaches genannt Zinnober* (1819), *Die Brautwahl* (1819, Vert 1894 Ferruccio Busoni, Verf B. D. 1971 Helmut Käutner), Slg. *Die Serapionsbrüder* (4 Bde. 1819–21, darin u. a.: *Der Einsiedler Serapion*, 1819; *Der Rat Crespel*, 1818; *Die Fermate*, 1816; *Der Artushof*, 1817; *Das Bergwerk zu Falun; Der Kampf der Sänger*, Vert u. d. T. *Tannhäuser und der Sängerkrieg auf der Wartburg* 1845 Richard Wagner; *Die Automate*, 1814; *Doge und Dogaresse*, 1819; *Meister Küfer und seine Gesellen*, 1819; *Das fremde Kind*, 1817; *Das Fräulein von Scuderi*, 1820, Vert u. d. T. *Cardillac* 1926 bzw. 1952 Paul Hindemith, Verf u. d. T. *Cardillac* B. D. 1968 Edgar Reitz; *Signor Formica*, 1820; *Die Königsbraut*); *Prinzessin Brambilla* (1820), *Meister Floh* (1822), *Des Vetters Eckfenster* (1822). – Dem Theaterstück *Les Contes d'Hoffmann* (U 1851) von Jules Barbier und Michel Carré bzw. dessen Vertonung als Oper durch Jacques Offenbach (U 1881, dt. Erstaufführung *Hoffmanns Erzählungen* 1881) liegen folgende Erzählungen zugrunde: *Don Juan, Der Goldne Topf, Der Sandmann, Die Geschichte vom verlorenen Spiegelbild* (in: *Die Abenteuer der Silvester-Nacht*), *Der Rat Crespel, Klein Zaches genannt Zinnober, Signor Formica*; Verf Österr. 1911, Dtl. 1915, Österr. 1923 Max Neufeld, England 1951.

Der Goldne Topf. Ein Märchen aus der neuen Zeit. V 1814 im 3. Bd. der Slg. *Fantasiestücke in Callot's Manier.*
Im Mittelpunkt steht der Student Anselmus. Dieser rennt „am Himmelfahrtstag (...) in Dresden durchs Schwarze Tor und geradezu in einen Korb mit Äpfeln und Kuchen hinein, die ein altes hässliches Weib feilbot". Von nun an lebt er in einer vexierbildhaften Welt: Die Spiegelungen der Abendsonne im Blattwerk eines Holunderbusches sind zugleich drei goldene Schlangen, ein Feuerlilienbusch erweist sich als Herr in einem in Gold und Rot glänzenden Schlafrock, ein Gehrock verwandelt sich in die Flügel eines riesigen Vogels. Inmitten des Natürlichen und Alltäglichen (repräsentiert durch den Konrektor Paulmann, dessen Tochter Veronika und den Registrator Heerbrand) scheint eine andere Wirklichkeit auf, die ihrerseits in zwei „Prinzipien" geteilt ist. Das eine wird vom Archivarius Lindhorst alias der Elementargeist Salamander vertreten, das andere von jenem alten Weib, einer Hexe, hervorgegangen aus der Verbindung einer Runkelrübe mit einer Drachenfeder. Anselmus ist dazu ausersehen, durch seine Liebe zu Serpentina, einer der Schlangentöchter des Salamanders, an der Erlösung Lindhorsts mitzuwirken; doch die Hexe fesselt ihn durch Zauberkraft an Veronika. Der Anselmus prophezeite „Sturz ins Kristall" tritt ein, aber der Sieg des Salamanders über das Rübenweib führt zu seiner Befreiung und Vereinigung mit Serpentina auf einem Rittergut in Atlantis. In der letzten der 12 „Vigilien" wird dem Erzähler durch Lindhorsts Hilfe die Schau der „Seligkeit" des Anselmus zuteil. Diese ist, so vermutet der Erzähler, nichts anderes als „das Leben in der Poesie", wobei der goldne Topf mit der aus ihm emporsteigenden Lilie das „tiefste Geheimnis der Natur" symbolisiert: den Einklang aller Wesen. Doch auch diese Vision unterliegt dem Gesetz der ständigen Verschränkung zwischen mythischer („Märchen") und alltäglicher Realität („aus neuer Zeit").

Der Sandmann. Erzählung, V 1816 im 1. Teil der Slg. *Nachtstücke,* **Vert als Ballett „Coppélia ou La poupée animée" 1870 Léo Delibes, Verf F 1900 und 1909 Georges Méliès. Die Erzählung liegt dem 1. Akt der Oper *Hoffmanns Erzählungen* (1881) von Jacques Offenbach zugrunde.**
Der Student Nathanael, verlobt mit Clara, berichtet deren Bruder Lothar in einem Brief über das schlimme Treiben des „Sandmanns" Coppelius in seinem Elternhaus; Nathanaels Vater wurde das Opfer seiner gemeinsam mit Coppelius unternommenen alchimistischen Experimente. Veranlasst wurde dieser Bericht durch die Begegnung mit dem an Coppelius erinnernden Händler Coppola, die in Nathanael die „dunkle Ahnung" eines ihm drohenden „grässlichen Geschicks" geweckt hat. Zwar kann ihn Clara davon überzeugen, dass er das Opfer eines „Phantoms" ist; dennoch gerät Nathanael in den Bann Coppolas: Gerade um sich von seiner „kindischen Gespensterfurcht" zu befreien, kauft er ihm ein Taschenfernglas ab, durch dessen Optik ihm die Tochter seines Professors Spalanzani als Inbegriff der Schönheit erscheint. Nathanaels Wünsche finden ihre Erfüllung im Tanz mit Olimpia; am Ende des Festes wird er jedoch Zeuge einer Auseinandersetzung zwischen Spalanzani und Coppola, in deren Verlauf diese ihr gemeinsames Werk – Olimpia ist ein Automat – zerstören. Von schwerer Krankheit genesen, bereitet sich Nathanael auf die Hochzeit mit Clara vor; als er von einem Turm aus in der Menge Coppola erblickt, packt ihn der Wahnsinn; er will Clara in die Tiefe schleudern und stürzt selbst zu Tode.
Neben satirischen Aspekten (Anerkennung Olimpias durch die „Gesellschaft") enthält die Erzählung das Thema des Zwiespalts zwischen objektiver und übermächtiger subjektiver Wahrnehmung, die sich als pathologisch erweist. Nathanaels Furcht vor dem Verlust seiner Augen hat Sigmud Freud im Hinblick auf die Selbstblendung des Ödipus als Kastrationsangst gedeutet (*Das Unheimliche,* 1919).

Lebensansichten des Katers Murr nebst fragmentarischer Biografie des Kapellmeisters Johannes Kreisler in zufälligen Makulaturblättern. Roman (2 Bde., der 3. Bd. blieb unausgeführt), V 1819–21.

Während der Arbeit an seiner Autobiografie hat Kater Murr die Biografie des Kapellmeisters Kreisler zerrissen und die Blätter „harmlos teils zur Unterlage, teils zum Löschen" verwendet; diese Blätter „blieben im Manuskript und – wurden, als zu demselben gehörig, aus Versehen mit abgedruckt".

Die Murr-Abschnitte bilden einen fortlaufenden Bericht über den Bildungsgang des bei Meister Abraham aufgewachsenen Katers, der ↑Tiecks gestiefelten Kater seinen Ahnherrn nennt. Zu Murrs frühesten Erfahrungen gehörte die von „moralischer Ursache und Wirkung": Kratzen hatte Schläge zur Folge. Er fand Interesse an Abrahams Bibliothek und gelangte zur Schreibkunst. Sein Lehrmeister in Fragen der Weltklugheit wurde der Pudel Ponto. Murrs ziellose Verliebtheit führte ihn schließlich zu Miesmies, doch es folgte Enttäuschung. Murr geriet durch träumerisches Nichtstun in die Gefahr, ein „Katzphilister" zu werden; um dies zu vermeiden, führte ihn der Kater Muzius in die „Katzburschenschaft" ein, die der Fleischerhund Achilles verfolgte. Durch Ponto wurde Murr in die besseren Kreise der Windhunde und Spitze eingeführt. Abraham, der verreist, übergibt Murr seinem Freund Johannes Kreisler.

An dieses Ende der Murr-Geschichte knüpft das erste Kreisler-Fragment an. Es handelt von den turbulenten Ereignissen der Doppelhochzeit der Prinzessin Hedwiga mit Prinz Hektor und des Prinzen Ignatius mit Julia. Ihr hing Kreisler mit enthusiastischer, jener mit leidenschaftlicher Liebe an. Diese unglücklichen Liebesgeschichten, ferner Kreislers Jugend, die Zustände im ehemaligen Duodezfürstentum Sieghartsweiler, die Machenschaften im Umkreis des Fürsten Irenäus, Kreislers Aufenthalt in einem Kloster sind Themen der weiteren Kreisler-Fragmente. Es liegt nahe, den Gegensatz zwischen der geordneten Murr-Erzählung und dem fragmentierten Lebensbild Kreislers als Ausdruck des Kontrastes zwischen philisterhafter Selbstgefälligkeit (Murr) und zutiefst problematischer Künstlerexistenz (Kreisler) aufzufassen. Im Sinne der „romantischen Ironie" heben jedoch zahlreiche Querverbindungen und Analogien den Kontrast bis zu einem gewissen Grade auf. Der Murr- und der Kreisler-Handlung ist die gesellschaftskritische Grundhaltung gemeinsam, die im einen Fall die Form der Parodie, im anderen die Form der Satire annimmt.

August Heinrich Hoffmann von Fallersleben
(eigtl. A. H. Hoffmann)
***2. 4. 1798 in Fallersleben bei Braunschweig**
† 19. 1. 1874 auf Schloss Corvey

Seit 1830 in Breslau als Professor für Germanistik tätig, wurde Hoffmann von Fallersleben 1842 seines Amtes enthoben und aus Preußen ausgewiesen (Rehabilitierung 1848). Den Anlass boten die nationalliberalen *Unpolitischen Lieder* (2 Bde. 1840/41). Der 2. Bd. enthält das am 26. 8. 1841 auf der (engl.) Insel Helgoland entstandene *Lied der Deutschen* („Deutschland, Deutschland über alles", seit etwa 1870 – mit der Melodie von Joseph Haydns „Kaiserhymne" von 1797 – populär, 1922–45 dt. Nationalhymne; seit 1952 dient die 3. Strophe, „Einigkeit und Recht und Freiheit", als Hymne der B. D.). Ab 1860 war Hoffmann von Fallersleben in Corvey (Westfalen) Bibliothekar des Herzogs von Ratibor. Zu seinen Kinderliedern gehören „Alle Vögel sind schon da" und „Kuckuck, Kuckuck, ruft's aus dem Wald".

Gert Hofmann

***29.11.1931 in Limbach-Oberfrohna (Sachsen)**
† 1.7.1993 in Erding bei München

Hofmann wurde in Leipzig als Dolmetscher und Übersetzer ausgebildet. Sein Literaturstudium brachte er in Freiburg i. Br. zum Abschluss. Ab 1960 verfasste er Hörspiele; ab 1961 war er im In- und Ausland Dozent für Germanistik. 1971–80 lebte Hofmann in Klagenfurt und lehrte an der Universität Ljubljana (Slowenien). Danach lebte er als freier Schriftsteller in Erding. Als Erzähler debütierte Hofmann mit der Novelle *Die Denunziation* (1979, Ingeborg-Bachmann-Preis) über den Versuch der Selbstrechtfertigung eines Rechtsanwalts, der es unterlassen hat, den Tod der Eltern in der NS-Zeit aufzuklären. Ljubljana gehört zu den Schauplätzen des ersten, im Hochschulmilieu angesiedelten Romans (*Die Fistelstimme*, 1980). Es folgte der mit dem Alfred-Döblin-Preis ausgezeichnete Roman *Der Turm* (1982) über die Lebenskrise eines Ehepaars, das während des Urlaubs in Sizilien einen Alptraum durchlebt. Eines der zentralen Themen Hofmanns ist das Scheitern einer Bewältigung von Vergangenheit. Der postum erschienene Roman *Die kleine Stechardin* handelt von ↑ Lichtenbergs Liebe zu einem 12-jährigen Blumenmädchen: „Die meisten Gedanken galten ihr, der Rest war Wissenschaft."

Hugo von Hofmannsthal

***1.2.1874 in Wien, † 15.7.1929 in Rodaun (= Wien)**

Hofmannsthals Urgroßvater war als Isaak Löw Hofmann von Prag nach Wien gekommen und nach erfolgreicher Wirtschaftstätigkeit geadelt worden, der Großvater trat zum Katholizismus über, der Vater war Jurist und im

Bankwesen tätig. Hofmannsthal studierte in Wien Jura und Romanistik und promovierte 1898 zum Dr. phil. Unter dem Pseudonym „Loris" veröffentlichte er ab 1890 Gedichte, Dramen und Rezensionen. Mit ↑ Schnitzler bildete er den Mittelpunkt der „Wiener Gruppe", als Mitarbeiter an den „Blättern für die Kunst" stand er mit ↑ George in Verbindung. *Der Thor und der Tod* (U 1898) handelt in erlesener Bildsprache vom Ästheten Claudio, dem das Leben „mit kleinem Leid und schaler Lust" entglitten ist. 1901 fand in München anlässlich einer Totenfeier für den Maler Arnold Böcklin die Uraufführung des lyrischen Fragments *Der Tod des Tizian* statt, eine Klage über den Verlust künstlerischer „Unbefangenheit".

Nach seiner Eheschließung ließ sich Hofmannsthal 1901 in Rodaun bei Wien nieder. Die Lyrik und lyrische Dramatik traten völlig in den Hintergrund. Stattdessen richtete sich Hofmannsthals Interesse nach der Bilanz des *Chandos-Briefes* (1902) auf das vom Ich-Ausdruck befreite Drama, ausgehend von der Bearbeitung antiker Stoffe. *Elektra* (nach Sophokles, U 1903) und der Tragödie *Ödipus und die Sphinx* (1905) folgte 1910 Max Reinhardts Inszenierung des sophokleischen *König Oidipus* in Hofmannsthals Bearbeitung. Mit der Umarbeitung von *Elektra* zu einem Opernlibretto (1905/06, U 1909) begann die lebenslange Zusammenarbeit mit Richard Strauss. Zugrunde lag die Opernkonzeption einer wirkungsvollen Durchdringung des Drastischen und des Sublimen bzw. einer Einwirkung „auf die groben und feinen Elemente des Publikums" (Notiz Hofmannsthals, 1909). Den größten Erfolg errang *Der Rosenkavalier* (1911), ein erotisches Reigenspiel, in dem sich der Niedergang der Adelsgesellschaft ankündigt.

Im I. Weltkrieg war Hofmannsthal zunächst Reserveoffizier in Istrien. In kulturpolitischer Mission reiste er 1916 nach Skandinavien und in die Schweiz. 1917 initiierte er gemeinsam mit Reinhardt und Strauss die Gründung der „Salzburger Festspielhausgemeinde" (1. Festspiel mit Reinhardts Inszenierung des 1911 uraufgeführten *Jedermann* 1920, *Das Salzburger große Welttheater* 1922). Den Zusammenbruch der Donaumonarchie erlebte Hofmannsthal als tiefe Erschütterung, die seine schon früh angelegte Konzeption der kulturgeschichtlichen Identität verstärkte. Zunehmende Resignation spiegelt die Umarbeitung des letzten Akts des Trauerspiels *Der Turm* (V 1923–25 bzw. 1927): Zwar scheitert hier wie dort der Versuch des poln. „Zwischenkönigs" Sigismund, zwischen erstarrter Tradition und revolutionärer Bewegung zu vermitteln, doch fehlt der 2. Fassung der versöhnende Abschluss in Gestalt der Utopie eines Friedensreiches.

Dramen: *Der Schwierige* (U, V 1921). – Libretti zu Opern von Richard Strauss: *Elektra* (als Drama U 1903, V 1904, Umarbeitung zum Libretto 1905/06, U 1909), *Der Rosenkavalier* (U 1911), *Ariadne auf Naxos* (U 1912), *Die Frau ohne Schatten* (E 1911–16, U 1919), *Die ägyptische Helena* (U 1928), *Arabella oder Der Fiakerball* (E 1927–29, U 1933). – Essays und andere Prosa: *Der Dichter in dieser Zeit* (1907), *Buch der Freunde* (Aphorismen, 1922), *Das Schrifttum als geistiger Raum der Nation* (1926), Slg. *Die Berührung der Sphären* (V postum 1931).

Lyrik. Als „lyrisch" bietet sich das gesamte Frühwerk Hofmannsthals dar. Dieser Grundcharakter entspricht dem Selbstverständnis als „Dichter, organisiert, den zarten Zusammenhang des Daseins zu hören". Neuromantik und Fin-de-siècle-Ästhetizismus sind zwei Begriffe, die dieses Selbstverständnis und dessen sprachlichen Ausdruck annähernd kennzeichnen; als Bezugspunkt erweist sich zugleich – wie im späteren dramatischen Schaffen – die Epoche des Barock. An sie knüpft das Vanitas-Thema an, das in einer dem Schaffen von ↑ Gryphius vergleichbaren Intensität zur Gestaltung gelangt: „Dies ist ein Ding, das keiner voll aussinnt, / Und viel zu grauenvoll, als dass man klage: / Dass alles gleitet und vorüberrinnt" *(Über Vergänglichkeit)*. Ein zweites zentrales Thema bildet das Bewusstsein der Verwobenheit zwischen Gegenwart und Vergangenheit: „Ganz vergessener Völker Müdigkeiten / Kann ich nicht abtun von meinen Lidern, / Noch weghalten von der erschrockenen Seele / Stummes Niederfallen ferner Sterne" *(Manche freilich ...)*. Die Welt erscheint als „Buch, das du im Leben nicht ergründest" *(Was ist die Welt?)*: „All in einem, Kern und Schale,/ Dieses Glück gehört dem Traum ... / Tief begreifen und besitzen! / Hat dies wohl im Leben Raum?" *(Besitz)*. Das Bekenntnis zum Leben findet seinen Ausdruck in einem leisen „Dennoch". So mündet die *Ballade des äußeren Lebens* in das Terzett und die Schlusszeile: „Was frommt's, dergleichen viel gesehen haben? / Und dennoch sagt der viel, der ‚Abend' sagt, / Ein Wort, daraus Tiefsinn und Trauer rinnt, / / Wie schwerer Honig aus den hohlen Waben." Eines der zartesten Gedichte *(Vorfrühling)* gelangt mit seiner melodischen sprachlichen Nachbildung des laufenden, sich wiegenden und schmiegenden, gleitenden, fliegenden Frühlingswindes („Durch die glatten/ Kahlen Alleen / Treibt sein Wehn / Blasse Schatten") schließlich zur Empfindung von „Duft / Den er gebracht, / Von wo er gekommen / Seit gestern Nacht."

Ein Brief (Brief des Lord Chandos). V 1902.

Der (fiktive) Schriftsteller Philip Lord Chandos versucht, in einem 1603 an den Philosophen und Naturforscher Francis Bacon gerichteten Brief seinen Verzicht auf jegliche weitere literarische Betätigung zu erklären. Sein „Fall" besteht darin, dass ihm „völlig die Fähigkeit abhanden gekommen [ist], über irgendetwas zusammenhängend zu denken oder zu sprechen". An die Stelle der Übereinstimmung zwischen Wörtern und der sie bezeichnenden Wirklichkeit ist ein Missverhältnis getreten (Begriffe zerfallen wie „modrige Pilze"), so dass die Voraussetzung für eine sprachliche Mitteilung im herkömmlichen Sinne als zerstört erscheint. Stattdessen ist Chandos von einer ungeheuren „Anteilnahme" erfüllt; diese drängt zwar zur Gestaltung, aber „in einem Material, das unmittelbar, flüssiger, glühender ist als Worte".

Als autobiografisches Zeugnis ordnet sich der *Chandos-Brief* zugleich in die geistige und künstlerische Krisensituation der Jahrhundertwende ein und verweist durch die hier artikulierte Sprachskepsis (vgl. *Der Schwierige*) auf Grundbedingungen der modernen Literatur. Parallelen lassen sich auch in der avantgardistischen Malerei der Jahrhundertwende erkennen, etwa in der Aufhebung einer einheitlichen, die Gegenstände ordnenden Perspektive bei Cézanne.

Obwohl Chandos selbst die Konsequenz zieht, den „Anstand des Schweigens" zu wahren, liegt die eigentliche Funktion des Essays in Briefform darin, die gewandelten Voraussetzungen des künstlerischen Schaffens zu reflektieren. Innerhalb der Entwicklung im Schaffen Hofmannsthals markiert der Brief die Abkehr vom Sprachzauber der Lyrik und lyrischen Dramatik (Chandos spricht von seinen „unter dem Prunk ihrer Worte hintaumelnden" Schäferspielen) und die Hinwendung zu einer gleichsam kulturgeschichtshaltigen Dramatik (z. B. Erneuerung des Mysterienspiels) sowie zur Oper.

Jedermann. Das Spiel vom Sterben des reichen Mannes. E ab 1903, U 1911, 1. Salzburger Festspielaufführung 1920, Verf Österr. 1961 G. Reinhardt.

Zugrunde liegen das engl. *Spiel vom Everyman* und das Schuldrama *Hecastus* (1539) in der Übersetzung von ↑Sachs (*Comedi von dem reichen sterbenden Menschen, der Hecastus genannt,* 1549).

Im Vorspiel schickt Gott den Tod aus, um Jedermann vor das göttliche Gericht zu bringen. Zu Beginn des Hauptteils zeigt sich dieser als der Reiche, der sein ganzes Vertrauen auf den Besitz setzt. Die Begegnung mit einem verarmten Nachbarn, einem seiner Schuldner, und der Mutter verdüstert Jedermanns Stimmung, bis die Geliebte („Buhlschaft"), Freunde und Musikanten zu einem Bankett eintreffen. Inmitten des festlichen Trubels tritt der Tod auf, um Jedermann vor den Thron Gottes zu führen, gewährt ihm jedoch eine kurze Frist, in der sich Jedermann einen Begleiter suchen darf. Von allen verlassen und von seinem scheinbaren Diener und eigentlichen Herrn, dem aus der Schatztruhe hervorsteigenden Mammon, verhöhnt, bleiben Jedermann lediglich zwei Allegorien: seine gebrechlichen „Werke" und der „Glaube". Dieser erschließt ihm das Verständnis für die Erlösungstat Christi, so dass nun auch die „Werke" an Kraft gewinnen und ihn vor dem Zugriff des Teufels zu schützen vermögen.

Hofmannsthals Absicht war es, das Mysterienspiel als Bestandteil des kulturellen Erbes zu erneuern, und zwar als „zweidimensionale" Kunstform, deren dritte Dimension die „Glaubenswahrheit" bildet. Zugleich betonte er die Unabhängigkeit des Jedermann-Spiels vom christlichen Dogma: „… nur dass dem Menschen ein unbedingtes Streben nach dem Höheren, Höchsten dann entscheidend zu Hilfe kommen muss, wenn sich alle irdischen Treu- und Besitzverhältnisse als scheinhaft und löslich erwiesen, ist hier in allegorisch-dramatische Form gebracht" (*Das alte Spiel von Jedermann*, 1911).

Friedrich Hölderlin

***20.3.1770 in Lauffen am Neckar, †7.6.1843 in Tübingen**

„Dem dt. Hölderlin-Bild", schrieb 1966 der frz. Hölderlin-Forscher Pierre Bertaux, „das in ‚lieblicher Bläue blühet', fehlt eine Farbe: das Rote. Als ob die dt. Forschung rotblind wäre; oder vielleicht rotscheu." Mit seiner These vom „Jakobiner Hölderlin", der (neben der Begegnung mit dem Griechentum und der Liebe zu Susette Gontard) entscheidend durch die Frz. Revolution geprägt worden sei, leitete Bertaux eine neue Phase der Hölderlin-Wirkungsgeschichte ein. Der „romantischen Legende seiner Umnachtung" stellte Bertaux die Überzeugung entgegen, dass Hölderlin sich bewusst aus der ihm unerträglich gewordenen Gesellschaft zurückzog, ohne seine dichterische Schaffenskraft eingebüßt zu haben.

Als Hölderlins Berufsziel bestimmte seine verwitwete Mutter das Pfarramt. 1784 trat er in die ev. Klosterschule in Denkendorf ein, 1786 in das ev.-theologische Seminar im ehemaligen Kloster Maulbronn. Zu seinen bevorzugten Dichtern gehörten ↑Schiller, ↑Klopstock und ↑Schubart; eine Auswahl der eigenen Gedichte stellte er am Ende der Maulbronner Schulzeit im sog. „Marbacher Quartheft" zusammen. 1788–93 gehörte er als Theologiestudent dem Tübinger Stift an; Zimmergenossen waren Hegel und (ab 1790) Schelling. Die Frz. Revolution hatte eine Verschärfung des Stiftreglements zur Folge; Hegel galt als „derber Jakobiner", und auch Hölderlin war „dieser Richtung zugetan". 1790 besuchte er in Zürich Lavater, 1791 erschienen im „Musenalmanach" des Stuttgarter Kaufmanns und Literaturförderers Stäudlin die Gedichte *Hymne an die Freiheit, Hymne an die Muse, Hymne an die Göttin der Harmonie.*

Ende 1793 trat Hölderlin in Waltershausen (bei Jena) im Haus Charlotte von Kalbs eine Stelle als Hofmeister an, die er Anfang 1795 aufgab; nach Aufenthalten in Weimar und Jena (Vorlesungen Fichtes) kehrte er nach Nürtingen zurück. 1796 wurde Hölderlin Hofmeister im Haus des Frankfurter Bankiers Gontard, mit dessen Frau Susette („Diotima") ihn eine enge, von Heimlichkeit belastete Liebesbeziehung verband. 1798 des Hauses verwiesen, fand er bei seinem Freund (ab 1793) Isaak von Sinclair Unterkunft in Bad Homburg (Zusammenkünfte mit Susette). Die literarische Arbeit galt dem 1797 begonnenen Trauerspiel *Der Tod des Empedokles* (Titelgestalt ist der Philosoph, Arzt, Magier und Staatsmann Empedokles von Agrigent aus dem 5.Jh. v. Chr.; Thema ist die Aufhebung der Dissonanzen des Lebens durch den Opfertod). 1804 erschien die Übersetzung *Trauerspiele des Sophokles (Antigone, König Oidipus)*; im selben Jahr erhielt Hölderlin eine Anstellung als Hofbibliothekar in Bad Homburg, die 1806 gekündigt wurde. Inzwischen hatte ein Hochverratsprozess gegen den „Jakobiner" Sinclair stattgefunden; Hölderlin entging der Verhaftung durch die Fürsprache des hess. Landgrafen, der auf den „höchst traurigen Gemütszustand" des Dichters verwies. Gewaltsam in die Authenriet'sche Klinik in Tübingen eingewiesen, wurde Hölderlin 1807 als unheilbar entlassen und lebte fortan in der Obhut der Familie des Schreinermeisters Zimmer im Tübinger „Hölderlinturm" am Neckar. Das hier entstandene Spätwerk enthält zahlreiche Jahreszeiten-Gedichte.

Hyperion oder Der Eremit in Griechenland. Briefroman, E ab 1792, V 1797–99 (2 Bde.). Vorstufen: *Fragment von Hyperion* (V 1794).

Der Roman besteht nahezu ausschließlich aus Briefen Hyperions an seinen dt. Freund Bellarmin; eine Ausnahme bilden einige wenige zwischen Hyperion und Diotima gewechselte Briefe, die der Freund in einer Abschrift erhält. Anders als etwa ↑Goethes *Werther,* dessen Briefe Schritt für Schritt den Gang der Handlung und die seelische Entwicklung des Schreibers widerspiegeln, schildert Hyperion sein Leben aus der Rückschau, d. h. reflektierend. Diese Form der Darstellung entspricht dem zentralen Thema der Rückerinnerung an eine Daseinsform ursprünglicher Einheit (Kindheit), deren Erneuerung (angedeutet im seelischen Einklang mit der Natur) in der Zukunft liegt.

Hyperion ist auf der Kykladen-Insel Tina aufgewachsen; hier führt ihn sein Lehrmeister Adamas in die antike Mythologie und Geschichte seines griech. Heimatlandes ein. In Smyrna lernt er die „schale Kost des gewohnten Umgangs" kennen, Alabanda wird ihm zum Seelenfreund, durch Diotima findet er das höchste Liebesglück, nämlich die Ahnung des „Eins und Alles": „Oh ihr, die ihr das Höchste und Beste sucht, in der Tiefe des Wissens, im Getümmel des Handelns, im Dunkel der Vergangenheit, im Labyrinthe der Zukunft, in den Gräbern oder über den Sternen! wisst ihr seinen Namen? den Namen des, des Eins und Alles? Sein Name ist Schönheit." Der gemeinsame Besuch der Stadt Athen weckt die Gewissheit, dass sich die Menschheit verjüngen wird; Diotima sieht in Hyperion den zukünftigen „Erzieher unsers Volks", er steht inmitten der Trümmer des antiken Athen „wie der Ackersmann auf dem Brachfeld" (Ende von Bd. 1). Zum Handeln wird Hyperion durch Alabanda aufgerufen: Russland hat das Signal zur Befreiung Griechenlands von der türk. Oberherrschaft gegeben (1770). Bald tritt jedoch tiefe Enttäuschung ein: „Es ist aus, Diotima! unsre Leute haben geplündert, gemordet, ohne Unterschied (...) In der Tat! es war ein außerordentliches Projekt, durch eine Räuberbande mein Elysium zu pflanzen." In einem Seegefecht sucht Hyperion den Tod, wird jedoch nur verwundet. Nach seiner Genesung erhält er den Abschiedsbrief Diotimas, den sie kurz vor ihrem Tod geschrieben hat. Hyperion verlässt Griechenland und kommt „unter die Deutschen", demütig wie der „heimatlose, blinde Oedipus zum Tore von Athen, wo ihn der Götterhain empfing; und schöne Seelen ihm begegneten – Wie anders ging es mir! Barbaren von alters her, durch Fleiß und Wissenschaft und selbst durch Religion barbarischer geworden, tiefunfähig jedes göttlichen Gefühls, verdorben bis ins Mark zum Glück der heiligen Grazien, in jedem Grad der Übertreibung und der Ärmlichkeit beleidigend für jede gutgearbeitete Seele, dumpf und harmonielos, wie die Scherben eines weggeworfenen Gefäßes – das, mein Bellarmin! waren meine Tröster" (Beginn der sog. „Scheltrede"). Was Hyperion jedoch zunächst von der Heimkehr abhält, ist der „himmlische Frühling", er „war die einzige Freude, die mir übrig war, er war ja meine letzte Liebe (...)".

Der bekenntnishafte Entwicklungsroman bezeugt Hölderlins Streben nach Vergegenwärtigung der griech. Antike im geschichtsphilosophischen Sinne – eine Perspektive, die zur radikalen Kritik an den zeitgeschichtlichen Verhältnissen führt; so spiegelt etwa Hyperions Enttäuschung über den Verlauf des aus seiner Sicht von der Antike inspirierten griech. Freiheitskampfs die Kritik am Verlauf der Frz. Revolution. Die reinste Form der Vermittlung zwischen Vergangenheit und erhoffter zukünftiger Harmonie verkörpert die in mythisches Licht getauchte Diotima-Gestalt; ihrem innersten Wesen weiß sich Hyperion im Frühlingserlebnis verbunden: „Auch wir sind nicht geschieden, Diotima, (...). Lebendige Töne sind wir, stimmen zusammen in deinem Wohllaut, Natur!"

Lyrik. V ab 1791, z.T. erst im 20. Jh. (***Wie wenn am Feiertage*** 1910, ***Friedensfeier*** 1954), einzige Slg. zu Lebzeiten 1826, Vert Johannes Brahms („Schicksalslied" aus ***Hyperion,*** Chor und Orchester, op. 54, 1871), Hermann Reutter („Drei Gesänge", op. 56: ***An die Parzen, Hälfte des Lebens, Abendfantasie;*** „Lieder nach Hölderlin", op. 67), Wolfgang Fortner („Hyperions Schicksalslied", 1940).

Das sog. „Älteste Systemprogramm des Idealismus" (vermutlich ein Gemeinschaftswerk Hölderlins, Hegels und Schellings aus dem Jahr 1796) enthält die Erwartung, dass die Poesie „am Ende wieder (wird), was sie am Anfang war – Lehrerin der Menschheit; denn es gibt keine Philosophie, keine Geschichte mehr, die Dichtkunst allein wird alle übrigen Wissenschaften und Künste überleben". Damit ist ein wesentlicher Bezugsrahmen der Lyrik Hölderlins angedeutet: Das dichterische Sprechen, seine Verse und Bilder weisen über die Gegenwart hinaus und nehmen eine neue „Volkstümlichkeit" vorweg im Dienst einer (wie es ebenfalls im „Systemprogramm" heißt) „sinnlichen Religion"; Gleiches gilt für die Philosophie: „Ehe wir die Ideen ästhetisch, d. h. mythologisch machen, haben sie für das Volk kein Interesse (...)."

Das Ziel der Vereinigung der scheinbaren Gegensätze (Sinnlichkeit und Religion, Ästhetik und Philosophie) liegt den vielfältigen Formen der Verknüpfung unterschiedlicher Gegenstandsbereiche zugrunde. So schweifen etwa die Erinnerungen an den heimatlichen Neckar als Schauplatz der Kindheit ab zu antiken Schauplätzen: „Zu euch, ihr Inseln! bringt mich vielleicht, zu euch / Mein Schutzgott einst; doch weicht mir aus treuem Sinn / Auch da mein Neckar nicht mit seinen / Lieblichen Wiesen und Uferweiden" (*Der Neckar*). Weitere Stromgedichte sind *Der Main, Der Rhein, Am Quell der Donau*; eine Stadtlandschaft schildert die an der „Vaterlandsstädte ländlichschönste" gerichtete Ode *Heidelberg* (mit dem Bild der „schicksalskundigen Burg").

Die Elegie *Brot und Wein* erinnert an die heidnische Grundlage der Eucharistie-Symbolik: „Brot ist der Erde Frucht, doch ists vom Lichte gesegnet,/ Und vom donnernden Gott kommet die Freude des Weins. / Darum denken wir auch dabei der Himmlischen, die sonst / Da gewesen und die kehren in richtiger Zeit, / Darum singen sie auch mit Ernst, die Sänger, den Weingott / Und nicht eitel erdacht tönet dem Alten das Lob."

Vielfach besitzt das Streben nach Synthese die Form der antithetischen Gegenüberstellung, etwa in *Hälfte des Lebens* durch den Kontrast von erster und zweiter Strophe, von sanfter Melodik im Bild der „holden Schwäne" („Und trunken von Küssen / Tunkt ihr das Haupt / Ins heilignüchterne Wasser") und greller Disharmonie: „(...) Die Mauern stehn / Sprachlos und kalt, im Winde / Klirren die Fahnen." Die Kühnheit solcher Vorstellungsbilder, die den sinnlichen Eindruck radikal steigern (klirrende Fahnen), weist auf den Expressionismus voraus.

Seine frühen Vorbilder fand Hölderlin in den Hymnen ↑Schillers und den Oden ↑Klopstocks, vor allem aber in der griech. Lyrik selbst. Zu den um 1800 entstandenen Übersetzungen gehören etwa 20 Oden Pindars. Keimzellen der nach 1800 sich entfaltenden Odendichtung sind die sog. „epigrammatischen Oden" des Jahres 1798. Zu ihnen gehört die frühe „Diotima"-Dichtung als unmittelbarer Empfindungsausdruck der Liebe zu Susette Gontard: „O vergiss es, vergib! gleich dem Gewölk dort / Vor dem friedlichen Mond, geh ich dahin, und du / Ruhst und glänzest in deiner / Schöne wieder, du süßes Licht!" *(Abbitte).* Zu den *Vaterländischen Gesängen* (die nichts mit Patriotismus im nationalen Sinne zu tun haben) gehört der *Gesang des Deutschen* („O heilig Herz der Völker"), in dem Hölderlin seine Beziehung zum Heimatland mit den Versen ausdrückt: „Du Land des hohen ernsteren Genius! / Du Land der Liebe! Bin ich der deine schon, / Oft zürnt ich weinend, dass du immer / Blöde die eigne Seele leugnest."

Arno Holz

***26. 4. 1863 in Rastenburg (Ostpreußen), †26. 10. 1929 in Berlin**

Der Sohn eines Apothekers kam als 12-Jähriger nach Berlin, wo er als Redakteur, dann als freier Schriftsteller tätig war. Gemeinsam mit Johannes Schlaf (*21.6.1862 in Querfurt, †2.2.1941 in Querfurt) erarbeitete Holz 1889/90 Musterwerke des „konsequenten Naturalismus", dessen Programm er 1891/92 in *Die Kunst, ihr Wesen und ihre Gesetze* darlegte: „Die Kunst hat die Tendenz, wieder Natur zu sein", als Formel: „Kunst = Natur – x" (Letzteres symbolisiert die unvermeidliche Unzulänglichkeit der „Reproduktion" von Natur im Sinne von Realität). Die Titelgestalt der Erzählung *Papa Hamlet* (in der gleichnamigen Slg., V 1889) ist ein gescheiterter Schauspieler, der sein Dasein in einer Dachstube fristet; er erwürgt sein schreiendes Kind und verkommt im Alkohol; Themen der beiden weiteren Erzählungen der Slg. sind das Leiden eines Schülers unter einem sadistischen Lehrer *(Der erste Schultag)* und der Tod eines Duellanten *(Ein Tod)*. *Die Familie Selicke* (U, V 1890, das Stück verhalf neben ↑Hauptmanns *Vor Sonnenaufgang* dem dt. Naturalismus zum Durchbruch) handelt von den zerrütteten menschlichen Verhältnissen einer im Norden Berlins hausenden kleinbürgerlichen Familie (Heimkehr des betrunkenen Vaters am Weihnachtsabend, Tod einer Tochter). *Traumulus* (U 1904, V 1905, Verf Dtl. 1935 Carl Froehlich) ist eine Schüler-Lehrer-Tragödie. Als Lyriker erschloss Holz Themen der Großstadt und des sozialen Kampfes (*Buch der Zeit. Lieder eines Modernen*, 1886; theoretische Begründung in *Revolution der Lyrik*, 1899). Die Slg. *Phantasus* (V 1898/99) enthält in frei-rhythmischer Gestaltung (Druckbild: mittelachsig) Berliner Milieuschilderungen und Vorstellungsbilder.

Barbara Honigmann

***12.02.1949 in Ost-Berlin**

Die Tochter des 1947 aus dem englischen Exil nach Berlin zurückgekehrten Georg Honigmann – in der DDR Chefredakteur der „Berliner Zeitung" und Leiter des Kabaretts „Die Distel" – studierte 1967–72 Theaterwissenschaften. Seit 1975 lebt sie, nach Engagements als Dramaturgin und Regisseurin u. a. an der Volksbühne und dem Deutschen Theater in Berlin, als freie Malerin und Schriftstellerin. 1984 siedelte sie nach Straßburg über, auch, um am Leben einer großen jüdischen Gemeinde teilnehmen zu können. Ihre Themen bezieht Honigmann aus diesem dreifachen Wechsel „vom Osten in den Westen, von Deutschland nach Frankreich und aus der Assimilation mitten in das Thora-Judentum."

Nach den Theaterstücken (*Das singende, springende Löweneckerchen*, 1980; *Don Juan*, 1984; *Der Schneider von Ulm*, 1984; *Die Schöpfung*, 1984) entstanden kleine Prosa-Stücke, die in den Bänden *Roman vom Kinde* (1986), *Eine Liebe aus dem Nichts* (1991), *Sonntags spielt der Rabbi Fußball* (1998) und *Damals, dann und danach* (1999) gesammelt sind. Der Roman *Soharas Reise* (1996) schildert die schwierige Beziehung zwischen aschkenasischen und sephardischen Juden.

Zu Ihren Auszeichnungen gehören der Nicolas-Born-Preis (1994), der Kleist-Preis (2000) und der Toblacher Prosapreis „Palazzo al Bosco" (2001).

Ödön von Horváth
***9.12.1901 in Sušak bei Fiume (= Rijeka, Jugoslawien)**
†1.6.1938 in Paris
Unter der Überschrift „Horváth ist besser" (gemeint ist: als ↑Brecht) erklärte 1968 ↑Handke: „Als reine Formspiele kann ich die Stücke Brechts noch ertragen, als unwirkliche, aber doch ergreifende Weihnachtsmärchen, weil sie mir eine Einfachheit und Ordnung zeigen, die es nicht gibt. Ich ziehe Ödön von Horváth und seine Unordnung und unstilisierte Sentimentalität vor. Die verwirrten Sätze seiner Personen erschrecken mich, die Modelle der Bösartigkeit, der Hilflosigkeit, der Verwirrung in einer bestimmten Gesellschaft werden bei Horváth viel deutlicher. Und ich mag diese irren Sätze bei ihm, die die Sprünge und Widersprüche des Bewusstseins zeigen, wie man das sonst nur bei Tschechow oder Shakespeare findet." Handkes provokantes Schiedsurteil steht im Zusammenhang mit der Wiederentdeckung der sozialkritischen Volksstück-Tradition in den 1960er Jahren und ihrer Wiederbelebung durch Autoren wie ↑Kroetz und ↑Sperr, für die neben ↑Fleißer der nahezu vollständig in Vergessenheit geratene Horváth zum Vorbild wurde.

Der Sohn eines Diplomaten aus ungar. Kleinadel studierte in München Philosophie und Germanistik. Freundschaft verband ihn mit ↑Werfel und ↑Zuckmayer, auf dessen Vorschlag hin er 1931 für *Geschichten aus dem Wienerwald* den Kleist-Preis erhielt. Das Drama *Glaube Liebe Hoffnung* fand im nationalsozialistischen Dtl. keine Bühne (U u.d.T. *Liebe, Pflicht und Hoffnung* 1936 in Wien). 1930 erschien mit *Der ewige Spießer* sein erster Roman. 1938 emigrierte Horváth in die Schweiz; bei einem Aufenthalt in Paris kam er durch einen Unglücksfall (herabstürzender Ast) ums Leben.
Horváths Interesse galt der Darstellung der kleinbürgerlichen Durchschnittsmenschen, denn Dtl. besteht „zu 90 Prozent aus vollendeten oder verhinderten Kleinbürgern (...). Will ich also das Volk schildern, darf ich natürlich nicht nur die zehn Prozent schildern, sondern als treuer Chronist meiner Zeit die große Masse" (*Gebrauchsanweisung*, 1932). Von „Masse" ist jedoch nicht im Sinne des Expressionismus die Rede (↑Toller). Im Mittelpunkt der Romane und Dramen stehen vielmehr Einzelschicksale, beispielsweise der Leidensweg Elisabeths, die vergeblich versucht, einen Gewerbeschein für den Straßenhandel zu erhalten, und durch die „kleinen Paragraphen" sowie die Feigheit und Engherzigkeit ihrer Mitmenschen in den Tod getrieben wird *(Glaube Liebe Hoffnung)*. Die Tradition des Naturalismus ist in der Darstellung der Unfähigkeit der Protagonisten wirksam, ihre Lebenssituation zu reflektieren; ihr Handeln geschieht „unbewusst" (berufliches Versagen und Mord des Bahnhofsvorstehers Hudetz in *Der jüngste Tag*). Die Verwurzelung im Wiener Volksstück (↑Nestroy) zeigt sich in der „Synthese von Ernst und Ironie", die sich vor allem aus der Charakterisierung des Sprachverhaltens ergibt.

Romane: *Ein Kind unserer Zeit* (1938). – Dramen: *Revolte auf Côte* 3018 (U 1927, Neufassung *Die Bergbahn* U 1929), *Geschichten aus dem Wienerwald* (U, V 1931, Verf Ö 1978 Maximilian Schell), *Glaube Liebe Hoffnung. Ein kleiner Totentanz* (U 1936, V 1961), *Der jüngste Tag* (U 1937, V 1955), *Figaro läßt sich scheiden* (U 1937, V 1959, Vert 1963 Giselher Klebe).

Italienische Nacht. Drama in 7 Bildern, V 1930, U 1931.

Als Chronist seiner Zeit hat sich Horváth sowohl mit den ökonomischen Krisen der 1920er Jahre als auch mit dem Nationalsozialismus auseinander gesetzt. Thema der *Italienischen Nacht* ist die Blindheit der Gegner der Hitler-Partei gegenüber dem Ausmaß der faschistischen Gefahr.

Den Titel des „Volksstücks" bildet das Motto eines Volksfests, das die Sozialdemokraten einer süddt. Kleinstadt organisiert haben. Der Protest der jüngeren Parteimitglieder gegen gemütliche Tanzabende angesichts der Schießübungen und Aufmärsche der Nationalsozialisten bleibt wirkungslos. Wortführer der Jungen ist Martin, der sein Privatleben mit dem politischen Kampf verknüpft: Er zwingt seine Braut, sich mit SA-Leuten einzulassen, um deren Bewaffnung und Kampfstärke auszuspionieren. Während der „Italienischen Nacht", der im selben Biergarten ein „Deutscher Tag" der Faschisten vorausgeht, wirft Karl der Parteiführung Trägheit und Ziellosigkeit vor und sprengt damit das Fest. Ein Schlägertrupp der NSDAP dringt ein, um die Verschandelung des Kaiserdenkmals am Initiator des Festes, dem SPD-Stadtrat, zu rächen. Mit knapper Not bleibt dieser vor der Misshandlung bewahrt. Dennoch versagt er sich als Repräsentant der verbürgerlichten Generation von Sozialisten, die Politik mit Vereinswesen gleichsetzt, der Einsicht in die Unterhöhlung des Staatswesens. Sein unerschütterlicher Grundsatz lautet: „Solange es einen republikanischen Schutzverband gibt, so lange kann die Republik ruhig schlafen."

Das Stück gibt die bornierte Beruhigungsstrategie der Lächerlichkeit preis (der Kritiker Alfred Kerr sprach vom „besten Zeitspaß dieser Läufte"), getreu Horváths dramaturgischer Maxime: „Ich schreibe nicht gegen, ich zeige nur." Dennoch besitzt das Stück, je unbarmherziger es sich gegen die Apathie der Gegner des Nationalsozialismus wendet, eine politische Zielrichtung.

Kasimir und Karoline. Drama in 9 Bildern, U 1932, V 1961.

Als Schauplatz dient das Münchner Oktoberfest. Im lärmenden Rummel geraten der soeben arbeitslos gewordene Chauffeur Kasimir und seine Braut Karoline, eine kleine Angestellte mit dem Hang zum Höheren, in Streit und trennen sich. Karoline findet in dem Kanzlisten Schürzinger einen neuen Begleiter; die zufällige Begegnung mit dessen Chef, dem Kommerzienrat Rauch, weckt in Karoline Ambitionen, zumal Rauch offensichtlich Gefallen an ihr findet und es so einzurichten weiß, dass Schürzinger die beiden allein lässt. Inzwischen hat sich Kasimir dem Gaunerduo Franz und Erna angeschlossen; während Franz das Auto Rauchs ausraubt, stehen Kasimir und Erna Schmiere. Doch das „Karussell" dreht sich weiter: Rauch, der nach einer Herzattacke in der Sanitätsstation aufwacht, will nichts mehr von Karoline wissen, so dass Schürzinger zum Zuge kommt, während Kasimir Erna tröstet, deren Franz ertappt und von der Polizei abgeführt worden ist: Die Liebe höret nimmer auf – so lautet ironisch das Motto dieser „Ballade von stiller Trauer, gemildert durch Humor" (Horváth).

Das prägende Gestaltungsmittel ist die Aufsplitterung des Bühnengeschehens in 118 Einzelszenen. Ihr rascher Wechsel entspricht sowohl der Volksfestatmosphäre als auch der Brüchigkeit der Beziehungen zwischen den Personen. Vielfach bildet Musik (ein Marsch, ein vom Publikum mitgesungener Schlager) das Thema einer Szene. Ein wesentliches Mittel der sozialen Charakterisierung ist die Sprache vom derben Dialekt bis zur gehobenen Ausdrucksweise, wobei dem „Bildungsjargon" als Resultat der „Zersetzung der eigentlichen Dialekte" durch das Kleinbürgertum besondere Bedeutung zukommt; aus dem Bildungsjargon „entsteht der Dialog des neuen Volksstückes" (*Gebrauchsanweisung*, 1932). In diesem Zusammenhang steht das Thema der Verstädterung des Volksvergnügens.

Jugend ohne Gott. Roman, V 1937, Verf u. d. T. *Wie ich ein Neger wurde* B. D. 1969 Roland Gall.
Der Ich-Erzähler, ein idealistisch gesinnter Lehrer, erlebt unmittelbar vor der nationalsozialistischen Machtergreifung die Anzeichen des kommenden Unheils, und zwar am Verhalten seiner Klasse. Den Schülern ist alles Denken „verhaßt", sie „pfeifen auf den Menschen", ihr „Ideal ist der Hohn". Die Spannungen innerhalb der Klasse eskalieren bei einem Aufenthalt in einem vormilitärischen Ausbildungslager bis hin zu einem Mord, ausgehend vom Diebstahl eines Fotoapparats. Der Lehrer wird selbst an der Eskalation mitschuldig, als er bei seinen heimlichen Nachforschungen das Kästchen, in dem ein Schüler sein Tagebuch aufbewahrt, beschädigt und dies aus Feigheit verschweigt. Verstrickt in ein „Leben des Elends und der Widersprüche", richtet sich seine Hoffnung auf die „göttliche Gnade"; unmittelbar von Gott angerufen, leistet er schließlich seinen Beitrag zur Enthüllung des Verbrechens und gibt damit auch anderen Zeugen Mut. Dennoch emigriert er im Bewusstsein der Ohnmacht nach Afrika und überlässt die „Divisionen der Charakterlosen" dem „Kommando von Idioten".
1953 erschien der Roman zusammen mit *Ein Kind unserer Zeit* (V 1938) unter dem gemeinsamen Obertitel *Zeitalter der Fische*, bezogen auf die gleichsam geschichtsastrologische Feststellung: „Die Erde dreht sich in das Zeichen der Fische hinein. Da wird die Seele des Menschen unbeweglich wie das Antlitz eines Fisches" *(Jugend ohne Gott)*. Auch *Ein Kind unserer Zeit* ist als Ich-Erzählung gestaltet und handelt von der schrittweisen Einsicht in den beherrschenden Zusammenhang von Lüge („Ohne Lüge gibt's kein Leben"), Anpassung und Menschenverachtung („Unsere Führer sind eben große Betrüger"). Der Protagonist setzt sich schließlich dem Erfrierungstod aus: Die „Kälte wird wärmer werden" als die Gefühlskälte der Menschen.

Ricarda Huch

***18. 7. 1864 in Braunschweig, † 7. 11. 1947 in Schönberg (Taunus)**

Die Tochter einer wohlhabenden Kaufmannsfamilie studierte in Zürich und promovierte 1891 im Fach Geschichte. Nach ihrer Tätigkeit als Bibliothekarin und Lehrerin lebte sie ab 1897 als freie Schriftstellerin, nachdem 1891 die erste Slg. *Gedichte* erschienen war. Zunächst verwendete sie das männliche Pseudonym „Richard Hugo". Erste Erfolge brachten zwei Romane: *In der Triumphgasse* (1902) handelt von Schicksalen im Armenviertel von Triest; in *Vita somnium breve* (1903, u. d. T. *Michael Unger* 1913) verlässt die Hauptfigur aus Liebe zu einer Malerin seine Familie, doch der Traum vom Leben abseits der bürgerlichem Konventionen vergeht, und es bleiben melancholische Erinnerungen. In den Mittelpunkt rückten literaturgeschichtliche und historische Werke, die ihr hohes Ansehen verschafften. Sie stellen eine oft kritische Beziehung zwischen Vergangenheit und Gegenwart her. Dies gilt bereits für *Die Romantik* (2 Bde., 1899–1902). Der italien. Geschichte im 19. Jh. entnahm sie den Stoff zum Roman *Die Geschichten von Garibaldi* (2 Bde., 1906/07) und zu *Menschen und Schicksale aus dem Risorgimento* (1908). Ebenfalls als Epochenbild entstand *Der Dreißigjährige Krieg* (1912–14). In offenem Widerspruch zur NS-Ideologie stand ihre *Deutsche Geschichte* (3 Bde., 1934–49). 1933 war sie aus Protest gegen neue Richtlinien aus der Preuß. Akademie der Künste ausgetreten. Eine Ausgabe ihrer Autobiografie *Erinnerungen an das eigene Leben* erschien postum 1980.

Peter Huchel

***3.4.1903 in Berlin-Lichterfelde,† 30.4.1981 in Staufen bei Freiburg i.Br.**

Der Sohn eines Ministerialbeamten verbrachte die Kindheit auf dem großväterlichen Gut in Alt-Langerwisch (Mark Brandenburg), besuchte in Potsdam das Gymnasium und studierte in Berlin, Freiburg i.Br. und Wien Literatur und Philosophie. Reisen führten ihn durch Frankreich, auf den Balkan und durch die Türkei. Von 1930 an war er in Berlin Mitarbeiter der Zeitschriften „Die literarische Welt", „Die Kolonne", „Das innere Reich" sowie beim Berliner Rundfunk. 1945 aus russ. Kriegsgefangenschaft entlassen, ließ er sich in Ost-Berlin nieder und stieg bis zum Sendeleiter und künstlerischen Direktor des Ostberliner Rundfunks auf; 1949 übernahm er die Leitung der Zeitschrift „Sinn und Form". Huchels anfänglichem literarischem Eintreten für den Aufbau der sozialistischen Gesellschaft (Zyklus *Das Gesetz* über die Bodenreform 1950, Nationalpreis der DDR 1951) folgte die Rückkehr zur mittelbaren politischen Stellungnahme in Gestalt der Naturlyrik; kennzeichnend ist das Gedicht *Winterpsalm* mit seinen Bildern von Kälte und Erstarrung (1963 in *Chausseen Chausseen*). Die Kritik, „Sinn und Form" bewege sich in einem „imaginären ästhetischen Raum", ohne sich „eindeutig auf den Sieg der Arbeiterklasse" zu orientieren, zwang ihn 1962, sein Amt als Cheflektor niederzulegen. Mit Ausreise- und wiederholtem Besuchsverbot belegt, lebte er in Wilmershorst bei Potsdam (Publikationen in der B.D.), übersiedelte 1971 nach Rom und ließ sich in Staufen bei Freiburg nieder. Zu seinen Auszeichnungen gehören der Fontane-Preis der DDR (1951) und der Westberliner Fontane-Preis (1963) sowie der Europalia-Preis (Brüssel, 1977).

Gedichtbände: *Gedichte* (1948), *Chausseen Chausseen* (1963), *Die Sternenreuse. Gedichte 1925–47* (1967), *Gezählte Tage* (1972), *Die neunte Stunde* (1979).

Thomas Hürlimann

***21.12.1950 in Zug**

Der Sohn eines Politikers studierte Philosophie in Zürich und Berlin, wo er sich 1974 als freier Schriftsteller niederließ und 1982–85 als Dramaturg am Schiller-Theater tätig war. Seit 1985 lebt er im schweizer. Willerzell. Der Erzähler und Dramatiker debütierte 1981 mit der Slg. *Die Tessinerin,* in deren Kurzprosa die zentralen Themen bereits vorhanden sind: Die Verhältnisse der Schweiz in Geschichte und Gegenwart, die Spannung zwischen Fremde und Heimat sowie das Sterben. Das Stück *Großvater und Halbbruder* (V, U 1981) beleuchtete erstmals die Haltung der Schweiz im Zweiten Weltkrieg. Ihm folgte *Stichtag* (U 1984) über das langsame Sterben des krebskranken Bruders. Die schweizer. Geschichte steht auch im Zentrum der Stücke *Der letzte Gast* (V, U 1990), *Der Gesandte* (V 1990, U 1991) sowie der *Innerschweizer Trilogie* (U 1991–94). Die zentrale Rolle in der Novelle *Der Dämmerschoppen* sowie dem Stück *Lied der Heimat* (U 1998, V 1999) nimmt Gottfried ↑Keller ein. Groteske Formen des Ehelebens sind das Thema der Novelle *Das Gartenhaus* (1989) und des Stückes *Synchron* (U 2002). Zu Hürlimanns Auszeichnungen gehören der Rauriser Literaturpreis (1982), der Solothurner Literaturpreis (1997) und der Joseph-Breitbach-Preis (2001).

Urs Jaeggi
***23.6.1931 in Solothurn (Schweiz)**
Nach einer Tätigkeit im Bankwesen studierte Jaeggi in Genf, Bern und West-Berlin Nationalökonomie und Soziologie, promovierte 1959 und lehrte ab 1966 an der Berliner Freien Universität, 1970/71 in New York.
Das zentrale Thema der Erzählungen (Slg. *Die Wohltaten des Mondes*, 1963) und Romane Jaeggis ist der Versuch der Befreiung aus etablierten Verhältnissen, ausgehend von Grenzüberschreitungen zwischen Realität und Fiktion. Im Roman *Die Komplicen* (1964, der Titel bezieht sich auf das Verhältnis zwischen dem Erzähler und seinem fiktiven Protagonisten) schließt sich der Lehrer Josef Hügi einem Zirkus an, kommt jedoch zu der Einsicht, dass „lockere elastische Fesseln schwerwiegender sind als harte". Autobiografische Züge trägt der Roman *Brandeis* (1978): Ein Soziologieprofessor vertritt aus der Lust heraus, „die gegebenen Verhältnisse aufzuheben, ins Gegenteil zu verkehren", die Interessen der rebellierenden Studenten und gerät zwischen die Fronten. *Grundrisse* (1981) ist als Berlin-Roman konzipiert und diagnostiziert den „Verletzungszustand" der Stadt. 1990 erschien der Roman *Soulthorn*. Zu Jaeggis wissenschaftlichen Arbeiten gehört *Kapital und Arbeit in der Bundesrepublik* (1973); die Aufsatz-Slg. *Was auf den Tisch kommt, wird gegessen* (1981) verbindet wissenschaftliche und literarische Darstellungsweise.

Hans Henny Jahnn
***17.12.1894 in Stellingen (= Hamburg), †29.11.1959 in Hamburg**
Aus einer Familie von Schiffs- und Instrumentenbauern stammend, war Jahnn als Schriftsteller, Orgelbauer, Pferdezüchter und Hormonforscher tätig. 1915–18 lebte er aufgrund seiner pazifistischen Überzeugung im norweg. Exil, 1933 emigrierte er nach dem Verbot seiner Bücher in die Schweiz, ab 1934 lebte er auf der dän. Insel Bornholm. 1950 kehrte er nach Hamburg zurück, er engagierte sich gegen die atomare Bewaffnung (Essays: *Der Dichter im Atomzeitalter*, 1956; *Thesen gegen Atomrüstung*, 1957).
Bis zu seinem 20. Lebensjahr schrieb Jahnn etwa 20 Dramen; der Durchbruch gelang ihm mit dem 1919 veröffentlichten Stück *Pastor Ephraim Magnus* (Kleist-Preis 1920, U 1923): Pathologische Sexualität (z. B. verdrängte Homoerotik) und masochistische Religiosität sind Leitthemen des vor allem sprachlich revolutionären Dramas, die im fragmentarischen Roman *Perrudja* (V 1929) wiederkehren; zu den tiefenpsychologischen Motiven dieser expressionistischen Darstellung eines Erkenntnisweges gehört das körperliche Versagen Perrudjas in der Hochzeitsnacht mit Signe, nachdem er deren Verlobten umgebracht hat. Zwischen beiden Werken liegt die Episode der von Jahnn gegründeten Sekte „Glaubensgemeinschaft Ugrino" (1921–25).
Zu den Hauptwerken der 1950er Jahre gehört das Drama *Thomas Chatterton* (V 1955, U 1956) über den engl. Schriftsteller und Literaturfälscher aus dem 18. Jh., gestaltet als Lebensbild eines an der Gesellschaft scheiternden Genies. Unvollendet blieb der Roman in 3 Teilen *Fluß ohne Ufer* (V 1949/50 und postum 1961), eine „fast naturwissenschaftliche Betrachtung oder Erforschung des Wesens der Schöpfung, der Geschlechtlichkeit des Menschen und der interstellaren Einsamkeit seines Herzens" (Jahnn).

Ernst Jandl

***1.8.1925 in Wien, †9.6.2000 in Wien**

Nach dem Abitur 1943 zum Kriegsdienst eingezogen, studierte Jandl nach seiner Entlassung aus amerikan. Kriegsgefangenschaft in Wien Germanistik und Anglistik und promovierte 1950 zum Dr. phil.; von 1949 an war er im höheren Lehramt tätig. 1971 hielt er sich als Stipendiat in Austin (Texas) auf, 1972 unternahm er in staatlichem Auftrag eine Vortragsreise durch die USA, 1973 war er Mitbegründer der Grazer Autorenversammlung. Zu seinen Auszeichnungen gehören der Wiener Literaturpreis 1976, der Georg-Büchner-Preis 1984, im selben Jahr der Österr. Staatspreis und der Kleist-Preis 1993. Ab 1991 war Jandl Präsident der nach ↑Fried benannten Internationalen Gesellschaft.

Anknüpfend an die dadaistischen Lautgedichte (↑Arp, ↑Ball, ↑Schwitters) und parallel zur „Wiener Gruppe" (↑Artmann), entwickelte Jandl seine Form der experimentellen Poesie mit vorwiegend spielerischem Charakter einschließlich des Kalauers bzw. der willkürlichen Verfremdung, gerichtet gegen „humorlosigkeit, diese dt. krankheit, die auch österreicher mitunter befällt". Berührungspunkte ergeben sich mit der Konkreten Poesie (↑Gomringer, ↑Heißenbüttel). 1957 trug Jandl seine ersten „Sprechgedichte" vor. Die Zusammenarbeit mit ↑Mayröcker (ab 1954) wurde auch im Bereich des Hörspiels fruchtbar (*Fünf Mann Menschen*, 1968; *Der Gigant*, 1969; *Spaltungen*, 1970; gemeinsam erhielten sie 1968 den Hörspielpreis der Kriegsblinden). Der Bühne näherte sich Jandl mit seinem Stück ohne Schauspieler *der raum, szenisches gedicht für beleuchter und tontechniker* (U 1973); es soll im Anschluss an ein klassisches Drama aufgeführt werden. Besonders erfolgreich war die „Sprechoper in 7 Szenen" *Aus der Fremde* (U 1979, V 1980): Der Ablauf alltäglicher Verrichtungen des Schriftstellers ER und der Schriftstellerin SIE ist mit einem Arbeitsgespräch über ein Stück verknüpft, konzipiert als „chronik der laufenden / ereignislosigkeit / mit ihm, ihr und dem erwarteten", nämlich dem Intellektuellen ER 2, der nun in die im neuen Stück reproduzierte Bühnenhandlung einbezogen wird.

Gedichtbände: *lange gedichte* (1964), *klare gerührt* (1964), *Hosi-Anna!* (1965), *Laut und Luise* (1966), *Sprechblasen* (1968), *flöda und der schwan* (1971), *serienfuss* (1974), *der gelbe hund* (1980). – Essays: *Poetologische Reflexionen eines Schriftstellers* (1971), *Ein neuer poetischer Raum. Zur Prosa von Friederike Mayröcker* (1974).

Lyrik. Charakteristisch für die „Sprechgedichte" ist die Tatsache, dass erst der Rezitator Jandl die Texte des Experimentators Jandl zur vollständigen Wirkung brachte. Es entstanden daher mehrere Schallplatten, beginnend 1968 mit Texten der 1966 erschienenen Slg. *Laut und Luise*. Sie enthält das Gedicht *lichtung*: „manche meinen / lechts und rinks / kann man nicht / velwechsern / werch ein illtum." Ähnlich „funktioniert die Neufassung des Beginns des Johannesevangeliums („Im Anfang war das Wort, und das Wort war bei Gott"), an dem sich bereits ↑Goethes Faust mit einer Neuübersetzung aus dem Griechischen versucht hat; Jandls Version: „schim schanflang war das wort / schund das wort war blei flott." Eine Wiederbelebung lyrischer Elemente enthielt das Hörspiel *Das Röcheln der Mona Lisa* (1970, Schallplatte 1972). Neben einigen zeitgenössischen Lyrikern gehört ↑Morgenstern zu Jandls künstlerischen Verwandten.

Jean Paul (eigtl. Johann Paul Friedrich Richter)
***21.3.1763 in Wunsiedel (Fichtelgebirge), †14.11.1825 in Bayreuth**

Von ↑Goethe und ↑Schiller auf Distanz gehalten, ja mit Unverständnis betrachtet („subjektivisch, überspannt, einseitig" nannte Schiller ihn und ↑Hölderlin), wurde Jean Paul von ↑Börne und den Jungdeutschen als erster bedeutender Vertreter des emanzipatorischen „witzigen Stils" verehrt. Allerdings schränkte Ludolf Wienbarg in seinen *Ästhetischen Feldzügen* (1834) ein: „Wenn er einmal eine starke Lanze einlegte und gegen einen bestimmten Feind zu Felde zog, so war ihm dieser eher das Nachdruckergesindel und sonstige dt. Schofel und Schofeleien als die großen Landesfeinde und Landesübel, die der Patriot aufs Korn nimmt." Der Kontrast der Urteile reicht hin bis zur Wertschätzung durch ↑Stifter und ↑Hesse einerseits, zur Verurteilung als „Verhängnis im Schlafrock" durch ↑Nietzsche andererseits.

Der Sohn eines zugleich als Lehrer tätigen Hilfsgeistlichen und Organisten wuchs in Joditz und Schwarzenbach a. d. Saale auf. Ab 1779 (Tod des Vaters) besuchte er das Gymnasium in Hof; sein 1781 in Leipzig begonnenes Theologiestudium musste er aus finanziellen Gründen 1784 abbrechen. Während der Studienzeit entstanden der Briefroman *Abelard und Heloise*, ein *Lob der Dummheit und Grönländische Prozesse* (V anonym 1783). Er lebte nun zunächst bei der Mutter in Hof, war 1787–89 als Hauslehrer in Töpen tätig und gründete 1790 in Schwarzenbach eine Elementarschule, die er bis 1794 leitete; zugleich entstanden *Die unsichtbare Loge* (mit *Schulmeisterlein Wuz*, V 1793), *Hesperus* (V 1795) und *Quintus Fixlein* (V 1796). Einem ersten Besuch in Weimar auf Einladung Charlotte von Kalbs im Jahr 1796 (Freundschaft mit ↑Herder) folgte 1798 die Übersiedlung; 1800 ließ er sich in Berlin nieder (Begegnungen mit Fichte, Schleiermacher, F. ↑Schlegel und ↑Tieck), 1801 in Meiningen, 1802 in Coburg. Von 1804 an lebte er, verheiratet mit Karoline Mayer (ab 1801) in Bayreuth. 1817 verlieh ihm die Heidelberger Universität die Ehrendoktorwürde, 1820 wurde er Ehrenmitglied der Bayer. Akademie.

Jean Pauls poetologisches Werk *Vorschule der Ästhetik* (1804, mit Erörterungen *Über das Lächerliche, Über die humoristische Dichtkunst, Über den Witz*) enthält eine Typologie seiner Romane; unterschieden wird zwischen dem italien. „hohen" Stil (Erziehungsroman *Titan*), der „Tiefe" der niederländ. idyllischen Darstellungen (*Schulmeisterlein Wuz, Quintus Fixlein*) und der „Ebene" der dt. Romane (*Siebenkäs, Flegeljahre*). Gemeinsam ist jedoch allen drei „Gattungen" das Streben nach Totalität der Weltdarstellung unter den Bedingungen disparater Welterfahrung. Als Vorbilder konnten Jean Paul engl. Autoren des 18.Jh.s dienen, vor allem Laurence Sterne. Der Handlungsentwurf bildet lediglich das Grundmuster eines vielschichtigen Geflechts, als dessen „Webmeister" sich der auktoriale Erzähler Geltung verschafft. Er kommentiert, assoziiert, lässt seine Belesenheit erkennen, rechtfertigt Abschweifungen und glänzt durch überraschende, mitunter surreal anmutende Bildhaftigkeit; Erbanwärter, die ihre Enttäuschung unterdrücken, spannen „alle Spring- und Schlagfedern an ihren Gesichtern wie

an Fallen wieder an" *(Flegeljahre)*, ein Bräutigam übersteht eine Wartezeit ohne Ungeduld, da er dank seines „Schmetterlingrüssels" in „jeder blauen Distelblüte des Schicksals offne Honiggefäße" findet *(Siebenkäs)*.
Von besonderer geistesgeschichtlicher Bedeutung ist die im *Siebenkäs*-Roman enthaltene *Rede des toten Christus vom Weltgebäude herab, dass kein Gott sei* (1. Entwurf 1789 u. d. T. *Schilderung des Atheismus*): Christus, der vergeblich seinen Vater gesucht hat, hob „die Augen empor gegen das Nichts und gegen die leere Unermesslichkeit und sagte: ‚Starres, stummes Nichts! Kalte, ewige Notwendigkeit! Wahnsinniger Zufall! (...) Ach, wenn jedes Ich sein eigner Vater und Schöpfer ist, warum kann es nicht auch sein eigner Würgengel sein?'"

Romane: *Die unsichtbare Loge. Eine Biografie* (1793), *Hesperus oder 45 Hundsposttage. Eine Biografie* (1795), *Leben des Quintus Fixlein, aus 15 Zettelkästen gezogen; nebst einem Mussteil und einigen Jus de tablette* (1796), *Blumen-, Frucht- und Dornenstücke oder Ehestand, Tod und Hochzeit des Armenadvokaten F. St. Siebenkäs im Reichsmarktflecken Kuhschnappel* (1796/97), *Titan* (1800–03), *Komischer Anhang zum Titan* (darin: *Des Luftschiffers Giannozzo Seebuch*, 1800–01), *Dr. Katzenbergers Badereise; nebst einer Auswahl verbesserter Werkchen* (1809), *Leben Fibels, des Verfassers der Bienrodischen Fibel* (1811), *Der Komet, oder Nikolaus Marggraf* (Fragment, 1820–22). – Erzählungen: *Das Kapauner Tal oder Über die Unsterblichkeit der Seele* (1797), *Des Feldpredigers Schmelzle Reise nach Flätz mit fortgehenden Noten; nebst der Beichte des Teufels bei einem Staatsmanne* (1809).

Leben des vergnügten Schulmeisterlein Maria Wuz in Auenthal. Eine Art Idylle.
Erzählung, V 1793 im Anhang zum Roman *Die unsichtbare Loge*.
Der Erzähler entwirft das Lebensbild eines in einfachsten dörflichen Verhältnissen lebenden Landschulmeisters. Das vorherrschende Wesensmerkmal ist eine bis ins Alter bewahrte Kindlichkeit. So beschäftigt sich der vom Schlag halb gelähmte Wuz mit seinen treulich in der „Kindheitsantikenstiftshütte" unter der Treppe aufbewahrten Spielsachen. Bezeichnend für die Art und Weise, in der Wuz jeglichen Mangel kompensiert, ist die selbst verfasste Bibliothek („wie hätte der Mann sich eine kaufen können?"). Er war „kein verdammter Nachdrucker, der das Original hinlegt und oft das meiste daraus abdruckt: sondern er nahm gar keines zu Hand", wobei sich bei Wuz die Überzeugung bildete, seine von den Titeln der Neuerscheinungen angeregten Werke seien „die kanonischen Urkunden, und die gedruckten wären bloße Nachstiche seiner geschriebnen". Schon in früher Jugend entwickelt er die „Kunst, stets fröhlich zu sein", nämlich sich in jeder Situation auf etwas zu freuen. Solche Widerstandskraft inmitten der „Hatztage" war „nicht Ergebung, die das unvermeidliche Übel aufnimmt, nicht Abhärtung, die das ungefühlte trägt, nicht Philosophie, die das verdünnte verdauet, oder Religion, die das belohnte verwindet: sondern der Gedanke ans warme Bett war's".
Als „Art Idylle" ist die Erzählung weit entfernt von den arkadischen Miniaturen des in Zürich u. a. als Schriftsteller, Maler und Grafiker tätigen Schweizers Salomon Geßner (1730–1788), dessen *Idyllen* (2 Bde.) 1756 und 1772 erschienen sind. Bei Jean Paul wird die Realität nicht ausgeblendet, sondern bleibt im Medium der Wuz'schen Heiterkeit erkennbar. Als entsprechende Darstellungsweise dient die humoristische Bildhaftigkeit, die z. B. die Verliebtheit des jungen Wuz zum „mit dem Gas der Liebe aufgefüllten und emporgetriebnen Herzballon" vergegenständlicht. Ein melancholischer Grundton ist in der Anteilnahme des Erzählers an seinem „kindischen" Helden spürbar, dessen Freude wir „nie so voll bekommen".

Flegeljahre. Eine Biografie.
Roman, E ab 1795, V 1804/05.
Als Ausgangspunkt dient das ungewöhnliche Testament des „Krösus“ van der Kabel, der als seinen Universalerben den angehenden Juristen und Poeten Gottwalt („Walt“) Peter Harnisch eingesetzt hat, allerdings unter der Bedingung, dass dieser bestimmte Stationen des Kabel'schen Lebenswegs nacherlebt. Der Verlauf dieses Experiments soll durch einen Schriftsteller aufgezeichnet werden.
Der weltfremde Walt besitzt einen zur Skepsis neigenden, der Wirklichkeit stärker verhafteten Zwillingsbruder Vult, der als Musiker tätig ist. Dieser erbietet sich, bei der Erfüllung der Testamentsbedingungen behilflich zu sein. Zugleich machen sich Walt und Vult daran, gemeinsam einen – zunächst mit „Flegeljahre“, dann mit „Hoppelpoppel oder Das Herz“ betitelten – Roman zu verfassen. Eine weitere Differenzierung der Darstellungsebenen bewirken die Korrespondenz des Erzählers mit seinen Auftraggebern, ein Tagebuch Vults über Walt, die „Streckverse“ des Dichters und seine als „Polymeter“ bezeichneten lyrischen Prosatexte. In den Mittelpunkt des Interesses rückt das Brüderpaar, das als Verkörperung des Gegensatzes zwischen „idealistischem“ und „realistischem“ Weltverständnis zu betrachten ist. Aus diesem Blickwinkel entfaltet sich ein breites soziales Spektrum von kleinbürgerlicher Enge bis hin zu feudaler Lebensweise, widergespiegelt u. a. in Walts Träumen.
Der Roman bricht mit der Trennung der (in dasselbe Mädchen verliebten) Brüder ab, nachdem Vult zu der Einsicht gelangt ist, dass Walt „nicht zu ändern“, er selbst „nicht zu bessern“ ist. Die Handlung verklingt gleichsam im Flötenspiel des davonziehenden Vult.

Elfriede Jelinek

***20.10.1946 in Mürzzuschlag** (Steiermark)
Die Tochter eines Chemikers studierte ab 1964 an der Wiener Universität Kunstgeschichte und Theaterwissenschaften; ihr Musikstudium schloss sie 1971 als Organistin ab und lebt seither als freie Schriftstellerin in Wien, München und Paris. Bereits 1967 hatte Jelinek erste Gedichte veröffentlicht (*Lisas Schatten*), wandte sich dann aber der literarischen Pop-Art zu, in Form von Montagen aus dem sprachlichen Material der Trivialliteratur vom Comic bis zum Heimatroman (*wir sind lockvögel, baby!*, 1970). Klischees der Fernsehserien strukturieren *Michael. Ein Jugendbuch für die Infantilgesellschaft* (1972). Der Roman *Die Liebhaberinnen* (1975, Dramat 2002) brachte die Hinwendung zur gesellschaftskritischen Darstellungsweise aus feministischer Perspektive, die auch für die folgenden Romane *Die Klavierspielerin* (1983, als Hörspiel 1988, Verf 2001 Michael Hanecke), *Lust* (1989) und *Gier* (2000) prägend ist. Die Kennzeichnung als „radikal-feministische Autorin“ lehnt Jelinek allerdings ab, da für sie die Unterdrückung der Frau nur ein Teilaspekt der allgemeinen Unterdrückung durch die Konsumgesellschaft ist. Auch die Bühnenstücke behandeln die gesellschaftlichen Strukturen, die insbesondere Frauen daran hindern, ein selbstbestimmtes Leben zu führen. Ihre Figuren, die Themen wie Heimat, Machtstrukturen, Fremdenhass und Pornografie miteinander verbinden, sind Prototypen: „Menschen und subtile Verhaltensweisen interessieren mich nicht“. Dem Debüt als Dramatikerin *Was geschah, nachdem Nora ihren Mann verlassen hatte oder*

Stützen der Gesellschaft (U 1979) folgte *Clara S.* (U 1982, V 1984) mit den Hauptpersonen Clara Schumann, ihrem (auf dem männlichen Kunst-Monopol beharrenden) Mann Robert und dem dekadenten Dichter Gabriele d'Annuncio. Das Drama *Burgtheater* (U 1985) wirft einen Blick auf die nationalsozialistische Vergangenheit berühmter Schauspieler, die Textcollage *Wolkenheim* (U 1988) verbindet Passagen von ↑ Hölderlin, Heidegger, ↑ Kleist, Hegel und Fichte mit Auszügen aus Briefen der RAF-Häftlinge; *Stecken, Stab und Stangel* (U 1996) behandelt die Morde an vier Roma und v. a. die Banalisierung des rechten Terrors in den österreich. Medien. Das *Sportstück*, das ohne Handlung in ausufernden Monologen den Affinitäten von Sport, Gewalt und Krieg nachspürt, wurde 1998 in der Uraufführung am Wiener Burgtheater zu einem 7-stündigen Massenspektakel.
Zu Jelineks Auszeichnungen gehören der Heinrich-Böll-Preis (1986), der Bremer Literaturpreis (1996), der Georg-Büchner-Preis (1998) sowie 2002 der Heinrich-Heine-Preis und die Theaterpreise der Städte Berlin und Mülheim. Für ihr dramat. Gesamtwerk erhielt sie 2003 den Else-Lasker-Schüler-Preis.

Gier. Ein Unterhaltungsroman.
Roman, V 2000.
Kurt Janisch, ein „gutaussehender und scheinbar leichtherziger Mann, (...) wie er uns Frauen gefällt", ist von der Gier nach Grundbesitz und Geld besessen. Als Gendarm nutzt er seine Position, um Frauen ausfindig zu machen, über die er seinen Reichtum vermehren kann. Eines seiner Opfer ist die Witwe Gerti, die er sich hörig macht um an ihr Haus zu kommen. Die minderjährige Geliebte Gabi, die ihm schließlich gefährlich wird, bringt er um und versenkt ihre Leiche im See. Als Gerti Verdacht schöpft und ahnt, worum es Kurt eigentlich geht, kehrt sie nach Wien zurück „wo es auch nicht besser ist". Ihr Selbstmord wird schließlich bitter und zynisch mit dem Satz „Es war ein Unfall" kommentiert.
Charakteristisch für die Erzählweise Jelineks ist die entblößende Übertreibung ihrer schematisch gezeichneten Personen, die als Figuren eines rücksichtslosen Spiels erscheinen. Eigentliches Angriffsziel der Kritik aber sind Österreich und das neoliberale, auf Profit ausgerichtete Denken.

Zoë Jenny
***16. 3. 1974 in Basel**
Aufgewachsen in Griechenland, im Tessin und in Basel, begann Jenny schon früh zu schreiben (seit 1993 Veröffentlichungen von Kurzgeschichten in Literaturzeitschriften); 1997 debütierte sie mit dem Roman *Das Blütenstaubzimmer*, der von Kritik und Publikum begeistert aufgenommen, in 20 Sprachen übersetzt und mit mehreren Preisen bedacht wurde. Die Ich-Erzählerin Jo wächst etwas vernachlässigt bei ihrem schreibenden Vater auf, dessen Umgebung aus der kindlichen Perspektive zu surrealen Szenerien der „68er-Generation" geraten. Nach dem Abitur sucht sie ihre Mutter auf, die sich einer Annäherung aber verweigert. Desillusioniert wirft Jo die Welt ihrer Kindheit ab und vollzieht Schritt für Schritt die Trennung von den Eltern und deren Lebensentwürfen.
Der Prozess des Erwachsenwerdens und die Auseinandersetzung mit den Lebensentwürfen der Elterngeneration ist auch das Thema der folgenden Romane *Der Ruf des Muschelhorns* (2000) und *Ein schnelles Leben* (2002).

Walter Jens

*** 8. 3. 1923 in Hamburg**

Der Sohn eines Bankdirektors und einer Lehrerin studierte 1941–45 Klassische Philologie und Germanistik. In Tübingen lehrte er ab 1956 Klassische Philologie und 1963–88 im neuen Fach Rhetorik. Kulturpolitische Bedeutung gewann er 1989–97 als Präsident der Berliner Akademie der Künste. Der Schriftsteller Jens, ab 1950 Mitglied der „Gruppe 47" begann mit Erzählungen und Romanen (*Das Testament des Odysseus,* 1957), widmete sich dem Fernsehspiel (1966 *Die rote Rosa,* eine fiktive Gerichtsverhandlung gegen die Mörder von Rosa Luxemburg), der Übersetzung bzw. Nacherzählung griechischer Weltliteratur und der Bücher des Neuen Testaments (1972 bis 2001) sowie der neueren dt. Literaturgeschichte. Wesentlichen Anteil gewannen medienkritische und politische Beiträge: seine TV-Kritiken in „Die Zeit" unter dem Pseudonym „Momos" (ab 1963) erschienen als Slg. 1973, gefolgt von *Momos am Bildschirm 1973–83* (1984). Den *Republikanischen Reden* (1976) des „Radikaldemokraten Jens" folgte 1984 sein *Einspruch. Reden gegen Vorurteile.* Ab 1983 kamen Bühnenstücke zur Aufführung (1993 *Der Fall Oidipus*). Zu den Arbeiten mit seiner Frau Inge Jens (* 11. 2. 1927 in Hamburg) gehört *Frau Thomas Mann. Das Leben der Katharina Pringsheim* (2003).

1988 erhielt Walter Jens den Alternativen Georg-Büchner-Preis. Im selben Jahr wurde das in der Friedensbewegung engagierte Ehepaar Jens mit dem Theodor-Heuss-Preis ausgezeichnet.

Johannes von Tepl (J. von Saaz)

***um 1350 in Sitbor oder Tepl (= Teplá bei Marienbad), † 1414 in Prag**

Urkundlich belegt sind eine Tätigkeit im böhm. Saaz als Stadtschreiber (ab 1378) und Rektor der Lateinschule (ab 1383); von 1411 an lebte er als Protonotar in der Prager Neustadt. Der Tod seiner Frau im Kindbett (1400) veranlasste ihn zum Streitgespräch *Der Ackermann aus Böhmen* in dt. Prosa.

Der Ackermann aus Böhmen. Prosadialog, E um 1400, 1. Druckausgabe um 1460 (Bamberg), 16 weitere Frühdrucke. Der Dialog gliedert sich in 2 x 16 Kapitel, in denen jeweils einer der Beteiligten zu Wort kommt. Es sind dies ein „Ackermann", dessen Pflug die Feder ist, und der personifizierte Tod. Als Streitgespräch lehnt sich der Dialog an die Form einer prozessualen Auseinandersetzung an. Den Ausgangspunkt bildet die Verfluchung des Angeklagten (Tod) durch den Ankläger (Ackermann); im 2. Kapitel folgen die Aufforderung des Todes zur Mäßigung und seine Frage nach der Person des Anklägers und dem Gegenstand der Klage; beides ist der Inhalt des 3. Kapitels: Als „Mörder" seiner Frau hat der Tod dem Ackermann das Lebensglück geraubt („ir habt meiner wunnen lichte sumerblumen mir aus meins herzen anger jemerlich ausgebeutet"). Im Bewusstsein der Gottebenbildlichkeit beruft sich der Mensch auf seinen Anspruch auf irdisches Glück, während sich der Tod auf die gleichfalls von Gott hergeleitete Vergänglichkeit alles Irdischen beruft. Somit stehen sich mittelalterliche Weltverachtung und frühhumanistische Weltbejahung gegenüber.

Gottes Urteil im 33. Kapitel („Ir habet beide wol gevochten") gibt dem Kläger die Ehre, dem Tod aber den Sieg; im abschließenden Gebet befiehlt der Ackermann die Seele der Verstorbenen dem Schutz des Allmächtigen.

Uwe Johnson
*** 20.7.1934 in Cammin in Pommern (= Kamień Pomorski)**
† 23.2.1984 in Sheerness-on-Sea on Isle of Sheppey (Kent)

Aus einer in Mecklenburg und Pommern ansässigen Bauernfamilie stammend, wuchs Johnson in Anklam auf, besuchte vor Kriegsende eine „Dt. Heimschule" in Posen, floh 1945 nach Recknitz in Mecklenburg, besuchte ab 1946 in Güstrow die Oberschule und studierte 1952–56 in Rostock, dann in Leipzig Germanistik. Trotz bestandener Diplomprüfung (bei Hans Mayer) „nicht geeignet für Beschäftigung in staatlichen Institutionen", bewarb er sich vergeblich mit seinem Roman *Ingrid Babendererde* bei DDR-Verlagen und lebte von literarischen Gelegenheitsarbeiten. Die Annahme seines Romans *Mutmaßungen über Jakob* in der B.D. veranlasste ihn 1959 zur Übersiedlung nach West-Berlin. Er wurde Mitglied der „Gruppe 47" (Freundschaft mit ↑Grass), hielt sich 1961 erstmals in den USA auf und war 1962 Stipendiat der Villa Massimo in Rom. 1966 ließ er sich vorübergehend in New York nieder (Lektor eines Schulbuchverlags, Beginn der Arbeit am Roman *Jahrestage*); 1968 kehrte er nach Berlin-Friedenau zurück, von 1974 an lebte er auf der engl. Insel Isle of Sheppey. 1979 war er Gastdozent für Poetik an der Universität Frankfurt a.M. (*Begleitumstände*, V 1980). 1971 würdigte die Verleihung des Georg-Büchner-Preises „die strenge Kunst seines epischen Werkes, worin er gegenwärtige Menschenwelt mit ernster Wahrhaftigkeit dargestellt hat". Es folgten der Lübecker Thomas-Mann-Preis (1979) und der Kölner Literaturpreis (1983). Seit 1994 wird von U. Fries und H. Helbig im Verlag Vandenhoeck & Ruprecht ein Johnson-Jahrbuch herausgegeben.

Johnsons Etikettierung als „Dichter beider Dtl." bezieht sich auf das zentrale Thema der nicht allein politischen, sondern vor allem bewusstseinsmäßigen Trennung zwischen den beiden dt. Staaten. Exemplarisch und in vergleichsweise „einfacher" Form handelt hiervon die Erzählung *Zwei Ansichten* (1965): Die Beziehung zwischen dem Fotografen B. (West) und der Krankenschwester D. (Ost) besitzt keine Zukunft, obwohl es D. gelingt, in den Westen überzusiedeln. Das entscheidende Merkmal der Erzählkunst Johnsons ist jedoch die Umsetzung politischer und gesellschaftlicher Erfahrungen in eine Gestaltungsweise, die den Erzählvorgang und dessen Voraussetzungen thematisiert. Johnsons „mutmaßende" Erzählweise ist Ausdruck der Suche nach Wahrheit, im Gegensatz zur Doktrin des sozialistischen Realismus, die vom Autor erwartet, dass er die (verordnete) „Wahrheit" vertritt.

In der Slg. *Berliner Sachen* (1974) enthält der Essay „Berliner Stadtbahn" die programmatische Feststellung: Der Verfasser „sollte nicht verschweigen, dass seine Informationen lückenhaft sind und ungenau". Er kann dies eingestehen, indem er „die schwierige Suche nach der Wahrheit ausdrücklich vorführt, indem er seine Auffassung des Geschehens mit der seiner Person vergleicht und relativiert, indem er auslässt, was er nicht wissen kann, indem er nicht für reine Kunst ausgibt, was noch eine Art der Wahrheitsfindung ist."

Mutmassungen über Jakob.
Roman, V 1959.
Den Anlass zu „Mutmassungen" gibt der Tod des ostdeutschen Eisenbahners Jakob Abs unmittelbar nach der Rückkehr von einem Besuch bei seiner Geliebten Gesine Cresspahl im Westen. Handelt es sich um einen Unfall, um Selbstmord oder um Liquidierung aus politischen Gründen? „Zeugen" sind Gesine, ihr Vater, der Kunsttischler Heinrich Cresspahl, der für die Beschattung von Abs zuständige Mitarbeiter der Militärischen Spionageabwehr, Hauptmann Rohlfs, und der Universitätsassistent Dr. Jonas Blach.
Der Text setzt sich aus fragmentarischen Dialogen, erzählenden Passagen und inneren Monologen zusammen. Die perspektivische Gebundenheit der einzelnen Beiträge verhindert zwar eine Antwort auf die Frage nach der tatsächlichen Ursache jenes „Unfalls" (der zum Inspektor avancierte Rangierer Abs wurde von einer Lokomotive überfahren), lässt aber ein umso dichteres Geflecht der Lebensumstände des ohne sonderliches politisches Engagement loyalen DDR-Bürgers Abs erkennbar werden. Deutlich wird die unlösliche Verbindung zwischen Privatem und Politischem im Spannungsfeld zwischen Ost und West (Gesine, mit Jakobs Mutter in den Westen geflohen, soll als Spionin angeworben werden). Zum zeitgeschichtlichen Hintergrund gehört der Aufstand in Ungarn 1956.
Indem die Erzählweise auf einen kontinuierlichen Ablauf der Ereignisse verzichtet, zielt sie darauf ab, die Leser in den Prozess des Mutmaßens einzubeziehen. Der Erzähler kommt zwar in einigen Passagen unmittelbar zu Wort, jedoch ohne über eine definitive Antwort auf die Frage nach den Ursachen für Jakobs Tod zu verfügen. Der Roman bezieht sich konkret auf die Verhältnisse in der zweiten Hälfte der 1950er Jahre; zugleich besitzt er überzeitliche biblische Bezüge (z. B. der Name Jakob). Der Roman *Jahrestage* (1970–83) knüpft in vielfältiger Weise an die *Mutmaßungen über Jakob* an.

Das dritte Buch über Achim.
Roman, V 1961.
Als „Beschreibung einer Beschreibung" handelt der Roman vom Versuch des Hamburger Sportjournalisten Karsch, während eines Besuchs in der DDR eine Biografie des erfolgreichen Radsportlers Achim zu verfassen. Das Scheitern ergibt sich vordergründig daraus, dass es sich um eine Auftragsarbeit mit klar definierter Zielsetzung handelt: In der Gestalt Achims, der in die Volksvertretung gewählt worden ist, soll die Einheit von sportlicher Leistung und politischem Engagement beispielhaft zur Darstellung kommen. Details aus Achims Biografie, die dieses Bild in Frage stellen, müssen außer Acht bleiben (Zugehörigkeit zur HJ, Verwicklung des als Flugzeugkonstrukteur tätigen Vaters in eine Sabotageaffäre, Achims durch ein Foto belegte Teilnahme am Aufstand des 17. Juni 1953): Das nach rein sportlich orientierten Darstellungen nun der politischen Persönlichkeit gewidmete „dritte Buch" soll „enden mit der Wahl Achims in das Parlament des Landes, das war die Zusammenarbeit von Sport und Gesellschaft in einer Person (…) auf dies Ende zu sollte der Anfang laufen und sein Ziel schon wissen". Der Konflikt zwischen der Intention des Auftraggebers und der Einsicht des Journalisten erfährt seine Differenzierung in der Schilderung des Umgangs zwischen Karsch und Achim; Karsch hat früher mit Achims Freundin Karin zusammengelebt. Nun kommt die dt. Spaltung als Verständnisbarriere zwischen zwei Menschen ins Blickfeld. Eine exakte Beschreibung lässt allenfalls ein Rennrad zu.
Der syntaktisch und in seiner Begrifflichkeit verfremdete Er-Bericht ist mit einem „Dialogspiel" verbunden, in dem zwei nicht näher bezeichnete Gesprächspartner die Beschreibungsversuche reflektieren. Nachträge hierzu sowie die Anwendung derselben Fragestellung auf die B. D. enthält die 1964 erschienene Slg. *Karsch und andere Prosa.*

Jahrestage. Aus dem Leben von Gesine Cresspahl. Roman, E ab 1967, V 1970–73 und 1983 (4 Bde.). Verf B.D. 1999/2000 Margarethe von Trotta.
Im Mittelpunkt stehen Gesine Cresspahl aus dem Roman *Mutmaßungen über Jakob* und ihre (sowie Jakob Abs' Tochter) Marie. Der Schauplatz der Gegenwartshandlung ist New York, ihr Zeitraum reicht vom 20. August 1967 bis zum 20. August 1968, gegliedert in vier zeitlich aufeinander folgende Abschnitte. Als Vermittler zwischen dem in den Erzählvorgang integrierten Leser und der dargestellten bzw. durch Gesine gesammelten, erinnerten, erläuterten Wirklichkeit fungiert Marie, die „wachsam bis zum Misstrauen" ihre Fragen stellt. Der Lebensweg Gesines (Jahrgang 1933) liefert als „Geschichte, Ausbildung und Abrichtung einer Person" die Materialien für den Versuch einer Aufarbeitung der dt. Vergangenheit. Räumlich spannt sich der Bogen von der Kleinstadt Jerichow in Mecklenburg bis zur Weltstadt New York, zeitlich von der Weimarer Republik bis zur politischen Krise der USA Ende der 1960er Jahre (Vietnamkrieg, Rassismus). Einen Schwerpunkt der retrospektiven Teile bilden die Anfangsjahre der DDR 1945–53. Die Darstellungsformen reichen vom Zitat (Gesines Lektüre der „New York Times" als „Tagebuch der Welt" und „erprobte Lieferantin von Wirklichkeit") über anekdotische Schilderungen, tagebuchartige Eintragungen und Reflexionen bis hin zu imaginären Gesprächen mit Verstorbenen. Den inneren Zusammenhang schafft das Interesse an dem „Zustand und der Vorgeschichte einer bestimmten europäischen Person in New York", wobei sich der Zugang zur individuellen Gestalt Gesine Cresspahl nur aus der Kenntnis des zeitgeschichtlichen Kontextes ihrer Biografie gewinnen lässt. Dies ist letztlich die „Botschaft" des einem Höchstmaß an Akribie verpflichteten Romans. Als fundierte Lesehilfe erschien 1999 *Johnsons „Jahrestage". Der Kommentar* (Hg. Holger Helbig u. a.) zum besseren Werkverständnis.

Gert Jonke
***8. 2. 1946 in Klagenfurt**

Der Sohn einer Pianistin und eines Instrumentenbauers besuchte in Wien zunächst die „Akademie für Musik und darstellende Kunst" und wechselte 1968 an die Universität, um in verschiedenen Fachbereichen (Germanistik, Geschichte, Philosophie, Musikwissenschaften) zu studieren, bevor er sich 1970 entschloss, als freier Schriftsteller zu leben. Nach längeren Aufenthalten in Berlin und London ließ er sich in Wien nieder. Unter dem Einfluss der zeitgenössischen experimentellen Literatur und ihrer Sprachskepsis wandte sich Jonke zunächst den Mustern der Trivialliteratur zu, die er im *Geometrischen Heimatroman* (1969) analytisch persifliert. Die Musiker- und Künstlerromane *Schule der Geläufigkeit* (1977, überarbeitet 1986), *Erwachen zum Großen Schlafkrieg* (1982) und *Der Ferne Klang* (2002) thematisieren die Beziehung zwischen Fiktion und Wirklichkeit und heben erzählend die Grenze zwischen Traum und Wirklichkeit auf. In *Erwachen zum großen Schlafkrieg* z. B. vermittelt der Erzähler den „Atlanten" und „Karyatiden" einer südländischen Ruinenstadt die menschliche Erfahrung des Schlafes. Auch die zahlreichen Theaterstücke handeln vornehmlich von der künstlerisch-musikalischen Thematik (u. a. *Sanftwut oder Der Ohrenmaschinist,* 1990; *Opus 111,* 1993; *Es singen die Steine,* 1998).
Zu Jonkes Auszeichnungen gehören der Erich-Fried- und der Franz-Kafka-Literaturpreis (beide 1997) sowie der Große Österreich. Staatspreis (2001).

Ernst Jünger

***29. 3. 1895 in Heidelberg, † 17. 2. 1998 in Riedlingen**

Vorübergehend als Soldat in der frz. Fremdenlegion (1913) dienend, nahm Jünger nach einem Notabitur ab 1914 als Kriegsfreiwilliger am I. Weltkrieg teil (Auszeichnung mit dem Orden Pour le mérite). Nach einem Studium der Zoologie in Leipzig und Neapel war er ab 1925 als freier Schriftsteller tätig (Mitarbeiter von Zeitschriften der nationalen Rechten, 1927 Ablehnung eines Reichstagsmandats der NSDAP). 1939 als Hauptmann reaktiviert, wurde er nach dem Attentat vom 20. Juli 1944 als „wehruntüchtig“ entlassen. 1945–49 unterlag er einem Publikationsverbot (Weigerung, den Entnazifizierungs-Fragebogen der Alliierten auszufüllen). Seit 1950 lebte er in Wilflingen auf der Schwäb. Alb. Seine Auszeichnung mit dem Frankfurter Goethe-Preis 1982 stieß auf öffentliche Kritik.

Den Ausgangspunkt des schriftstellerischen Schaffens bildete *In Stahlgewittern. Aus dem Tagebuch eines Stoßtruppführers* (1920). Die hier registrierte Verwandlung des Menschen in der „Materialschlacht“ blieb ein Grundelement der Suche nach Perspektiven des Menschen im technischen Zeitalter (*Der Arbeiter. Herrschaft und Gestalt*, 1932). Das autobiografische Hauptwerk bilden die 1939–48 entstandenen 6 Tagebücher *Strahlungen* (V 1942–58); ihm folgten die beiden Bände *Siebzig verweht* (1980/81). Über seine Experimente mit Meskalin und LSD berichtet *Annäherungen. Drogen und Rausch* (1970). Das umfangreiche essayistische Spätwerk kreist um Fragen des Humanismus.

Auf den Marmorklippen. Erzählung, V 1939, Vert 2002 Giorgio Battistelli.
Schauplatz ist die arkadische Landschaft Marina, die süd- und nordeuropäische Elemente vereint. Hier leben zwei Brüder und legen als Botaniker ein Herbarium an. Bei einer ihrer Exkursionen in den Wald, in dem der Oberförster Verbrecher und Ausgestoßene aller Art um sich geschart hat, entdecken sie ein Konzentrationslager, die „Schinderhütte“. In einer erbarmungslosen Schlacht zerstört die Horde des Oberförsters Marina und vernichtet die Bewohner dieser Idylle. Die beiden Botaniker retten ihr Werk in die „Sicherheit des Nichts“ und fliehen übers Meer nach Alta Plana.
Die Erzählung gehört zu Jüngers meistgelesenen Werken und wurde als Ausdruck seiner inneren Emigration und Vorahnung der Katastrophe des II. Weltkriegs verstanden.

Johann Heinrich Jung-Stilling (eigtl. J. H. Jung)

***12. 9. 1740 in Grund (Lkr. Siegen), † 2. 4. 1817 in Karlsruhe**

Aufgewachsen im bäuerlichen Milieu und als Schneider ausgebildet, wurde Jung Lehrer, eignete sich medizinische Kenntnisse an, studierte in Straßburg Medizin (1770 Bekanntschaft mit ↑ Goethe) und wurde zu einem erfolgreichen Augenarzt (Staroperationen). Nach einer Lehrtätigkeit als Professor für Finanz- und Kameralwissenschaften in Marburg (ab 1787) lebte er von 1806 an in Karlsruhe als religiöser Schriftsteller. Das Vertrauen in Gottes persönliche Führung spiegelt die als Er-Bericht verfasste Autobiografie *Johann Heinrich Jung's, gen. Stilling Lebensgeschichte, oder dessen Jugend, Jünglingsjahre, Wanderschaft, Lehrjahre, häusliches Leben und Alter*, die in 6 Teilen 1777–1817 erschienen ist. Literarische Bedeutung besitzt vor allem der 1. Teil: *Heinrich Stillings Jugend*, den Goethe veranlasst und redigiert hat.

Franz Kafka

***3.7.1883 in Prag, †3.6.1924 im Sanatorium Kierling bei Wien**

„Kafkaesk" dient seit den 1950er Jahren als Begriff für den Eindruck des Absurden, auf unerklärliche Weise Bedrohlichen, des auf groteske Weise Undurchschaubaren, den Kunst und Literatur, aber auch das persönliche Erlebnis einer ambivalenten Alltäglichkeit vermitteln. So vage die mit dem Namen Kafka verbundenen Assoziationen auch sein mögen – auch die Wissenschaft huldigt dem Kafkaesken: „Wie ein Fabeltier – unerreichbar, unfixierbar – taucht das Werk Franz Kafkas immer wieder aus dem Meer der Deutungen auf, die Wasser laufen wirkungslos ab, und es steht da wie zuvor: rätselhaft, anziehend, erschreckend, beschäftigend, bereit, neue Erklärungen zu zeugen und zu verschlingen" (Günter Blöcker).

Aus einer jüd. Kaufmannsfamilie tschech. Herkunft stammend (der Vater war aus einem südböhm. Dorf nach Prag gezogen), besuchte Kafka ab 1893 das Prager dt. Gymnasium am Altstädter Ring, studierte ab 1901 an der Prager dt. Universität Jura (1902 Beginn der lebenslangen Freundschaft mit ↑Brod) und promovierte 1906 zum Dr. jur.; nach einjähriger Gerichtspraxis wurde er Angestellter einer italien. Versicherungsgesellschaft, 1908 trat er als Beamter in die Prager „Arbeiter-Unfall-Versicherungsanstalt" ein (zugleich erste Publikation, 1910 Beginn der Tagebuchaufzeichnungen). Nach Ausbruch einer Kehlkopftuberkulose (1917) wurde Kafka vorzeitig pensioniert. Drei Verlobungen (1914 und 1917 mit Felice Bauer, 1919 mit Julie Wohryzek) folgten die Beziehung zu der tschech. Übersetzerin Milena Jesenská *(Briefe an Milena 1920–22)* und die Lebensgemeinschaft mit Dora Diamant 1923/24 in Berlin. Kafkas Verfügung, den gesamten Nachlass zu vernichten, leistete Brod nicht Folge und rettete hierdurch den Großteil des literarischen Werks (darunter die drei Romane).
Einblick in die psychische Grundsituation Kafkas gibt der 1919 verfasste (jedoch nicht abgesandte) *Brief an den Vater* (V 1952), der von seinem Sohn eine Erklärung für dessen Furchtsamkeit verlangte. Selbstbezichtigungen des Versagens, etwa angesichts der vergeblichen „Anstrengungen des Heiraten-Wollens", schlagen um in bittere Anklagen gegen den allmächtigen Patriarchen, die sich in dem Bild verdichten: „Manchmal stelle ich mir die Erdkarte ausgespannt und dich quer über sie hingestreckt vor." Über den unbewältigten Vater-Sohn-Konflikt hinaus drückt dieses Bild die Ohnmacht des Künstlers aus: Kafka hegt die Vermutung, der Vater betrachte den Brief als bloße Literatur und könne „in letzter Instanz" Recht behalten.

Romane: *Amerika* (ursprünglicher Titel *Der Verschollene*, Fragment, E ab 1912, Kapitel *Der Heizer* V 1913, V 1927, Dramat 1957 Max Brod). – Erzählungen: *Betrachtung* (V 1908), *Beschreibung eines Kampfes* (E 1904/05, Teil-V 1909 und 1913, V 1936), *Ein Landarzt* (E 1916/17, V 1918), Slg. *Ein Landarzt* (14 Parabeln und Erzählungen, u. a. *Auf der Galerie, Vor dem Gesetz, Ein Bericht für eine Akademie*, E ab 1914, V 1919), *In der Strafkolonie* (E 1914, V 1919), *Ein Hungerkünstler* (V 1922), Slg. *Ein Hungerkünstler* (4 Erzählungen, u. a. *Josefine, die Sängerin oder Das Volk der Mäuse*, E ab 1920, V 1924), *Der Jäger Gracchus* (E 1917, V 1931), *Beim Bau der Chinesischen Mauer* (Fragment, E 1918/19, V 1931), *Forschungen eines Hundes* (E 1922, V 1931). – Autobiografisches: *Tagebücher* (E 1910–23, Teil-V 1937, V 1951).

Das Urteil. Erzählung, E September 1912, V 1916.

Der junge und erfolgreiche Kaufmann Georg Bendmann, Geschäftsführer des väterlichen Betriebes, hat sich nach langem Zögern dazu durchgerungen, seinem glücklos in Russland tätigen Freund brieflich von seiner Verlobung mit einem wohlhabenden Fräulein zu berichten. Nun sucht er seinen verwitweten Vater in dessen Zimmer auf, in dem er „schon seit Monaten nicht gewesen" ist, um beiläufig diesen Brief zu erwähnen. Der Anblick des hinfälligen Vaters rührt Georg, und er fasst den Vorsatz, mehr Sorgfalt aufzubringen.

Doch die Vater-Sohn-Beziehung erfährt eine urplötzliche Veränderung, ausgehend vom Zweifel des Alten an der Existenz jenes Freundes. Von Georg ins Bett gebracht und zugedeckt, erhebt sich der Vater als „Schreckbild", preist den Freund als „Sohn" nach seinem „Herzen", unterstellt Georg ein obszönes Verhältnis zu seiner Braut, die er von Georgs Seite zu „fegen" droht. Die Raserei des Vaters gipfelt in der Anklage der Ichbezogenheit: „Jetzt weißt du also, was es noch außer dir gab, bisher wusstest du nur von dir! Ein unschuldiges Kind warst du ja eigentlich, aber noch eigentlicher warst du ein teuflischer Mensch! – Und darum wisse: Ich verurteile dich jetzt zum Tode des Ertrinkens." Georg fühlt sich „aus dem Zimmer gejagt" und stürzt sich in den nahe gelegenen, zu Beginn der Erzählung vom Schreibtisch aus in seinem Blickfeld liegenden Fluss.

Indem Georg widerspruchslos das Urteil des Vaters akzeptiert, enthüllt sich blitzartig seine bisher verdeckte Abhängigkeit. Kennzeichnend für Kafkas Gestaltungsweise ist die Verschmelzung von Innen- und Außenwelt zu einer neuen erzählerischen Realität, die sich einer nachträglichen Trennung widersetzt. Thematisch (Vater-Sohn-Konflikt) knüpft die Erzählung an den Expressionismus an, gestalterisch weist sie (wie auch *Die Verwandlung)* auf den Surrealismus voraus.

Die Verwandlung. Erzählung, E November/Dezember 1912, V 1915.

Der Reisevertreter Gregor Samsa erwacht eines Morgens als „zu einem ungeheuren Ungeziefer verwandelt". Dies ist, wie ausdrücklich betont wird, „kein Traum". Vielmehr schildert die Erzählung detailgenau Gregors Mühe, den neuen Körper zu beherrschen, d. h. das Bett zu verlassen, den Raum zu durchqueren und die Türe zu öffnen. Die erste Begegnung mit den Familienangehörigen endet damit, dass Gregor brutal in sein Zimmer zurückgejagt wird. Nur die Schwester überwindet ihren Ekel; sie ist in den folgenden Tagen bemüht, ihn zu versorgen und erprobt die geeignete Kost.

Nach und nach ergeben sich einschneidende Veränderungen im Leben der übrigen Familie: Da der Sohn als Ernährer ausfällt, gehen die Eltern und die Schwester beruflichen Tätigkeiten nach, was vor allem beim Familienoberhaupt eine Verwandlung bewirkt: „(...) war das noch der Vater? Der gleiche Mann, der müde im Bett vergraben lag, wenn früher Gregor zu einer Geschäftsreise ausgerückt war (...)?" Es kommt zur Konfrontation zwischen Vater und Sohn: „Er wusste wohl selbst nicht, was er vorhatte; immerhin hob er die Füße ungewöhnlich hoch, und Gregor staunte über die Riesenfüße seiner Schuhsohlen." Vom Vater mit Äpfeln bombardiert, flüchtet Gregor verletzt in sein Zimmer. Schließlich führt er durch die Verweigerung von Nahrung seinen Tod herbei, den die Eltern und die Schwester mit einem arbeitsfreien Tag und einer Fahrt ins Freie feiern.

Der Deutungsspielraum reicht von der Selbstvernichtung des Sohnes, der freiwillig dafür büßt, den Vater aus seiner beherrschenden Stellung gedrängt zu haben, bis hin zur Interpretation der Tiergestalt Gregors als Sinnbild seiner beruflichen Degradierung zum Arbeitstier; hierauf verweist der Prokurist, der an jenem Morgen der Verwandlung als Erster zur Stelle ist, um Gregor unter Drohungen an seine Pflichten zu mahnen.

Der Prozess. **Roman (teilweise unausgeführt), E 1911/12–19, V 1925, Dramat 1947 André Gide und Jean-Louis Barrault (dt. U 1950), 1968 Jan Grossman, Vert 1953 Gottfried von Einem, 1966 u. d. T.** ***The Visitation*** **Gunther Schuller, Verf USA 1962 Orson Welles.**

Der Bankprokurist K. wird „ohne dass er etwas Böses getan hätte, (…) eines Morgens verhaftet". K. versucht, den Vorfall als „Spaß" anzusehen, „als einen groben Spaß, den ihm aus unbekannten Gründen, vielleicht weil heute sein dreißigster Geburtstag war, die Kollegen in der Bank veranstaltet hatten"; zugleich will er, die „Komödie" mitspielend, „sich irgendwie in die Gedanken der Wächter einschleichen, sie zu seinen Gunsten wenden oder sich bei ihnen einbürgern".

Tatsächlich scheint es sich um ein Spiel zu handeln, denn K. bleibt trotz seiner Verhaftung in Freiheit, allerdings begleitet von einem sich nach und nach verstärkenden Rechtfertigungszwang und im Bewusstsein, dass der gegen ihn angestrengte Prozess seinen Verlauf nimmt. Einer Ladung des Gerichts folgend, gelangt er zu einem in der verwinkelten Vorstadt gelegenen Mietshaus und hier in einen mit lärmenden Menschen gefüllten Sitzungssaal; K. versucht, die „Sinnlosigkeit des Ganzen" nachzuweisen. Als er das Haus erneut aufsucht, gelangt er zwar zu den auf dem Dachboden untergebrachten Gerichtskanzleien; das Resultat sind jedoch Verwirrung und Erschöpfung. Inzwischen nehmen andere Anteil an seinem Prozess, so sein Onkel, der ihm rät, seinen Schulfreund Huld mit der Verteidigung zu beauftragen. K. wird sich bewusst, dass er sich mitten in seinem Prozess befindet und gezwungen ist, sich zu wehren. Andererseits erhält er von einem „Gefängniskaplan", dem er im Dom begegnet, die Beruhigung: „Das Gericht will nichts von dir. Es nimmt dich auf, wenn du kommst, und es entlässt dich, wenn du gehst." Doch nach einjähriger Prozessdauer und ohne jemals seinen Richtern begegnet zu sein, wird K. von zwei Schergen abgeholt und in einem Steinbruch erstochen; die letzte Empfindung des Sterbenden ist Scham.

Die Versuche einer Entschlüsselung können sich teilweise auf biografische Fakten stützen, beispielsweise die erste Entlobung Kafkas (1914), die sich möglicherweise in dem schuldbehafteten erotischen Verhältnis zwischen K. und seiner Zimmernachbarin Fräulein Bürstner (im Manuskript mit den Initialen F. B. von Kafkas Braut Felice Bauer abgekürzt) spiegelt. Indem K. auf die sexuellen Wünsche einer Haushälterin eingeht, versäumt er es, einen womöglich hilfreichen hohen Gerichtsbeamten kennen zu lernen. Die Empfindung der Scham erweist sich unter diesem Gesichtspunkt als Reflex eines Schuldbewusstseins hinsichtlich der Beziehung zu Frauen; kurz vor K.s Hinrichtung bringt ihm Fräulein Bürstner sein mitmenschliches Versagen zum Bewusstsein und bricht damit seinen letzten Widerstand. An diese Teile der Handlung knüpft das Verständnis des Romans als Darstellung eines „Selbstgerichts" an, während das Gericht aus religiöser Sicht als göttliche Instanz erscheint.

Einen immanenten Interpretationsansatz enthält die Domszene, in der jener Geistliche die Parabel *Vor dem Gesetz* erzählt: Ein Mann vom Lande kommt zum „Gesetz" und bittet den Türhüter um Einlass, der ihm grundsätzlich zugesagt wird, jedoch zu einem späteren Zeitpunkt. Der Mann lässt sich vertrösten. Obwohl er weiß, dass das Gesetz „doch jedem und immer zugänglich sein" soll, wartet er Jahr um Jahr, bis sein Tod naht. Auf seine Frage, warum niemand außer ihm Zugang zum Gesetz erbeten hat, obwohl doch alle nach dem Gesetz streben, bekommt er zur Antwort: „Hier konnte niemand sonst Einlass erhalten, denn dieser Eingang war nur für dich bestimmt. – Ich gehe jetzt und schließe ihn." Einen Berührungspunkt zwischen Romanhandlung und Gleichnis bildet die Unterordnung unter eine subjektiv als unausweichlich erfahrene Autorität.

Das Schloss. Roman (Fragment), E 1922, V 1926, Dramat 1955 Max Brod, Verf B.D. 1969 Rudolf Noelte.

Der Landvermesser K. kommt an einem Winterabend in ein Dorf, das einem Schloss untersteht; als er versucht, dieses zu erreichen, wird er durch einen labyrinthischen Weg in die Irre und zum Ausgangspunkt zurückgeführt. Bei seiner Rückkehr ins Wirtshaus findet er zwei (allerdings des Landvermessens unkundige) Gehilfen vor, die ihm vom Schloss zugewiesen worden sind; eine briefliche Nachricht des Schlossbeamten Klamm enthält die Mitteilung seiner Aufnahme in „herrschaftliche Dienste". Das mit Klamm liierte Schankmädchen Frieda wird K.s Geliebte; sie soll ihm Zugang zum Schloss verschaffen. Auch bei anderen Dorfbewohnern sucht K. Hilfe, so bei der verfemten Familie des Barnabas, dessen eine Schwester, Amalia, sich der Zudringlichkeit eines Schlossbeamten widersetzt hat, während sich ihre Schwester Olga zur Sühne regelmäßig den Schlossknechten hingibt. Offensichtlich hat K.s Anwesenheit die Beziehungen zwischen Schloss und Dorf verändert, erkennbar an den Komplikationen, die sich bei der Verteilung von Akten durch die Schlossdiener ergeben. Doch K.s Bemühungen um unmittelbaren Zugang zum geheimnisvollen Zentrum des Dorflebens, um Einsicht in die Zusammenhänge, erlahmen. „Über ihn hinweg gingen die Befehle, die ungünstigen und die günstigen, und auch die günstigsten hatten wohl einen letzten ungünstigen Kern. Jedenfalls aber gingen alle über ihn hinweg, und er war viel zu tief gestellt, um in sie einzugreifen oder gar sie verstummen zu machen und für seine Stimme Gehör zu bekommen."
Der Roman bricht ab, nachdem K. zu einem Verhör ins Schloss beordert worden ist, und er vergeblich versucht hat, Frieda zurückzugewinnen; an ihre Stelle tritt das Zimmermädchen Pepsi. Laut Brod sollte K. am Ende die Erlaubnis erhalten, sich als Landvermesser im Dorf niederzulassen, und zwar im Augenblick seines Todes.

Ähnlich wie *Der Prozess* besitzt *Das Schloss* einen zentralen und zugleich unzugänglichen Bezugspunkt der dargestellten Ereignisse. Wie jenes Gericht, so übt das Schloss einen Bann aus, dessen Wirkung an der jeweiligen Hauptfigur exemplifiziert wird. Indem diese hier wie dort neu in den Bannkreis tritt, knüpft sich an sie die Frage nach Aufhebung der bannenden Gewalt. Ihr sind alle anderen schon zum Opfer gefallen. Ein Beispiel ist die Familie des Barnabas, dessen Eltern an ihren nutzlosen Bittgängen mit dem Ziel, Verzeihung für Amalias „Vergehen" zu erlangen, zugrunde gegangen sind. Eine andere Spiegelung der vom Schloss ausgehenden Gewalt sind die Schlossdiener, die sich im Dorf in ein „statt von den Gesetzen von ihren unersättlichen Trieben beherrschtes Volk" verwandeln.

Die Deutungen dieses letzten Romans Kafkas sind in besonderem Maße kontrovers. Das religiöse Verständnis des Schlosses als Sinnbild des Orts der Gnade steht in schroffem Gegensatz zu einer gesellschaftskritischen Interpretationsweise, die das Schloss als Sinnbild der Unterdrückung durch Abhängigkeit, ja ganz konkret als Ausdrucksform der kapitalistischen Gesellschaftsordnung deutet. Unter dieser Voraussetzung enthält der Roman einen „Hoffnungsschimmer", indem das Schloss zwar aus der Ferne als „frei und unbekümmert", aus der Nähe jedoch als hinfällig erscheint: „(...) der Anstrich war längst abgefallen und der Stein schien abzubröckeln."

Ein dritter Interpretationsansatz verzichtet hier wie bei Kafkas Erzählweise insgesamt auf eine wie auch immer geartete inhaltliche „Übersetzung" und betont stattdessen die Modernität der Erzählstruktur, die den Leser gleichsam in die Pflicht nimmt, sich „in den Text" zu begeben und dessen Lücken, labyrinthische Irrwege, Kreisbewegungen und Widersprüche als das präzise Abbild der Realität wahrzunehmen bzw. sich „aktiv" an der Durchdringung des die Protagonisten fesselnden Gespinstes zu beteiligen.

Georg Kaiser

***25.11.1878 in Magdeburg, †4.6.1945 in Ascona (Tessin)**

Der Sohn eines Kaufmanns war nach einer Ausbildung im väterlichen Beruf in Buenos Aires tätig. Als Schriftsteller (ab 1905) wurde er zum meistgespielten Dramatiker des dt. Expressionismus. Ab 1921 lebte er in Grünheide bei Berlin. 1933 in Dtl. verfemt, emigrierte er 1938 in die Schweiz.
Ein zentrales Thema des rund 60 Dramen umfassenden Gesamtwerks Kaisers ist, im Zusammenhang mit der Hoffnung auf den „neuen Menschen", der Opfertod. Er steht im Mittelpunkt des durch die gleichnamige Skulptur (1884–86) von Auguste Rodin angeregten historischen Dramas *Die Bürger von Calais* (V 1914, U 1917) und am Ende des zeitgeschichtlichen Stücks *Das Floß der Medusa* (U 1945) mit einem Rettungsboot als Schauplatz, in dem sich 13 Kinder als Überlebende eines versenkten Schiffs befinden. Stilbildend für das expressionistische Theater wurden die drei zusammengehörigen Dramen *Die Koralle* (U 1917), *Gas* (U 1918) und *Gas II* (U 1920) mit den Themen: Vater-Sohn-Konflikt, Mensch und Maschine, Industriegesellschaft; die typisierende Gestaltungsweise führt im dritten Teil bis zur Reduzierung der Personen auf die beiden Gruppen der „Blaufiguren" und der „Gelbfiguren". Eine Sexualisierung des alttestamentlichen Judith-Stoffes bildet *Die jüdische Witwe*; Ausdruck einer radikalen Liebesethik des Verzichts ist das blutige Traumspiel *Rosamunde Floris* (E 1936/37, V 1940, U 1953, Vert 1960 Boris Blacher). Als eindringliche Parabel des Protests im Namen der Menschenwürde gegen den Krieg gestaltete Kaiser in dem Drama *Die Lederköpfe* (V 1922, U 1928) eine von Herodot überlieferte Anekdote.

Hermann Kant

***14.6.1926 in Hamburg**

Der Sohn eines Gärtners, ausgebildet als Elektriker, wurde kurz vor Kriegsende zur Wehrmacht eingezogen, 1949 aus poln. Kriegsgefangenschaft entlassen und in die Arbeiter-und-Bauern-Fakultät der Greifswalder Universität aufgenommen. 1952–56 studierte er in Ost-Berlin Germanistik, anschließend war er als wissenschaftlicher Assistent und als Redakteur einer Literaturzeitschrift tätig. Als Schriftsteller debütierte Kant 1962 mit der Slg. von Erzählungen *Ein bisschen Südsee*. Nach *Die Aula* (1965) hielt die Zensur 1969 den Roman *Das Impressum* für zu freizügig; erscheinen durfte er 1972 zu Beginn der Tauwetter-Periode beim Amtsantritt Erich Honeckers (1971) als Nachfolger von Walter Ulbricht. 1978 wurde der inzwischen mehrfach ausgezeichnete und auch in der B. D. anerkannte Romancier als Nachfolger von ↑Seghers Präsident des DDR-Schriftstellerverbands; in seiner Amtszeit wurden u.a. ↑Becker, ↑Heym, ↑Loest und R.↑Schneider ausgeschlossen. 1989 legte Kant, der ab 1986 dem Zentralkomitee (ZK) der SED angehörte, sein Amt nieder und verteidigte sich in den folgenden Jahren gegen die Beschuldigungen, er habe als IM „Müller" für die Stasi gearbeitet.

Romane: *Der Aufenthalt* (1977 Verf DDR 1983 Frank Beyer), *Der Kormoran* (1994), *Escape* (1995). – Erzählungen: Slg. *Eine Übertretung* (1975), Slg. *Bronzezeit – Geschichten aus dem Leben des Buchhalters Farßmann* (1986). – Essays: Slg. *Unterlagen. Zu Literatur und Politik* (1982). – Autobiografisches: *Abspann. Erinnerungen an meine Gegenwart* (1991).

Die Aula.
Roman, V DDR 1965, B. D. 1968.
Die Rahmenhandlung spielt 1962: Der Journalist Robert Iswall, der (wie Kant) die Arbeiter- und Bauernfakultät in Greifswald besucht hat, soll anlässlich ihrer Schließung in der Aula eine Rede halten. Doch am Ende ist die Schließung kein Anlass zum Feiern. Dem verhinderten „Aularedner Iswall" bleibt nur der Traum, „etwas sehr Gediegenes zu sprechen, eine erlesene Periode voller Tiefe und historischer Einsicht (...) und zugleich so humoristisch wie die Putten an der Empore". In diesen Rahmen sind Episoden aus der jüngsten Vergangenheit eingefügt, denn Iswall sammelt Material für seine Rede, indem er in Ost und West ehemalige Kommilitonen aufsucht. Die persönlichen Erinnerungen bilden einen Rückblick auf die Anfangsjahre der DDR in überwiegend humoristischer Erzählweise. Dabei parodiert Kant das Sprachverhalten von Parteifunktionären. Kritik richtet sich gegen Dogmatiker wie den linientreuen Lehrer Schika, dessen positive Gegenfigur der Kreissekretär Haiduck bildet. Die B. D. kommt durch Iswalls Abstecher nach Hamburg ins Blickfeld. Hier wird er bei Kognak von einem Kaufmann, der H. ↑ Böll und H. M. ↑ Enzensberger liest („manchmal ist es ja etwas krass"), über die Westbindung der B. D. aufgeklärt: „Die Verpflichtungen sind doch in gewisser Weise der Preis, den wir zahlen, weil man uns wieder zu etwas kommen ließ. (...) das ist so gut wie ein Gesetz"; Iswall kontert mit ↑ Heine: „Und schafft euch bessere Gesetze an (...)."
Als Motto dient ein Heine-Zitat, das auch der Schutzumschlag der Erstausgabe plakativ über dem Titel zeigte: „Der heutige Tag ist ein Resultat des gestrigen. Was dieser gewollt hat, müssen wir erforschen, wenn wir zu wissen wünschen, was jener will." Die Gegenwart gibt keinen Anlass zu einem „Blick zurück im Zorn", allenfalls zu Ironie, und Iswall ist am Ende davon überzeugt, dass hier „schon noch geredet werden" wird.

Das Impressum.
Roman, E 1969, V DDR 1972.
Anfang und Ende gehören dem Ich-Erzähler David Groth, beginnend mit dessen Weigerung: „Ich will aber nicht Minister werden!" und endend mit der Selbsteinschätzung: „Wahrhaftig, ich weiß, wie viel noch zu lernen ist, aber ich finde, es ist kein Schade, wenn einer das weiß." Dazwischen liegt die Lebensgeschichte des David Groth. Sie führt von der Ausbildung als Mechaniker für Schusswaffen (Büchsenmacher) über die unterste Stufe (Botenjunge) bei der Zeitschrift „Neue Berliner Rundschau" zum Reporter und schließlich auf den Chefsessel der Illustrierten. „Dein Name ganz oben im Impressum besagt: Du bist der Untermann in der Pyramide (...); begreife: Ohne dich fielen die lustigen Turner in den Sand." Ein Großteil des Romans handelt von den Interna des Unternehmens mit Szenen wie dem Drehen des „Ressortkarussells", als es um den Bericht über eine Ausstellung von Jagd- und Sportgewehren (die auch in Suhl in Thüringen hergestellt werden) in London geht: In heftigem Gerangel bewerben sich die Redakteure der Sparten Außenpolitik, Leichtindustrie, Wirtschaft sowie der Fotograf um die Auslandsreise, und um die Devisenfrage zu entschärfen, häufen sich die Argumente: „Entwicklung des DDR-Ansehens in der Welt, auch in der kapitalistischen, Außenwirtschaft, Außenhandel, Außenpolitik, Anerkennung; müsste doch reichen für den Finanzminister." Wie er kalkuliert hatte, indem er das Thema „Londoner Ausstellung" nebenbei auf die Tagesordnung brachte, wird Groth schließlich als Schusswaffen-Experte auf die Reise geschickt und steigt nach seiner Rückkehr zum stellvertretenden Chefredakteur auf (5. Kapitel).
Zu den relativ breit gestreuten privaten und beruflichen Themen gehört die Eigenwilligkeit des – im Unterschied zu den Parteigenossen – parteilosen Fotografen mit der Sammlung seiner unveröffentlichten Aufnahmen.

Hermann Kasack
***24. 7. 1896 in Potsdam, † 10. 1. 1966 in Stuttgart**
Der Sohn eines Arztes war nach einem Germanistikstudium ab 1920 als Verlagslektor tätig (Kiepenheuer, S. Fischer, ab 1941 als Nachfolger ↑Loerkes bei Suhrkamp, vormals S. Fischer). Ab 1949 lebte er als freier Schriftsteller in Stuttgart. 1953–63 war Kasack Präsident der Dt. Akademie für Sprache und Dichtung in Darmstadt, die alljährlich den Georg-Büchner-Preis verleiht.
Kasacks schriftstellerische Arbeit ging von ekstatisch gestimmter expressionistischer Lyrik aus; sein Drama *Vincent* (1924) ist dem Vorexpressionisten van Gogh gewidmet. Der 1941 aufgezeichnete *Totentraum* bildete die Keimzelle des Romans *Die Stadt hinter dem Strom* (Zs 1946, V 1947): Im Mittelpunkt steht der Archivar Lindhoff, der als Chronist in eine „dem Totenreich gleichgesetzte" Stadt berufen wird und hier miterlebt, wie die Verstorbenen ihr irdisches Treiben in einer seelenlosen, bürokratisierten Welt fortführen, bis sie sich von ihrem Lebenswillen gelöst haben. Der Roman mündet in die von der fernöstlichen Philosophie beeinflusste Kulturkritik am Individualismus.

Gedichtbände: *Der Mensch* (1918), *Die Insel* (1920), *Der Gesang des Jahres* (1921), *Das ewige Dasein* (1943), *Aus dem chines. Bilderbuch* (1955), *Wasserzeichen* (1964). – Romane: *Der Webstuhl* (1949), *Das große Netz* (1952). – Essays: Slg. *Das unbekannte Ziel* (1963).

Marie Luise Kaschnitz (eigtl. Freifrau von K.-Weinberg)
***31. 1. 1901 in Karlsruhe, † 10. 10. 1974 in Rom**
Aus elsäss. Adel stammend und aufgewachsen in Potsdam und Berlin, erhielt Kaschnitz in Weimar und München eine Ausbildung im Buchhandel. 1925 heiratete sie den Wiener Archäologen Guido Freiherr von Kaschnitz-Weinberg, mit dem sie jeweils mehrere Jahre in Rom, Königsberg, Marburg a. d. L. und Frankfurt a. M. lebte sowie ausgedehnte Studienreisen im Mittelmeerraum unternahm. Von 1958 (Tod ihres Mannes) an lebte sie als freie Schriftstellerin in Frankfurt (1960 Dozentin für Poetik); sie starb während eines Rombesuchs. Zu ihren Auszeichnungen gehören der Georg-Büchner-Preis 1955 und die Roswitha-Gedenkmedaille der Stadt Bad Gandersheim (1973).
Als Lyrikerin gelangte Kaschnitz von der Gebundenheit an klassische Formen zu freirhythmischer Gestaltung, thematisch offen für die Gefährdungen des Menschen. Ein wesentliches Thema ist die Suche nach Partnerschaft, exemplarisch im Hörspiel *Wer fürchtet sich vorm schwarzen Mann?* (1958) über ein Kind, das durch sein hilfloses Klavierspiel seine Isolation aufzuheben versucht. Aufzeichnungen spiegeln die Teilnahme am zeitgeschichtlichen Geschehen bis hin zur Studentenbewegung. Vom Wesen des (literarischen) Tagebuchs handelt der Vortrag *Gedächtnis, Zuchtrute, Kunstform* (1965).

Gedichtbände: *Gedichte* (1947), *Zukunftsmusik* (1950), *Ewige Stadt. Rom-Gedichte* (1952), *Neue Gedichte* (1957), *Dein Schweigen – meine Stimme. Gedichte 1958–61* (1962), *Ein Wort weiter* (1965), *Überallnie. Ausgewählte Gedichte 1928–65* (1965), *Kein Zauberspruch* (1972). – Romane: *Liebe beginnt* (1933), *Elissa* (1937). – Erzählungen: *Spätes Urteil. Dämmerung* (1930), Slg. *Das dicke Kind und andere Erzählungen* (1951), Slg. *Lange Schatten* (1960), Slg. *Ferngespräche* (1966), Slg. *Vogel Rock. Unheimliche Geschichten* (1969), Slg. *Eisbären* (1972). – Essays: Slg. *Menschen und Dinge* (1946), *Das Besondere der Frauendichtung* (1957), *Liebeslyrik heute* (1962), *Zwischen Immer und Nie. Gestalten und Themen der Dichtung* (1971). – Autobiografisches: *Das Haus der Kindheit* (1956), *Wohin denn ich* (1963), *Tage, Tage, Jahre* (1968), *Orte* (1973).

Erich Kästner

***23.2.1899 in Dresden, †29.7.1974 in München**

Der Sohn eines Sattlermeisters begann 1913 eine Lehrerausbildung, die er nach Kriegsdienst und Lazarett 1918 abschloss. 1919 begann er ein Studium der Germanistik, Theaterwissenschaft, Geschichte und Philosophie (Leipzig, Rostock, Berlin; 1925 Promotion zum Dr. phil.), 1922 erhielt er eine Anstellung als Redakteur im Verlag des „Leipziger Tagblatts", von 1927 an lebte er in Berlin (Mitarbeit u.a. bei der „Weltbühne"). 1928 erschienen Kästners erster Gedichtband *(Herz auf Taille)* und erstes Jugendbuch (*Emil und die Detektive*, Beginn der Zusammenarbeit mit dem Illustrator Walter Trier); hier wie dort erwies sich Kästner als im einen Fall satirischer, im anderen Fall ermutigender Anwalt der Vernunft. 1933 mit Publikationsverbot belegt (seine Bücher wurden verbrannt, 1934 und 1937 verhaftete ihn die Gestapo), veröffentlichte er bis zum Schreibverbot 1943 im Ausland; seine Autorenschaft am Drehbuch zum UFA-Jubiläumsfilm *Münchhausen* (1942) wurde durch ein Pseudonym verschleiert. In München gründete Kästner 1945 das Kabarett „Die Schaubude", 1946–49 gab er die Jugendzeitschrift „Pinguin" heraus. In der *Konferenz der Tiere* (1949) treten die Tiere für die Rechte der Kinder ein, und es gelingt ihnen, die Erwachsenen zur Vernunft zu bringen. 1951 gründete er das Kabarett „Die kleine Freiheit" (Slg. *Die kleine Freiheit. Chansons und Prosa*, 1952). 1958 engagierte er sich gegen die atomare Aufrüstung. Zu seinen Auszeichnungen gehört der Georg-Büchner-Preis 1957.

Gedichtbände: *Herz auf Taille* (1928), *Ein Mann gibt Auskunft* (1930), *Gesang zwischen den Stühlen* (1932), *Doktor Erich Kästners lyrische Hausapotheke* (1936), *Der tägliche Kram* (1948), *Kurz und bündig* (Epigramme, 1950), *Die dreizehn Monate* (1955). – Erzählungen: *Drei Männer im Schnee* (1934, Verf B.D. 1955 Kurt Hoffmann), *Georg und die Zwischenfälle* (1938, Neuauflage u.d.T. *Der kleine Grenzverkehr* 1949, Verf u.d.T. *Salzburger Geschichten* B.D. 1956 Kurt Hoffmann). – Jugendbücher: *Emil und die Detektive. Ein Roman für Kinder* (1928, Dramat 1930, Verf Dtl. 1930 Gerhard Lamprecht, England 1931, B.D. 1954 Robert A. Stemmle, USA 1965, B.D. 2001 Franziska Buch), *Pünktchen und Anton* (1930, Dramat 1932, Verf B.D. 1999 Caroline Link), *Das fliegende Klassenzimmer* (1933, Verf B.D. 1954 Kurt Hoffmann, B.D. 2003 Tomy Wigand), *Emil und die drei Zwillinge* (1934), *Das doppelte Lottchen* (1949, Verf B.D. 1950 Josef von Baky, u.d.T. *Charly & Louis* B.D. 1993 Joseph Vilsmaier, u.d.T. *The Parent Trap* USA 1998 Nancy Meyers, Dramat 1952). – Dramen: *Die Schule der Diktatoren* (V 1956, U 1957). – Autobiografisches: *Als ich ein kleiner Junge war* (1957).

Fabian. Die Geschichte eines Moralisten. **Roman, V 1931, Verf B. D. 1978 Wolf Gremm.**

Geplant u.d.T. *Der Gang vor die Hunde*, handelt der Großstadtroman von den Verhältnissen in Berlin zur Zeit der Weltwirtschaftskrise Ende der 1920er Jahre. Die Titelfigur ist der 32-jährige Jakob Fabian, der als Werbetexter für eine Zigarettenfirma arbeitet. Er lebt ziellos, ohne sich auf feste Beziehungen einzulassen. Sein Freund Stefan Labude ist das vollständige Gegenteil: finanziell unabhängig, vernünftig handelnd, sozialpolitisch engagiert. In seiner Heimatstadt Dresden lehnt Fabian das Angebot zur Mitarbeit an einer rechtsgerichteten Zeitung ab. Er ertrinkt beim Versuch, ein Kind zu retten, das in einen Fluss gestürzt ist.

Als ironischer Beobachter durchstreift der „Moralist" die Stadt. Schauplätze des in 24 Kapitel mit hektischem Szenenwechsel gegliederten Romans sind die großstädtische Warenwelt (Kaufhäuser und Bordelle), Cafés, Zeitungsredaktionen, das Arbeitsamt. Der Verzicht auf politische Kritik galt rückblickend als Vorbote der inneren Emigration Kästners.

Gottfried Keller

***19. 7. 1819 in Zürich, † 15. 7. 1890 in Zürich**

Im Revolutionsjahr 1848 erlebte der knapp 30-jährige Heidelberger Student Keller unter dem Einfluss des Religionskritikers Ludwig Feuerbach eine weltanschauliche Wende: die Befreiung vom „Trugbild der Unsterblichkeit". Keller notierte: „Für mich ist die Hauptfrage die: Wird die Welt, wird das Leben prosaischer und gemeiner nach Feuerbach? Bis jetzt muss ich auf das bestimmteste antworten: Nein! Im Gegenteil, es wird alles klarer, strenger, aber auch glühender und sinnlicher." Die bedingungslose Weltoffenheit gehört zu den Grundlagen des „poetischen Realismus", der im „Humoristen" Keller seinen bedeutendsten Vertreter gefunden hat. Ausgehend von der (1851 in einem Brief geäußerten) Überzeugung, „dass kein Künstler mehr eine Zukunft hat, der nicht ganz und ausschließlich sterblicher Mensch sein will", bekannte Keller sich im Alter zum (wie es im *Abendlied* heißt) „goldnen Überfluss der Welt", deren Mittelpunkt der oft genug wunderliche Mensch ist.

Der Sohn eines Drechslermeisters verlor als Fünfjähriger seinen Vater; die zweite Ehe der Mutter endete 1834 durch Scheidung. In demselben Jahr wurde Keller als angeblicher Rädelsführer eines Schülerprotests von der höheren Schule verwiesen, und es begann die „verfluchte Autodidakterei". Seine Ausbildung als Maler setzte er 1840 in München fort, kehrte jedoch 1842 als gescheiterte Existenz nach Zürich zurück. Ab 1844 trat der Dichter Keller an die Öffentlichkeit; ein Staatsstipendium ermöglichte ihm 1848 den Beginn eines Studiums in Heidelberg. Zur Hauptbeschäftigung wurde die Arbeit am 1846 begonnenen Roman *Der grüne Heinrich*, den Keller in Berlin (ab 1850) vollendete (V 1854/55). Zugleich entstand die erfolgreiche Slg. *Die Leute von Seldwyla* (1. Bd. 1856). Von 1855 an lebte Keller mit Mutter und Schwester in Zürich; als Erster Staatsschreiber übte er 1861–76 ein hohes politisches Amt aus (1869 Ehrendoktor der Universität). In seinen Erzählungen wandte er sich zunehmend historischen Stoffen zu *(Züricher Novellen)*, die bis in die Zeit des Frühchristentums zurückreichen (*Sieben Legenden*, eine ironisch-heitere Neubearbeitung der 1804 erschienenen Slg. von Kosegarten); die wirtschaftliche, politische und moralische Krise der „Gründerzeit" ist Thema des Zeitromans *Martin Salander*. Im Unterschied zur kritischen Einstellung gegenüber ↑Gotthelf und ↑Meyer verband Keller enge Freundschaft mit ↑Heyse, zu seinen Briefpartnern gehörte ↑Storm.

Gedichtbände: *Gedichte* (1846), *Neuere Gedichte* (1851), *Gesammelte Gedichte* (1883). – Romane: *Martin Salander* (Fragment, 1886). – Erzählungen: Slg. *Die Leute von Seldwyla* (E ab 1851, 1. Bd. 1856: *Pankraz der Schmoller; Romeo und Julia auf dem Dorfe*, Vert 1907 Frederick Delius, Verf Frankr. 1940, Schweiz 1941, Dtl. u. d. T. *Jugendliebe* 1944 Eduard von Borsody; *Frau Regel Amrain und ihr Jüngster; Die drei gerechten Kammmacher; Spiegel das Kätzchen*; 2. Bd. 1873/74: *Kleider machen Leute*, Verf Dtl. 1940 Helmut Käutner, B. D. 1963 Paul Verhoeven; *Der Schmied seines Glückes*, Verf B. D. 1964 Claus Peter Witt; *Die missbrauchten Liebesbriefe*, Verf Schweiz 1940 Leopold Lindtberg; *Dietegen; Das verlorene Lachen), Das Fähnlein der sieben Aufrechten* (1861, Verf Dtl. 1934 Frank Wisbar), Slg. *Sieben Legenden* (1872, u. a. *Das Tanzlegendchen*), Slg. *Züricher Novellen* (Zs 1876/77, V 1878, u. a. *Der Landvogt von Greifensee*, Verf Schweiz 1978 Wilfried Bolliger), *Das Sinngedicht* (E ab 1851, V 1881: *Von einer törichten Jungfrau; Regine*, Verf B. D. 1955 Harald Braun; *Die arme Baronin; Die Geisterseher; Don Correa; Die Berlocken*).

Der grüne Heinrich.
Roman, E ab 1846, 1. Fassung V 1854/55, 2. Fassung V 1879/80.

Der weitgehend autobiografische Roman handelt von Heinrich Lee. Er hat wegen der aus der Uniform seines verstorbenen Vaters geschneiderten grünen Jacke in seiner Jugend den Spitznamen „grüner Heinrich“ erhalten.

Nach dem frühen Verlust des Vaters wächst Heinrich in der Obhut der Mutter auf. Die Schilderung der häuslichen religiösen Erziehung gewinnt durch die Erzählung *Das Meretlein* (fingierte Auszüge aus dem „Diarium“ eines Pfarrers, dem ein Mädchen mit „Abneigung gegen Gebet und Gottesdienst jeder Art“ zur „Heilung“ anvertraut wurde) eine kulturgeschichtliche Dimension.

Kellers Schulschicksal spiegelt sich in Heinrichs Verweisung von der Schule, der die Ausbildung als Maler und das Scheitern des angehenden Künstlers in der „großen Hauptstadt“ folgen. Von der Rückkehr in die Heimatstadt an besitzt die Handlung fiktiven Charakter: Heinrich gelangt in das Schloss eines Grafen, der sich als Sammler seiner frühen Studien erweist und durch einen Gemäldeauftrag Heinrich das Bewusstsein vermittelt, als Maler immerhin „mit Ehren bestehen“ zu können. Endlich zu Hause angelangt, bricht Heinrich unter dem Eindruck des Tods seiner Mutter zusammen und findet selbst den Tod (1. Fassung).

Kennzeichnend für Heinrichs Unzulänglichkeit ist seine schwankende Zuneigung einerseits zur zarten Anna, andererseits zur vitalen jungen Witwe Judith. Beiden begegnet er im Dorf seines Onkels, in dem er sich nach dem Abbruch seiner Schulausbildung aufhält; hier nimmt er gemeinsam mit Anna an einer Laienaufführung von ↑Schillers „Wilhelm Tell“ teil. Während Anna das geistige Element der Liebe vertritt, verkörpert Judith kreatürliche, mit mythologischen Motiven (Venus) assoziierte Sinnlichkeit, der Heinrich sich jedoch als an Anna gebunden nicht hinzugeben vermag.

Zu Heinrichs (und Kellers) literarischen Bildungserlebnissen gehören die Werke ↑Jean Pauls und ↑Goethes. Kellers Auseinandersetzung mit der Romantik spiegelt sich in Heinrichs „Heimatsträumen“, die durch den Bericht eines Landsmannes über das kummervolle Warten der Mutter auf die Rückkehr des Sohnes ausgelöst werden: Die „Traumarbeit“ führt nicht in eine höhere Wirklichkeit, sondern reflektiert die Realität in vom Schuldgefühl durchdrungener Gestaltung. Insofern dienen die „Heimatsträume“ durch ihre psychologische Plausibilität der Demonstration einer auch im Fantastischen sich behauptenden Realistik.

Die erneute Bearbeitung (2. Fassung) betraf die Herstellung eines linearen Erzählverlaufs im Unterschied zur Einfügung der Kindheits- und Jugendgeschichte als „Rückblende“ in die Schilderung der Studienzeit in München (Erstfassung). Gemildert wurden die „Nuditäten“ (Keller) im Zusammenhang mit der Judith-Gestalt, die neue Gestalt der als Arbeiterin tätigen Näherin Hulda erweiterte das soziale Spektrum. Vor allem aber änderte Keller den Schluss des Romans: Heinrich bleibt am Leben (entsprechend ist in der Zweitfassung nicht nur die Kindheits- und Jugendgeschichte, sondern der gesamte Roman als Ich-Erzählung gestaltet), trifft erneut mit der nach Amerika ausgewanderten und nun zurückgekehrten Judith zusammen und bleibt mit ihr – wenn auch im Zeichen der Entsagung – bis an ihr Lebensende in Verbindung.

Als Bildungs- und Entwicklungsroman zwangsläufig an Goethes „Wilhelm Meister“ orientiert, spiegelt *Der grüne Heinrich* nicht nur die gewandelten gesellschaftlichen Voraussetzungen, unter denen „ein talent- und lebensfroher junger Mensch (...) in die Welt hinauszieht, um sich ein künftiges Lebensglück zu begründen“ (Keller 1850 im Brief an den Verleger Vieweg), sondern bildet durch seine spezifische Verbindung von „Dichtung und Wahrheit“ ein Hauptwerk realistischer Menschen- und Zeitdarstellung.

Die Leute von Seldwyla.

Slg. von 10 Erzählungen, E ab 1851, 1. Bd. V 1856, 2. Bd. bzw. erweiterte Neuausgabe (2 Bde.) V 1873/74.

Seldwyla, so erläutert die Vorrede, „bedeutet nach der älteren Sprache einen wonnigen Ort, und so ist auch in der Tat die kleine Stadt dieses Namens gelegen irgendwo in der Schweiz". Die Bewohner der Stadt halten „die Gemütlichkeit für ihre besondere Kunst", leisten in der Regel im Ausland weit mehr als zu Hause, sind politisch stets in Opposition zur jeweils herrschenden Ordnung und bekommen hin und wieder „als Beruhigungsmittel eine Untersuchungskommission auf den Hals". Allerdings ist nicht Seldwyla als solches das Thema der Erzählungen; vielmehr schildern sie „Abfällsel, die so zwischendurch passierten, gewissermaßen ausnahmsweise, und doch auch gerade nur zu Seldwyla vor sich gehen konnten".

Pankraz der Schmoller erzählt von einem aus Indien zurückgekehrten Seldwyler, der sich als Kolonialsoldat in ein ausnehmend schönes Mädchen verliebt hat und sein romantisches Fantasiegebilde auch dann nicht aufzugeben vermag, als er die Geistlosigkeit und Eitelkeit der Verehrten erkennt; erst die Bedrohung durch einen Löwen heilt ihn von seinem Realitäts- und zugleich Selbstverlust.

Romeo und Julia auf dem Dorfe beruht auf einer tatsächlichen Begebenheit: dem Freitod zweier Jugendlicher, deren Väter sich verfeindet hatten. In Kellers Gestaltung gewinnt der aus nichtigem Anlass entstandene, mit Hilfe der Seldwyler Advokaten geführte Kampf zwischen zwei Bauern den Charakter einer das Genre der „Dorfgeschichte" sprengenden Tragödie menschlicher Starrheit, der das Lebensglück der Kinder zwangsläufig zum Opfer fällt. Da ihnen die Väter den „guten Grund und Boden" der Ehe entzogen haben, gehen Sali und Vrenchen gemeinsam in den Tod.

Frau Regel Amrain und ihr Jüngster zeichnet das pädagogische Musterbild einer Mutter, deren Sohn sich zum aufrechten Demokraten entwickelt.

Die drei gerechten Kammmacher sind eine Satire auf den wirtschaftlichen Konkurrenzkampf, gipfelnd im Wettlauf der Anwärter auf ein Kammmachergeschäft und die Hand Züs Bünzlins, eines Ausbunds an phrasenhafter Tugendhaftigkeit.

Spiegel das Kätzchen karikiert in Form eines Märchens (sprechende Tiere, Hexenmeister und Hexe) blindes Besitzstreben.

Kleider machen Leute handelt vom arbeitslosen Schneidergesellen Wenzel Strapinski, der als inkognito reisender Graf gilt und Nettchens Liebe gewinnt; ein satirisches Enthüllungsspiel droht den romantischen Betrüger wider Willen zu vernichten, doch gelingt es Nettchen, sich über den inhumanen Wertmaßstab von „Ehre" und „Schande" hinwegzusetzen.

Der Schmied seines Glückes ist der Seldwyler Müßiggänger Johannes Kabis bzw. John Kabys, der seine planmäßig entwickelte glänzende Zukunft selbst wieder zunichte macht und schließlich zu einem tüchtigen Nagelschmied wird.

Die missbrauchten Liebesbriefe parodieren ein dienstfertiges, von Konkurrenzangst geprägtes Literatentum der leeren Worte.

Dietegen schildert eine Liebesgeschichte als Beispiel für die Überwindung krisenhafter Lebenssituationen durch Güte und unverstellte Empfindung.

Das verlorene Lachen gibt Verstörungen im Privaten als Widerspiegelung gesellschaftlicher Unzulänglichkeiten, vor allem der Entfremdung zwischen dem Volk und seinen politischen Institutionen, zu erkennen.

In jeweils unterschiedlicher Ausprägung gestalten die 10 Erzählungen das menschliche Treiben im gesellschaftlichen Zusammenhang, dessen labilen Zustand das „Modell" Seldwyla verdeutlicht. Der zumeist vorherrschende humoristische Zugriff Kellers dient der Vermittlung zwischen den beiden im Doppelbegriff des „poetischen Realismus" zusammengefügten Gestaltungstendenzen, ohne eine entlastende Versöhnung zu stiften.

Walter Kempowski
***29.4.1929 in Rostock**
Der Sohn eines Reeders, im Krieg Flakhelfer und danach in Wiesbaden Mitglied einer Arbeiterkompanie der US-Army, wurde 1948 nach seiner Rückkehr nach Rostock wegen angeblicher Spionage zu 25 Jahren Zuchthaus (Bautzen) verurteilt und 1956 amnestiert (Haftbericht *Im Block*, 1969). In Göttingen studierte Kempowski Pädagogik, ab 1960 war er Landschullehrer. Er übernahm mehrere Gastdozenturen, veranstaltete Literaturseminare und archivierte u. a. unveröffentlichte Autobiografien.
Seit Mitte der 1960er Jahre arbeitete Kempowski planmäßig an der auf 9 Bände angelegten „deutschen Chronik“ in Form einer autobiografischen, materialreich fundierten bürgerlichen Familiengeschichte als Spiegel der Zeitgeschichte, deren Erscheinen er 1971 mit dem Roman *Tadellöser & Wolff* (umfasst die Zeitspanne 1938–45, Verf B. D. 1975 Eberhard Fechner) eröffnete. Die Vorgeschichte enthalten die Romane *Aus großer Zeit* (Kaiserzeit und I. Weltkrieg, V 1978) und *Schöne Aussicht* (umfasst die Jahre 1922–38, V 1981), die Fortsetzung findet sich in den Romanen *Uns geht's ja noch gold* (Rostock ab 1945, V 1972) und *Ein Kapitel für sich* (Walters Verurteilung wegen Spionage, V 1975, Verf B. D. 1979 Eberhard Fechner). Den Abschluss der Chronik bildete 1984 der Roman *Herzlich Willkommen* (das Ankommen im Wirtschaftswunderland B. D., Verf B. D. 1990 Hark Bohm). Außerdem sind 3 Collagen über zentrale Themen der Zeitgeschichte in die Romanabfolge eingebettet: *Haben Sie Hitler gesehen?* (1973), *Immer so durchgemogelt.* (1974) und *Haben Sie davon gewußt?* (1979). *Bloomsday '97* (1997) ist das Protokoll eines Tages, an dem der Autor als Zapper zwischen 37 TV-Kanälen eine Collage aus Sprachfragmenten und sinnentleerten (Werbe-) Botschaften herstellt. Als „registrierende Instanz“ ordnet der Autor im *Echolot* (1993, 1999, 2000) unkommentierte Statements und Tagebucheinträge von Zeitzeugen (u. a. Januar und Februar 1945) zu einem „Kollektiven Tagebuch“. Als Hörspielautor (u. a. *Moin Vaddr läbt*, 1980) wurde Kempowski 1981 mit dem Hörspielpreis der Kriegsblinden ausgezeichnet. Das Thema Schule behandeln *Unser Herr Böckelmann* (1979) und das Unterrichtswerk *Kempowskis Einfache Fibel* (1980).

Justinus Kerner
***18.9.1786 in Ludwigsburg, †21.2.1862 in Weinsberg (Lkr. Heilbronn)**
Im Anschluss an ein Medizinstudium in Tübingen (1805 Beginn der lebenslangen Freundschaft mit ↑Uhland) reiste Kerner 1809/10 nach Hamburg, Berlin, Wien und Prag; seine als „Schattenbilder“ gestalteten Eindrücke enthält das Erstlingswerk *Reiseschatten* (1811, u. a. satirische Angriffe auf die Gegner der Romantiker). Populär wurden Lieder Kerners wie das 1807 entstandene *Wanderlied* („Wohlauf! noch getrunken / Den funkelnden Wein!“). Ab 1819 lebte er als Oberamtsarzt in Weinsberg; das „Kernerhaus“ wurde zum geselligen Mittelpunkt der „Schwäb. Dichterschule“. 1826–28 pflegte Kerner die Somnambule Friederike Hauffe aus dem Dorf Prevorst (Oberamt Marbach a. N.); seine Beobachtungen veröffentlichte er 1829 in der okkultistischen Abhandlung *Die Seherin von Prevorst. Eröffnungen über das innere Leben des Menschen und über das Hereinragen einer Geisterwelt in die unsere.*

Irmgard Keun
***6.2.1905 in Berlin, †5.5.1982 in Köln**
Die Tochter eines Fabrikanten lebte mit ihren Eltern ab 1918 in Köln, besuchte 1926 die Schauspielschule und nahm zwei Engagements wahr. Als Schriftstellerin debütierte Keun mit dem Roman *Gigli – eine von uns* (V 1931, Verf u. d. T. *Eine von uns* Dtl. 1932 Johannes Meyer). Zu ihren Bekannten gehörte ↑Tucholsky. Nach der Schadensersatzklage wegen der Beschlagnahmung der Bestände ihrer Bücher beim Verlag und der Verhaftung durch die Gestapo (Freikauf durch den Vater) emigrierte Keun 1935 nach Belgien. Ihr Roman *Nach Mitternacht* (V 1937 Amsterdam, Verf B.D. 1981 Wolf Gremm) handelt von den ersten Jahren der NS-Herrschaft. Das Zusammenleben mit J. ↑Roth im Exil spiegelt der Roman *Kinder aller Länder*; er erschien ebenso wie der Emigrantenroman *D-Zug dritter Klasse* 1938 in Amsterdam. Nach einem Aufenthalt in den USA lebte Keun 1940–45 unter falschem Namen in Dtl. 1947 erschienen *Bilder und Gedichte aus der Emigration* (E 1936), 1950 ihr letzter Roman *Ferdinand, der Mann mit dem freundlichen Herzen* und 1954 die Satiren *Wenn wir alle gut wären.* Neuausgaben der früheren Romane erschienen in der B. D. herablassend unter dem Etikett „Unterhaltungsliteratur". Die späte Würdigung als Mitbegründerin der Frauenliteratur (explizit weibliche Perspektive) bildete 1982 der nach ↑Fleißer benannte Preis der Stadt Ingolstadt.

Das kunstseidene Mädchen. Roman, V 1932, Verf B. D./F /I 1960 Julien Duvivier, Dramat 1999 David Greiffenhagen.
Die Ich-Erzählung der jungen Doris wurde vom Verlag u. d. T. *Mädchen ohne Bleibe* und als Roman über ein „für unsere Zeit so charakteristisches Schicksal" angekündigt, ausgehend vom Verlust der Arbeit. Der endgültige Titel bezieht sich auf das Ziel von Doris: „Ich werde ein Glanz, und was ich dann mache, ist richtig", was zunächst und vor allem die äußere Ausstattung betrifft. So stiehlt Doris, ehemalige Angestellte im Büro eines Anwalts, dann beim Theater beschäftigt, aus dessen Garderobe einen Pelz („Der Mantel will mich, und ich will ihn, wir gaben uns."). Daraufhin flüchtet Doris aus der Provinz nach Berlin. Hier durchlebt sie, mit ihrem Pelz als Fetisch, im Herbst und Winter 1931/32 ein Kaleidoskop der Erfolge und Enttäuschungen. Sie weiß: „Wenn man Glück bei Männern haben will, muss man sich für dumm halten lassen"; sie findet bestätigt: „Man kann furchtbar billig leben, wenn man reich ist"; und muss erfahren, dass „gerade die feinsten Leute heutzutage verhaftet" werden. Am Ende ahnt Doris: „Aber auf den Glanz kommt es nämlich vielleicht gar nicht so furchtbar an." Ein zweites Leitmotiv ist der Film: Als Doris zu Beginn beschließt, ihre Erlebnisse aufzuschreiben, entscheidet sie: „Ich denke nicht an Tagebuch – das ist lächerlich für ein Mädchen von achtzehn und auch sonst auf der Höhe. Aber ich will schreiben wie Film, denn so ist mein Leben und wird noch mehr so sein. (...) Und wenn ich später lese, ist alles wie Kino – ich sehe mich in Bildern." Gemeint sind die Bilder einer glanzvollen Karriere, doch tatsächlich ist die Erzählweise als solche filmisch, beispielsweise sprunghafte Reaktionen auf Äußeres durch „Rückblenden". Zu den Höhepunkten gehört in sprachlicher Hinsicht der Gang mit einem Blinden durch Berlin, wobei Doris gezwungen ist, alle Wahrnehmungen in Worte zu fassen.

Ingomar von Kieseritzky

***21.02.1944 in Dresden**

Aufgewachsen in der B. D., war Kieseritzky Buchhändler in Göttingen und West-Berlin, wo er sich 1971 als freier Schriftsteller niederließ. 1968 debütierte er mit der Erzählung *Ossip und Sobolev*. Sprachexperimente (z. B. Wortschöpfungen) kennzeichnen die zahlreichen Romane, Erzählungen und Hörspiele. Thematisch vorherrschend ist die Wissenschaftssatire mit tragisch-komischen Antihelden: Der einbeinige Max Marun versucht, sein Leben und die von ihm begangenen Morde zu rekonstruieren (*Anatomie für Künstler,* 1989); der Literaturagent Goff scheitert bei dem Versuch, durch Weltflucht sein permanentes Scheitern zu beenden (*Der Frauenplan,* 1996). Für die im Künstler- und Literatenmilieu angesiedelte Satire *Compagnons und Coucurrenten oder Die Wahren Künste* (1996) erhielt Kieseritzky den Hörspielpreis der Kriegsblinden.

Heinar Kipphardt

***8.3.1922 in Heidersdorf (Schlesien)**
† 18.11.1982 in Angelsbruck (Bayern)

Nach einem Psychiatriestudium war Kipphardt an mehreren Kliniken tätig, zuletzt in Ost-Berlin. Hier wurde er 1950 Chefdramaturg des Dt. Theaters. 1953 brachte er sein Erfolgsstück *Shakespeare dringend gesucht* auf die Bühne, eine Satire auf die Mittelmäßigkeit der dramatischen Produktion. Zunehmende Formalismus-Kritik veranlasste ihn 1959 zur Übersiedlung in die B. D.; von 1960 an lebte er in München, ab 1972 in Angelsbruck. Sein Vertrag als Chefdramaturg der Münchner Kammerspiele (ab 1969) wurde 1971 nicht verlängert. Zu seinen Auszeichnungen gehören der Nationalpreis der DDR 1953, mehrere Fernsehpreise (die Mehrzahl seiner Dramen liegt auch als Fernsehspiel vor) und der Bremer Literaturpreis 1977.

Im Mittelpunkt von zwei Dramen Kipphardts steht Eichmann als der bürokratische Verwalter der Judenvernichtung: *Joel Brand. Die Geschichte eines Geschäfts* handelt von Eichmanns Angebot an die Alliierten, 1 Million Juden gegen 10 000 Lastwagen freizugeben. *Bruder Eichmann* (vgl. Th. ↑ Manns Essay *Bruder Hitler*) verwertet Material des Eichmann-Prozesses; aktualisierende Analogieszenen (bei der Erstinszenierung stark reduziert) handeln von gegenwärtigem Fremdenhass oder militärischen Planspielen auf dem atomaren Schlachtfeld Europa. Während Eichmann in Kipphardts Gestaltung totale Anpassung verkörpert, vertritt die Roman- und Dramenfigur des schizophrenen Dichters März die Verweigerung.

Gedichtbände: *Mitten in diesem Jahrhundert* (1950), *Angelsbrucker Notizen* (1977 mit Zeichnungen von HAP Grieshaber). – Romane: *März* (1976, Verf u. d. T. *Leben des schizophrenen Dichters Alexander März* B. D. 1975, Dramat u. d. T. *März, ein Künstlerleben* U, V 1980). – Erzählungen: *„Fremd stirbt ein junger Bruder". Späte Erkenntnis* (1951), Slg. *Die Ganovenfresse* (1964), Slg. *Der Mann des Tages und andere Erzählungen* (1977). – Dramen: *Shakespeare dringend gesucht* (U 1953, V 1954), *Der Aufstieg des Alois Piontek* (U, V 1956), *Die Stühle des Herrn Szmil* (U 1961, V 1973, Verf B. D. 1979), *Der Hund des Generals* (U 1962, Verf B. D. 1964, V 1973), *Joel Brand. Die Geschichte eines Geschäfts* (Verf u. d. T. *Die Geschichte von Joel Brand* B. D. 1964, U, V 1965), *Die Nacht, in der der Chef geschlachtet wurde* (U 1967, V 1974, Verf B. D. 1979), *Sedanfeier. Montage aus Materialien des 70er Krieges* (U 1970, V 1974), *Bruder Eichmann* (E ab 1965, U, V 1983). – Autobiografisches: *Traumprotokolle* (1981).

In der Sache J. Robert Oppenheimer. Drama, E 1962/63, Verf B. D. 1963, U, V 1964, Neufassung 1977.
In der Form des Dokumentarspiels rekonstruiert das Stück das Verhör Oppenheimers (Leiter des amerikan. Entwicklungsprogramms der Atombombe) im Jahr 1954, nachdem Zweifel an seiner Loyalität aufgekommen waren. Während der Tag für Tag andauernden Befragung treten bei dem Wissenschaftler, dem u. a. vorgeworfen wird, den Bau der H-Bombe absichtlich verzögert zu haben, tatsächlich die ihm unterstellten Zweifel ein bzw. treten ins Bewusstsein bis hin zu der Frage, „ob wir den Geist der Wissenschaft nicht wirklich verraten haben, als wir unsere Forschungsergebnisse den Militärs überließen, ohne an die Folgen zu denken" (Schlusswort des Bühnen-Oppenheimer, gegen das sich der reale Oppenheimer verwahrte).
Kipphardt berief sich hinsichtlich seines freien Umgangs mit dem dokumentarischen Material auf die Verpflichtung des Künstlers, eine „neue Qualität von Dokumenten" zu schaffen, „die auf verkürzte Art und Weise Sinn und Zweck der Begebenheit enthält". Die Neufassung betont die Thematik der Gesinnungsschnüffelei.

Bodo Kirchhoff
***6. 7. 1948 in Hamburg**

Der Sohn der Schauspielerin und Schriftstellerin Evelyn Peters-Jost wuchs in Süddtl. auf, besuchte das Internat Schloss Gaienhofen am Bodensee und studierte nach zweijährigem Militärdienst und einem längeren Aufenthalt in den USA in Frankfurt a. M. Pädagogik, Psychologie und Soziologie. 1987 promovierte er über den frz. Psychoanalytiker Jaques Lacan. Als Schriftsteller debütierte er 1979 mit der Novelle *Ohne Eifer, ohne Zorn* sowie dem Bühnenstück *Das Kind oder Die Zerstörung Neuseelands* (U 1979), das ein elterliches „Eigenheim als geschlossene Anstalt" schildert. Zentrales Thema der Novellen, Bühnenstücke und Romane ist das aus den Gleisen geratene Leben mit einer Vorliebe für exotische Schauplätze, die Kirchhoff auf seinen zahlreichen ausgedehnten Reisen kennen lernte. Kennzeichnend ist die kalte Beschreibung der Figuren, die sich gemäß einer psychoanalytischen Sichtweise der Wirkung und Tragweite ihre Handlungen nicht bewusst sind und sich im Prozess der Selbstfindung in Abenteuer verstricken (v. a. in den Romanen *Zwiefalten,* 1983 und *Parlando,* 2001). Sinnbild dieser meist männlichen Flaneure ist das häufig wiederkehrende Motiv des Sees, dessen ruhige und ebenmäßige Oberfläche unergründliche Tiefen verbirgt. Mit einer entsinnlichten und entemotionalisierten, teils drastischen Darstellung der Sexualität grenzte er sich gegen die „Neue Innerlichkeit" der Literatur der 1970er Jahre ab, ebenso durch die Verarbeitung von Handlungsmustern der Trivialliteratur, am offensichtlichsten in *Schundroman* (2002).

Neben den Bühnenstücken (zuletzt der Monolog *Der Ansager einer Stripteasenummer gibt nicht auf,* U 1995 und *Drei Fische für zwei Paare,* U 2001) entstanden für die ARD 1994–2001 Drehbücher der Serie *Die Kommissarin* sowie für die Filme *Manila* (B. D. 1998 Romuald Karmakar) und *Mein letzter Film* (B. D. 2001 Oliver Hirschbiegel). Die Frankfurter Poetikvorlesung (1995) erschien u. d. T. *Legenden um den eigenen Körper.*

Mexikanische Novelle. V 1984.
Der freie Journalist und Ich-Erzähler ist im Auftrag der Breisgauer Lokalzeitung auf einem Luftwaffenstützpunkt in den USA, auf dem dt. Soldaten trainiert werden. Nach den Recherchen reist er weiter nach Mexico um ungestört das „Porträt eines heutigen Soldaten", eine Studie über den Leutnant Ritzi, zu verfassen. Im Hotel lernt er die Schwester des Managers, die Mexikanerin Baby Ophelia, kennen und verliebt sich in sie. Ihr Bruder Emilio schickt sie, nach dem Tod des Vaters dessen Rolle wahrnehmend und um Ophelias Ehre besorgt, in die Heimatstadt zurück. Der Journalist folgt ihr und das Paar scheint zunächst ungestört. Doch der Leutnant Ritzi kann den Journalisten ausfindig machen und reist ihm nach: Über sich zu sprechen hat ihn verwirrt und er fühlt sich zu dem Älteren auch sexuell hingezogen. Die beiden Männer teilen sich das Hotelzimmer. Die Unverbindlichkeit der Beziehung zu Baby Ophelia entpuppt sich als Täuschung, denn Emilio taucht in der Stadt auf und fordert für seine Schwester die Heirat. Für den deutschen Journalisten kommt die Heirat nicht in Frage: Er gehört nicht nach Mexiko und Ophelia nicht nach Deutschland. Allerdings belügt er Emilio um ihn zu besänftigen. Die tödliche Rache des Bruders trifft nun irrtümlicherweise Ritzi. Des Mordes verdächtigt wird aber der Journalist: Sein Notizbuch mit „literarisch-psychologischen" Versuchen zum Porträt Ritzis lässt ihn in den Augen der Polizei als radikalen Pazifisten erscheinen. Die geringe Chance, die Missverständnisse aufzuklären und Emilio als Täter zu überführen, lässt er kraftlos verstreichen; es erscheint ihm „zu klein, mich auf diese Weise aus einem Verhängnis zu winden, das viel größer war als ich selbst". In seiner Zelle liebt er sich mit einem Mithäftling. Die ausweglose Situation führt zur Selbstfindung und er sieht sein „lebenslanges formloses Selbstgespräch mit diesen Küssen zu Ende gehen".

Infanta. Roman, E 1985–90, V 1990.
Das männliche Fotomodell Kurt Lukas landet aus einer Laune heraus auf einer Insel der Philippinen und wird dort von dem Jesuiten McEllis und dessen Mitbrüdern aufgenommen. McEllis erkennt in ihm einen möglichen Liebhaber für Mayla, einer Waisen, die in der Missionsstation aufgewachsen, aber „nicht dafür geschaffen ist, ihr Leben Gott zu weihen". Die Rechnung des Priesters geht auf: Kurt und Mayla verlieben sich. Doch die Beziehung droht an der Unentschlossenheit Kurts zu scheitern, der sich der Heimat- und Sinnlosigkeit seines Lebens bewusst wird und einen quälenden Prozess der Selbstfindung durchläuft. Er lernt nicht nur bedingungslose Liebe und Engagement kennen, sondern wird auch in die politischen Ereignisse involviert: Zeitraum der Handlung ist das Jahr 1986, es sind die letzten Tage der Diktatur des Ferdinand Edralin Marcos, gegen den sich die Opposition mit ihrer Präsidentschaftskandidatin Corazon Aquino, zwar letztendlich durchsetzen kann, das Land aber durch die Agonie der Diktatur, durch Verschleppungen, Mord und Wahlmanipulation, an den Rand eines Bürgerkrieges gerät.
Vielfach variiert wird das Thema der Macht der Bilder über die Realität: von den Priestern, die in den Anzeigen-Bildern, die sie von Kurt in Illustrierten sehen, „laszive Darstellungen des Erlösers" erkennen, bis hin zu den Manipulationen im philippinischen Wahlkampf und dem Medienrummel. Die auktoriale Erzählung wird durch die Tagebucheinträge und die Briefe zweier Jesuiten durchbrochen, die auch die Form des Romans reflektieren und seine Aufnahme beim Publikum vorwegnehmen: „Einen Liebesroman nannten es die einen, Geschichte einer vergeblichen Heimatsuche die anderen. Etwas Gescheitere sprachen von den Labyrinthen der Eitelkeit, Böswillige vom Essiggeruch des Alters, der manchen Kapiteln anhafte (...) und im Fernsehen hieß es: Urlaubslektüre. Mit diesem Hinweis kam der Erfolg."

Sarah Kirsch (geb. Bernstein)

*** 16.4.1935 in Limlingerode (Südharz)**

Die Tochter eines Fernmeldetechnikers studierte in Halle Biologie und gehörte 1963–65 in Leipzig mit ihrem Mann Rainer Kirsch (*17.7.1934 in Döbeln [Sachsen], Eheschließung 1958) dem Institut für Literatur „Johannes R. Becher" an. Anschließend lebte das Ehepaar in Halle (1965 gemeinsame Auszeichnung mit dem Kunstpreis der Stadt Halle für den Gedichtband *Gespräch mit dem Saurier*). Nach ihrer Scheidung ließ sich Sarah Kirsch 1968 in Ost-Berlin nieder, 1976 gehörte sie zu den Unterzeichnern des Protests gegen die Ausbürgerung ↑Biermanns (Ausschluss aus der SED), 1977 durfte sie nach West-Berlin übersiedeln und zog 1983 nach Schleswig-Holstein. Zu ihren Auszeichnungen gehört der Georg-Büchner-Preis 1996.

Die zumeist herbe Bildsprache der Lyrikerin Kirsch steigert alltägliche Wahrnehmungen, persönliche Erfahrungen und Natureindrücke zum Ausdruck der Suche nach Orientierung im menschlichen Zusammenleben: „Am Anfang war meine Natur sorglos und fröhlich/Aber was ich gesehen habe zog mir den Mund/In Richtung der Füße." Literaturgeschichtliche Bezugspersonen sind B. v. ↑Arnim („[...] Immer / Sind wir allein, wenn wir den Königen schreiben / Denen des Herzens und jenen / des Staats. [...]") und ↑Droste-Hülshoff. Es folgten ihre (mitunter auf einen Satz reduzierte) Prosagedichte mit tagebuchartigem Charakter (Slg. *La Pagerie* unter dem Eindruck eines Aufenthalts in Südfrankreich). Zu ihren neueren Arbeiten gehören u. a. die Gedichtbände *Erlkönigs Tochter* (1992), *Bodenlos* (1996) und *Schwanenliebe. Zeilen und Wunder* (2001).

Gedichtbände: *Landaufenthalt* (1967), *Zaubersprüche* (1973), *Es war dieser merkwürdige Sommer* (1974), *Rückenwind* (1976), *Drachensteigen* (1979), *Erdreich* (1982), *Katzenleben* (1984). – Erzählungen: Slg. *Die Pantherfrau. 5 unfrisierte Erzählungen aus dem Kassetten-Recorder* (1973), Slg. *Die ungeheuren berghohen Wellen auf See* (1973).

Egon Erwin Kisch

*** 29. 4. 1885 in Prag, † 31. 3. 1948 in Prag**

Der Sohn eines jüd. Kaufmanns wandte sich nach einem Studium in Prag 1904 dem Journalismus zu (1912 Slg. *Aus Prager Gassen und Nächten*, 1913 Slg. *Prager Kinder*). Nach Kriegsteilnahme und Leitung der „Roten Garde" in Wien (1918) ließ er sich in Berlin nieder. Er gelangte zu packender Unmittelbarkeit, verbunden mit kultur- und sozialkritischer Analyse zeittypischer Schauplätze vom Sportpalast oder von der „Waggonvilla" einer Arbeiterfamilie bis zum Weimarer „Naturschutzpark der Geistigkeit". „Nichts ist verblüffender", so lautete seine Arbeitsmaxime, „als die einfache Wahrheit, nichts ist exotischer als unsere Umwelt, nichts ist fantasievoller als die Sachlichkeit." 1925 erschien die Slg. *Der rasende Reporter*, 1926 die Slg. *Hetzjagd durch die Zeit*. Reisen führten ihn in die UdSSR (*Zaren, Popen, Bolschewiken*, 1927), nach Afrika, in die USA (*Paradies Amerika*, 1930) und nach China (*China geheim*, 1933). In der Emigration (1933 Verhaftung und Abschiebung nach tschech. Protest) erschien die Slg. *Abenteuer in 5 Kontinenten* (1936). Nach seiner Teilnahme am Span. Bürgerkrieg lebte Kisch ab 1940 in Mexiko (*Entdeckungen in Mexiko*, 1945) und kehrte 1946 nach Prag zurück.

Michael Kleeberg

***24.8.1959 in Stuttgart**

In Böblingen (bei Stuttgart) und Hamburg aufgewachsen, studierte Kleeberg Politologie und visuelle Kommunikation. Nach längeren Aufenthalten in Rom, Berlin, Amsterdam ließ er sich in Paris nieder, wo er bis 1994 eine Werbeagentur leitete. Seitdem lebt er als Schriftsteller und Übersetzer (u. a. von Marcel Prousts *Combray*) in Burgund und seit 2000 in Berlin.
1984 debütierte der Erzähler zeitgeschichtlicher Themen mit der Slg. von Kurzgeschichten *Böblinger Brezeln*, 1987 mit dem Roman *Der saubere Tod*. Johann Ritter, der Protagonist dieses Berlin-Porträts, ist ein Vertreter der von destruktiver Bindungs- und Geschichtslosigkeit geprägten No-Future-Generation der 1980er Jahre. Auch die Helden der folgenden Romane kennzeichnet ein radikaler Individualismus und eine Lebensweise, die sie zu Außenseitern machen. *Protheus der Pilger* (1993) ist der fiktive Lebensbericht eines jungen Mannes in der B. D., der jenseits der Ideen der 68er-Generation aufwächst und sein kindliches Omnipotenzgefühl nicht ablegen kann. Die Novelle *Barfuß* (1995) schildert die selbstzerstörerische Desorientierung durch Telefon- und Cybersex. Einen historisch weiteren Bogen schlägt der Roman *Ein Garten im Norden*. Konzipiert als „Antwort auf Th. ↑Manns *Doktor Faustus*", erzählt er die „langsame Heimkehr" Albert Kleins in das wiedervereinigte Dtl. *Der König von Korsika* (2001) handelt vom Höfling Theodor Neuhoff, der im 18. Jh. als Diplomat und Geheimagent ganz Europa in verschiedenen Diensten bereist. So wird er Zeuge (und Opfer) des Wandels vom Feudalismus zur bürgerlichen Gesellschaft.
Kleeberg erhielt 1995 den Anna-Seghers-Preis (für *Protheus der Pilger*) und den Lion-Feuchtwanger-Preis (2000).

Georg Klein

***29.3.1953 in Augsburg**

Nach Schule und Studium in Augsburg siedelte Klein 1982 nach West-Berlin über und schrieb als freier Journalist und Autor u. a. für die Zeitschriften „manuskripte", „Merkur" und „Neue Rundschau". Die Agenten-Romane *Libidissi* (1998) und *Barbar Rosa* (2001) verarbeiten Motive der Trivialliteratur und wenden die Detektivgeschichte ins Absurde. Libidissi bleibt als Ort der Handlung ebenso vage und dunkel wie die Motive der beteiligten Personen. In *Barbar Rosa* verläuft die Aufklärung des Falles, die Suche nach einem verschwundenen Geldtransporter, entlang der Suche nach seinem grünen Jackett, ohne das der Detektiv und Ich-Erzähler scheinbar nicht arbeiten kann und das ihm aus rätselhaften Gründen bei einem Überfall genommen wurde. Schauplatz ist die degenerierte „Hauptstadt", in der unschwer Berlin zu erkennen ist und deren Beschreibung an die Ästhetik der schwarzen Romantik anknüpft. Auch der Detektiv erscheint als Romantiker und „Antiaufklärer", der durch das morbide und undurchsichtige Stadtgewebe treibt. Neben diesen Detektiv-Travestien erschienen die Erzählungsbände *Anrufung des Blinden Fisches* (1999) und *Von den Deutschen* (2002).
1999 erhielt Klein den Brüder-Grimm-Preis, 2000 den Ingeborg-Bachmann-Preis (für einen Abschnitt aus *Barbar Rosa*).

Heinrich von Kleist
***18.10.1777 in Frankfurt a.d.O., †21.11.1811 am Wannsee bei Potsdam**

„Warum, dachte ich, sinkt wohl das Gewölbe nicht ein, da es doch keine Stütze hat? Es steht, antwortete ich, weil alle Steine auf einmal einstürzen wollen – und ich zog aus diesem Gedanken einen unbeschreiblichen erquickenden Trost, (...) dass auch ich mich halten würde, wenn alles mich sinken lässt." Dieses „Bogengleichnis" aus einem Brief (November 1800), aufgenommen in *Penthesilea* („Steh, stehe fest, wie das Gewölbe steht, / Weil seiner Blöcke jeder stürzen will!"), vergegenständlicht eine Grundsituation in Kleists Leben und Werk: das Bewusstsein vom stets drohenden „Einsturz", vom Scheitern, als zugleich unabdingbarer Voraussetzung für den „Halt" der menschlichen Existenz. Es handelt sich um ein zutiefst „dramatisches" Weltbild, das aus dem Raum von Klassik und Romantik in die Moderne vorausweist.

Der Sohn eines Kompaniechefs aus altem preuß. Adel und Großneffe des Dichters Ewald von Kleist (1715–1759) erhielt seine Erziehung nach dem Tod des Vaters (1788) in Berlin. 1792 trat er, der Familientradition folgend, in ein Potsdamer Regiment ein.

Nach dem ihm bewilligten Abschied begann Kleist in seiner Heimatstadt ein Studium (Physik, Mathematik, Kulturgeschichte, Latein und Naturrecht). Anfang 1800 verlobte er sich mit Wilhelmine von Zenge (Entlobung 1802), im Sommer führte ihn eine rätselhafte Reise über Dresden nach Würzburg, Ende des Jahres entschied er sich für das „schriftstellerische Fach" und bereitete sich auf den Staatsdienst (Fabrikwesen) vor. Nach der sog. Kant-Krise (Relativität aller Erkenntnis, Zweifel am Wissen als höchster Erfüllung des Menschen) reiste Kleist 1801 mit seiner Halbschwester Ulrike nach Paris und allein weiter in die Schweiz, wo er sich bis Oktober 1802 aufhielt: Arbeit an den Dramen *Robert Guiskard* und *Der zerbrochne Krug*, Einsiedelei auf der Delosea-Insel im Thuner See, schwere Erkrankung. Ende 1802 hielt er sich in Weimar auf, bis Februar 1803 war er in Oßmannstedt der Gast ↑Wielands. Anonym erschien das Drama *Die Familie Schroffenstein* (U 1804). Nach einer Schweiz- und Italienreise verbrannte Kleist im Oktober 1803 in Paris das *Robert-Guiskard*-Manuskript („Die Hölle gab mir meine halben Talente", schrieb er an Ulrike) und versuchte, in frz. Kriegsdienst zu treten, wurde jedoch nach Preußen zurückgeschickt.

1804 bemühte sich Kleist um Eintritt in den preuß. Staatsdienst; Beginn der Arbeit an *Michael Kohlhaas*. 1805/06 war er in Königsberg Mitglied der Domänenkammer und widmete sich neben der staatswissenschaftlichen Ausbildung der literarischen Tätigkeit. Nach dem Zusammenbruch Preußens Anfang 1807 in Berlin als angeblicher Spion verhaftet, befand er sich bis Mitte Juli in frz. Gefangenschaft. Ende des Jahres gründete er in Dresden mit Adam Müller die Zeitschrift „Phöbus", die nach 12 Heften (Anfang 1808 bis Anfang 1809) ihr Erscheinen einstellen musste. Von Kleist enthielt sie u.a. das mit Entrüstung aufgenommene „organische Fragment" aus *Penthesilea*, nach der erfolglosen Weimarer Uraufführung der Komödie *Der zerbrochne Krug* dessen Teil-V, ferner *Das Käthchen von Heilbronn* (U 1810).

1809 setzte sich Kleist für eine preuß. Teilnahme an der österreich. Erhebung gegen Napoleon ein (*Was gilt es in diesem Kriege?*, *Katechismus der Deutschen*, Plan der Zeitschrift „Germania") und reiste zu den Kriegsschauplätzen, es verbreitete sich das Gerücht von Kleists Tod in einem Prager Spital.
Ab 1. Oktober 1810 erschienen Kleists „Berliner Abendblätter", ein neuartiges publizistisches Unternehmen mit zunächst breiter Popularität, das umso mehr unter Zensur- und sonstigen Behördenmaßnahmen zu leiden hatte und Ende März 1811 sein Ende fand; zu den Mitarbeitern gehörten A. v. ↑Arnim und ↑Brentano, ein Großteil der Beiträge stammte von Kleist (u. a. die *Anekdoten*). Die Slg. *Erzählungen* erschien 1810/11 (2 Bde.). Die erhoffte günstige Wirkung des Preußendramas *Prinz Friedrich von Homburg* (Widmungsexemplar 1811) am Berliner Hof blieb aus, Bemühungen um den erneuten Eintritt in den Staatsdienst waren erfolglos. Mit der schwermütigen Henriette Vogel nahm sich Kleist am Wannsee das Leben. Die nachgelassenen Werke gab 1821 ↑Tieck heraus.

Erzählungen: *Das Erdbeben in Chili* (V 1807), *Die Marquise von O …* (V 1808, Dramat 1933 ↑Bruckner, 1969 ↑Lange, Vert u. d. T. *Julietta* 1959 Hans Werner Henze, Verf B. D./Frankr. 1975 Eric Rohmer), *Das Bettelweib von Locarno* (V 1810), *Die hl. Cäcilie oder Die Gewalt der Musik* (V 1810), *Die Verlobung in St. Domingo* (V 1811, Verf u. d. T. *San Domingo* B. D. 1970 Hans-Jürgen Syberberg), *Der Findling* (V 1811), *Der Zweikampf* (V 1811). – Dramen: *Robert Guiskard, Herzog der Normänner* (Fragment, E ab 1802, V 1808, U 1901), *Die Familie Schroffenstein* (V 1803, U 1804), *Amphitryon* (E 1805/06, V 1807, U 1898), *Penthesilea* (E 1806/07, V 1808, U 1876, Vert [Symphonische Dichtung] 1883–85 Hugo Wolf, 1927 Othmar Schoeck), *Die Hermannsschlacht* (E 1808, V 1821, U 1860). – Essays: *Über das Marionettentheater* (V in den „Berliner Abendblättern", Nr. 63–66, 12.–15. Dezember 1810).

Michael Kohlhaas. Aus einer alten Chronik. Erzählung, E ab 1804, Teil-V 1808, V 1810, Dramat 1929 Arnolt Bronnen, Verf Dtl. 1933 P. v. Klenau, B. D. 1968/69 Volker Schlöndorff.
Zugrunde liegt der Fall des Hans Kohlhase, dem 1532 auf Anordnung eines Junkers zwei Pferde gestohlen wurden; nach erfolglosem Rechtsstreit steckte er Wittenberg in Brand und wurde 1540 hingerichtet.
Den Ausgangspunkt bildet die willkürliche Beschlagnahme zweier Rappen des Rosshändlers Michael Kohlhaas durch den Junker Wenzel von Tronka. Im Rechtsstreit siegend, verlangt Kohlhaas nun die Wiederherstellung der inzwischen völlig heruntergekommenen Tiere. Der Tod seiner Frau, die beim Versuch, eine Petition zu überreichen, niedergestoßen wird, veranlasst Kohlhaas zu einem Rachezug gegen Tronka: Er brennt dessen Tronkenburg nieder und zieht mit einem ständig wachsenden Heerhaufen als „Erzengel Michael" vor Wittenberg, um die Auslieferung Tronkas zu verlangen. Luther, der einen Aufruf gegen den Aufrührer veröffentlicht hat, sagt in einer geheimen Unterredung Fürsprache beim sächs. Kurfürsten zu, worauf Kohlhaas sein Heer entlässt. Der wieder aufgerollte Prozess entwickelt sich zu seinen Ungunsten, zumal der kaiserliche Hof in Wien eingeschaltet wird. Auch der erneute Einsatz des wortbrüchigen sächs. Kurfürsten (er weiß, dass Kohlhaas im Besitz einer ihn betreffenden Prophezeiung ist) bleibt erfolglos. Kohlhaas wird hingerichtet, nachdem das Urteil im ursprünglichen Rechtsstreit erneut zu seinen Gunsten ausgefallen ist.
Im Mittelpunkt steht der Konflikt zwischen individuellem Rechtsempfinden und offensichtlich unvollkommener, gleichwohl dominierender Rechtsordnung. In diesem Konflikt erweist sich Kohlhaas als „einer der rechtschaffensten zugleich und entsetzlichsten Menschen seiner Zeit".

Novellen. V 1810/11 in der Slg. *Erzählungen* (2 Bde.).

Die Marquise von O... (V 1808 im „Phöbus") beginnt mit einer für Kleists dramatische Grundhaltung kennzeichnenden Paradoxie: Eine „Dame von vortrefflichem Ruf und Mutter von mehreren wohl erzogenen Kindern", fordert durch Zeitungsannoncen den ihr unbekannten Vater des Kindes, das sie erwartet, auf, sich zu melden, da sie „aus Familienrücksichten" entschlossen ist, ihn zu heiraten. Die nun entrollte Vorgeschichte schildert die erste Begegnung jener Dame, der verwitweten Marquise von O ..., mit dem Grafen F., einem russ. Offizier, der sie während der Eroberung einer von ihrem Vater verteidigten Zitadelle vor der Vergewaltigung durch Soldaten gerettet und anschließend in einen Raum gebracht hat, in dem sie in Ohnmacht gesunken ist. Die bald darauf mit aller Dringlichkeit vorgebrachte Werbung des Grafen F. um ihre Hand bleiben ihr ebenso unerklärlich wie die Anzeichen körperlichen Unwohlseins, das sich als Schwangerschaft entpuppt. Daraufhin von den Eltern des Hauses verwiesen, „hob sie sich plötzlich, wie an der eigenen Hand, aus der ganzen Tiefe, in welche das Schicksal sie herabgestürzt hatte, empor" und entschloss sich zu jenem Schritt an die Öffentlichkeit. Die Reaktion ist die Ankündigung des Gesuchten, sich an einem bestimmten Zeitpunkt im Elternhaus der Marquise einzufinden. Wer erscheint, ist Graf F., dem schließlich nach seinem Verzicht auf alle Rechte des Gatten die Ehe gewährt wird. Nach Ablauf eines Jahres willigt die Marquise in eine tatsächliche Eheschließung ein. Sie erklärt ihre ursprüngliche Weigerung damit, dass er ihr bei seinem unverhofften Auftreten „nicht wie ein Teufel erschienen sein (würde), wenn er ihr nicht, bei seiner ersten Erscheinung, wie ein Engel vorgekommen wäre". In dieser Erklärung enthüllt sich als ein zentrales Thema der Novelle die Polarisierung des Gefühls als Widerspiegelung einer Disharmonie auf Grund der „gebrechlichen Einrichtung der Welt".

Die Verlobung in St. Domingo handelt vor dem Hintergrund eines Negeraufstands vom Scheitern der Liebe zwischen der Mestizin Toni und dem Schweizer Gustav von Ried; dieser missversteht eine von Toni zu seiner Rettung unternommene List als Verrat und tötet sie; seinen Irrtum erkennend, nimmt er sich selbst das Leben.

Der Findling greift das Tartuffe-Thema auf: Nicolo treibt seinen Adoptivvater, den Makler Piachi, aus dem Haus; dieser schlägt die göttliche Gnade aus, um seinen Gegner bis in die Hölle verfolgen zu können. In Piachis Bereitschaft zur Selbstvernichtung drückt sich die Radikalität seines (an *Michael Kohlhaas* anknüpfenden) Versuchs aus, erlittenes Unrecht zu rächen.

Der Zweikampf schildert die scheinbare Entlastung eines der Anstiftung zum Mord schuldigen Ritters durch einen als Gottesurteil ausgeführten Zweikampf, wodurch zugleich die Ehre der Edelfrau Littegarde von Auerstein in Zweifel gezogen wird. Ihr gilt die Mahnung: „Bewahre deine Sinne vor Verzweiflung! türme das Gefühl, das in deiner Brust lebt, wie einen Felsen empor: halte dich daran und wanke nicht!"

Das Bettelweib von Locarno gehört dem Genre der Gespenstergeschichte an: Das Vergehen eines Marchese (er verschuldet den Tod einer Bettlerin, die seine Frau aufgenommen hat) rächt sich, indem die Verstorbene als Spuk dessen Vernichtung (er steckt schließlich sein Schloss an und kommt in den Flammen um) bewirkt. Die Diskrepanz zwischen der Irrealität des Geschehens und der nüchternen Darstellungsweise weist auf ↑Kafka voraus. Lediglich auf dem Höhepunkt (vom Hund wahrgenommene Spukerscheinung) entwickelt sich aus gesteigerter Hypotaxe und fragmentierter Parataxe packende sprachliche Unmittelbarkeit. Die Erzählung besitzt den Charakter einer gegen Missstände im Adel gerichteten gesellschaftskritischen Parabel.

Der zerbrochne Krug. Lustspiel in 1 Akt, E ab 1802, U 1808, Teil-V 1808, V 1811, Illustrationen von Menzel 1877, Verf Dtl. 1937 Gustav Ucicky. Zugrunde liegt ein 1802 in Bern von Kleist, Heinrich Zschokke, Salomon Geßners Sohn Heinrich und ↑Wielands Sohn Ludwig unternommener Wettstreit, den Stich „Der Richter und der zerbrochene Krug" literarisch umzusetzen. Möglicherweise kannte Kleist das Gemälde „Der zerbrochene Krug" (Verlorene Unschuld) von Jean-Baptist Greuze.

Der niederländ. Dorfrichter Adam ist an Bein und Kopf verletzt; durch seinen Schreiber Licht erfährt er von der unmittelbar bevorstehenden Ankunft des neuen Gerichtsrats Walter, der zur Revision der Verwaltung auf dem Lande umherreist. In Walters Anwesenheit muss Adam (der seine Perücke vermisst) den anstehenden Gerichtstag abhalten. Als Klägerin tritt Frau Marthe auf. Sie beschuldigt den Bauernsohn Ruprecht, in die Kammer ihrer Tochter Eve eingedrungen zu sein und einen kostbaren, mit Reliefszenen verzierten Krug beschädigt zu haben. Ruprecht dagegen behauptet, Eve bei einem Stelldichein mit seinem Rivalen Lebrecht überrascht zu haben.

Adams sprunghafte Verhandlungsführung mit dem offenkundigen Ziel, eine Aufklärung des Vorfalls zu verhindern, weckt Walters Verdacht gegen den Richter. Doch auch dem Gerichtsrat gelingt es nicht, Eve zu einer Aussage zu bewegen. Die Zeugin, Frau Brigitte, lenkt den Fall in eine ganz neue Richtung: Sie hat vom Tatort aus eine im Schnee erkennbare Spur verfolgt, die ohne Zweifel vom Teufel stammt. Doch damit ist zugleich Adams Schuld bewiesen, denn sein Klumpfuß hat die „Teufelsspur" hinterlassen, und die angeblich vom Teufel verlorene Perücke passt ihm wie angegossen. Von Walter aufgefordert, die Verhandlung um des Ansehens des Gerichtes willen schleunigst durch ein Urteil zu beenden, spricht Adam Ruprecht für schuldig und wird von diesem aus dem Zimmer gejagt.

Die nun folgende Aufklärung des nächtlichen Vorfalls in Eves Kammer liegt in einer ausführlichen Fassung *(Variant)* und in der knapperen der Buchausgabe vor. Letztere beschränkt sich darauf, dass Adam Eve vorgespiegelt hat, der zum Militärdienst einberufene Ruprecht werde nach Übersee verschifft, doch könne ihn ein Attest vor dem Kolonialdienst bewahren; mit dem Attest als Druckmittel wollte Adam ein Schäferstündchen mit Eve erzwingen, wurde jedoch von Ruprecht überrascht und bei der Flucht verletzt. Walter klärt die Betroffenen darüber auf, dass die ausgehobenen Truppen ausschließlich im Heimatland eingesetzt werden. *Der Variant* erweitert diesen Sachverhalt zu einer Darstellung der Vertrauenskrise: Eve bleibt misstrauisch und schenkt dem Gerichtsrat erst Glauben, als dieser mit einer Geldsumme für die Richtigkeit seiner Erklärung bürgt.

In der schrittweisen Selbstentlarvung des Schuldigen ist das Vorbild der Tragödie „König Oidipus" von Sophokles erkennbar; im Übrigen verbindet Adam und Oidipus („Schwellfuß") der Klumpfuß, ein körperliches Gebrechen, das seine defekte Menschlichkeit versinnbildlicht. Der Lustspielcharakter des Stückes ergibt sich nicht zuletzt aus der unübertrefflichen Wendigkeit Adams im Umgang mit der Wahrheit, die er durch unzählige Erfindungen zu umhüllen weiß. Zudem ist Adam ein pessimistischer Realist. Er weiß: „Gestrauchelt bin ich hier; denn jeder trägt/Den leidgen Stein zum Anstoß in sich selbst." Und im Hinblick auf den Revisor vertraut er der Erfahrung: „Der Mann hat seinen Amtseid ja geschworen,/Und praktiziert, wie wir, nach den/Bestehenden Edikten und Gebräuchen." In Eves Aufforderung an Ruprecht, die Schuld vertrauensvoll auf sich zu nehmen, klingt Kleists Thema der trotz allen trügerischen Anscheins bewahrten Gewissheit des Gefühls an. Ihre Problematisierung erfährt diese an den Menschen gestellte Forderung in Kleists Gestaltung des *Amphitryon*-Stoffes.

Das Käthchen von Heilbronn oder Die Feuerprobe.
Drama in 5 Akten, V 1808, U 1810, Vert 1905 Hans Pfitzner. Anregungen boten G. H. Schuberts *Ansichten von der Nachtseite der Naturwissenschaft*.

Das „große historische Ritterschauspiel" beginnt mit der Sitzung eines Femegerichts. Angeklagt ist Graf vom Strahl, sich die Tochter des wohlhabenden Heilbronner Waffenschmieds Friedeborn mit Zaubermitteln hörig gemacht zu haben, denn Käthchen folgt ihm als „zweiter Schatten". Eine Schuld des Grafen lässt sich jedoch nicht nachweisen. Ein Traum hat dem Grafen prophezeit, eine Kaisertochter zur Frau zu bekommen. Er glaubt, diese in Kunigunde von Thurneck, seiner früheren Gegnerin, gefunden zu haben. Um sich an Kunigundes Untreue zu rächen, plant der Rheingraf einen Überfall auf Thurneck. Käthchen erfährt von dem Plan und warnt den Grafen vom Strahl, der sich bei Kunigunde auf Thurneck befindet. Während des Überfalls rettet sie aus dem brennenden Schloss (beschützt durch einen Engel) ein Bild des Grafen („Feuerprobe"). Unter einem Holunderbusch schlafend und vom Grafen befragt, enthüllt sie, dass sie es ist, in deren Kammer Strahl in jenem prophetischen Traum geführt wurde. Tatsächlich erweist sich Käthchen als illegitimes Kind des Kaisers, als „Kind der Liebe". Ein Giftanschlag der als hexenhafter Ausbund an Hässlichkeit entlarvten Kunigunde (ihre „Zähne gehören einem Mädchen aus München, ihre Haare sind aus Frankreich verschrieben", ihren Körper formt ein eisernes Korsett) misslingt, und Käthchen wird die Frau des Grafen.

Das zentrale Thema bildet die somnambulisch in Erscheinung tretende höhere Wirklichkeit der Liebe Käthchens und des Grafen; damit diese Liebe auch in der Realität Gültigkeit erlangen kann, müssen die Standesgrenzen fallen, was voraussetzt, dass Käthchen als die Verkörperung ursprünglicher Harmonie dem ihr selbst unerklärlichen Gefühl vertraut.

Prinz Friedrich von Homburg.
Drama in 5 Akten, E 1809–11, U, V 1821, Vert 1958 Hans Werner Henze (Libretto ↑Bachmann).

Den Ausgangspunkt der Handlung bildet die Begegnung zwischen dem Kurfürsten, seiner Nichte Natalie und Gefolge mit dem schlafwandelnden Prinzen, der sich einen Siegeskranz windet; im Scherz schlingt der Kurfürst seine Halskette um den Kranz und lässt diesen durch Natalie überreichen. Als Friedrich sie als seine Braut anspricht, zieht die Gesellschaft sich schockiert zurück; dem Träumenden bleibt ein Handschuh Natalies. Verwirrt durch die Entdeckung, dass er Natalie begegnet sein muss, nimmt Friedrich die Instruktionen vor Beginn der Schlacht gegen die Schweden nur beiläufig zur Kenntnis. Während der Schlacht greift er befehlswidrig auf eigene Faust in den Kampf ein. Er hat hierdurch zwar wesentlichen Anteil am Sieg, wird aber wegen Insubordination zum Tode verurteilt. Von Verzweiflung gepackt (eine vom preuß. Hof missbilligte Szene), bittet er die Kurfürstin um Fürsprache für das nackte Leben. Selbst zur Entscheidung aufgerufen, ist der Prinz bereit, das „heilige Gesetz des Kriegs" durch einen „freien Tod" zu verherrlichen, und zwar im Sinne eines Sieges über den „verderblichsten/Der Feind' in uns, den Trotz, den Übermut". Der Kurfürst sieht sich nun in der Lage, die Begnadigung auszusprechen. Die Schluss-szene lässt den Traum der Anfangsszene Wirklichkeit werden.

Als ins „Positive" gewendete Summe aus Kleists literarischem Schaffen reflektiert das Drama die zentralen Fragen nach der Beziehung zwischen Individuum und Gesellschaft, individuellem Rechtsempfinden und herrschender Rechtsordnung, nach der Realität des Gefühls, dessen eigentliche Heimat der Traum ist. Nicht: „In Staub mit allen Feinden Brandenburgs!" beschließt im Grunde das Drama, sondern Friedrichs Frage: „Nein, sagt! ist es ein Traum?", worauf Kottwitz antwortet: „Ein Traum, was sonst?"

Friedrich Maximilian (von) Klinger

***17.2.1752 in Frankfurt a.M., †9.3.1831 in Dorpat**

Schon während seines 1774 in Gießen begonnenen Jurastudiums (zugleich Beginn der Freundschaft mit ↑Goethe) trat Klinger als Dramatiker an die Öffentlichkeit: 1775 erschien das Ehebruchdrama *Das leidende Weib* (Kulturkritik unter dem Einfluss von Jean-Jacques Rousseau), 1776 kam in Hamburg das Drama *Die Zwillinge* zur Aufführung (Rivalität zwischen ungleichen Brüdern, Brudermord und Gericht des Vaters über den Mörder). Nach einem Zerwürfnis mit Goethe während des Aufenthalts in Weimar Ende 1776 schloss Klinger sich der Seyler'schen Theatertruppe als Schauspieler und Theaterdichter an; in Leipzig brachte er 1777 sein Drama *Wirrwarr* zur Aufführung, dessen späterer Titel *Sturm und Drang* zur Epochenbezeichnung wurde: Auf dem amerikan. Kriegsschauplatz des Unabhängigkeitskriegs treten Kraftnaturen auf, denen das alte Europa zu eng geworden ist. 1779 wurde Klinger Offizier, 1780 trat er (geadelt) in russ. Kriegsdienst (1802 Leiter des Pagenkorps, 1803–17 zugleich Kurator der Universität in Dorpat). Der Roman *Fausts Leben, Taten und Höllenfahrt* (1791) schildert Faust als Erfinder des Buchdrucks; sein Pakt mit dem Teufel zielt darauf ab, „etwas Kühnes zu wagen und Unabhängigkeit von den Menschen" zu gewinnen. Innerhalb eines Romanzyklus erschien 1797 *Faust der Morgenländer*.

Friedrich Gottlieb Klopstock

***2.7.1724 in Quedlinburg, †14.3.1803 in Hamburg**

Nach einem Theologiestudium 1745–48 in Jena und Leipzig war Klopstock Hauslehrer; 1748 erschienen die ersten 3 Gesänge des „Heldengedichts" *Der Messias*. 1751 ließ sich Klopstock in Kopenhagen nieder, wo ihm eine Lebensrente des dän. Königs zu materieller Unabhängigkeit verhalf. Die Bemühungen um die Gründung einer Akademie der Wissenschaften in Wien scheiterten 1768, ab 1770 lebte er in Hamburg.

Klopstocks literarisches Schaffen war über Jahrzehnte der Vollendung des *Messias* gewidmet: 1751 erschienen der 4. und 5. Gesang, 1773 lag das 20 Gesänge umfassende Werk vollständig vor (überarbeitete Neuausgaben 1781 und 1798). Die entscheidende Wirkung des Hexameterepos (zugrunde liegen das Johannesevangelium und die Offenbarung) ging von der z.T. durch Wortneubildungen und syntaktische Freiheit gewonnenen Ausdrucksvielfalt aus, die wegweisend für die Dichtung des Sturm und Drang wurde (↑Herder, ↑Goethe); als Klopstock-Gemeinde bildete sich in Göttingen 1772 der „Hainbund" (↑Voß), dem Klopstock 1774 beitrat. Eine kennzeichnende Ode ist *Die Frühlingsfeier* (V 1771), ein Lobpreis der göttlichen Allmacht angesichts des Wassertropfens wie des Gewittersturms, dem der Regenbogen folgt: „Siehe, nun kommt Jehova nicht mehr im Wetter; / In stillem, sanftem Säuseln / Kommt Jehova, / Und unter ihm neigt sich der Bogen des Friedens!" Nationale kulturelle Eigenständigkeit und Unabhängigkeit von starrem Regelwerk forderte Klopstock in seiner Programmschrift *Die dt. Gelehrtenrepublik* (1. Teil 1774). Als „Bardiet" (von lat. „barditus" = Schlachtgesang) bezeichnete Klopstock sein Drama *Hermanns Schlacht* (1769), dem *Hermann und die Fürsten* (1784) und *Hermanns Tod* (1787) folgten.

Alexander Kluge

***14. 2. 1932 in Halberstadt**

Nach der Schulzeit in Halberstadt und West-Berlin studierte Kluge Jura, Geschichte und Kirchenmusik in Freiburg, Marburg und Frankfurt a. M., bevor er sich 1958 dem Film zuwandte. Als Mitverfasser des „Oberhausener Manifestes", als Leiter des Instituts für Filmgestaltung in Ulm (mit Edgar Reitz) sowie durch seine Filme und die späteren Fernsehproduktionen hat Kluge die Medienlandschaft der B. D. maßgeblich geprägt. Der Schriftsteller debütierte 1962 mit *Lebensläufe,* die er 1966 u. d. T. *Abschied von Gestern* selbst verfilmte und damit einen der bedeutendsten Beiträge zum „neuen deutschen Film" leistete. Ihm folgten u. a. die Filme *Artisten in der Zirkuskuppel – ratlos* (1968), *Gelegenheitsarbeiten einer Sklavin* (1973) und *Die Patriotin* (1979), von denen jeweils eine Buch-Fassung erschien. Filme und Bücher Kluges ähneln sich in dem Versuch, weniger eine geschlossene Erzählung als vielmehr heterogene Materialien anzubieten, eine Mischung aus „teils erfundenen, teils nicht erfundenen" Geschichten, mit denen der Zuschauer bzw. Leser sich produktiv auseinander setzen soll. Mit *Schlachtbeschreibung,* das den Untergang der 6. Armee im Kessel von Stalingrad behandelt, gelang Kluge eine neue Form des Historienromans, der sich dem vereinfachenden Erzählfluss widersetzt, indem er verschiedenste Dokumente, vom Tagebuch der Ereignisse bis hin zu militärhistorischen Materialien und Gesprächen mit Beteiligten, versammelt, ergänzt durch Karten, Statistiken und Abbildungen. Die spröde Form der ersten Fassung (1964), die sich gegen das Pathos der NS-Propaganda radikal abgrenzen sollte, wurde 1978 erzählerisch ergänzt, um der durch die zeitliche Distanz veränderten Perspektive gerecht zu werden. Die dritte Fassung ist – neben zahlreichen älteren und bis dahin unveröffentlichten Geschichten – Bestandteil der *Chronik der Gefühle* (2 Bde., 2000). Ein weiterer Geschichtenband mit etwa 500 Episoden erschien 2003 unter dem Titel *Die Lücke, die der Teufel lässt. Im Umfeld des neuen Jahrhunderts.*

Geehrt wurde der Schriftsteller Kluge u. a. 1966 mit dem Bayer. Staatspreis (für *Schlachtbeschreibung*) und mit dem Georg-Büchner-Preis (2003).

Ruth Klüger

***30. 10. 1931 in Wien**

Das 11-jährige jüd. Mädchen wurde 1942 mit seiner Mutter in das KZ Theresienstadt deportiert, 1944 nach Auschwitz. Anfang 1945 gelang ihnen die Flucht aus dem Lager Christianstadt Groß-Rosen. 1946 begann Klüger in Regensburg ein Studium, das sie nach der Auswanderung in die USA 1950 abschloss; ab 1965 lehrte sie an mehreren amerikan. Universitäten dt. Sprache und Literatur; hier entstand *weiter leben. Eine Jugend* (V 1992). Essays der amerikan. Germanistin erschienen 1994 in der B. D. als Slg. *Katastrophen* (u. a. über ↑Grimmelshausen und ↑Kleist) und in der Slg. *Frauen lesen anders;* 1996 folgte *Von hoher und niedriger Literatur.*

Zu ihren Auszeichnungen gehören die Heinrich-Heine-Medaille (1997) und der Thomas-Mann-Preis (1999) sowie der nach dem österreich. Kanzler Bruno Kreisky benannte Preis für das politische Buch (2002).

weiter leben. Eine Jugend.
Autobiografie, E 1989–91, V 1992, als Hörbuch (Sprecherin: Klüger) 1995, Dramat Wiener Theater „Iskra" 2001.
Die Erinnerungen reichen zurück in die Zeit der beginnenden Judenverfolgung und gliedern sich in die vier Teile: Wien, Die Lager, Deutschland, New York. Diese Chronologie ist eine unter mehreren Ebenen, auf denen spätere Erfahrungen und gegenwärtige Reflexionen zur Sprache kommen, etwa am Beginn des 2. Teils die Auseinandersetzung mit dem KZ-Tourismus: „Der ungelöste Knoten, den so ein verletztes Tabu wie Massenmord, Kindermord hinterlässt, verwandelt sich zum unerlösten Gespenst, dem wir eine Art Heimat gewähren, wo es spuken darf." Die Erzählweise widersetzt sich dem ängstlichen Abgrenzen gegen mögliche Vergleiche, dem „Bestehen auf der Einzigartigkeit des Verbrechens" und dem bloßen Appell: „Nie wieder soll es geschehen." Vielmehr handeln die Erinnerungen zugleich vom Gegenwärtigen und verlangen nach Sprache. Der Epilog „Göttingen" enthält das Gedicht *Aussageverweigerung* mit den Versen: „Jedes hergelaufene Gespenst kann mich enteignen, / Weil ich weiter muss, wenn eins sagt: ‚Sprich!'"

Wolfgang Koeppen

***23. 6. 1906 in Greifswald, † 15. 3. 1996 in München**

Koeppen studierte Germanistik und Theaterwissenschaft und leitete 1930–33 das Feuilleton des „Berliner Börsen-Courier". 1934 erschien als erster Roman *Eine unglückliche Liebe*; im selben Jahr ließ er sich in Holland nieder. 1939 kehrte er nach Dtl. zurück und war in Berlin als Drehbuchautor tätig. Koeppens 3 Nachkriegsromane, *Tauben im Gras* (1951), *Das Treibhaus* (1953) und *Der Tod in Rom* (1954), stehen im Zusammenhang mit der Kritik am verpassten gesellschaftlichen Neubeginn in der B. D. im Zeichen der Ost-West-Konfrontation und der Remilitarisierung. Die Eindrücke einer 1957 auf Einladung des sowjet. Schriftstellerverbandes unternommenen Reise durch die UdSSR enthält der Band *Nach Russland und anderswohin* (1958); als weitere Reisebücher folgten *Amerikafahrt* (1959) und *Reisen nach Frankreich* (1961). Autobiografisch geprägt sind der Prosaband *Romanisches Café* (1972) und die Erzählung *Jugend* (1976). Zu Koeppens Auszeichnungen gehört der Georg-Büchner-Preis 1962.

Tauben im Gras. Roman, V 1951.
In einem an ↑Döblin (Montagetechnik) und James Joyce (innerer Monolog) orientierten Mosaik aus sich nach und nach verknüpfenden Einzelszenen schildert Koeppen ein Kaleidoskop von Lebenshaltungen. Als zeitlicher Rahmen dient ein Tag des Jahres 1948, als Schauplatz eine westdt. amerikan. besetzte Großstadt. Gemeinsam ist den Akteuren (Arzt, Lehrer, Schriftsteller, Schauspieler, Vortragsgäste, Biertrinker, Halbstarke) eine vage Vorstellung von ihrer neu gewonnenen Freiheit, während sie in Wirklichkeit schutzlos wie „Tauben im Gras" dem „Metzger ausgeliefert" sind.

Das Treibhaus. Roman, V 1953.
Der 2. Teil einer „Trilogie des Scheiterns" hat die Form eines inneren Monologs des aus dem Exil zurückgekehrten Schriftstellers Keetenheuve. Dieser rekapituliert Ereignisse seit 1945. Als SPD-Abgeordneter lebt er im „Treibhaus Bonn". Hier gedeiht im Zusammenspiel von Politik und Wirtschaft die Restauration. Keetenheuves Engagement im Widerstand gegen die Wiederbewaffnung der B. D. ist dem Einfluss des Geheimdienstes auf die Politik hoffnungslos unterlegen. Zum Zeitbild wird der Roman durch Material aus den Medien, v. a. der Werbung in Kino, Rundfunk und den Druckerzeugnissen.

Uwe Kolbe
***17.10.1957 in Ost-Berlin**
Der Sohn eines Binnenschiffers schlug sich nach Abitur und Wehrdienst mit Gelegenheitsarbeiten durch. Nach den Gedichtbänden *Hineingeboren* (1980) und *Abschiede* (1981) war er bis 1986 faktisch mit einem Publikationsverbot belegt. Der Slg. *Bornholm II* (1986) folgte 1990 der Bd. *Vaterkanal*, dessen Gedichte und Prosa noch vor der Wende entstanden waren und das Gefühl der Fremdheit im wiedervereinigten Deutschland vorwegnehmen. Den Gastdozenturen in Austin (Texas), Wien und Essen folgte 1997 der Ruf der Universität Tübingen, wo Kolbe das „Studio Literatur und Theater" leitet. Der Lyriker veröffentlichte die Bände *Nicht wirklich platonisch* (1994) und *Vineta* (1998). Der Essay-Sl. *Renegatentermine* (1998) folgte der Kriminalroman *Der Tote von Belintasch*. Zu Kolbes Auszeichnungen gehören der Nicolas-Born-Preis (1988) und der Friedrich-Hölderlin-Preis (1993).

Helga Königsdorf
***13.7.1938 in Gera**
Die Tochter eines Landwirts studierte 1955–61 in Jena und Ost-Berlin Physik; 1974–90 war sie Professorin. 1978 erschien ihre erste Slg. von Kurzgeschichten: *Meine ungehörigen Träume;* gemeinsames Thema sind – wie in späteren Erzählungen – menschliche Beziehungen und die gesellschaftlichen Verhältnisse. Sie setzte sich für eine Erneuerung ursprünglicher Werte der DDR ein (*1989 oder Ein Moment Schönheit. Collage in Briefen, Gedichten Texten;* 1990). „Protokolle eines Abschieds" enthält der Bd. *Adieu DDR* (1990). Zentrales Thema wurden die „Wendejahre" mit der Notwendigkeit, sich in veränderten Verhältnissen zurechtzufinden (Roman *Die Entsorgung der Großmutter,* 1997). Mit ihrer Parkinsonkrankheit setzt sich Königsdorf in den Erinnerungen *Landschaft im wechselnden Licht* (2002, mit eigenen Zeichnungen) auseinander. 1992 erhielt sie die ↑Roswitha-Medaille.

August (von) Kotzebue
***3.5. 1761 in Weimar, †23.3.1819 in Mannheim**
Ab 1781 in gehobenem russ. Staatsdienst stehend (1785 geadelt), machte sich Kotzebue zugleich als Verfasser zugkräftiger Dramen einen Namen. 1801 kam das Erfolgsstück *Die beiden Klingsberg* zur Aufführung (Vater und Sohn aus einem Grafengeschlecht treiben ihr Unwesen als Schürzenjäger), 1803 folgten *Die deutschen Kleinstädter*, eine Satire auf Ämter- und Titelsucht im Städtchen Krähwinkel (insgesamt verfasste Kotzebue über 200 Dramen). Ab 1802 wieder in Dtl., gab er in Berlin 1803–07 die gegen ↑Goethe und die Romantiker gerichtete Zeitschrift „Der Freimütige" heraus. 1816 wurde er erneut in den russ. Staatsrat berufen und bereiste als persönlicher Berichterstatter des Zaren (ab 1817) Dtl.; in seinem 1818 gegründeten „Literarischen Wochenblatt" attackierte er die von der studentischen Jugend vertretenen liberalen Ideen. Kotzebues Ermordung durch den Burschenschafter Karl Ludwig Sand (1795–1820) veranlasste die „Karlsbader Beschlüsse" (1819) mit verschärfter Zensur und gesetzlichen Bestimmungen im Zeichen der „Demagogenverfolgung" im Dt. Bund.

Christian Kracht
***29. 12. 1966 in Gstaad bei Bern**
Der Sohn des gleichnamigen Finanzbevollmächtigten des Axel-Springer-Konzerns wuchs in der Schweiz, den USA, Kanada und Hamburg auf und war u. a. als Auslands-Korrespondent für die Zs „Der Spiegel" tätig. 1995 erschien der Debütroman *Faserland* (Hörbuch, gelesen von Kracht, 2000), mit dem er neben Benjamin von Stuckrad-Barre zum bekanntesten Vertreter einer neuen „Popliteratur" wurde, gekennzeichnet u. a. durch einen zugespitzten und demonstrativ vorgetragenen Warenfetischismus. Erläutert wurde diese Haltung in dem Bd. *Tristesse Royale. Das popkulturelle Quintett* (E 1999, V 2001 hrsg. v. Joachim Bessing): Kracht ließ sich mit vier Kollegen in der Exekutive-Lounge des Hotel Adlon in Berlin einschließen, um in Gesprächen ein „Sittenbild unserer Generation zu modellieren". 1999 war er Herausgeber der Anthologie *Mesopotamia. Ernste Geschichten am Ende des Jahrtausends.* 2001 erschien der im Teheran unmittelbar vor der islamischen Revolution handelnde Roman *1979* (Hörbuch, gelesen von Kracht, 2003). Wie *Faserland* spielt er mit der Form der Reiseliteratur: Im Unterschied zu den Klassikern des Genres ist der Erzähler bei Kracht blind für die Orte seiner Reise.

Karl Kraus
***28. 4. 1874 in Jičin (Ostböhmen), † 12. 6. 1936 in Wien**
Der Sohn eines jüd. Kaufmanns und Papierfabrikanten kam mit seiner Familie 1877 nach Wien. 1892 begann er hier ein Jurastudium, das er nach dem Wechsel zur Philosophie und Germanistik 1898 abbrach. 1899 schuf sich Kraus mit der Zeitschrift *Die Fackel* ein eigenes Publikationsorgan (zu den Mitarbeitern gehörten Peter Altenberg und Frank ↑Wedekind), dessen Inhalt er ab 1911 allein bestritt; bis 1936 erschienen 922 Ausgaben. Kraus setzte sich das Ziel der „Trockenlegung des weiten Phrasensumpfes". Als erste Auswahl von *Fackel*-Beiträgen erschien 1908 die Slg. *Sittlichkeit und Kriminalität*; ihr zentrales Thema ist die Verletzung grundlegender Rechtsgüter durch eine am „Volksempfinden" bzw. an der „öffentlichen Meinung" orientierte Sexualjustiz. Seine Auffassung vom Wesen der Dichtung, die „aus der Sprache" entsteht, erörterte Kraus in Auseinandersetzung mit ↑Heine, dem er ein Hantieren „mit der Sprache" vorwarf. Dies charakterisiere den Journalismus als Symptom der kulturellen Krise (*Heine und die Folgen,* 1910, ergänzt 1911 und 1917). Zu den von Kraus geförderten Autorinnen und Autoren gehören ↑Lasker-Schüler, ↑Trakl und ↑Werfel. Seine besondere Hochachtung galt ↑Nestroy, dessen Werke er in einer Art Ein-Mann-Lesetheater vortrug.
Das Antikriegs-(Lese-)Drama *Die letzten Tage der Menschheit* (E ab 1915, 1. Fassung 1918/19, 2. Fassung 1922, Teil-U 1923, U einer Bearbeitung 1964) entwickelt in 220 Szenen ein apokalyptisches Bild des I. Weltkriegs. 1923 protestierte Kraus, der erst 1911 zum Katholizismus konvertiert war, durch seinen Kirchenaustritt gegen die Haltung der Kirche im Krieg. *Die dritte Walpurgisnacht* (E 1933, Teil-V 1934, V 1952) analysiert anhand dokumentarischen Materials (u. a. Presseberichte) den Nationalsozialismus.

Helmut Krausser
***11.7.1964 in Esslingen am Neckar**
In München aufgewachsen, studierte Krausser dort Archäologie, Theaterwissenschaften und Kunstgeschichte, brach aber nach vier Jahren ab und lebte zeitweise als Berber auf der Straße. Als Moderator der Jugendsendung „Pop Sunday" des Bayerischen Rundfunks konnte er zwischen 1983 und 1987 auch eigene Prosatexte vorstellen, die 1990 in dem Sammelband *Spielgeld* erschienen sind. 1986 entstand als erster Roman *Schweine und Elefanten* (V 1989), der mit *Könige über dem Ozean* (V 1989) und *Fette Welt* (V1992, Verf B. D. 1998 Jan Schütte) die *Hagen-Trinker-Trilogie* bildet. Seine Hauptfigur, der literarisch gebildete Spieler, Berber und Aussteiger Hagen Trinker aus München, ist eine gespaltene Persönlichkeit; seine dunkle Hälfte tritt als Kindermörder Herodes auf. 1993 folgte der Roman *Melodien*, der die Gegenwart mit der Alchimie und Musikgeschichte der Hochrenaissance verknüpft: Im Zentrum steht der Alchimist Castiglio auf der Suche nach der „Urmusik". Parallel zur historischen Erzählebene verläuft der Wettlauf mehrerer Wissenschaftler der Gegenwart auf den Spuren Castiglios. Es folgten die Romane *Thanatos* (1996) und *Der große Bagarozi* (1997, Verf B. D. 1999 Bernd Eichinger); Letzterer handelt von einer frustrierten Psychologin und dem Teufel, der an seiner unüberwindbaren Leidenschaft für die Sängerin Maria Callas leidet. Einblick in die Vorstellungswelt und Arbeitsweise Kraussers geben seine Tagebücher eines Monats pro Jahr (*Mai*, 1992; *Juni*, 1993 usw.). Der Dramatiker Krausser hatte mit *Lederfresse* (U 1994) eines der erfolgreichsten Theaterdebüts (bisher 17 Inszenierungen). Ihm folgten *Spät weit weg. Groteske! Bubenstück infames* (U 1997) und *Haltestelle Geister* (U 2000).

Ursula Krechel
***23.4.1947 in Trier**
Die Tochter eines Psychologen schloss ihr Kölner Studium der Germanistik, Theaterwissenschaft und Kunstgeschichte (ab 1966, daneben Theaterprojekte mit jugendlichen Untersuchungsgefangenen) 1972 mit der Promotion ab und wurde als freie Autorin tätig. Das Drama *Erika* (U, V 1974) schildert in 26 Szenen den Versuch einer 26-jährigen Frau, aus der Stagnation ihrer Lebensverhältnisse (Ehe, Beruf als Schreibkraft) auszubrechen. Als Bericht über die Entstehung der Neuen Frauenbewegung erschien 1975 *Selbsterfahrung und Fremdbestimmung* (erweitert 1982). Den „Versuch über das Vergessen weiblicher Kulturleistung" des Bd.s *Die Zerstörung der kalten Ordnung*, (1979) widmete sie u.a. ↑Keun und ↑Langgässer. *Zweite Natur. Szenen eines Romans* (1981) handelt am Beispiel einer Frankfurter Wohngemeinschaft von ritualisierten sozialen Verhaltensweisen, die zur „zweiten Natur" geworden sind; die gemeinsame Beschäftigung mit Träumen soll die Verbindung zur „ersten Natur" wiederherstellen. Das Spannungsfeld zwischen gesellschaftlichen Erfahrungen und Innerlichkeit kennzeichnet auch die oft lakonische Lyrik, beginnend mit der Slg. *Nach Mainz!* (1977). 1983 erschien das Langgedicht *Rohschnitt. Gedicht in Sequenzen.* Die Erzählerin Krechel beschäftigte sich mit den Themen Homosexualität (*Sizilianer des Gefühls*, 1993) und Gewalt (*Der Übergriff*, 2001).

Franz Xaver Kroetz
***25. 2. 1946 in München**
Der Sohn eines Finanzbeamten war nach abgebrochenem Besuch der Wirtschaftsoberschule ab 1961 Schauspielschüler (München, Wien) und Gelegenheitsarbeiter; 1972–80 war er Mitglied der DKP. Anknüpfend an die Tradition des kritischen Volksstücks (↑ Fleißer, ↑Horváth), entwickelte er sich mit mehr als 40 Stücken zu einem erfolgreichen Vertreter des sozialen (Dialekt-)Dramas. Das zentrale Thema ist der Mensch als Opfer von sozialer Misere, leerer Moral und Sprachlosigkeit. Die frühen Stücke verwenden den Tabubruch als gezielten Schockeffekt (1971 brachte *Handarbeit* Masturbation, Abtreibung und Kindsmord auf die Bühne). Gewalt, Sexualität und dumpfe Abhängigkeit herrschen im Bauernstück *Stallerhof* (1972). *Nicht Fisch nicht Fleisch* (1981) über den Produktivitäts-Zwang der Arbeitswelt nähert sich dem absurden Theater. An ↑ Brecht, mit dem er mitunter verglichen wird, erinnerte Kroetz mit dem „Stück in 14 Bildern aus dem dt. Alltag“ *Furcht und Hoffnung der BRD* (1984). Eine ähnlich lockere Folge bilden die 24 „Volkstümlichen Szenen aus dem neuen Dtl.“ *Ich bin das Volk* (1996) über Fremdenfeindlichkeit, die sich auf der Straße, in Biergärten und Amtsstuben äußert. Kroetz hat viele seiner Stücke selbst inszeniert. Zu seinen Auszeichnungen gehört der Mülheimer Dramatikerpreis 1976. In der TV-Serie *Kir Royal* (1986, ↑ Süskind) wurde er als Boulevardreporter Baby Schimmerlos populär.

Erzählungen: *Chiemgauer Geschichten* (1977). – Dramen: *Wildwechsel* (U 1971, V 1973, Verf B. D. 1973 Rainer Werner Fassbinder), *Oberösterreich* (U 1972, als Hörspiel 1973, V 1974, Verf B. D. 1976), *Maria Magdalena* (nach ↑ Hebbel, U 1973, V 1974, Verf B. D. 1974, als Hörspiel 1980), *Mensch Meier* (U 1978, V 1979, Verf B. D. 1982), *Das Ende der Paarung. Ein dt. Trauerspiel* (U 2000) – Romane: *Tiroler Elegien* (1967), *Der Mondscheinknecht* (1981).

Karl Krolow
***11. 3. 1915 in Hannover, †21. 6. 1999 in Darmstadt**
Nach dem Abschluss seines 1935 begonnenen Studiums der Germanistik, Romanistik, Kunstgeschichte und Philosophie (Göttingen, Breslau) im Jahr 1942 wurde Krolow als freier Schriftsteller tätig . 1956 erhielt er den Georg-Büchner-Preis, 1960/61 war er Gastdozent für Poetik an der Universität Frankfurt a. M., 1972–75 Präsident der Dt. Akademie für Sprache und Dichtung (vgl. ↑Kasack). Ausgehend von der Naturlyrik (↑Loerke), entwickelte Krolow innerhalb der Grenzen der „poetischen Diskretion“ (durchbrochen durch die derb-erotische Slg. *Bürgerliche Gedichte* unter dem Psyeudonym Karol Kröpcke 1970) ein breites Spektrum des lyrischen, auch zeitgeschichtliche Bezüge ins Exemplarische transponierenden Ausdrucks. Zu den späten Erzählungen gehört *Melanie. Die Geschichte eines Namens* (1983). *Nacht-Leben oder Geschönte Kindheit* (1985) enthält autobiografische Skizzen, der Bd. *Alles brennt* (1994) gesammelte Prosa.

Gedichtbände: *Heimsuchung* (1948, Vorwort ↑ Hermlin), *Auf Erden* (1949), *Die Zeichen der Welt* (1952), *Wind und Zeit. Gedichte 1950–54* (1954), *Fremde Körper* (1959), *Landschaften für mich* (1966), *Alltägliche Gedichte* (1968), *Nichts weiter als Leben* (1970), *Zeitvergehen* (1972), *Der Einfachheit halber* (1977), *Sterblich* (1980), *Nocturnos* (1981), *Zwischen Null und Unendlich* (1982), *Schönen Dank und vorüber* (1984). – Essays: *Aspekte zeitgenössischer dt. Lyrik* (1961).

Brigitte Kronauer
***29. 12. 1940 in Essen**

Die Tochter eines Angestellten studierte in Köln und Aachen Germanistik, Soziologie und Pädagogik, war bis 1971 in Aachen und Göttingen Lehrerin und lebt seit 1974 als freie Schriftstellerin in Hamburg. 1985 erhielt sie den Fontane-Preis, 1989 den Heinrich-Böll-Preis.

Zentrales Thema und stilistisches Prinzip ihrer Erzählkunst ist die Auseinandersetzung mit verkrusteten Formen der Wahrnehmung. Der Roman *Frau Mühlenbeck im Gehäus* (1980) thematisiert eine an Schablonen orientierte Lebensführung. Die Titelfigur und Erzählerin des Romans *Rita Münster* (1983) befreit sich von der Übermacht der in detailgenauer Beobachtung registrierten Alltagswelt, die in einer Vielzahl von Episoden in Erscheinung tritt. Ritas Wahrnehmungen enthalten die Erwartung einer intensiven Empfindung von Glück, die für kurze Zeit in Erfüllung geht. Die Alltagswelt gewinnt in der kauzigen Titelfigur der 25 Erzählungen des Zyklus *Schnurrer* (1992) ein gewisses Maß an Eigenwert. Durch ausdrucksstarke Bilder beschworene Entgrenzungen des Bewusstseins kontrastieren im handlungsarmen, auf einen Tag beschränkten Roman *Die Frau in den Kissen* (1990) mit den „Stauungen“ der Wirklichkeit.

Zunehmende Bedeutung gewannen essayistische Arbeiten: Die Slg. *Die Lerche in der Luft und im Nest* (1995) enthält den Beitrag „Über Literatur und Kunst“, die Slg. *Die Einöde und ihr Prophet* (1996), den Beitrag „Über Menschen und Bilder“. Ein literarisches Tagebuch und Essays sowie Reden sind in dem Band *Zweideutigkeit* (2002) versammelt.

Berittener Bogenschütze. Roman, V 1986.

In auktorialer Erzählweise handelt der Roman von dem Literaturwissenschaftler Matthias Roth und den jeweils „kurzfristigen Bündelungen“ seines unbefriedigenden Alltagslebens durch Kunst- und Liebesgenuss sowie als Feinschmecker. Die ersehnte Überwältigung erlebt er in Italien durch ein Naturerlebnis: „Es kam nicht mehr darauf an, aus Angst vor dem Bodensatz alle Genüsse nur zu streifen, auskosten mußte man sie oder sich davon gleich abwenden!“ Roth will von jetzt an „allem Üblichen gewachsen sein“, doch sein Alltag stürzt ihn in eine Krise, aus der ihn die unerfüllbare Liebe zu Gisela, der Frau seines Freundes Hans, rettet: „Die ganze Welt konnte sich verdeutlichen in diesem einen, Giselas Gesicht.“

Teufelsbrück. Roman, V 2000.

Die Ich-Erzählerin Maria Frauenlob kommt bei der Betrachtung einer männlichen Schaufensterpuppe mit dreifarbigem Slip „zu Fall“ – in die Arme von Leo. Die Einladung seiner Begleiterin Zara vom Typ der antiken Zauberin Circe führt Maria von Teufelsbrück über die Elbe ins Alte Land, zu Zaras Paradiesvögeln. Die verwickelte Liebesgeschichte wird für Maria zum Nährboden eines unerschöpflichen Reichtums an assoziativen Verknüpfungen. So aromatisiert der „Holunderduft“ aus der Holunderbuschszene im *Käthchen von Heilbronn* (↑Kleist) eine Nacht mit Leo. Sie veranlasst Maria aber auch zu Gedanken darüber, was beim „Ko-ha-bi-tieren aus Liebe“ geschieht: „Entweder man ist geistig zerstreut oder körperlich, eine Hälfte will sich aus dem Staub machen“ (5. Kapitel).

Dieter Kühn

***1. 2. 1935 in Köln**

Aufgewachsen in Bayern, studierte Kühn Anglistik und Germanistik in Freiburg/Breisgau, München und Bonn und lebt seit 1965 als freier Schriftsteller . Er schreibt v. a. historische Biografien; ihre Themen reichen vom Mittelalter (*Ich, Wolkenstein,* 1977) bis in die Gegenwart (*Die Präsidentin,* 1973, über die Börsenspekulantin und Wirtschaftsverbrecherin Martha Hanau). Zuletzt erschien die Biografie der Naturforscherin und Malerin Maria Sibylla Merian (*Frau Merian,* 2002). Unterschiedliche Methoden des biografischen Erzählens erprobte Kühn auch in seinen über 40 Hörspielen.
Zu Kühns Auszeichnungen gehören der Hörspielpreis der Kriegsblinden (1974), der Hermann-Hesse-Preis (1977) und der Preis der Bayer. Akademie der Schönen Künste (1989).

Günter Kunert

***6. 3. 1929 in Berlin**

Aufgrund seiner jüd. Abstammung war Kunert eine Weiterbildung nach Abschluss der Volksschule verwehrt. 1946 begann er in Berlin-Weißensee ein Grafikstudium, ab 1948 veröffentlichte er in der Zeitschrift „Ulenspiegel" Gedichte und Erzählungen, 1950 erschien als erster Gedichtband *Wegschilder und Mauerinschriften.* Als Lyriker, Erzähler, Essayist sowie Autor von Kinderbüchern, Hörspielen und Drehbüchern gehörte Kunert zunächst zu den produktivsten DDR-Autoren. In den 1960er Jahren geriet er in den Verdacht, eine „Philosophie der Lebensangst" zu vertreten; Beunruhigung lösten seine epigrammatischen Gedichte aus, etwa: „Als unnötigen Luxus/Herzustellen verbot, was die Leute/Lampen nennen,/König Xantos von Tharsos, der/von Geburt/Blinde" (1963). Der Roman *Im Namen der Hüte* (1967), eine 1945 einsetzende zeitgeschichtliche Darstellung mit Märchenmotiven (der Volkssturmmann Henry nimmt die Erinnerungen und Vorstellungen der Personen wahr, deren Kopfbedeckung er aufsetzt), konstatiert ein Absterben der Erinnerungsbereitschaft. 1972/73 war Kunert Gast der Universität in Austin (Texas), 1975 der Universität im engl. Warwick (Reisebücher: *Der andere Planet. Ansichten von Amerika,* 1975; *Ein engl. Tagebuch,* 1978). Literaturgeschichtliche Bezugspersonen wurden ↑Kafka und ↑Kleist (Hörspiel *Ein anderer K.*, U 1975, V 1977). Nach seiner Beteiligung am Protest gegen die Ausbürgerung ↑Biermanns 1976 wurde Kunert 1977 aus der SED ausgeschlossen, 1979 erhielt er ein mehrjähriges Visum für die B. D.; er lebt als freier Schriftsteller bei Itzehoe. 1981 war Kunert an der Universität in Frankfurt a. M. Dozent für Poetik. 1991 erhielt er den Hölderlin-Preis der Stadt Bad Homburg. 1992 erschien sein „Hausbuch" *Im toten Winkel,* 1997 die Erinnerungen *Erwachsenenspiele,* 2001 *Nachrichten aus Ambivalencia.*

Gedichtbände: *Unter diesem Himmel* (1955), *Das kreuzbrave Liederbuch* (1961), *Der ungebetene Gast* (1965), *Warnung vor Spiegeln* (1970), *Im weiteren Fortgang* (1974), *Verlangen nach Bomarzo. Reisegedichte* (mit Zeichnungen Kunerts, 1978), *Abtötungsverfahren* (1980). – Hörspiele: *Fetzers Flucht. Funkoper* (1959, Verf DDR 1962), *Countdown* (1983). – Drehbücher: *Seilergasse 8* (Verf DDR 1959 Joachim Kunert), *Karpfs Karriere* (Verf B. D. 1971 Bernhard Wicki). – Essays: Slg. *Diesseits des Erinnerns* (1982).

Reiner Kunze

***16.8.1933 in Oelsnitz (Erzgebirge)**

Der Sohn eines Bergmanns studierte 1951–55 in Leipzig Philosophie und Journalistik, verließ jedoch 1959 nach politischen Angriffen kurz vor der Promotion die Universität und war als Hilfsschlosser, ab 1962 als freier Schriftsteller tätig (Lyrik, Kinderbücher, Übersetzungen tschech. Dichtung). 1968 trat Kunze aus Protest gegen den Einmarsch in Prag aus der SED aus. 1976 erschien in der B.D. die Prosa-Slg. *Die wunderbaren Jahre* mit Schilderungen der Pressionen, unter denen Jugendliche in der DDR leiden (Verf unter Kunzes Regie 1979). Nach seiner Beteiligung am Protest gegen die Ausbürgerung ↑Biermanns (1976) und dem Ausschluss aus dem Schriftstellerverband der DDR erhielt Kunze 1977 die Erlaubnis zur Ausreise; im selben Jahr wurde er mit dem Georg-Büchner-Preis ausgezeichnet. Als politische Standortbestimmung erschien 1984 die Slg. *In Deutschland zuhaus. Funk- und Fernsehinterviews 1977–83.* U.d.T. *Deckname „Lyrik"* veröffentlichte Kunze 1990 Teile seiner Stasi-Akte, die u.a. den Schriftsteller ↑Kant belastete. Vom Literaturbetrieb in der B.D. hielt Kunze sich fern (Austritt aus dem Schriftstellerverband); er unternahm Lesereisen nach Südamerika und Japan. Nach einer Reise nach Namibia erschien die Slg. *Steine und Lieder. Namibische Notizen und Fotos* (1996). 1998 erhielt er den Hölderlin-Preis, 2000 ehrte ihn die Dt. Schillerstiftung.

Gedichtbände: *Vögel über dem Tau* (1959), *Sensible Wege* (1969), *Zimmerlautstärke* (1972), *Widmungen* (1973), *Auf eigene Hoffnung* (1981), *Eines jeden einziges Leben* (1986), *Wohin der Schlaf sich schlafen legt. Gedichte für Kinder* (1991). – Essays: *Wesen und Bedeutung der Reportage* (1960), *Ergriffen von den Messen Mozarts* (1981), *Die Aura der Wörter* (2002).

Hartmut Lange

***31.3.1937 in Berlin-Spandau**

Aufgewachsen bei Posen, wurde Lange nach poln. Gefangenschaft mit seiner Mutter Ende 1945 ausgewiesen und lebte danach in Ost-Berlin. 1957 bis zum Ausschluss 1960 wegen „Renitenz" besuchte er die Filmhochschule in Potsdam-Babelsberg. 1961 wurde er Dramaturg am Dt. Theater in Ost-Berlin (Zusammenarbeit mit ↑Hacks). 1964 entlassen, floh Lange mit seiner Familie 1965 über Jugoslawien und ließ sich in West-Berlin nieder.

Seinen frühen gesellschaftskritischen Stücken (*Senftenberger Erzählungen oder Die Entgegnung,* V 1962) waren die Bühnen in der DDR verschlossen geblieben. In der B.D. arbeitete Lange zunächst als Regisseur. Als Dramatiker hatte er mit dem Stück *Die Gräfin von Rathenow* Erfolg (V 1966, U 1969, 2. Fassung 1972, Verf B.D. 1973 Peter Beauvais). Diese Dramatisierung der Erzählung *Die Marquise von O...* von ↑Kleist enthält eine Aufwertung der Dienerschaft. Um 1980 wandte sich Lange mit zunehmender Resonanz der Erzählkunst zu (*Die Selbstverbrennung,* 1982; Trilogie *Berliner Novellen* 1988–91). Von der künstlerischen und weltanschaulichen Neuorientierung handelt das *Tagebuch eines Melancholikers* (1983 u.d.T. *Dt. Empfindungen*). 2000 erschien *Die Bildungsreise:* Ein Berliner Kunsterzieher unternimmt eine Annäherung an den Tod in der Beschäftigung mit der Ermordung des Archäologen Winckelmann 1768 in Triest. Der Essay *Irrtum als Erkenntnis* (2002) handelt von Langes Erfahrung der Realität als Schriftsteller.

Elisabeth Langgässer

***23. 2. 1899 in Alzey, † 25. 7. 1950 in Rheinzabern**

Die Tochter eines Architekten war in Hessen als Lehrerin tätig, bevor sie sich 1929 in Berlin als freie Schriftstellerin niederließ. Als Halbjüdin erhielt sie 1936 Schreibverbot, 1944 wurde sie dienstverpflichtet. An multipler Sklerose erkrankt, kehrte sie 1948 in ihre rheinpfälz. Heimat zurück. In ihrem Todesjahr erhielt Langgässer den hess. Georg-Büchner-Preis.

Als erster Gedichtband erschien 1924 *Der Wendekreis des Lammes*, ein Jahreszyklus mit der Spiegelung der Erlösung im Naturgeschehen. *Die Tierkreisgedichte* (1935) greifen die antike Naturmythologie auf; die „panischen Kräfte der rohen Natur“ stehen auch im Mittelpunkt einer Reihe von Erzählungen (*Triptychon des Teufels*, 1932; *Proserpina*, 1933). Die im Katholizismus wurzelnde Weltanschauung Langgässers prägt ihre Romane. *Der Gang durch das Ried* (1936) handelt von einem aus dem Irrenhaus entlassenen, von Blutschuld belasteten Mann ohne Erinnerungsvermögen, der durch die Hinwendung zu im Elend hausenden Geschöpfen eine neue Identität gewinnt. Der Titel des Romans *Das unauslöschliche Siegel* (1946) bezieht sich auf das Sakrament der Taufe, es ist stärker als der Pakt des getauften Juden Lazarus Belfontaine mit dem Teufel. Zeitgeschichte und Erlösungsweg verbindet der 1950 postum erschienene Roman *Märkische Argonautenfahrt*; er schildert den Weg von 7 auf unterschiedliche Weise schuldigen Menschen vom zerstörten Berlin des Jahres 1945 zum („Auferstehungs“-)Kloster Anastasiendorf.

Else Lasker-Schüler (eigtl. Elisabeth L.-S., geb. Schüler)

***11. 2. 1869 in Elberfeld (= Wuppertal), † 22. 1. 1945 in Jerusalem**

Die Enkelin eines Rabbiners und Tochter eines jüd. Architekten wuchs in großbürgerlichen Verhältnissen auf. 1894–99 war sie mit dem Arzt Berthold Lasker verheiratet, 1901–12 mit Herwarth Walden, dessen Zeitschrift und Galerie „Der Sturm“ den Mittelpunkt des Berliner Expressionismus bildeten; dazwischen lag das Zusammenleben mit dem Dichter-Vaganten Peter Hille, der Lasker-Schüler als Lyrikerin entdeckte. 1909 erschien ihr Drama *Die Wupper* (U 1919), die Darstellung des Zerfalls der Fabrikantenfamilie Sonntag als Modell des Zusammenbruchs der wilhelminischen Gesellschaft. Der „Liebesroman“ *Mein Herz* (1912) spiegelt in Briefen an Walden das aus kritischer Beobachtung und spielerischer Imagination gespeiste Lebensgefühl der „Dichterin von Arabien, Prinzessin von Bagdad, Enkelin des Scheiks“; als „Prinz Jussuf“ verkörperte sie inmitten der Berliner Boheme die Freiheit der Fantasie. Zu ihren Freunden und Förderern gehörten ↑Benn, ↑Kraus, ↑Werfel sowie die Maler Oskar Kokoschka und Franz Marc. 1920 war sie in der Anthologie *Menschheitsdämmerung* mit 12 Gedichten vertreten, 1932 erhielt sie den Kleist-Preis. 1933 mit Publikationsverbot belegt, emigrierte Lasker-Schüler in die Schweiz und lebte ab 1937 in Palästina. Hier erschien 1943 als lyrisches Vermächtnis der Gedichtband *Mein blaues Klavier.*

Gedichtbände: *Styx* (1902), *Der siebente Tag* (1905), *Meine Wunder* (1911), *Hebräische Balladen* (1913), *Theben* (mit 10 Lithographien Lasker-Schülers, 1923), Mein blaues Klavier (1943). – Erzählungen: Slg. *Die Nächte Tino von Bagdads* (1908), Slg. *Der Prinz von Theben* (1914), *Arthur Aronymus. Die Geschichte meines Vaters* (1932).

Nikolaus Lenau (eigtl. N. Franz Niembsch, Edler von Strehlenau)
***13. 8. 1802 in Csatád (Ungarn), †22. 8. 1850 in Oberdöbling (= Wien)**
Aufgewachsen in Ungarn, studierte Lenau in Wien Jura und Medizin. Von Schwermut belastet, wanderte er 1832 nach Nordamerika aus, kehrte jedoch schon 1833 enttäuscht zurück und lebte abwechselnd in Wien und Schwaben (Freundschaft mit ↑Kerner). Nach Anzeichen geistiger Zerrüttung ab 1844 in Gewahrsam gehalten, starb er in der Heilanstalt in Oberdöbling. Zu Lenaus Biografen gehört ↑Härtling.
Als Lyriker trat Lenau 1832 mit der Slg. *Gedichte* an die Öffentlichkeit. Seine Natur- und Menschenschilderungen besitzen den Grundton der Melancholie, so auch das Lied *Die drei Zigeuner* mit den Versen: „Dreifach haben sie mir gezeigt, / Wenn das Leben uns nachtet, / Wie man's verraucht, verschläft, vergeigt / Und es dreimal verachtet." 1835 erschien das 1833 begonnene Drama *Faust* (U 1954): Durch Liebe und Mord schuldig geworden, folgt Faust, „niemandem hörig mehr und untertan", der „einwärts" führenden Bahn und endet im Selbstmord. In zwei Versepen vergegenwärtigte Lenau die Niederschlagung antikirchlicher Opposition: *Savonarola* (1837) schildert den Lebensweg des Dominikanermönchs von der Priesterberufung bis zur Hinrichtung in Florenz 1498 (geplant waren ein 2. Teil über den 1415 in Konstanz hingerichteten tschech. Reformator Jans Hus und ein 3. Teil über den Humanisten, Lutheraner und zu Zwingli in die Schweiz geflohenen Reichsritter Ulrich von Hutten). *Die Albigenser* (1842) handelt vom Vernichtungskreuzzug des Papstes Innozenz III. gegen die in Südfrankreich ansässigen „Ketzer"; der Schlussgesang stellt das Geschehen des 13. Jh.s in den Zusammenhang einer Kette gewaltsamer Auseinandersetzungen bis zur Frz. Revolution. Lebensüberdruss beherrscht den Helden des 1844 beendeten Dramas *Don Juan* (V postum 1851): Er lässt sich im Duell töten, da ihm ein Sieg „langweilig" wäre wie „das ganze Leben".

Hermann Lenz
***6. 2. 1913 in Stuttgart, †12. 5. 1998 in München**
Der Sohn eines Zeichenlehrers wuchs in Künzelsau auf. Er studierte 1931–40 in Tübingen, Heidelberg und München Theologie, dann Kunstgeschichte, Archäologie und Germanistik. 1936 veröffentlichte er einen Bd. *Gedichte.* Als Kriegsgefangener kam Lenz in die USA und kehrte nach Stuttgart zurück. Hier lebte er als freier Schriftsteller (1951 Gast der „Gruppe 47"), ab 1975 in München. Einem breiteren Publikum wurde Lenz als ein von ↑Handke gewürdigter Vertreter der Innerlichkeit erst in den 1970er Jahren bekannt; 1978 erhielt er den Georg-Büchner-Preis.
Bei der Poetik-Vorlesung an der Universität Frankfurt a. M. sprach Lenz über *Leben und Schreiben* (V 1986). In diesem Sinne ist sein Gesamtwerk autobiografisch geprägt (*Andere Tage,* 1968; *Tagebuch vom Überleben,* 1978; *Bilder aus meinem Leben,* 1987; *Herbstlicht,* 1992). *Der Fremdling* (1983) schildert den von Lenz gemiedenen hektischen Literaturbetrieb der 1950er Jahre. Mehrfach widmete sich Lenz dem Ausgang des 19. Jh.s (Roman *Der Kutscher und der Wappenmaler,* 1972). Zu den Gedichtbänden gehört die Slg. *Zeitlebens* (1981).

Jakob Michael Reinhold Lenz

***12. 1. 1751 in Seßwegen (Livland), † 24. 5. 1792 in Moskau**

Der als russ. Staatsbürger geborene Sohn eines Pfarrers begann 1768 in Königsberg ein Theologiestudium, hörte jedoch vor allem die Vorlesungen Kants. 1769 erschien sein erstes Buch, das Versepos *Die Landplagen* mit der melodramatischen Schilderung von Krieg, Hunger, Feuers- und Wassersnot sowie Erdbeben. 1771 kam Lenz als Hofmeister nach Straßburg (erste Begegnung mit ↑Goethe) und lebte abwechselnd hier sowie in den Garnisonen Landau, Fort Louis und Weißenburg.

Ab 1775 führte Lenz ein unruhiges Wanderleben: 1776 hielt er sich in Weimar und Berka auf (Beziehung zu ↑Herder und ↑Wieland, Zerwürfnis mit Goethe, Ausweisung aus Sachsen-Weimar), 1777 in der Schweiz; nach sich häufenden Anzeichen einer Schizophrenie befand er sich Anfang 1778 in der Obhut des Pfarrers Oberlin in Waldbach (Elsass), danach in Emmendingen bei Goethes Schwager Schlosser. 1779 kehrte er in Begleitung seines Bruders nach Livland zurück, reiste 1780 nach Petersburg (vergebliche Versuche, eine Anstellung als Lehrer oder Soldat zu finden) und ließ sich 1781 in Moskau nieder. Hier wurde Lenz 1792 tot auf einer Straße aufgefunden.

Nachdem ↑Büchner in Lenz nicht allein den gescheiterten Künstler, sondern auch den großen Realisten entdeckt hatte, dauerte es weitere Jahrzehnte, bis der Sturm-und-Drang-Dramatiker als der Begründer des sozialen Dramas erkannt wurde; sein Stück *Die Soldaten* (Vert 1965 Bernd-Alois Zimmermann) kam erstmals 1863 auf die Bühne. Die Kritik richtet sich hier gegen den Adel, der Mädchen wie die Hauptfigur Marie als Freiwild betrachtet, und gegen das untertänige Bürgertum. Die „offene Form" (viele Einzelszenen und Schauplätze) spiegelt die Auflösung der Ständegesellschaft.

Der Hofmeister oder Vorteile der Privaterziehung. Drama in 5 Akten, V 1774, U 1778, Bearbeitung ↑Brechts für das „Berliner Ensemble" 1950.
Läuffer, Sohn eines Pfarrers und Theologiestudent, erhält eine Anstellung als Hofmeister (Hauslehrer und Erzieher) der Kinder (Sohn Leopold und Tochter Gustchen) des Majors von Berg. Während dieser sich durchaus unklar darüber ist, was er von seinem neuen Domestiken zu verlangen hat („Dass er – was ich – dass er meinen Sohn in allen Wissenschaften und Artigkeiten und Weltmanieren – Ich weiß auch nicht [...]"), unterzieht Frau von Berg Läuffer einem eingehenden Examen (u.a. Vorführung von Tanzschritten). Gustchen ist mit ihrem Vetter Fritz von Berg liiert; bei ihrer Trennung (Fritz wird zum Studium nach Halle geschickt) schwören sie sich nach dem Vorbild Romeos und Julias ewige Treue. Doch bald fühlt sich Gustchen einsam und setzt Läuffers Drängen keinen Widerstand entgegen. Beide müssen das Haus verlassen: Läuffer findet bei einem Dorfschulmeister Unterschlupf, Gustchen bringt in der Hütte der blinden Marthe ihr Kind zur Welt und will sich in einem Teich das Leben nehmen, wird jedoch von ihrem Vater gerettet. Läuffer entmannt sich und wird vom Lehrer ob solcher „sittlichen Größe" gepriesen: „Das ist die Bahn, auf der Ihr eine Leuchte der Kirche, ein Stern erster Größe, ein Kirchenvater selber werden könnt (...)." Parallel zur Läuffer-Handlung wird das Studentenleben Fritz von Bergs geschildert. Die Tragödie findet einen Komödienschluss: Fritz verzeiht Gustchen und akzeptiert ihr Kind, Läuffer erhält das Dorfmädchen Lise zur Frau.

Siegfried Lenz
***17.3.1926 in Lyck (Ostpreußen)**

Die Literatur braucht den Schriftsteller als Ein-Mann-Partei und *Zwischen Literatur und Politik gibt es keine Versöhnung* sind zwei Beiträge der Artikelserie *Bemerkungen zur Literatur* überschrieben, die Lenz 1976 veröffentlicht hat. Die hier angedeutete Position als unabhängig-kritische Instanz hat ihre Bestätigung durch eine in Millionen zählende Auflage seiner Bücher gefunden. Zugleich geriet Lenz in den Augen der Literaturkritik in das Zwielicht des „Bestseller"-Autors, so dass eine dritte Überschrift lauten könnte: „Zwischen Publikum und Kritik gibt es keine Versöhnung."

Der Sohn eines Zollbeamten wuchs in Masuren auf, wurde 1939 in die HJ aufgenommen und legte 1943 das Notabitur ab. Als Soldat gehörte er der Marine an, überlebte die Versenkung der „Admiral Scheer", desertierte in Dänemark und kam in engl. Kriegsgefangenschaft. 1945 nach Hamburg entlassen, begann er hier ein Studium der Philosophie, Anglistik und Literaturwissenschaft und wurde zugleich journalistisch tätig. Seit 1951 (erster Roman: *Es waren Habichte in der Luft*, er handelt von der kommunistischen Machtübernahme in Karelien nach dem I. Weltkrieg) lebt Lenz in Hamburg als freier Schriftsteller. Von 1965 bis zum Beginn der 1970er Jahre trat er in Wahlkämpfen für die SPD ein (1970 Teilnahme an der Unterzeichnung des Warschauer Vertrags). Zu seinen Auszeichnungen gehören der Bremer Literaturpreis (1961) und der Thomas-Mann-Preis der Stadt Lübeck (1984).

Die Lenz zugute gehaltene bzw. angelastete Fortführung einer „ungebrochenen Erzähltradition" zielt darauf ab, durch die Gestaltung zeittypischer Charaktere und Ereigniszusammenhänge die zeitgeschichtliche Realität durchschaubar zu machen. Zentrale Themen sind die Bewältigung von Schuld (*Duell mit dem Schatten*, 1953), moralische Gefährdung (Karriere des Langstreckenläufers Buchner in *Brot und Spiele*, 1959), das Unheil der Ideologisierung (*Heimatmuseum*, 1978) und der Verlust an Leitbildern (im Roman *Das Vorbild* aus dem Jahr 1973 scheitert der Versuch dreier Pädagogen, das Kapitel „Vorbilder" eines Lesebuchs zu gestalten). Im Roman *Fundbüro* (2003) symbolisieren Fundstücke soziale Verlierer und Verluste.

Die Verknüpfung zwischen Gegenwart und Vergangenheit wird vielfach durch protokollartige Erinnerungsberichte hergestellt, wobei die anschauliche Schilderung episodenhafter Ereignisse gegenüber der Problematisierung des Erinnerungsprozesses überwiegt. Das Ideal des humorvollen Fabulierens kennzeichnet die masur. Geschichten *So zärtlich war Suleyken* (1955).

Romane: *Der Mann im Strom* (1956), *Stadtgespräch* (1963), *Der Verlust* (1981), *Exerzierplatz* (1985). – Erzählungen: Slg. *Jäger des Spotts* (1958), Slg. *Das Feuerschiff* (1960), Slg. *Lehmanns Erzählungen oder So schön war mein Markt. Aus den Bekenntnissen eines Schwarzhändlers* (1964, Verf B. D. 1974 Wolfgang Staudte), Slg. *Der Spielverderber* (1965), Slg. *Der Geist der Mirabelle. Geschichten aus Bollerup* (1975), Slg. *Einstein überquert die Elbe bei Hamburg* (1975), Slg. *Die Kunstradfahrer und andere Geschichten* (1976), *Ein Kriegsende* (1984). – Dramen: *Das Gesicht* (1964), *Die Augenbinde* (1970), *Nicht alle Förster sind froh* (1973). – Essays: *Der Held in der Mauser. Über den Gestaltwandel des Heros* (1955), *Rede über Literatur und Politik. Pendler zwischen Elfenbeinturm und Barrikaden* (1976). – Autobiografisches: *Schreiben als Selbstbefragung* (1964).

Zeit der Schuldlosen. Drama in 2 Akten, U 1961, V 1962, Verf B. D. 1964 **Thomas Fantl. Zugrunde liegen die Hörspiele *Zeit der Schuldlosen* und *Zeit der Schuldigen,* 1960 bzw. 1961.**

Neun Bürger eines totalitären Staates sind in einer Zelle eingesperrt; zu ihnen wird der Attentäter Sason gebracht. Nachdem bisher alle Folterungen vergeblich waren, sollen die Mitgefangenen Sason die Namen seiner Helfer und Hintermänner entlocken. Zunächst weigern sich die „Unschuldigen" Handlanger des Regimes zu werden; zermürbt durch die Haft, werden sie schließlich ihrer angestauten Aggressivität nicht mehr Herr. Zwar beschließen der Konsul, der Arzt, der Student und der Bauer, Sason vor den übrigen Gefangenen zu schützen; einer von ihnen erwürgt jedoch Sason in der Nacht. Vier Jahre später werden die potenziellen Mörder Sasons nochmals zwangsweise versammelt. Inzwischen ist das alte Regime gestürzt worden und die Parteigänger Sasons sind an die Macht gekommen. Zu ihnen gehört der Student, in dessen Händen nun die Befragung der ehemaligen Mitgefangenen liegt. Das wechselseitige Verhör bleibt ergebnislos, und die Selbstbezichtigung des naiven Bauern wirkt unglaubhaft. Schließlich erschießt sich der als intellektueller Außenseiter geschilderte Konsul und nimmt damit die Schuld auf sich. Den Beteiligten ist jedoch klar, dass er „durch seinen Tod etwas verhindern (wollte), was er nicht ertragen hätte", nämlich die Verurteilung des Bauern wider besseres Wissen. Der Student stellt fest: „(...) die Tat ist gebüßt, aber die Schuld wird unter uns bleiben."

In parabolischer Gestaltungsweise handelt das Stück (vor dem Hintergrund der in der B. D. kontrovers geführten Kollektivschulddiskussion) von der unausweichlichen Mitschuld auch derjenigen, die sich als bloße „Mitwisser von Verbrechen" für unschuldig halten: „Wer zu handeln versäumt, ist noch keineswegs frei von Schuld. Niemand erhält seine Reinheit durch Teilnahmslosigkeit."

Deutschstunde. Roman, V 1968, Verf **B. D. 1970 Peter Beauvais.**

Als Erzählanlass dient die Siggi Jepsen, Zögling einer Anstalt für schwer erziehbare Jugendliche, im Rahmen des Deutschunterrichts und zugleich als therapeutische Maßnahme gestellte Aufgabe, einen Aufsatz mit dem Thema „Die Freuden der Pflicht" zu schreiben. Hierdurch wird bei Siggi ein Prozess der Auseinandersetzung mit der eigenen Entwicklung ausgelöst, deren Ausgangspunkt im Konflikt mit dem Vater liegt. Die Form der Auseinandersetzung ist die Niederschrift von Erinnerungen vor allem an die Kindheit zur Zeit des Nationalsozialismus. Im Mittelpunkt stehen der alte Jepsen, Polizist von Rugbüll im nördlichen Schleswig-Holstein, und der expressionistische Maler Nansen (gemeint ist der in Seebüll ansässige Emil Nolde, eigtl. E. Hansen). Beide Männer sind befreundet, doch als 1943 aus Berlin der Auftrag kommt, jegliche künstlerische Tätigkeit Nansens zu unterbinden, macht Jepsen die Durchsetzung des Malverbots zu seiner persönlichen Aufgabe. Er erweist sich als Inbegriff blinder Pflichterfüllung, unter der nicht zuletzt die eigene Familie zu leiden hat. Während der Vater von der Überwachung Nansens zur Zerstörung seiner Werke übergeht, bildet sich in Siggi die Manie, Kunstwerke retten zu müssen, wodurch er später als Bilderdieb straffällig wird. Das Ende der NS-Diktatur bringt keine grundsätzliche Veränderung. Jepsen kehrt auf seinen Posten zurück, weiterhin geprägt von Autoritätsgläubigkeit.

Die Wahl eines provinziellen Schauplatzes dient der Absicht, die „am Rande" und im Alltäglichen wirksamen, von vorgeblich unpolitischem biederem „Heimatsinn" kaschierten autoritären Denk- und Verhaltensweisen zu enthüllen, und zwar als eine der Grundlagen des Nationalsozialismus. Siggis Beschreibungsversuche spiegeln den fortwährenden Kampf gegen die am Vater erlebte Aggressivität, wobei das Bild des duldenden Künstlers Nansen eine Heroisierung erfährt.

Gotthold Ephraim Lessing

*** 22.1.1729 in Kamenz (Lausitz), † 15.2.1781 in Braunschweig**

Zur Wirkungsgeschichte Lessings, des aus ↑ Heines Sicht zweiten dt. Befreiers nach Luther, gehörte der Versuch, ihn nachträglich in die spätfeudalistische Gesellschaft des 18. Jh.s zu integrieren. Diese von Heinrich von Treitschke entworfene und von Franz Mehring als Reflex der Selbstaufgabe des freiheitlich gesinnten Bürgertums analysierte „Lessing-Legende" sieht Lessing und Friedrich II. von Preußen „dicht nebeneinander auf demselben Wege: den Künstler, der unserer Dichtung die Bahn gebrochen, und den Fürsten, mit dem das moderne Staatsleben der Deutschen beginnt" (Treitschke, 1863). Demgegenüber betonte Bundespräsident Gustav Heinemann als Lessing-Preisträger des Jahres 1974 die an Lessing erkennbare Zusammengehörigkeit von „Aufklärung, Widerspruch und Anstoß", die „allesamt Kinder der Freiheit" sind.

Der Sohn eines Pfarrers besuchte die Fürstenschule in Meißen und studierte in Leipzig 1746–48 Theologie, Philosophie und Medizin. Zugleich wandte er sich dem Theater zu (Auseinandersetzung mit dem Vater über die Frage, „ob ein Theaterschriftsteller zugleich ein moralischer Mensch und guter Christ sein könne"): 1748 spielte die Neuber'sche Schauspieltruppe Lessings Lustspiel *Der junge Gelehrte* (eine Verspottung des Studenten, dessen Fleiß auf die Erlangung materieller Vorteile abzielt), 1749 das Lustspiel *Die Juden* (mit der Gestalt eines von einem Rezensenten als „unwahrscheinlich" kritisierten, seinen christlichen Kontrahenten moralisch weit überlegenen Juden).
1748–1755 lebte Lessing als freier Schriftsteller in Berlin. 1751 erschien die Slg. *Kleinigkeiten* mit überwiegend anakreontischer Lyrik, 1753 der 1. Bd. der *Schriften* (6 Bde.) mit den seit 1747 in Zeitschriften veröffentlichten *Fabeln* (in Versen). Als Dramatiker schuf Lessing das bürgerliche Trauerspiel: *Miss Sara Sampson* (U, V 1755) handelt von der Vernichtung Sara Sampsons, der tugendhaften Geliebten des durch sie gewandelten Lebemannes Mellefont, durch ihre Rivalin, die Kurtisane Marwood; wegweisend wurde u. a. die Gestaltung von „gemischten Charakteren". 1756 wollte Lessing als Begleiter eines Leipziger Kaufmannssohnes eine Englandreise antreten, die durch den Beginn des Siebenjährigen Kriegs scheiterte. Nach einem Aufenthalt in Leipzig ließ er sich 1758 erneut in Berlin nieder; gemeinsam mit ↑ Nicolai und dem jüd. Philosophen und Theologen Moses Mendelssohn (1729–86) verfasste er ab 1759 die *Briefe, die neueste Literatur betreffend* (bis 1765), deren 17. Brief eine Szene aus Lessings *Faust*-Fragment, Kritik an ↑ Gottsched und die Huldigung an das Genie Shakespeares enthält. 1761–65 stand Lessing in Breslau als Sekretär im Dienst des preuß. Generals Graf Tauentzien; Hauptwerke dieser Zeit sind die 1766 veröffentlichte kunsttheoretische Schrift *Laokoon* (Unterscheidung zwischen den spezifischen Gestaltungsmitteln von Literatur und bildender Kunst) und *Minna von Barnhelm* (U, V 1767). Als Mitarbeiter des Dt. Nationaltheaters in Hamburg verfasste Lessing 1767–69 die für die Entwicklung des bürgerlichen Theaters sowie der Literaturkritik grundlegende *Hamburgische Dramaturgie*.

Ab 1769 stand Lessing als Bibliothekar in Wolfenbüttel im Dienst der Herzöge von Braunschweig und Lüneburg. 1772 kam anlässlich des Geburtstags der Herzogin *Emilia Galotti* zur Aufführung. 1775 bereiste Lessing als Begleiter des Prinzen Italien. 1776 heiratete er die verwitwete Eva König († 1778). In den „Beiträgen zur Geschichte der Literatur aus der herzoglichen Bibliothek zu Wolfenbüttel" (ab 1773) veröffentlichte Lessing 1774 u. d. T. „Apologie oder Schutzschrift für die vernünftigen Verehrer Gottes" die Schrift *Von Duldung der Deisten. Fragmente eines Ungenannten,* nämlich des Gymnasialprofessors Hermann Samuel Reimarus (1694–1768); 1777 folgte *Ein Mehreres aus den Papieren des Ungenannten.* Auf die Angriffe des Hamburger Pfarrers Goeze, eines radikalen Vertreters der kirchlichen Orthodoxie, antwortete Lessing 1778 mit der Streitschrift *Anti-Goeze* (11 Teile, die Veröffentlichung des 12. Teils wurde vom Herzog untersagt), gerichtet u. a. gegen den Anspruch objektiver Wahrheit einer vom Wortlaut der Bibel abgeleiteten und durch kirchliche Tradition verfestigten Dogmatik. Die hier entwickelten theologischen und zugleich gesellschaftskritischen Positionen bildeten die Grundlage des Toleranzdramas *Nathan der Weise* (V 1779, U postum 1783). Vertrauen in die Entwicklungsfähigkeit der Vernunft und damit der Gesellschaft zeigt *Die Erziehung des Menschengeschlechts*, Ideen der Freimaurer vertritt der Dialog *Ernst und Falk.*

Dramen: *Der Misogyn* (E 1748, V 1755, Neufassung 1767), *Der Freigeist* (E 1749, V 1755), *Doktor Faust* (Fragment, V 1759), *Philotas* (V 1759, U 1780). – Schriften: *Abhandlungen über die Fabel* (1759), *Briefe antiquarischen Inhalts* (1768/69), *Wie die Alten den Tod gebildet* (1769).

Minna von Barnhelm oder Das Soldatenglück. Lustspiel in 5 Akten, U, V 1767, Verf Dtl. 1940 Hans Schweikart, u. d. T. *Heldinnen* B. D. 1960 Dietrich Haugk, DDR 1962 Martin Hellberg.
Das Stück spielt unmittelbar nach Ende des Siebenjährigen Kriegs (1756–63); Schauplatz ist ein Berliner Gasthof. Anlässlich der Ankunft des sächs. Edelfräuleins Minna von Barnhelm und ihrer Zofe Franziska wird der verwundete, unschuldig unehrenhaft aus der Armee entlassene und zahlungsunfähige preuß. Major von Tellheim umquartiert und beschließt, auszuziehen; als Pfand hinterlässt er seinen Verlobungsring, denn Geld von seinem Freund, dem Wachtmeister Werner, anzunehmen würde gegen seine Ehre verstoßen. Minna, die auf der Suche nach ihrem Verlobten Tellheim ist, erkennt an jenem Ring dessen Nähe. Das Wiedersehen endet mit Tellheims Entschluss, Minna freizugeben: Er empfindet sich als ihrer nicht mehr würdig. Minna gibt nunmehr vor, verstoßen zu sein, wodurch es zu Tellheims Ehrenpflicht wird, ihr beizustehen. Den Weg zum glücklichen Ende ebnen Tellheims Rehabilitierung und die Ankunft von Minnas Erbonkel.

Im Mittelpunkt steht der Zusammenprall zwischen dem durch Tellheim verkörperten übersteigerten, von äußeren Umständen bestimmten Ehrbegriff und der aus Vernunft und der „Sprache des Herzens" resultierenden Menschlichkeit Minnas. Die überragende Bedeutung des Lustspiels besteht in Lessings Überwindung der auf Bloßstellung bestimmter Torheiten beschränkten Typenkomödie. Kennzeichnend für die Humanisierung der Komödie ist die Einbeziehung der Nebenpersonen (Tellheims Diener Just, der Wirt, Franziska und Werner) in die individualisierende Gestaltungsweise. Ein Glanzstück ironischer Spiegelung bildet die Figur des gleichfalls abgedankten, vom (betrügerischen) Glücksspiel lebenden frz. Chevaliers Riccaut (er „korrigiert" das Glück).

Emilia Galotti. Drama in 5 Akten, E ab 1757, U, V 1772, Verf DDR 1958 Martin Hellberg.

Hettore Gonzaga, Prinz des Fürstentums Guastalla, begeistert sich für das Bildnis des Bürgermädchens Emilia Galotti und ist fest entschlossen, auch das lebende Original in seinen Besitz zu bringen. Zwar steht Emilias Heirat mit dem Grafen Appiani unmittelbar bevor, doch Hettores Kammerherr Marinelli lässt das Brautpaar überfallen und Appiani töten; wie vorherberechnet, sucht Emilia im nahe gelegenen Lustschloss des Prinzen Zuflucht, gefolgt von ihrer Mutter und schließlich dem Vater. Gräfin Orsina, die verstoßene Geliebte des Prinzen, durchschaut die Zusammenhänge und übergibt Odoardo Galotti einen Dolch, mit dem er den Prinzen töten soll, um Appiani zu rächen und seine Tochter vor dem Verführer zu schützen. Von seinen Moralvorstellungen am Mord an Hettore gehindert, ersticht der Vater auf Emilias Drängen hin seine Tochter; Hettore wälzt die Verantwortung auf den „Teufel" Marinelli ab.

Lessings ursprünglicher Plan war es, den römischen Virginia-Stoff aus dem politischen Zusammenhang (Signal zur Volkserhebung) herauszulösen, davon ausgehend, „dass das Schicksal einer Tochter, die von ihrem Vater umgebracht wird, dem ihre Tugend werter ist als ihr Leben, für sich schon tragisch genug und fähig genug sei, die ganze Seele zu erschüttern, wenn auch gleich kein Umsturz der ganzen Staatsverfassung darauf folgt" (Brief an Nicolai, 1758). In der Ausführung gewann jedoch die Anklage gegen die menschenverachtende Willkür der durch den Prinzen und Marinelli verkörperten feudalistischen Staatsgewalt und somit der gesellschaftliche Bezugsrahmen an Gewicht. Als bürgerliches Trauerspiel zeigt das Drama sowohl den erwachenden Widerstand des bürgerlichen Selbstbewusstseins als auch dessen Zuflucht zum Selbstopfer. In der Nachfolge von *Emilia Galotti* steht ↑Schillers Theaterstück *Kabale und Liebe*.

Nathan der Weise. Drama in 5 Akten, V 1779, U postum 1783.

Der Schauplatz des „dramatischen Gedichts" (in Blankversen) ist Jerusalem zur Zeit der Kreuzzüge. Der jüd. Kaufmann Nathan erfährt, von einer Geschäftsreise zurückgekehrt, von der Rettung seiner Adoptivtochter Recha vor dem Feuertod, und zwar durch einen jungen christlichen Tempelherrn. Dieser ist der persönliche Gefangene des Sultans Saladin, des Herrschers über Jerusalem, und wird vom Patriarchen aufgefordert, im Interesse der christlichen Rückeroberungspläne tätig zu werden. Mehr noch als der hierdurch heraufbeschworene Konflikt (Loyalität gegenüber Saladin) belastet den Tempelherrn jedoch, dass er sich in die Jüdin Recha verliebt hat. Als er erfährt, dass diese in Wirklichkeit ein Christenkind ist, hält er bei Nathan um ihre Hand an, muss sich jedoch gedulden. Es stellt sich heraus, dass der Tempelherr und Recha Geschwister und Kinder von Saladins Bruder sind, der eine Christin geheiratet hat: Mitglieder verschiedener Religionen gehören zu einer Familie.

Seinen gedanklichen wie formalen Mittelpunkt besitzt das Drama in der von Nathan als Antwort auf die Frage des Sultans nach der einzigen wahren Religion vorgetragenen „Ringparabel" (zugrunde liegt die 3. Erzählung des 1. Tages in Boccaccios „Decamerone"): Ein Königshaus besaß einen Ring, der seinen Besitzer „vor Gott und den Menschen angenehm" machte und jeweils dem Lieblingssohn des Herrschers vererbt wurde. Als sich einer der Könige nicht entscheiden konnte, welcher seiner Söhne ihm der liebste sei, ließ er zwei weitere, dem ursprünglichen zum Verwechseln ähnliche Ringe anfertigen. Den Streit um den echten Ring schlichtete ein Richter, indem er das Verhalten des Trägers zum Kennzeichen der Echtheit des Ringes erklärte. Saladin erkennt in der Parabel die Lehre praktischer Humanität auf der Grundlage religiöser Toleranz als Voraussetzung einer humanen Gesellschaftsordnung.

Georg Christoph Lichtenberg
*** 1.7.1742 in Ober-Ramstadt bei Darmstadt, † 24.2.1799 in Göttingen**
Als Naturwissenschaftler gehörte der in Göttingen lehrende Professor für Mathematik zu den führenden Experimentalphysikern seiner Zeit (nach ihm sind die zwischen zwei Elektroden sich bildenden „Lichtenberg'schen Figuren" benannt). Als Grundlage der schriftstellerischen Arbeit dienten dem von Natur aus verwachsenen Lichtenberg seine von früher Jugend an im Sinne pietistischer Selbstbeobachtung geführten Tagebücher *(Sudelbücher).* Die bevorzugte Form ist der Aphorismus, etwa: „Gott schuf den Menschen nach seinem Bilde, das heißt vermutlich, der Mensch schuf Gott nach dem seinigen", eine nicht zuletzt gegen ↑Lavater gerichtete Umkehrung des biblischen Satzes, wissenschaftlich ausgeführt in der Streitschrift *Über Physiognomik, wider die Physiognomen.* Die insgesamt der Aufklärung verpflichteten Aphorismen erschienen postum als *Bemerkungen vermischten Inhalts* in den *Vermischten Schriften* (9 Bde., 1800–06; Neuausgabe auf der Grundlage der 1896 wiederentdeckten Manuskripte u.d.T. *Aphorismen* 1902–09). In der Slg. *Briefe aus England* (1775, V 1776 und 1778) setzt sich Lichtenberg anhand einzelner Schauspielerkritiken umfassend mit der Schauspielkunst auseinander, wobei der Shakespeare-Darsteller Garrick als Bühnengenie in Erscheinung tritt. Als sein Hauptwerk betrachtete Lichtenberg die *Ausführliche Erklärung der Hogarthischen Kupferstiche* (V ab 1784 im „Göttinger Taschenkalender", als selbstständige Slg. 1794–99); Gegenstand der Erklärung sind die in Stichen verbreiteten Bilder bzw. Gemäldezyklen „Die Heirat nach der Mode", „Herumstreichende Komödiantinnen", „Der Weg der Buhlerin"", „Der Weg des Liederlichen" und „Fleiß und Faulheit" von William Hogarth (1697–1764). Die Detailfreudigkeit der Vorlagen aufgreifend, gibt Lichtenberg der Gesellschafts- und Moralsatire des Malers die entsprechende sprachliche Gestalt. So heißt es etwa über die Hauptgestalten des 1. Blatts des Zyklus „Die Heirat nach der Mode": „Se. Hochgräfliche Gnaden sind (...) ebenso bankbrüchig, als Sie gichtbrüchig sind, und Dero pekuniäres Vermögen fast noch geringer als Dero physisches. Hingegen ist der Wohlgeborene Herr ebenso rangsüchtig, als er reich ist, und doch sieht es in den Venen und Arterien seiner Familie ebenso erbärmlich bürgerlich aus als in seiner Kasse fürstlich."

Alfred Lichtenstein
***23.8.1889 in Berlin, † 25.9.1914 in Vermandevillers bei Reims**
Während seines 1913 in Erlangen abgeschlossenen Jurastudiums gehörte Lichtenstein in Berlin zu den Mitarbeitern der Expressionismus-Zeitschrift „Die Aktion". Als Lyriker und Erzähler gestaltete er unter dem Einfluss von ↑Hoddis die Erfahrung von Bedrohung und Vereinsamung; das vorherrschende Gestaltungsmittel ist die Reihung grotesker Bilder: „(...) Ein grauer Clown zieht sich die Stiefel an./Ein Kinderwagen schreit und Hunde fluchen" (*Die Dämmerung,* Titelgedicht der 1913 erschienenen Slg., 1920, mit 7 weiteren Gedichten in der Anthologie „Menschheitsdämmerung" enthalten). 1913 in ein bayer. Infanterieregiment eingetreten, fiel Lichtenstein im Frankreichfeldzug. Postum erschien 1919 die Slg. *Gedichte und Geschichten.*

Detlev von Liliencron (eigtl. Friedrich Adolf Axel Freiherr v. L.)
***3.6.1844 in Kiel, †22.7.1909 in Alt-Rahlstedt (= Hamburg)**
Der Offizier in preuß. Dienst, Teilnehmer der Kriege 1866 und 1870/71, musste 1875 wegen völliger Verschuldung seinen Dienst quittieren und lebte ab 1887 als freier Schriftsteller in München und Berlin. Als Lyriker entwickelte Liliencron eine impressionistische Form der Naturschilderung, vielfach als Liebeslieder. Daneben entstanden Balladen mit Themen wie dem Widerstand gegen die Beseitigung von Freiheitsrechten (plattdt. *Pidder Lüng* mit dem Refrain „Lewwer duad üs Slaav": Lieber tot als ein Sklave) oder Brandstiftung als Verzweiflungstat einer alten Frau *(Der Heidebrand)*.

Oskar Loerke
***13.3.1884 in Jungen (Westpreußen), †24.2.1941 in Berlin**
Der Bauernsohn studierte 1903–07 in Berlin dt. Philologie, Geschichte, Philosophie und Musik. Sein Roman *Der Oger* (1907) handelt vom Werteverfall und einem Vater-Sohn-Konflikt (1913 Kleist-Preis); Reisen führten ihn u.a. nach Italien und Algerien (1914). Großen Einfluss gewann er als Kritiker und Verlagslektor; seit 1926 Mitglied der Preuß. Akademie der Künste, wurde er 1933 aus seinem Amt als Sekretär der Sektion für Dichtkunst entlassen.
Als Lyriker fand Loerke nach Anfängen unter dem Einfluss ↑Georges sowie des Expressionismus zum „sich selbst aussprechenden" poetischen Wort, das Esoterik und sinnliche Wahrnehmung verbindet. Ein Grundthema seiner Naturlyrik ist die Klage über den Verlust der Lebensunmittelbarkeit.

Gedichtbände: *Wanderschaft* (1911), *Der längste Tag* (1926), *Atem der Erde* (1930), *Der Silberdistelwald* (1934), *Der Wald der Welt* (1936), *Der Steinpfad* (1941). – Essays: *Probleme der Lyrik* (1928), Slg. *Literarische Aufsätze aus der „Neuen Rundschau" 1909–14* (1967).

Erich Loest
***24.2.1926 in Mittweida (Sachsen)**
Der Sohn eines Kaufmanns wurde 1944/45 als Soldat eingesetzt (zuletzt als Werwolf), absolvierte 1947–50 ein Volontariat bei der „Leipziger Volkszeitung" und studierte 1955/56 am Leipziger Literaturinstitut „Johannes R. Becher". 1957 wegen „konterrevolutionärer Gruppenbildung" verhaftet, verbüßte er bis 1964 eine Zuchthausstrafe (Bautzen) und war anschließend wieder als freier Schriftsteller in Leipzig tätig. 1979 trat Loest aus dem Schriftstellerverband der DDR aus, 1981 übersiedelte er in die B.D. 1994–97 war Loest Vorsitzender des Verbandes dt. Schriftsteller (VS).
Die Romane *Jungen, die übrig blieben* (1950) und *Der Abhang* (1968) schildern Erlebnisse im letzten Kriegsjahr und in der Nachkriegszeit. Anstoß erregte der Roman *Es geht seinen Gang oder Mühen in unserer Ebene* über die Resignation in der DDR (1978, Verf nach einem Drehbuch von ↑Plenzdorf B.D. 1981). Schriftstellerische Arbeit als Verkleidung, um überleben zu können, ist das Thema des Romans *Swallow, mein wackerer Mustang* (1980) über Karl May. Seine Stasi-Akte (1975–83) dokumentierte Loest in *Die Stasi war mein Eckermann oder Mein Leben mit der Wanze* (1991). 2001 erschienen *Träumereien eines Grenzgängers*. 1989 gründete Loest den Linden-Verlag (seit 1990 in Leipzig).

Schattenboxen. Roman, V 1973.
Der 32-jährige Gert Kohler kehrt nach zweieinhalb Jahren Knast in Bautzen nach Leipzig zurück. Doch endgültig wird die Rückkehr erst, nachdem ihm am Ende bewusst geworden ist: „Keine Welt ist zusammengebrochen, ich bin eingeholt worden, ich habe gegen Schatten geboxt." Dazu gehören seine Straftaten (Verkauf von gestohlenem Baumaterial), vor allem aber die Schwangerschaft seiner Frau Carla während seiner Haft. Kohler erreicht, dass er in Hoyerswerda (Lausitz) mit Carla und ihrem Sohn Jörg zusammenleben kann. Doch ein ehemaliger Mithäftling taucht auf und löst bei Kohler panische Reaktionen aus. Carla geht mit Jörg zu ihren Eltern zurück; Kohler wird fähig, ihr zu folgen.
Die Erzählweise vergegenwärtigt die Vergangenheit der Beteiligten und ihre Beziehungen untereinander, etwa zwischen Carla und ihrer Mutter. Diese schlägt „Kapital aus erlebten, verlebten, genutzten, verschwendeten Jahren, so alt wie du müsste ich noch einmal sein, ich würde alles anders machen, nicht alles, würde nicht, würde doch." Ein Detail (Kohler vermeidet ↑Falladas Roman *Wer einmal aus dem Blechnapf frisst* zu lesen) deutet an, dass sich bei Kohler der Kreislauf aus Straftaten und Strafe nicht einstellt, dank (oder trotz) der Lebensverhältnisse in der DDR Ende der 1960er Jahre.

Nikolaikirche. Roman, V 1995, Verf B. D. 1993 Frank Beyer.
Der Titel nennt ein Symbol der friedlichen Revolution, die am 9.11.1989 zur Öffnung der Berliner Mauer und 1990 zur dt. Einigung führte: Die Nikolaikirche war 1989 ein Ausgangspunkt der Leipziger Montagsdemonstrationen. Im Mittelpunkt der Romanhandlung steht die fiktive Familie Bacher, deren Mitglieder unterschiedliche politische Haltungen repräsentieren, vom Stasi-Hauptmann bis zur Aktivistin der Friedensbewegung: „Der Riss, der die DDR bersten ließ, ging durch eine Leipziger Familie."
Die Gegenwartshandlung (1985–89) enthält Rückblenden bis 1968, als auf Anordnung von Ulbricht die Leipziger Universitätskirche gesprengt wurde, was u. a. bedeutete, dass der Blick auf den Turm der Nikolaikirche frei wurde: „Es war, als ob man einer Hydra den Kopf abschlüge, und sofort sprang eine andere hoch." Das Ende bildet die Demonstration am 9.10. 1989 mit 70.000 Teilnehmern, die ohne das drohende Blutvergießen verlief. Diesen 9. Oktober betrachtet Loest als Datum der Wende. Der Roman entstand auf Anregung von ↑Grass. Loest, der erst 1990 nach Leipzig zurückkehrte, stützt sich sowohl auf die eigene Leipziger Vergangenheit als auch auf Augenzeugenberichte und Archivmaterial. Die Filmversion (TV) verwendet dokumentarisches Filmmaterial.

Friedrich von Logau
*** Juni 1604 in Dürr Brockuth bei Strehlen (Schlesien)**
† 24. 7. 1655 in Liegnitz

Aus altem schles. Adel stammend, wurde Logau nach dem Besuch des Gymnasiums in Brieg Page der Herzogin Dorothea Sibylle, studierte Rechtswissenschaft, widmete sich der Verwaltung des väterlichen Gutes und lebte ab 1644 am Hof in Brieg; 1653 folgte er Herzog Ludwig IV. nach Liegnitz.
Als Schriftsteller erneuerte Logau die volkstümliche Spruchdichtung in epigrammatisch zugespitzter Form; zu den Themen seiner Dichtung (vgl. ↑Kellers Novellenzyklus *Das Sinngedicht*) gehört die Ausdrucksfähigkeit des Deutschen: „Kann die deutsche Sprache schnauben, schnarchen, poltern, donnern, krachen, / Kann sie doch auch spielen, scherzen, liebeln, gütteln, tändeln, lachen." Den *200 deutschen Reimsprüchen* (1638) folgte 1654 (Pseudonym Salomon von Golaw) die Slg. *Deutscher Sinngedichte drei Tausend.*

Hermann Löns

***29.8.1866 in Culm (Westpreußen), †26.9.1914 bei Reims**

Der Sohn eines Gymnasiallehrers studierte ab 1886 in Münster, Greifswald und Göttingen Naturwissenschaften und Medizin. Alkoholprobleme führten zum Abbruch des vom Vater erzwungenen Studiums. Löns wechselte mehrfach die Anstellung bei Zeitungen und ließ sich 1893 in Hannover als freier Journalist nieder, zunehmend geschätzt als Verfasser satirischer Gedichte und Glossen, die unter den Pseudonymen „Fritz von der Leine" und „Ulenspiegel" erschienen. Löns meldete sich 1914 als Freiwilliger und fiel im Frankreichfeldzug.

Überregionale Popularität gewann Löns durch seine Naturlyrik sowie Tier- und Landschaftsschilderungen, v.a. aus der Lüneburger Heide, die umgangssprachlich zur „Hermann-Löns-Gedächtniswiese" wurde. Der „Bauernroman aus der Lüneburger Heide" *Der letzte Hansbur* (1909) schildert die Umkehr eines zum Wilderer und Trinker verkommenen Bauernsohns. *Der Wehrwolf. Eine Bauernchronik* (1910) spielt im Dreißigjährigen Krieg und handelt vom Zusammenschluss von Bauern gegen marodierende Soldaten; im Unterschied zu Löns' empfindsamen Naturbildern ist der Roman mit seiner drastischen Schilderung von Gewaltakten der vom Göttinger Philosophen Paul de Lagarde (1827–91) proklamierten nationalistischen „german. Renaissance" verpflichtet. Sein Ansehen in rechtsgerichteten Kreisen als Repräsentant der Blut-und-Boden-Ideologie, chauvinistischer Fremdenfeindlichkeit und der (im Tierreich herrschenden) Durchsetzung des Stärkeren führte unter den Nazis zur postumen Verehrung: 1934 ließ Hitler die angeblich entdeckten Gebeine exhumieren und nach Dtl. überführen.

Gedichtbände: *Mein goldenes Buch* (1901), *Mein blaues Buch* (1909), *Der kleine Rosengarten* (1911). – Erzählungen: Slg. *Mein grünes Buch* (1901), Slg. *Mein braunes Buch* (1907), Slg. *Was da kreucht und fleucht* (1909), *Mümmelmann* (1909).

Andreas Maier

***1967 in Bad Nauheim**

Aufgewachsen in Bad Nauheim, studierte Maier in Frankfurt a.M. Altphilologie und Philosophie (Promotion 2000 mit *Die Verführung. Die Prosa Thomas Bernhards*, V 2004). Maier lebt als freier Schriftsteller in Brixen (Südtirol). Bisher erschienen die Romane *Wäldchestag* (2000) über den Schriftsteller und Außenseiter Sebastian Adomeit, der mittels seines Testaments eine Dorfgemeinschaft in der hess. Provinz über seinen Tod hinaus in Unruhe versetzt, und *Klausen* (2002; Hörbuch, gelesen von Maier, 2002), das von einem Anschlag auf die Autobahn, welche die Ruhe eines Südtiroler Dorfes stört, handelt. Thema beider Romane sind die Milieus in den Soziotopen ländlicher Gemeinschaften sowie die Dynamik von Gerüchten und Mutmaßungen, die schließlich nicht mehr unterscheiden lässt, was tatsächlich geschehen und was nur vermutet ist; sprachlich lassen sie – durch den ausgiebigen Gebrauch des Konjunktivs und die mäandernden ausführlichen Erläuterungen – das Vorbild ↑Bernhards erkennen.

Für *Klausen* erhielt Maier den Clemens-Brentano-Preis der Stadt Heidelberg (2003).

Heinrich Mann
***27. 3. 1871 in Lübeck, †12. 3. 1950 in Santa Monica bei Los Angeles**
1949 zum Präsidenten der neu zu gründenden Dt. Akademie der Künste in Ost-Berlin gewählt und von der DDR-Kulturpolitik als Repräsentant des „Übergangs vom bürgerlichen zum sozialistischen Humanismus" gewürdigt, drohte Heinrich Mann in der B. D. in Vergessenheit zu geraten. Den Undank gegenüber seinem Bruder sah ↑Th. Mann in der Skepsis der Deutschen gegenüber der „Verbindung des Dichters mit dem politischen Moralisten" begründet (1951 in einem Brief an Alfred Kantorowicz).

Der Sohn eines Großkaufmanns und Reeders verließ vor dem Abitur das Gymnasium, begann 1889 in Dresden eine Buchhandelslehre, volontierte 1890–92 in Berlin beim S. Fischer Verlag und lebte aus gesundheitlichen Gründen 1893–98 vorwiegend in Italien. Sein hauptsächlicher Wohnsitz wurde bis 1928 Münden, danach bis 1933 Berlin..
Der satirische Roman *Im Schlaraffenland* (1900) schildert Aufstieg und Fall des Studenten Zumsee inmitten einer durch betrügerische Bankiers, korrupte Journalisten, schmarotzende Künstler, durch Adlige und Proletarier repräsentierten Gesellschaft. Heinrich Manns Ruf als artistischer „Dichter der Moderne" begründete die Romantrilogie *Die Göttinnen* (1902), eine Auseinandersetzung mit dem Renaissance- und Dekadenzkult der Jahrhundertwende anhand der Metamorphosen der Herzogin Violante von Assy, die „im ersten Teil vor Freiheitssehnen (glüht), im zweiten Teil vor Kunstempfinden, im dritten vor Brunst". Während *Professor Unrat* (1905) und der 1906 begonnene Roman *Der Untertan* (Teil-V 1914, V 1918) jeweils am Beispiel einer Hauptfigur den Zusammenbruch der wilhelminischen Gesellschaft prognostizieren, dient im Roman *Die kleine Stadt* (1909) die Bevölkerung eines italien. Provinzorts als Spiegel der historischen Entwicklung vom Liberalismus des 19. Jh.s zur Demokratie. Der Essay *Geist und Tat* (1910, zugleich Titel der 1931 veröffentlichten Essay-Slg.) enthält die für Heinrich Manns weiteres Schaffen grundlegende Forderung an die Intellektuellen, „dass sie Agitatoren werden, sich dem Volk verbünden gegen die Macht, dass sie die ganze Kraft des Wortes seinem Kampf schenken, der auch der Kampf des Geistes ist". Als Vorbilder dienen die großen frz. Schriftsteller, „die, von Rousseau bis Zola, der bestehenden Macht entgegentraten". 1915 löste der bekenntnishafte *Zola*-Essay eine öffentliche Polemik zwischen den Brüdern Mann aus.
Während der Weimarer Republik gehörte Heinrich Mann als Publizist zu den entschiedenen Verfechtern der Demokratie, der dt.-frz. Aussöhnung und einer paneuropäischen Bewegung. 1931 wurde er Präsident der Sektion Dichtung der Preuß. Akademie der Künste. Als dritter Teil der „Kaiserreich-Trilogie" erschien 1925 *Der Kopf*. Der Roman *Eugénie oder Die Bürgerzeit* (1928) parallelisiert das Scheitern Napoleons III. mit dem Bankrott eines Lübecker Kaufmannshauses. Die Satire *Kobes* (1925) handelt von der „Vertrustung" der Welt durch die Großindustrie.
Anfang 1933 (Aufruf zur Einigung zwischen SPD und KPD im Kampf gegen den Nationalsozialismus) emigrierte Heinrich Mann über die Tschechoslo-

wakei nach Frankreich und ließ sich in Nizza nieder. 1935 wurde er zum Präsidenten der dt. Volksfront gewählt. Das literarische Hauptwerk dieses ersten Teils des Exils bildet das Henri-Quatre-Romanwerk (1935 und 1938). 1940 floh Heinrich Mann über Spanien und Portugal in die USA und wurde, ansässig in Santa Monica, als Drehbuchautor tätig. Als letzter zu Lebzeiten veröffentlichter Roman erschien 1949 *Der Atem*; er handelt vom Tod der an ihre Erinnerungen geketteten Gräfin Traun bzw. Arbeiter-Gefährtin Kobalt, deren Kampf dem Bündnis von Geld und Macht gegolten hat. Postum erschienen *Empfang bei der Welt* (Spekulanten, Schieber und Hochstapler veranstalten einen vorgeblich im Dienst der Kunst stehenden, in Wirklichkeit der Sanierung einer Bank und eines Opernagenten dienenden Empfang) und der Fragment gebliebene Dialogroman *Die traurige Geschichte von Friedrich dem Großen*, eine kritische Bilanz der dt. Geschichte. Heinrich Mann starb während der Vorbereitung seiner Rückkehr nach Ost-Berlin.

Romane: *In einer Familie* (1894), *Die Jagd nach Liebe* (1903), *Zwischen den Rassen* (1907), *Die kleine Stadt* (1909), *Mutter Marie* (1927), *Die große Sache* (1930), *Ein ernstes Leben* (1932), *Lidice* (1943), *Der Atem* (1949), *Empfang bei der Welt* (1956, Verf u. d. T. *Belcanto* B. D. 1977 Robert van Ackeren). – Erzählungen: Slg. *Das Wunderbare und andere Novellen* (1897), Slg. *Flöten und Dolche* (1905, darin: *Pippo Spano*), *Schauspielerin* (1906), *Die Bösen* (*Die Branzilla* und *Der Tyrann*, 1908), Slg. *Bunte Gesellschaft* (1917), Slg. *Abrechnungen* (1924), Slg. *Sie sind jung* (1929). – Dramen: *Madame Legros* (V 1913, U 1916, Vert 1966 Ottmar Gerster), *Brabach* (V 1917, U 1919). – Essays: *Geist und Tat* (1910), Slg. *Macht und Mensch* (1919), Slg. *Geist und Tat. Franzosen 1780–1930* (1931), Slg. *Das öffentliche Leben* (1932), *Bekenntnis zum Übernationalen* (1933), *Was will die deutsche Volksfront* (1937). – Autobiografisches: *Ein Zeitalter wird besichtigt* (1945).

Professor Unrat oder Das Ende eines Tyrannen. Roman, V 1905, Verf u. d. T. *Der blaue Engel* Dtl. 1929/30 Josef von Sternberg, u. d. T. *The Blue Angel* USA 1959 Edward Dmytryk, u. d. T. *Lola* B. D. 1981 Rainer Werner Fassbinder, Dramat 1932 Erich Ebermayer.

Der Gymnasialprofessor Raat mit dem Spitznamen Unrat ist der erklärte Feind seiner Schüler, stets darauf bedacht, „jeden je möglichen Widerstand zu brechen, alle bevorstehenden Attentate zu vereiteln“ und „Kirchhofsruhe herzustellen“. Eine „einflussreiche Kirche, ein handfester Säbel, strikter Gehorsam und starre Sitten“ sind die Eckpfeiler und Normen seines Gesellschaftsbildes. Seinen Schülern auch außerhalb der Schule nachspionierend, um sie zu „fassen“, gerät er in die Spelunke „Zum blauen Engel“. Hier tritt die „Barfußtänzerin“ Rosa Fröhlich auf, unter deren Eindruck sich Raats unterdrücktes Triebleben Geltung verschafft. Raat heiratet Rosa und muss daher aus dem Schuldienst ausscheiden. Seiner Herrschaft über die Schüler verlustig, richtet Raat nun seine Machtbesessenheit gegen die Bürger der Stadt.

Mittels seiner vor den Toren gelegenen, als Vergnügungsstätte eingerichteten Villa arbeitet er an der „Entsittlichung der Stadt“: „Was sie hertrieb, war die Leere ihrer Gehirne, der Stumpfsinn der humanistisch nicht Gebildeten, ihre dumpfe Neugier, ihre mit Sittlichkeit schlecht zugedeckte Lüsternheit, ihre Habgier, Brunst, Eitelkeit und zu alledem hundert verquickte Interessen.“ Raats neuerliche Herrschaft findet dadurch ihr Ende, dass er als Dieb einer Brieftasche verhaftet wird. Raat verkörpert die Autoritätshörigkeit des Wilhelminismus und zugleich deren anarchischen Untergrund: Der autoritäre Spießbürger enthüllt sich als zielloser Aufrührer und zynischer Verächter der bürgerlichen Moral und weist insofern auf den Zusammenbruch des Kaiserreichs voraus. Thematisch wie aufgrund seiner sprachlichen Gestaltung steht der Roman im Vorfeld des Expressionismus.

Der Untertan. Geschichte der öffentlichen Seele unter Wilhelm II. Roman, E ab 1906, Teil-V (nach Kriegsbeginn abgebrochene Zs-Publikation) 1914, Privatdruck 1916, V 1918, Verf DDR 1951 Wolfgang Staudte.

Als Exposition dient die Charakterisierung des jungen Diederich Heßling: Er „war ein weiches Kind, das am liebsten träumte, sich vor allem fürchtete und viel an den Ohren litt"; bestraft zu werden ist ihm ein Bedürfnis, ein permanentes schlechtes Gewissen verwehrt ihm jegliche Selbstachtung, die Schule erlebt er als „unerbittlichen, menschenverachtenden, maschinellen Organismus", wobei es sein Stolz ist, an der „kalten Macht" – „wenn auch nur leidend" – teilzuhaben: „Am Geburtstag des Ordinarius bekränzte man Katheder und Tafel. Diederich umwand sogar den Rohrstock." Das lustvolle Erleiden von Macht ist gepaart mit Machtausübung gegenüber Schwächeren: den jüngeren Schwestern oder dem einzigen Juden in der Klasse.

Diese Disposition des Anti-Helden Heßling erfährt durch die Romanhandlung ihre zeitgeschichtliche Konkretisierung. In Berlin wird er als Student Mitglied einer schlagenden Verbindung, drückt sich als Simulant vor dem Militärdienst, gibt der von ihm verführten Agnes den Laufpass und kehrt als Akademiker nach Netzig zurück. Hier übernimmt er die väterliche Papierfabrik, zettelt einen Majestätsbeleidigungsprozess an, gewinnt eine wirtschaftliche Schlüsselstellung und ist schließlich der Festredner bei der Einweihung eines Denkmals Wilhelms I.

Ein Leitmotiv ist die schrittweise Identifikation Heßlings mit Wilhelm II.; dies gilt für das Äußere des „Untertans" wie für seine Sprache, die sich zu einer Montage aus Kaiserzitaten entwickelt. Dieser Annäherungsprozess wird von Heßlings Jugendfreund, dem Rechtsanwalt Wolfgang Buck, als Zeitsymptom analysiert: „Eine romantische Prostration vor einem Herrn, der seinem Untertan von seiner Macht das Nötige leihen soll, um die noch Kleineren niederzuhalten. Und da es in Wirklichkeit und im Gesetz weder den Herrn noch den Untertan gibt, erhält das öffentliche Leben einen Anstrich schlechten Komödiantentums. Die Gesinnung trägt Kostüm, (...) und das Pappschwert wird gezogen für einen Begriff wie den der Majestät, den doch kein Mensch mehr, außer in Märchenbüchern, ernsthaft erlebt." Buck begnügt sich freilich mit dem Beweis seiner rhetorischen Fähigkeiten; insgeheim hat er, mit dem Beruf des Schauspielers liebäugelnd, Verständnis für das perfekte Rollenspiel des Kaisers und bemängelt lediglich den Dilettantismus der Imitation.

Unter dem Schutz des Regierungspräsidenten von Wulckow übersteht Heßling unbeschadet alle Konflikte, in die er forschdreist gerät. Als Chauvinist, Gegner des „Umsturzes", skrupelloser Unternehmer, Antisemit, Intrigant, Denunziant und scheinheiliger Moralapostel mit sexueller Perversion (er zieht Lustgewinn aus der Unterwerfung unter seine Frau, die ihn in den Bauch tritt und damit seine Untertanen-Existenz sinnlich demonstriert) behauptet Heßling das Feld. Lediglich die aufgrund eines Gewitters in chaotischer Flucht der Festgäste endende Szene der Denkmalseinweihung scheint Heßlings Triumph zu brechen, doch „der Umsturz der Macht von seiten der Natur war ein Versuch mit unzulänglichen Mitteln gewesen. Diederich zeigte dem Himmel seinen Wilhelms-Orden und sagte ‚Ätsch!' (...)." Gleichwohl liegt dem Roman die Gewissheit des unausweichlichen Zusammenbruchs der durch Heßling repräsentierten Gesellschaft zugrunde. „Wenn die Katastrophe, der sie auszuweichen gedenken, vorüber sein wird", ermutigt der alte Buck seinen Sohn, „sei gewiss, die Menschheit wird das, worauf die erste Revolution folgte, nicht scham- und vernunftloser nennen als die Zustände, die die unseren waren."

Der Untertan bildet mit den Romanen *Die Armen* (1917) und *Der Kopf* (1925) die Trilogie *Das Kaiserreich.*

Die Jugend des Königs Henri Quatre. Die Vollendung des Königs Henri Quatre.
Roman in 2 Teilen, V 1935 und 1938.
Den ersten Anstoß zur Darstellung Heinrichs IV. (1553–1610, frz. König ab 1589) gab 1925 der Besuch von Heinrichs Geburtsort Pau; das auf umfangreiche Studien gestützte Projekt wurde zur literarischen Hauptarbeit der Jahre des frz. Exils.

Der 1. Teil reicht von der Jugend Heinrichs von Navarra in den heimatlichen Pyrenäen bis zum Tod Heinrichs III., des letzten Herrschers aus dem Haus Valois, im Jahr 1589 und zum daraufhin von Heinrich erhobenen Thronanspruch. Im Mittelpunkt stehen die Eheschließung des Hugenotten Heinrich mit Margarete von Valois („Margot"), der Schwester Karls IX., und die Ermordung der aus diesem Anlass in Paris zusammengekommenen Hugenotten in der „Bartholomäusnacht"(23./24. 8. 1572).

Die Darstellungsweise der historischen Gestalten und Ereignisse stellt vor allem in diesem Teil Bezüge zur zeitgeschichtlichen Gegenwart her. So trägt der Führer der kath. Liga, der Herzog von Guise, die Züge Hitlers, und im Volksverhetzer Boucher ist Goebbels zu erkennen. Darüber hinaus intendierte die Wahl einer Gestalt aus der Epoche der Religionskriege und des auf diesem Hintergrund sich abzeichnenden Humanismus einen letztlich utopischen Gegenwartsbezug, wobei Mann sein Romanwerk als „weder verklärte Historie noch freundliche Fabel", sondern als „ein wahres Gleichnis" verstanden wissen wollte. Den durchaus freien Umgang mit den historischen Fakten verdeutlichen die erfundenen Begegnungen Heinrichs mit Montaigne, von dem der zukünftige König lernt, dass „nichts so volkstümlich [ist] wie Gutsein". Im Zusammenhang der zweiten Begegnung heißt es: Montaigne „wollte sehen, ob ein maßvoller, zum Zweifel geneigter Sinn sich mit Erfolg erwehren konnte der Ausschweifungen der Unvernunft, die ihn überall bedrohen". Damit ist zugleich das Interesse des Erzählers an seiner Gestalt bezeichnet. Nicht historische Distanz, sondern unmittelbare Beteiligung einschließlich der Hinwendung an Heinrich kennzeichnet die Erzählerperspektive.

Diese Haltung kennzeichnet auch die im 1. Teil den Hauptkapiteln angefügten, mit „Moralité" überschriebenen Zusammenfassungen, Reflexionen und Verallgemeinerungen. Ihrer Abfassung in frz. Sprache liegt die Absicht zugrunde, „dass Deutsch und Französisch sich dieses eine Mal durchdrängen. Davon erhoffte ich immer das Beste für die Welt."

Der 2. Teil reicht von Heinrichs Durchsetzung seines Thronanspruchs gegen den Widerstand der Liga (1593 Konversion zum Katholizismus, 1594 Krönung) bis zur Ermordung durch den von Jesuiten gedungenen Fanatiker Revaillac. Im Mittelpunkt stehen die Beendigung der Hugenottenkriege durch das Toleranzedikt von Nantes (1598) und der „Große Plan" eines Völkerbundes. Die Bedrohung des „guten Königs" nistet u. a. in der Umgebung seiner zweiten Frau, Maria von Medici. Der 2. Teil endet mit einer Ansprache des Königs „von der Höhe einer Wolke herab", in der Mann die Nutzanwendung seiner Vergegenwärtigung von Geschichte formuliert: „Bewahrt euch all euren Mut, mitten im fürchterlichen Handgemenge, in dem so viele mächtige Feinde euch bedrohen. Es gibt immer Unterdrücker des Volkes, die habe ich schon zu meiner Zeit nicht geliebt (...). Ich habe den König von Spanien gehasst, der euch unter anderen Namen bekannt ist. Er denkt noch lange nicht daran, zu verzichten auf seine Anmaßung, Europa zu verführen, und zuallererst mein Königreich Frankreich." Dieses ist „immer noch der Vorposten der menschlichen Freiheiten: Gewissensfreiheiten und die Freiheit, sich satt zu essen". In *Gestalt und Lehre* (1939) betont Mann: „Da aber das Beispiel einst gegeben worden ist, die historische Gestalt leben und handeln konnte, sind wir berechtigt, Mut zu fassen und ihn anderen mitzuteilen."

Klaus Mann

***18. 11. 1906 in München, †21. 5. 1949 in Cannes**

Der älteste Sohn ↑Th. Manns schloss sich 1925 in Berlin mit seiner Verlobten Pamela Wedekind, seiner Schwester Erika und deren Mann (1925–28), Gustav Gründgens, zu einer Theatergruppe zusammen (1926 Aufführung der *Revue für Vier*), 1926 erschien die autobiografisch geprägte Erzählung *Kindernovelle*, 1929 unternahm er mit Erika eine Weltreise (gemeinsamer Bericht *Rundherum*), 1932 veröffentlichte er die Autobiografie *Kind dieser Zeit*.

1933 emigrierte Klaus Mann (Auseinandersetzung mit ↑Benn), in Amsterdam gab er bis 1935 die Emigrantenzeitschrift „Die Sammlung" heraus. Der Roman *Der Vulkan* (1939, Verf B. D./F. 1999 Ottokar Runze) schildert die verschiedenen Strömungen unter den Emigranten. Ab 1936 lebte Klaus Mann als Journalist in den USA (1938 Beobachter im Span. Bürgerkrieg), 1942 erschien die Autobiografie *The Turning Point* (dt. 1952 *Der Wendepunkt*). Vor seinem Selbstmord verfasste er den Essay *Die Heimsuchung des europäischen Geistes*.

Mephisto. Roman einer Karriere.

E 1935/36, Zs-Vorabdruck Paris 1936, V Amsterdam 1936, DDR 1956, B. D. 1981, Dramat 1979 Ariane Mnouchkine mit dem Pariser Théâtre du Soleil, 2003 (Schweriner Fassung) Birgit Funke, Verf B. D./Ö/Ungarn 1981 Iván Szabó.

Das „Vorspiel. 1936" zeigt den Schauspieler und Generalintendanten der Preuß. Staatstheater, Hendrik Höfgen (sein Name ähnelt dem Begriff Höfling), als Festredner bei der Geburtstagsfeier des preuß. Ministerpräsidenten (= Hermann Göring) in der Berliner Staatsoper. Vor kurzem wurde Höfgen als Hamlet bejubelt. Von seiner Einsicht, dieser Rolle nicht mehr gewachsen zu sein, handelt u. a. das letzte Kapitel: Der Dänenprinz verhöhnt ihn als „Affe der Macht" und „Clown zur Zerstreuung der Mörder".

Höfgens Laufbahn ab Mitte der 1920er Jahre führte von Hamburg nach Berlin. In allen Genres hatte er Erfolg. Als am 31. 1. 1933 Hitler in Berlin zum Reichskanzler ernannt wird, hält er sich zu Dreharbeiten in Spanien auf. Höfgen (er „gehörte keiner Partei an, er war kein Jude") wartet in Paris als widerwilliger Emigrant die Entwicklung ab, die zu seinen Gunsten verläuft: Die Kollegin Lotte Lindenthal, jetzt Geliebte des preuß. Ministerpräsidenten, wünscht ihn als Partner in einer Komödie, und ihr „Dicker" sorgt für Höfgens Rückkehr. Die Bewunderung dieses Machthabers (auch über die Berliner Theater) gewinnt Höfgen in einer Neuinszenierung des *Faust* als Mephisto, in dem sich der Nazi wiedererkennt (Mephisto: „So ist denn alles, was ihr Sünde, / Zerstörung, kurz, das Böse nennt, / mein eigentliches Element."), und Höfgens unaufhaltsamer Aufstieg beginnt: „Das Auge des Gewaltigen ist auf einen in der Menge gefallen. Soll der Unglückliche gleich abgeführt, gefoltert und umgebracht werden? Im Gegenteil: Ihm geschieht Gnade, und Erhöhung ist ihm zugedacht. Wer ist es denn? Ein Schauspieler? Man weiß ja, dass die großen Herren Sympathie haben für Komödianten."

Das Werk der Exilliteratur enthält Figuren, deren Vorbilder unschwer zu entschlüsseln sind, v. a. Gustaf Gründgens alias Höfgen. Gründgens, der nach kurzer Haft 1945/46 seine Karriere fortsetzte, verhinderte selbst, nach seinem Tod (1963) der Adoptivsohn ein Erscheinen des Romans in der B. D., bis 1981 ein Verlag die Veröffentlichung wagte. Der Erfolg beruhte nicht mehr auf dem Interesse an „Enthüllungen", sondern an der Auseinandersetzung mit der Rolle von Künstlern im Dritten Reich. Mit seinen satirischen Stilmitteln der Zeitkritik steht *Mephisto* in der Tradition von ↑Heinrich Manns Roman *Der Untertan*.

Thomas Mann
***6. 6. 1875 in Lübeck, †12. 8. 1955 in Zürich**

Während der NS-Herrschaft wie kaum ein anderer Emigrant als Repräsentant des „anderen Dtl." geachtet, geriet Thomas Mann nach dem Krieg in Konflikt mit den Vertretern der „inneren Emigration" (Frank Thieß), die sich ihren Verzicht auf die „Logen und Parterreplätze" des Auslands zugute hielten. Mann blieb in zumindest räumlicher Distanz zur dt. Nachkriegsentwicklung und verkörperte zugleich – im Goethe-Jahr 1949 in Frankfurt und Weimar, im Schiller-Jahr 1955 in Stuttgart und Weimar – das Bewusstsein vom kulturellen Erbe, das die „dt. Schmach" (Th. Mann) überdauern werde, und möglicherweise dazu beitragen könne, die dt. Spaltung zu überwinden.

Der jüngere Bruder ↑H. Manns verließ nach der mittleren Reife das Lübecker Gymnasium und übersiedelte 1893 mit der im Vorjahr verwitweten Mutter nach München. Hier war er 1894 Volontär einer Feuerversicherungsgesellschaft und 1895/96 Student an der TH, ab 1896 hielt er sich in Italien auf, 1898 (Novellenband *Der kleine Herr Friedemann*) und 1899 gehörte er in München zu den Mitarbeitern des „Simplicissimus", 1900 leistete er seinen Militärdienst ab. Prägende Einflüsse gingen von ↑Heine aus (spürbar bis hin zur Auseinandersetzung mit der Moses-Gestalt in der Erzählung *Das Gesetz*, 1944) sowie von ↑Nietzsche und Richard Wagner. Berühmtheit brachte der Roman *Buddenbrooks* (1901). 1905 heiratete Mann Katja Pringsheim (1905 Geburt der Tochter Erika, 1906 des Sohns ↑Klaus, 1909 des Sohns Golo, es folgten drei weitere Kinder).

Während des I. Weltkriegs spitzte Mann seine Auffassung des Gegensatzes zwischen Leben (Staat) und Geist (Kunst) bis hin zur (positiven) Definition des dt. Wesens als „Antidemokratismus" zu; in den *Betrachtungen eines Unpolitischen* (E 1915–1917, V 1918) richtete er scharfe Angriffe gegen das von H. Mann geforderte politische Engagement des Künstlers, das er als „reglementierte Geistigkeit" verwarf. Während der Weimarer Republik öffnete er sich einem neuen Demokratieverständnis, wobei ↑Goethe zum Leitbild eines der Humanität verpflichteten Künstlertums wurde (1923 Essay *Goethe und Tolstoi*, 1932 Rede im Goethe-Jahr *Goethe als Repräsentant des bürgerlichen Zeitalters*, 1939 folgte der Goethe-Roman *Lotte in Weimar*). 1929 erhielt er in Anerkennung v. a. des Romans *Buddenbrooks* (1901) als „eines der klassischen Werke der zeitgenössischen Literatur" den Nobelpreis für Literatur (vgl. ↑Hauptmann, ↑Böll und ↑Grass).

1930 wandte sich Mann mit seiner *Dt. Ansprache. Ein Appell an die Vernunft* gegen den Nationalsozialismus; die im selben Jahr erschienene Erzählung *Mario und der Zauberer* schildert als antifaschistische Parabel einen seine Umgebung faszinierenden verkrüppelten Hypnotiseur, der von seinem Opfer Mario erschossen wird. Im Münchner Vortrag (Februar 1933) zum 50. Todestag Wagners sprach Mann vom politischen Weg des Komponisten, den die Nazis u. a. wegen antisemitischer Schriften wie *Die Juden in der Musik* (1850) als den angeblichen Verherrlicher des Germanentums ideologisch vereinnahmt hatten, „von der Revolution zur Enttäuschung, zum Pessimismus und einer resignierten, machtgeschützten Innerlichkeit“ und löste damit eine Hetzkampagne aus, die ihn veranlasste, von einem Auslandsaufenthalt aus nicht nach Dtl. zurückzukehren. Zur Hauptarbeit im Exil in Küsnacht bei Zürich wurde die Romantetralogie *Joseph und seine Brüder* (V 1933–43); 1936 wurde ihm die dt. Staatsbürgerschaft aberkannt, 1938 übersiedelte er in die USA (Gastprofessur in Princeton, 1940 Umzug nach Kalifornien, 1941–52 Wohnsitz in Pacific Palisades, 1944 erhielt er die amerikan. Staatsbürgerschaft). Als selbstkritische Auseinandersetzung mit dem Nationalsozialismus erschien 1938 der Essay *Bruder Hitler* (Ausdruck der „peinlichen Verwandtschaft“ mit der abscheulichsten „Erscheinungsform des Künstlertums“).

Während des II. Weltkriegs engagierte sich Mann in zahlreichen antifaschistischen Vereinigungen (u.a. Ehrenvorsitz der „American Guild for German Cultural Freedom“), von 1940 an wandte er sich über die BBC an Dtl. (Slg. *Deutsche Hörer! 25 Radiosendungen nach Deutschland,* 1942; erw. Ausgabe 1945). Ab 1943 entstand der Roman *Doktor Faustus* (V 1947), 1949 folgte als „Roman eines Romans“ die *Entstehung des Doktor Faustus.* Als „Rekapitulation eines abendländischen Mythos“ erschien 1951 der Roman *Der Erwählte,* eine Nachgestaltung des Epos *Gregorius* ↑Hartmanns von Aue. Fragment blieb die Gestaltung des Felix-Krull-Stoffes als ironischer Künstler- und erneuerter Schelmenroman.

1949 kehrte Mann erstmals nach Dtl. zurück, 1952 ließ er sich in der Schweiz nieder (1954 in Kilchberg bei Zürich). Wenige Wochen vor seinem Tod diagnostizierte er in Reden anlässlich des 150. Todestags ↑Schillers das Taumeln einer „von Verdummung trunkenen, verwahrlosten Menschheit unterm Ausschreien technischer und sportlicher Sensationsrekorde ihrem schon gar nicht mehr ungewollten Untergange entgegen“.

2001 erreichte das dreiteilige Doku-Drama (Spielszenen und Interviews mit Zeitzeugen) *Die Manns – Ein Jahrhundertroman* der Autoren Heinrich Breloer (auch Regie) und Horst Königstein ein breites Fernsehpublikum (als Buch 2002). Im Mittelpunkt steht der Patriarch Thomas Mann; die drei Teile schildern seine Lebensabschnitte ab 1923, 1933 und 1941. Als Erzählerin beeindruckt Katja und Thomas Manns jüngste Tochter, die Meeresforscherin Elisabeth Mann-Borghese (1918–2002). Eine neue Sicht des Ehepaars Mann veröffentlichte 2003 das Ehepaar Inge und Walter ↑Jens.

Romane: *Königliche Hoheit* (1909, Verf B. D. 1953 Harald Braun), *Bekenntnisse des Hochstaplers Felix Krull. Buch der Kindheit* (E 1911, V 1922), *Joseph und seine Brüder* (Tetralogie: *Die Geschichten Jaakobs,* 1933; *Der junge Joseph,* 1934; *Joseph in Ägypten,* 1936; *Joseph, der Ernährer,* 1943), *Bekenntnisse des Hochstaplers Felix Krull. Der Memoiren erster Teil* (1954, Verf B. D. 1957 Kurt Hoffmann). – Erzählungen: Slg. *Das Wunderkind* (1914), *Wälsungenblut* (1921, Verf B. D. 1964 Rolf Thiele), *Unordnung und frühes Leid* (1926, Verf B. D. 1976 Franz Seitz), *Mario und der Zauberer. Ein tragisches Reiseerlebnis* (1930, Verf 1994 B. D. Klaus Maria Brandauer), *Die vertauschten Köpfe. Eine indische Legende* (1940), *Das Gesetz* (1944), *Der Betrogene* (1953). – Dramen: *Fiorenza* (V 1905, U 1907). – Essays und Reden: *Friedrich und die große Koalition* (1915), *Goethe und Tolstoi* (1923, Neufassung 1932), *Von Deutscher Republik* (1923), *Deutsche Ansprache. Ein Appell an die Vernunft* (1930), Slg. *Leiden und Größe der Meister* (1935), *Versuch über Schiller* (1955). – Autobiografisches: *Herr und Hund* (1919), *Lübeck als geistige Lebensform* (1926), *Leiden an Deutschland. Tagebuchblätter aus den Jahren 1933 und 1934* (1946).

Buddenbrooks. Verfall einer Familie. Roman, E 1897–1900, V 1901; Verf Dtl. 1923 Gerhard Lamprecht, B.D. 1959 Alfred Weidenmann.

Das ursprünglich als Erzählung (mit der Gestalt des jungen „décadent" Hanno als Hauptfigur) sowie als Gemeinschaftsarbeit mit ↑H. Mann geplante Werk ist nach Th. Manns eigener Charakterisierung „ein als Familien-Saga verkleideter Gesellschaftsroman, (...) ein vom Verfallsgedanken überschattetes Kulturgemälde". Die Handlung erstreckt sich über den Zeitraum 1835–77 und schildert vier Generationen der Lübecker Kaufmannsfamilie Buddenbrook, die Ähnlichkeit mit der Familie Mann besitzt. Ebenso haben zahlreiche Nebenfiguren ein reales Vorbild; schon bald nach dem Erscheinen des Romans setzten die Bemühungen ein, sämtliche Gestalten des „Schlüsselromans" zu dechiffrieren.

Das tatkräftige, wirtschaftlich erfolgreiche und weltoffene Bürgertum wird durch den zu Beginn des Romans etwa 70-jährigen Johann Buddenbrook repräsentiert. In seinem Sohn, dem Konsul Johann Buddenbrook, verbinden sich bürgerliche Rechtschaffenheit und pietistische, die Weltoffenheit einschränkende Lebensauffassung. Der hier sich andeutende Zwiespalt zwischen der Bindung an Beruf und politische Tätigkeit einerseits und der seelischen Entwicklung andererseits verschärft sich in der dritten Generation. Zum entscheidenden Bildungserlebnis des als Senator im Gemeinwesen zu einer führenden Stellung gelangten Thomas Buddenbrook wird die Philosophie Arthur Schopenhauers; kennzeichnend ist sein Vergleich zwischen den Schauplätzen Hochgebirge und Meer: „Man klettert keck in die wundervolle Vielfachheit der zackigen, ragenden, zerklüfteten Erscheinungen hinein, um seine Lebenskraft zu erproben, von der noch nichts verausgabt wurde. Aber man ruht an der weiten Einfachheit der äußeren Dinge, müde wie man ist von der Wirrnis der inneren."

Den Typus des – an bürgerlichen Maßstäben gemessen – lebensuntüchtigen, clownesken Exzentrikers verkörpert Christian Buddenbrook, der in Bohemekreisen verkehrende Bruder des Senators. Die lebenslustige Schwester Tony durchleidet zwei scheiternde Ehen, ohne an Reife zu gewinnen. Die als „grau" geschilderte Schwester Clara stirbt kurz nach ihrer Heirat. Die künstlerische Begabung der Ehefrau des Senators, die zugleich ein gewisses Maß an „Exotik" und „nervöse Kälte" besitzt, gewinnt im Repräsentanten der vierten Generation, dem hochmusikalischen und übersensiblen Hanno, die Oberhand. Sein Tod in jungen Jahren an Typhus versinnbildlicht den Endpunkt eines schrittweisen Verlustes an Vitalität, den der Abbau wirtschaftlicher Potenz und gesellschaftlicher Reputation begleitet. Die gegenläufige Entwicklungslinie bezeichnet der Aufstieg der Familie Hagenström; durch sie tritt der Typus des kapitalistischen Bourgeois an die Stelle des patrizischen Bürgers.

Die Schilderung des „Verfalls einer Familie" besitzt aufgrund der kulturgeschichtlichen Konzeption Th. Manns auch Aspekte des Neubeginns. Verfall steht, als notwendige Phase der Aufhebung traditioneller Werte, in engstem Zusammenhang mit Fortentwicklung. Die Gestalt Hannos deutet die Möglichkeit einer aus Lebensuntüchtigkeit hervorgehenden Lebenssteigerung im Geistigen an.

Das Grundthema einer zunehmenden geistigen und seelischen Differenzierung bestimmt auch die Erzählweise. Die zunächst vorherrschende Realistik (chronologische Abfolge, Personencharakterisierung durch jeweils spezifisches Sprachverhalten) weicht schrittweise einer Auflösung des unmittelbaren Erzählzusammenhangs zugunsten eines Gefüges aus indirekter und erlebter Rede, Exkursen, mehrgliedriger Handlungsführung und vielfältig variierten Motiven. Hannos Tod ist nur mittelbar einer medizinischen Erörterung über den Typhus zu entnehmen.

Tonio Kröger. Novelle, E ab 1899, V 1903, Verf B. D. 1964 Rolf Thiele.

Die Symmetrieachse der dreiteiligen Komposition bildet ein Gespräch des jungen Schriftstellers Tonio Kröger mit der russ. Malerin Lisawetta Iwanowna, die in ihrem Freund den „verirrten Bürger" erkennt. Im Mittelpunkt steht das Verhältnis zwischen Leben und Kunst, das von Kröger als Missverhältnis erlebt wird. Symptomatisch ist die Verbindung von gesteigerter künstlerischer Kraft und geschwächter Gesundheit.

Der erste Teil schildert die Jugend des sensiblen Kröger, sein Werben um die Freundschaft des unkomplizierten Hans Hansen, die mit „seliger Selbstverleugnung" verbundene Liebe zur fröhlichen Inge während der Tanzstundenzeit. Der dritte Teil variiert in gemilderter Form die im ersten geschilderte Sehnsucht nach den „Wonnen der Gewöhnlichkeit" anlässlich der Wiederbegegnung Krögers mit Hans und Inge während eines Tanzfests in einem dän. Badeort.

Der Tod in Venedig. Novelle, E 1911, V 1912, Verf 1971 Luchino Visconti.

Der in München lebende, schon früh zu Erfolg gelangte Schriftsteller Gustav von Aschenbach wird von einer „ins Leidenschaftliche, ja bis zur Sinnestäuschung" gesteigerten Reiselust gepackt, die ihn nach Venedig führt. Hier weckt die Begegnung mit dem durch antikische Schönheit ausgezeichneten und durch Krankheit geadelten poln. Knaben Tadzio in dem alternden Künstler homoerotische Empfindungen, die zwar seine schöpferische Kraft neu aufleben lassen, jedoch in diametralem Gegensatz zu Aschenbachs bürgerlichen Idealen der Haltung und Würde stehen: Die „anderthalb Seiten erlesener Prosa", die Aschenbach gelingen, werden von ihm als „geistige Ausschweifung" empfunden. Der Zwiespalt findet seinen äußeren Ausdruck in der tödlichen Erkrankung Aschenbachs an der in Venedig grassierenden Choleraseuche.

Der Zauberberg. Roman, E ab 1912, v.a. 1919–24, V 1924, Verf B. D. 1982 Hans W. Geissendörfer.

Als Schauplatz dient das von Hofrat Behrens ärztlich geleitete Lungensanatorium „Berghof" in Davos, die Handlung „spielt (...) ehedem, in den alten Tagen, der Welt vor dem großen Kriege". Im Mittelpunkt steht der aus dem „Flachland" stammende junge Hans Castorp, der nach Davos reist, um seinen Vetter Ziemßen zu besuchen; er verbringt schließlich 7 Jahre als Patient im „Berghof" und wird dann in den Krieg entlassen, in das „Weltfest des Todes".

Um Castorp, einen „einfachen, wenn auch ansprechenden jungen Menschen", gruppieren sich Repräsentanten der verschiedensten geistigen Strömungen und Lebensauffassungen. Insbesondere der Jesuit Naphta und der Humanist Settembrini versuchen, auf Castorp Einfluss zu gewinnen (der Erzähler bekennt sich zur „pädagogischen Neigung", die er im Laufe seiner Geschichte zu Castorp gefasst hat); einen heroischen Vitalismus verkörpert der im Selbstmord endende Holländer Pieter Peeperkorn. Inmitten des „hermetischen Zaubers" des Sanatoriums entsteht das vielfach ins Groteske gesteigerte Bild einer von der Faszination durch den Tod geprägten Epoche – dem Roman liegt die Absicht zugrunde, „etwas wie ein Satyrspiel zum Tod in Venedig" zu gestalten. Zugleich erfährt Castorp, so betont Th. Mann, auf dem „Zauberberg" eine „Steigerung, die ihn zu moralischen, geistigen und sinnlichen Abenteuern fähig macht, von denen er sich in der Welt, die immer ironisch als Flachland bezeichnet wird, nie hätte etwas träumen lassen".

Eine das Erzählte und den Erzählvorgang verknüpfende Thematik ist die Zeit, ausgehend von der Reflexion des Erzählers über den „Vergangenheitscharakter" der nur wenige Jahre zurückliegenden Geschichte, deren „hochgradige Verflossenheit" daher rührt, dass sie „vor einer gewissen, Leben und Bewusstsein tief zerklüftenden Wende und Grenze spielt".

Doktor Faustus. Das Leben des deutschen Tonsetzers Adrian Leverkühn, erzählt von einem Freunde. Roman, E 1943–47, V 1947, Verf B. D. 1982 Franz Seitz.

Als Erzähler tritt der Altphilologe Dr. Serenus Zeitblom, der (genau wie Th. Mann selbst) am 23. Mai 1943 mit der Niederschrift der Biografie beginnt. Leverkühn, 1885 als Sohn eines Bauern geboren, entwickelt als Schüler ein leidenschaftliches Interesse für Musik, studiert jedoch zunächst Theologie, um sich schließlich als Komponist ganz der Musik zu widmen. Geprägt von dem Bewusstsein, dass alle herkömmlichen musikalischen Mittel ausgeschöpft sind, wächst in ihm die Bereitschaft zum Teufelspakt: 1905 in Leipzig in einem Bordell von dem Mädchen Esmeralda an der Wange berührt, sucht der „Gezeichnete" im folgenden Jahr Esmeralda in Preßburg auf und setzt, obwohl vor der zu erwartenden Syphilis-Infektion gewarnt, sein „tief geheimstes Verlangen nach dämonischer Empfängnis, nach einer tödlich entfesselnden chymischen Veränderung seiner Natur" durch. Besiegelt wird der Pakt fünf Jahre später durch eine Begegnung mit dem leibhaftigen Teufel. Der Pakt besagt: „Liebe ist dir verboten, insofern sie wärmt. Dein Leben soll kalt sein – darum darfst du keinen Menschen lieben. (...) Kalt wollen wir dich, dass kaum die Flammen der Produktion heiß genug sein sollen, dich darin zu wärmen. In sie wirst du flüchten aus deiner Lebenskälte ..."

In zunehmender Zurückgezogenheit gelangt Leverkühn zu der ihm zugesagten künstlerischen Steigerung, ausgehend von der (in einer Nachbemerkung als Arnold Schönbergs geistiges Eigentum ausgewiesenen) Zwölftontechnik. Sein letztes Werk ist die Tondichtung „Dr. Fausti Weheklag". Während einer Lebensbeichte, zu der Leverkühn (wie Faust in der *Historia von D. Johann Fausten,* 1587) seine Freunde 1930 versammelt hat, bricht er zusammen; er lebt bis zu seinem Tod 1940 in geistiger Umnachtung.

Leverkühns Lebensweg ist als Widerspiegelung der dt. Kulturgeschichte und ihrer krisenhaften Entwicklung im 20. Jh. konzipiert. Hierbei dient die Musik als „Mittel, die Situation der Kunst überhaupt, der Kultur, ja des Menschen, des Geistes selbst in unserer durch und durch kritischen Epoche auszudrücken". Die Person des Erzählers Zeitblom, dem es vollkommen fern liegt, sich „mit den unteren Mächten verwegen einzulassen", dient dazu, das „Dämonische durch ein exemplarisch undämonisches Mittel gehen zu lassen". Zugleich repräsentiert Zeitblom das Bewusstsein des inneren Zusammenhangs zwischen der Vergangenheits- und der Gegenwartshandlung, nämlich der Niederschrift der Leverkühn-Biografie während des sich abzeichnenden Zusammenbruchs des Hitlerreichs. Im Hinblick auf die Vergangenheit bemerkt Zeitblom: „Die Zeit, von der ich schreibe, war für uns Deutsche eine Ära des staatlichen Zusammenbruchs, der Kapitulation, der Erschöpfungsrevolte und des hilflosen Dahingegebenseins in die Hände der Fremden." Im Hinblick auf die Gegenwart: „Die Zeit, in der ich schreibe, die mir dienen muss, in stiller Abgeschiedenheit diese Erinnerungen zu Papier zu bringen, trägt, grässlich schwellenden Bauches, eine vaterländische Katastrophe im Schoß, mit der verglichen die Niederlage von damals als mäßiges Missgeschick, als verständige Liquidierung eines verfehlten Unternehmens erscheint."

Im Bericht *Die Entstehung des Doktor Faustus. Roman eines Romans* (1949) schildert Mann die keineswegs durch „Abgeschiedenheit", sondern politisch-publizistische Inanspruchnahme gekennzeichneten Lebensumstände während der Arbeit an seinem „Lebens- und Geheimwerk". Auch gibt er Hinweise auf die zahllosen Anregungen, etwa durch die Musikphilosophie Theodor W. Adornos; zu den „Vorbildern" Leverkühns gehören ↑Nietzsche und Hugo Wolf. Für sein erzählerisches Verfahren prägte Mann den Begriff „Montage-Technik".

Monika Maron

***3.6.1941 in Berlin**

Ihre Mutter, Tochter eines 1942 ermordeten getauften poln. Juden und Kriegswitwe, zog als überzeugte Kommunistin 1951 mit ihrer Tochter von West- nach Ost-Berlin und heiratete dort in 2. Ehe den aus sowjetischem Exil zurückgekehrten Karl Maron (Generalinspekteur der Volkspolizei, 1955–63 DDR-Innenminister, †1975). Als dessen Stieftochter wuchs Monika Maron wohlbehütet, aber nicht konfliktlos heran und verließ nach dem Abitur das Elternhaus. Vor dem Studium (Theaterwissenschaften und Kunstgeschichte) arbeitete sie als Fräserin in einem Industriebetrieb und als Regieassistentin beim Fernsehen. Nach dem Studium war sie zunächst Dozentin an der Schauspielschule, wechselte dann zum Journalismus (Reporterin der Frauenzeitschrift „Für Dich", dann der „Wochenpost") und wurde 1976 freie Schriftstellerin. Nach kurzzeitigem Kontakt zur Stasi war sie selbst ab 1978 unter dem Decknamen „Wildsau" als „feindliche Person" aktenkundig. 1988–92 lebte sie in der B. D., kehrte danach wieder nach Berlin zurück. Die Bücher der regimekritischen Autorin konnten nur in der B. D. erscheinen. Dem Debütroman *Flugasche* (1981) folgten die Slg. *Das Missverständnis* (Erzählungen,1982) und der Roman *Die Überläuferin* (1986): Durch eine Lähmung isoliert, rekapituliert die Wissenschaftlerin Polkowski in Tagträumen ihr Leben. Sie steht auch im Mittelpunkt des Romans *Stille Zeile sechs* (= Adresse in einer privilegierten Wohngegend in Pankow), erschienen 1991, (Kleist-Preis 1992): Sie schreibt nach Diktat die Memoiren eines Spitzenfunktionärs und verweigert sich, als die Berliner Mauer als „antifaschistischer Schutzwall" gepriesen wird. Artikel, mit denen Maron den Prozess der dt. Einigung 1989/90 begleitete, erschienen1993 u. d. T. *Nach Maßgabe meiner Begreifungskraft.* Vom Schicksal der poln. Großeltern im Dritten Reich und der Mutter-Tochter-Beziehung handelt *Pawels Briefe. Eine Familiengeschichte* (1999). Die Slg. *Quer über die Gleise. Essays, Artikel, Zwischenrufe* (2000) enthält u. a. Beiträge über ↑Johnson, auf dessen *Mutmassungen über Jakob* der Titel anspielt. Der Liebesroman *Animal Triste* (1996) handelt von der Krankheit des Sich-Erinnerns, im Roman *Endmoränen* (2002) geht es um unterschiedliche Lebensentwürfe.

Flugasche. Roman, V B. D. 1981.

Die 30-jährige Josefa erhält den Auftrag einer Industriereportage. In B. (= Bitterfeld), dem „schmutzigsten Ort Europas", besichtigt sie ein veraltetes Kohlekraftwerk und verfasst einen Bericht über die verheerende Umweltzerstörung, die hier verursacht wird. Josefas Freundin und Vorgesetzte Luise weigert sich, den Artikel zu veröffentlichen, und die Auseinandersetzung erweitert sich zum Konflikt zwischen dem von Josefa vertretenen Radikalsozialismus und dem real existierenden Sozialismus, den Luise sowie Josefas Freund Christian vertreten. Dessen Aufforderung zur Anpassung basiert auf dem Grundsatz: „Es ist nicht wichtig, Recht zu haben, sondern Recht zu behalten." Der erste Umwelt-Roman aus der DDR entwickelt sich zur Suche einer Frau nach ihrer Identität im beruflichen und privaten Leben. Sie endet in Isolation, in der Josefa unter dem Einfluss ihres Tablettenmissbrauchs verfällt.

Friederike Mayröcker

***20. 12. 1924 in Wien**

Von 1946 bis zur Beurlaubung 1969 war Mayröcker als Englischlehrerin an Wiener Hauptschulen tätig. Als Schriftstellerin erhielt sie wesentliche Anregungen durch ↑Artmann, 1954 begann ihre Zusammenarbeit mit ↑Jandl. Innerhalb der experimentellen Poesie vertritt sie die Konzeption einer von der „Bewusstseinsmaschine" gesteuerten Verknüpfung sprachlicher Assoziationen zu einem Ausdruck des „Bewusstseins von der Welt", wobei diese als „etwas Vielschichtiges, Dichtes, Bruchstückhaftes, Unauflösbares" verstanden wird. Seit Ende der 1960er Jahre widmet sich Mayröcker dem Hörspiel (1968 gemeinsam mit Jandl Hörspielpreis der Kriegsblinden); 1978 erschien die Slg. *Schwarmgesang – Szenen für die poetische Bühne* (darin u. a. *Arie auf tönernen füszen*, 1969). Die Prosa-Slg. *Heiligenanstalt* enthält imaginäre Musikerbiografien (u.a. Chopin, Robert und Clara Schumann, Schubert). Beispiele ihrer experimentellen Romane, in denen die Vorstellung von Wahrnehmung an die Stelle einer zeitlich und räumlich definierten Erzählung tritt, sind *Reise durch die Nacht* (1984), *mein Herr, mein Zimmer, mein Name* (1988) und *Lection* (1994). 2001 erschien ihr *Requiem für Ernst Jandl.* Im selben Jahr erhielt Mayröcker den Georg-Büchner-Preis.

Gedichtbände: *metaphorisch* (1965), *texte* (mit dem Zyklus *Tod durch Musen* 1966, Neuausgabe 1973), *Blaue Erleuchtungen* (1972), *In langsamen Blitzen* (1974), *Ausgewählte Gedichte* (1979). – Kurzprosa und Erzählungen: *Larifari. Ein konfuses Buch* (1956), *Minimonsters Traumlexikon* (1968), *je ein umwölkter gipfel* (1973), *Augen wie Schaljapin bevor er starb* (1974). – Kinderbücher: *Sinclair Sofokles der Babysaurier* (1971), *meine träume ein flügelkleid* (1974).

Christoph Meckel

***12. 6. 1935 in Berlin**

Der Sohn des Schriftstellers und ↑Hebel-Forschers Eberhard Meckel wuchs in Freiburg i. Br. auf, unternahm nach abgebrochener Gymnasialzeit Reisen durch Europa, nach Afrika und Amerika und studierte 1954–56 in München und Freiburg i. Br. Grafik. 1956 erschien der erste Gedichtband *(Tarnkappe)*, 1959 der erste Grafikband. Zu seinen Auszeichnungen gehören der Bremer Literaturpreis (1981) und der Salzburger Trakl-Preis (1982).

Bildnerische und sprachliche Gestaltung stehen bei Meckel in engem Zusammenhang; hier wie dort herrschen skurrile, oft bedrohliche Figurationen vor: „Schlachtet meine Fische und Papageien / und prüft, wie tief unter Wasser die Eisberge fahren, / und hängt alles, was ihr findet, an eure großen Glocken, / das alles kostet euch nichts" (*Ode an mächtige Mannschaften*, 1959). Das *Manifest der Toten* (1960) schildert „Totenhersteller" aus der Sicht der Verstorbenen. Kriegs- und Nachkriegszeit spiegelt das autobiografische *Suchbild. Über meinen Vater* (1980). Thema ist das Versagen der Vätergeneration im Dritten Reich. 2000 erschien der Gedichtband *Zähne.*

Gedichtbände: *Tarnkappe* (mit Grafiken Meckels, 1956), *Nebelhörner* (1959), *Wildnisse* (1962), *Bei Lebzeiten zu singen* (1967), *Wen es angeht* (mit Grafiken Meckels, 1974), *Liebesgedichte* (mit Grafiken Meckels, 1977). – Erzählungen: *Dunkler Sommer und Musikantenknochen* (1964), Slg. *Kranich* (mit Grafiken Meckels, 1973), *Licht* (1978), Slg. *Ein roter Faden* (1983), Slg. *Die Gestalt am Ende des Grundstücks* (1984), *Eine Hängematte voll Schnee. Erzählungen, Zeichnungen, Fragmente* (1995), *Dichter und andere Gesellen. Porträts* (1998).

Walter Mehring

***29.4.1896 in Berlin, †3.10.1981 in Zürich**

Nach einem Kunststudium (zugleich Mitarbeit an der Expressionismus-Zeitschrift „Der Sturm") und der Teilnahme am I. Weltkrieg (1916 Kriegsfreiwilliger) gehörte Mehring zur Gruppe der Berliner Dadaisten. Neben ↑Kästner, ↑Ringelnatz und ↑Tucholsky wurde er zum erfolgreichen Autor von Chansons und Liedern für das politische Kabarett (1919 Wiedereröffnung von „Schall und Rauch"). Um dem Aussterben der Lyrik durch „Blutarmut" vorzubeugen, forderte Mehring die Einbeziehung der Fach- und Alltagssprache vom „Diplomatenargot" bis zum „Zuhälter- und Nuttenjargon"; eine kennzeichnende Form der Vortragslyrik ist der „Sprachen-Ragtime". 1929 inszenierte Erwin Piscator das Inflationsdrama *Der Kaufmann von Berlin.*

1933 emigrierte Mehring über Wien nach Frankreich; aus der Internierung (1939) konnte er 1940 in die USA fliehen. 1951 erschien seine „Autobiografie einer Kultur" *The Lost Library* (dt. 1958 *Die verlorene Bibliothek*). An die Lyrik der 1920er Jahre anknüpfend, veröffentlichte Mehring das *Morgenlied eines Gepäckträgers* (1959), ein *Kleines Lumpenbrevier* (1965) mit „Gossenhauern und Gassenkantaten" sowie das *Große Ketzerbrevier* (1974).

Gedichtbände: *Das politische Cabaret* (darin: *Berliner Chansons und Sittengedichte*, 1920), *Ketzerbrevier* (1921), *Die Gedichte, Lieder und Chansons* (1929), *Arche Noah SOS* (1931), *Und Euch zum Trotz* (1934), *Neues Ketzerbrevier* (1962). – Romane: *Paris in Brand* (1927), *Müller. Chronik einer dt. Sippe von Tacitus bis Hitler* (1935).

Thomas Meinecke

***25.8.1955 in Hamburg**

Aufgewachsen in Hamburg, studierte er in München 1976–82 Theater- und Kommunikationswissenschaften sowie Neuere dt. Literatur. 1978 war er Mitgründer der Zs „Mode und Verzweiflung" und ab 1980 Sänger der Pop-Band „F.S.K." (Freiwillige Selbstkontrolle). Seit 1983 arbeitet Meinecke als Moderator und DJ für den Rundfunk („Zündstoff", „Bayern 2") und verfasste 1982–87 regelmäßig Kolumnen und Kurzgeschichten für das Feuilleton der Zs „Die Zeit" (teilweise V 1986 u.d.T. *Mit der Kirche ums Dorf*). Es folgte die Erzählung *Holz* (1988), die um den Mythos Berlin kreist, sowie das Romandebüt *The Church of John F. Kennedy* (1996), eine Spurensuche nach nationaler Identität (v.a. der deutschen), die den Autor durch die USA führt. In ästhetischer Hinsicht ist die Beschäftigung mit Pop-Musik für die Texte Meineckes prägend: Vergleichbar der in den 1990er Jahren mit dem Hip-Hop aufkommenden Methode, Stücke weniger zu komponieren als aus (melodischen, rythmischen und verbalen) Versatzstücken zu „sampeln" (dt. „testen, probieren"), sind Meineckes Erzählungen aus vorhandenen Materialien zusammengestellt. Der Roman *Tomboy* (1998), der die Konstituierung der Geschlechter thematisiert, ist auf diese Weise nicht von einer Handlung, sondern vom in den 1990er Jahren geführten Diskurs der Gender-Forschung getragen: Er stellt deren komplizierte Fragestellungen dar, indem er das akademische Vokabular benutzt, Schlüsseltexte zitiert und gleichzeitig ironisiert, indem die Figuren im Alltag mit den Konsequenzen ihrer theoretischen Bemühungen konfrontiert werden.

Conrad Ferdinand Meyer

***11.10.1825 in Zürich, †28.11.1898 in Kilchberg bei Zürich**

„Ketzer, Gaukler, Mönche und Landsknechte, sterbende Borgias, Cromwells, Colignys, Medusen, Karyatiden, Bacchantinnen, Druiden, Purpurmäntel, Bahrtücher; Hochgerichte, Tempel, Klostergänge", resümierte ↑Hofmannsthal anlässlich Meyers 100. Geburtstag die bunte Fülle der in Lyrik und Prosa enthaltenen Gestalten, Motive und Schauplätze, in denen „die Welt des gebildeten, alles an sich raffenden Bürgers ihre Schrecknisse entfaltet". Meyer selbst begründete seine Vorliebe für historische Stoffe bzw. die historische Novelle in einem Brief aus dem Jahr 1888: „Ich ziehe sie dem Zeitroman vor, weil sie mich besser maskiert (...). Auf diese Art und Weise bin ich mittels einer sehr objektiven und außerordentlich künstlerischen Form vollkommen subjektiv und individuell." Aus dieser „maskierten" Subjektivität erklärt sich die Nähe zum Symbolismus.

Der Sohn eines Ratsherrn († 1840) erhielt seine Schulausbildung in Zürich, 1843 befand er sich in privater Obhut in Lausanne (Förderung der Hinwendung zur frz. Kultur), 1844 begann er in Zürich ein Jurastudium und erhielt Malunterricht; nach zunehmender Abkapselung kam Meyer 1852 zur Behandlung akuter Depression in die Nervenheilanstalt in Préfargier (Kt. Neuchâtel) und kehrte 1854 nach Zürich zurück, wo er als dt.-frz. Übersetzer tätig wurde. 1856 starb seine Mutter, selbst Patientin in Préfargier, durch Unfall (oder Selbstmord). Meyer lebte von nun an mit seiner um 6 Jahre jüngeren Schwester Betsy; 1857 reisten sie gemeinsam nach Paris, 1858 nach Italien. 1864 veröffentlichte Meyer anonym *20 Balladen eines Schweizers.*
Während des Dt.-Frz. Kriegs 1870/71 wurde Meyer von einem „unmerklich gereiften Stammesgefühl jetzt mächtig ergriffen" und tat „das frz. Wesen ab"; Ausdruck fand die Neuorientierung in der Verserzählung *Huttens letzte Tage* (V 1871), das den sterbenden streitbaren Humanisten in seinem Asyl auf der Insel Ufenau im Zürichsee mit den repräsentativen Gestalten seiner Epoche konfrontiert. Nach seiner Heirat mit Luise Ziegler (1875, zuvor kursierten Gerüchte um Meyers „Geschwisterehe" mit Betsy) ließ sich der zu Anerkennung gelangte Schriftsteller 1875 in Kilchberg bei Zürich nieder. In rascher Folge erschienen seine historischen Novellen, die vorwiegend in der Epoche der Renaissance spielen. 1882 bezeugte der Band *Gedichte* Meyers Rang als Lyriker; die Slg. enthält Natur- und Liebesgedichte *(Zwei Segel)*, Huldigungen an das Genie großer Meister *(Michelangelo und seine Statuen)* und historische Balladen *(Die Füße im Feuer)*; viele der Gedichte haben mehrere Stadien durchlaufen *(Der römische Brunnen)*. 1892 musste sich Meyer aufgrund von Wahnvorstellungen in psychiatrische Behandlung begeben; danach blieb ihm die Rückkehr zu seiner schriftstellerischen Arbeit versagt.

Gedichtbände: *Romanzen und Bilder* (1869), *Gedichte* (1882, 5. Auflage 1892). – Erzählungen: *Das Amulett* (1873), *Der Schuss von der Kanzel* (1878, Verf Schweiz 1942 Leopold Lindtberg), *Der Heilige* (über Thomas Becket, 1879), *Plautus im Nonnenkloster* (1881), *Gustav Adolfs Page* (1882, Verf Österreich 1960 Rolf Hansen), *Das Leiden eines Knaben* (1883), *Die Hochzeit des Mönchs* (1884), *Die Versuchung des Pescara* (1887), *Angela Borgia* (1891).

Jürg Jenatsch. Eine Bündnergeschichte. Roman, E ab 1866, Zs 1874, V 1876, Verf u. d. T. *Oberst Jürg Jenatsch* Schweiz 1979 Tony Flaadt.
Im Mittelpunkt steht der protestantische Pfarrer und spätere Heerführer Georg (Jürg) Jenatsch (1596–1639). Die Ausgangssituation bildet die Rückkehr des 1618 vertriebenen und für vogelfrei erklärten Pompejus Planta (1570–1621), des Anführers der kath. Partei in dem zum Protestantismus übergetretenen Graubünden. Jenatsch ist strafweise in die von Graubünden annektierte, in ihrer Mehrheit jedoch kath. Provinz Veltlin versetzt worden. Bei einem von Planta geschürten Volksaufstand verliert er seine Frau und muss fliehen. Er beschließt, sich als Soldat ausbilden zu lassen, um für die Befreiung des inzwischen von Spanien besetzten Graubünden zu kämpfen; bevor er sich nach Dtl. begibt, erschlägt er Planta (dessen Tochter Lucretia Jenatsch liebt). Etwa 10 Jahre später befindet sich Jenatsch in Venedig. Hier stellt er sich dem Hugenottenführer und frz. Feldherrn Herzog Rohan (1579–1638) zur Verfügung, der den Auftrag hat, Graubünden zu befreien bzw. in frz. Gewalt zu bringen. Lucretia, die in Venedig Exil gefunden hat, erhält von Rohan die Erlaubnis zur Rückkehr in die väterliche Burg. Auf ihrer Heimreise begegnet sie dem in span. Gefangenschaft geratenen Jenatsch und wirkt an seiner Befreiung mit. Rohan und Jenatsch mit seinen Freischaren gelingt es, die österreich.-span. Besatzung aus Graubünden zu vertreiben; die frz. Regierung des Kardinals Richelieu verweigert jedoch den Bündnern die von Rohan zugesagte Autonomie. Im Konflikt zwischen der Treue gegenüber Rohan und dem Ziel der Freiheit seines Landes entscheidet sich Jenatsch dafür, nunmehr die Franzosen mit span. Hilfe zu vertreiben; sein Preis ist der Übertritt zum Katholizismus. Als sich Jenatsch in der Landeshauptstadt Chur feiern lassen will, fällt er einem Attentat seiner innenpolitischen Gegner zum Opfer.
Der historische Stoff diente Meyer dazu, einen leidenschaftlichen Tatmenschen zu vergegenwärtigen. Hierin ist der Einfluss von Jacob Burckhardts Epochendarstellung *Die Kultur der Renaissance in Italien* (1860) erkennbar, die den Kult der herausragenden Persönlichkeit förderte. Zugleich war sich Meyer jedoch der zeitgeschichtlichen Bezüge seines Stoffes bewusst. Im Hinblick auf Parallelen zwischen den machtpolitischen Auseinandersetzungen im Deckmantel von „Glaubenskriegen" im 17. Jh. und der durch Bismarck verfolgten Politik (dt. Einigung unter preuß. Hegemonie) schrieb er 1866 in einem Brief: „Es ist merkwürdig, dass jene Zeit zur Besprechung derselben Fragen Anlass gibt, ja nötigt, die jetzt die Welt bewegen: Ich meine den Konflikt von Recht und Macht, Politik und Sittlichkeit." Die hier noch erkennbare Kritik am politischen „rohesten Positivismus" hinderte Meyer nicht, Bismarck 1870 mit dem Lied *Der deutsche Schmied* zu huldigen („Er steht umlodert von Feuersglut, / Die Funken spritzen wie rotes Blut").

Die Hochzeit des Mönchs. Novelle, V 1884.
Am Hof der Scaliger in Verona ist eine heitere Gesellschaft versammelt, die sich die Zeit mit Erzählungen vertreibt. Zu ihr gehört Dante. Sein Beitrag handelt von dem Mönch Astorre, der um des Fortbestehens seiner Familie willen gezwungen wird, ins weltliche Leben zurückzukehren und die Braut seines verstorbenen Bruders zu heiraten. Astorre verliebt sich jedoch in eine andere Frau und heiratet sie heimlich. Beim eigentlichen Hochzeitsfest kommt es zur Auseinandersetzung zwischen Diana, der Braut, und Antiope, der Ehefrau Astorres, bei der beide Eheleute den Tod finden. Den Kern der Binnenerzählung bezeichnet das zu Beginn der Rahmenerzählung erwähnte Sprichwort: „Wer gestoßen wird, springt schlecht." Es verweist auf das Thema des Verlustes einer dem Individuum angemessenen Lebensform, das bei Meyer aufgrund seiner Jugendzeit nicht zuletzt biografisch fundiert ist.

Klaus Modick

***3.5.1951 in Oldenburg**

Nach dem Studium der Germanistik, Geschichte, Pädagogik, Theaterwissenschaften und Philosophie in Hamburg, das er 1979 mit der Promotion über Lion ↑Feuchtwanger abschloss (V 1981 u.d.T. *Lion Feuchtwanger im Kontext der 20er Jahre*), arbeitete Modick zunächst als Werbetexter und Journalist. Seit 1982 lebt er in Wiefelstede (Niedersachsen) als freier Schriftsteller, Literaturkritiker und Übersetzer aus dem Englischen. 1983 erschienen erste Gedichte u.d.T. *Meine Bäume sind die Häuser.* Als Erzähler debütierte er 1984 mit der Novelle *Moos,* die sich mit dem Erfahrungsverlust der rationalisierten Naturwissenschaften beschäftigt, sowie dem Roman *Das Grau der Karolinen* (1986), in dem die Wirkungsgeschichte eines Gemäldes über mehrere Generationen hinweg nachvollzogen wird. Den von Modick selbst als „Romanverschnitt" bezeichneten experimentellen Text *Weg war weg* (1988) kennzeichnet das Spiel mit erzählerischen Traditionen und Bauformen des Romans. Dem folgte die Prosa-Slg. *Privatvorstellung* (1989) mit Geschichten über glückliche und unglückliche Liebesbeziehungen. Zentrale Themen Modicks sind die dt. Geschichte, insbesondere das Dritte Reich (u.a. in den Romanen *Die Schrift vom Speicher,* 1991, *Der Mann am Mast,* 1997 und *Vierundzwanzig Türen,* 2000) sowie die Oldenburger Heimat. 2001 gab Modick als Sammelband einen „Blick in die Werkstatt deutscher Schriftsteller" u.d.T. *Von Lust und Last literarischen Schreibens* heraus. 2003 erschien sein Roman *Der kritische Gast.* Zu Modicks Auszeichnungen gehören der Förderpreis der Stadt Hamburg (1986) und der Bettina-von-Arnim-Preis (1994).

Christian Morgenstern

***6.5.1871 in München, †31.3.1914 in Meran**

Aus einer Künstlerfamilie stammend, studierte Morgenstern 1892/93 in Breslau Nationalökonomie. Nach Abbruch des Studiums war er als Lektor, Übersetzer (Ibsen, Strindberg, Hamsun) und freier Schriftsteller tätig. An Tuberkulose erkrankt, ließ er sich nach mehreren Aufenthalten in Sanatorien 1910 in Südtirol nieder.

Ab 1895 entstanden die *Galgenlieder,* die Morgenstern im Berliner Kabarett „Überbrettl" vortrug und 1905 veröffentlichte; es folgte die Slg. *Palmström* (1910), postum erschienen die Bände *Palma Kunkel* (1916), *Der Gingganz* (1919), *Egon und Emilie* (1950) und *Die Versammlung der Nägel* (1969). Dieser Teil der Lyrik Morgensterns mit den Gestalten wie dem nur im Singular flektierbaren Werwolf, dem Nasobem, Palmström und Korf oder der *Anto-Logie* vom Gig-ant über Zwölef- und Elef-ant bis zum Nulef-ant steht in der Tradition der Sprachgroteske und ist zugleich sprachkritisch fundiert. In dieser Hinsicht stehen die „Wiener Gruppe" (↑Artmann, ↑Jandl) und die „Frankfurter Schule" (↑Gernhardt, ↑Henscheid) in seiner Tradition.

Daneben diente die Lyrik Morgenstern als Ausdruck bekenntnishafter Gottsuche (*Auf vielen Wegen,* 1897); bestimmend wurde die Anthroposophie Rudolf Steiners, den Morgenstern 1910 kennen lernte. (*Wir fanden einen Pfad,* 1914). Die als „Tagebuch eines Mystikers" konzipierten epigrammatischen Aufzeichnungen erschienen postum 1919 u.d.T. *Stufen.*

Irmtraud Morgner (eigtl. Irmtraud Elfriede Schreck)
***22.8.1933 in Chemnitz, †6.5.1990 in Ost-Berlin**

Die Tochter eines Eisenbahners studierte 1952–56 in Leipzig Literaturwissenschaft und lebte seit 1958 als freie Schriftstellerin in Ost-Berlin. Zentrale Themen ihres Romanschaffens sind die (vor allem in der Frau wirksame) belebende und verändernde Kraft der Fantasie und die Aufhebung der Rollenfixierung. In *Hochzeit in Konstantinopel* (1968) verlässt die Laborantin Bele auf dem Weg zum Standesamt ihren karrierebewussten Bräutigam; *Gauklerlegende. Eine Spielfraungeschichte* (1970) kontrastiert einen Kongress mit dem Treiben einer Figur aus dem Puppenmuseum, die durch die Imaginationskraft der Frau eines Kongressteilnehmers zum Leben erweckt wurde. Im Mittelpunkt der als Teile einer Trilogie konzipierten Romane *Leben und Abenteuer der Trobadora Beatriz nach Zeugnissen ihrer Spielfrau Laura* (1974) und *Amanda. Ein Hexenroman* (1983) stehen die nach 800-jährigem Zauberschlaf wieder erwachte Trobadora (= Minnesängerin) Beatriz und die „Normalfrau" Laura (deren brachliegenden Wesensteil die Hexe Amanda verkörpert); die kritische Darstellung der patriarchalischen Gesellschaftsstruktur verbindet Fantastik und Realistik. Die Arbeit am dritten Teil unter dem Arbeitstitel *Die Cherubinischen Wandersfrauen. Ein apokryphischer Salman-Roman* brach Morgner 1984 ab. 1998 erschienen die hierfür in 259 Mappen abgelegten Entwürfe und Materialien aus dem Nachlass u. d. T. *Das heroische Testament* (hg. v. Rudolf Bussmann). Zuvor erschienen, ebenfalls postum, die Erzählung *Der Schöne und das Tier* (1991) und der Roman *Rumba auf einen Herbst* (1992).

Amanda. Ein Hexenroman. V 1983. Trobadora Beatriz, die Hauptfigur aus *Leben und Abenteuer der Trobadora Beatriz,* findet keine Ruhe und ist in Gestalt der Sirene Strix im Ostberliner Tierpark zu neuem Leben erwacht. Sie erzählt die Geschichte Laura Amanda Salmans – auch, um die Ausführungen „dieser Morgner" zu korrigieren. Die Titelheldin ist wie alle Frauen gespalten: Laura, allein erziehende Mutter und Triebwagenfahrerin in Ost-Berlin, repräsentiert ihre alltägliche, Amanda ihre hexische Hälfte, wobei diese nur bei Querulantinnen wie Laura zu einer eigenständigen Existenz gelangt. Die domestizierte und die anarchische Hälfte streben ihre Wiedervereinigung an, da allein die Zusammenführung aller halbierten Frauen die Welt retten könnte. Von den ebenfalls gespaltenen Männern ist nichts zu erwarten, da sie unter diesem Zustand nicht leiden und deren Machtstrukturen für Wettrüstung und Umweltzerstörung verantwortlich sind. Um die Ordnung der Geschlechter zu stürzen bereiten die Hexen einen Aufstand auf dem Hörselberg vor, der im Niemandsland zwischen der DDR und der B. D. liegt. Vereitelt wird dies durch den Teufel Kolbruk, der für die Zweiteilung der Menschen verantwortlich ist und sich mit dem Engel Zacharias gegen die Hexen verbündet hat. Der Montageroman verbindet fantastische Hexengeschichten, Elemente der griech.-röm. und german. Mythologie als „Einbruch des Wunderbaren", mit feministischer Reflexion und der Beschreibung der DDR-Gesellschaft. Zur kritischen Prüfung des real existierenden Sozialismus gehört die Erörterung der Frage, ob die „Menschwerdung der Frau" durch Gesetzgebung erreicht werden kann.

Eduard Mörike
***8. 9. 1804 in Ludwigsburg, †4. 6. 1875 in Stuttgart**

„Deine Abneigung gegen moderne Zerrissenheit kann ich nur mit Einschränkung gelten lassen. Denn dieses Element liegt in der ganzen Zeit, und wir werden mit plastischem Zudecken des Risses vergeblich uns bemühen", mahnte 1833 der Philosoph Friedrich Theodor Vischer seinen Freund Mörike. Tatsächlich litt die Wirkung des „Idyllikers" unter dem Vorbehalt des Unzeitgemäßen. Es bedurfte einer neuen Sicht für die in der sog. „Biedermeier"-Literatur enthaltenen Formen der Konfliktbewältigung, um Mörike als einen herausragenden Lyriker und Erzähler im Spannungsfeld zwischen Romantik und Realismus zu erkennen.

Der Sohn eines Oberamtsarztes, geboren als siebtes von 13 Kindern, trat nach Schuljahren in Ludwigsburg und Stuttgart 1818 in das ev.-theologische Seminar in Urach und 1822 als Theologiestudent in das Tübinger Stift ein. 1823 erfasste Mörike eine leidenschaftliche Zuneigung zu der ein unstetes Wanderleben führenden Kellnerin Maria Mayer; sie ist das Urbild der Zigeunerin Elisabeth im Roman *Maler Nolten* und die Peregrina des 1824/25 entstandenen Zyklus von Gedichten, in dem die Entsagung in den Versen zum Ausdruck kommt: „Krank seitdem, / Wund ist und weh mein Herz. / Nimmer wird es genesen!"

Ab 1826 war Mörike in mehreren schwäb. Orten Vikar bzw. Pfarramtsverweser (die 1829 geschlossene Verlobung mit der Pfarrerstochter Luise Rau wurde 1833 gelöst), 1834 erhielt er die Pfarrstelle in Cleversulzbach bei Heilbronn. 1838 erschien die Slg. *Gedichte*; sie enthält u. a. die Naturschilderung *An einem Wintermorgen vor Sonnenaufgang* („O flaumenleichte Zeit der dunkeln Frühe!"), das in neuer Gestaltungsweise allegorische Naturgedicht *Um Mitternacht* („Gelassen stieg die Nacht ans Land"), die Ballade *Schön-Rohtraut* und das bekenntnishafte Gedicht *Verborgenheit* mit der Anfangs- und Schlussstrophe: „Lass, o Welt, o lass mich sein! / Locket nicht mit Liebesgaben, / Lasst dies Herz alleine haben / Seine Wonne, seine Pein!" Zu Mörikes lyrischem Schaffen gehört die Übersetzung antiker Dichtung (Catull, Horaz); vielfach genügten ihm Gegenstände der vertrauten Umgebung als Themen (*Auf eine Lampe; Der alte Turmhahn*, 1840/41). Enge Freundschaft verband ihn mit ↑Kerner im nahen Weinsberg.

1844 trat Mörike in den vorzeitigen Ruhestand. Nach der Heirat mit Margarethe von Speeth nahm er in Stuttgart eine Tätigkeit als Literaturlehrer am Katharinenstift auf (bis 1866). In dieser Zeit entstanden das Märchen *Das Stuttgarter Hutzelmännlein* und *Mozart auf der Reise nach Prag*. Die letzten Lebensjahre verlebte Mörike, zeitweise von Frau und Kindern getrennt, in Lorch (hier erlernte er das Töpferhandwerk), Nürtingen und Bebenhausen. Zu den Freunden der späten Jahre gehörten ↑Storm und der Maler Moritz von Schwind.

Gedichtbände: *Gedichte* (1838, erweiterte Neuauflagen 1848, 1856, 1867), *Classische Blumenlese* (1840). – Versepen: *Idylle vom Bodensee oder Fischer Martin und die Glockendiebe* (1846). – Erzählungen: *Miss Jenny Harrower* (1834, Neufassung u. d. T. *Lucie Gelmeroth* 1839), *Der Schatz* (1836), *Das Stuttgarter Hutzelmännlein* (1853, darin: *Die Sage von der schönen Lau*, illustriert 1868 von Moritz von Schwind).

Maler Nolten. Roman, E ab 1829, V 1832, unvollendete Neufassung ab 1853, V postum 1877.

Theobald Nolten ist auf geheimnisvolle Weise an Elisabeth (die uneheliche Tochter seines Onkels mit einer Zigeunerin) gebunden. Sie durchkreuzt seine Liebe zur bürgerlich-einfachen Agnes (die als neue Ophelia im Wahnsinn und Selbstmord endet) und verhindert, dass er in der aristokratischen Sphäre der Gräfin Konstanze von Armond heimisch wird; durch Elisabeth fühlt sich Theobald aber auch zum Künstler berufen. Ihr Wesen bringt Theobalds Bildnis zum Ausdruck: Auf einer Orgel musizierend, scheint Elisabeth „mehr auf den Gesang der zu ihren Füßen strömenden Quelle als auf das eigene Spiel zu horchen. Das schwarze, seelenvolle Auge taucht nur träumerisch aus der Tiefe des inneren Geisterlebens." Als Nolten, gezeichnet durch „schläfrige Übersättigung von langem Leiden", stirbt, nimmt der blinde Knabe Henni wahr, dass er Elisabeth folgt, angezogen von einer Macht, der er sich in letzter Konsequenz zu entziehen versucht hat.

Ruhe findet Nolten in der „Richtung der Seele auf die Natur und die nächste Außenwelt in ihren kleinsten Erscheinungen"; auch ist es für ihn wohltuend, bei einer Rast auf einem Friedhof „mitten auf dem Felde der Verwesung einzelne Spuren des alltäglichen lebendigen Daseins anzutreffen". Entsprechend bemüht sich Noltens Freund, der Schauspieler Larkens, sein Maskenleben aufzugeben und als Tischler im tätigen Leben Fuß zu fassen. Das Glück der Idylle bleibt den Hauptgestalten des Romans jedoch verwehrt aufgrund der Übermacht der „Nacht- und Traumseite der Seele", ein Motiv, das den Roman mit der Romantik verbindet.

Zu den zahlreichen lyrischen Einlagen gehören die Ballade *Der Feuerreiter*, das *Lied vom Winde*, das Jahreszeitengedicht *Er ist's* („Frühling lässt sein blaues Band/ Wieder flattern in die Lüfte") und der 1824/25 entstandene *Peregrina-Zyklus*.

Mozart auf der Reise nach Prag. Novelle, V 1855.

Während eines Aufenthalts der gemeinsam mit Konstanze unternommenen Reise von Wien nach Prag, 1787 zur Uraufführung seiner neuen Oper „Don Giovanni", besucht Mozart (1756–1791) einen Schlossgarten. Unter einem Orangenbaum sich niederlassend, pflückt er gedankenverloren eine Frucht; vom Gärtner barsch zur Rede gestellt, wendet er sich mit einem Billett an die gräfliche Hausherrin. Der peinliche Vorfall hat eine überraschende Folge: Mozart ist der Gräfin wohl bekannt, vor allem aber besitzt er in deren Pflegetochter Eugenie eine glühende Verehrerin. Gemeinsam mit Konstanze ist Mozart Gast der Nachfeier von Eugenies Verlobung. Am Ende des durch Tanz, Spiel und musikalische Improvisation aufgelockerten heiteren Zusammenseins der Rokoko-Menschen steht Mozarts ergreifender Klaviervortrag des Opernfinales. Am anderen Morgen reist das Ehepaar Mozart in einer Kutsche weiter, die ihm der Graf zum Geschenk macht.

Durch ein Gespräch Mozarts und Konstanzes zu Beginn der Novelle, durch Erzählungen der Ehepartner und Rückblicke des Erzählers erweitert sich die Darstellung des einen Tages zu einem Bild der Existenz und Persönlichkeit Mozarts: seiner materiellen Notlage und Arbeitsüberlastung, seiner Großzügigkeit, Heiterkeit und unerfüllbaren Sehnsucht nach Ruhe und Geborgenheit. Breiten Raum nimmt Mozarts Erinnerung an ein Kindheitserlebnis in Neapel ein, die jener Orangenbaum im gräflichen (Paradies-) Garten geweckt hat. Den von Mörikes Künstlerverständnis geprägten Kern der Erzählung verdeutlicht der Nachklang, den die Begegnung mit Mozart bei Eugenie besitzt: „Es ward ihr so gewiss, so ganz gewiss, dass dieser Mann sich schnell und unaufhaltsam in seiner eigenen Glut verzehre, dass er nur eine flüchtige Erscheinung auf Erden sein könne, weil sie den Überfluss, den er verströmen würde, in Wahrheit nicht ertrüge."

Karl Philipp Moritz

***15.9.1756 in Hameln, †26.6.1793 in Berlin**

Aufgewachsen in einem ärmlichen, von pietistischen Moralvorstellungen geprägten Elternhaus, wurde Moritz Hutmacherlehrling, wandte sich jedoch dem Schauspielerberuf zu. 1782 kam er nach England, 1786 nach Italien (erste Begegnung mit ↑Goethe), Ende 1788 nach Weimar. Von 1789 an lehrte er in Berlin als Professor für Altertumskunde. Zu seinen literatur- und kunsttheoretischen Schriften gehören der *Versuch einer deutschen Prosodie* (1786) und die Abhandlung *Über die bildende Nachahmung des Schönen* (1788); 1791 erschien die *Götterlehre der Alten.* 1783–93 gab er das „Magazin für Erfahrungsseelenkunde“ heraus.

Anton Reiser. Ein psychologischer Roman. 4 Teile, V 1785–90.

In seinem weitgehend autobiografischen Werk schildert Moritz die von Armut, sektiererischer Frömmigkeit und Krankheit belastete Kindheit, den ihm auferlegten Verzicht auf eine höhere Schulbildung, den Besuch der Armenschule in Hannover, die Verbindung zur Schauspielertruppe Konrad Ekhofs und die Mitgliedschaft in der Speich'schen Theatergesellschaft. Entscheidende Bildungserlebnisse sind die Lektüre Youngs („Nachtgedanken“), Goethes („Die Leiden des jungen Werthers“) und Shakespeares. Das höchste Ziel ist die Verkörperung Clavigos, Lears oder Hamlets; hier sieht Reiser die Möglichkeit, „Empfindungen und Gesinnungen“ zum Ausdruck zu bringen, die „in die wirkliche Welt nicht passten“.

Das Streben nach einem „Ausgleich zwischen Ideal und Wirklichkeit“ durch das Theater steht im Zusammenhang der durchgehenden Thematik des „Widerspruchs zwischen außen und innen“, der sich auch in den sozialen Verhältnissen ausprägt: Reiser empfindet die Förderung, die ihm zuteil wird, als Demütigung. Vorherrschend ist das (von pietistischer Selbsterforschung beeinflusste) psychologische Interesse, das sich in den Vorreden zu den vier Teilen unmittelbar bekundet. In kulturgeschichtlicher Hinsicht gibt der Roman Einblick in die Epoche des Sturm und Drang.

Bodo Morshäuser

***28.2.1953 in West-Berlin**

Der Erzähler und Lyriker wuchs in West-Berlin auf und debütierte 1979 mit dem Gedichtband *Alle Tage.* Als Beobachter der Berliner Subkultur mit ihren verschiedenen Gruppierungen und Szenen trat Morshäuser durch die Erzählungen *Die Berliner Simulation* (1983) und *Revolver* (1988) hervor und griff das Motiv 1993 in *Der weiße Wannsee* und 1998 in der Prosa-Slg. *Liebeserklärung an eine hässliche Stadt* wieder auf, die den Wandel Berlins nach der dt. Wiedervereinigung beschreiben. Aus der Beschäftigung mit der Soziologie von Jugendgewalt und Rechtsextremismus gingen der Gesprächsband *Hauptsache Deutsch* (1992) und die Essay-Slg. *Warten auf den Führer* (1993) hervor. Das Thema der Identitätsstiftung durch Gewalt verarbeitete er in dem Kriminalroman *Tod in New York City* (1995). Der zweite Roman, *In seinen Armen das Kind,* dessen Titel sich auf ↑Goethes Ballade *Der Erlkönig* bezieht, beschäftigt sich mit dem Terror der Sekten, die als Auffangbecken der politisch desillusionierten und ihr Heil in spiritueller Geborgenheit suchenden „78er-Generation“ erscheinen.

Heiner Müller

***9.1.1929 in Eppendorf (Sachsen), †30.12.1995 in Berlin**

Der Sohn eines (1933 als SPD-Funktionär verhafteten) Angestellten wurde 1945 im Volkssturm eingesetzt. 1950 ließ er sich in Ost-Berlin nieder, zunächst als Journalist, seit 1955 als Dramatiker tätig (Mitarbeit seiner Frau Inge, Pseudonym Ingeborg Schwenkner, †1966). Ausgehend von ↑Brecht, widmete sich Müller in seinen „Geschichten aus der Produktion" den Problemen des Aufbaus der sozialistischen Gesellschaft; sein Ziel war es, den „Kampf zwischen Altem und Neuem, den ein Stückeschreiber nicht entscheiden kann, (...) in das neue Publikum zu tragen, das ihn entscheidet". 1961 wurde er (nach Absetzung des Stückes *Die Umsiedlerin oder Das Leben auf dem Lande*) aus dem Schriftstellerverband ausgeschlossen. Müller wandte sich nun der Bearbeitung von Klassikerdramen (Sophokles, Shakespeare) zu, wobei vor allem die *Macbeth*-Version (1972) als „geschichtspessimistisch" kritisiert wurde; seine Anstellung als Dramaturg am „Berliner Ensemble" (ab 1970) endete 1976. Die „dt. Misere" ist das gemeinsame Thema der drei aus disparaten Szenen montierten Stücke *Die Schlacht* (U DDR und B.D. 1975), *Germania Tod in Berlin* (U B.D. 1978) und *Leben Gundlings Friedrich von Preußen Lessings Schlaf Traum Schrei* (U B.D. 1979). Die Aufhebung dramaturgischer Konventionen reicht in *Verkommenes Ufer Medeamaterial Landschaft mit Argonauten* (U B.D. 1983) bis zum Verzicht auf die Text-Sprecher-Zuordnung. *Die Hamletmaschine* ist ein auf die Figuren Shakespeare, Hamlet und Ophelia verteilter Monolog mit pantomimischen Schreckensszenen (U Paris und Essen 1979). In der DDR war das Stück über die Unterlegenheit des Intellektuellen (Hamlet sieht sich als „zweiter Clown im kommunistischen Frühling") verboten; 1990 integrierte Müller das Stück in seine Berliner *Hamlet*-Inszenierung. Mit der „Struktur der Geschlechterbeziehung" beschäftigt sich das Dialogstück für 2 Personen *Das Quartett* (U B.D. 1982) nach dem frz. Briefroman *Gefährliche Liebschaften* aus dem 18.Jh.

In der B.D.1979 mit dem Dramatikerpreis der Stadt Mülheim und 1985 mit dem Georg-Büchner-Preis ausgezeichnet, wurde Müller in der DDR nach und nach rehabilitiert (Nationalpreis 1986, Wiederaufnahme in den Schriftstellerverband 1988). Nach der Wende wurde er 1992 Mitdirektor des „Berliner Ensembles". Im selben Jahr erschienen die Slg. *Gedichte* und seine Autobiografie *Krieg ohne Schlacht. Leben in zwei Diktaturen* (erweitert 1994). Dem 1.Teil der *Gesammelten Irrtümer* (1986) folgten 1992 der 2. und 1993 der 3.Teil. 1996 wurde postum Müllers letztes Stück uraufgeführt: *Germania 3 Gespenster am Toten Mann*, ein apokalyptischer Rückblick auf die Verbrechen im 20.Jh. mit den Figuren Ulbricht, Stalin, Trotzki und Hitler.

2000 gab ↑Grünbein u.d.T. *Ende der Handschrift* eine Auswahl von Gedichten aus dem Nachlass seines Freundes und Mentors Müller heraus.

Dramen: *Die Schlacht. 5 Szenen aus Deutschland* (E 1951–74, U DDR 1975), *Die Umsiedlerin* (E 1956–61, U DDR 1961), *Philoktet* (nach Sophokles, E 1958–64, U B. D. 1968), *Herakles 5* (E 64–66, U B.D. 1974), *Wolokolamsker Chaussee I–V* (E 1984–87, U der 5 Teile einzeln DDR 1985–88). – Prosa: Slg. *Rotwelsch* (1982).

Der Lohndrücker.
Drama in 15 Szenen, U 1958, V 1974.
Dem 1948/49 in der DDR angesiedelten Stück liegt derselbe Fall einer umstrittenen Steigerung der Produktivität (Reparatur von Brennöfen ohne deren Stilllegung) zugrunde, auf den sich ↑Brechts *Büsching*-Fragment stützt. Im Mittelpunkt steht der Arbeiter Balke als Erfinder der technischen Verbesserung, die eine Erhöhung der Arbeitsnormen zur Folge hat. Hieraus ergeben sich Anfeindungen seitens der Arbeitskollegen wie der Betriebsparteigruppe. Zur Diskussion steht die Überwindung der privaten zugunsten der gesellschaftlichen Interessen, es geht um den dialektischen Zusammenhang zwischen der Änderung der Verhältnisse und der des individuellen Verhaltens.

Germania Tod in Berlin.
Drama, V 1977, U B.D. 1978.
Die Rahmenhandlung reicht von 1918 bis zur Aufbauphase der DDR. Die hauptsächlich aus der Arbeiterschaft stammenden Protagonisten verkörpern Verhaltensweisen, die von der Anpassung an die jeweiligen Verhältnisse bis zur revolutionären Einsatzbereitschaft reichen; das Finale enthält die Vision von „roten Fahnen über Rhein und Ruhr". Eingefügt sind ins Groteske gesteigerte historische Szenen; zu den Repräsentanten der im Terror mündenden dt. Geschichte gehört Friedrich II. von Preußen. Die Tendenz zum schockierenden Bild verdeutlicht die Geburtsszene im Führerbunker: Goebbels bringt als Nachfolger des Dt. Reichs einen Wolf im Schafspelz zur Welt.

Herta Müller
***17.8.1953 in Nitzkydorf (Rumänien)**

Aufgewachsen in der Gemeinde der dt. Minderheit im rumän. Banat an der serb.-ungar. Grenze, veröffentlichte Müller Gedichte in der „Neuen Banater Zeitung". 1973–76 studierte sie in Temesvár Germanistik und Romanistik. Danach war sie Übersetzerin und Deutschlehrerin. Nach ihrer Weigerung, mit dem Geheimdienst des Ceauçescu-Regimes zusammenzuarbeiten, wurde sie aus dem Schuldienst entlassen. 1984 erschien in Bukarest in zensierter Form die Slg. *Niederungen.* Die Erzählungen aus der Perspektive von Kindern zeichnen ein Bild des Dorflebens im Banat fern aller Idylle; zur Sprache kommen Überheblichkeit und die NS-Vergangenheit, was der Autorin die Ächtung der Deutschrumänen eintrug. 1987 verließ Müller Rumänien und lebt heute als freie Schriftstellerin in Berlin. Von ihrer Fremdheit im neuen Milieu handelt der Roman *Reisende auf einem Bein* (1989). Der Roman *Herztier* (1994) berichtet in assoziativ verbundenen Fragmenten über vier Freunde unter dem Druck des Überwachungsstaates. Müllers Lyrik erschien mit Text-Bild-Collage in den Bänden *Der Wächter nimmt seinen Kamm* (1993) und *Im Haarknoten sitzt eine Dame* (2000).

Der Fuchs war damals schon der Jäger. Roman, V 1992.
Im Mittelpunkt steht die Lehrerin Aline. Sie sieht sich bedroht und nimmt um so schärfer die Zeichen von Lethargie wahr. Auf diese Weise gewinnt eine Vielzahl von Bildern des Niedergangs im Rumänien des real existierenden Sozialismus Vorrang gegenüber der Handlung. Diese betrifft Alines Zerwürfnis mit ihrem Direktor, der statt eines Verweises zu sexueller Nötigung greift, und ihre trügerische Beziehung zur Freundin Clara, deren Geliebter ein Offizier des Geheimdienstes ist. Vor einer Verhaftungswelle flieht Aline zu Bekannten. Hier verfolgt sie im Fernsehen den Sturz des Ceauçescu-Regimes und die Hinrichtung des Diktators am 25.12.1989. Dem Roman liegt das Drehbuch zu einem Film zugrunde.

Adolf Muschg
***13. 5. 1934 in Zollikon (Kt. Zürich)**

Der Sohn eines Volksschullehrers studierte in Zürich und Cambridge Germanistik, Anglistik und Philosophie; nach einer Tätigkeit als Gymnasiallehrer und Aufenthalten in Japan und den USA erhielt er 1970 an der TH Zürich eine Professur für Literaturwissenschaft, 1979/80 war er Gastdozent für Poetik an der Universität in Frankfurt a. M. (*Literatur als Therapie?*, V 1981). 1974–1977 nahm Muschg als Mitglied der Schweizer Sozialdemokratischen Partei an der Arbeit einer Kommission zur Revision der Bundesverfassung teil. Zu seinen Auszeichnungen gehören der Preis der Schweizer. Schillerstiftung 1965, der C.-F.-Meyer-Preis 1968, der Hesse-Preis 1974 und der Georg-Büchner-Preis 1994.

Als Romancier setzte sich Muschg mit der Rolle des Intellektuellen angesichts revolutionärer gesellschaftlicher Entwicklungen auseinander; so handelt der Roman *Albissers Grund* (1974) vom Scheitern eines Gymnasiallehrers, der sich als „Küchenbursche" und „Chauffeur der Revolution" einer linksradikalen Lehrlingsgruppe angeschlossen hat. Das Scheitern der Revolution von 1848 bildet den Hintergrund des Dramas *Kellers Abend* (U, V 1975), das ein (historisch verbürgtes) Zusammentreffen zwischen Lassalle, ↑Herwegh und dem (stumm anwesenden) ↑Keller schildert, dem Muschg eine Monografie gewidmet hat (V 1977). Nach überwiegend essayistischen Arbeiten trat Muschg erneut als Erzähler an die Öffentlichkeit (Slg. *Gehen kann ich allein* mit 5 Varianten des Themas Liebe, 2003).

Romane: *Im Sommer des Hasen* (1965), *Gegenzauber* (1967), *Mitgespielt* (1969), *Bayun oder Die Freundschaftsgesellschaft* (1980), *Der rote Ritter* (1993). – Erzählungen: Slg. *Fremdkörper* (1968), Slg. *Entfernte Bekannte* (1976), Slg. *Besuch in der Schweiz* (1978), *Noch ein Wunsch* (1979), Slg. *Leib und Leben* (1981). – Dramen: *Rumpelstilz. Ein kleinbürgerliches Trauerspiel* (U, V 1968), *Watussi oder Ein Stück für zwei Botschafter* (U 1977, als Fernsehspiel 1973, als Hörspiel 1978). – Hörspiele: Slg. *Übersee* (1982). – Prosa: *Die Insel, die Kolumbus nicht gefunden hat. 7 Gesichter Japans* (1995), *O mein Heimatland! 150 Versuche mit dem berühmten Schweizer Echo* (1998).

Sutters Glück. Roman, V 2001.
Im Mittelpunkt der Gegenwartshandlung steht der ehemalige Gerichtsreporter Emil Gygax alias Sutter. Seine unheilbar an Krebs erkrankte Frau Ruth hat sich in einem See im Engadin das Leben genommen. Sutter wird durch gegenwärtige Ereignisse und Begegnungen auf vielfältige Weise dazu veranlasst, den Spuren seines vergangenen Lebens nachzuforschen. Zu diesen Anlässen gehören nächtliche Telefonanrufe und die Schussverletzung während eines Spaziergangs: Es ergeben sich Elemente eines Kriminalromans, zumal die Erinnerung an Prozesse, über die Sutter berichtet hat, breiten Raum einnehmen. Die Spurensuche stößt jedoch immer wieder auf die Beziehung zu Ruth, die ein selbstständiges Leben geführt hat, und auf das gesellschaftliche Umfeld, in dem sie gelebt haben. *Sutters Glück* ist ein Liebesroman: Ironie und Satire treten in den Hintergrund, sobald sich Sutters Erinnerungen mit Ruth beschäftigen. Am Ende sucht Sutter mit Ruths Urne jenen See im Engadin auf und nimmt sich das Leben. Sein letztes Selbstgespräch endet: „Du hast deinen Fall nicht gelöst; jetzt löst er dich. (...) Und du verschwindest in die Tiefe einer Einsicht, die du nicht mehr zu sehen brauchst, oder, Gott behüte, zu haben. Es gibt sie auch ohne dich, zum Glück; wenn du willst: endlich auch zu deinem Glück. Und wenn du erst ausgelitten hast, verschwimmst du darin, eine kleine Welle, mühelos."

Robert Musil (eigtl. R. Edler von Musil)
***6. 11. 1880 in Klagenfurt, † 15. 4. 1942 in Genf**
In Dtl. war er ab 1933 und danach in seiner Heimat ein verbotener Schriftsteller. Heute zählt Musil als Autor seines Romans *Der Mann ohne Eigenschaften* (E ab 1905), den er als einen „Essay von ungeheuren Dimensionen" bezeichnet hat, neben dem Franzosen Marcel Proust (*Auf der Suche nach der verlorenen Zeit,* 1913–27) und dem Iren James Joyce (*Ulysses,* 1922) sowie ↑ Kafka zu den Begründern der modernen Erzählkunst in der ersten Hälfte des 20. Jhs.

Der Sohn eines 1917 geadelten Professors und Mitglied einer Familie mit Beamten, Ingenieuren und Offizieren war für eine militärische Laufbahn vorgesehen. Er besuchte die Kadettenschulen in Eisenstadt und Mährisch-Weißkirchen, trat 1897 in die Technische Militärakademie in Wien ein und begann im folgenden Jahr im Brünn ein Maschinenbau-Studium (bis 1901). Nach einer Tätigkeit als Assistent an der TH Stuttgart studierte Musil in Berlin Philosophie und Psychologie (Promotion 1908), Physik (Untersuchung der Farbwahrnehmung) und Mathematik. Sein eigentliches Interesse galt jedoch der Literatur. Dem Roman *Die Verwirrung des Zöglings Törleß* folgte 1911 die Slg. *Vereinigungen* mit zwei Ehebruchsgeschichten.1911 übersiedelte Musil nach Wien und arbeitete als Bibliothekar an der TH. Im 1. Weltkrieg war er Kompanieführer und nach einer Verwundung Redakteur. Nach einer Anstellung am österreich. Bundesministerium für das Heereswesen (1919–22) lebte er in Wien als freier Schriftsteller. 1922 erschien die Buchausgabe seines Konversationsstücks *Die Schwärmer;* Musil erhielt dafür 1923 den renommierten Kleist-Preis, uraufgeführt wurde es aber erst 1929 in Berlin. Davor kam Ende 1923 das verwandte „Satyrspiel" *Vinzenz und die Freundin berühmter Männer* in Berlin auf die Bühne. Hier wie dort thematisiert das jeweils handlungsarme, von den Dialogen getragene Stück den Verlust der Beziehung zur Wirklichkeit und die Vorherrschaft des „Möglichkeitssinns". Daneben erschien 1923 die Slg. *Drei Frauen* über Beziehungen, in denen die Verunsicherung von der Frau ausgeht.
In einem Brief urteilte Musil 1924 über *Vinzenz:* „Meine Possen-Komödie ist in dichterischer Hinsicht nur ein Brünnlein, ein Jux, ein Versuch, den Blödsinn des Theaters so auszudehnen, dass er Löcher reißt, durch die es einige ernstere Ausblicke gibt." Diese „ernsteren Ausblicke" richteten sich auf das große Romanprojekt *Der Mann ohne Eigenschaften,* dessen 1. Band 1930 erschien. Die Hauptfiguren der Bühnenstücke erwiesen sich als Vorläufer der Romanfiguren Ulrich und seiner Zwillingsschwester Agathe. Vorbild für den Schriftsteller und Großkaufmann Dr. Paul Arnheim, der sich um die Verbindung von Geist und Wirtschaft bemüht, der 1922 ermordete dt. Industrielle und Politiker Walter Rathenau.
1931 zog Musil nach Berlin, kehrte jedoch 1933 nach Wien zurück. 1938 emigrierte er mit seiner jüd. Frau Martha in die Schweiz, wo er ständig mit der Ausweisung rechnen musste. Den fragmentarischen 3. Band von *Der Mann ohne Eigenschaften* gab seine Frau 1943 heraus. 1976 erschienen Musils *Tagebücher,* 1981 seine *Briefe.*

Die Verwirrungen des Zöglings Törleß. Roman, V 1906, Verf u. d. T. *Der junge Törless* B.D./Frankr. 1966 Volker Schlöndorff.

In einer „weitab von der Residenz, im Osten des Reiches" gelegenen Kadettenanstalt für Söhne angesehener Familien gerät der des Kameradendiebstahls überführte Basini in die Gewalt der sadistischen Mitschüler Beinberg und Reiting, mit denen Törleß in freundschaftlichem Kontakt steht; er wird Zeuge der Exzesse roher, von irrationaler Pseudophilosophie verbrämter Gewalt. Nachdem Basini der gesamten Klasse ausgeliefert worden ist, stellt er sich, von Törleß vor noch gesteigerter Grausamkeit gewarnt, dem Lehrerkollegium. In der sich anschließenden Untersuchung der Vorgänge gewinnen die Lehrer den Eindruck, dass Törleß aufgrund der „Verwirrung ganz einfacher Dinge" im Institut fehl am Platz ist. Der Abgang vom Institut entspricht seinem eigenen Wunsch.

Musil schildert die Pubertätskrise, in der sich die Zöglinge befinden, aus der Sicht des jungen Törleß. Dieser durchlebt in grüblerischer Selbstbeobachtung den Verlust der kindlichen Bindung an die Eltern, das an die Prostituierte Božena fixierte dumpfe Sexualverlangen, die von Basini ausgehende homoerotische Anziehungskraft. Vor allem aber quält ihn die Ambivalenz seiner Empfindungen, die sich im Kontrast zwischen dem scheinbar geordneten Institut und den im Bauwerk enthaltenen Geheimkammern als Schauplatz der Torturen Basinis vergegenständlicht. Törleß begegnet diesem Zwiespalt der Wirklichkeit am Beispiel der imaginären Zahlen selbst in der Mathematik. Die Unfähigkeit der Pädagogen enthüllt sein Gespräch mit dem Mathematiklehrer sowie die Befragung durch das Kollegium. Törleß dagegen klärt aus eigener Kraft sein Verhältnis zur Welt: Er wird sie „bald mit den Augen des Verstandes" ansehen, „bald mit den andern (...) Ich werde nicht mehr versuchen, dies miteinander zu vergleichen (...)".

Der Mann ohne Eigenschaften. Roman, E ab 1905, V Bd. 1 und 2 (= Teil 1–3) 1930 und 1933, Bd. 3 1943, Neuausgabe mit Teilen aus dem Nachlass als „Leseausgabe" anstelle einer kritischen Ausgabe 1952.

Im Mittelpunkt steht der zu Beginn der Handlung im August 1913 32-jährige Ulrich (sein Nachname bleibt ungenannt), dessen Versuche gescheitert sind, als Offizier, Ingenieur oder Mathematiker ein „bedeutender Mann" zu werden (vgl. die Biografie Musils). Sein Selbstverständnis als „Mann ohne Eigenschaften" entspricht der Einsicht, dass im Zentrum der modernen Wirklichkeit nicht der Mensch, sondern „Sachzwänge" stehen; Erlebnisse ereignen sich „ohne den, der sie erlebt".

Handlungselemente ergeben sich aus Ulrichs Tätigkeit als Sekretär einer „vaterländischen Aktion" von Österreichern, die sich auf das 1918 anstehende 70-jährige Regierungsjubiläum Kaiser Franz Josephs vorbereitet, und zwar als „Parallelaktion" zum 30-jährigen Regierungsjubiläum Wilhelms II. Innerhalb dieses Handlungszusammenhangs steht Ulrich in Beziehung zu Personen, die nach dem Prinzip der Spiegelung auf ihn zentriert sind; sie personifizieren bestimmte Anlagen Ulrichs und bilden gleichsam Projektionen von Ulrichs „Möglichkeitssinn". Einer extremen „Möglichkeit" begegnet Ulrich in der Gestalt des Prostituiertenmörders Moosbrugger, dessen Wahnvorstellungen sich mit Ulrichs Erfahrung des „anderen Zustands" berühren. Als „schattenhafte Verdoppelung seiner selbst in der entgegengesetzten Natur" erlebt Ulrich seine Schwester Agathe. Der inzestuösen Geschwisterliebe ist unter dem Titel „Ins tausendjährige Reich" der 3. Teil des Romans gewidmet. Sie bildet eine „Reise an den Rand des Möglichen".

Der Auflösung des Zusammenhangs zwischen Individuum und individuellen Eigenschaften entspricht eine dem Essay angenäherte Erzählweise, der „ein Ding von vielen Seiten nimmt, ohne es ganz zu fassen".

Sten Nadolny
***29.07.1942 in Zehdenick (Brandenburg)**

Der Sohn der Autoren Isabella und Burkhardt Nadolny wuchs in Oberbayern auf und studierte in München, Tübingen, Göttingen und West-Berlin Geschichte und Politologie (Promotion 1976). Zunächst als Studienrat tätig, nahm er 1977 die Stelle eines Aufnahmeleiters beim Film an mit dem Ziel, Regisseur zu werden. Für den Drehbuch-Entwurf für *Netzkarte* erhielt er zwar ein Stipendium, der Film wurde jedoch nie realisiert. Das Drehbuch arbeitete er 1980 zum gleichnamigen Roman um. Seit 1980 als freier Schriftsteller in Berlin tätig, gewann Nadolny für das 5. Kapitel des Romans *Die Entdeckung der Langsamkeit* (V 1983) den Ingeborg-Bachmann-Preis. Ihm folgte der Roman *Selim oder Die Gabe der Rede,* der anhand zweier Biografien auf die Geschichte der B. D. zurückblickt: Der Erzähler Alexander wird – nach Wehrdienst, Engagement in der Studentenbewegung und Arbeit als Vertreter – Leiter einer Rhetorik-Schule und ist dort zunächst vom Erzähltalent des türk. Gastarbeiters Selim fasziniert, dann von dessen Haltung und Lebenslauf, den er als Autor nachzuzeichnen versucht. In der Form des Schelmenromans versetzt *Ein Gott der Frechheit* (1994) die Götter der griech. Mythologie in die Gegenwart. *Er oder Ich* (E 1996–99, V 1999) knüpft an den Debütroman *Netzkarte* an: Der inzwischen 50-jährige Ole Reuter ist nun mit den Problemen des Alterns konfrontiert, vor allem deren Geringschätzung durch die Gesellschaft. Die Vorlesungen, die Nadolny als Gastdozent an den Universitäten in Göttingen und München hielt, erschienen 2001 u. d. T. *Das Erzählen und die guten Ideen.* Zu seinen Auszeichnungen gehören der Hans-Fallada-Preis (1985) und der Ernst-Hoferichter-Preis (1995).

Netzkarte. Roman, E 1976–80, V 1981. Im Frühjahr 1976 beschließt Ole Reuter, Ich-Erzähler und Studienreferendar in West-Berlin, mit einer Netzkarte der Bahn durch die B. D. zu reisen. Ihm steht der „Sinn nach Eroberungen" und Abenteuern, vor allem erotischen. Vergeblich bemüht er sich, ein „System des ziellosen Reisens" zu entwickeln: „Wenn es Wunder gäbe, wäre meine Methode sehr geeignet, um sie zu erwarten." Unablässig notiert er die Route, seine Beobachtungen und Gedanken. In Köln lernt er die Schülerin Judith kennen, die seine Ungebundenheit in Frage stellt. Da ihm alles Unbehagen bereitet, „was endgültig zu sein scheint" schreckt er vor einer Beziehung mit ihr zurück, will sich seine „Netzkarten-Unabhängigkeit" nicht nehmen lassen, obwohl er ahnt: „Für das Leben gibt es keine Netzkarte." Eine zweite Reise folgt 1980. Ole, zwischenzeitlich als Aufnahmeleiter beim Film beschäftigt, unternimmt auch sie wegen „widerstreitender Gefühle". Doch im Unterschied zur ersten Reise versucht er nun die Menschen, die ihm begegnen, kennen zu lernen und reflektiert die erste Reise. Ihm ist bewusst geworden, dass die Einschränkung, die er durch Bindungen befürchtet, ebenso fiktiv sind, wie jene „Bäckerstochter in Jerxheim", die als erotisches Wunschbild seine Gedanken und seine Reise gelenkt hat; Judith, jene Bekanntschaft auf der ersten Reise in Köln, ist dadurch „zugleich wichtiger und unwichtiger geworden". Allerdings weiß er am Ende, so viel er sich auch notiert hat, „doch noch nicht, worum es sich bei der Reise gehandelt hat."

Die Entdeckung der Langsamkeit. Roman, V 1983.

Der Roman schildert das Leben des engl. Seefahrers und Forschers John Franklin (1786–1847). Zunächst als Offizier der Kriegsmarine tätig, engagiert sich Franklin nach einer schweren Verwundung in der entstehenden sozialen Bewegung seiner Heimat, bis er die Gelegenheit erhält, eine Expedition zum Nordpol zu leiten und sich als Lebensziel die Entdeckung der nördlichen Verbindung von Atlantik und Pazifik setzt. Nach zwei Arktisexpeditionen, die nicht zum Erfolg führen, ist Franklin kurze Zeit Gouverneur einer Strafkolonie in Australien. Auf der dritten Reise zum Nordpol erleidet er einen Schlaganfall und kommt mit seiner Mannschaft im ewigen Eis um.

Die Figur Franklins steht im Roman im Gegensatz zur beginnenden Industrialisierung und ist gleichzeitig als Forscher ein typischer Vertreter der Epoche. Noch mit zehn Jahren war er „so langsam, daß er keinen Ball fangen konnte". Aus dieser vermeintlichen Schwäche, die ihn in den Augen seiner Mitmenschen als Versager erscheinen lässt, entwickelt Franklin seine Stärke, münzt sie in Gelassenheit, Gründlichkeit und Ausdauer um. Franklin setzt der Beschleunigung der Modernisierung seine Haltung entgegen, das „Franklinsche System", nach dem jedes Individuum seinen Fähigkeiten entsprechend das Seine zur Gesellschaft beiträgt. Auch der gescheiterte Versuch, als Gouverneur diese Prinzipien in der Politik einzuführen, kann ihn nicht von der Überzeugung abbringen, „daß Frieden überall dort entstand, wo man nicht schnell, sondern langsam aufeinander zuging".

Johann Nepomuk Nestroy

***7.12.1801 in Wien, †25.5.1862 in Graz**

„Ich sitze fest zwischen vier Wänden. Gestohlen kann ich unmöglich werden", schrieb Nestroy 1836 während einer (5-tägigen) Arreststrafe, zu der er wie des Öfteren wegen beleidigender Abweichung vom Rollentext, also „Extemporierens", verurteilt worden war. Sprache diente dem „österreich. Aristophanes" bzw. „wienerischen Shakespeare" (so der Titel einer Monografie aus dem Jahre 1970) stets dazu, das Gegebene in Frage zu stellen, indem er es in einen neuen Sinnzusammenhang rückte. Er war, wie ↑Kraus 1912 anlässlich Nestroys 50. Todestag feststellte, „der erste dt. Satiriker, in dem sich die Sprache Gedanken macht über die Dinge".

Der Sohn eines Hof- und Gerichtsadvokaten besuchte in Wien das Gymnasium (zugleich Musikunterricht, Debüt als Sänger 1818) und begann 1820 ein Jurastudium. 1822 schloss er nach seinem Erfolg als Sarastro in Mozarts *Zauberflöte* einen Vertrag mit dem Wiener Hoftheater, 1823 mit dem Dt. Theater in Amsterdam (im selben Jahr Eheschließung, 1827 Trennung, 1845 Scheidung). 1825 erhielt Nestroy ein Engagement in Brünn, 1827 in Graz; hier debütierte er als Autor mit dem Vorspiel *Der Zettelträger Papp* zur Posse *Zwölf Mädchen in Uniform,* in der er als alkoholisierter Festungssoldat Sansquartier erfolgreich war. 1829/30 trat er in Preßburg auf (u.a. in Stücken ↑Raimunds); schließlich erhielt er 1831 gemeinsam mit seiner Lebensgefährtin, der Sängerin Maria Weiler, ein Wiener Engagement; ihr Arbeitgeber war der Direktor des Theaters an der Wien, Karl Carl. Der Durchbruch als Autor wie als Schauspieler gelang Nestroy 1833 mit *Lumpazivagabundus,* einer Zauberposse mit Gesang in der Tradition des Wiener Volkstheaters mit sozialkritischen Zügen; im selben Jahr kam *Robert der Teuxel* zur Aufführung, eine Parodie auf Giacomo Meyerbeers Oper *Robert der Teufel* (zu Nestroys weiteren Parodien gehört *Judith und Holofernes,* nach ↑Hebbel, 1849). Es folgten die „klassischen" Stücke *Der Talisman, Das Mädl aus der Vorstadt* (mit Nestroy als Winkeladvokat Schnoferl), *Einen Jux will er sich machen* (mit Nestroy als Kommis Weinberl) und *Der Zerrissene;* insgesamt hat Nestroy etwa 90 Stücke verfasst. 1847 gastierte er in Berlin, Hamburg und Frankfurt a.M. 1848 brachte Nestroy in der kurzen Zeit der Zensurfreiheit das Stück *Freiheit in Krähwinkel* (mit den Teilen *Die Revolution* und *Die Reaktion*) zur Aufführung, das u.a. Kritik am hohlen Revolutionspathos übt. Von der Zensur verboten wurde 1849 das Stück *Der alte Mann und die junge Frau* (U in bearbeiteter Fassung u.d.T. *Der Flüchtling* 1890), das ein klares Bekenntnis zur Revolution von 1848 enthält. 1854 übernahm Nestroy als Pächter die Direktion des Carl-Theaters (unterstützt von Maria Weiler); 1860 nahm er nach dem Erfolg als Jupiter in Jaques Offenbachs Operette *Orpheus in der Unterwelt* mit einem Quodlibet seiner beliebtesten Rollen Abschied vom Wiener Publikum. Die erste Aufführung einer Nestroy-Posse am Wiener Burgtheater fand postum 1901 statt *(Lumpazivagabundus).*

Dramen: *Zu ebener Erde und erster Stock oder Die Launen des Glücks* (U 1835, V 1838, Verf Österreich 1969 Gustav Manker), *Eulenspiegel oder Schabernack über Schabernack* (U 1835, V 1839), *Die beiden Nachtwandler oder Das Notwendige und das Überflüssige* (U 1837, V 1891, Verf Österreich 1973 Leopold Lindberg), *Das Haus der Temperamente* (U 1837, V 1891), *Das Mädl aus der Vorstadt oder Ehrlich währt am längsten* (U 1841, V 1845, Verf u.a. Österreich 1967 Leopold Lindberg), *Einen Jux will er sich machen* (U 1842, V 1844, Verf u.a. Österreich 1916, 1957, 1974), *Der Zerrissene* (U 1844, V 1845; Verf Dtl. 1944 Hans Thimig, Österreich 1967 Josef Meinrad; Vert 1964 Gottfried von Einem).

Der böse Geist Lumpazivagabundus oder Das liederliche Kleeblatt. Zauberposse mit Gesang in 3 Akten, U 1833, V 1835; Verf u.a. Österreich 1919, 1936, 1967 (mit Helmut Qualtinger als Knieriem), Dtl. 1922, B.D. 1956, Schweden 1923, 1966.

Den Ausgangspunkt bildet ein Zwist zwischen der Glücksfee Fortuna und der Liebesfee Amorosa; beide nehmen für sich die Fähigkeit in Anspruch, die Anhänger des bösen Geistes Lumpazivagabundus, des „Beherrschers des lustigen Elends, Beschützers der Spieler, Protektors der Trinker", zur Umkehr zu bewegen. Als Versuchsobjekte dienen drei vagabundierende Handwerker: der Tischler Leim, der Schneider Zwirn und der Schuster Knieriem (eine der Paraderollen Nestroys). Diesen zeigt Fortuna im Traum die Nummer des Lotteriegewinnloses; sie kaufen mit ihrem letzten Geld das betreffende Los und erhalten in der Tat 100 000 Taler. Jeder zieht mit seinem Drittel weiter, in einem Jahr wollen sie sich wieder treffen. Leim sieht nun endlich die Gelegenheit, bei seinem ehemaligen Meister um die Hand der geliebten Peppi anzuhalten, und macht sein Glück als Ehemann und tüchtiger Schreiner. Zwirn dagegen vertut sein Geld als Don Juan, und Knieriem vertrinkt sein Vermögen. Somit ist Amorosa die Siegerin im Feenwettstreit; ihr gelingt es sogar, auch Zwirn und Knieriem zum Besseren zu bekehren.

Nestroys „liederliches Kleeblatt" sprengt den Rahmen der typisierenden Darstellung menschlicher Schwächen durch realistische und individualisierende Charakterisierung; dies gilt vor allem für den Alkoholiker Knieriem („Wann ich mir meinen Verdruss nit versaufet, ich müsst' mich grad aus Verzweiflung dem Trunk ergeben"), der einen auf die Bedrohung der Erde durch Kometen fixierten „Sinn für die Astronomie" besitzt („Da wird einem halt angst und bang, / Die Welt steht auf kein' Fall mehr lang").

Nibelungenlied
Um 1200 im bayer.-österreich. Raum entstanden, fasst das mhdt. Heldenepos Mythen sowie Sagenstoffe, die in der Zeit der Völkerwanderung und der Hunneneinfälle wurzeln, zu einer vom Geist der Stauferzeit mitgeprägten Dichtung zusammen. Es hat einen Umfang von mehr als 2000 sog. „Nibelungenstrophen" aus vier jeweils in zwei Kurzzeilen unterteilten Langzeilen: „Uns ist in alten maeren wunders vil geseit / von heleden lobebaeren von grôzer arebeit / von vröuden, hôhgeziten, von weinen und von klagen, / von küener recken striten muget ir nun wunder hoeren sagen" (Beginn der Handschrift C aus der 1. Hälfte des 13. Jh.s, Donaueschingen).
Die Handlung gliedert sich in 39 „aventiuren"; im Mittelpunkt steht als die Handlungsteile verbindende Gestalt Kriemhild (Krimhilt), die Schwester der Burgundenkönige Gunther, Gernot und Giselher. Als Einleitung dient Kriemhilds prophetischer Traum vom Tod ihres Falken (Sinnbild des Geliebten) durch zwei Adler. Bald darauf wirbt der Königssohn Siegfried (Siefrit) um Kriemhild. Hagen berichtet von dessen Drachenkampf (Unverwundbarkeit durch das Drachenblut) sowie vom Erwerb des Schatzes des Nibelungen und der Tarnkappe des Zwergs Alarich. Vorbedingung für die Ehe mit Kriemhild ist Siegfrieds Unterstützung Gunthers bei dessen Werbung um Brunhilde (Prünhilt). In dem von ihr verlangten Dreikampf bleibt Gunther durch die Hilfe des dank seiner Tarnkappe unsichtbaren Siegfried Sieger. Nach der in Worms gefeierten Doppelhochzeit ist Gunther erneut auf Siegfrieds Hilfe angewiesen, da Brunhilde ihn in der ersten Hochzeitsnacht gefesselt und an einen Nagel gehängt hat; Siegfried überwindet sie in der zweiten Nacht unsichtbar im Ringkampf und raubt ihr Gürtel und Ring – ein Pfand, das er seiner Frau Kriemhild überlässt. Zehn Jahre später sind Siegfried und Kriemhild in Worms zu Gast. Beim Streit der Königinnen um den Vortritt in den Dom offenbart Kriemhild das Geheimnis jener zweiten Hochzeitsnacht und weist zum Beweis Gürtel und Ring vor. Die Beleidigung ist für Hagen willkommener Anlass, seine Herrin zu rächen. Er entlockt Kriemhild das Geheimnis der einzigen verwundbaren Stelle Siegfrieds und ermordet ihn während einer Jagd. Kriemhilds Macht beruht nun auf dem Nibelungenhort, dessen sich jedoch Hagen bemächtigen kann; er versenkt ihn im Rhein. Kriemhild wird die Frau des Hunnenkönigs Etzel (Attila); ihr Ziel bleibt die Rache. Dieser dient 13 Jahre später die Einladung der Burgunden an Etzels Hof. In einem furchtbaren Gemetzel kommen sämtliche Gefolgsleute Gunthers und am Hof befindlichen Hunnen um; die Überlebenden, Gunther und Hagen, werden von Dietrich von Bern (Theoderich) überwältigt und Kriemhild ausgeliefert. Nach der Enthauptung Gunthers fällt Hagen von Kriemhilds Hand, nachdem er sich geweigert hat, die Stelle preiszugeben, an der er den Nibelungenhort versenkt hat. Das Epos endet mit dem Vers: „hie hât das maere ein ende: daz ist der Nibelungen nôt." Eine daran anschließende spätere Dichtung in Reimpaaren schildert die Klage der Hinterbliebenen.
Das Epos ist in 34 Handschriften aus dem 13.–16. Jh. überliefert. Teil-V (nach der Wiederentdeckung 1755) durch ↑Bodmer 1757, V 1782. Das *Lied vom hürnen Seyfrid* (16. Jh.) liegt dem Drama *Der hörnen Sewfriedt* (1557) von ↑Sachs zugrunde. Die bedeutendste Bearbeitung bildet Wagners vierteiliges Musikdrama *Der Ring des Nibelungen (Das Rheingold,* U 1869; *Die Walküre,* U 1870; *Siegfried,* U 1876; *Götterdämmerung,* U 1876). Voraus gingen Nibelungendramen von Friedrich de la Motte-Fouqué (*Der Held des Nordens,* 1808–1810) und ↑Hebbel, Verf u. d. T. *Nibelungen* Dtl. 1922–24 Fritz Lang, Dramat Moritz Rinke (*1967) für die Wormser Festspiele vor dem Dom (*Die Nibelungen,* U 2002) und als Kammerspiel (*Kriemhilds Traum,* U 2002).

Friedrich Nicolai
***18.3.1733 in Berlin, †8.1.1811 in Berlin**
Als Leiter der väterlichen Verlagsbuchhandlung (ab 1758) und Schriftsteller gehörte Nicolai zu den führenden Köpfen der sog. Berliner Aufklärung. Gemeinsam mit ↑Lessing und Moses Mendelssohn verfasste er die *Briefe, die neueste Literatur betreffend* (1759–65), als Hg. der „Allgemeinen Deutschen Bibliothek" veröffentlichte er Rezensionen aus dem gesamten dt. Sprachbereich. Nicolais Hauptwerk ist der Roman *Das Leben und die Meinungen des Herrn Magister Sebaldus Nothanker* (3 Bde., 1773–76, illustriert von Daniel Chodowiecki); er schildert den Leidensweg eines von der orthodoxen Amtskirche angefeindeten aufgeklärten Geistlichen. Vom Standpunkt des Rationalismus aus polemisierte Nicolai gegen Empfindsamkeit, Sturm und Drang (↑Goethe-Parodie *Freuden des jungen Werthers,* 1775) sowie Romantik und wurde seinerseits heftig angegriffen.

Friedrich Nietzsche
***15.10.1844 in Röcken bei Lützen (Sachsen), †25.8.1900 in Weimar**
Der Sohn eines Pfarrers studierte in Bonn Altphilologie, lehrte 1869–79 als Professor in Basel und wandte sich der Philosophie zu. Nach Aufenthalten im Kt. Graubünden (Sils Maria) und in Italien brach Nietzsche Anfang 1889 psychisch zusammen. Die letzten Jahre verbrachte er in geistiger Umnachtung in Jena, Naumburg und Weimar.
Nietzsche entwickelte sich zum einflussreichsten Kritiker des Positivismus. Zu seiner Philosophie gehören eine „Gott-ist-tot"-Theologie und die Verurteilung der christlichen „Sklavenmoral". Seine Werke reichen von der Abhandlung (*Die Geburt der Tragödie aus dem Geiste der Musik,* 1872) und der Lehrrede (*Also sprach Zarathustra,* 1883–85) über aphoristische Aufzeichnungen (*Jenseits von Gut und Böse,* 1886) bis zu expressiver Lyrik *Dionysos-Dithyramben,* E 1888, V 1891): „Ja, ich weiß, woher ich stamme! / Ungesättigt gleich der Flamme / Glühe und verzehr ich mich. / Licht wird alles, was ich fasse, / Kohle alles, was ich lasse: / Flamme bin ich sicherlich!" *(Ecce Homo).*

Hans Erich Nossack
*** 30.1.1901 in Hamburg, †2.11.1977 in Hamburg**
Nach einem abgebrochenen Jurastudium und der Tätigkeit in verschiedenen Berufen trat Nossack 1933 in die Kaffeefirma des Vaters ein. Während dieser Zeit und trotz des Schreibverbots als ehemaliges Mitglied der KPD entstanden Tagebücher und Gedichte. Bei der Zerstörung Hamburgs 1943 verlor er seinen Besitz. 1947 erschienen ein Gedichtband und *Nekyia. Bericht eines Überlebenden* mit einem Gang durch die menschenleere Ruinenstadt Hamburg. Das zentrale Thema seines Schaffens als freier Schriftsteller (u.a. in Darmstadt und Frankfurt a.M.), ist die Selbstfindung des Individuums. In diesem Sinne verweist der Titel *Spirale. Roman einer schlaflosen Nacht* (1956) auf die kreisenden Gedanken eines Mannes, der sich über sein Leben klar zu werden versucht. 1955 erschien die Slg. *Die schwache Position der Literatur. Reden und Aufsätze.* Im Jahr 1961 wurde Nossack mit dem Georg-Büchner-Preis ausgezeichnet.

Helga M(aria) Novak (verh. Karlsdottir)
***8.9.1935 in Berlin-Köpenick**
Aufgewachsen bei Adoptiveltern, besuchte Novak eine als kommunistische „Kaderschmiede" eingerichtete Internatsoberschule bei Berlin, legte hier das Abitur ab und studierte 1954–57 in Leipzig Journalistik und Philosophie. Ihren Lebensunterhalt verdiente sie als Monteurin, Laborantin und im Buchhandel. 1961 übersiedelte sie nach Island, heiratete und arbeitete in Fabriken. Ab 1965 wieder in Leipzig, erhielt sie einen Studienplatz am Literaturinstitut „Johannes R. Becher". Auf Handzetteln verteilte sie kritische Gedichte. Daraufhin wurde ihr 1966 – 10 Jahre vor ↑ Biermann – die DDR-Staatsbürgerschaft entzogen. Über Island kam sie in die B. D. (Frankfurt a. M., West-Berlin) und lebt heute in einem poln. Dorf; dies spiegeln die Gedichte der Slg. *Silvatica,* 1997.

Erste Anerkennung im Westen gewann Novak mit dem Gedichtband *Colloquium mit vier Häuten* (1967) über ihre politischen Erfahrungen in der DDR; 1968 erhielt sie den Bremer Literaturpreis. Auf ihre Frankfurter Zeit bezieht sich der Titel der Slg. *Wohnhaft im Westend* (Prosa und Dokumente, 1971). Neben Lyrik entstanden sozialkritische Erzählungen mit Themen wie der Sprachlosigkeit in den zwischenmenschlichen Beziehungen (*Aufenthalt in einem irren Haus,* 1971; Slg. *Palisaden. Erzählungen 1967–75,* 1980). 1989 erhielt Novak die Roswitha-Gedenkmedaille der Stadt Bad Gandersheim, 1994 die Ehrengabe der Dt. Schillerstiftung in Weimar.

Gedichtbände: *Balladen vom „kurzen Prozess"* (1985), *Grünheide Grünheide* (1983), *Märkische Feemorgana* (1989), *Solange noch Liebesbriefe eintreffen. Gesammelte Gedichte* (1999). – Kinderbücher: *Seltsamer Bericht aus einer anderen Stadt* (1973), *Ballade von der kastrierten Puppe* (1975).

Die Eisheiligen / Vogel federlos.
Romane, V 1979 und 1982.
Der erste der beiden autobiografischen Romane handelt von der Kindheit im Dritten Reich und der frühen Jugend in der Sowjet. Besatzungszone bzw. der 1949 gegründeten DDR. Kurz nach der Geburt von der Mutter zur Adoption freigegeben, wächst das Kind bei „Eisheiligen" in einem kleinbürgerlichen Haushalt auf. Die Ich-Erzählerin vergegenwärtigt die Hassliebe zur Adoptivmutter, die frühen heimlichen Schreibversuche, schließlich den Ausbruch aus der Enge des reaktionären Elternhauses durch die Beteiligung als FDJ-Mitglied am Aufbau einer sozialistischen Gesellschaft.
Vogel federlos beginnt mit dem Eintritt der überzeugten Kommunistin in eine Landesoberschule mit Internat und endet mit dem 1954 bestandenen Abitur, dem ersten Liebesakt („...) soll ich etwa als Jungfrau an die Universität gehen") und Erkundigungen nach dem leiblichen Vater, der sich 1937 in Dessau das Leben genommen hat. In einem Wechsel von Erzählung, innerem Monolog, lyrischen Passagen und Zitaten (u. a. Presseberichte über die politischen Ereignisse außerhalb der ummauerten „Kaderschmiede", stereotype Parolen aus dem Deutschunterricht) ergibt sich die fortschreitende Desillusionierung.
Die Verszeilen eines Rätselgedichts von der Schneeflocke und der Sonne (Hermann von Reichenau, um 1000 n. Chr.) gliedern den Roman in 6 Kapitel und symbolisieren die zerstörerische Wirkung der „Sonne Staat": „Es flog ein Vogel – federlos, / der setzte sich auf einen Baum – blattlos, / da kam eine Frau – fußlos / und nahm ihn gefangen – handlos, / sie hat ihn gebraten – feuerlos / und hat ihn gefressen – mundlos."

Novalis (eigtl. Georg Philipp Friedrich von Hardenberg)
***2.5.1772 in Wiederstedt bei Mansfeld, †25.3.1801 in Weißenfels**
„Indem ich dem Gemeinen einen hohen Sinn, dem Gewöhnlichen ein geheimnisvolles Ansehn, dem Bekannten die Würde des Unbekannten, dem Endlichen einen unendlichen Schein gebe, so romantisiere ich es – Umgekehrt ist die Operation für das Höhere", schreibt Novalis im *Logologischen Fragment Nr. 105;* ein anderer Aphorismus lautet: „Nach innen geht der geheimnisvolle Weg. In uns oder nirgends ist die Ewigkeit mit ihren Weiten, die Vergangenheit und die Zukunft." Es sind dies Grundpositionen der Romantik, die Novalis selbst als „magischen Idealismus" verstanden hat. Anders als die meisten Frühromantiker stand er ↑Goethe kritisch gegenüber und lehnte *Wilhelm Meisters Lehrjahre* nach anfänglicher Begeisterung als „poetisierte bürgerliche und häusliche Geschichte", als „Satire auf die Poesie, Religion etc." ab. Sein Zukunftsentwurf zielte auf die vollständige Aufhebung der Gegensätze zwischen Poesie und Leben, Kunst und Wissenschaft, Ich und Welt, Traum und Wirklichkeit.

Der Sohn des Direktors der Sächs. Salinen wuchs in einem pietistisch geprägten Elternhaus auf (Vater und Mutter waren Mitglieder der Herrnhuter Brüdergemeine). Nach einer Privaterziehung und einem Vorbereitungsjahr in Eisleben studierte er 1790–94 in Jena, Leipzig und Wittenberg Philosophie und Jura; 1797/98 studierte er an der Bergakademie in Freiberg, 1799/1800 war er in der Saline Artern tätig. Im Alter von 29 Jahren starb Novalis an Schwindsucht. 1802 veröffentlichten F. ↑Schlegel und ↑Tieck die (z. T. unvollendet) hinterlassenen Werke (*Schriften,* 2 Bde.).
Als „Bruchstücke des fortlaufenden Selbstgesprächs in mir" verfasste Novalis mehr als 1000 Aphorismen, in denen die frühromantische Philosophie, Ästhetik, Religions-, Geschichts- und Naturauffassung ihre poetische Gestaltung finden. Jeweils eine Auswahl erschien 1798 in den Zeitschriften „Athenäum" (*Blüthenstaub*) und „Jahrbücher der Preuß. Monarchie unter der Regierung von Friedrich Wilhelm III." (*Glauben und Liebe oder Der König und die Königin*). Die Auffassung des Mittelalters als „echtchristliche" Zeit einer Einheit von Gott, Welt und Mensch enthält der Aufsatz *Die Christenheit oder Europa* (E 1799, V 1826). 1799/1800 entstanden die 15 Gedichte des Zyklus *Geistliche Lieder* (Teil-V 1801, V 1802), die ein mystisches Empfinden zum Ausdruck bringen, etwa im *Marienlied:* „Ich sehe dich in tausend Bildern, / Maria, lieblich ausgedrückt, / Doch keins von allen kann dich schildern, / Wie meine Seele dich erblickt. // Ich weiß nur, dass der Welt Getümmel / Seitdem mir wie ein Traum verweht, / Und ein unnennbar süßer Himmel / Mir ewig im Gemüte steht." Das Fragment *Die Lehrlinge zu Sais* (E ab 1798, V 1802) besteht aus den Teilen *Der Lehrling* („Chiffernschrift" der Naturerscheinungen) und *Die Natur* mit Gesprächen der Lehrlinge über Formen der Beziehung zwischen Mensch und der Natur sowie dem Märchen von Hyazinth und Rosenblüte: Die getrennten Geliebten werden neu vereint, indem Hyazinth auf der Suche nach dem Götterbildnis der Isis die Welt durchstreift und dieses sich ihm in Gestalt Rosenblütes enthüllt.

Hymnen an die Nacht. Zyklus von 6 Gedichten, **E 1797–1800, V 1800 in der Zeitschrift „Athenäum".**

Im Unterschied zur überwiegenden Versform der handschriftlichen Fassung wechseln in der Druckfassung Verse und Prosa. Zugrunde liegt die Erschütterung durch den Tod der 15-jährigen Braut Sophie von Kühn. Der thematische Bogen spannt sich vom Leben inmitten der im Licht glänzenden Naturerscheinungen („Welcher Lebendige, Sinnbegabte, liebt nicht vor allen Wundererscheinungen des verbreiteten Raums um ihn, das allerergfreulichste Licht – mit seinen Farben, seinen Strahlen und Wogen", 1. Hymne) bis zur „Sehnsucht nach dem Tode" (Titel der 6. Hymne): „Hinunter zu der süßen Braut, / Zu Jesus, dem Geliebten –/ Getrost, die Abenddämmrung graut / Den Liebenden, Betrübten. / Ein Traum bricht unsre Bande los, / Und senkt uns in des Vaters Schoß."

Licht und Dunkel, Tag und Nacht, Diesseits und Jenseits, Leben und Tod sind gleichsam die Schalen einer Waage, die sich zugunsten der Nacht senkt: Am Grab der Geliebten zerreißt „des Lichtes Fessel", Trost bietet die „Nachtbegeisterung" (3. Hymne). Die 5. Hymne stellt die Polarität von Licht und Dunkel in den weltgeschichtlichen Zusammenhang der Entgöttlichung der Welt: „Nicht mehr war das Licht der Götter Aufenthalt und himmlisches Zeichen – den Schleier der Nacht warfen sie über sich. Die Nacht ward der Offenbarungen mächtiger Schoß – in ihn kehrten die Götter zurück (…)." Konkret bezieht sich die Entgöttlichung auf die Herrschaft des „Verstandeslichts": „Einsam und leblos stand die Natur. Mit eiserner Kette band sie die dürre Zahl und das strenge Maß." Die Aufhebung des Widerstreits zwischen Leben und Tod ist die Erlösungstat Christi: „Was uns gesenkt in tiefe Traurigkeit, / Zieht uns mit süßer Sehnsucht nun von hinnen. Im Tode ward das ewge Leben kund, / Du bist der Tod und machst uns erst gesund."

Heinrich von Ofterdingen. Romanfragment, **E ab 1799, V 1802.**

Anregungen boten eine Legenden-Slg. über die hl. Elisabeth von Thüringen und zwei thüring. Chroniken. Die Titelgestalt ist der (historisch nicht nachgewiesene) Minnesänger; er steht im Zusammenhang mit dem legendären Sängerwettstreit auf der Wartburg.

Den Ausgangspunkt bildet Heinrichs Reaktion auf die Erzählung eines fremden Reisenden von einer wunderbaren „blauen Blume"; ihr begegnet Heinrich im Traum, wobei inmitten der zu einem „Kragen" ausgebreiteten Blütenblätter „ein zartes Gesicht schwebte". Auf einer Reise, die der 20-jährige Heinrich mit seiner Mutter und Kaufleuten vom heimischen Eisenach zum Großvater nach Augsburg unternimmt, wird er durch Erzählungen mit der Welt des Handels vertraut, ein Aufenthalt auf einer Burg gibt ihm Kunde von den Kreuzzügen, eine Morgenländerin schildert die „romantische Schönheit" ihrer Heimat Arabien, ein alter Bergmann und ein Einsiedler tragen gleichfalls zum „leisen Bilden der inneren Kräfte" Heinrichs bei. In Augsburg schließlich begegnet der Jüngling dem Dichter Klingsohr und dessen Tochter Mathilde, die er im Traum mit jenem Mädchengesicht im Kelch der blauen Blume identifiziert; zugleich kündigt ihm der Traum an, dass er die Geliebte verlieren wird, um sie erneut und für immer zu gewinnen. Der 1. Teil (*Die Erwartung*) endet mit Klingsohrs Märchen von Eros und Fabel und dem Beginn eines neuen Goldenen Zeitalters. Im 2. Teil (*Die Erfüllung*) verlässt Heinrich nach Mathildes Tod als Pilger Augsburg und gelangt zu einem Einsiedler, der ihm die „unmittelbare Sprache" der Natur deutet und die Ankündigung des Goldenen Zeitalters wiederholt. Notizen zur Fortführung deuten dieses als Poetisierung des Menschengeschlechts und sprechen von Heinrichs „Übergang aus der wirklichen Welt in die geheime – Tod – letzter Traum und Erwachen".

Martin Opitz (M.O. von Boberfeld)
***23.12. 1597 in Bunzlau (Niederschlesien), † 20.8.1639 in Danzig**
Die literaturgeschichtliche Bedeutung des 1623 in Wien zum „poeta laureatus“ (d.h. zum „lorbeerbekränzten Dichter“) gekrönten und 1627 geadelten Schulmeisters, Hofpoeten und Übersetzers beruht auf seinem *Buch von der deutschen Poeterey* (1624) mit dem Ziel, das sprachliche Niveau der dt. Dichtung zu heben. Sie ist eine zu erlernende Kunstfertigkeit.

Hanns-Josef Ortheil
***5. 11.1951 in Köln**
Nach einem Studium der Musikwissenschaft, Germanistik, Philosophie und Komparatistik in Mainz (1976 Promotion über den Roman im 17. und 18.Jh.) war Ortheil wissenschaftlicher Assistent und veröffentlichte 1984 eine Monografie über ↑Jean Paul. 1988 war Ortheil, inzwischen als freier Schriftsteller in Stuttgart wohnhaft, Stipendiat der Villa Massimo in Rom. Ein Schwerpunkt seines Schaffens als Romancier ist die Geschichte der B.D. (*Schwerenöter,* 1987). *Abschied von den Kriegsteilnehmern* (1992) parallelisiert eine Vater-Sohn-Geschichte mit der politischen Wende in Osteuropa Ende der 1980er Jahre. Ein zweiter Themenbereich sind Gestalten der Literatur- und Musikgeschichte. Hierzu gehört eine „Trilogie der Künste“: *Faustinas Küsse* (1998) handelt von ↑Goethe in Rom mit fiktiven Motiven wie dem Umgang mit einem kleinen Ganoven, der Goethe im Auftrag des Vatikans bespitzelt, erfundene Berichte liefert und unfreiwillig dessen Liebesleben fördert; *Das Licht der Lagune* (1999) spielt in Venedig im Spätrokoko; *Die Nacht des Don Juan* (2000) ist ein Roman über Mozart; diesem ist bereits der Essay *Mozart – im Innern seiner Sprache* (1982) gewidmet. Der Liebesroman *Die große Liebe* (2003) hat u.a. die Italien-Sehnsucht der Deutschen zum Thema.
2002 erhielt Ortheil den Thomas-Mann-Preis der Stadt Lübeck. Seit 2003 nimmt Ortheil an der „Stiftungsuniversität“ Hildesheim die erste dt. Professur für Kreatives Schreiben und Kulturjournalismus wahr.

Emine Sevgi Özdamar
***10.8.1946 in Malatya (Anatolien)**
Nach einem ersten Aufenthalt als Fabrikarbeiterin in Berlin 1965–67 besuchte Özdamar die Schauspielschule in Istanbul und erhielt 1976 ein Engagement an der Ost-Berliner Volksbühne. Ihr weiterer Weg als Schauspielerin führte über Paris. Ab 1976 erhielt sie auch Rollen im Film.
Ihre Laufbahn als Schriftstellerin begann mit den Theaterstücken *Karagöz in Alemania* (V 1982) und *Keloglan in Alemania, die Versöhnung von Schwein und Lamm* (V 1991, U 2000). Aus der 1991 mit dem Ingeborg-Bachmann-Preis ausgezeichneten Kindheitserzählung *Das Leben ist eine Karawanserei* entstand der gleichnamige autobiografische Roman (1992). Charakteristisch sind die heimatlichen Wurzeln der Wahrnehmung und ihrer sprachlichen Gestaltung; davon handelt die Erzählung *Mutterzunge* (1990). Es folgten die Romane *Die Brücke vom Goldenen Horn* (1998) und *Seltsame Sterne starren zur Erde* (2003). Özdamar lebt seit 1988 in Düsseldorf und erhielt u.a. 2001 den Künstlerinnenpreis von Nordrhein-Westfalen.

Ulrich Plenzdorf

***26. 10. 1934 in Berlin-Kreuzberg**

Der Sohn eines Fotografen studierte nach dem Abitur 1954/55 am Franz-Mehring-Institut in Leipzig und war anschließend als Bühnenarbeiter tätig. Dem Wehrdienst folgte 1959–63 ein Studium an der Filmhochschule in Potsdam-Babelsberg. Plenzdorf arbeitet als Filmdramaturg, Drehbuchautor und Schriftsteller. Sein zentrales Thema bildete zunächst die (in der Sprache gespiegelte) Bewusstseinslage des Teils der DDR-Nachkriegsgeneration, der sich im Widerspruch zur etablierten sozialistischen Gesellschaftsordnung sieht. In einem Filmprojekt ging es z. B. um den Kampf einer Junglehrerin gegen die pädagogische Oberflächlichkeit ihrer Kollegen; die Dreharbeiten mussten 1965 abgebrochen werden, das Drehbuch *Karla* erschien erst 1978. Der Aufsehen erregenden *Werther*-Neufassung folgte der Film *Die Legende von Paul und Paula* (1973, Drehbuch V 1974) mit dem Thema des Ausbruchs aus einer Ehe; die Geschichte Pauls wird im Roman *Legende vom Glück ohne Ende* (1979) fortgeführt. Die Erzählung *Keiner runter, keiner fern* (1979) handelt in Form eines inneren Monologs von der Isolierung eines Jungen, dessen Ziel es ist, die Rolling Stones („Mick und die Schdons") zu sehen. 1973 erhielt Plenzdorf den Heinrich-Mann-Preis der DDR, 1978 den Ingeborg-Bachmann-Preis. 1999 erschien *eins und eins ist uneins* – dramat. Wortmeldungen zur Lage der Nation.

Die neuen Leiden des jungen W.
E als Filmszenarium 1969, Prosafassung V 1972, Bühnenfassung U 1972, V 1974, Verf B. D. 1976 E. Itzenplitz.
Der 18-jährige Edgar Wibeau hat Lehre und Elternhaus verlassen und sich in einer Ostberliner Laubenkolonie eingenistet. Hier wird er, eine von ihm verbesserte Farbspritze erprobend, Opfer eines Stromschlags. Von „jenseits des Jordan" begleitet er kommentierend die Versuche seiner Bezugspersonen, die Ereignisse zu rekonstruieren. In zweierlei Weise ist ↑Goethes *Werther* integriert: durch Parallelen zwischen den Erlebnissen Werthers und Wibeaus (z. B. Liebe zur verlobten „Charlie", Ausschluss aus einer Elite, nämlich einer Arbeiterbrigade) sowie durch Wibeaus Lektüre des Romans, dessen Sprache er sich aneignet: „Die Grenzen der Menschheit, unter dem machte es Old Werther nicht".

Elisabeth Plessen (eigtl. E. Gräfin P.)

***15. 3. 1944 in Neustadt (Holstein)**

Nach einem Studium der Philosophie, Geschichte und Literaturwissenschaft (Promotion 1971) unternahm Plessen Reisen nach Westindien, Südamerika und in die UdSSR. Der autobiografische Roman *Mitteilung an den Adel* (1976) handelt in Form von Rückblenden während der Fahrt der Erzählerin zur Beerdigung des Vaters von den innerfamiliären Auseinandersetzungen im zeitgeschichtlichen Zusammenhang von der Nachkriegszeit bis zu Studentenbewegung und APO. Der Roman *Kohlhaas* (1979) entwirft ein auf neues dokumentarisches Material gestütztes und zur Gegenwart (Auseinandersetzung mit dem Extremismus) in Beziehung gesetztes Bild des von ↑Kleist gestalteten Rebellen. *Stella Polare* (1984) schildert eine von Egozentrik belastete Beziehung. Es folgten die Romane *Lady Spaghetti* (1992) und *Der Knick* (1997).

Wilhelm Raabe
***8. 9. 1831 in Eschershausen, † 15. 11. 1910 in Braunschweig**

„Wie während oder nach einer großen Feuersbrunst in der Gasse ein Sirupfass platzt und der Pöbel und die Buben anfangen zu lecken, so war im dt. Volk der Geldsack aufgegangen, und die Taler rollten auch in den Gassen, und nur zu viele Hände griffen auch dort danach. Es hatte fast den Anschein, als sollte dieses der große Gewinn sein, den das geeinte Vaterland aus seinem großen Erfolg in der Weltgeschichte hervorholen könnte", schrieb Raabe 1890 (im Vorwort zur 2. Auflage der Erzählung *Christoph Pechlin*) im Rückblick auf die Gründerzeit. Die Kritik an rücksichtslosem Macht- und Besitzstreben bildet eine Hauptlinie seines schriftstellerischen Schaffens, in dessen Mittelpunkt die Gestalten absonderlicher Außenseiter rückten. Damit steht sein Verständnis der humoristischen Gestaltungsweise in Zusammenhang: „Wer ist ein Humorist? Der den winzigsten aller Nägel in die Wand oder die Hirnschale des hochlöblichen Publikums schlägt und die Garderobe der Zeit und aller vergangenen Zeiten dran aufhängt."

Der Sohn eines Justizbeamten wuchs in Holzminden a. d. Weser und in Stadtoldendorf auf, 1844 zog er mit der verwitweten Mutter nach Wolfenbüttel; 1849 verließ er das Gymnasium und machte in Magdeburg eine Buchhandelslehre (bis 1853). Der Versuch, das Abitur nachzuholen, blieb erfolglos; dennoch hielt sich Raabe 1854–56 als Gasthörer in Berlin auf, zugleich entstand sein Roman *Die Chronik der Sperlingsgasse*, den er 1857 unter dem Pseudonym Jakob Corvinus veröffentlichte. 1862 ließ Raabe sich in Stuttgart nieder, ab 1870 lebte er in Braunschweig.

Als Werke des „poetischen Realismus" verbinden Raabes Romane und Erzählungen die milieugerechte Schilderung der Schauplätze und Gestalten mit Leitmotiven, die der intendierten Interpretation der Wirklichkeit die Richtung weisen. So enthält der Roman *Die Leute aus dem Walde* die beiden Erziehungsmaximen „Sieh nach den Sternen" und „Gib Acht auf die Gassen"; im Roman *Der Hungerpastor* führt der „Hunger nach dem Maß der Dinge" zu einem bescheidenen Glück, im Gegensatz zum Hunger nach Besitz und Macht; der Titel des Romans *Schüdderump* bezieht sich auf einen ehemaligen Pestkarren als Sinnbild des Ruins, dem „alles Liebliche und Schöne in der Welt" anheimfällt (die beiden letztgenannten Romane bilden mit *Abu Telfan* eine trilogieähnliche Einheit, verbunden durch eine von Schopenhauer beeinflusste Weltsicht). Die Erzählungen sind vielfach historisch lokalisiert: in den Hussitenkriegen *(Des Reiches Krone)*, im niederländ. Freiheitskampf *(Die schwarze Galeere)*, im Siebenjährigen Krieg *(Das Odfeld)* oder zur Zeit der Frz. Revolution *(Die Gänse von Bützow)*.

Romane: *Alte Nester. Zwei Bücher Lebensgeschichte* (E 1877–1879, Zs 1879, V 1880), *Die Akten des Vogelsangs* (E 1893–1895, V 1896), *Altershausen* (Fragment, E 1899–1903, V postum 1911). – Erzählungen: *Die schwarze Galeere* (1861), *Unseres Herrgotts Canzlei* (1862), *Else von der Tanne oder Das Glück Domini Friedemann Leutenbachers armen Dieners am Worte Gottes zu Wallrode im Elend* (E 1862–1864, V 1865), *Drei Federn* (1865), *Die Gänse von Bützow* (1866), *Des Reiches Krone* (1870), *Der Dräumling* (1871), *Zum Wilden Mann* (1874), *Frau Salome* (1875), *Pfisters Mühle* (1884), *Das Odfeld* (1888), *Hastenbeck* (1891).

Die Chronik der Sperlingsgasse. Herausgegeben von Jakob Corvinus. Roman, E 1854–56, V 1857.

Als Erzähler dient der gealterte Gelehrte Johannes Wachholder, der seine Arbeit an dem Werk *De vanitate hominum* unterbricht, um seine Erinnerungen aufzuzeichnen, die „an die Stelle der Hoffnung" getreten sind. Eine Chronik nennt er sein Werk, da es, „was den Zusammenhang betrifft, gar sehr jenen alten, naiven Aufzeichnungen gleichen wird, welche in bunter Folge die Begebenheiten aus Vergangenheit, Gegenwart und Zukunft erzählen, die jetzt eine Schlacht mitliefern, jetzt das Erscheinen eines wundersamen Himmelszeichens beobachten, die bald über den nahen Weltuntergang predigen, bald wieder sich über ein Stachelschwein, welches die dt. Kaiserin im Klostergarten vorführen lässt, wundern und erfreuen". An die Stelle von derlei Absonderlichkeiten treten die Personen und Ereignisse der Sperlingsgasse, einer „Bühne des Weltlebens, wo Krieg und Friede, Elend und Glück, Hunger und Überfluss, alle Antinomien des Daseins sich widerspiegeln".

Die gegenwartsbezogenen Tagebucheintragungen sind mit traumseligen Erinnerungen, älteren Niederschriften, Briefen und Erzählungen Dritter verknüpft. Zu den charakteristischen Gestalten gehören der Karikaturist Strobel und der Journalist Wimmer, der wegen eines „fatalen politischen Hustens" aus Berlin ausgewiesen worden ist. Den roten Faden bildet die einstige Liebe zu Luise, die den gemeinsamen Freund, den Maler Ralff, geheiratet hat; ihre Tochter Elise ist bei Wachholder aufgewachsen und lebt nun mit ihrem Mann, dem Maler Berg, in Italien.

Kennzeichnend für Raabes weiteres Schaffen ist die Verflechtung unterschiedlicher Stimmungen und Betrachtungsweisen innerhalb eines durch den Erzähler abgesteckten Rahmens, ferner das nachhaltige Gewicht der Kindheitserinnerung, die im Spätwerk bis hin zu *Altershausen* dominierend wird.

Stopfkuchen. Eine See- und Mordgeschichte. Roman, E ab 1888, V 1891.

Der Landbriefträger Störzer hat vor Jahren den brutalen Emporkömmling Kienbaum im Affekt erschlagen, ohne in Verdacht zu geraten. Stattdessen wurde der mit seiner verwilderten Tochter Valentine im Gehöft Rote Schanze hausende Bauer Quakatz als Mörder verschrien. Der Sonderling Heinrich Schaumann (der wegen seiner angeblichen Dummheit und Verfressenheit von seiner Kindheit an den Spitznamen „Stopfkuchen" trägt) konnte Quakatz vom Mordverdacht befreien, ohne den Täter zu nennen. Dies geschieht erst nach Störzers Tod bei einem Zusammensein mit dem nach Südafrika ausgewanderten Jugendfreund Eduard, der während eines Aufenthalts in Dtl. auch seinen Heimatort aufgesucht hat.

Als schmale Rahmenhandlung dient Eduards Rückreise nach Südafrika; die einmonatige Schifffahrt nutzt dieser dazu, die Gespräche mit Schaumann (und dessen Frau Valentine) und damit den Tathergang aufzuzeichnen (der hierauf bezogene Untertitel „See- und Mordgeschichte" ist zugleich eine ironische Anspielung auf den Publikumsgeschmack). Das eigentliche Thema des Romans ergibt sich aus der Konfrontation von Lebenshaltungen. Eduard ist ein ebenso erfolgsbewusster und aktiver wie oberflächlicher Mensch, der gleich zu Beginn seiner Niederschrift zu beweisen bestrebt ist, dass er sich „noch zu den Gebildeten (...) zählen darf", obwohl er es in Südafrika zu einem Vermögen gebracht hat, denn „das bringen Leute ohne tote Sprachen, Literatur, Kunstgeschichte und Philosophie eigentlich am leichtesten zustande" (zur Trennung zwischen Besitz- und Bildungsbürgertum vgl. ↑Fontanes *Frau Jenny Treibel).* Schaumann dagegen erweist sich in all seiner Skurrilität (er hat sich zum Paläontologen herangebildet und eine Sammlung fossiler, mit seiner Leibesfülle kontrastierender Knochen angelegt) als Vertreter einer humanen und sozialen Lebensführung.

Ferdinand Raimund (eigtl. F. Reimann)
***1.6.1790 in Wien, †5.9.1836 in Pottenstein (Niederösterreich)**
Der Sohn eines Drechslermeisters musste nach dem Tod des Vaters 1804 seine schulische Ausbildung abbrechen und begann eine Lehre als Zuckerbäcker. 1808 schloss er sich einer reisenden Schauspielertruppe an; 1814 erhielt er in Wien ein Engagement am Theater in der Josephstadt, 1817 am Theater in der Leopoldstadt, das er 1828–30 leitete; anschließend gastierte er an verschiedenen Theatern.
1823 gab Raimund mit der „Zauberposse mit Gesang und Tanz" *Der Barometermacher auf der Zauberinsel* sein Debüt als Bühnenautor; 1824 folgte *Der Diamant des Geisterkönigs*. Er blieb zwar der bühnenwirksamen Einbeziehung der Geisterwelt und damit der Tradition des Wiener Volkstheaters treu, strebte jedoch nach der Gestaltung menschlicher Konflikte und deren Lösung durch sittliche Läuterung. Das „Original-Zauberspiel" *Das Mädchen aus der Feenwelt oder Der Bauer als Millionär* (1826) handelt von der Einsicht in den Reichtum der Bescheidenheit. In *Der Alpenkönig und der Menschenfeind* (1828) wird der Misanthrop Rappelkopf angesichts seines leibhaftigen Spiegelbilds geheilt. *Der Verschwender* (1834) kontrastiert den zunächst am Bettelstab endenden leichtsinnigen Edelmann von Flottwell mit dem biederen Tischler Valentin Holzwurm, dessen *Hobellied* als „Wienerlied" Verbreitung fand: „Da streiten sich die Leut herum / oft um den Wert des Glücks, / der eine heißt den andern dumm, / am End weiß keiner nix. / Da ist der allerärmste Mann / dem andern viel zu reich. / Das Schicksal setzt den Hobel an / und hobelt's beide gleich" (1. Strophe).
↑Nestroys Erfolge überschatteten die letzten Jahre. Vom eigenen Hund gebissen, nahm sich Raimund aus Furcht vor einer Tollwutinfektion das Leben.

Christoph Ransmayr
*** 20.3.1954 in Wels (Oberösterreich)**
Der Sohn eines Lehrers studierte 1972–78 in Wien Philosophie und wurde Kulturredakteur der Wiener Monatszeitschrift „Extrablatt". 1982 erschien seine in rhythmischer Prosa verfasste Endzeitvision *Strahlender Untergang*. Während hier die Menschheit einer kollektiven Verdampfung aufgrund eines wissenschaftlichen Experiments zur Nutzung der Sonnenenergie zum Opfer fällt, führt Ransmayrs erster Roman in die Todeszone des ewigen Eises: *Die Schrecken des Eises und der Finsternis* (1984) verarbeitet Dokumente der österreich.-ungar. Nordpol-Expedition 1872–77; der Roman handelt von der Suche nach ihren Ergebnissen. Ein Welterfolg wurde der Ovid-Roman *Die letzte Welt* ((1988, Übersetzung in mehr als 20 Sprachen). Der Roman *Morbus Kitahara* (1995), benannt nach einem Augenleiden, an dem Ransmayr periodisch erkrankt, fingiert ein nach dem II. Weltkrieg durch radikale Demontage in das vorindustrielle Zeitalter zurückversetztes Dtl. und Österreich. Ransmayr, der seit 1994 in West-Cork (Irland) lebt und 1995 den Kafka-Preis erhielt, veröffentlichte 1997 die Slg. *Der Weg nach Surabaya* (Reportagen 1979–89, Kurzprosa 1989–96). Bei den Salzburger Festspielen 2001 wurde sein Stück *Die Unsichtbare. Tirade an drei Stränden* uraufgeführt. 2002 erschien sein Essay *Der Ungeborene* über den Maler und Objektkünstler Anselm Kiefer (*1945).

Die letzte Welt. Roman, V 1988.
Ein Ausgangspunkt für diesen Roman war der Auftrag, für ↑Enzensbergers Buchreihe „Die Andere Bibliothek" die *Metamorphosen* (*Verwandlungen,* E ab 1 n. Chr.) von Publius Ovid(ius) Naso neu zu übersetzen. Diese Slg. von Mythen (Verwandlung von Personen in Tiere, Pflanzen, Sternbilder) führt vom Beginn der Welt bis zur Zeit des Augustus.
Entstanden ist ein von Anachronismen durchsetzter historischer Roman über die Reise des Römers Cotta in Ovids Exil Tomi am Schwarzen Meer (heute Konstanza, Rumänien), nachdem sich das Gerücht vom Tod des Dichters verbreitet hat. Hier, am Ende der röm. Welt, entdeckt Cotta Indizien, dass Ovid seine staatsgefährdende Dichtung in der Verbannung vollendet und ein „Buch der Steine" angefügt hat, und er begegnet Gestalten Ovids in erneuter Verwandlung. Sie werden ebenso wie Ovids Zufluchtsort Opfer einer Naturkatastrophe. Zuletzt rekapituliert Cotta: „Und Naso hatte schließlich seine Welt von den Menschen befreit, indem er jede Geschichte bis an ihr Ende erzählte." Dieses „Zu-Ende-Erzählen" der in 15 Bücher gegliederten Menschheitsgeschichte Ovids ist Ziel des in 15 Kapitel gegliederten apokalyptischen Romans. Ovid, so mutmaßt Cotta, war „wohl auch selbst eingetreten in das menschenleere Bild, (...) hockte als triumphierendes Purpurmoos auf dem letzten, verschwindenden Mauerrest einer Stadt".
Anachronismen stellen Bezüge zur Neuzeit her: Ovids Cyparissus, ein Liebling des Musengottes Apollo, wird zum Liliputaner, der in den Dörfern am Schwarzen Meer Filme vorführt. Lichias, bei Ovid ein Diener des Hercules, stört als Missionar das Freilicht-Kino in Tomi, als am Karfreitag die Tragödien von Hector, Hercules und Orpheus an die Außenwand des Schlachthauses projiziert werden. Das diktatorische Regime des Augustus im Polizeistaat Rom, dem „Reich der Notwendigkeit und der Vernunft", bedient sich der Massenmedien, ein dt. Soldat berichtet von den Gaskammern in Auschwitz.
Der Anhang *Ovidisches Repertoire* informiert über die jeweilige Metamorphose, die Ovids Gestalten in Ransmayrs Endzeit-Szenarium erfahren. Cotta, „einer von vielen", aus dessen Perspektive erzählt wird, teilt seinen Namen mit Cotta Maximus Messalinus, an den Ovid 6 überlieferte Briefe aus dem Exil gerichtet hat *(Epistolae ex Ponto).*

Brigitte Reimann (verh. Pitschmann)
***27.7.1933 in Burg bei Magdeburg, †20. 2. 1973 in Ost-Berlin**

Die Tochter eines Journalisten war zunächst Lehrerin, Buchhändlerin und Reporterin. Nach ersten Veröffentlichungen (Erzählungen *Die Frau am Pranger* und *Kinder von Hellas,* 1956) folgte Reimann dem 1959 in der DDR-Kulturpolitik eingeschlagenen „Bitterfelder Weg" („Dichter in die Produktion!") und lebte als Schriftstellerin im Kombinat Hoyerswerda. *Ankunft im Alltag* (1961, Preis des Freien Dt. Gewerkschaftsbunds der DDR 1962) schildert die Integration der aus einer Funktionärsfamilie stammenden Abiturientin Recha in die Arbeitswelt (der Begriff „Ankunftsliteratur" leitet sich von diesem Roman her). In der Erzählung *Die Geschwister* (1963) gelingt es der Ich-Erzählerin, ihren Bruder vom Plan einer Übersiedlung in den Westen abzubringen. Fragment blieb der Roman *Franziska Linkerhand* (V 1974, Dramat U, V 1978, Verf u. d. T. *Unser kurzes Leben* DDR 1981); er handelt von der Emanzipation der Architektin Linkerhand. Die DDR-Ausgabe *Brigitte Reimann in ihren Briefen und Tagebüchern* (1983) erschien 1984 in der B. D. u. d. T. *Die geliebte, die verfluchte Hoffnung. Tagebücher und Briefe 1947–72.* 1997 folgte *Ich bedaure nichts. Tagebücher 1955–63.*

Christa Reinig
***6.8. 1926 in Berlin**
In Berlin in beengten Verhältnissen aufgewachsen, war Reinig während des Krieges als Arbeiterin tätig. Sie machte das Abendabitur, studierte ab 1950 an der Arbeiter-und-Bauern-Fakultät, ab 1953 Kunstgeschichte und Archäologie an der Humboldt-Universität und war 1957–63 wissenschaftliche Assistentin am Märkischen Museum in Ost-Berlin. Reinig gehörte nach 1948 zu den Mitarbeitern der satirischen Zeitschrift „Ulenspiegel"; nach ihrer Erzählung *Ein Fischerdorf* (E 1946) und dem Verbot einer Fortsetzungsserie publizierte sie ausschließlich in der B.D. 1964 kehrte sie nach Entgegennahme des Bremer Literaturpreises nicht in die DDR zurück. 1967 wurde sie für das Hörspiel *Das Aquarium* (V 1969) mit dem Hörspielpreis der Kriegsblinden ausgezeichnet. Reinig lebt als freie Schriftstellerin in München.
Der Roman *Die himmlische und die irdische Geometrie* (1975) verbindet autobiografische Schilderungen mit „Pausen", in denen sich Gestalten wie Satan und J.S.Bach, Arminius und Tacitus, Kant und de Sade unterhalten. Hitchcock und Freud gehören zu den Gesprächspartnern im (feministischen) Roman *Entmannung* (1976) über den Chirurgen und Playboy Kyra und die in seinem Umkreis leidenden Frauen. Die Alternative zur Gewalt in der Beziehung zwischen Mann und Frau schildert der Roman *Die Frau im Brunnen* (1984) über ein weibliches Liebespaar.

Gedichtbände: *Die Steine von Finisterre* (1960), *Gedichte* (1963), *Schwabinger Marterln* (1969), *Schwalbe von Olevano* (1969), *Papantscha-Vielerlei* (1971), *Poèmes* (frz.-dt., 1976), *Müßiggang ist aller Liebe Anfang* (1979), *Der Frosch im Glas. Neue Sprüche* (1994), *Simsalabim* (1999). – Erzählungen: Slg. *Drei Schiffe* (1965), Slg. *Orion trat aus dem Haus* (1969), Slg. *Der Wolf und die Witwe* (1980), *Nobody und andere Geschichten* (1989).

Erich Maria Remarque (eigtl. E. Paul Remark)
***22.6.1898 in Osnabrück, †25.9.1970 in Locarno**
Als Angehöriger einer Generation, „die vom Krieg zerstört wurde – auch wenn sie seinen Granaten entkam", verfasste Remarque mit dem Roman *Im Westen nichts Neues* (1929) ein mit schonungslosem Realismus gestaltetes Antikriegsbuch, das weltweite Verbreitung fand (Verf u.d.T. *All Quiet on the Western Front* USA 1930 Lewis Milestone, Ü in mehr als 30 Sprachen). Der Ich-Erzähler Paul Bäumer schildert den Zusammenbruch der von den Erwachsenen angefachten chauvinistischen Kriegsbegeisterung unter dem Druck von Kasernenschikanen (Unteroffizier Himmelstoß) und des Lebens an der Front zwischen „Trommelfeuer, Verzweiflung und Mannschaftsbordells"; eine Schlussbemerkung stellt fest, dass Bäumer als Letzter einer Gruppe von Schulkameraden an einem Tag im Oktober 1918 gefallen ist, an dem der Heeresbericht sich „auf den Satz beschränkte, im Westen sei nichts Neues zu melden". Als eine Art Fortsetzung schildert der Roman *Der Weg zurück* (1931) Kriegsheimkehrerschicksale im Winter 1918/19. Nach dem von Goebbels initiierten Verbot der dt.Version von „All Quiet on the Western Front" im Jahr 1930 emigrierte Remarque 1931 in die Schweiz, 1939 ließ er sich in den USA nieder. Der Emigrantenroman *Arc de Triomphe* (1946) spielt unmittelbar vor dem II.Weltkrieg in Paris.

Rainer Maria Rilke (eigtl. René M. R.)
***4. 12. 1875 in Prag, †29. 12. 1926 in Val Mont bei Montreux**
„So sind Sie nun, großer Meister, für mich unsichtbar geworden, entrückt wie durch eine Himmelfahrt in die Sphären, die die Ihren sind", schrieb Rilke im Mai 1906 an den Bildhauer Auguste Rodin, nachdem dieser ihn entlassen hatte. „Ich werde Sie nicht mehr sehen – doch, wie für Apostel, die betrübt und allein zurückblieben, beginnt jetzt das Leben für mich (...)." Über den unmittelbaren Anlass hinaus verweist diese briefliche Äußerung auf eine Grundsituation in Rilkes Leben und Werk: die Empfindung von Einsamkeit und Verlust. Im „Namenlosen" der Wirklichkeit nähert sich die Dichtung „Gott, dem nicht mehr Sagbaren".

Der Sohn eines Bahnbeamten besuchte in seiner Heimatstadt die Militärschule, holte das Abitur nach und studierte an der Prager Universität Philosophie, Kunst- und Literaturgeschichte, 1894 wandte er sich der Dichtung zu. 1896 lernte Rilke in München die Schriftstellerin Lou Andreas-Salomé kennen, mit der er sich 1897 in Berlin niederließ und 1899 sowie 1900 zwei ausgedehnte Russlandreisen unternahm. 1899 entstand die in rhythmisierter Prosa gestaltete Novelle *Die Weise von Liebe und Tod des Cornets Christoph Rilke* (V 1906), eine durch Familienüberlieferung angeregte Schilderung der ersten Liebe und des Soldatentods eines jungen Offiziers in Ungarn zur Zeit der Türkenkriege.
1900 ließ sich Rilke in der Künstlerkolonie Worpswede bei Bremen nieder und heiratete 1901 die Bildhauerin Clara Westhoff (Rilke-Bildnis von Paula Modersohn-Becker, 1903 erschien Rilkes Monografie *Worpswede*). 1902/03 und 1905/06 stand er in Paris und Meudon mit Rodin in Beziehung, zuletzt als dessen Privatsekretär, dazwischen lagen Reisen nach Italien und Schweden sowie der Beginn der Arbeit am Roman *Die Aufzeichnungen des Malte Laurids Brigge* (V 1910). Rodin wurde für den Dichter zum Lehrmeister: Er leitete Rilke an, sich der konkreten Gegenständlichkeit zuzuwenden (*Neue Gedichte*, 1907; im selben Jahr erschien der Vortrag über Rodin aus dem Jahr 1905). Ab 1906 führte Rilke ein unruhiges Reiseleben mit Aufenthalten in Dtl., Böhmen, Italien, Spanien, Nordafrika und Paris (1908–10); 1911 folgte er der Einladung der Fürstin Marie von Thurn und Taxis auf Schloss Duino an der Adria (1912 Beginn der Arbeit an den *Duineser Elegien*), 1913 hielt er sich erneut in Paris auf (Versöhnung mit Rodin), 1919 übersiedelte er von München aus (hier erlebte er Revolution und Räterepublik) in die Schweiz. Ab 1921 lebte er auf Schloss Muzot bei Siders im Wallis; hier vollendete er 1922 die *Duineser Elegien* und 1923 die *Die Sonette an Orpheus*.
Die Korrespondenz verstand Rilke als „Mittel des Umgangs (...), der schönsten und ergiebigsten eines"; postum erschienen die *Briefe an einen jungen Dichter* (Franz Xaver Kappus, E 1903/04 und 1908, V 1929) und die *Briefe an eine junge Frau* (Lisa Heise, E 1919–24, V 1930).

Gedichtbände: *Das Buch der Bilder* (1902), *Das Stunden-Buch* (1905), *Neue Gedichte* (1907), *Der neuen Gedichte anderer Teil* (1908), *Die frühen Gedichte* (1909), *Requiem* (1909), *Erste Gedichte* (1913), *Das Marienleben* (1913), *Duineser Elegien* (1923), *Die Sonette an Orpheus* (1923), *Späte Gedichte* (postum 1934).

Die Aufzeichnungen des Malte Laurids Brigge. Tagebuchroman, E ab 1904, V 1910.

In der Form von Tagebuchaufzeichnungen entwickelt der Roman die Gestalt des 28-jährigen Dänen adliger Herkunft Brigge, der nach dem Verlust der Eltern und des Familienbesitzes in Paris als Dichter lebt. Ein wesentliches Kompositionsmittel bildet die Kontrastierung von Gegenwart und erinnerter Vergangenheit. Das gegenwärtige Erleben wird durch die Großstadt Paris bestimmt. Sie zeigt sich in Bildern von Armut, Krankheit, Zerstörung und Tod. Diese verbinden sich mit dem Bewusstsein Brigges vom Aussterben seines Geschlechts. Die Gegenbilder entstammen der Erinnerung an die Kindheit auf Schloss Ulsgaard und an ein Kloster, den Sitz der mütterlichen Familie. Die Kindheit ist jedoch kein entfernter, in sich geschlossener Erlebnisraum, sondern enthält auch in der Gegenwart nachwirkende und auf die Zukunft vorausweisende „okkulte Begebnisse"; Malte spricht von einer noch „ungetanen Kindheit". In diesem Zusammenhang steht die Liebe zur Mutter und zu deren jüngerer Schwester Abelone.

Die Überwältigung durch die disparaten Wahrnehmungen des Großstadtlebens bringt die folgende Nachtszene zum Ausdruck: „Dass ich es nicht lassen kann, bei offenem Fenster zu schlafen. Elektrische Bahnen rasen läutend durch meine Stube. Automobile gehen über mich hin. Eine Tür fällt zu. Irgendwo klirrt eine Scheibe herunter, ich höre ihre großen Scherben lachen, die kleinen Splitter kichern. Dann plötzlich dumpfer, eingeschlossener Lärm von der anderen Seite, innen im Hause. Jemand steigt die Treppe. Kommt unaufhörlich. Ist da, ist lange da, geht vorbei. Und wieder die Straße. Ein Mädchen kreischt: Ah tais-toi, je ne veux plus. Die Elektrische rennt ganz erregt heran, darüber fort, fort über alles. Jemand ruft. Leute laufen, überholen sich. Ein Hund bellt. Was für eine Erleichterung: ein Hund."

Der Impressionismus dieses modernen „Nachtstücks" erweitert sich zur Empfindung der Rätselhaftigkeit der Welt, die zur Loslösung von der Oberflächenerscheinung zwingt. Mit dem „Scheinwerfer seines Herzens" versucht Brigge, einen „Innenraum" zu erhellen. Dies findet seinen Ausdruck im Überwiegen von Reflexionen Brigges im zweiten Teil des Romans. Sie münden in einer Parabel in Gestalt einer völligen Umdeutung des Gleichnisses vom verlorenen Sohn in eine „Legende dessen, der nicht geliebt werden wollte". Der Trennung von der als ichsüchtig erlebten Familie liegt das Ziel zugrunde, nicht „ihr ungefähres Leben nachlügen" zu müssen. Sein Leben in der Fremde befähigt den „verlorenen Sohn" schließlich, als ein ihr Entfremdeter in die Familie zurückzukehren: „Was wussten sie, wer er war. Er war jetzt furchtbar schwer zu lieben, und er fühlte, dass nur Einer dazu imstande war. Der aber wollte noch nicht."

Der Roman endet somit in einer Frage, einer Erwartung. Dies gilt auch für die Reflexion der Darstellungsform. Brigge bzw. Rilke ist zunächst von der Überzeugung durchdrungen: „Dass man erzählte, wirklich erzählte, das muss vor meiner Zeit gewesen sein" (vgl. ↑ Hofmannsthals Sprachpessimismus in „Ein Brief"). Zugleich kommt die in die Zukunft gerichtete Hoffnung zum Ausdruck: „Die Zeit der anderen Auslegung wird anbrechen, und es wird kein Wort mehr auf dem anderen bleiben."

Die Modernität des Werks beruht einerseits auf inhaltlichen Aussagen, in denen beispielsweise das Bewusstsein von der „Existenz des Entsetzlichen" zum Ausdruck kommt, das sich unwillkürlich im Menschen niederschlägt, denn „alles, was sich an Qual und Grauen begeben hat (...): alles das besteht auf sich und hängt, eifersüchtig auf alles Seiende, an seiner schrecklichen Wirklichkeit". Andererseits hat Rilke mit einer bis dahin unbekannten Konsequenz die herkömmliche Form des Epischen aufgehoben und literarisches Neuland erschlossen.

Lyrik. Wie ↑Hofmannsthal trat Rilke als junger Lyriker mit ↑George als dem entschiedenen Gegner einer epigonalen oder naturalistischen Veräußerlichung der Sprache in Verbindung (erste Begegnung in Berlin 1897). Berührungspunkte ergaben sich durch das Ziel, aus Bildern der inneren Anschauung eine neue dichterische Welt der Bilder zu erschaffen. Im „Eingang“ zur Slg. *Das Buch der Bilder* (E ab 1898, V 1902 heißt es: „Mit deinen Augen, welche müde kaum/von der verbrauchten Schwelle sich befrein,/hebst du ganz langsam einen schwarzen Baum/und stellst ihn vor den Himmel: schlank, allein. / Und hast die Welt gemacht. Und sie ist groß / und wie ein Wort, das noch im Schweigen reift.“

Als Ausdruck des in Russland gewonnenen neuen Verständnisses des Religiösen als Demut und Brüderlichkeit entstand ab 1899 die Slg. *Das Stunden-Buch* (V 1905), gegliedert in die 3 Teile *Vom mönchischen Leben, Von der Pilgerschaft* und *Von der Armut und dem Tode.* Die Lyrik drängt zum Bekenntnis der Gottesschau: „Ich finde dich in allen diesen Dingen,/denen ich gut und wie ein Bruder bin;/als Samen sonnst du dich in den geringen,/Und in den großen gibst du groß dich hin.“ Die Andacht wechselt mit der Kritik der modernen Lebensverhältnisse: „Die Städte aber wollen nur das Ihre/und reißen alles mit in ihren Lauf. / Wie hohles Holz zerbrechen sie die Tiere / und brauchen viele Völker brennend auf.“ Die Menschen „nennen Fortschritt ihre Schneckenspuren“, sie „fühlen sich und funkeln wie die Huren / und lärmen lauter mit Metall und Glas“.

Nicht zuletzt unter dem Eindruck des Umgangs mit bildenden Künstlern (Künstlerkolonie Worpswede, Rodin) gelangte Rilke zur Anerkennung des Eigenwerts der sinnlichen Wahrnehmung. Sie überwiegt in den Gedichten der Slg. *Neue Gedichte* (2 Teile, 1907 und 1908). Die sprachliche Gestaltung erschließt das Wesenhafte der äußeren Anschauung, beispielsweise eines in einem Käfig im Parser Jardin des Plantes vegetierenden Panthers: „Sein Blick ist vom Vorübergehn der Stäbe / so müd geworden, dass er nichts mehr hält. / Ihm ist, als ob es tausend Stäbe gäbe / und hinter tausend Stäben keine Welt. / (...) Nur manchmal schiebt der Vorhang der Pupille/sich lautlos auf –, dann geht ein Bild hinein, / geht durch der Glieder angespannte Stille – / und hört im Herzen auf zu sein.“

Der Hinwendung zur äußeren Erscheinungswelt folgte die Rückkehr zur inneren Anschauung: „Durch alle Wesen reicht der eine Raum: / Weltinnenraum. Die Vögel fliegen still/durch uns hindurch. O, der ich wachsen will, / ich seh hinaus, und in mir wächst ein Baum.“ Rilke selbst sprach von einem Übergang von der Impression zur seelischen Expression: „Spanien war der letzte ‚Eindruck‘. Seither wird meine Natur von innen getrieben, stark und beständig, dass sie nicht mehr nur ‚eingedrückt‘ werden kann.“ Ausdruckslyrik sind die 1912 begonnenen und 1922 vollendeten zehn *Duineser Elegien* (V 1923) insofern, als sie schrittweise das Bekenntnis zur Erde als Inbegriff des Strebens nach Vergeistigung entfalten: „Erde, du liebe, ich will. Oh glaub, es bedürfte / nicht deiner Frühlinge mehr, mich dir zu gewinnen –, einer, / ach, ein einziger ist schon dem Blute zu viel“ (9. Elegie). Den Ausgangspunkt bildet das Bewusstsein von der ungeheuren Kluft zwischen dem Menschen und dem Göttlichen: „Wer, wenn ich schriee, hörte mich denn aus der Engel / Ordnungen? und gesetzt selbst, es nähme / einer mich plötzlich ans Herz: ich verginge von seinem / stärkeren Dasein“ (Beginn der 1. Elegie).

Während der Vollendung der Elegien entstanden die 55 Gedichte der Slg. *Die Sonette an Orpheus* (V 1923) mit dem Leitmotiv der Verwandlung: „(...) Jeder glückliche Raum ist Kind oder Enkel von Trennung, / den sie staunend durchgehn. Und die verwandelte Daphne/will, seit sie Lorbeern fühlt, dass du dich wandelst in Wind“ (12. Sonett des II. Teils).

Joachim Ringelnatz (eigtl. Hans Bötticher)
***7.8.1883 in Wurzen bei Leipzig, † 16.11.1934 in Berlin**
Der Sohn des Jugendschriftstellers, Humoristen und Zeichners Georg Bötticher war nach der Schule Seemann, versuchte sich dann als Kaufmann und gehörte ab 1909 in München zum Kabarett „Simpl"; 1912 erschien seine als „Stumpfsinn in Versen" betitelte Slg. *Schnupftabakdose.* Nach dem I. Weltkrieg (Dienst in der Kriegsmarine) war der Maler und Poet Ringelnatz in München und Berlin wiederum kabarettistisch tätig, 1920 veröffentlichte er die *Turngedichte* und die Slg. *Kuttel Daddeldu* mit den Abenteuern des Seemanns, der „so um die Welten schifft", und mit anderen, durch ihren skurrilen Humor der Lyrik ↑Morgensterns verwandten Gedichten (das *Abendgebet einer erkälteten Negerin* endet frei nach ↑Goethe: „Drüben im Walde / Kängt ein Guruh – – / / Warte nur balde / Kängurst auch du").

Luise Rinser (eigtl. L. Herrmann)
***30.4.1911 in Pitzling (= Landsberg a. Lech); † 17.3.2002 in Unterhaching**
Die Tochter eines Lehrers war nach dem Studium ab 1935 an einer Volksschule tätig und ab 1939 als Schriftstellerin (Erzählung *Die gläsernen Ringe,* 1941), erhielt Schreibverbot und wurde 1944 wegen „Hochverrats und Wehrkraftzersetzung" inhaftiert (*Gefängnis-Tagebuch,* 1946). Von 1963 bis Ende der 1990er Jahre lebte sie bei Rom in Rocca di Papa (Ehrenbürgerin 1987). Zu ihren Preisen gehört die Roswitha-Gedenkmedaille (1979).
Als Darstellung des Läuterungsweges einer „in Übertreibungen" lebenden Frau (Nina) sind die beiden frühen Romane *Mitte des Lebens* (1950) und *Abenteuer der Tugend* (1957) konzipiert. Rinsers Positionen als Antifaschistin, Sozialistin und antiklerikale Katholikin kommen in einer Vielzahl von Kommentaren zum Zeitgeschehen zum Ausdruck: *Baustelle. Eine Art Tagebuch 1967–70* (1970), Tagebuch *Grenzübergänge* (1972), *Kriegsspielzeug. Tagebuch 1972–78* (1978), Tagebuch *Wir Heimatlosen. 1989–92* (1992). Der Rolle der Frau in Geschichte und Gegenwart sind der Essay *Zölibat und Frau* (1967) und die Slg. *Unterentwickeltes Land Frau* (1970) gewidmet. Zwei Reiseberichte handeln vom geteilten Korea: *Wenn die Wale kämpfen. Portrait eines Landes: Süd-Korea* (1976) und *Nordkoreanisches Reisetagebuch* (1982). Als erster Teil ihrer Autobiografie (bis 1950) erschien 1981 *Den Wolf umarmen,* als zweiter Teil folgte 1994 *Saturn auf der Sonne.* Von der Suche nach vollkommener Liebe handelt *Reinheit und Ekstase* (1998).

Roswitha von Gandersheim (eigtl. Hrotsvit v. G.)
***um 935, † nach 973**
Die erste namentlich überlieferte dt. Dichterin (in lat. Sprache) war vermutlich eine sächs. Adlige. Sie lebte als Kanonisse, d. h. ohne das Gelübde einer Nonne, im Stift Gandersheim (Niedersachsen). Ihr umfangreiches, von ihr selbst in 3 Bücher gegliedertes Werk umfasst 6 geistliche Lesedramen in Reimprosa, die als Gegenentwürfe zur antiken Komödie gedacht waren, sowie Heiligenlegenden und historische Dichtungen in Hexametern zu Ehren der sächs. Dynastie der Ottonen *(Gesta Oddonis).* Seit 1972 werden Schriftstellerinnen mit der Roswitha-Gedenkmedaille geehrt.

Friederike Roth

***6.4.1948 in Sindelfingen**

Nach einem Studium der Linguistik und Philosophie an der Universität Stuttgart (Promotion 1975) war Roth ab 1976 Lehrbeauftragte an der Fachhochschule in Esslingen a.N. und wurde 1979 Hörspieldramaturgin beim Süddt. Rundfunk; 1981 war sie Stipendiatin der Villa Massimo in Rom. Roth begann während des Studiums mit experimenteller Prosa (Slg. *minimalerzählungen*, 1970; 1972 Mitarbeit an Ottomar Domnicks Experimentalfilm *Augenblick*), deren Montagetechnik sie in der Erzählung *Ordnungsträume* (1979) auf die Darstellung von Formen des Realitätsverlustes durch Suche nach „gedanklichen Ordnungen" anwandte. Zentrale Themen der Gedichtbände *Tollkirschenhochzeit* (1978) und *Schieres Glück* (1981) sind das Verhältnis zwischen Sprache und Wirklichkeit sowie (am Beispiel von Liebesbeziehungen) zwischen Vorstellung und Lebensrealität. Dem erfolgreichen Drama *Klavierspiele* (V 1980, U 1981, als Hörspiel 1980) mit der Darstellung der Selbstverwirklichung einer allein stehenden Frau folgte mit dem Drama *Ritt auf die Wartburg* (V 1981, als Hörspiel 1981) die sarkastische Schilderung einer Reise von vier äußerlich emanzipierten, gleichwohl orientierungslosen Frauen nach Eisenach. *Erben und Sterben* (U 1992, als Hörspiel 1993) handelt von 5 Frauen, die sich in einem Gasthof vergeblich um ein gemeinsames Projekt bemühen. Das Stück ist der 2. Teil der Trilogie *Das Buch des Lebens, ein Plagiat,* die mit *Liebe und Wald* (1983) über die Schreibhemmung einer Autorin begann. 1993 folgten als 3. Teil die Gedichte *Wiese und Macht.*

Gerhard Roth

***24.6.1942 in Graz**

Der Sohn eines Arztes studierte Medizin, wechselte zur Mathematik, arbeitete am Rechenzentrum in Graz und lebt seit 1978 als freier Schriftsteller in Obergreith (Steiermark) und in Graz. Die frühen Romane Roths (*die autobiografie des albert einstein,* 1972; *Der Wille zur Krankheit,* 1973) schildern die Wirklichkeit im Spiegel der Schizophrenie. Die Eindrücke von Aufenthalten in den USA bestimmen die Kulisse der Romane *Der große Horizont* (1974) und *Ein neuer Morgen* (1976); hier wie im Roman *Winterreise* (1979) stehen Versuche im Mittelpunkt, aus den gegebenen Verhältnissen auszubrechen. Roths Hauptwerk ist der 7-teilige Zyklus *Die Archive des Schweigens* (1980–91). Er umfasst 4 Romane sowie je einen „Bericht", Bildband und Essayband: Der Roman *Der Stille Ozean* (1980) schildert das Untertauchen eines Mediziners, der in einem Kunstfehlerprozess verwickelt ist, und seine Integration in eine Dorfgemeinschaft. Einen Einblick in Roths Arbeitsweise geben die Recherchen mit der Kamera (Bildband *Fotografische Notizen zum Roman „Der stille Ozean"*). Der Roman *Landläufiger Tod* (1984) enthält Aufzeichnungen eines zeitweise in einer Heilanstalt lebenden Erzählers. Den Abschluss bildete 1991 *Die Geschichte der Dunkelheit. Ein Bericht.* Die Romane *Der See* (1995) und *Der Plan* (1998) mit Elementen des Kriminal- und des Reiseromans enthalten das Thema der Suche nach der eigenen Identität und Bestimmung. 2000 erschien der Roman *Der Berg.* Zu Roths Auszeichnungen gehört der von ↑Grass gestiftete, nach ↑Döblin benannte Preis (1983).

Joseph Roth

***2. 9. 1894 in Schwabendorf bei Brody (Galizien), †27. 5. 1939 in Paris**

„Nur wir, nur unsere Generation, erlebte das Erdbeben, nachdem sie mit der vollständigen Sicherheit der Erde seit der Geburt gerechnet hatte", schrieb Roth in der Einleitung seines Reiseberichts *Im mittäglichen Frankreich* (1925) im Hinblick auf den I. Weltkrieg, die ihm folgenden tief greifenden politischen Veränderungen und die Erschütterungen der kulturellen Identität. „Wir haben die Relativität der Nomenklatur und selbst die der Dinge erlebt. In einer einzigen Minute, die uns vom Tode trennte, brachen wir mit der ganzen Tradition, mit der Sprache, der Wissenschaft, der Literatur, der Kunst: mit dem ganzen Kulturbewusstsein."

Aus einer jüd. Familie stammend, besuchte Roth die jüd. Gemeinschaftsschule und das dt. Gymnasium in Brody; danach studierte er in Lemberg und Wien Germanistik und nahm ab 1916 am Krieg teil; anschließend war er in Wien, ab 1922 in Berlin als Journalist tätig (u. a. Beiträge im sozialdemokratischen „Vorwärts"). In seinem ersten, 1923 in der Wiener „Arbeiter-Zeitung" vorab erschienenen Roman, *Das Spinnennetz* (V 1967) , schildert er noch vor dem Münchner Putschversuch Hitlers und Ludendorffs die Machenschaften einer von München aus ihr „Netz" knüpfenden faschistischen Geheimorganisation; im Mittelpunkt der Romanhandlung steht der „wild gewordene Kleinbürger" Lohse. 1926 unternahm Roth eine Studienreise durch die Sowjetunion, die seine Abkehr vom Sozialismus zur Folge hatte (eine negative Bilanz der Oktoberrevolution zieht der Roman *Der stumme Prophet*, Teil-V 1929, V 1966). Der Essay *Juden auf Wanderschaft* (1927) schildert die Lebensverhältnisse der Ostjuden in den „westlichen Gettos": in Wien, Berlin, Paris und den USA sowie in der UdSSR. Der Roman *Hiob* (1930) handelt von dem frommen Ostjuden Mendel Singer, der in einer Glaubenskrise das Schicksal des biblischen Hiob erleidet , aber als Emigrant in den USA die Musikerkarriere seines Sohnes miterlebt. Zu den zeitgeschichtlichen Themen gehört die Auflösung der Welt des galizischen Judentums. 1932 folgte ein Abgesang auf die Donaumonarchie: der Roman *Radetzkymarsch.*

1933 emigrierte Roth und lebte u. a. in Südfrankreich und Paris; seine Lebensgefährtin der Jahre 1936–38 war Irmgard ↑Keun. Im kulturkritischen Essay *Der Antichrist* (1934) setzt sich Roth u. a. mit der eigenen journalistischen Tätigkeit im Dienst des „Herrn über die tausend Zungen" auseinander. Die *Legende vom heiligen Trinker* (1939) handelt von Andreas, einem als Clochard unter den Pariser Brücken hausenden Trinker und mit Zuchthaus bestraften Mörder; ein Geschenk von 200 Franc löst eine turbulente Folge von Ereignissen aus bis hin zum Tod des „heiligen Trinkers". Roth selbst war im Exil dem Alkohol verfallen und starb in einem Armenhospital.

Romane: *Hotel Savoy* (1924), *Die Rebellion* (1924), *Die Flucht ohne Ende. Ein Bericht* (1927), *Zipper und sein Vater* (1928), *Rechts und Links* (1929), *Tarabas, ein Gast auf dieser Erde* (1934), *Die hundert Tage* (1935), *Beichte eines Mörders, erzählt in einer Nacht* (1936), *Das falsche Gewicht (1937)*, *Die Geschichte von der 1002. Nacht* (1939). – Erzählungen: Slg. *April* (1925), *Die Büste des Kaisers* (1934). – Essays: *Panoptikum* (1930), *Schluss mit der „Neuen Sachlichkeit"* (1930).

Radetzkymarsch. Roman, V 1932.
Die Kapuzinergruft. Roman, V 1938, Verf u. d. T. *Trotta* B. D. 1970 Johannes Schaaf.

Der Handlungszeitraum des ersten Romans reicht von 1859 bis zum Jahr 1916. Im Mittelpunkt steht die Familie von Trotta. Franz Trotta wird geadelt, nachdem er 1859 in der Schlacht bei Solferino Kaiser Franz Joseph das Leben gerettet hat. Die propagandistische, bis in die Lesebücher eindringende Umformung und Verwertung dieser einer spontanen Regung entsprungenen Tat löst beim „Helden von Solferino" einen Prozess der Entfremdung von der Monarchie aus und veranlasst ihn, sich auf die bäuerliche Lebensweise seiner Vorfahren zurückzuziehen; eine Audienz beim Kaiser hat ihm gezeigt, dass auch dieser das Opfer staatserhaltender Mythenbildung ist.

Franz von Trottas Sohn verkörpert als Bezirkshauptmann den Typus des pflichtbewussten Beamten ohne Einsicht in die Vordergründigkeit des Ordnungsgefüges, an dessen Erhaltung er mitwirkt. Seine Identifikation mit der Donaumonarchie bringt die Angleichung seines Erscheinungsbildes an das des Kaisers zum Ausdruck (ein Motiv, das in H. ↑ Manns Roman „Der Untertan" vorgebildet ist).

Dagegen leidet Franz Joseph von Trotta, der Enkel des „Helden von Solferino" und wie dieser Soldat, an der gesellschaftlichen Erstarrung. Zu ihren Symptomen gehört der lebensfeindliche Ehrenkodex, dem Trottas Freund, der jüd. Arzt Dr. Demant, durch ein aus nichtigem Anlass ausgetragenes Duell zum Opfer fällt. Franz Joseph von Trotta wird von Schuldgefühlen gequält und nimmt nach der Ermordung des Thronfolgers in Sarajewo seinen Abschied, wird aber nach Kriegsbeginn wieder eingezogen und fällt, als er im Begriff ist, für seine Soldaten Wasser zu holen. Die schlichte humane Tat steht in symbolträchtigem Kontrast zum anonymen Wüten des Krieges. Der Bezirkshauptmann Trotta stirbt unmittelbar nach dem Tod „seines" Kaisers 1916.

Roth parallelisiert den Niedergang des Habsburgerreichs mit dem einer Familie, deren Mitglieder allenfalls eine dumpfe Ahnung besitzen, dass die Donaumonarchie längst dem Untergang zusteuert. Einzig der poln. Graf Chojnicki erkennt: „Sie zerfällt, sie ist schon zerfallen! Ein Greis, dem Tode geweiht, (...) hält den alten Thron einfach durch das Wunder, dass er noch auf ihm sitzen kann."

Im Mittelpunkt des als zeitgeschichtliche Fortsetzung des Abgesangs auf die Donaumonarchie konzipierten zweiten Romans steht der aus einer Nebenlinie stammende Franz-Ferdinand Trotta. Die Handlung setzt unmittelbar vor dem I. Weltkrieg ein und führt bis zum „Anschluss" Österreichs an das nationalsozialistische Dtl. 1938. Trotta ist geprägt vom „Bekenntnis zur so genannten ‚Dekadenz'" der Vorkriegszeit, „zu einer halb gespielten und outrierten Müdigkeit und einer Gelangweiltheit ohne Grund". Im Krieg kommt er nach dem ersten Gefecht in russ. Kriegsgefangenschaft, 1918 kehrt er nach Wien zurück. Die Versuche einer Existenzgründung scheitern: Das Geschäft seines Schwiegervaters, an dem sich Trotta beteiligt hat, geht in Konkurs; die im Elternhaus eingerichtete Pension wird vornehmlich von zahlungsunfähigen Freunden aus der Vorkriegszeit bevölkert; seine Frau verliert Trotta an die lesbische Kunstgewerblerin Prof. Szatmary. Trotta beschränkt sich schließlich auf eine Kaffeehausexistenz.

Den Gegenpol des „Ursprünglichen", der Trotta insgeheim anzieht, repräsentieren dessen slowenischer Vetter, der Bauer und Maronibrater Joseph Branco, und der Fiakerkutscher Manes Reisiger. Der vorherrschende Grundton ergibt sich jedoch aus Trottas melancholischer Verbundenheit mit einer „verlorenen Welt". Diese wird durch die Kapuzinergruft der Wiener Hofburg symbolisiert; Trotta besucht die Grabstätte der Herrscher aus dem Haus Habsburg am Ende des Romans in dem Bewusstsein der Ausweglosigkeit: „Wohin soll ich, ich jetzt, ein Trotta?"

Ralf Rothmann
***1953 in Schleswig**

Der Sohn eines Bergarbeiters wuchs im Ruhrgebiet auf, absolvierte eine Maurerlehre und arbeitete anschließend u. a. als Krankenpfleger, Hilfskoch und Drucker. 1976 ließ er sich in West-Berlin nieder, wo er heute als freier Schriftsteller lebt. Ausgedehnte Reisen führten ihn in verschiedene Länder Südamerikas.

Der Erzähler debütierte mit der Liebesgeschichte *Messers Schneide* (1986). Die Erzählung *Der Windfisch* (1988) spielt mit den Mustern von Reise- und Kriminalerzählungen und lässt einen resignierten Fotografen, dem die Ausrüstung abhanden gekommen ist, in der mexikanischen Provinz erfolglos nach einem neuen Lebensmittelpunkt suchen. Die Romane *Stier* (1991), *Wäldernacht* (1994) und *Milch und Kohle* (2000) bilden die „Ruhrgebiets-Trilogie", in der jeweils aus der Perspektive der 1990er Jahre die Jugend in den 1960er und 1970er Jahren erinnert und reflektiert wird. Auch die Hauptfiguren des in Berlin spielenden Entwicklungsromans *Flieh, mein Freund* (1998) haben ihre Wurzeln im Ruhrgebiet (der „Herzgrube der Nation") und werfen die Frage auf nach dem Stand der Lebensentwürfe aus den alternativen Bewegungen. Ein weiterer thematischer Schwerpunkt ist die Stadt Berlin mit ihren Milieus (*Berlin Blues,* 1997; Slg. *Ein Winter unter Hirschen,* 2001; *Hitze,* 2003). Gedichte erschienen in den Bd.en *Kratzer und andere Gedichte* (1987) und *Gebet in Ruinen* (2000). Zu Rothmanns Auszeichnungen gehören der nach Hermann ↑Lenz benannte Literaturpreis (2001) sowie der Evangelische Buchpreis (2003).

Stier. Roman, V 1991.

Der in Berlin lebende Schriftsteller und Ich-Erzähler Kai Carlsen erinnert sich an seine Jugend. Schauplatz der Erinnerungen ist die Gegend zwischen Oberhausen und Essen in den 1970er Jahren. Kai sucht den Ausweg aus der Tristesse seines Elternhauses und dem Arbeitsalltag seiner Maurerlehre. Er findet ihn in einer Kommune und dem Milieu der Essener Szene-Disco „Blow Up". Doch die Hippie-Gemeinschaft ist im Verfall begriffen. Der Wortführer wird von einer Immobilien-Spekulantin erpresst, deren minderjähriger Tochter er in höriger Liebe verfallen ist; die befreite Sexualität ist gekennzeichnet von Ängsten, Neid und neuen Zwängen. Kai erschließt sich einen anderen Weg: Er liest und beginnt nach und nach auch zu schreiben, „ein unbeschreibliches Glück, wenn auch oft grau, eine Tortur, die Spaß macht."

Hitze. Roman. V 2003.

Zentrale Figur des Liebes- und Großstadtromans ist Simon DeLoo, ein Kameramann, der seinen bisherigen Beruf nicht mehr ausüben will: „Man wird blind von all dem Augenmüll." Ein Thema ist der Wandel Berlins im Zeichen der Hauptstadt-Sanierung, welche die gewachsenen Strukturen – vor allem die Nischen des Subproletariats – bedroht.

Simon findet Arbeit als Fahrer einer Großküche in Berlin-Kreuzberg. Auf seinen Touren begegnet er unter den Stadtstreichern der Polin Lucilla. Eine Annäherung ermöglicht erst eine Fahrt in Lucillas Heimat, nachdem sie überfallen und missbraucht wurde. Hier offenbart Simon sein Geheimnis: „Bilder und Worte können vielleicht einiges beleuchten. Aber irgendwann verstellen sie es auch. Lampenschirme, durch die kein Licht dringt."

Peter Rühmkorf

***25. 10. 1929 in Dortmund**

Der Sohn einer Lehrerin und eines Puppenspielers begann 1951 in Hamburg ein Studium der Pädagogik und wechselte zur Germanistik und Psychologie. 1958 wurde er Verlagslektor, seit 1964 lebt er als freier Schriftsteller in Hamburg, mit Gastdozenturen zur dt. Literatur und Poetik u.a. 1969/70 in Austin (Texas), 1980 in Frankfurt a.M. (*agar agar – zaurzaurim. Zur Naturgeschichte des Reims und der menschlichen Anklangsnerven,* V 1981), 2001 in Tübingen.
Als Lyriker bediente sich Rühmkorf vorwiegend der zeitkritischen, parodistischen Verfremdung des „Kulturguts". So enthält die Slg. *Kunststücke* (mit einer „Anleitung zum Widerspruch", 1962) eine Neufassung von ↑Eichendorffs Lied *Das zerbrochene Ringlein* („In einem kühlen Grunde / Da geht ein Mühlenrad"): „In meinem Knochenkopf / da geht ein Kollergang". Das entsprechende umgangssprachliche Verfahren dokumentiert und erörtert die Slg. *Über das Volksvermögen. Exkurse in den literarischen Untergrund* (1967) mit drastischen Kinder- und Wirtinnenversen, Toilettengraffiti und Schlagerparodien. Kritik am Kapitalismus verbindet die Theaterstücke *Lombard gibt den Letzten* (U 1972) und *Was heißt hier Volsinii? Bewegte Szenen aus dem klassischen Wirtschaftsleben* (V 1969, U 1973) über den Untergang der etrusk. Stadt Volsinii. Die autobiografische Prosa *Die Jahre, die ihr kennt – Anfälle und Erinnerungen* (1972) enthält u.a. Porträts von ↑Enzensberger und ↑Grass. Alternativen zur „Altherrengermanistik" enthalten die Essays, Gedichte und Übersetzungen der Slg. *Walther von der Vogelweide, Klopstock und ich* (1975). Zu den Gedichtbänden gehört *Haltbar bis 1999* (1979), Jazz und Lyrik verbindet die Tonkassette *Phönix voran!* (1987). Als *Tabu I* erschienen 1995 die Tagebücher 1989–91, u.d.T. *Schachtelhalme* 2001 Schriften zur Poetik und Literatur.
1993 erhielt Rühmkorf den Georg-Büchner-Preis (Dankrede *Deutschland, ein Lügenmärchen*), 1999 die Carl-Zuckmayer-Medaille für besondere Verdienste um die dt. Sprache, 2001 war er der 1. Träger des neuen, nach Ringelnatz benannten Literaturpreises der Stadt Cuxhaven.

Hans Sachs

*** 5. 11. 1494 in Nürnberg, † 19. 1. 1576 in Nürnberg**

Der Sohn eines Schneidermeisters besuchte die Lateinschule, befand sich 1511–16 auf der Wanderschaft und wurde 1520 in Nürnberg Schuhmachermeister. Sein Eintreten für die Reformation bekundet das Gedicht *Die Wittenbergisch Nachtigall* (1523), eine popularisierte Darstellung der Lehre Luthers. Sachs verfasste als Mitglied der Nürnberger Singschule über 4000 Meisterlieder. Seine 85 Fastnachtspiele vermeiden übermäßige Grobheit und verspotten Dummheit (*Der farent Schueler ins Paradeis,* U 1550, V 1560) und Bosheit; *Das Narren Schneyden* (1558) schildert die Heilung eines Narrsüchtigen, aus dessen Bauch die „Narren" Geiz, Neid, Zorn, Unkeuschheit und Faulheit herausoperiert werden. Die Tragödien und Komödien gestalten biblische, antike und mittelalterliche Stoffe. *(Der hörnen Sewfriedt,* 1557).Nach der Wiederentdeckung durch ↑Wieland und ↑Goethe (Gedicht *Hans Sachsens poetische Sendung,* 1776) gipfelte der Nachruhm des Schuster-Dichters in Richard Wagners Oper *Die Meistersinger von Nürnberg* (1868).

Nelly Sachs (eigtl. Leonie S.)
***10. 12. 1891 in Berlin, †12. 5. 1970 in Stockholm**
Die Tochter eines jüd. Fabrikanten stand ab 1907 in Briefwechsel mit Selma Lagerlöf, die sie zu eigenen Schreibversuchen anregte (Slg. *Legenden und Erzählungen*, 1921; Gedichte in verschiedenen Zeitungen). Dank der Fürsprache Lagerlöfs beim schwed. Hof und dessen Intervention konnte Sachs 1940 mit ihrer Mutter emigrieren; sie lebte fortan in Stockholm. 1947 trat sie als Lyrikerin (Slg. *In den Wohnungen des Todes*) und Übersetzerin an die Öffentlichkeit (*Von Welle und Granit. Querschnitt durch die schwed. Lyrik des 20. Jh.s*). 1951 erschien als erstes Drama *Eli. Ein Mysterienspiel vom Leiden Israels* (U als Hörspiel 1958, als Rundfunkoper 1959, als Oper mit der Musik von Walter Steffens 1967). Einer Reise in die B. D. (Entgegennahme des Droste-Hülshoff-Preises), nach Zürich und Paris (Begegnung mit ↑Celan) 1960 folgte ein psychischer Zusammenbruch. 1965 erhielt Sachs den Friedenspreis des Dt. Buchhandels, 1966 mit Samuel Josef Agnon den Literaturnobelpreis.
Als Lyrikerin steht Sachs in der Tradition der Psalmendichtung und der kabbalistischen Mystik. Bezogen sich die Gedichte zunächst unmittelbar auf das Grauen der Judenverfolgung und die Mitschuld der die Vergangenheit verdrängenden „Zuschauenden" („Wie viel brechende Augen werden euch ansehen, / Wenn ihr aus den Verstecken ein Veilchen pflückt"), so entwickelte sich die zunehmend metaphorische Sprache zum Ausdruck der Hoffnung auf „die Verwandlungen der Welt" (Slg. *Flucht und Verwandlung*, 1959).

Gedichtbände: *In den Wohnungen des Todes* (1947), *Sternverdunkelung* (1949), *Und niemand weiß weiter* (1957), *Glühende Rätsel*. Teil 1 (1963) und Teil 2 (1964), *Die Suchende* (1966), *Teile dich Nacht. Die letzten Gedichte* (postum 1971). – Dramen: Slg. *Zeichen im Sand* (1962; darin u. a.: *Abraham im Salz*, U als Oratorium, Musik von Moses Pergament 1963.

Hans Joachim Schädlich
*** 8. 10. 1935 in Reichenbach (Vogtland)**
Nach einem sprachwissenschaftlichen Studium, das er mit der Promotion abschloss, war Schädlich ab 1959 Mitarbeiter der Akademie der Wissenschaften in Ost-Berlin. 1976 beteiligte er sich am Protest gegen die Ausbürgerung von ↑Biermann, im folgenden Jahr erhielt er die Genehmigung zur Ausreise in die B. D., in der kurz zuvor seine Slg. *Versuchte Nähe* erschienen war. Die 25 Erzählteile ergeben das durch sprachliche Verfremdung ins Groteske verzerrte Abbild einer deformierten, lebensfeindlichen Gesellschaft. Dem Kinderbuch *Der Sprachabschneider* (1980) folgte die Erzählung *Ostwestberlin* (1987) mit dem Spaziergänger Schott, der auch zur Titelfigur des Romans *Schott* (1992) wurde. Im selben Jahr erschien die Slg. *Über Dreck. Politik und Literatur* (Aufsätze, Reden, Gespräche, Kurzprosa). Die beiden Erzählungen *Mal hören, was noch kommt / Jetzt, wo alles zu spät ist* (1995) handeln vom Verlust zwischenmenschlicher Beziehungen, während sich der *Trivialroman* (1998) mit Machtstrukturen im wiedervereinigten Dtl. beschäftigt. Thema der Biografie *Gib ihm Sprache. Leben und Tod des Dichters Äsop* (1999) sind die gesellschaftlichen Auseinandersetzungen des antiken griech. Erzählers von Fabeln. Zu Schädlichs Auszeichnungen gehören der Heinrich-Böll-Preis der Stadt Köln (1992) und der Lessing-Preis des Freistaates Sachsen.

Tallhover. Roman, V 1988.

Die Titelfigur wird 1819 (Ermordung ↑Kotzebues) geboren. Sie verkörpert das Prinzip des Überwachungsstaates von der Mitte des 19. bis zur Mitte des 20. Jh.s. Der junge Tallhover gewinnt als Schreiber beim Kriminalgericht in Berlin das Vertrauen eines Kriminalkommissars, den er bei dessen „Gängen in die Viertel des Verbrechens" begleiten darf. Seine Karriere im Dienst des Polizeipräsidiums beginnt 1842 mit einem Auftrag in der preuß. Westprovinz: Beim Dombaufest in Köln (Grundsteinlegung zur Vollendung des Doms) soll er Augen und Ohren offen halten. Es folgen die Überwachung des Freiheitsdichters ↑Herwegh und der „Rheinischen Zeitung; deren Mitarbeiter Karl Marx bespitzelt Tallhover in London. Die Romanhandlung wird zum Gang durch die dt. Geschichte im Spiegel der „Fälle", mit denen Tallhover befasst ist. Sie stehen in Zusammenhang mit den Sozialistengesetzen im Kaiserreich, mit dem Aufenthalt Lenins 1907 in Berlin und dessen Reise im exterritorialen Zug von der Schweiz durch Dtl. nach Russland 1917, mit dem Spartakusaufstand in Berlin 1919; Tallhover steht im Dienst der Nazis, wird zum Mörder an KZ-Gefangenen und gehört zum Geheimdienst der DDR. Nach dem 17. Juni 1953 wird er entlassen und forscht als Archivar alten „Fällen" nach.

Das Ende einer 100-jährigen Karriere ist nicht Sinnbild für das Ende staatlicher Überwachung. Vielmehr klagt sich Tallhover des Versagens an. „Man wird mich erst wirklich kennen, wenn eine Untersuchung meine Unterlassungen, mein Versagen und meine Verantwortlichkeit festgestellt hat." Insofern ist Tallhover, der sich am Ende selbst zum Tode verurteilt, der unmenschliche Repräsentant einer negativen Utopie.

Für seinen Roman *Ein weites Feld* verwendete ↑Grass die literarische Figur (mit Schädlichs Einverständnis) unter dem Namen Hoftaller. Zu dessen geheimdienstlichen Methoden gehört die Rasterfandung – wie Tallhover liebt Hoftaller das Puzzle-Spiel.

Rafik Schami (eigtl. Suheil Fadél)
***23. 6. 1946 in Damaskus (Syrien)**

Der Sohn eines aramäischen Bäckers wuchs in Damaskus auf, wo erste Texte entstanden, die er ab 1966 in der von ihm gegründeten Wandzeitung „Al-Muntalak" veröffentlichte. Nach der Emigration der Familie in die B. D. 1971 studierte er Chemie und Pharmakologie (Promotion 1979). 1980 gehörte er zu den Gründern des „Polynationalen Literatur- und Kunstvereins (PoLiKunst)" und der Gruppe „Südwind", deren Reihe „gastarbeiterdeutsch" er als Herausgeber betreute. In dt. Sprache debütierte er mit der Slg. *Andere Märchen* (1978). Ihr folgten zahlreiche Veröffentlichungen, die Schami v. a. als Erzähler von Märchen und Fabeln bekannt machten, in denen oriental. Traditionen auf aktuelle politische und gesellschaftliche Themen treffen. Besonderen Erfolg hatte die Slg. *Erzähler der Nacht* (1989). Auskunft über die Poetik Schamis geben die Slg. *Vom Zauber der Zunge* (1991) und die Satire *Sieben Doppelgänger* (1999): Um die zahlreichen Lesungen zu bewältigen, werden Doppelgänger engagiert, was Anlass gibt, von der Rolle des Schriftstellers, dem dt. Literaturbetrieb und dem Leben der Emigranten in Dtl. zu erzählen. Das Tagebuch *Mit fremden Augen* beschäftigt sich mit dem palästinens.-israel. Konflikt und den Reaktionen auf den „11. September". Zu Schamis Auszeichnungen gehören der Chamisso-Preis (1993), der Hermann-Hesse-Preis (1994) und der Kunstpreis des Landes Rheinland Pfalz (2003).

Friedrich (von) Schiller
*** 10. 11. 1759 in Marbach a. Neckar, † 9. 5. 1805 in Weimar**
Als 1839 auf dem Stuttgarter Alten Schlossplatz (heute Schillerplatz) die von Thorwaldsen geschaffene Statue des antik gewandeten, lorbeerbekränzten Dichters enthüllt wurde, war dies die erste Ehrung eines Künstlers in Dtl. durch ein Standbild. Der Adel hielt sich von der Feier fern, die Kirche hatte versucht, ein Festgeläut zu unterbinden, und sprach von „Götzendienst"; Schiller war der „Besitz" des liberalen Bürgertums, das ihn nach der gescheiterten Revolution von 1848 im Schiller-Jahr 1859 weiterhin als Inbegriff des Strebens nach nationaler Einheit feierte: „Ertönen wird der Glockenruf in die Zerrissenheit des dt. Gesamtvaterlandes, in dessen klaffende Wunde wir eben erst tief hinabblickten", prophezeite ↑ Uhland als Festredner, um, an Schillers *Lied von der Glocke* anknüpfend, fortzufahren: „Concordia soll ihr Name sein!", tauft der Meister seine Glocke. Concordia bedeutet aber nicht eine träge, tote Eintracht, nein! wörtlich: „Einigung der Herzen, in Schillers Sinne gewiss: Eintracht frischer, tatkräftiger, redlicher dt. Herzen." Die hier sich abzeichnende „Verinnerlichung" Schillers zum bildungsbürgerlichen „Moraltrompeter von Säckingen" (↑ Nietzsche) bildet den Hintergrund der im 20. Jh. vielfach unternommenen Versuche, den Dramatiker Schiller von „Klassiker"-Unverbindlichkeit zu befreien.

Der Sohn eines Wundarztes und Leutnants wuchs in Marbach und Lorch auf, in Ludwigsburg besuchte er 1767–72 die Lateinschule. Das angestrebte Theologiestudium wurde 1773 durch die Einberufung in die von Herzog Karl Eugen bei Schloss Solitude gegründete „Militär-Pflanzschule" (Karlsschule) unterbunden (ab 1775 als Militärakademie in Stuttgart). Schiller wählte 1774 das Fach Jura, wechselte 1776 zur Medizin über und schloss seine Ausbildung 1780 mit der Dissertation *Über den Zusammenhang der tierischen Natur des Menschen mit seiner geistigen* ab; Ende 1780 erhielt er in Stuttgart eine Anstellung als Regimentsmedikus. Als Lyriker trat Schiller erstmals 1776 an die Öffentlichkeit (*Der Abend*), 1782 erschien seine *Anthologie auf das Jahr 1782*. 1781 veröffentlichte er anonym sein 1777 begonnenes Drama *Die Räuber* (U 1782 mit außerordentlichem Erfolg in Mannheim).

Eine Arreststrafe wegen einer unerlaubten Reise nach Mannheim und das vom Herzog erlassene Schreibverbot veranlassten Schiller Ende September 1782 zur Flucht ins pfälzische „Ausland" (Mannheim, Oggersheim) und schließlich nach Bauerbach bei Meiningen, 1783 erhielt er in Mannheim eine Anstellung als Theaterdichter (*Die Verschwörung des Fiesco zu Genua*, U 1783 in Bonn, 2. Fassung 1784 in Mannheim; *Kabale und Liebe*, U 1784). Als Mitglied der Kurfürstlichen Dt. Gesellschaft hielt Schiller 1784 den Vortrag *Vom Wirken der Schaubühne auf das Volk* (V 1802 u. d. T. *Die Schaubühne als eine moralische Anstalt betrachtet*); Ende des Jahres trug er am Hof in Darmstadt den I. Akt von *Don Carlos, Infant von Spanien* vor und erhielt vom anwesenden Herzog Karl August den Ehrentitel eines Weimarischen Rats. Anfang 1785 erschien die 1. Nummer der von Schiller weitgehend mit eigenen Beiträgen gefüllten Zeitschrift „Rheinische Thalia".

Unstimmigkeiten im Verhältnis zum Mannheimer Theater und die problematische Beziehung zu Charlotte von Kalb veranlassten Schiller, im März 1785 der Einladung Christian Gottfried Körners nach Sachsen zu folgen (Leipzig, Gohlis, Loschwitz, Dresden). Herausgabe der „Thalia" (bis 1791: *An die Freude, Verbrecher aus Infamie, Der Geisterseher*).

Mitte 1787 ließ Schiller sich in Weimar nieder (Verbindung mit ↑ Herder und ↑ Wieland, Beginn der Arbeit als Historiograph mit *Geschichte des Abfalls der Vereinigten Niederlande*, V 1788). Anfang 1789 erhielt er in Jena eine Professur (Antrittsvorlesung *Was heißt und zu welchem Ende studiert man Universalgeschichte?* mit der Gegenüberstellung von „Brotgelehrtem" und „philosophischem Kopf"). Anfang 1790 heiratete Schiller Charlotte von Lengefeld. Anfang 1791 erzwang eine schwere Erkrankung die Unterbrechung der Lehrtätigkeit; Beginn des Kant-Studiums, ab 1792 eigene, in der „Neuen Thalia" (1792/93) veröffentlichte Schriften zur Philosophie und Poetik (*Über den Grund des Vergnügens an tragischen Gegenständen*), 1793 1. Fassung der Briefe *Über die ästhetische Erziehung des Menschen* (V 1795).

Schillers Aufenthalt in Ludwigsburg und Stuttgart (1793/94) führte zur Zusammenarbeit mit dem Verleger Johann Friedrich Cotta (Zeitschrift „Die Horen" 1795–97, „Musen-Almanach" ab 1795). Mitte 1794 begann die auf wechselseitige Ergänzung gegründete Verbindung mit ↑ Goethe (*Über naive und sentimentalische Dichtung*, 1795/96; 1796 E der *Xenien*, 1797 „Balladenjahr", 1798 Wiedereröffnung des Weimarer Theaters mit *Wallensteins Lager*). Seinen Briefwechsel mit Schiller 1794–1805 gab Goethe 1829 heraus.

Schillers letzte Lebensjahre in Jena und Weimar (1802 endgültige Übersiedlung nach Weimar, im selben Jahr Erhebung in den Adel) waren der rastlosen Arbeit für die Bühne gewidmet: *Maria Stuart* (1800), *Die Jungfrau von Orleans* (1801), *Die Braut von Messina* (1803), *Wilhelm Tell* (1804), Beginn der Arbeit an *Demetrius*. Als Bearbeitungen brachte Schiller Shakespeares *Macbeth* (1800), Gozzis *Turandot* (1801), ↑ Lessings *Nathan der Weise* (1801) auf die Bühne, als Übersetzungen Piccards Komödie *Der Neffe als Onkel* und *Der Parasit* (beide 1803) und Racines *Phaedra* (1805). 1804 diente eine Reise nach Berlin der Vorbereitung einer eventuellen Loslösung von Weimar. 1827 wurden Schillers Gebeine in die Weimarer Fürstengruft überführt; 5 Jahre danach wurde hier Goethe beigesetzt.

Gedichtbände und Einzelgedichte: *Anthologie auf das Jahr 1782* (1782, darin u. a. *Oden an Laura*), *Resignation* (E 1784/85, V 1786), *An die Freude* (E 1785, V 1786; Vert 1786 Christian Gottfried Körner, 1824 Ludwig van Beethoven [Schlusschor der 9. Sinfonie]), *Die Götter Griechenlands* (1788, 2. Fassung 1800), *Der Künstler* (1789), *Das Ideal und das Leben* (1795), *Der Spaziergang* (1795), *Xenien* (1797), *Balladen* (1798 „Musen-Almanach für das Jahr 1798", mit Beiträgen von Goethe; von Schiller u. a. *Der Handschuh, Die Kraniche des Ibykus, Der Ring des Polykrates, Der Taucher* [Vert 1802 K. F. Zelter]; 1799 erschien *Die Bürgschaft*, 1804 *Der Graf von Habsburg*), *Das Lied von der Glocke* (E 1799, V 1800), *Nänie* (1800), *Gedichte* (Teil I und II, 1800 und 1803). – Erzählungen: *Verbrecher aus Infamie* (E 1785, V 1786, u. d. T. *Der Verbrecher aus verlorener Ehre* 1792), *Der Geisterseher. Aus den Papieren des Grafen von O …* (Fragment, E ab 1786, Zs 1787, V 1789). – Historische Schriften: *Geschichte des Abfalls der Vereinigten Niederlande* (1788), *Geschichte des Dreißigjährigen Kriegs* (E ab 1789, V 1791–1793). – Schriften zur Philosophie und Poetik: *Über den Grund des Vergnügens an tragischen Gegenständen* (1792), *Über Anmut und Würde* (1793), *Vom Erhabenen* (1793), *Über die ästhetische Erziehung des Menschen, in einer Reihe von Briefen* (E ab 1793, V 1795), *Über naive und sentimentalische Dichtung* (1795/96).

Die Räuber. Drama in 5 Akten, E ab 1777, V 1781 („Schauspiel"-Fassung), U 1782, 2. Fassung („Trauerspiel"-Fassung) 1782, Vert u. d. T. ***I Masnadieri*** 1847 Giuseppe Verdi, 1957 Giselher Klebe, Verf Dtl. 1907 und 1913, USA 1913 und 1914, B. D. 1967 G. Keil.

Franz, der missgestaltete und als der Zweitgeborene von der Erbfolge ausgeschlossene Sohn des Grafen Moor, denunziert mit Erfolg seinen älteren Bruder Karl. Dieser ist zwar als Student in üble Gesellschaft geraten, hat aber als „verlorener Sohn" den Vater brieflich um Verzeihung gebeten. Diesen Brief unterschlägt Franz und legt dem Vater stattdessen einen fingierten Bericht vor, demzufolge Karl steckbrieflich gesucht wird. Franz erhält den Auftrag, Karl mitzuteilen, dass er (vorerst) vom Vater verstoßen sei. Dieser Brief stürzt Karl in tiefe Verzweiflung; er erklärt sich bereit, an die Spitze einer vom Schurken Spiegelberg gebildeten Räuberbande zu treten. Franz beschließt, den körperlichen Verfall des Vaters zu beschleunigen; auf die fingierte Nachricht hin, Karl sei bei einem Gefecht gefallen, stirbt der von Reue gequälte Vater (scheinbar). Angesichts der bei der Rettung des Bandenmitglieds Roller vom Galgen begangenen Grausamkeiten (eine ganze Stadt wurde in Brand gesteckt) will Karl die Bande verlassen; das Lager ist jedoch umstellt, Karl nimmt gemeinsam mit den Räubern den Kampf auf. Vergeblich wirbt Franz um Amalia, die Braut Karls. Dieser sucht verkleidet das väterliche Schloss auf und wird von Franz, zuletzt auch von Amalia erkannt, muss sich jedoch von der Geliebten losreißen. Die Räuber befreien aus einer Schlossruine den lebendig begrabenen Grafen Moor; Karl schickt seine Räuber aus, um Franz ins Lager zu bringen. Franz ist durch einen Traum, in dem er sich als den einzigen Verdammten der ganzen Menschheit erkannt hat, in apokalyptischen Schrecken versetzt; die Räuber zünden sein Schloss an und reißen ihn aus den Flammen. Karl erhält (unerkannt) von seinem Vater Segen und Kuss, als „sei es Vaters Kuss"; Franz wird in das Schlossverlies gestoßen; der Graf stirbt, nachdem sich ihm Karl als Sohn und Räuberhauptmann zu erkennen gegeben hat; Amalia erfleht von Karl den Tod und wird von ihm erstochen; Karl trennt sich von der Bande, um sich einem Tagelöhner auszuliefern, der das auf seinen Kopf ausgesetzte Lösegeld kassieren soll (das Drama endet: „Dem Manne kann geholfen werden").

Die in der Erstfassung in der Gegenwart angesiedelte Handlung wurde bei der Mannheimer Inszenierung ins Spätmittelalter verlegt; Schiller folgte dieser „Historisierung" in seiner „Trauerspiel"-Fassung (1782). Dennoch blieb die Zeitkritik unverkennbar (ein 1782 erschienener Nachdruck der „Schauspiel"-Fassung trägt das Motto „in Tirannos"): Franz verkörpert die skrupellose Feudalmacht, als deren Opfer Karl zum schuldlos-schuldigen Sozialrebellen wird, der erkennen muss, „dass zwei Menschen wie ich den ganzen Bau der sittlichen Welt zugrunde richten würden".

Kennzeichnend für die Epoche des Sturm und Drang sind Karls Ekel vor dem „tintenklecksenden Säkulum" („Schauspiel"-Fassung), die expressive Sprache, das Motiv der feindlichen Brüder (*Die Zwillinge* von ↑Klinger, *Julius von Tarent* von Leisewitz, *Zur Geschichte des menschlichen Herzens* von ↑Schubart). Vor allem aber spiegelt das mangelnde Vertrauen zwischen dem Grafen Moor und Karl, die beide allzu leicht das Opfer der von Franz in Gang gesetzten Intrigen werden, modellhaft eine tief greifende Verstörung. Karls Schrei „Ich habe keinen Vater mehr, ich habe keine Liebe mehr, und Blut und Tod soll mich vergessen lehren, dass mir jemals etwas teuer war!" ist Ausdruck einer der Handlung vorausgehenden „Vaterlosigkeit" in sozialer, religiöser und metaphysischer Hinsicht. Hierin aber berühren sich Karl und Franz Moor, das Zerrbild des jeglicher Bindung entbehrenden „aufgeklärten", gegen die Natur rebellierenden Rationalisten.

Der Verbrecher aus verlorener Ehre. **Erzählung, E 1785, Zs 1786 u.d.T.** ***Verbrecher aus Infamie,*** **V 1792.**
Zugrunde liegt das Schicksal des Wirtssohnes Friedrich Schramm aus Ebersbach a.d. Fils. Schillers Lehrer an der Karlsschule, Jakob Friedrich Abel, dessen Vater Schramm verhaftet hatte, dürfte im Psychologieunterricht über den Fall berichtet haben. Der Schwabe Hermann Kurz (1813–73) gestaltete den Stoff in seinem Roman *Der Sonnenwirt* (1854).
Christian Wolf ist in Schillers Schilderung ein körperlich benachteiligter Junge, der „ertrotzen" wollte, „was ihm verweigert war". Um einem Mädchen durch Geschenke imponieren zu können, beginnt er zu wildern; von seinem Rivalen Robert ertappt, muss er sein gesamtes Vermögen als Geldbuße ausliefern. Ein zweites und ein drittes Mal der Wilderei überführt, erhält Wolf Festungshaft, wird hier von den Mitgefangenen zum Verbrecher erzogen („Ich betrat die Festung als ein Verirrter", beginnt der als Ich-Erzählung gestaltete zweite Teil, „und verließ sie als ein Lotterbube"). Nach seiner Freilassung erlebt Wolf die schroffe Zurückweisung durch die Bewohner seines Heimatorts und erschießt, als er durch Zufall im Wald Robert begegnet, diesen im Affekt. Als Mörder wird er Anführer einer Diebesbande, will schließlich in Kriegsdienste treten und gibt sich, in einem Städtchen unter allgemeinem Verdacht festgehalten, dem Amtmann als der gesuchte Sonnenwirt zu erkennen.
Einleitend spricht Schiller von zwei Faktoren der menschlichen Handlungsweise: von der „unveränderlichen Struktur der menschlichen Seele" und den „veränderlichen Bedingungen", die „von außen" mitwirken. Die Erzählung ist ein auf diese äußeren Bedingungen eingehender sozialpsychologischer Beitrag zur „Seelenkunde", gerichtet gegen den „grausamen Hohn und die stolze Sicherheit (...), womit gemeiniglich die ungeprüfte aufrecht stehende Tugend auf die gefallne herunter blickt".

Kabale und Liebe. Drama in 5 Akten, **E 1782/83, U, V 1784, Vert u.d.T.** ***Luisa Miller*** **1849 Giuseppe Verdi, Verf u.a. Dtl. 1907, u.d.T.** ***Luise Miller*** **Dtl. 1922 Carl Froelich, B. D. 1959 Martin Hellberg.**
Anknüpfend an ↑Lessings „Emilia Galotti", konfrontiert das (ursprünglich *Luise Millerin* betitelte) „bürgerliche Trauerspiel" Adel und Bürgertum. Ferdinand, der Sohn des Präsidenten von Walter, liebt Luise, die Tochter des Musikers Miller. Beide Väter missbilligen die Liebesbeziehung, der Bürger aus Einsicht in die Unüberwindbarkeit der Standesgrenzen, der Adlige aufgrund anderweitiger Pläne: Ferdinands Ehe mit Lady Milford, der Mätresse des Herzogs, soll die eigene Macht im Staat sichern. Mit Hilfe seines Sekretärs Wurm setzt der Präsident eine Intrige in Gang: Um ihre verhafteten Eltern zu retten, muss Luise, durch Eid zur Verschwiegenheit verpflichtet, ein vertrauliches Billett an den albernen Hofmarschall von Kalb verfassen, das Ferdinand in die Hände gespielt wird. Dieser wird von Luises Untreue überzeugt; er vergiftet sie und sich selbst. Sterbend enthüllt Luise die „Kabale", der sie beide zum Opfer gefallen sind.
Ferdinand verkörpert die Auflehnung gegen die vom korrupten Hofadel repräsentierte feudale Gesellschaft; die für ihn vorgesehene Karriere lehnt er entrüstet als ein „Erbe" ab, das ihn „an einen abscheulichen Vater erinnert". (Unmittelbare Kritik am Absolutismus übt das Stück am Beispiel des Verkaufs von Landeskindern als Söldner; sie bilden den Kaufpreis der Brillanten, die der Herzog Lady Milford als Hochzeitsgabe schickt.) Zugleich bildet Ferdinands Unbedingtheit die Voraussetzung für die Katastrophe: Schon der geringste Zweifel an Luises Liebe stürzt ihn von der Höhe seines absolut gesetzten Glücksgefühls in die lebensverneinende Tiefe seines Unglücks. Auch Ferdinand ist „Absolutist": „Du Luise und ich und die Liebe! – Liegt nicht in diesem Zirkel der ganze Himmel? Oder brauchst du noch etwas Viertes dazu?"

Don Carlos, Infant von Spanien. Drama in 5 Akten, E ab 1782, Teil-V 1785–87, U, V 1787, Vert 1867 Giuseppe Verdi, Verf B. D. 1971 Hans W. Geissendörfer.
In der span. Sommerresidenz Aranjuez kommt es zum Wiedersehen zwischen Don Carlos, dem Sohn Philipps II., und seinem Freund Marquis von Posa; dieser ist soeben aus Flandern zurückgekehrt, in dem sich Widerstand gegen die span. Unterdrückung regt. Posa vermittelt ein ungestörtes Gespräch zwischen Carlos und Elisabeth von Valois, seiner ehemaligen Braut und jetzigen Stiefmutter. Die Königin verweist den sie schwärmerisch verehrenden Infanten standhaft an Spanien als seine „zweite Liebe" und spricht schließlich von den „Tränen aus den Niederlanden". Umso mehr ist Carlos bereit, Posas Wunsch nachzukommen, für die Freiheitsrechte der Niederländer einzutreten. Allerdings bittet er nach der Rückkehr des Hofes nach Madrid seinen Vater vergeblich um das Kommando über die in die Niederlande zu entsendenden Truppen; den Oberbefehl erhält Herzog Alba. Einem anonymen Billett folgend, dringt Carlos in der Hoffnung, Elisabeth anzutreffen, in ein Kabinett ein und trifft auf die Prinzessin Eboli. Diese erahnt etwas von der Liebe des Infanten zur Königin, während Carlos Beweise dafür erhält, dass sein Vater um die Prinzessin wirbt. Die Eboli erklärt sich gegenüber Alba und Philipps Beichtvater Domingo bereit, Beweise für die Liebesbeziehung zwischen Carlos und Elisabeth beizubringen, und weckt Philipps Verdacht. Posa gewinnt Elisabeths Unterstützung für den Plan, Carlos zur eigenmächtigen Abreise in die Niederlande zu bewegen. Unterdessen gerät Carlos, von Posas enger Beziehung zu Philipp und zu Elisabeth unterrichtet, in die Hände der Prinzessin; um ihn vor dieser zu schützen, lässt Posa den Freund verhaften und einkerkern. Zur Opferung des eigenen Lebens bereit und um Carlos von allen Verdächtigungen zu befreien, bezichtigt sich Posa selbst der Liebe zu Elisabeth; Philipp lässt den angeblichen Verräter Posa erschießen und befreit Carlos. Bevor dieser jedoch, Posas Vermächtnis folgend, in die Niederlande flüchten kann, wird der wahre Sachverhalt aufgedeckt. Philipp lässt seinen Sohn verhaften und übergibt ihn der Inquisition.
In der Entstehungsgeschichte des Dramas spiegelt sich Schillers Entwicklung vom Sturm und Drang zur Frühklassik, von der Darstellung der Empörung des Titelhelden gegen die Unnatur der Ehe eines Vaters mit der Verlobten seines Sohnes und gegen die Fesseln der Konvention zum Ideendrama. Kennzeichnend für diese Entwicklung sind das Hervortreten der Gestalt des Marquis Posa und das Gewicht, das Posas Unterredung mit Philipp II. im 3. Akt erhalten hat. Hier tritt Posa als Anwalt des aufgeklärten Humanismus dem (vereinsamten) Repräsentanten des Despotismus gegenüber. Ausgehend von dem Bekenntnis, er könne kein „Fürstendiener" sein, steigert sich Posas Plädoyer über die Schilderung der im span. Weltreich herrschenden „Ruhe eines Kirchhofs" bis zur Forderung: „Gehn Sie Europens Königen voran. / Ein Federzug von dieser Hand, und neu / Erschaffen wird die Erde. Geben Sie / Gedankenfreiheit – (...) Stellen Sie der Menschheit / Verlornen Adel wieder her. Der Bürger / Sei wiederum, was er zuvor gewesen, / Der Krone Zweck – ihn binde keine Pflicht, / Als seiner Brüder gleich ehrwürd'ge Rechte." Der Kritik, Posas republikanische Ideale seien eine anachronistische Vorwegnahme, hielt Schiller in seinen 1788 veröffentlichten Briefen über Don Carlos die Auffassung des 16. Jh.s als „Morgendämmerung der Wahrheit" entgegen: „Der Zeitpunkt, worin er (Posa) auftrat, war gerade derjenige, worin stärker als je von Menschenrechten und Gewissensfreiheit die Rede war. Die vorhergehende Reformation hatte diese Ideen zuerst in Umlauf gebracht, und die flandrischen Unruhen erhielten sie in Übung." Es sind dies Argumente des Historikers und Geschichtsschreibers Schiller, deren sich der Dramatiker Schiller bedient.

Schriften zur Philosophie und Poetik. Schillers Tätigkeit als Rezensent erweiterte sich ab 1791 (Kant-Studium) zu einer für die Ästhetik der Klassik grundlegenden Theoriebildung.

Über Anmut und Würde (1793) definiert Anmut als Ausdruck der „schönen Seele" in der sinnlichen Erscheinung, Würde als Ausdruck einer im Kampf gewonnenen erhabenen Gesinnung.

Vom Erhabenen (1793) unterscheidet zwischen moralischem und ästhetischem Urteil; letzteres gründet sich auf die Einsicht in die Freiheit der sittlichen Willensentscheidung.

Über die ästhetische Erziehung des Menschen, in einer Reihe von Briefen (E ab 1793, V 1795) bestand zunächst aus 10 an den Herzog Friedrich Christian von Schleswig-Holstein-Sonderburg-Augustenburg als Dank für dessen finanzielle Unterstützung gerichteten Briefen, erweitert zu 27 Briefen. Ausgehend von der Kritik an der Vereinzelung der menschlichen Fähigkeiten in der modernen Gesellschaft, entwickelt Schiller die Versöhnung von Geistigkeit und Sinnlichkeit, von Formtrieb und von Stofftrieb, durch den Spieltrieb („Der Mensch ist nur da ganz Mensch, wo er spielt"). Die Abhandlung zielt auf Überwindung des von Kant postulierten Gegensatzes von Pflicht und Neigung und der hieraus abgeleiteten Unterordnung des Sinnlichen unter das Geistige.

Die poetologische Abhandlung *Über naive und sentimentalische Dichtung* (1795/96), entstanden unter dem Eindruck der Verbindung und Auseinandersetzung mit ↑Goethe, unterscheidet idealtypisch zwischen zwei Grundformen: der naiven, im unmittelbaren Zusammenhang mit der Natur stehenden Dichtung (Beispiele sind die klassische Antike, aber auch Goethe) und der sentimentalischen, in der das Streben nach Wiederherstellung der verloren gegangenen Einheit mit der Natur zum Ausdruck kommt, z. B. durch die Darstellung des Ideals (im Unterschied zur naiven, „möglichst vollständigen Nachahmung des Wirklichen").

Lyrik. Die Anfänge Schillers als Lyriker sind von hochpathetischer, expressiver Begriffs- und Bildsprache geprägt (u. a. Einfluss ↑Schubarts); seine *Elegie auf den Tod eines Jünglings* (aufgenommen in die *Anthologie auf das Jahr 1782*) machte den jungen Dichter-Arzt nach eigenem Urteil „berüchtigter als 20 Jahre Praxis".

Ein Höhepunkt der frühklassischen Lyrik ist das Lied *An die Freude* (E 1785, V 1786), ein Hymnus auf die Triebkräfte Freundschaft und Liebe, welche die vereinzelten Geschöpfe untereinander und mit der allumfassenden Gottheit verbinden. *Die Götter Griechenlands* (1788, Zweitfassung V 1800) unterscheiden schroff zwischen der antiken und der christlichen Welt bzw. Menschheitsepoche: „Da ihr noch die schöne Welt regiertet, / An der Freude leichtem Gängelband/Glücklichere Menschenalter führtet, / Schöne Wesen aus dem Fabelland! / (...) Damals trat kein grässliches Gerippe/Vor das Bett des Sterbenden. Ein Kuss/Nahm das letzte Leben von der Lippe, / (...)."

Vorherrschend wurde die philosophisch-ästhetische Gedankenlyrik; *Der Künstler* (E 1788, V 1789) definiert Kunst als Offenbarung der Wahrheit im Gewand der Schönheit; *Der Spaziergang* (1795) verbindet geschichtsphilosophische Reflexionen mit der Gestaltung konkreter erlebnismäßiger Anschauung. Seine Auffassung des Dichters als „verfeinerter Wortführer" entwickelte Schiller 1791 in seiner vernichtenden Kritik der Gedichte ↑Bürgers.

In enger Zusammenarbeit mit ↑Goethe entstanden 1796 die kämpferischen *Xenien*, 1797 die Mehrzahl der Schiller'schen Balladen. In ihnen herrscht (vom Realisten Goethe mitunter behutsam korrigiert) dramatische Zuspitzung menschlicher Verhaltensweisen (der „Balladenalmanach" 1798 enthält u. a. *Die Kraniche des Ibykus, Der Ring des Polykrates, Der Taucher*). Die stärkste Nachwirkung gewann *Das Lied von der Glocke* mit der Schilderung von Glück und Gefährdung des bürgerlichen Lebens.

Wallenstein. Dramen-Trilogie, E ab 1794, U 1798/99, V 1800. **Voraus ging Schillers *Geschichte des Dreißigjährigen Kriegs,* E ab 1789, V 1791–93.**

Wallensteins Lager schildert in 11 Auftritten das bunt zusammengewürfelte Heer des kaiserlichen Feldherrn Albrecht Eusebius Wenzel von Wallenstein (bzw. Waldenstein), Herzog von Friedland, Sagan und Mecklenburg. Inmitten der 1634 bei Pilsen zusammengezogenen Soldaten versuchen ein Bauer und sein Sohn ihr Glück im Würfelspiel, die Marketenderin Gustel von Blasewitz und ihre Nichte werden umschwärmt, ein Kapuzinermönch wettert (im Stil des Barockpredigers Abraham a Santa Clara) gegen die Sittenlosigkeit der Soldateska und die Selbstherrlichkeit ihres Herrn: „So ein hochmütiger Nebukadnezar, / So ein Sündenvater und muffiger Ketzer. / Lässt sich nennen den Wallenstein; Ja freilich ist er uns allen ein Stein / Des Anstoßes und des Ärgernisses, / Und so lange der Kaiser diesen Friedeland / Lässt walten, wo wird nicht Fried' im Land." Ohne selbst aufzutreten, erweist sich Wallenstein als das vielfach gespiegelte Zentrum des Lagers; und es „erkläret seine Verbrechen".

Die Piccolomini spielt in der Sphäre der höheren Offiziere Wallensteins; dieser tritt lediglich im zweiten der 5 Akte in Erscheinung. Das zentrale Thema bildet die Verpflichtung gegenüber dem Feldherrn, der eigenmächtig Verhandlungen mit den gegnerischen Schweden aufgenommen hat, bzw. gegenüber dem Kaiser. Ein Festbankett soll dazu dienen, die Befehlshaber zu einer bedingungslosen Treueerklärung gegenüber Wallenstein zu veranlassen. Der junge Max Piccolomini ist in doppelter Weise an diesen gebunden: Er verehrt ihn als Friedensbringer, und er liebt Wallensteins Tochter Thekla. Sein Vater Octavio gehört insgeheim zu den Gegnern Wallensteins; in seiner Hand befinden sich die von Kaiser Ferdinand II. bereits unterzeichnete Verurteilung und Ächtung des „Verräters" Wallenstein. Max setzt allen ihm vorgelegten Beweisen für Wallensteins Schuld das Urteil seines Herzens entgegen.

Wallensteins Tod beginnt mit der Darstellung des astrologiegläubigen Feldherrn unmittelbar vor der entscheidenden Unterredung mit dem schwed. Unterhändler Wrangel (Monolog: „Wär's möglich? Könnt ich nicht mehr, wie ich wollte?"), in der er sich zum Bündnis entschließt. Octavio gelingt es, die Anzahl der Feinde Wallensteins in dessen unmittelbarer Umgebung zu vergrößern; mehrere Regimenter ziehen heimlich ab. Max sieht sich mit Thekla unschuldig in den „Kreis des Unglücks und Verbrechens" gezogen und sucht den Tod in der Schlacht. Mit den ihm verbliebenen Truppen zieht Wallenstein nach Eger, wo er sich mit den Schweden vereinigen will. Seine Ermordung ist das Werk der Handlanger des Verräters Buttler, dem Octavio die Verantwortung für die Bluttat anlastet, während er den Fürstentitel erhält.

Die ungeheure Stoffmasse wird durch zwei gegenläufige Entwicklungslinien strukturiert: durch eine sinkende, so weit es sich um Wallensteins äußeren, machtpolitischen Erfolg handelt, und durch eine steigende hinsichtlich der neu sich entwickelnden Willenskraft des Helden. In der Gegenläufigkeit dieser beiden Bewegungen manifestiert sich das Problem der Handlungsfreiheit, das den gemeinsamen Bezugspunkt der einzelnen Bereiche des Bühnengeschehens bildet.

Im *Prolog* zur Trilogie setzt sich Schiller mit der Vergegenwärtigung eines komplexen historischen Geschehens durch das Drama auseinander, anknüpfend an die kontroverse Beurteilung Wallensteins: „Von der Parteien Gunst und Hass verwirrt,/Schwankt sein Charakterbild in der Geschichte: / Doch euren Augen soll ihn jetzt die Kunst, / Auch eurem Herzen, menschlich näher bringen. / Denn jedes Äußerste führt sie, die alles / Begrenzt und bindet, zur Natur zurück, / Sie sieht den Menschen in des Lebens Drang / Und wälzt die größre Hälfte seiner Schuld / Den unglückseligen Gestirnen zu."

Maria Stuart. Drama in 5 Akten, E ab 1799, U 1800, V 1801, Vert u.d.T. ***Buondelmonte*** **(„Maria Stuarda") 1834 D.M.G.Donizetti, Verf u.a. Ö1959.**
Die nach England geflohene und hier in Gefangenschaft gehaltene schott. Königin Maria Stuart wird beschuldigt, an Mordplänen gegen Elisabeth I. beteiligt gewesen zu sein. Die Bühnenhandlung setzt mit der Überbringung des gerichtlichen Schuldspruchs ein. Zugleich gewinnt Maria in Mortimer, dem in Italien zum Katholizismus konvertierten Neffen ihres Bewachers, einen glühenden Verehrer, der sie gemeinsam mit Freunden befreien will; Maria verweist ihn an ihren ehemaligen Verlobten und jetzigen Günstling Elisabeths, Lord Leicester. In der Hoffnung, sie zu einem Gnadenakt bewegen zu können, führt Leicester Elisabeth mit Maria zusammen. Von der Königin verhöhnt und beleidigt, antwortet Maria ihrerseits mit Beschimpfungen; ein kurz darauf missglücktes Attentat besiegelt Marias Vernichtung. Als nach der Hinrichtung die Belastungszeugen Marias ihre Aussagen widerrufen, weist Elisabeth die Verantwortung für die Ausführung des Todesurteils von sich.
Das zentrale Thema des nur lose mit den historischen Fakten verbundenen Dramas bildet die Entfaltung der „schönen Seele" Marias angesichts des unausweichlichen Todes, während Elisabeth in der Scheinhaftigkeit ihrer Existenz befangen bleibt. Als Sinnbild der Versöhnung zwischen Seele und Sinnlichkeit dient der im 5. Akt zelebrierte kath. Kultus (Beichte, Kommunion), ein Motiv, das im 1. Akt in Mortimers begeisterter Schilderung seines Romerlebnisses anklingt. Es ist dies ein Beispiel für die vielfältigen symmetrischen Bezüge (Begegnung zwischen den Königinnen im 3. Akt als Symmetrieachse), die den Aufbau des Trauerspiels bestimmen. Es wurde zum Musterbeispiel für den klassischen „pyramidalen Bau" (mit der Peripetie an der „Spitze"), den ↑Freytag in *Die Technik des Dramas* (1863) erläutert hat.

Wilhelm Tell. Drama in 5 Akten, E ab 1802, U, V 1804, Vert 1829 G.Rossini.**
Das Bühnengeschehen gliedert sich in drei Handlungsbereiche: die Tell-Sage (mit der Wandersage der Apfelschuss-Probe), die Entstehung der Eidgenossenschaft (Rütlischwur der drei Urkantone Schwyz, Unterwalden und Uri, der Überlieferung zufolge 1307 als Erneuerung des 1291 geschlossenen „Ewigen Bundes") und die Familien- und Liebesgeschichte um den Freiherrn Attinghausen, dessen Neffen Ulrich von Rudenz und Berta von Bruneck.
Den gemeinsamen Bezugspunkt bildet die Willkürherrschaft der nominell die Reichsrechte wahrnehmenden habsburg. Landvögte. Die Befreiung der Urkantone bzw. die Wiederherstellung ihrer Reichsunmittelbarkeit ergibt sich aus dem Zusammenspiel der drei Handlungsbereiche: Die Ermordung des Landvogts Geßler durch Tell bildet lediglich den Anstoß zur Volkserhebung (ebenso die Gefangenschaft Berta von Brunecks), deren Voraussetzungen durch die Initiatoren des Rütlischwurs geschaffen wurden (Ende 1803 stellte Schiller in einem Brief an den Berliner Intendanten August Wilhelm Iffland fest, Tell stehe „ziemlich für sich in dem Stück, seine Sache ist eine Privatsache und bleibt es, bis sie zum Schluss mit der öffentlichen Sache zusammengreift").
Die Aufgliederung in unterschiedliche Handlungsbereiche gestattete es Schiller, ein differenziertes Gesamtbild der historisch-gesellschaftlichen Verhältnisse zu gestalten sowie unterschiedliche, ja gegensätzliche Motive und Formen des Handelns zur Darstellung zu bringen bis hin zur Konfrontation des „Tyrannenmörders" Tell und Johann Patricidas, der seinen Onkel, den dt. König Albrecht I., aus privater Rache ermordet hat.
Als ideelles Zentrum des (unter den Nazis ab 1941 verbotenen) Freiheitsdramas ist das in der Rütli-Szene naturrechtlich begründete Widerstandsrecht gegen „Tyrannenmacht" zu betrachten.

Johannes Schlaf ↑ Arno Holz

August Wilhelm (von) Schlegel

***5.9.1767 in Hannover, † 12.5.1845 in Bonn**

Der Sohn eines Theologen und ältere Bruder ↑ F. Schlegels erhielt nach einem Studium in Göttingen (Theologie, dann Philologie) und einer Tätigkeit als Hauslehrer in Amsterdam 1798 eine Professur in Jena. Mit seiner Frau Karoline (verw. Böhmer, Heirat 1796, nach der Scheidung 1803 wurde sie die Frau Schellings) bildete er den Mittelpunkt des frühromantischen Kreises; mit seinem Bruder gab er 1798–1800 die Zeitschrift „Athenäum" heraus. Neben formvollendeter Lyrik (Sonette, Balladen) entstanden Übersetzungen von Dramen Shakespeares (9 Bde., 1797–1801 und 1810, Fortsetzung durch ↑ Tieck). 1804 wurde Schlegel Sekretär der aus Frankreich emigrierten Schriftstellerin Madame de Staël (1766–1817). Bedeutung für die Systematisierung der romantischen Kunstauffassung gewannen seine Vorlesungen in Berlin (1801–04) und Wien (*Über dramatische Kunst und Literatur*, 1808). 1815 geadelt, lehrte er ab 1818 als Professor für Kunst- und Literaturgeschichte in Bonn (u. a. Förderung der altind. Philologie).

Friedrich (von) Schlegel

*** 10.3.1772 in Hannover, † 12.1.1829 in Dresden**

Der jüngere Bruder ↑ A. W. Schlegels wurde nach abgebrochener Banklehre (1788) und abgebrochenem Studium (1790/91 in Göttingen und Leipzig) als Literarhistoriker (*Geschichte der Poesie der Griechen und Römer*, 1798) und Kritiker tätig. Als philosophisch-poetologischer Wortführer der Frühromantiker (Freundschaft mit ↑ Novalis, Schleiermacher und ↑ Tieck) definierte er die „romantische Poesie" als „progressive Universalpoesie" mit dem Ziel, sämtliche Gattungen sowie Poesie und Philosophie zu vereinigen, vor allem aber „die Poesie lebendig und gesellig, und das Leben und die Gesellschaft poetisch" zu machen. Diesem Programm folgte Schlegel mit seinem Roman *Lucinde* (1799), dessen formale Modernität jedoch weniger Aufsehen erregte als die autobiografisch gefärbte Darstellung von Müßiggang und freier Liebe (Schlegel lebte in Berlin mit Dorothea Veit zusammen, der Tochter Moses Mendelssohns; er heiratete sie nach ihrer Scheidung 1799 im Jahr 1804). 1798–1800 gab er mit seinem Bruder die Zeitschrift „Athenäum" (darin u. a. Schlegels *Fragmente*) heraus, 1803–05 die Zeitschrift „Europa". 1802 hielt er in Paris, ab 1804 in Köln Vorlesungen über Geschichte, Sprache und Literatur; mit der Abhandlung *Über die Sprache und Weisheit der Inder* (1808) wurde er zum Begründer des Sanskritstudiums.

Nach seiner Konversion zum Katholizismus ließ sich Schlegel 1808 in Wien nieder (1810 Vorlesungen *Über die neuere Geschichte*, 1812 über *Geschichte der alten und neuen Literatur*; zu seinen Hörern gehörte ↑ Eichendorff). 1815 wurde er geadelt, 1816–18 gehörte er als Vertrauter Metternichs in Frankfurt a. M. zur Gesandtschaft Österreichs beim Bundestag, 1820–23 gab er als Organ der sog. Wiener Spätromantik die theologisch-enzyklopädische Zeitschrift „Concordia" heraus. Die letzten Lebensjahre waren der Ausarbeitung seiner von der Tradition der Mystik geprägten Geschichtsphilosophie gewidmet.

Klaus Schlesinger

***9. 1. 1937 in Berlin, † 11. 5. 2001 in Berlin**

Nach einer Tätigkeit als Chemiker arbeitete Schlesinger 1963–69 in der DDR als freier Journalist, dann als Schriftsteller. 1979 wurde er aus dem Schriftstellerverband ausgeschlossen und lebte ab 1980 in West-Berlin.
Sein Roman *Michael* (Zs 1965, V 1971) handelt in subjektiver Brechung vom Zweifel an der Integrität der Aufbau-Generation. Das Thema der Erzählung *Alte Filme* (1975, Verf u. d. T. *Kotte* B. D. 1979), der Slg. *Berliner Traum* (1977) und der Erzählung *Leben im Winter* sind Irritationen, die das alltägliche Leben als fragwürdig erscheinen lassen. Der „persönlichen Chronik" *Fliegender Wechsel* (Roman, 1990) folgte *Die Sache mit Randow* (1996) über einen Justizfall in der frühen DDR-Zeit, wobei Schlesinger einen Bogen bis zum Zusammenbruch des SED-Regimes schlägt. Im Roman *Trug* (2000) ist das Doppelgänger-Motiv mit der Frage verknüpft: Was wäre aus dem Ossi und dem Wessi geworden, wenn er im Westen bzw. im Osten aufgewachsen wäre? Vorausgegangen war die Betrachtung *Von der Schwierigkeit, ein Westler zu werden.*

Bernhard Schlink

***6. 7. 1944 in Bielefeld**

Der Sohn eines Theologieprofessors wuchs in Heidelberg auf, studierte Jura und lehrte ab 1981 in Bonn. 1989 als Professor für Öffentliches Recht und Rechtsphilosophie an die Humboldt-Universität in Ost-Berlin berufen, arbeitete er an der Übergangsverfassung der DDR vor der Vereinigung mit.
Als Erzähler debütierte Schlink 1987 mit dem Kriminalroman *Selbs Justiz* (Koautor: Walter Popp, Verf u. d. T. *Der Tod kam als Freund* B. D. 1991 Nico Hofmann), in dem der Detektiv Gerhard Selb mit seiner NS-Vergangenheit konfrontiert wird. Es folgten *Die gordische Schleife* (1988) und als zweiter Selb-Krimi *Selbs Betrug* (1992), der die Themen Reality-TV und Terrorismus miteinander verknüpft. Ein dritter Selb-Krimi spielt im wiedervereinigten Dtl. (*Selbs Mord,* 2001). Als Essayist veröffentlichte er die Slg. *Heimat als Utopie* (2000) sowie *Vergangenheitsschuld und gegenwärtiges Recht* (2002).
Zu Schlinks Auszeichnungen gehören der nach ↑ Glauser benannte Preis für Kriminalliteratur (1989), der Dt. Krimipreis (1992), der Hans-Fallada-Preis (1997) sowie die Ehrengabe der Heinrich-Heine-Gesellschaft (2000).

Der Vorleser. Roman, V 1995.
Ich-Erzähler ist der Jurist Michael Berg, der sich als 15-Jähriger in die doppelt so alte Hanna Schmitz verliebt. Im Verborgenen wird Michael zum Vorleser „der Frau" und „das Jungchen" zu ihrem Liebhaber. Eines Tages ist Hanna verschwunden. Als Jurastudent, der einem Prozess gegen Aufseherinnen eines KZs beiwohnt, erkennt er sie unter den Angeklagten und bemerkt im Verlauf des Prozesses, dass sie Analphabetin ist und dies um jeden Preis verheimlichen will. Sie gerät zusehends in Erklärungsnot und wird dadurch zur Hauptschuldigen. Michael sieht sich moralisch außerstande, gegen Hannas Willen das Geheimnis zu lüften und so das Gericht zu bewegen, ihre Biografie anders zu beurteilen und das Strafmaß zu mildern. Er liest ihr wieder vor, indem er besprochene Tonbänder ins Gefängnis schickt. Hanna lernt dort heimlich lesen. Als sie wegen guter Führung vorzeitig entlassen werden soll, entzieht sie sich dem durch ihren Selbstmord.

Arno Schmidt

*** 18. 1. 1914 in Hamburg, † 3. 6. 1979 in Celle**

Der Sohn eines Polizisten machte 1933 in Görlitz das Abitur und musste 1934 aus politischen Gründen das in Breslau begonnene Studium (Mathematik und Astronomie) abbrechen. Schmidt wurde Angestellter in der Textilindustrie, kam 1940 zur Wehrmacht und befand sich 1945 in brit. Kriegsgefangenschaft. Nach einer Tätigkeit als Dolmetscher arbeitete er als freier Schriftsteller (1955 nach dem Erscheinen von *Seelandschaft mit Pocahontas* Anzeige wegen Gotteslästerung und Pornografie) und Übersetzer; 1958 ließ er sich im Dorf Bargfeld (Lkr. Celle) nieder. Zu seinen Auszeichnungen gehören der Fontane-Preis 1964 und der Frankfurter Goethe-Preis 1973.

Themen des Frühwerks sind Krieg und Nachkriegszeit (*Brand's Haide*, 1951; *Aus dem Leben eines Fauns*, 1953); *Schwarze Spiegel* (1951) spielt 1960 nach einem 1955 datierten Krieg mit ABC-Waffen (die drei Erzählungen erschienen 1963 als Romantrilogie *Nobodaddy's Kinder*). Der Titel des Romans *Kaff auch Mare Crisium* (1960) verweist auf zwei Schauplätze: das „Kaff" Giffendorf und verschiedene Mondkrater, in denen die Überlebenden eines Atomkriegs hausen, wobei eine amerikan. Modernisierung des ↑ Nibelungenlieds und eine russ. Adaption von ↑ Herders *Cid*-Nachdichtung zum Vortrag kommen. Schmidt entwickelte seine Kombinationstechnik zu einer Erzählweise der Vieldeutigkeit mittels Verweisen und Anklängen bis hin zur eigenwillig-assoziativen Orthographie (ein Trinker muss „säufzen", eine Varieté-Darbietung ist „ein klarer Phall"). Zugrunde liegt das von Sigmund Freud und James Joyce beeinflusste Ziel einer Nachbildung des „Schalks-Esperanto" des Unbewussten, das „einerseits Bildersymbole, andererseits Wort-Verwandtheiten ausnützt, um mehrere – (immer aber im Gehirn des Wirtstieres eng beieinander lagernde!) – Bedeutungen gleichzeitig wiederzugeben". Diese Theorie der „Etyms" entwickelte der Polyhistor Pagenstecher in dem (unter Verwertung von rund 130 000 Exzerpten gestalteten) Roman *Zettels Traum* (Faksimile des Typoskripts 1970). Die „Hinter-Gedanken" Karl Mays (z. B. Landschaftsschilderungen als Indizien latenter Homosexualität) analysiert *Sitara und der Weg dorthin. Eine Studie über Leben, Wesen, Werk & Wirkung Karl May's* (1963).

Die Gelehrtenrepublik. Kurzroman aus den Rossbreiten. V 1957.

Die utopische Satire spielt im Jahr 2008. Der amerik. Reporter und Ich-Erzähler Charles Henry Witner hat die Genehmigung zum Besuch der „International Republic for Artists and Scientists (IRAS)". Das Refugium für Geistesgrößen, das schon im Roman *Aus dem Leben eines Fauns* (1953) auftaucht, ist eine künstliche Insel, die im Pazifik liegt und in einen östlichen und einen westlichen Bereich geteilt ist. Auf dem Weg dorthin muss Witner den „Hominidenstreifen" durchqueren, den Mensch-Tier-Mutanten wie die „Zenties" und die „Never-Nevers" bevölkern. Der Großteil der Künstler hat allerdings auf der IRAS die Arbeit aufgegeben, die Inselverwaltung ist zerstritten. Ernüchtert macht sich Witner auf die Heimreise, als sich die IRAS durch unkoordinierte Kommandos von amerikan. und russ. Seite unaufhörlich zu drehen beginnt.

Peter Schneider

***21.4.1940 in Lübeck**

Der Sohn eines Kapellmeisters studierte ab 1959 in Freiburg i. Br., München und Berlin Germanistik, Geschichte und Philosophie (Abschluss 1972). 1965 engagierte sich Schneider für die SPD, ab 1967 nahm er aktiv an der Studentenbewegung teil (Vorbereitung des Springer-Tribunals, 1969 erschien der Essay *Die Fantasie im Spätkapitalismus und die Kulturrevolution*). Er trat einer Betriebsgruppe bei, arbeitete 1969 als Hilfsarbeiter (Report *Die Frauen bei Bosch*, 1970) und lernte die italien. Arbeiterbewegung kennen. Die autobiografisch geprägte Erzählung *Lenz* (1973) schildert das Spannungsverhältnis zwischen Teilnahme am Klassenkampf und individueller Bedürfnisbefriedigung. 1973 fiel Schneider unter den „Radikalenerlass"; er reagierte mit der Fiktion und Dokumentation verbindenden Erzählung *... schon bist du ein Verfassungsfeind. Das unerwartete Anschwellen der Personalakte des Lehrers Kleff* (1975). Der Film *Messer im Kopf* nach einem Drehbuch von Schneider (Verf. B. D. 1978 Reinhard Hauff) handelt von der Suche eines durch Kopfschuss verletzten Wissenschaftlers nach seiner Identität. Der Verlust politischer Identität im geteilten Berlin ist das Thema der zur Erzählung *Der Mauerspringer* (V 1982, Verf B. D. 1982 R. Hauff) zusammengefügten Geschichten. Nach der „Wende" erschien Schneiders erster Roman, *Paarungen* (1992); er spielt noch im geteilten Berlin und handelt von der „Mauer zwischen den Geschlechtern". Im Roman *Eduards Rückkehr* (1999) erlebt ein aus den USA in das wiedervereinigte Berlin (Schneiders Wohnort) zurückgekehrter Biochemiker die politischen Veränderungen aus der Sicht eines orientierungslosen Casanovas.

Rolf Schneider

***17.4.1932 in Chemnitz**

Der Sohn eines Werkmeisters war nach einem Studium der Germanistik und Pädagogik an der Universität Halle-Wittenberg (1951–55) in Ost-Berlin leitender Redakteur der Zeitschrift „Aufbau" und ist seit 1958 als freier Schriftsteller tätig. Ab 1965 nahm er an Tagungen der „Gruppe 47" teil, er beteiligte sich am Protest gegen die Ausbürgerung ↑ Biermanns und wurde 1979 aus dem Schriftstellerverband der DDR ausgeschlossen.

Im Frühwerk Schneiders herrschen Parodie (Slg. *Aus zweiter Hand*, 1958), Satire und Groteske vor (Slg. *Brücken und Gitter*, 1965). Der Roman *Die Tage in W.* (1965) handelt von der Verhinderung der Aufklärung eines Mordes an einem Kommunisten im Jahr 1932, *Der Tod des Nibelungen* (1970) schildert den Werdegang eines NS-Bildhauers. Die Auseinandersetzung mit den Verhältnissen in der DDR spiegeln die Romane *Die Reise nach Jaroslaw* (1974), *Das Glück* (1976) und *November* (Ausbürgerung eines Schriftstellers, 1979). *Prozess in Nürnberg* (U 1967, V und als Hörspiel 1968) besitzt die Form des dokumentarischen Theaters. Zu seinen Hörspielen gehört *Mein Bruder* (nach dem Briefwechsel zwischen H. und Th. ↑ Mann, 1966). Nach der Wende 1989/90 veröffentlichte er Aufzeichnungen aus dieser Zeit in der Slg. *Frühling im Herbst. Notizen vom Untergang der DDR* (1991). Notizen „nach dem Untergang der DDR" enthält die Slg. *Volk ohne Trauer* (1992).

Arthur Schnitzler

*** 15. 5. 1862 in Wien, †21. 10. 1931 in Wien**

Als „Komödie unserer Seele, / Unsres Fühlens Heut' und Gestern, / (...) Agonien, Episoden" charakterisierte „Loris" ↑Hofmannsthal 1892 in seinem „Prolog" zu *Anatol* Schnitzlers dramatisches Erstlingswerk. Von diesem impressionistisch-ästhetizistischen Ausgangspunkt aus führt das Schaffen des Dramatikers und Erzählers mitten in die gesellschaftliche Auseinandersetzung, ohne sich einer „Tendenz" zu unterwerfen. Symptome der Treffsicherheit, mit der Schnitzler den Nerv der Zeit berührt hat, sind das 1912 durch die Wiener Zensurbehörde „vom Standpunkte der Wahrung religiöser Gefühle der Bevölkerung" aus erlassene Aufführungsverbot von *Professor Bernhardi* und der 1921 in Berlin geführte *Reigen*-Prozess zwecks Aufrechterhaltung der Sittlichkeit.

Der Sohn eines jüd. Arztes, Universitätsprofessors und Klinikgründers studierte in Wien 1879–85 Medizin, arbeitete mit Sigmund Freud an einer psychiatrischen Klinik und eröffnete eine Privatpraxis für Nerven- und Kehlkopferkrankungen. Zugleich wandte sich Schnitzler der Literatur zu und veröffentlichte nach ersten Prosaskizzen 1889 die Szene *Episode* aus *Anatol*.

Von Liebe und Tod handelt das 1895 uraufgeführte Schauspiel *Liebelei*: Das „süße Mädel" Christine stürzt sich aus dem Fenster, nachdem ihr Geliebter wegen einer schon beendeten Liebschaft, aus „nichtigem Grund", im Duell erschossen worden ist. Der erstarrte Ehrenkodex ist auch Thema der Erzählung *Lieutenant Gustl* (1900). Die hier angewandte Erzählform des „inneren Monologs" fand ihre klarste Ausprägung in *Fräulein Else* (1924): Zur Sprache kommen ausschließlich die disparaten, von tiefer Vereinsamung zeugenden Empfindungen und Wahrnehmungen der Titelgestalt, die den Wunsch eines Kunsthändlers, sich ihm nackt zu zeigen, in aller Öffentlichkeit erfüllt und danach Selbstmord begeht. Als literarische Umsetzung der tiefenpsychologischen Erkenntnisse Freuds schildert die *Traumnovelle* (1926) die im Traum und in traumhaftem Erleben geleistete Aufarbeitung der sexuellen Bedrängnisse eines Ehepaares. In *Spiel im Morgengrauen* (1927) spiegelt sich die gesellschaftliche Disharmonie in der von Zufällen bestimmten Handlungsstruktur. Der Roman *Therese* (1928) mündet als „Chronik eines Frauenlebens" in die melancholische Erkenntnis des persönlichen Versagens. Als satirisches Frühwerk konfrontiert der Einakter *Der grüne Kakadu* (U, V 1899) die künstlerische Scheinwelt (Schauspieler attackieren von der Bühne herab ihr aristokratisches, belustigtes Publikum) mit der Tatkraft des Volkes, das die Bastille erstürmt.

Romane: *Der Weg ins Freie* (1908), *Therese. Chronik eines Frauenlebens* (1928). – Erzählungen: *Sterben* (1895), *Fräulein Else* (1924, Verf Dtl. 1929 Paul Czinner), *Traumnovelle* (1926), *Spiel im Morgengrauen* (1927). – Dramen: *Anatol* (Teil-V ab 1889, V 1893, U 1910), *Liebelei* (U 1895, V 1896; Verf u. a. Österreich 1911, Dtl. 1932 Max Ophüls, u. d. T. „Christine" Frankr./Italien 1958 Pierre Gaspard-Huit), *Reigen. Zehn Dialoge* (E 1896/97, Privatdruck 1900, V 1903, Teil-U 1903, U 1920), *Der grüne Kakadu* (U, V 1899), *Der einsame Weg* (V 1903, U 1904), *Komtesse Mizzi oder Der Familientag* (V 1908, U 1909), *Das weite Land* (U, V 1911). – Essays: *Der Geist im Wort und der Geist in der Tat* (1926). – Autobiografisches: *Eine Jugend in Wien* (postum 1968).

Lieutenant Gustl.
Novelle, Zs 1900, V 1901.
Nach einem Konzertbesuch im Gedränge an der Garderobe wegen seines arroganten Verhaltens als „dummer Bub" bezeichnet, sieht sich Leutnant Gustl in seiner Ehre verletzt. Da sein Beleidiger nicht satisfaktionsfähig ist und somit ein Duell ausgeschlossen bleibt, sieht Gustl keine andere Lösung, als sich am kommenden Morgen „gleich eine Kugel vor den Kopf" zu schießen. Er verbringt die Nacht im Prater und besucht nach Tagesanbruch sein Stammcafé, um ein letztes Mal ausgiebig zu frühstücken. Hierbei erfährt er von seinem „Mordsglück", dass nämlich sein Beleidiger in der Nacht gestorben ist; durch diesen Zufall erscheint die eigene Schande als getilgt, und Gustl kann sein gewohntes Leben fortführen.
Gibt allein schon der Handlungsverlauf den militärischen Ehrenkodex der Lächerlichkeit preis, so wird diese Wirkung durch die Erzählweise zur satirischen Selbstentlarvung gesteigert. Erstmals in der dt. Literatur ist hier eine Erzählung konsequent als „innerer Monolog" gestaltet. Der Erzähler tritt vollständig hinter der Wiedergabe der subjektiven Eindrücke, Urteile, Erinnerungen und Entschlüsse der Hauptgestalt zurück; der ausschließlich „personale" Text wird zum Psychogramm der Erzählfigur.
Zugrunde liegen Erkenntnisse aus der Erforschung des Unbewussten (Sigmund Freud, eigene Erfahrungen Schnitzlers aufgrund seiner Tätigkeit als Nervenarzt) und die hieraus sich ergebende Auffassung des Bewusstseins als „Bühne" eines Geschehens, das vom Ich nicht rational geordnet, sondern vom Unbewussten sowie von äußeren Eindrücken und Reizen geformt wird. Die Wiedergabe dieses Geschehens erweist sich als wirkungsvolles Mittel einer psychologisch-realistischen Darstellung der Gesellschaft, gespiegelt in der subjektiven, von individuellen Bedingungen und Bedürfnissen beeinflussten Verarbeitung ihrer Wertmaßstäbe und Verhaltensnormen.

Professor Bernhardi.
Drama in 5 Akten, U, V 1912.
Prof. Bernhardi, Gründer und Direktor der Klinik „Elisabethinum", verwehrt einem Priester den Zutritt zum Sterbebett einer Patientin, um zu verhindern, dass sie durch die Letzte Ölung aus ihrem kurz vor dem Tod eingetretenen euphorischen Zustand gerissen wird. Diese humanitäre Entscheidung des jüd. Arztes wird von seinen Gegnern, allen voran dem Vizedirektor Dr. Ebenwald, zum Anlass genommen, ihn aus seiner Stellung zu drängen; ein Prozess gegen ihn soll dazu dienen, „der christlichen Bevölkerung Wiens Genugtuung zu verschaffen". Nachdem Bernhardi sich geweigert hat, bei der Neubesetzung einer Institutsstelle den hoch qualifizierten jüd. Arzt Dr. Wenger fallen zu lassen und für Ebenwalds Kandidaten zu stimmen, kommt es obendrein zu einer antisemitischen Interpellation an die Regierung, in der indirekt ein Ausschluss von Juden aus öffentlichen Ämtern gefordert wird. Bernhardi, der schon vor Prozessbeginn seine Ämter niedergelegt hat, wird zu 2 Monaten Haft verurteilt. Dies hat allerdings zur Folge, dass ihn die liberale Presse als „politisches Opfer klerikaler Umtriebe" zum Märtyrer erhebt. Nach seiner Entlassung bewirkt die demonstrative Konsultation durch einen Prinzen seine Rehabilitierung.
Während das Stück 1912 in Berlin zur Uraufführung kam, folgte die Wiener Erstaufführung erst 1920 nach einem 1912 verhängten und 1913 vom „Standpunkt des patriotischen Empfindens" aus bestätigten Aufführungsverbot. In einem Brief an den Historiker Richard Charmatz, der sich Bernhardi als „Urteutonen" gewünscht hätte, vertrat Schnitzler die Überzeugung, dass es unmöglich sei, „heute ein in politischen Kreisen spielendes österreich. Stück zu schreiben, ohne (...) dem Vorhandensein jüd. Elemente und der Eigentümlichkeit jüd. Geistes (...) Rechnung zu tragen. Und eine österreich. Komödie", betont Schnitzler, „habe ich geschrieben."

Wolfdietrich Schnurre
***22. 8. 1920 in Frankfurt a. M., † 9. 6. 1989 in Kiel**
Der Sohn eines Bibliothekars und Naturwissenschaftlers ging in Berlin zur Schule (Übersiedlung 1928) und war 1939–45 Soldat, zuletzt in einer Strafkompanie. Schnurre war Mitbegründer der „Gruppe 47", ab 1950 lebte der ehemalige Journalist und Verlagslektor als freier Schriftsteller in West-Berlin, Schleswig-Holstein und Italien. Zu seinen Auszeichnungen gehören der Kölner Literaturpreis (1983) und der Georg-Büchner-Preis (1984).
Neben ↑Böll und ↑Borchert gehörte Schnurre in der Nachkriegszeit zu den Hauptvertretern der Kurzgeschichte (Slg. *Die Rohrdommel ruft jeden Tag*, 1950, darin u. a. *Das Brot*; Slg. *Eine Rechnung, die nicht aufgeht*, 1958; Essays: *Auszug aus dem Elfenbeinturm*, 1949; *Kritik und Waffe. Zur Problematik der Kurzgeschichte*, 1961). Der Roman *Das Los unserer Stadt. Eine Chronik* (1959) schildert in mehr als 100 Einzelszenen parabelhaft die Abfolge von Katastrophen, die einen mittelalterlichen Stadtstaat treffen und schließlich vernichten. Als Lyriker trat Schnurre 1956 mit der Slg. *Kassiber* an die Öffentlichkeit, ab 1954 entstanden zahlreiche Hörspiele (Slg. *Spreezimmer möbliert*, 1964), ab 1959 auch Drehbücher zu Filmen und Fernsehspielen. Eine Vielzahl der Kinderbücher (*Schnurren und Murren*, 1967) und Erzählbände sind mit eigenen Illustrationen des Autors bzw. mit Zeichnungen seiner Frau Marina ausgestattet. 1978 erschien die Autobiografie *Der Schattenfotograf*; Affinität zur jüd. Erzähltradition lässt der zeitgeschichtliche Roman *Ein Unglücksfall* (1981) erkennen.

Als Vaters Bart noch rot war. Ein Roman in Geschichten. V 1958.
Die 20 Geschichten des Ich-Erzählers Bruno handeln von dessen Kindheit und Jugend in Berlin. Der Zeitraum reicht von den späten 1920er Jahren bis zur Silvesternacht 1938, die Bruno und sein Vater auf abenteuerliche Weise an der poln. Grenze verbringen. Diese abschließende Erzählung *Kalünz ist keine Insel* unterscheidet sich durch Umfang und Schauplatz von den vorangehenden, die überwiegend die Merkmale von Kurzgeschichten besitzen, d. h. sich auf einige wenige Ereignisse konzentrieren, ohne deren symptomatische Bedeutung unmittelbar zu thematisieren. Allen Geschichten gemeinsam ist Brunos Beziehung zum Vater, einem Akademiker ohne festes Einkommen. „Mama war damit (und noch mit einigem anderen) nicht fertig geworden; aber auch Frieda, die dann Mamas Nachfolge antrat, hatte es nicht immer ganz leicht. Doch es lag meistens an ihr; denn dass Vater so oft arbeitslos war, hatte bestimmt nichts mit Faulheit zu tun; (...) ‚Wie soll ich den Jungen erziehen', sagte er, ‚wenn ich ihn bloß zum Abendbrot sehe?'" *(Wovon man lebt)*.
Zu den Geschichten mit unmittelbarem Bezug zum meist spürbaren politischen Hintergrund gehört die vom Tod des Mitschülers Richard. Er stürzt vom Dach der Schule, als er versucht, die Nazifahne herunterzuholen. „Richards Vater haben sie dann auch abgeholt. ‚Ich wusste, dass es kein gutes Ende mit ihm nehme würde', sagte Vater, ‚so radikal darf man nicht sein.' Ich schwieg" *(Und Erich lebt auch nicht mehr)*.
In der letzten Erzählung kommt der Vater in Lebensgefahr, und sein roter Bart wird weiß, allerdings vom Rauhreif. Auf der Suche nach dem Vater fallen Bruno „all unsere wunderbaren Tage in Berlin wieder ein. Ich roch die muffige Luft, die aus den Tageskinos in der Münzstraße quoll und den brodelnden Kieferndutt, der im August über dem Grunewald stand, und ich schmeckte die Bierwurst, die es bei Aschinger gab, und die Weiße mit Schuss, auf die Vater so schwor (...)."

Christian Friedrich Daniel Schubart

***24. 3. 1739 in Obersontheim bei Schwäb. Hall, † 10. 10. 1791 in Stuttgart**

Der Sohn eines Kantors und Theologen studierte 1758–60 in Erlangen Theologie, widmete sich jedoch vor allem der Musik und Literatur; 1769 wurde er in der württemberg. Residenz Ludwigsburg Organist und Hofkapellmeister. 1773 wegen „lockeren Lebenswandels" und der Beleidigung eines Höflings des Landes verwiesen, führte er ein unstetes Wanderleben; 1774 gründete er in Augsburg die von ihm selbst verfasste, gegen Klerikalismus und Absolutismus gerichtete *Teutsche Chronik*. Die 1775 erschienene Erzählung *Zur Geschichte des menschlichen Herzens* dürfte ↑Schiller zu seinem Drama *Die Räuber* angeregt haben, im selben Jahr trat Schubart mit seinem *Freiheitslied eines Kolonisten* für die Unabhängigkeit der engl. Kolonisten in Amerika ein. 1777 ließ Herzog Karl Eugen den „Freidenker" aus der Freien Reichsstadt Ulm auf württemberg. Gebiet (Blaubeuren) locken, verhaften und ohne Gerichtsurteil auf dem Hohenasperg bei Ludwigsburg einkerkern (bis 1787; Schiller besuchte ihn Ende 1781). Der Verkauf württemberg. Regimenter an die Holländ.-Ostind. Kompanie zum Einsatz gegen die Engländer in Südafrika veranlasste 1787 die *Kaplieder*. Nachdem die Hofdruckerei 1785/86 Schubarts *Sämtliche Gedichte* veröffentlicht hatte, wurde der „gezähmte" Dichter Theater- und Musikdirektor des Stuttgarter Hofes.

Ingo Schulze

***15. 12. 1962 in Dresden**

Der Sohn einer Ärztin und eines Physikers wuchs bei der allein erziehenden Mutter auf und studierte 1983–88 klassische Philologie in Jena. Anschließend arbeitete er als Dramaturg am Landestheater in Altenburg. 1989 war er Mitbegründer des „Altenburger Wochenblattes", das er 1993 verließ, um in St. Petersburg an einem ähnlichen Projekt mitzuwirken. 1994 ließ er sich als freier Schriftsteller in Berlin nieder, wo die Erzählungen seines Debüts *33 Augenblicke des Glücks* (V 1995) entstanden. Sie verarbeiten die Petersburger Beobachtungen Schulzes und werden von einem fiktiven Herausgeber als Aufzeichnungen des verschwundenen Literaturliebhabers und Zeitungsangestellten Hofmann ausgegeben. Der Erfolg des Buches ermöglichte Schulze einen Arbeitsaufenthalt in New York, wo wesentliche Teile der *Simple Storys* entstanden. Für Teile der Novelle *Titus Stürmer*, in der Schulze u. a. seine Zeit bei der Nationalen Volksarmee der DDR thematisiert, erhielt er 1998 die Johannes-Bobrowski-Medaille. 1998 erhielt er den Berliner Literaturpreis.

Simple Storys. Ein Roman aus der ostdeutschen Provinz. V 1998.

Die 29 Kapitel – jedes eine Kurzgeschichte – erzählen von dem Bruch, den die Wende 1989/90 für Biografien bedeutet. Die politischen Ereignisse bilden die Folie, vor deren Hintergrund alltägliche Probleme in der ostdt. Provinzstadt Altenburg Mitte der 1990er Jahre geschildert werden. Man ist mit neuen Herausforderungen konfrontiert, den Schwierigkeiten des beruflichen Neuanfangs, der Umwertung von Werten, dem Zerbrechen von alten und dem Knüpfen neuer Beziehungen. Wechselnde Erzähler (die jeweils an anderer Stelle als Personen auftreten) verbinden die „Stories" zu einem narrativen Geflecht, das vom Leser intensive Puzzle-Arbeit verlangt, um sich die Beziehungs- und Handlungsfäden zu erschließen.

Helga Schütz

***2.10.1937 Falkenhain (Schlesien)**

Die Tochter eines Arbeiters wuchs ab 1944 in Dresden auf. Nach einer Gärtnerlehre studierte sie in Potsdam Dramaturgie, wurde Mitarbeiterin der Deutschen Film AG (Defa) und verfasste ab 1964 Drehbücher.

1970 debütierte Schütz mit dem Roman *Vorgeschichten oder Schöne Gegend Probstein* über individuelle Verhaltensweisen in der NS-Zeit auf dem Weg in die Katastrophe. Die zentrale Figur ist das Mädchen Jette, das im Roman *Julia oder Erziehung zum Chorgesang* (1980) als erwachsene Frau mit den Problemen der sozialistischen Gesellschaft konfrontiert wird. Nach der Wende 1989/90 befasste sich Schütz, die als freie Autorin in Potsdam lebt, mit der „Lebenslüge" beim Versuch, in der DDR zwischen Privatem und Öffentlichem zu trennen. So vertraut im Roman *Grenzen zum gestrigen Tag* (2000) die Ich-Erzählerin, die mit Mann und Kindern im Niemandsland am Todesstreifen wohnt, wider besseres Wissen auf ihre Vorstellung vom Familienglück.

Gustav Schwab

***19.6.1792 in Stuttgart, †4.11.1850 in Stuttgart**

Der Sohn eines Professors an der Stuttgarter Karlsschule, der einst ↑Schiller angehörte, lebte 1809–14 als Student der Philologie und Theologie, dann als Repetent im Tübinger Stift. Bildungsreisen unternahm er nach Nürnberg, Kassel (Brüder ↑Grimm), Hamburg, Berlin (↑Hoffmann) und Weimar (↑Goethe). Sein beruflicher Werdegang führte ihn über den Schuldienst (Lateinlehrer in Stuttgart) in den Kirchendienst (zuletzt in Stuttgart Stadtpfarrer und Dekan). Als Dichter von Balladen nach dem Vorbild von ↑Uhland gehörte Schwab zum Schwäb. Dichterkreis; seine ersten Gedichte erschienen 1812 in ↑Kerners „Poetischem Almanach". Nachhaltige Wirkung erzielte Schwab durch seine für Kinder und Jugendliche geeignete, zumeist spannende Bearbeitung von Themen aus der dt. und der antiken Tradition, v.a. durch *Die schönsten Geschichten und Sagen aus Deutschland* (2 Bde., 1836/37) und *Die schönsten Sagen des klassischen Altertums* (3 Bde., 1838–40).

Werner Schwab

***4.2.1958 in Graz, † 1.1.1994 in Graz**

Der Sohn einer allein erziehenden Hausmeisterin besuchte 1978–82 die Kunstakademie in Wien. Nach Abbruch des Studiums der Bildhauerei lebte er 1981–89 auf einem Hof in der Steiermark und war Bauarbeiter und Holzfäller. In dieser Zeit entstanden eine umfangreiche Mail-Art-Korrespondenz, die „Verwesungs-Plastiken" aus Fleisch und Kadavern sowie erste Texte. 1990 kehrte Schwab nach Graz zurück; er starb in der Neujahrsnacht 1994 an einer Alkoholvergiftung.

Der Dramatiker debütierte 1989 mit *Das Lebendige ist das Leblose und die Musik,* bei dessen Uraufführung in Graz er selbst Regie führte. Nach dem Erfolg seiner „Radikalkomödie" *Volksvernichtung oder Meine Leber ist sinnlos* an den Münchner Kammerspielen (1991, Mülheimer Dramatikerpreis 1992) gehörte Schwab bis 1994 zu den meistgespielten Autoren im dt.-sprachigen Raum. Kennzeichnend für sein Werk ist das ihm eigene „Schwabisch" genannte

Idiom, eine groteske, dem oberösterreich. Dialekt angenäherte Kunstsprache, deren Metaphorik Dinge verkörperlicht („Ich bring den Tag um") und umgekehrt das Menschliche verdinglicht. Die Figuren (in den frühen Stücken meist aus dem Kleinbürgertum stammend, später historisches Personal von Kriemhild bis Adolf Hitler) sind mehr Typen als Personen (wie z. B. Schauspieler, Obdachloser, Künstler, Rentner). Sie sind ihrer Sprache nach Schwabs Auffassung („Erst kommt die Sprache, dann der Mensch") buchstäblich ausgeliefert. Diese „zerrt die Personen hinter sich her, wie Blechbüchsen, die man an einen Hundeschwanz gebunden hat". Auskunft über sein künstlerisches Selbstverständnis geben der Essay *Der Dreck und das Gute. Das Gute und der Dreck* (1992) und v.a. *In harten Schuhen. Ein Handwerk* (E 1980–83, V 1999). Schwabs Stücke erschienen in den Bd.en *Fäkaliendramen* (1991, mit *Die Präsidentinnen,* E 1988, U 1990, als Hörspiel 1991; *ÜBERGEWICHT,* unwichtig: *UNFORM,* E, U 1991; *Volksvernichtung,* E, U 1991; *Mein Hundemund,* E 1991, U 1992, als Hörspiel 1992), *Königskomödien* (1992, mit *Offene Gruben offene Fenster,* U 1992; *Hochschwab,* U 1996; *Mesalliance aber wir ficken uns prächtig,* U 1992; *Der Himmel mein Lieb meine sterbende Beute,* U 1992 und *Endlich tot endlich keine Luft mehr,* U 1994) und *Dramen III* (1994, mit *Troiluswahn und Cressidatheater,* U 1995; *Faust: Mein Brustkorb: Mein Helm,* U 1994, Vert 1994/95 mit der Gruppe „Einstürzende Neubauten"; *ESKALATION ordinär,* U 1995; *Antiklimax,* U 1995). *Schwabs 18. und letztes Stück, DER REIZENDE REIGEN nach dem Reigen des REIZENDEN HERRN ARTHUR SCHNITZLER* (E 1993, U 1996), erschien 1996 posthum.

Kurt Schwitters

***20. 6. 1887 in Hannover, †8. 1. 1948 in Ambleside (England)**

Nach einem Kunststudium in Dresden (1910–14) lebte Schwitters in Hannover als freischaffender Künstler. 1918 nahm er Verbindung zum Berliner „Sturm"-Kreis auf, 1919 zur Dada-Bewegung (die Aufnahme in die Berliner Gruppe blieb ihm verwehrt). 1919 entstand sein erstes *Merzbild*: eine Collage, benannt nach dem eingeklebten Fragment des Firmentitels „Commerz- und Privat-Bank Hannover". 1923–32 gab Schwitters die Zeitschrift „Merz" heraus; sie diente der Verbreitung einer von unmittelbarer politischer Kampfrichtung befreiten Form des Dadaismus (Heft 2 enthält ein von ↑Arp, Schwitters u. a. verfasstes Manifest *Proletkunst,* das der Kunst Kräfte zuschreibt, „die stark genug sind, die ganze Kultur zu beeinflussen, statt durch soziale Verhältnisse sich beeinflussen zu lassen"). 1935 emigrierte Schwitters.

Als „Merzgedicht 1" veröffentlichte Schwitters 1919 im „Sturm" das Gedicht *An Anna Blume*: „O du, Geliebte meiner siebenundzwanzig Sinne, ich liebe dir – Du deiner dich dir, du mir. – Wir?/ (...) Weißt du es Anna, weißt du es schon? / Man kann dich auch von hinten lesen, und du, du/ Herrlichste von allen, du bist von hinten wie von vorne: / ‚a-n-n-a'." Im selben Jahr erschien die Slg. *Anna Blume. Dichtungen,* gefolgt von den Band *Memoiren Anna Blumes in Bleie. Eine leicht fassliche Methode zur Erlernung des Wahnsinns für Jedermann* (1922). Schwitters führte seine Sprachexperimente weiter zu Textcollagen und rein phonetischen Texten (*Urlautsonate*). Sein Schaffen enthält bereits wesentliche Elemente der experimentellen und visuellen Poesie.

Anna Seghers (eigtl. Netty Radványi, geb. Reiling)
***19.11.1900 in Mainz, † 1.6.1983 in Ost-Berlin**

Die Verleihung der Ehrenbürgerwürde Ost-Berlins (1975), der Mainzer Gutenberg-Universität (1977) und der Stadt Mainz (1981) deuteten eine Überbrückung jenes „Bruchs, der die Welt in zwei Lager spaltet", an, über den Seghers im Zusammenhang ihres DDR-Romans *Die Entscheidung* schrieb, dass er „auf alle, auch auf die intimsten Teile unseres Lebens einwirkt".

Die Tochter eines jüd. Kunst- und Antiquitätenhändlers studierte 1919–24 in Heidelberg und Köln Geschichte, Philologie, Sinologie und Kunstgeschichte (Promotion über *Jude und Judentum im Werk Rembrandts;* ihr ab 1927 verwendetes Pseudonym ist der Name des Rembrandt-Zeitgenossen Hercules Seghers). 1925 heiratete sie den ungar. Soziologen Lászlo Radványi. 1928 erhielt Seghers für die Erzählung *Aufstand der Fischer von St. Barbara* den Kleist-Preis; im selben Jahr trat sie der KPD, 1929 dem Bund Proletarisch-Revolutionärer Schriftsteller bei.
Nach Verhaftung und Vernehmung emigrierte Seghers mit ihrer Familie Mitte 1933 nach Frankreich und ließ sich bei Paris nieder. Dem Roman *Der Kopflohn* (1933) mit dem Thema der Ausbreitung des Nationalsozialismus vor 1933 folgten als weitere Teile eines Dtl.-Romanzyklus 1935 *Der Weg durch den Februar* (Niederschlagung des Wiener Arbeiteraufstands gegen das Dollfuß-Regime) und 1937 *Die Rettung* (Wandlung eines unpolitischen Arbeiters zum Widerstandskämpfer), schließlich *Das siebte Kreuz* und *Transit.* 1940 floh Seghers nach Marseille, 1941 nach Mexiko.
1947 (Verleihung des Büchner-Preises des Landes Hessen) kehrte Seghers nach Dtl. zurück und ließ sich in Ost-Berlin nieder. 1949 erschien der Epochenroman (1918 bis 1945) *Die Toten bleiben jung* mit der Darstellung von Industrie, Großgrundbesitz und Militär als sozialer Grundlage der reaktionären Kräfte. Die Romane *Die Entscheidung* (1959) und *Das Vertrauen* (1968, mit der Darstellung des 17. Juni 1953) schildern die Probleme des Aufbaus der sozialistischen Gesellschaft. Eine Reihe von Erzählungen spielt in der Karibik (*Das Licht auf dem Galgen* handelt vom Versuch der Negerbefreiung auf Jamaika zur Zeit der Frz. Revolution). Zu den mit zahlreichen Ehrungen bedachten kulturpolitischen Tätigkeiten der Schriftstellerin gehörte der Vorsitz des Schriftstellerverbands der DDR 1952–78.

Romane: *Die Gefährten* (1932), *Der Kopflohn. Roman aus einem deutschen Dorf im Spätsommer 1932* (1933), *Der Weg durch den Februar* (1935), *Die Rettung* (1937), *Die Toten bleiben jung* (1949, Verf DDR 1968 Joachim Kunert), *Die Entscheidung* (1959), *Das Vertrauen* (1968). – Erzählungen: *Grubetsch* (1927), *Aufstand der Fischer von St. Barbara* (1928, Verf UdSSR 1934 Erwin Piscator), Slg. *Auf dem Weg zur amerikan. Botschaft* (1931), *Der letzte Weg des Koloman Wallisch* (1934), *Die schönsten Sagen vom Räuber Woynok* (1938), Slg. *Der Ausflug der toten Mädchen* (1946), Slg. *Die Linie* (1950), *Der Mann und sein Name* (1952), Slg. *Die Hochzeit von Haiti* (1954), *Das Licht auf dem Galgen* (1960, Verf DDR 1976 Helmut Nitzschke), Slg. *Die Kraft der Schwachen* (1965), Slg. *Das Schilfrohr* (Verf der Titelerzählung DDR 1974 Joachim Kunert), *Die Tochter der Delegierten* (1970, Verf der Titelerzählung Polen/DDR 1977 Wojcieck Fiwek), Slg. *Drei Frauen aus Haiti* (1980), Slg. *Vierzig Jahre der Margarete Wolf* (1982). – Essays: *Über Tolstoi. Über Dostojewski* (1963), Slg. *Glauben an Irdisches. Essays aus 4 Jahrzehnten* (1969), *Über Kunstwerk und Wirklichkeit* (Bd. 1–3 1970/71, Bd. 4 1979).

Das siebte Kreuz. Roman, E ab 1937, Teil-V 1939, V 1942, Verf USA 1944 Fred Zinnemann.

Der „Roman aus Hitler-Dtl.", gewidmet „den toten und lebenden Antifaschisten", spielt im Herbst des Jahres 1937. Aus dem KZ Westhofen bei Mainz sind sieben Häftlinge entflohen. Der Lagerkommandant lässt auf dem Appellplatz sieben Bäume als Kreuze herrichten, an denen die Geflohenen nach ihrer erneuten Einlieferung zu Tode gequält werden sollen. Vier der Verfolgten werden nach kurzer Zeit wieder gefasst, ein weiterer stirbt auf der Flucht, der sechste stellt sich freiwillig. Nur dem Kommunisten und früheren Widerstandskämpfer Georg Heisler gelingt es, die Grenze zu erreichen und zu überwinden. Das siebte Kreuz bleibt leer und wird zum Symbol einer für das NS-Regime „unabschätzbaren Macht" und des Zweifels an der „Allmacht" des nationalsozialistischen Terrors.

Um diese Hoffnung zu stärken, schildert der Roman die Hilfeleistung einer Vielzahl von Menschen unterschiedlicher Einstellungen, die bereit sind, ihr Leben und das ihrer Angehörigen aufs Spiel zu setzen, um Heislers Flucht zu unterstützen. Zu ihnen gehören Parteigenossen ebenso wie politisch Andersdenkende. Ihre Motive wurzeln in einem moralischen Bereich, im „Innersten", das „unangreifbar war und unverletzbar".

Der besondere Rang des Romans beruht auf der Überwindung eines ideologischen Schematismus hinsichtlich der Darstellung der sowohl proletarischen als auch bürgerlichen Partner Heislers; weder sind die einen grundsätzlich vorbildlich noch die anderen grundsätzlich dekadent. Diese von der Volksfront-Konzeption beeinflusste inhaltliche Gestaltung ist mit einer Erzählweise verbunden, die das Geschehen in eine Vielzahl von Einzelszenen sowie Erzählabschnitten mit innerem Monolog oder Rückblenden aufgliedert. Auch in dieser Hinsicht verzichtete Seghers auf eine gleichsam „linientreue" realistische Erzählhaltung.

Transit. Roman, E 1939–41, V span. 1944, dt. 1948.

Die Handlung spielt 1940. Im Mittelpunkt steht ein junger deutscher Arbeiter, dem die Flucht aus einem KZ nach Frankreich gelungen ist. Hier nach Kriegsbeginn interniert, ist er erneut geflohen und in das besetzte Paris gelangt. Er hat den Auftrag, den Schriftsteller Weidel zu benachrichtigen, dass in Marseille für ihn ein Einreisevisum nach Mexiko bereitliegt, trifft Weidel jedoch nicht mehr an (der hat beim Herannahen der dt. Truppen Selbstmord begangen) und flieht mit dessen Hinterlassenschaft und einem auf „Seidler" ausgestellten Pass in den unbesetzten Teil Frankreichs, um in Marseille als Seidler/Weidel seine Ausreise zu bewerkstelligen. Nach Monaten hat er die für die Auswanderung nach Übersee notwendigen Papiere zusammen, ebenso für Frau Weidel, die er in Marseille getroffen hat. Die Witwe weist seine Liebe zurück, da sie nicht an den Tod ihres Mannes glaubt, sondern ihn in Übersee wiederzufinden hofft. Sie reist allein ab, während Seidler sich entschließt, im noch freien Teil Frankreichs zu bleiben und am Widerstand teilzunehmen.

Seidler berichtet über diese Entwicklung als Ich-Erzähler aus der Rückschau, nachdem er sich von den „Abfahrtssüchtigen" distanziert hat. Gleichwohl bildet die qualvolle Situation der in Marseille aus den von Dtl. besetzten Ländern zusammengekommenen Exilanten den Schwerpunkt des Romans. Die Ungewissheit über die Möglichkeit, einen der wenigen Schiffsplätze zu erhalten, die drohende Gefahr, den dt. Verfolgern doch noch in die Hände zu fallen, die Schikanen der Behörden („Transit" bezeichnet eines der zahlreichen Papiere, die benötigt werden), dies alles verbindet sich mit Selbstverlust und Selbstentfremdung der in einer Transit-Situation Lebenden. Als „Abgeschiedene" betrachtet der Erzähler seine ehemaligen Leidensgefährten, „die ihre wirklichen Leben in ihren verlorenen Ländern gelassen hatten".

Jens Sparschuh

*** 14. 5. 1955 in Karl-Marx-Stadt (= Chemnitz)**

Aufgewachsen in Ost-Berlin, studierte Sparschuh 1973–78 in Leningrad (= St. Petersburg) Philosophie und Logik. Danach war er an der Humboldt-Universität in Ost-Berlin Assistent und promovierte 1983. Dann wurde er freier Schriftsteller; 1987 erhielt er das nach Seghers benannte Stipendium, 1996 wurde er mit dem Förderpreis des Bremer Literaturpreises ausgezeichnet. Ab 1978 veröffentlichte Sparschuh in Zeitschriften Gedichte, Prosa und Essays. Als Romancier debütierte er 1987 mit *Der große Coup. Aus den geheimen Tage- und Nachtbüchern des Johann Peter Eckermann* über den Sekretär ↑Goethes. Sein Interesse an aktuellen Aspekten der Literatur- und Kulturgeschichte sowie die Vorliebe für Ironie kennzeichnen auch das Hörspiel *Ein nebulo bist du* (1989, Hörspielpreis der Kriegsblinden): einen Monolog des langjährigen Dieners von Immanuel Kant. Im Roman *KopfSprung. Aus den Memoiren des letzten deutschen Gedankenlesers* (1989) macht sich ein Mitarbeiter des Instituts für marxistische Seelenkritik Gedanken über Alltag und Philosophie, Leben und Unsterblichkeit; nach seinem Tod wurde er auf Befehl des Instituts reinkarniert. Vom Berliner Grenzübergang handelt das Hörspiel *Bahnhof Friedrichstraße. Ein Museum* (1989), *Die Konquistadoren* (1990) von der „Eroberung" des märkischen Dorfes Neuhanselow durch Mitarbeiter der westlichen Ferienhauskette „El paradiso". Die Mark Brandenburg ist auch Schauplatz des „Wenderomans" *Eins zu eins* (2003) einer Spurensuche nach der Geschichte der Wenden im Land zwischen Elbe und Oder.

Romane: *Der Schneemensch* (1993), *Lavaters Maske* (1999). – Slg. Hörspiele: *Inwendig. Labyrinthgeschichten für Fortgeschrittene* (1990), *Schiller in Amerika* (1993), *Rückzug* (1994), *Drei Kometen* (1996). – Prosa: *Ich dachte, sie finden uns nicht. Zerstreute Prosa* (1997). – Kinderbücher: *Parzival Pechvogel* (1994), *Die schöne Belinda und ihre Erfinder* (1997), *Stinkstiefel* (2000).

Der Zimmerspringbrunnen. Ein Heimatroman. V 1995, Dramat U 1996, Verf B. D. 2002 Peter Timm.

Der Ich-Erzähler Hinrich Lobek wurde nach dem Ende der DDR „abgewickelt". Ein neues Ziel versprechen ihm sein Horoskop in der Zeitschrift „Hallo Berlin" und eine Anzeige der westdt. Firma „Panta Rhein". Lobek bewirbt sich und wird zu einer Vertreterkonferenz in Bad Sülz im Hochschwarzwald eingeladen. Hier lernt er das Produkt Zimmerspringbrunnen kennen, das nun auch in der ehemaligen DDR verstärkt vertrieben werden soll: Durch den neuen „Ostmarkt hat es keinerlei nennenswerten Zuwachs gegeben", klagt der Chef und fordert: „‚Nutzen' umfassender definieren, (...) Ausbruch aus engen Nützlichkeitserwägungen, Stichwort ‚Sinnkrise', Stichwort ‚Zukunftsangst'". Mit seiner Anstellung als ZSB-Vertreter in Berlin beginnt Lobeks ebenso unerwarteter wie unaufhaltsamer Aufstieg; er stützt sich bei seinen Hausbesuchen auf die Unterlagen und Erfahrungen aus seiner früheren Tätigkeit als Angestellter der Kommunalen Wohnungsverwaltung in seinem „KWV-Revier".

Lobeks Karriere ist eine Satire auf die Warenwelt der Konsumgesellschaft westlicher Prägung. Ein Stilmittel ist das Wortspiel. Der Firmenname „Panta Rhein" verbindet eine Formel aus der griech. Philosophie („panta rhei – alles fließt") mit dem Rhein. Der Untertitel bezieht sich auf Lobeks ehemalige Heimat DDR und die „Suche nach einer neuen Identität, nach einer neuen Heimat."

Friedrich Spee von Langenfeld

***25.2.1591 in Kaiserswerth (= Düsseldorf), †7.8.1635 in Trier**

Der Sohn eines Kölner Burgvogts trat 1610 in den Jesuitenorden ein. Während seiner Studienzeit, dann als geistlicher Beistand der Verurteilten, hatte er zahlreiche Hexenprozesse miterlebt und war zu der Überzeugung gelangt, dass zumeist Unschuldige von niederträchtigen Richtern in den Tod geschickt wurden. 1631 veröffentlichte er anonym die Kampfschrift *Cautio criminalis* (dt. *Gewissensbuch*, 1647), gerichtet „ad Magistratus Germaniae" („an die Obrigkeiten in Dtl."); sie enthält in 50 Fragen und Antworten eine scharfe Verurteilung der Praxis der Hexenprozesse und fordert die Abschaffung der Folter, um Geständnisse zu erzwingen. Möglicherweise plante er ein weiteres Buch gegen den Wahn des Hexenglaubens. Als Lyriker verfolgte Spee von Langenfeld das Ziel einer wohlklingenden dt. Sprache. 1649 erschienen postum die Gedichtbände *Trutznachtigall* (der Titel bezieht sich auf das Vorbild der Nachtigall im Einleitungsgedicht) und *Güldenes Tugendbuch.*

Martin Sperr

***14.9.1944 in Steinberg (Niederbayern), †6.4.2002 in Landshut**

Nach seiner Schulausbildung (u.a. im Internat der „Barmherzigen Brüder" in Algasing und in der Handelsschule in Landshut) begann Sperr, Sohn eines Lehrerehepaars, 1961 eine Ausbildung als Schauspieler (München, Wien); 1965/66 besaß er ein Engagement in Bremen. Hier brachte er 1966 seine *Jagdszenen aus Niederbayern* zur Uraufführung, die ihn noch vor ↑Kroetz als Erneuerer des kritischen Volksstücks auswiesen. *Koralle Meier* (U 1970) handelt von der Entwicklung einer mehrfach inhaftierten und gepeinigten Prostituierten zur Antifaschistin. Volkstümliche Gestalten stehen im Mittelpunkt der Fernsehfilme *Der Räuber Mathias Kneißl* (B.D. 1971 Reinhard Hauff) und *Adele Spitzeder* (B.D. 1972 Peer Raben); letzterer schildert die als „Engel des Volkes" verehrte betrügerische Inhaberin der „Dachauer Volksbank". 1972 erlitt Sperr einen Zusammenbruch (Gehirnbluten). 1974 konnte er wieder als Schauspieler arbeiten, 1976 gab er *Adele Spitzeder* eine Bühnenfassung (*Die Spitzeder,* U 1977). 1979 erschien *Willst du Giraffen ohrfeigen, musst du ihr Niveau haben,* eine Slg. seiner 1972 entstandenen Nonsens-Texte. 1981 wurde Sperr mit dem Dramatikerpreis der Stadt Mülheim ausgezeichnet.

Jagdszenen aus Niederbayern.

Stück in 17 Bildern, U, V 1966, Verf B.D. 1969 Peter Fleischmann, als Erzählung *Jagd auf Außenseiter* 1971.

Die Themen des 1948 im Dorf Reinöd spielenden Dramas sind die faschistoide Diskriminierung von Außenseitern und deren Unfähigkeit zur Solidarisierung. Die als Hure verschriene Magd Tonka erwartet von dem Homosexuellen Abram ein Kind; Abrams Zuneigung gehört dem verhaltensgestörten Rovo. Von Tonka erpresst und beschimpft, ersticht Abram sie und wird von den zur „Jagd" aufbrechenden Dorfbewohnern gestellt („Vergast gehört der!").

Als weitere Teile einer *Bayrischen Trilogie* folgten 1967 *Landshuter Erzählungen* (die Kinder zweier konkurrierender Bauunternehmer können heiraten, nachdem ein Vatermord vertuscht worden ist) und 1971 *Münchner Freiheit* (vergeblich durchkreuzen 1969 Studenten, denen sich die Millionärstochter Manja angeschlossen hat, die politisch gedeckten Machenschaften bei der Bodenspekulation).

Arnold Stadler

***9.4.1954 in Meßkirch (Baden)**

Aufgewachsen auf einem Bauernhof in Rast bei Meßkirch, studierte Stadler in München, Rom und Freiburg kath. Theologie, danach in Köln und Bonn Germanistik. Reisen führten ihn nach Südamerika, in den Nahen und den Fernen Osten. 1988 promovierte er über *Das Buch der Psalmen und die deutschsprachige Lyrik des 20. Jahrhunderts.*

Als Schriftsteller debütierte Stadler 1986 mit dem Gedichtbd. *Kein Herz und keine Seele. Man muss es singen können,* gefolgt von dem autobiografischen Roman *Ich war einmal* (1989). Dieser bildet mit *Feuerland* (1992) sowie *Mein Hund, meine Sau, mein Leben* (1994) die Trilogie eines teils ironischen, teils sarkastischen Ich-Erzählers („Von der Schwackenreuter oder Schwanz-Seite her entstamme ich einer bedeutenden Ferkelhändlerdynastie"). Er ist sich der Spuren des Philosophen Heidegger aus Meßkirch bewusst und gibt sich im „Nachspiel" zum 3. Teil als ↑Stifter-Leser zu erkennen: „Adalbert Stifter, er brachte Licht in mein Leben, dunkles Licht … als liege eine sehr weite Finsternis um das Ding herum. Ich hatte einen Selbstmörder als Lebenshilfe, seine Nachsommerwelt als Trost (…)". 1995 erschienen *Gedichte aufs Land,* 1996 der Roman *Der Tod und ich, wir zwei* über den Sohn eines Viehhändlers als erfolglosen Erbschleicher, 1999 *Ein hinreißender Schrotthändler* über eine „krisengeschüttelte Branche" analog zur Mann-Frau-Beziehung. Es folgten die Prosabände *Erbarmen mit dem Seziermesser. Über Menschen und Literatur* (2000) und *Sehnsucht. Versuche über das erste Mal* (2002). 1999 wurde er mit dem Georg-Büchner-Preis ausgezeichnet.

Ernst Stadler

***11.8.1883 in Colmar, †20.10.1914 bei Ypern (Westflandern)**

Der Sohn eines Staatsanwalts studierte in Straßburg und München Romanistik, Germanistik und vergleichende Sprachwissenschaft (Promotion 1906), setzte seine Ausbildung in Oxford fort, habilitierte sich 1908 in Straßburg und lehrte 1910–1914 in Brüssel. Als Elsässer widmete sich Stadler der dt.-frz. Verständigung. Er fiel als Artillerieoffizier.

Als Lyriker stand Stadler zunächst unter dem Einfluss ↑Georges (Slg. *Präludien,* 1905), löste sich jedoch vom Ästhetizismus und entwickelte sich zu einem bedeutenden Dichter des Frühexpressionismus (Slg. *Der Aufbruch,* 1914). Das Gedicht *Form ist Wollust* enthält das bezeichnende Bekenntnis: „Form will mich verschnüren und verengen, / Doch ich will mein Sein in alle Weiten drängen – (…)." Das Gedicht *Anrede* beginnt: „Ich bin nur Flamme, Durst und Schrei und Brand. / Durch meine Seele enge Mulden schießt die Zeit / Wie wildes Wasser (…)." Zum vorherrschenden Ausdrucksmittel wurde die freirhythmische Langzeile; thematisch wandte sich Stadler aus dem Drang heraus, „Sicherheit der Frommen, Würde der Gerechten anzuspeien", der „Schmach und Dumpfheit der Geschlagenen" zu (*Tage*). Ein Höchstmaß an sinnlicher Erregung gestaltet das Gedicht *Fahrt über die Kölner Rheinbrücke bei Nacht* (es wurde von Kurt Pinthus neben 9 anderen Gedichten Stadlers in die 1920 erschienene Expressionismus-Anthologie *Menschheitsdämmerung* aufgenommen).

Carl Sternheim

***1.4.1878 in Leipzig, †3.11.1942 in Brüssel**

Der Sohn eines Bankiers und Zeitungsverlegers machte 1897 in Berlin das Abitur und studierte in München, Göttingen, Leipzig, Jena und Berlin Philosophie, Geschichte, Literatur- und Kunstgeschichte; 1908 ließ er sich, finanziell unabhängig, in München nieder, wo er bis 1910 die Zeitschrift „Hyperion" herausgab. Zwar wurde 1909 die Berliner Uraufführung des Dramas *Don Juan* ein Misserfolg, doch begann 1911 mit den Uraufführungen der Komödien *Die Hose* und *Die Kassette* eine überaus erfolgreiche, wenn auch zunächst durch Aufführungsverbote begleitete Karriere als Dramatiker, die ihren Höhepunkt in den 1920er Jahren erreichte. Sternheim hielt sich 1912 bis 1918 in Belgien und der Schweiz auf, nach einer schweren Nervenerkrankung 1928 ließ er sich 1930, in 3. Ehe mit ↑Wedekinds Tochter Pamela verheiratet, in Brüssel nieder. Ab 1933 waren seine Werke in Dtl. verboten.

Als satirischer Darsteller des Kleinbürgertums, dessen Kritik sich auf einen „antiautoritären Individualismus" gründet, stand Sternheim dem Expressionismus nahe; dies gilt auch für den sprachlichen „Telegrammstil" vieler seiner Bühnengestalten. Zugleich lehnte er den künstlerischen Entwurf einer besseren Gesellschaft ab und besaß letztlich Verständnis für seine egozentrischen Helden, die „zum Schluss jedes Stückes geschwellter Brust den letzten Schritt auf sich selbst zu" tun (*Inhalt meiner sämtlichen Dramen*, 1923).

1918 fügte er den Großteil seiner Komödien zum Zyklus *Aus dem bürgerlichen Heldenleben* zusammen; die mit dem Drama *Die Hose* beginnende *Maske-Tetralogie* bildet eine eigene Gruppe. Sternheims Hauptwerk als Erzähler ist die *Chronik von des zwanzigsten Jahrhunderts Beginn* (2 Bde., 1918; 3 Bde., 1926–28); 1936 erschien die Autobiografie *Vorkriegseuropa im Gleichnis meines Lebens*.

Die Hose. Drama in 4 Akten, E 1909/10, U, V 1911, Verf Dtl. 1927 Hans Behrendt.

Die Frau des Beamten Theobald Maske hat in der Öffentlichkeit ihr intimes Kleidungsstück verloren. Um die zu erwartende Deklassierung ausgleichen zu können, bietet das Ehepaar Zimmer zur Miete an. Als Mieter stellen sich zwei Zeugen jenes Vorfalls ein, die sich Chancen bei Frau Maske ausrechnen. Herr der Lage bleibt am Ende Maske, der sich aufgrund der inzwischen gesicherten Verhältnisse darauf vorbereitet, Vater zu werden.

Als Fortsetzung schildert *Der Snob* (U, V 1914) den gesellschaftlichen Aufstieg des Sohns Christian Maske, der in *1913* (V 1915, U 1919) geschäftlich seiner skrupellosen ältesten Tochter unterliegt. Im Mittelpunkt des 4. Teils, *Das Fossil* (U, V 1923), steht der General a. D. von Beeskow, der Schwiegervater von Maskes Tochter Sophie.

Bürger Schippel. Drama in 5 Akten, E 1911, U, V 1913.

Ein kleinbürgerliches Sängerquartett hat eines seiner Mitglieder verloren; als Ersatz kommt lediglich der uneheliche „dreckige Prolet" Schippel in Frage. Man überwindet sich, ihn aufzunehmen, nachdem er versprochen hat, sich bürgerlicher Verhaltensweisen zu befleißigen, zumal ihn die Schwester des Leiters des Quartetts mit Wohlgefallen betrachtet; dass Thekla ihre Unschuld an einen Duodezfürsten verliert, stärkt Schippels Position (seine „Mannesehre" verbietet ihm, die Werbung um Thekla aufrechtzuerhalten). Die letzte bürgerliche Weihe erhält er durch ein Pistolenduell.

Tabula rasa (V 1916, U 1919) zeigt Schippel als Unternehmer sowie den Kunstglasbläser und Aktionär Ständer, der sein Gewinnstreben mit klassenkämpferischen Parolen verdeckt.

Adalbert Stifter (eigtl. Adelbert S.)
***23.10.1805 in Oberplan (= Horní Planá, Südböhmen)**
†28.1.1868 in Linz

Unter dem Eindruck seiner erneuten Stifter-Lektüre notierte Th. ↑Mann in *Die Entstehung des Doktor Faustus* (1949): „Man hat oft den Gegensatz hervorgekehrt zwischen Stifters blutig-selbstmörderischem Ende und der edlen Sanftmut seines Dichtertums. Seltener ist beobachtet worden, dass hinter der stillen, innigen Genauigkeit gerade seiner Naturbetrachtung eine Neigung zum Exzessiven, Elementar-Katastrophalen, Pathologischen wirksam ist (...)." Mann plädierte damit für eine Beschäftigung mit dem vielfach zum Inbegriff des Biedermeier verharmlosten Erzähler unter dem Gesichtspunkt des Spannungsverhältnisses zwischen der Oberflächen- und der Tiefenstruktur seiner Texte.

Der Sohn eines Leinwebers erhielt nach dem Tod des Vaters (1817) ab 1818 seine höhere Schulausbildung im Stiftsgymnasium der Benediktinerabtei Kremsmünster. Zu den Schwerpunkten gehörten naturwissenschaftliche Fächer und der Kunstunterricht, durch den Stifters Begabung als Maler gefördert wurde. Das 1826 in Wien begonnene Jurastudium beendete Stifter 1830 ohne Abschluss. Er wurde Privatlehrer (1837 gehörte Metternichs Sohn Richard zu seinen Schülern) und verfolgte sein Ziel einer Existenz als freischaffender Künstler (bedeutende malerische Werke dieser Zeit sind Ansichten Wiener Gassen sowie Wolkenstudien); 1837 heiratete er die Modistin Amalie Mohaupt.

Als Schriftsteller gewann Stifter rasch Popularität durch Erzählungen, die zunächst in verschiedenen Zeitschriften und Almanachen erschienen: 1840 *Der Condor* mit der Schilderung eines Ballonaufstiegs und *Feldblumen* mit dem Thema der kulturellen Emanzipation der Frau, 1842 *Der Hochwald* mit dem (aus räumlicher Distanz dargestellten) Einbruch des Dreißigjährigen Krieges in einen entlegenen Waldwinkel, 1843 *Abdias* über einen jüd. Händler und seine Tochter Ditha in Afrika und Böhmen. Bis zuletzt beschäftigte Stifter der Stoff der Erzählung *Die Mappe meines Urgroßvaters*, konzipiert als Erziehungsroman unter der Fragestellung, wie „ein Mensch neben dem andern bestehe und seine menschliche Bahn gehen könne". 1844–50 erschienen die (bearbeiteten) Erzählungen als *Studien* (6 Bde.). Wissenschaft und Poesie verbindet der Bericht *Die Sonnenfinsternis am 8. Juli 1842.*

Im Revolutionsjahr 1848 übersiedelte das Ehepaar Stifter von Wien nach Linz. Hier wurde Stifter 1850 zum Schulrat ernannt; er übte die Inspektion der Volksschulen in Oberösterreich bis zur Pensionierung aus gesundheitlichen Gründen im Jahr 1865 aus. In den Mittelpunkt der literarischen Arbeit rückten die Romane *Der Nachsommer* (1857) und *Witiko* (1865–67). Dieser spielt 1138–84 vorwiegend in Böhmen und betont dt.-tschech. Gemeinsamkeiten, was Stifter seitens der Nationalisten den Vorwurf eintrug, er sei „tschechenfreundlich". Ab 1854 führte Stifter ein Tagebuch seiner Arbeit als Maler (zunehmend abstrahierende Landschaftsdarstellungen). Umstritten blieb, inwiefern Stifter, der an Lebererhärtung litt, seinen Tod durch eine Verwundung am Hals herbeigeführt bzw. beschleunigt hat.

Bunte Steine. Ein Festgeschenk. 6 Erzählungen (1843–52), V 1853.

In seiner *Vorrede* greift Stifter den vor allem von ↑Hebbel erhobenen Vorwurf auf, dass er „nur das Kleine bilde" und seine Gestalten „stets gewöhnliche Menschen seien". In seiner Entgegnung stellt Stifter die hier verwendeten Kategorien groß und klein, gewöhnlich und ungewöhnlich, bedeutend und unbedeutend in Frage: „Die Kraft, welche die Milch im Töpfchen der armen Frau emporschwellen und übergehen macht, ist es auch, die die Lava in den Feuer speienden Bergen emportreibt (...)." Nur die „Unkundigen und Unaufmerksamen" lassen sich von letzteren Erscheinungen mehr als von den ersteren beeindrucken, während der „Geisteszug des Forschers vorzüglich auf das Ganze und Allgemeine geht"; nur hier liegt „Großartigkeit", „weil es allein das Welterhaltende ist". Der in diesem Zusammenhang verwendete Begriff „sanftes Gesetz" ist im Sinne stetiger Gesetzmäßigkeit zu verstehen.

Innerhalb der (neu) nach Gesteinsarten bzw. Mineralien benannten Erzählungen bildet den künstlerischen Höhepunkt *Bergkristall* (Zs 1845 u. d. T. *Der Heilige Abend*): Die Geschwister Konrad und Susanna verirren sich am Weihnachtsabend auf dem Weg zu den im benachbarten Tal lebenden Großeltern; steter Schneefall hüllt sie in immer größere Einsamkeit, die Nacht verbringen sie inmitten der Eiswelt. Doch die Natur hilft ihnen „in ihrer Größe" (Nordlicht, Bersten des Gletschereises), dem tödlichen Schlaf zu widerstehen. Als Einleitung dient eine Schilderung der Bergwelt und des sozialen Verhaltens ihrer Bewohner. Die Rettung der Kinder bewirkt, dass ihre Mutter, eine Ortsfremde, nun in die Dorfgemeinschaft aufgenommen wird.

Granit (Zs 1849 u. d. T. *Der Pechbrenner*) verknüpft Jugenderinnerungen mit einer Erzählung über die Pest; *Kalkstein* (Zs 1847 u. d. T. *Der arme Wohltäter*) handelt von einem aufopferungsvollen Geistlichen.

Der Nachsommer. Roman, erste Bruchstücke 1848, E ab 1853, V 1857.

Im Mittelpunkt der Handlung stehen zwei Paare: Zur älteren Generation gehören Freiherr von Risach, der Besitzer des von Rosen umgebenen Asperhofs, und dessen Jugendliebe Mathilde Tarona, die auf dem benachbarten Sternenhof lebt; die jüngere Generation repräsentieren Heinrich Drendorf (der Ich-Erzähler) und Mathildes Tochter Natalie. Während die Leidenschaftlichkeit ihrer Liebe einst Risach und Mathilde daran hinderte, eine Ehe einzugehen (sie sind nun, im Alter, durch „nachsommerliche" Liebe verbunden), gelingt Heinrich und Natalie die Ehegemeinschaft. Der Roman endet nach einem zweifelnden Ausblick Heinrichs auf seinen beruflichen Werdegang mit der Überzeugung vom „Familienleben, wie es Risach verlangt". Es „ist gegründet, es wird, wie unsre Neigung und unsre Herzen verbürgen, in ungeminderter Fülle dauern, ich werde meine Habe verwalten, werde sonst noch nützen, und jedes, selbst das wissenschaftliche Bestreben, hat nun Einfachheit, Halt und Bedeutung."

Um dieses Ziel zu erreichen, bedarf es eines Bildungsweges, der Heinrich unter Risachs väterlicher Obhut vom Naturstudium über das Verständnis der Kunst zum Umgang mit Menschen führt. Am Beispiel der Rosenpflege, des Beschneidens von Obstbäumen, des Restaurierens von Kunstwerken gelangt Heinrich zur Einsicht in die Notwendigkeit, das menschliche Handeln nicht von eigenen Zwecken, sondern von den in den Dingen wirkenden Gesetzen leiten zu lassen. Entsprechend ist die Erzählweise weniger handlungsorientiert als vielmehr beschreibend und dient dazu, den (geschichtslosen) Erlebnis- und Bildungsraum gegenüber störenden Einwirkungen von außen schützend zu umgrenzen. Demzufolge hat gerade *Der Nachsommer* zu vielfältigen Versuchen animiert, die (pathologische) „Tiefendimension" der u. a. konsequent entsexualisierten Darstellungsweise auszuloten.

Theodor Storm

***14.9.1817 in Husum, †4.7.1888 in (Hanerau-)Hademarschen**

Der Sohn eines Advokaten studierte in Kiel Jura und eröffnete 1847 in Husum eine Praxis als Rechtsanwalt. Nach der Eingliederung Holsteins in Dänemark (1852) musste Storm wegen seines Eintretens für die schleswig-holstein. Erhebung von 1848 seine Heimat verlassen. Er wurde 1853 Assessor beim Kreisgericht Potsdam (Verbindung zu den literarischen Kreisen Berlins), 1856 in Heiligenstadt/Eichsfeld Kreisrichter. Nach dem Dt.-Dän. Krieg 1864 kehrte er nach Husum, zurück, wo er 1867–80 als Amtsrichter tätig war.

Als Lyriker stand Storm zunächst unter dem Einfluss von ↑Claudius und ↑Eichendorff. Das zentrale Thema ist die heimatliche Landschaft, vielfach als Spiegel der Vergänglichkeit. So mündet das Gedicht *Über die Heide* in die Strophen: „Brauende Nebel geistern umher; / Schwarz ist das Kraut und der Himmel so leer. // Wär ich hier nur nicht gegangen im Mai! / Leben und Liebe, – wie flog es vorbei!" Diese Grundstimmung verbindet die Gedichte mit den „Erinnerungsnovellen", die Storm einer breiten Leserschaft bekannt machten, z. B. *Immensee* (1850, Verf Dtl. 1943 Veit Harlan) mit der Erinnerung an eine unerfüllte Jugendliebe. Sein weiteres Schaffen als Erzähler (er verfasste knapp 60 Novellen) reicht von der realistischen Gegenwartsschilderung (*Draußen im Heidedorf, Waldwinkel, Carsten Curator*) bis hin zur archaisierenden „Chroniknovelle" (*Aquis submersus, Renate, Zur Chronik von Grieshuus*). In beiden Gattungen ergeben sich tragische Konflikte aus der Liebesbeziehung zwischen gegensätzlichen Naturen bzw. aus der Beziehung zwischen den Generationen. Ein bedeutender Beitrag zur Theorie des „poetischen Realismus" ist der ab 1877 mit ↑Keller geführte Briefwechsel.

Gedichtbände: *Liederbuch dreier Freunde* (mit Tycho und Theodor Mommsen, 1843), *Gedichte* (1852, Ausgabe letzter Hand 1885). – Erzählungen: *Im Saale* (1848), *Ein grünes Blatt* (E 1850, Zs 1854, V 1855), *Späte Rosen* (E 1859, Zs 1860, V 1861), *Draußen im Heidedorf* (Zs 1872, V 1873), *Viola tricolor* (1874), *Aquis submersus* (Zs 1876, V 1877), *Waldwinkel* (Zs 1874, V 1875), *Carsten Curator* (1878), *Renate* (1878), *Eekenhof* (Zs 1879, V 1880), *Der Herr Etatsrat* (1881), *Hans und Heinz Kirch* (Zs 1882, V 1883), *Zur Chronik von Grieshuus* (1884, Verf Dtl. 1924 Arthur von Gerlach), *John Riew* (1885), *Ein Fest auf Haderslevhuus* (1885), *Ein Bekenntnis* (1887). – Märchen: *Der kleine Häwelmann* (1851).

Pole Poppenspäler. Novelle, Zs 1874, V 1875, Verf Dtl. 1935 Curt Oertel.

Der junge Paul Paulsen, aus einer biederen Handwerkerfamilie stammend, lernt in seiner Heimatstadt den hier mit seiner Tochter Lisei gastierenden Puppenspieler Tendler kennen und ist von dessen Kunst fasziniert. 12 Jahre später begegnet er ihnen wieder und kann dazu beitragen, dass die Unschuld des inhaftierten Tendler bewiesen wird. Den Vorurteilen gegen die „Herumtreiber" zum Trotz heiratet Paulsen Lisei und nimmt es gelassen hin, als „Pole Poppenspäler" verhöhnt zu werden. Aggressive Feindseligkeit kommt in der Störung von Tendlers Abschiedsvorstellung zur Wirkung. Als „Kunstdrechsler und Mechanikus" wird Paulsen zum Lehrmeister eines jungen Mannes, der als Ich-Erzähler den Erzählrahmen gestaltet und dem Paulsen seine Kindheits- und Jugendgeschichte berichtet. Die rückblickende Erzählung ist frei von Verklärung; ihr Zentrum bildet der Gegensatz zwischen Künstlertum und Bürgertum, den Paulsen überwunden hat.

Der Schimmelreiter. Novelle, E ab 1885, V 1888, **Verf Dtl. 1934 Curt Oertel und Hans Deppe, B. D. 1978 Alfred Weidenmann, DDR 1984 Klaus Gendries.**

In dreifacher Rahmung bietet sich die Geschichte des Deichgrafen Haien dar: Als Erster meldet sich ein Erzähler zu Wort, der als Kind in einer Zeitschrift die Erzählung eines Reisenden gelesen hat, die er nun aus dem Gedächtnis wiedergibt. Jener Reisende hat seine Erzählung während einer stürmischen Nacht in einem Gasthaus von einem Schulmeister vernommen (der betont: „Freilich, die Wirtschafterin unseres Deichgrafen würde sie Ihnen anders erzählt haben").

Der Schauplatz ist die Nordseeküste Frieslands. Hier wächst Hauke Haien auf. Früh interessiert er sich für Mathematik und Technik und deren Anwendung auf den Deichbau; an Modellen erprobt er Verbesserungen. Als Knecht tritt Hauke in den Dienst des Deichgrafen Volkerts; als dessen Schwiegersohn wird er neuer Deichgraf. Sein Ziel ist der Bau eines neuen Deichs, der zugleich neues Land dem Meer abgewinnen soll. Hauke überwindet alle Schwierigkeiten und bringt sein Werk zustande. Zugleich wird er, ein freisinniger, gegen Aberglauben einschreitender Tatmensch, mit Teufelsspuk in Verbindung gebracht; sein Schimmel gilt vielen als Zaubertier, dessen Gerippe vor kurzem noch auf einer Hallig lag. Die Geburt einer schwachsinnigen Tochter verbindet Hauke umso enger mit seiner Frau Elke, während ringsum Feindschaft wächst. Hauke Haiens mächtigster Gegenspieler ist Ole Petersen, der Großknecht des alten Deichgrafen; er widersetzt sich der Ausbesserung des alten und dem Bau des neuen Deichs und wird so mitschuldig an der Katastrophe. Schließlich siegt die Naturgewalt: Vor Haukes Augen kommen Frau und Kind bei einem Bruch des alten Deichs in den Fluten um, er selbst stürzt sich mit seinem Pferd in die vor ihm aufgerissene Tiefe.

Im Volksglauben lebt Hauke als gespenstischer Schimmelreiter fort, der bei drohender Gefahr über den Deich galoppiert. Zugleich ist der unbeschädigte Hauke-Haien-Deich der Beweis seiner überlegenen Kenntnisse und Willenskraft. Aberglaube und verändernde Tat erscheinen als zwei gegensätzliche Antworten auf die Herausforderung des Menschen durch die Natur.

August Stramm

***29.7.1874 in Münster, †1.9.1915 bei Brest-Litowsk (Russland)**

Nach dem Abitur wurde der Sohn eines Postbeamten ebenfalls im Postdienst tätig (Inspektor in Bremen und Berlin, Versetzung ins Reichspostministerium). Zugleich studierte er als Gasthörer (Berlin, Halle; 1909 Promotion zum Dr. phil.). Er fiel als Kommandeur eines Bataillons an der Ostfront.

Als Schriftsteller wurde Schramm 1913 durch Herwarth Walden entdeckt; in dessen Zeitschrift „Der Sturm" erschien 1914 das Drama *Sancta Susanna. Ein Gesang der Mainacht* (U postum 1918, Vert 1921 Paul Hindemith): Die Titelheldin, eine Nonne, wird zur Märtyrerin einer neuen Religion der Leiblichkeit. Die sprachliche Verknappung zu Evokationen ist in *Erwachen* (V 1914, U postum 1921) mit dem Verzicht auf Handlung verbunden: „Er" steht zwischen zwei Frauen, von denen nur eine zum Blick zu den „Sternen" fähig ist. Als Lyriker (Slg. *Du*, 1915; postum Slg. *Tropfblut*, 1919) verdichtete Stramm die Expression bis zum 1-Wort-Vers: „Droben schmettert ein greller Stein / Nacht grant Glas / Die Zeiten stehn / Ich / Steine. / Weit / Glast / Du!" (*Verzweifelt*). In der Expressionismus-Anthologie *Menschheitsdämmerung* (hg. von Kurt Pinthus 1920) ist Stramm mit 13 Gedichten vertreten.

Botho Strauß
***2.12.1944 in Naumburg a.d. Saale**

Der Sohn eines Lebensmittelberaters wuchs im Ruhrgebiet auf, studierte in Köln und München Germanistik, Theatergeschichte und Soziologie und wurde 1970 Mitarbeiter der Schaubühne am Halleschen Ufer in West-Berlin.

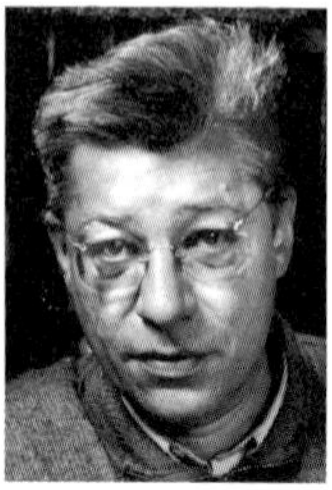

1976 war er Stipendiat der Villa Massimo in Rom, 1982 erhielt er den Dramatikerpreis der Stadt Mülheim, 1989 den Georg-Büchner-Preis. Strauß lebt in der Uckermark.

Als Dramatiker und Erzähler schildert Strauß zumeist Personen, die in einer Zeit politischer und gesellschaftlicher Stagnation orientierungslos zwischen Anpassung und Selbstverwirklichung verharren. Aus dieser Grundsituation entwickelte er sein dem analytischen entgegengesetztes „mentales Theater", in dem sich Realitätsbezüge und Irrational-Fantastisches durchkreuzen. Das Stück *Die Hypochonder* (U, V 1972) ist eine Mischung aus Kriminalgroteske und Ehedrama; in *Bekannte Gesichter, gemischte Gefühle* (V 1974, U 1975) dient eine Tiefkühltruhe, in die sich einer von sieben isolierten Hotelgästen zurückzieht, als Sinnbild der Kälte der Empfindungen; *Trilogie des Wiedersehens* (V 1976, U 1977, Verf B.D. 1980 Peter Stein) parodiert Kulturbeflissenheit; *Kalldewey, Farce* (V 1981, U 1982, Verf B.D. 1983 Luc Bondy) bildet u.a. eine Collage aus verschiedenen Jargons; *Der Park* (V 1983, U 1984) ist eine Neufassung von Shakespeares *Sommernachtstraum*. Die Wiedervereinigung gehört zu den Themen der Stücke *Schlusschor* (U 1991) und *Das Gleichgewicht* (U 1993). *Ithaka* (U 1996) ist eine Dramatisierung der letzten Gesänge der *Odyssee* über die Heimkehr des Odysseus zu Penelope. 2001 erhielt Strauß den Hamburger Lessing-Preis.

Als Prosaist debütierte Strauß 1975 mit dem Erzählbd. *Marlenes Schwester*, 1984 folgte der Roman *Der junge Mann*. Zu seinen neueren Prosawerken gehören *Das Particular* (2000) und *Die Nacht mit Alice als Julia ums Haus schlich* (2003). Der Essay *Anschwellender Bocksgesang* (Zs 1993) führte aufgrund der Kritik an der politischen Linken zu einer auch juristisch ausgefochtenen Kontroverse unter den dt. Intellektuellen.

Groß und klein. **Drama in 10 Szenen, U, V 1978, Verf B.D. 1980 Peter Stein.**
In Form eines Stationendramas zeigt das Stück die arbeitslose Grafikerin Lotte, die sich auf der Suche nach ihrem Mann befindet. Die Schauplätze wechseln zwischen Sylt und Marokko, zwischen Villa und Mietskaserne. Ihr „Glauben an das Gute im Menschen" erweist sich inmitten eines gesellschaftlichen Eiszeitklimas als Anachronismus. Lottes Verlangen nach Zuwendung stößt auf die empörte Abwehr von Menschen, die alles daransetzen, das Bewusstsein der eigenen inneren Leere zu betäuben.

Die Widmung. **Erzählung, V 1977.**
Richard Schroubek wird von seiner Frau Hannah verlassen. Als er sie am Ende wiedertrifft, übergibt er ihr seine „Notizen. nichts Besonderes. Was mir durch den Kopf ging – ohne dich". Diese „Denkzettel" des Ich-Erzählers bilden als eine Art innerer Monolog bei zunehmender Vernachlässigung seiner Lebensverhältnisse (die Arbeit in einer Buchhandlung hat Richard aufgegeben) den Hauptteil der Erzählung: Erinnerungen, neue Eindrücke und literarische Motive (↑Novalis „inspizierte täglich den Zustand seiner Trauer"). Schauplatz ist Berlin im Jahr 1976.

Paare Passanten. Prosa, V 1981.
Der Ich-Erzähler notiert in lockerer Abfolge „Fundstücke" aus dem gesellschaftlichen Leben. Es handelt sich um Beobachtungen auf Reisen, in Bars und Restaurants, auf der Straße. Sie gewinnen die Form von Verhaltensstudien und Personenskizzen, aus denen der sozialkritische Autor eine kulturpessimistische Diagnose der Gesellschaft und ihrer Triebkräfte Technokratie und Konsum entwickelt. Beschreibungen wechseln mit Kommentaren und Reflexionen sowie mit Gedanken über Bücher und Filme. Der Titel bezieht sich auf das zentrale Thema der Bindung und Verbindung zwischen den Menschen, die sich auf Beliebigkeiten reduzieren. Sie funktionieren nach den Regeln des „Beziehungsmarktes", wahre Erotik verkommt in den „Niederungen der erotischen Wirklichkeit". Zu den Symptomen des gesellschaftlichen Bewusstseins und der desolaten zwischenmenschlichen Beziehungen gehört ein Sprachverhalten, das sich auf den Gebrauch von Worthülsen beschränkt. Dies bedeutet, „dass sich das wirkliche Elend nicht Luft machen kann". Beziehungskrisen, Sprachlosigkeit und die Zuflucht zu Phrasen sind Themen, die das Prosawerk *Paare, Passanten* mit den meisten Theaterstücken von Strauß verbinden, etwa mit der parallel entstandenen Komödie *Kalldewey, Farce* (U 1982).

Marlene Streeruwitz
***28. 6. 1950 in Baden bei Wien**

Die Tochter eines Lehrers und Politikers studierte zunächst Jura, wechselte dann zu den Fächern Slawistik und Kunstgeschichte. Nach dem Studium verdiente sie sich ihren Lebensunterhalt als Redakteurin der Zs „Natur ums Dorf" und arbeitete als Regisseurin an verschiedenen Theatern und im Hörfunk. Streeruwitz lebt als freie Schriftstellerin und Regisseurin in Wien.
Das Hauptthema der radikal-feministischen Autorin sind die patriarchalen Strukturen, welche die Gesellschaft bis in die Sprache und Kunst hinein prägen. Ihre makabren und grotesken Stücke spielen an öffentlichen Orten und zeigen die alltägliche Gewalt, die unter einer nur dünnen moralischen Haut verborgen ist. Der Roman *Partygirl* (2002) ist der innere Monolog der Madeline Ascher, die mit ihrem Bruder Rick in ärmlichen Verhältnissen im Chicago der 1990er Jahre lebt. Programmatisch ist der Bezug zu E. A. Poes Erzählung *Der Untergang des Hauses Usher* (V 1839) mit derselben Konstellation einer mit Geschwisterliebe verbundenen Familientragödie: bei Poe ist die weibliche Hauptfigur stumm.
Theoretisch dargestellt hat Streeruwitz ihre Position u. a. in den Poetikvorlesungen in Tübingen (1997, V u. d. T. *Sein. Und Schein. Und Erscheinen*) und Frankfurt a. M. (1998, V u. d. T. *Können. Mögen. Dürfen. Sollen. Wollen. Müssen. Lassen.*) sowie in der Essay-Slg. *Tagebuch der Gegenwart* (2002). Zu Streeruwitz' Auszeichnungen gehören der Hermann-Hesse-Preis (2001) und der Walter-Hasenclever-Preis der Stadt Aachen (2002).

Hörspiele: *Der Paravent* (1987), *Alkmene* (1989), *Urlaub* (1989), *Kaiserklamm. Und. Kirchenwirt.* (1989), *Schubertring* (1990), *Yocasta. You'd better leave* (1990). – Theaterstücke: *Waikiki Beach* (U 1992), *Sloane Square* (U 1992), *Elysian Park* (U 1993), *Ocean Drive* (U 1993), *Tolmezzo* (U 1994), *Brahmsplatz* (U 1995), *Bagnacavallo* (U 1995), *Dentro* (U 2000), *Sapporo* (U 2000). – Romane: *Verführungen. 3. Folge. Frauenjahre* (1996), *Lisas Liebe. Roman in 3 Folgen* (1997), *Nachwelt. Ein Reisebericht* (1999), *Majakowskiring* (2000), *Norma Desmond* (2002). – Kurzprosa: *Und. Überhaupt. Stop. Collagen* (2000), *Und. Sonst. Noch. Aber. Texte II* (2000).

Erwin Strittmatter

***14.8.1912 in Spremberg (Niederlausitz)**

†31.1.1994 in Schulzenhof (Brandenburg)

Der Sohn eines Bäckers und Kleinbauern erlernte das Bäckerhandwerk und war vor dem Krieg auch als Kellner, Tierwärter und Chauffeur tätig. Im Zuge der 1945 in der SBZ eingeleiteten Bodenreform erhielt er Land zugeteilt, wurde Bürgermeister sowie Zeitungsredakteur und veröffentlichte 1950 den autobiografischen Dorfroman *Ochsenkutscher* (Handlungszeitraum 1918 bis 1933). Aus einer Folge von 1951 im Auftrag der FDJ für die Weltjugendfestspiele entstandenen, jedoch abgelehnten Dorfszenen entwickelte sich in Zusammenarbeit mit ↑Brecht *(Katzgraben-Notate)* das Versdrama *Katzgraben* (U 1953, V 1954, Neufassung 1958); es spielt 1947/48 im Dorf Katzgraben und handelt am Beispiel eines Straßenbauprojekts von den Klassengegensätzen auf dem Land. Mit *Tinko* (1954) und *Der Wundertäter* (1957, Bd. 2 1973) entwickelte Strittmatter den Typus des „sozialistischen Dorfromans". Vorwiegend ländliche Impressionen in volkstümlich-humoristischer Gestaltung enthalten die Erzählbände *Schulzenhofer Kramkalender* (1966), *Dreiviertelhundert Kleingeschichten* (1971) und *Meine Freundin Tina Babe. Drei Nachtigall-Geschichten* (1977). Der Roman *Der Laden* (3 Bde., 1983–92) spiegelt in Alltagsgeschichten die dt. Geschichte seit dem I. Weltkrieg.

Ole Bienkopp. Roman, V 1963.
Anfang der 1950er Jahre gründet der „Neubauer" Ole Hansen, gen. Bienkopp, im DDR-Dorf Blumenau die Genossenschaft „Blühendes Feld". Nicht allein reaktionäre Kräfte, sondern auch Parteifunktionäre bekämpfen Hansens „hinter dem Rücken der Partei" unternommene Initiative zur genossenschaftlichen Produktionsweise. Selbst als die Kollektivierung der Landwirtschaft das offizielle Ziel bildet und Hansen LPG-Vorsitzender wird, muss er mit Intrigen kämpfen: Um einen ausgebliebenen Bagger zu ersetzen, gräbt und schaufelt er sich in geistiger Verwirrung zu Tode. Den Roman traf zunächst die Kritik mangelnden Vertrauens in die Führungskraft der SED.

Karin Struck

***14.5.1947 in Schlagtow (Bez. Rostock)**

Nach der Flucht der Familie in die B.D. (1953) wuchs Struck in Westfalen auf. In Bochum, Bonn und Düsseldorf studierte sie Romanistik und Germanistik. Politisch engagierte sie sich zeitweilig in der DKP. Sie lebt als freie Schriftstellerin in Hamburg. 1976 erhielt sie den Gryphius-Preis.
Strucks schriftstellerisches Programm umreißt der Titel des Essays *Das Private ist das Politische. Das Starren auf die Außenwelt hat die Innenwelt verwaisen lassen* (1976). In persönlicher Unmittelbarkeit behandeln ihre Romane das Spannungsverhältnis zwischen proletarischer Herkunft und bildungsbürgerlichem Aufstieg (*Klassenliebe*, 1973), Mutterschaft und Emanzipation (*Die Mutter*, 1975), männlicher und weiblicher Sexualität (*Lieben*, 1977), Erinnerung und Zukunftsentwurf (Erzählung *Trennung*, 1978, Verf B. D. 1979 Peter Beauvais). 1982 erschienen das selbstkritische „Journal einer Krise" *KindheitsEnde* und der Roman *Zwei Frauen* mit den Themen Vater-Tochter-Konflikt, Emanzipation und Friedensbewegung. Von den traumatischen Folgen einer Abtreibung handelt der Roman *Blaubarts Schatten* (1991).

Patrick Süskind

***26.3.1949 in Ambach am Starnberger See**

Der Sohn des Schriftstellers und Journalisten W. E. Süskind studierte 1968–74 in München und Aix-en-Provence Geschichte. Seitdem ist er als freier Schriftsteller tätig und erzielte in den 1980er Jahren als Dramatiker und als Romancier Welterfolge. Süskind lebt in München und Paris.

Im Ein-Personen-Stück *Der Kontrabass* (U 1981) monologisiert ein Orchestermusiker, dessen Halt sein Instrument ist, über die Musik, die Welt und das Leben. In Zusammenarbeit mit dem Regisseur Helmut Dietl entstanden die Drehbücher zu den TV-Serien *Monaco Franz. Der ewige Stenz* (1983, 10 Folgen) und *Kir Royal* (1986, 6 Folgen, zu den Darstellern gehört ↑Kroetz) sowie zum Film *Rossini oder Die mörderische Frage, wer mit wem schlief* (1997). Die Themen stammen jeweils aus dem Milieu der Schickeria. In der Erzählung *Die Taube* (1987) wird eine Taube zum Sinnbild des Zufälligen; ihr Anblick stürzt einen unauffälligen Pariser Angestellten in eine Lebenskrise. *Die Geschichte von Herrn Sommer* (1991) handelt vor allem von der Jugend des Ich-Erzählers, auch hier geht es um krisenhafte Lebenssituationen eines Einzelgängers. 2002 folgte der Slg. *Drei Geschichten und eine Betrachtung* (1995) der Prosaband *Amnesie in litteris*. Zu Süskinds Auszeichnungen gehören der Gutenberg-Preis des 7. frankophonen Buchsalons in Paris (1987) für den Roman *Das Parfum* und der Drehbuchpreis des Bundesinnenministeriums (1996).

Das Parfüm. Die Geschichte eines Mörders. Roman, V 1985.

Der „Held" der fiktiven Kriminal- und Sittengeschichte aus dem 18. Jh. ist Jean-Baptiste Grenouille. 1737 in Paris als unehelicher Sohn einer Fischhändlerin im Gestank der Abfälle ausgeweideter Fische geboren, wächst er bei einer gefühlskalten Pflegemutter und bei einem Gerber auf. Er wird zum hässlichen Außenseiter ohne eigenen Körpergeruch (vgl. den Identitätsverlust bei ↑Chamissos Schlemihl, der seinen Schatten verkauft). Statt dessen verfügt er, wie andere über das absolute Gehör, über den absoluten Geruchssinn und erlernt die Kunst eines Parfumeurs. Im Parfumzentrum Grasse ermordet er 25 junge, schöne Mädchen, um ihren Duft zu konservieren und daraus seine genialen Duftkreationen zu entwickeln, u.a. auch eine Duftmaske, die ihn als überführten Mörder vor der Todesstrafe bewahrt: Am Tag seiner Hinrichtung erscheint der so „Maskierte" dem Publikum nicht mehr als Scheusal, sondern als liebenswerter Mensch: „Er hatte sich eine Aura erschaffen, strahlender und wirkungsvoller, als sie je ein Mensch vor ihm besaß. Und er verdankte sie niemandem (...). Er war in der Tat sein eigener Gott, und ein herrlicherer Gott als jener weihrauchstinkende Gott, der in den Kirchen hauste." Sein Triumph über die Menschen bedeutet Grenouille jedoch nichts. Er kehrt nach Paris zurück und lässt sich an seiner Geburtsstätte auf dem Friedhof Cimetière des Innocent von Dieben, Mördern und Huren umbringen: Aus Begierde, an seinem überwältigenden Duft teilzuhaben, verschlingen sie ihn (im antiken Mythos zerreißen thrak. Frauen den Sänger Orpheus).

Dies ist ein Beispiel für Süskinds ausgiebige Verwendung von Motiven und Stilmitteln aus unterschiedlichen Epochen, was als ein Merkmal für die „Postmodernität von Süskinds in mehr als 30 Sprachen übersetzten Roman angeführt wird.

George Tabori (eigtl. György T.)
***24. 5. 1914 in Budapest**

Der Sohn eines jüd. Journalisten emigrierte 1936 nach London (seit 1945 engl. Staatsbürgerschaft). Seine Angehörigen wurden in Auschwitz ermordet; allein die Mutter kam während der Deportation durch einen Zufall in Freiheit. Hiervon handelt das – wie sämtliche Texte Taboris engl. verfasste – Stück *Mutters Courage* (U 1979, Verf mit Tabori B. D. 1996 Michael Verhoeven). Ab 1947 arbeitete Tabori als Schriftsteller und Regisseur in den USA (Bekanntschaft mit ↑Brecht), ab 1968 in Berlin (U des Auschwitz-Dramas *Die Kannibalen*). Als Autor und Theaterleiter in Bochum, München und Wien sowie als freier Regisseur (ab 1982) setzte Tabori neue Maßstäbe der Bühnenarbeit. Er widmete sich u. a. Brecht, ↑Jelinek, ↑Kafka und ↑Müller; 2002 hatte seine Dramatisierung von ↑Enzensbergers *Untergang der Titanic* Premiere, und es erschien der Band *Autodafé. Erinnerungen.*
Zu Taboris Auszeichnungen gehören der Mülheimer Dramatikerpreis (1983 und 1990), der Georg-Büchner-Preis (1992) und der Kasseler Literaturpreis für grotesken Humor (2001).

Hannelies Taschau
***26. 4. 1937 in Hamburg**

Aufgewachsen in Süddtl. und im Ruhrgebiet, war Taschau nach dem Schulabschluss Sekretärin einer Nachrichtenredaktion und schrieb selbst Reportagen, 1959 erschien ihr erster Gedichtband (*Verworrene Route*). Sie lebte 1962–64 in Paris, war bei einem Rechtsanwalt angestellt und arbeitet seit 1967 in Hameln als freie Schriftstellerin. 1973 unternahm sie eine Reise durch Armenien und Georgien, 1974 und 1977 führten sie Vortragsreisen durch Norwegen.

Taschau reflektiert als Lyrikerin, Erzählerin und Hörspielautorin die sozialen und politischen Ursachen privater Verstörungen. Der Roman *Die Taube auf dem Dach* (1967) spielt in Paris und handelt von zwei jungen Frauen, die zu wechselseitiger Ergänzung gelangen. Der Provinzroman *Landfriede* (1978) schildert das Scheitern der „wilden Ehe" zwischen einem nach Anpassung strebenden Lehrer und einer in die konventionelle Frauenrolle gedrängten Journalistin. *Erfinder des Glücks* (1981) spiegelt in Form des inneren Monologs einer aus Norwegen zurückgekehrten Schriftstellerin die Situation in der B. D. 1977 im Zeichen des Terrorismus (u. a. Entführung und Ermordung des Arbeitgeber-Präsidenten Hanns Martin Schleyer, Tod der RAF-Häftlinge im Gefängnis Stuttgart-Stammheim). Die Slg. *Strip und andere Erzählungen* (1974) bietet Milieustudien (z. T. auch als Hörspiele, z. B. *Seniorentage*, 1974). Gedichte aus der Zeit 1962–1979 enthält die Slg. *Doppelleben* (1979), gefolgt von der Gedicht-Slg. *Klarträumer* (1998). Der Roman *Das Sommerhaus* (1995) handelt von der Trennung eines älteren Ehepaars, 1999 erschien der Erzählbd. *Ein gutes Ende muss man sich holen.* Zu Taschaus Auszeichnungen gehören der Förderpreis des Landes Nordrhein-Westfalen (1968) und der Kunstpreis für Literatur des Landes Niedersachsen (1995). 2000/01 war sie Gast des internationalen Künstlerhauses Concorda.

Jürgen Theobaldy

***7. 3. 1944 in Straßburg**

Aufgewachsen in Mannheim, studierte er nach einer kaufmännischen Lehre in Freiburg i. Br. und Heidelberg zunächst Pädagogik, dann in Heidelberg und Köln Literaturwissenschaft. 1968 veröffentlichte Theobaldy erste Gedichte, 1970–73 gab er die Zeitschrift „Benzin“ heraus. Er ließ sich 1974 in West-Berlin nieder und lebt seit 1984 in Bern (Schweiz).
In zwei Romanen schildert Theobaldy jeweils anhand weniger Personen zeittypische Defizite: *Sonntags Kino* (1978) spielt 1960 unter Jugendlichen, die „auf den großen Knüller warten“; *Spanische Wände* (1981, Neufassung 1984) handelt 10 Jahre nach dem Höhepunkt der Studentenbewegung von der Ehekrise eines ursprünglich politisch engagierten Paares. Dazwischen liegt die von Theobaldy herausgegebene Slg. *Und ich bewege mich doch. Gedichte vor und nach 1968* (1977). Als Lyriker ging er von der „Alltagslyrik“ aus und wandte sich später klassischen Formen zu (Elegie, Ode).

Gedichtbände: *Sperrsitz* (1973), *Blaue Flecken* (1974), *Zweiter Klasse* (1976), *Drinks. Gedichte aus Rom* (1979), *Schwere Erde, Rauch* (1980), *Die Sommertour* (1983), *Midlands, Drinks* (1984), *Der Nachtbildsammler* (1992), *Immer wieder alles* (2000). – Erzählungen: Slg. *Das Festival im Hof* (1985). – Romane: *Trilogie der nächsten Ziele* (2003).

Ludwig Thoma

***21. 1. 1867 in Oberammergau, †26. 8. 1921 in Rottach (= Rottach-Egern)**

Der Sohn eines Oberförsters studierte zunächst Forstwirtschaft, dann Jura und war 1894–97 in Dachau, anschließend in München als Rechtsanwalt tätig. 1899 wurde Thoma Redakteur des „Simplicissimus“; als solcher musste er mehrere Haftstrafen verbüßen. Der Kritiker des Wilhelminismus nahm während des I. Weltkriegs, vor allem aber unter dem Eindruck der Revolution, einen „festen, bürgerlichen, freien, aber nicht haltlos sozialistischen Standpunkt gegen die Anarchie“ ein.
Thomas satirisches Hauptwerk ist der *Briefwechsel eines bayerischen Landtagsabgeordneten* (1909, 1912 fortgesetzt mit *Jozef Filsers Briefwexel*). Die Korrespondenz des „keniglichen Abgeordneten“ mit seiner Frau, mit Geistlichen, Freunden, Kollegen und Bittstellern spiegelt die Verquickung von Politik und Religion, Scheinheiligkeit, Dünkelhaftigkeit und korrupte Interessenverflechtung. Treffend offenbart Filser lüsterne Spießigkeit, wenn er in seinen „Bolidischen Gedangen“ im Abschnitt „Über die Kunzt“ definiert: „Die Mahlerei ist schohn eine Kunzt, haber plos bis zun Nahbl.“ Filser steht auch im Mittelpunkt des Schwanks *Erster Klasse* (U, V 1910). Mittelbare Kritik, hier aus der Perspektive eines unbotmäßigen Jungen, kennzeichnet auch die *Lausbubengeschichten. Aus meiner Jugend* (1905, 1907 fortgesetzt mit der Slg. *Tante Frieda*, Verf B. D. 1964 Helmut Käutner). Kleinbürgerlicher Untertanengeist ist das Thema der Komödie *Die Lokalbahn* (V 1902, U 1912), Scheinmoral geißelt die Komödie *Moral* (U 1908, V 1909; Verf Dtl. 1927 W. Wolff, Dtl. 1937 H. H. Zerlett). Das Volksstück *Magdalena* (U, V 1912) handelt von einem Mädchen, das Opfer einer Hetzjagd wird. Den Anfang einer Reihe von Bauernromanen bildete *Andreas Vöst* (1906) mit der Darstellung des Kampfes zwischen einem Bauern und dem Dorfgeistlichen.

Ludwig Tieck
***31.5.1773 in Berlin, †28. 4.1853 in Berlin**
Der spätere „Impresario der Romantik" (‚Unternehmer' als Herausgeber von Werkausgaben) begann 1792 ein Studium der Theologie, Geschichte und Literatur (Halle, Göttingen und Erlangen, Freundschaft mit ↑Wackenroder), das er 1794 abbrach, um sich in Berlin als Schriftsteller zu betätigen. 1799/1800 lebte er in Jena (Verkehr mit ↑Brentano, ↑Novalis und den Brüdern ↑Schlegel), 1801/02 in Dresden; hier wurde er 1825 Dramaturg am Hoftheater, 1841 folgte er der Einladung Friedrich Wilhelms IV. nach Berlin, wo er an den königlichen Schauspielen tätig war.
Als eine Satire auf den Publikumsgeschmack erschien 1797 das Stück *Der gestiefelte Kater. Ein Kindermärchen in 3 Akten mit Zwischenspielen, Prolog und Epilog* (U 1844). Es handelt von einer vollkommen missglückten Aufführung des „Kindermärchens". Das aufgeklärte Publikum auf der Bühne stößt sich z.B. an der Unwahrscheinlichkeit sprechender Tiere, die eine „vernünftige Illusion" verhindern. Weder das eingeschobene Tanzbären-Ballett noch der Hanswurst noch die zur Schau gestellten Dekorationen zur *Zauberflöte* können den Aufruhr der Zuschauer besänftigen; im *Epilog* wird der Dichter mit „verdorbenen Birnen und Äpfeln" von der Bühne auf der Bühne gejagt. Das Stück ist ein Musterbeispiel romantischer Ironie als Spiel mit der auf die Bühne gebrachten Realität. Eine Polemik gegen die zu Regeln erstarrte Aufklärung enthält das Lustspiel *Prinz Zerbino oder Die Reise nach dem guten Geschmack* (V 1799), in dem ↑Goethe zu den Vorläufern der Romantik zählt. Am Ende wird der Titelheld wegen erwiesener Vernunft freigesprochen, denn er hat die Poesie als Narrheit erkannt. Im selben Jahr wie das Märchendrama vom gestiefelten Kater erschien die Märchennovelle *Der blonde Eckbert* vom Ritter Eckbert und seiner Frau Bertha, die unwissentlich als Geschwister im Inzest leben. Zentrales Thema ist die rätselhafte Wirklichkeit und ihre subjektive, von Schuldbewusstsein getrübte Wahrnehmung.
Der Fragment gebliebene, aus der Zusammenarbeit mit Wackenroder hervorgegangene Künstlerroman *Franz Sternbalds Wanderungen* (1798) über einen in die Niederlande und nach Italien reisenden Dürer-Schüler enthält vor allem in den Landschaftsschilderungen den Ausdruck der Sehnsucht nach dem Unendlichen. Der Missbrauch der im Wunderbaren sich offenbarenden Natur ist das Thema der Erzählung *Der Runenberg* (1804): Nach den im Berg verborgenen Schätzen suchend, kehrt der Held des „Naturmärchens" nach Jahren geistesverwirrt mit einem Sack gewöhnlicher Steine zurück. Die Slg. *Phantasus* (3 Bde., 1812–16) verbindet Erzählungen und Dramen durch einen Gesprächsrahmen mit Themen wie dem „Heiligtum unseres Innern" als Quelle des romantischen Lebensgefühls. An der Schwelle zum Realismus befindet sich die Erzählung *Des Lebens Überfluss* (1838) über das Ende einer Idylle in Armut, in die sich Heinrich und Klara zurückgezogen haben. Die Anerkennung der Realität ist mit dem Horror vor einer Verdinglichung der Welt verbunden: Heinrich wird vom Angsttraum seiner Versteinerung gequält. Bedeutend war Tieck auch als Übersetzer; z.B. Vollendung der Shakespeare-Übersetzungen A.W. Schlegels (1825–33 Schlegel-Tiecksche Gesamtausgabe, mit der Tochter Dorothea und Wolf von Baudissin).

Uwe Timm
***30. 3. 1940 in Hamburg**
Der Sohn eines Kürschners wuchs in Hamburg auf und lernte das Kürschnerhandwerk. Nach einigen Jahren in diesem Beruf holte Timm 1963 das Abitur nach und studierte in München und Paris Philosophie und Germanistik; 1967/68 war er aktives Mitglied des Sozialstischen Deutschen Studentenbundes (SDS). Der Promotion über *Das Problem der Absurdität bei Camus* (V 1971) folgten Studien der Soziologie und Wirtschaftswissenschaften. Seit 1971 lebt er als freier Schriftsteller in München.

Timm debütierte 1971 mit politischer Lyrik (Slg. *Widersprüche*). 1972 folgten die Hörspiele *Herbert oder Die Vorbereitung auf die Olympiade* und *Die Steppensau* (Dramat 1972). Zu Timms Themen gehören die jüngste dt. Geschichte mit besonderem Blick auf die sozialen Umstände. In seinem Debütroman *Heißer Sommer* (1974) beschäftigt er sich als einer der Ersten mit der Studentenbewegung der 1960er Jahre; *Morenga* (1978, Verf B. D. 1985 Eugen Günther) erzählt die Geschichte des Freiheitskampfes im damaligen Dt.-Südwestafrika; in dem Tagebuchroman *Kerbels Flucht* (1980) tritt die Figur Christian Kerbel das „Erbe der Politisierung und des Protestes" an, indem er sich sowohl gegen die Angepasstheit der Erwachsenenwelt, als auch die plakativen Parolen der linken Gruppierungen wendet; in *Kopfjäger. Bericht aus dem Inneren des Landes* (1991) erzählt der Wirtschaftskriminelle Walter seinen Werdegang; das politische Klima im wiedervereinigten Dtl. ist Thema des Romans *Johannisnacht* (1995). Der Roman *Rot* (2002) handelt von den gescheiterten Utopien der Studentenbewegung und von der „dialektischen Farbe" Rot, die „verbietet und einlädt". 2003 erschien der autobiografische Bericht *Am Beispiel meines Bruders,* in dem Feldpostbriefe und Tagebuchnotizen seines älteren Bruders und Mitglieds der Waffen-SS verarbeitet sind.
Für das Kinderbuch *Rennschwein Rudi Rüssel* (1989, Verf B. D. 1995 Peter Timm) erhielt Timm den Dt. Jugendliteraturpreis (1990); 2002 folgte der Münchner Literaturpreis für das Gesamtwerk.

Die Entdeckung der Currywurst. Novelle, V 1993, als Comic von Isabel Kreitz 2002.
Der Ich-Erzähler sucht die Antwort auf die Frage, wer die Currywurst erfunden hat: Nicht im West-Berlin der 1950er Jahre, wo Kenner ihren Ursprung vermuten, sondern in Hamburg, wo Lena Brückner, wie er sich erinnert, eine Imbissbude hatte. Er besucht sie im Altersheim, um ihre Variante von der Currywurst-Entstehung zu erfahren, und bekommt die verzweigte Geschichte einer ungewöhnlichen Liebe in den letzten Tagen des Zweiten Weltkriegs zu hören: Lena Brückner lernte den Bootsmann Bremer kennen und nahm ihn zu sich nach Hause. Anstatt am nächsten Morgen dem Marschbefehl zu folgen, bleibt er, weil „der Gedanke aufzustehen, in ein nasskaltes Erdloch zu steigen und sich totschießen zu lassen, so ganz und gar abwegig, ja pervers erschienen war." Als Deserteur muss sich Bremer in der Wohnung versteckt halten und Lena verschweigt ihm das Kriegsende um so das Ende der Liebesbeziehung und die Heimkehr Bremers zu seiner Frau hinauszuzögern.

Ernst Toller

***1. 12. 1893 in Samotschin (= Szamocin) bei Bromberg**
†22. 5. 1939 in New York

Der Sohn eines jüd. Kaufmanns brach 1914 sein Jurastudium ab und meldete sich als Kriegsfreiwilliger. Toller wandelte sich im Krieg zum sozialistischen Pazifisten; als dienstuntauglich entlassen, setzte er sein Studium in München und Heidelberg fort. Er trat der USPD bei, war 1918 führend an der Novemberrevolution in München beteiligt (Proklamation des republikanischen „Freistaats Bayern"), wurde nach der Ermordung Kurt Eisners als dessen Nachfolger Vorsitzender der Arbeiter-, Bauern- und Soldatenräte Bayerns bzw. des Zentralrats und befehligte die „Rote Garde" der Räterepublik. Nach deren Scheitern wurde Toller von einem Standgericht zu 5 Jahren Festungshaft verurteilt. Während der Haft setzte er sein Schaffen als Dramatiker und Lyriker fort (Slg. *Das Schwalbenbuch*, 1924). Er emigrierte 1933 in die Schweiz (im selben Jahr erschien als eines der ersten Werke der dt. Exilliteratur die Autobiografie *Eine Jugend in Deutschland*) und ließ sich 1936 in den USA nieder; Toller nahm sich das Leben.

Als erstes Drama brachte Toller 1919 *Die Wandlung* auf die Bühne; es handelt von dem Kampf eines „vaterlandslosen" Juden um Anerkennung, derentwegen er am Kolonialkrieg teilnimmt, und seiner Hinwendung zum Pazifismus und zur völkerverbindenden Brüderlichkeit. *Die Maschinenstürmer. Drama aus der Zeit der Ludditenbewegung in England* (U, V 1922), schildert am Beispiel eines Weberaufstands 1815 das Scheitern der Idee der Gewaltlosigkeit im sozialen Kampf. Im Mittelpunkt der Tragödie *Der deutsche Hinkemann* (E 1921/22, U, V 1923, ab 1924 u. d. T. *Hinkemann*) steht der entmannte Kriegsinvalide Eugen Hinkemann, dem „kein Staat, keine Gesellschaft, keine Gemeinschaft Glück bringen kann". *Der entfesselte Wotan* (V 1923, U 1926) karikiert die Nachkriegsgesellschaft der Schieber und Spekulanten. 1927 folgte der Hamburger Uraufführung die Berliner Inszenierung von *Hoppla, wir leben!* (Theater am Nollendorfplatz; vielteiliges Etagen-Spielgerüst, Filmprojektionen), mit der Erwin Piscator in Zusammenarbeit mit Toller den Stil seines „politischen Theaters" demonstrierte.

Masse Mensch. Ein Stück aus der sozialen Revolution des 20. Jahrhunderts. Versdrama in 7 Bildern, E 1919, U 1920, V 1921.

Das „den Proletariern" gewidmete Drama propagiert den gewaltlosen Kampf um die Befreiung und Verbrüderung der Menschen. Im Mittelpunkt steht eine Frau bürgerlicher Herkunft, die sich dem revolutionären Proletariat anschließt, den blutigen Klassenkampf jedoch ablehnt. Ihr Gegenspieler ist der Namenlose, eine Verkörperung der Masse. Sprache und Traumszenen (u. a. Tanz der Börsenspekulanten) sind expressionistisch geprägt.

Hoppla, wir leben!
Drama in 5 Akten, U, V 1927.

Ein Vorspiel zeigt 6 Akteure der gescheiterten Revolution von 1919 im Gefängnis. 8 Jahre später sucht einer von ihnen, der aus einer Nervenklinik entlassene Karl Thomas, die Genossen auf, die sich mit den sozialen Verhältnissen abgefunden haben; am Ende nimmt er sich, eines Mordes verdächtigt, das Leben. Das Stück bietet einen Querschnitt durch die Gesellschaft der Weimarer Republik im Rausch des wirtschaftlichen Aufschwungs nach der Inflation (der Titel zitiert einen Schlager); es steht der „Neuen Sachlichkeit" nahe.

Georg Trakl

***3. 2. 1887 in Salzburg, † 3./4. 11. 1914 in Krakau**

Der Sohn eines wohlhabenden Eisenhändlers besuchte in Salzburg ohne Abschluss das Gymnasium und studierte nach einem Apothekerpraktikum (Zugang zu Drogen) 1908–10 in Wien Pharmazie. 1912 trat Trakl als Apotheker in den Militärdienst, ließ sich jedoch nach halbjähriger Tätigkeit am Innsbrucker Garnisonshospital in die Reserve versetzen. Anschließend lebte er in Innsbruck im Haus Ludwig von Fickers, in dessen Zeitschrift „Der Brenner" er ab 1912 Gedichte veröffentlichte; 1913 erschien der Band *Gedichte* (mit dem ↑Kraus gewidmeten *Psalm*). Kurz nach Kriegsbeginn kam Trakl mit einer Sanitätsabteilung an die Ostfront (Galizien). Nach der Schlacht bei Grodek unternahm er einen Selbstmordversuch und wurde zur Beobachtung in das Militärhospital in Krakau eingeliefert; hier starb er an einer Überdosis Kokain. Postum erschienen die Slg. *Sebastian im Traum, Gedichte* (1915) und eine erste Gesamtausgabe seiner *Dichtungen* (1919). In der Expressionismus-Anthologie „Menschheitsdämmerung" (1920) ist Trakl mit 10 Gedichten vertreten, die Prosadichtungen sind erst 1947 erschienen.

Trakls Grunderfahrung war das „namenlose Unglück, wenn einem die Welt entzweibricht"; zu Bezugspersonen wurden der Märtyrer Sebastian und Kaspar Hauser, mythologischen Charakter gewann die auch als „Mönchin" angesprochene, mit dem Bruder in inzestuöser Liebe verbundene Schwester („Wieder nachtet die Stirn in mondnem Gestein; / Ein strahlender Jüngling / Erscheint die Schwester in Herbst und schwarzer Verwesung" – so endet das Gedicht *Ruh und Schweigen*). Die Auflösung syntaktischer Zusammenhänge bzw. deren Vieldeutigkeit, der zumeist freirhythmische und reimlose Vers- und Strophenbau, ungewöhnliche Wortverwendungen und Bildschöpfungen verbinden Trakls Lyrik mit dem Frühexpressionismus; kennzeichnend sind Farbadjektive (weiß, silbern, golden, rot, purpurn, blau, schwarz), in denen das Erlebnis der Wirklichkeit als „infernalisches Chaos von Rhythmen und Bildern" zu lyrischer Verdichtung gelangt.

Hans-Ulrich Treichel

***12. 8. 1952 in Versmold (Westfalen)**

Treichel studierte an der FU in West-Berlin Germanistik, promovierte 1984 mit einer Arbeit über ↑Koeppen und übernahm nach Lehrtätigkeiten in Italien (Pisa, Salerno) und einem Stipendiat in der Dt. Akademie Villa Massimo in Rom 1995 eine Professur an der Universität Leipzig.

Der Schriftsteller Treichel trat zunächst mit Lyrikbänden an die Öffentlichkeit (*Nicht ewig auch unbelehrbar*, 1978; *Tarantella*, 1982; *Seit Tagen kein Wunder*, 1990; *Gespräch unter Bäumen*, 2002). Autobiografische „Berichte" enthält der Prosabd. *Von Leib und Seele* (1992), gefolgt von den sarkastischen „Besichtigungen" *Heimatkunde oder Alles ist heiter und edel* (1996). Der Roman *Der Verlorene* (1998) zeigt, wie durch die Suche nach der verlorenen Vergangenheit die Gegenwart völlig außer Acht gelassen wird. Der Roman *Der irdische Amor* (2002) ironisiert die Jagd nach der idealen Liebe.

Zu Treichels Auszeichnungen gehören der Förderpreis zum Bremer Literaturpreis (1993) und der nach ↑Droste-Hülshoff benannte Preis (2003).

Kurt Tucholsky
***9. 1. 1890 in Berlin, †21. 12. 1935 in Hindås bei Göteborg**

Der Sohn eines jüd. Fabrikanten studierte in Berlin, Genf und Jena Rechtswissenschaft (Promotion 1914); ab 1907 veröffentlichte er Rezensionen, Gedichte und Glossen, 1912 erschien *Rheinsberg* (Verf B. D. 1967 Kurt Hoffmann), ein „Bilderbuch für Verliebte" über die heiteren Urlaubstage eines angeblichen Ehepaars. Ab 1913 war Tucholsky Mitarbeiter der linksliberalen Zeitschrift „Schaubühne" bzw. (ab 1918) „Weltbühne", die er nach einem Aufenthalt als Korrespondent in Paris (1924/25) im Jahr 1926 leitete (Zusammenarbeit mit ↑Kästner, ↑Mehring, Carl von Ossietzky). Seine satirischen Beiträge (z. T. unter den Pseudonymen Theobald Tiger, Peter Panter, Ignaz Wrobel und Kaspar Hauser) richteten sich gegen die Saboteure der Demokratie („Wir dachten unter kaiserlichem Zwang an eine Republik ... und nun ist's die!"), gegen Nationalismus und Militarismus (Slg. *Deutschland, Deutschland über alles*, 1929); in Chansons, Gedichten und pointierter Kurzprosa schilderte er als Mann mit „Schnauze und Herz" Berliner Charaktere und Alltagsszenen. *Ein Pyrenäenbuch* (1927) reflektiert die Eindrücke einer 1925 unternommenen Reise. 1929 ließ sich Tucholsky in Schweden nieder (Liebesroman *Schloss Gripsholm*, 1931, Verf B. D. 1963 Kurt Hoffmann). 1933 verlor er die dt. Staatsbürgerschaft; angesichts des in Dtl. siegreichen „Hordenwahnsinns" nahm er sich, krank und vereinsamt, das Leben.

Satiren. Das in formaler Hinsicht vielfältige Gesamtwerk lässt keine strikte Trennung zwischen der Satire als literarische Gattung und dem Satirischen als Stilmittel zu. Allerdings hat sich Tucholsky mehrfach essayistisch mit dem Wesen der Satire beschäftigt. Seine Antworten auf die Frage *Was darf der Satiriker?* (1919) beginnen mit dem Bonmot: „Wenn einer bei uns einen guten politischen Witz macht, dann sitzt halb Deutschland auf dem Sofa und nimmt übel." Tucholsky fährt fort: „Satire ist eine durchaus positive Sache. Nirgends verrät sich der Charakterlose schneller als hier, nirgends zeigt sich fixer, was ein gewissenloser Hanswurst ist, (...)."

Gegenstand der politischen Satire sind Militarismus und Bürokratismus, Chauvinismus und die politische Lethargie des Sozialismus. Ein Beispiel ist das Gedicht *Feldfrüchte* (1926) mit der 2. Strophe: „Sinnend geh ich durch den Garten / unsrer deutschen Politik; / Suppenkohl in allen Arten / im Kompost der Republik. / Bonzen, Brillen, Gehberockte, / Parlamentsroutinendreh ... / Ja, und hier –? Die ganz verbockte / liebe gute SPD. / Hermann Müller, Hilferließchen / blühn so harmlos, doof und leis / wie bescheidene Radieschen: / außen rot und innen weiß."

Zu Tucholskys gesellschaftskritischen Kurzgeschichten, die an Karikaturen des von ihm verehrten George Grosz erinnern, gehören die Erzählungen vom Geschäfts- und Privatleben des Herrn Wendriner. Diese 17 Monologe, jeweils innerhalb von Gesprächen, die Wendriner dominiert, reichen von *Herrn Wendriners Jahr fängt gut an* (1926) bis *Herr Wendriner steht unter der Diktatur* (1930). Aus demselben Jahr stammt die hoffnungsvolle Prognose des Radikaldemokraten Tucholsky: „Und wenn alles vorüber ist –, wenn sich das alles totgelaufen hat: der Hordenwahnsinn (...): dann wird es eines Tages wieder sehr modern werden, liberal zu sein."

Ludwig Uhland
***26.4.1787 in Tübingen, †13.11.1862 in Tübingen**
Der Sohn eines Universitätssekretärs studierte 1802–08 in Tübingen Jura und Sprachen (Beginn der lebenslangen Freundschaft mit ↑Kerner). 1810/11 diente ein Parisaufenthalt dem Studium altdt. und altfrz. Handschriften. Ab 1814 war er als Advokat tätig. 1815 erschien die Slg. *Gedichte*, die ihn als Hauptvertreter der „Schwäb. Schule" bekannt machte. 1819–29 gehörte Uhland als Tübinger Abgeordneter der württemberg. Ständekammer an; anlässlich der Annahme der Verfassung kam 1819 sein Trauerspiel *Ernst, Herzog von Schwaben* (V 1817) zur Aufführung. Nachdem er 1822 eine Monografie über ↑Walther von der Vogelweide als „altdeutscher Dichter" veröffentlicht hatte, erhielt Uhland 1829 eine Professur der Tübinger Universität für altdt. Literatur (Vorlesungen über german. und roman. Sagen sowie das ↑Nibelungenlied, 1831 erschien seine *Geschichte der altdeutschen Poesie*). 1832–38 gehörte Uhland als Vertreter Stuttgarts dem württemberg. Landtag an (da die Regierung seine Beurlaubung verweigerte, legte er seine Professur nieder). 1848/49 war Uhland als Vertreter des liberalen und großdt. Standpunkts Mitglied der Frankfurter Nationalversammlung und des Stuttgarter „Rumpfparlaments". Postum erschienen seine *Schriften zur Geschichte der Dichtung und Sage* (8 Bde., 1865–73).
Als Lyriker mied Uhland „eine Poesie, die nur die individuellen Empfindungen ausspricht", und strebte nach volkstümlicher Schlichtheit des Ausdrucks. Ein frühes Beispiel ist *Die Kapelle* (E 1815) über die Wurmlinger Kapelle bei Tübingen („Droben stehet die Kapelle, / Schauet still ins Tal hinab"); populär wurden auch *Frühlingsglaube* („Die linden Lüfte sind erwacht"), *Der Wirtin Töchterlein* („Einst zogen drei Burschen wohl über den Rhein"), *Der gute Kamerad* („Ich hatt einen Kameraden, / Einen bessern findst du nit") und *Einkehr* („Bei einem Wirte wundermild, / Da war ich jüngst zu Gaste"). Sagen und die Geschichte lieferten ihm die Stoffe seiner Balladen (*Das Glück von Edenhall, Bertran de Born, Des Sängers Fluch* und *Schwäbische Kunde*).

Karl Valentin **(eigtl. Valentin Ludwig Frey)**
***4.6.1882 in München, †9.2.1948 in München**
Nach einer Schreinerlehre besuchte Valentin eine Varietéschule und trat ab 1907 als Kabarettist auf. Mit seiner Partnerin Liesl Karlstadt (eigtl. Elisabeth Wellano, 1892–1960) entwickelte er über 400 Sketsche, Szenen und Stücke, die ab 1912 in mehr als 50 Filmen festgehalten wurden. Gastspielreisen führten das Duo nach Berlin, Wien und Zürich. Der „Clown Valentin" begeisterte in den frühen 1920er Jahren ↑Brecht und gehört bis heute zu den Vorbildern zahlreicher Kabarettisten. Dies beruht vor allem auf Valentins Sprachwitz, der im Alltäglichen mittels penetranter Logik das Absurde zu Tage fördert. So findet im Film *Der Firmling* (1934) der Vater (Valentin) kein Ende, sich über einen Zufall zu wundern: Das „Frappanteste" ist, dass der vom Erlacher Franz geliehene Anzug dem Pepperl (Karlstadt) passt, „wo der an Buam gar net kennt". Valentin starb verarmt und vergessen. Er wurde postum wiederentdeckt (*Karl Valentins Gesammelten Werke,* 1968; Bd. 2: *Sturzflüge im Zuschauerraum. Der gesammelten Werke anderer Teil,* 1969).

Birgit Vanderbeke
***8.8.1956 in Dahme (Brandenburg)**

Aufgewachsen in Frankfurt a. M. (1961 übersiedelte die Familie in die B. D.), studierte Vanderbeke dort zunächst Jura, anschließend Romanistik und arbeitete als Sekretärin. Bereits mit ihrer ersten Erzählung, *Das Muschelessen*, gewann sie 1990 den Ingeborg-Bachmann-Wettbewerb. Es folgte die Erzählung *Fehlende Teile* (1992), in der sich Vanderbeke die Figuren aus ↑Frischs Roman *Mein Name sei Gantenbein* aneignete: Lila – bei Frisch Projektionsfläche männlichen Begehrens – weiß bei Vanderbeke um das Versteckspiel ihres Mannes, der vorgibt, blind zu sein, und sie voyeuristisch kontrolliert. Seinen Erwartungen entspricht sie durch ihr Rollenspiel: „jeder ist Hase und Igel". Die Erzählung *Gut genug* (1993) widmet sich dem Thema der Mutterschaft, *Friedliche Zeiten* (1996) knüpft thematisch an *Das Muschelessen* an, indem das nahezu psychotisch erscheinende Beziehungsgeflecht der Familie zwar ebenfalls aus der Perspektive der Tochter beschrieben wird, aber diesmal mit der tyrannisch-fürsorglichen Mutter als zentraler Figur. *Ich sehe was, was du nicht siehst* (1999) handelt vom Wandel der Wahrnehmung der Ich-Erzählerin beim Umzug aus einer dt. Großstadt aufs Land (Südfrankreich). 2003 erschien die Erzählung *Geld oder Leben*.

Seit 1994 lebt Vanderbeke als freie Schriftstellerin und Übersetzerin in St. Quentin-La Poterie in Südfrankreich. Zu ihren Auszeichnungen gehört die Roswitha-Gedenkmedaille der Stadt Gandersheim (1999).

Das Muschelessen. Erzählung, V 1990, **als Hörbuch, gelesen von Vanderbeke, 1991, Dramat 2001.**

Die Erzählung hat die Form des inneren Monologs einer 18-jährigen Tochter. Diese Ich-Erzählerin wartet mit der Mutter und ihrem Bruder vergeblich auf die Heimkehr des Vaters von einer Dienstreise, die ihm den Aufstieg zum leitenden Angestellten sichern soll. Aus diesem Anlass haben sie ein Muschelessen vorbereitet. Dabei erweist sich die Harmonie als mühsam aufrechterhaltener Schein: „Alles in dieser Familie drehte sich nur darum, dass wir so tun mussten, als ob wir eine richtige Familie wären, wie mein Vater sich eine richtige Familie vorstellt." Als Übersiedler aus der DDR ist die Familie beherrscht von atmosphärischer Enge und subtiler Unterdrückung, gegen die sie im Laufe des Abends aufbegehrt. Warum der Vater nicht, wie angekündigt, um 18 Uhr erscheint, ist unerheblich. Als später das Telefon klingelt, nimmt keiner ab.

Alberta empfängt einen Liebhaber. Erzählung, V 1999.

Der Text gliedert sich in 3 Teile. Der 1. und 3. sind Ich-Erzählungen der Alberta und verfasst von einer Schriftstellerin, die im mittleren Teil ebenfalls als Ich-Erzählerin zu Wort kommt. Alberta und Nadan glauben, dass sie sich „von Anfang an bis zum jüngsten Tag" lieben, scheitern jedoch bei jedem Versuch eine Beziehung einzugehen. Der Annäherung als Schüler Ende der 1960er Jahre, folgen weitere Versuche, die jedes Mal misslingen. Im 2. Teil gibt die Schriftstellerin diese Geschichte ihrem Mann zum Lesen, der sie argwöhnisch beurteilt. Ein Scheitern der eigenen Ehe, das jene Erzählung auszulösen droht, versucht die Schriftstellerin durch das Ende von Albertas Erzählung abzuwenden: Nadan hat sich nach Jahren überraschend angemeldet und Alberta empfängt ihn als ihren erhofften Liebhaber. Diesmal scheint das Misslingen endgültig zu sein.

Rahel Varnhagen von Ense (geb. Levin)
***26. 5. 1771 in Berlin, †7. 3. 1833 in Berlin**
Die Tochter eines jüd. Kaufmanns heiratete 1814 den Diplomaten und Schriftsteller Karl August Varnhagen von Ense (*21. 2. 1785 in Düsseldorf, †10. 10. 1858 in Berlin). Sie bildete einen Mittelpunkt des fortschrittlichen kulturellen Lebens in Berlin. Als faszinierende Persönlichkeit verband sie die Tradition der Aufklärung (Kampf gegen Vorurteile) mit dem Humanitätsideal der Klassik und dem Empfindungsreichtum der Romantik. In ihrem „Salon" versammelten sich, wie zuvor schon in der „Dachstube" ihres Elternhauses, Militärs und Diplomaten ebenso wie Studenten, Schriftsteller und Schauspieler. Zu Varnhagens engsten Bekannten und Freunden gehörten ↑Brentano und seine Schwester (B. v. ↑Arnim), ↑Kleist, die Brüder ↑Schlegel, ↑Tieck und ↑Heine. In ihrer Korrespondenz verfolgte sie das Ziel, „Gespräche zu schreiben, wie sie lebendig im Menschen vorgehen". Nach ihrem Tod veröffentlichte ihr Mann als Auswahl von Briefen und Tagebuchaufzeichnungen *Rahel. Ein Buch des Andenkens für ihre Freunde* (1834).

Johann Heinrich Voß
***20. 2. 1751 in Sommersdorf (Mecklenburg), †29. 3. 1826 in Heidelberg**
Der Enkel eines Leibeigenen und Sohn eines Wirts und Zolleinnehmers war als Hauslehrer tätig und studierte ab 1772 in Göttingen Theologie, dann Altertumswissenschaften. 1775 gab er in Wandsbek den „Göttinger Musenalmanach" heraus, 1776–80 den „Hamburger Musenalmanach". 1787 wurde Voß in Eutin Gymnasialdirektor, ab 1806 lebte er in Heidelberg.
Als Lyriker widmete sich Voß der Versidylle (in Hexametern) mit zunächst antifeudalistischer, sozialkritischer Tendenz: *Die Pferdeknechte* (1775) bilden eine Anklage gegen einen wortbrüchigen Gutsherrn, der seinem leibeigenen Knecht Hochzeit und Freiheit versprochen hat. *Der siebzigste Geburtstag* (1781) schildert den Lebensumkreis eines Dorfschulmeisters, *Luise* (1783/84) Brautzeit und Heirat im Milieu eines Landpfarrhauses. Bedeutung für die dt. Antikenrezeption gewann Voß als Übersetzer der *Odyssee* (1781) und der *Ilias* (1793). Mit seinen Söhnen übersetzte er Shakespeares Dramen.

Wilhelm Heinrich Wackenroder
***13. 7. 1773 in Berlin, †13. 2. 1798 in Berlin**
Die 1796 anonym erschienenen *Herzensergießungen eines kunstliebenden Klosterbruders* artikulieren in Form von schlichten Künstlerbiografien (Dürer, Leonardo da Vinci, Michelangelo, Raffael) und Aufsätzen über das Kunstverständnis (u. a. *Wie und auf welche Weise man die Werke der großen Künstler der Erde eigentlich betrachten und zum Wohl seiner Seele gebrauchen müsse*) die für die Frühromantik grundlegende Auffassung der Kunst als intuitive Ausprägung des Religiösen. Die Problematik eines auf Innerlichkeit gegründeten Künstlertums reflektiert die Erzählung *Das merkwürdige musikalische Leben des Tonkünstlers Joseph Berglinger*. Die Slg. enthält auch Beiträge ↑Tiecks, mit dem Wackenroder während des gemeinsamen Studiums in Erlangen 1793 Freundschaft geschlossen hatte. 1799 gab Tieck die *Fantasien über die Kunst, für Freunde der Kunst* heraus.

Heinrich Leopold Wagner

***19. 2. 1747 in Straßburg, †4. 3. 1779 in Frankfurt a. M.**

1770 lernten sich in Straßburg die beiden Jurastudenten Wagner und ↑Goethe kennen, 1774 ließ sich Wagner als Advokat in Frankfurt a. M. nieder. Mit seinem Trauerspiel *Die Kindermörderin* (U, V 1776) schuf Wagner (von Goethe des Plagiats an der dem Freundeskreis bekannten „Gretchentragödie" des *Urfaust* bezichtigt) ein Hauptwerk der sozialkritischen Dramenliteratur des Sturm und Drang: Evchen, die Tochter eines Metzgermeisters, wird von dem adligen Leutnant von Gröningseck in Anwesenheit ihrer durch ein Schlafmittel betäubten Mutter verführt und erhält dessen Eheversprechen; die Intrige eines Standesgenossen spiegelt Evchen vor, Gröningseck sei wortbrüchig, sie bringt ihr Kind bei einer Lohnwäscherin zur Welt und tötet es im Wahnsinn, nachdem sie erfahren hat, dass ihre Mutter vor Kummer gestorben ist und ihr Vater eine Belohnung für ihre Ergreifung ausgesetzt hat. Ähnlich wie ↑Lenz *(Die Soldaten)* lässt Wagner das Drama in eine Erörterung der Ursachen der tragischen Handlung münden.

Günter Wallraff

***1. 10. 1942 in Burscheid bei Köln**

Nach dem Abitur machte Wallraff eine Buchhändlerlehre (bis 1962), leistete als Kriegsdienstverweigerer 10 Monate Wehrdienst ohne Waffe und arbeitete anschließend in verschiedenen Unternehmen. Die hier gewonnenen Erfahrungen verarbeitete er in dem Reportageband *Wir brauchen dich. Als Arbeiter in deutschen Industriebetrieben* (1966, 1970 u. d. T. *Industriereportagen. Als Arbeiter in deutschen Großbetrieben*); 1969 folgte die Slg. *13 unerwünschte Reportagen* mit sog. „Rollenreportagen" (Erfahrungen in der Rolle als Alkoholiker, als Obdachloser, als Chemiefabrikant). Innerhalb der von ↑Grün mitbegründeten „Gruppe 61" gehörte Wallraff als konsequenter Vertreter der dokumentarischen Literatur zur Opposition und beteiligte sich an der Gründung des „Werkkreises Literatur der Arbeitswelt" (1. Tagung 1970). Dem Ziel, das totalitäre griech. Obristen-Regime in einem Prozess zur Selbstentlarvung zu zwingen, diente 1974 Wallraffs in Athen durchgeführte Aktion (Selbstankettung auf dem Syntagmaplatz, *Unser Faschismus nebenan. Griechenland gestern – ein Lehrstück für morgen*, 1975). In der Rolle eines Redakteurs war Wallraff Mitarbeiter der „Bild-Zeitung", um authentisch über den mehr oder weniger bewussten Prozess der Verfälschung der Wirklichkeit im Medium des Massenblattes berichten zu können (*Der Aufmacher. Der Mann, der bei „Bild" Hans Esser war*, 1977; TV-Bericht *Informationen aus dem Hinterland. Wallraff bei „Bild"*, Erstsendung 1977 im schwed. Fernsehen; *Zeugen der Anklage. Die „Bild"-beschreibung wird fortgesetzt*, 1979; *Das BILD-Handbuch bis zum Bildausfall*, 1981, 1985 u. d. T. *Bild-Störung; Günter Wallraffs BILDerbuch*, 1985). Auch hier bildete die juristische Reaktion einen Bestandteil der Gesamtaktion (Slg. *Enthüllungen. Recherchen, Reportagen und Reden vor Gericht*, 1985). Politische Konsequenzen erzielte die Rollenreportage (als türk. Arbeiter Ali) *Ganz unten* (1985, Verf B. D. 1986 Jörg Gfrörer) u. a. über den menschenverachtenden Handel mit Leiharbeitern. 2002 erschien die Slg. *Ich – der andere. Reportagen aus 4 Jahrzehnten.*

Martin Walser
***24. 3. 1927 in Wasserburg (Bodensee)**
Seine durch Arbeitsdienst, Einsatz als Flakhelfer und Gefangenschaft unterbrochene Schulausbildung schloss Walser 1946 mit dem Abitur ab; 1948–51 studierte er in Tübingen Geschichte, Philosophie und Literatur (Promotion über ↑ Kafka). Als Mitarbeiter des Süddt. Rundfunks (ab 1949) war er in der Unterhaltungsabteilung, dann im Ressort Politik und Zeitgeschehen tätig. 1955 erhielt er den Preis der „Gruppe 47" (Slg. *Ein Flugzeug über dem Haus und andere Geschichten*), seit 1957 (Hesse-Preis für den Roman *Ehen in Philippsburg*) lebt er als freier Schriftsteller am Bodensee (Nußdorf bei Überlingen). Ende der 1960er Jahre unterstützte er den Protest gegen den amerikan. Krieg in Vietnam, Anfang der 1970er Jahre stand er mit dem von ↑ Wallraff mitbegründeten „Werkkreis Literatur der Arbeitswelt" in Verbindung. 1981 wurde Walser mit dem Georg-Büchner-Preis ausgezeichnet. Seine Dankrede bei der Verleihung des Friedenspreises des Dt. Buchhandels (1998) enthält die Kritik an einer bloßen Ritualisierung des dt. Schuldbekenntnisses.

Das zentrale Thema des Erzählers Walser ist der gesellschaftliche Zwang zur Anpassung, den seine zumeist aus der Mittelschicht stammenden bzw. in diese aufsteigenden Protagonisten resignierend hinnehmen. Der Roman *Seelenarbeit* (1979) schildert die selbstquälerischen Anstrengungen des Chauffeurs Xaver Zürn, seinem Herrn, dem Industriellen Dr. Gleitze, stets zu Diensten zu sein, wodurch er nicht allein als Ehemann (der Chef „siegt hier in unserem Schlafzimmer ununterbrochen") und Vater versagt, sondern auch erkrankt („Der Stoffwechsel ist abhängig von der Arbeit der Seele", ermahnt ihn ein Arzt); die Deklassierung zum Gabelstaplerfahrer lässt hoffen, dass er wieder festen Boden unter den Füßen bekommt. Von der Weigerung des Alfred Dorn, erwachsen zu werden, handelt der Roman *Verteidigung der Kindheit* (1991), in *Finks Krieg* (1996) kämpft ein hess. Ministerialrat (nach authentischem Vorbild) gegen die Staatskanzlei, da er auf Grund parteipolitischer Intrigen entlassen worden ist. Der Roman *Tod eines Kritikers* (2002) wurde als persönliche Abrechnung mit einem allmächtigen Akteur des Literaturbetriebs (miss-)verstanden. *Meßners Reisen* (2003) setzen *Meßners Gedanken* (1985) autobiografisch fort.
Als Dramatiker variiert Walser die Anpassungsthematik teilweise an historischen, zumeist grotesk gestalteten Themen: *Überlebensgroß Herr Krott. Requiem für einen Unsterblichen* (U 1963, V 1964) schildert die uneingeschränkte Herrschaft des kapitalistischen Monstrums Krott; *Das Sauspiel. Szenen aus dem 16. Jahrhundert* (U, V 1975, Musik von Mikis Theodorakis) spielt in Nürnberg um 1526 nach Niederschlagung der Bauernerhebung. Walsers Beitrag zum Goethe-Jahr 1982 bildete das Stück *In Goethes Hand* über die Beziehung zwischen dem Dichterfürsten und seinem Sekretär Eckermann. Reden und Aufsätze enthalten die Bde. *Heimatkunde* (1968), *Wie und wovon handelt Literatur?* (1973), *Was zu bezweifeln war* (1976), *Wer ist ein Schriftsteller?* (1978) und die Slg. *Ich vertraue. Querfeldein* (2000). Walsers Frankfurter Poetik-Vorlesungen erschienen 1981 u. d. T. *Selbstbewusstsein und Ironie*.

Eiche und Angora. Drama in 11 Bildern, U, V 1962.
Als Schauplatz dient der „Eichenkopf": 1945 Hauptquartier der Verteidiger des Städtchens Bezgenburg, 1960 Standort des Höhenrestaurants „Teutach-Blick". Im Mittelpunkt steht der im KZ entmannte und einer Gehirnwäsche unterzogene ehemalige Kommunist Alois Grübel, Züchter „reinrassiger" Angorakaninchen. Im Unterschied zum NS-Kreisleiter Gorbach und zu anderen Honoratioren verpasst Grübel im jeweils entscheidenden Moment die Anpassung an die neuen politischen Verhältnisse und ist insofern der Antiheld eines Stückes über das von Walser thematisierte „spezifisch dt. Talent, einem Staat zu dienen".
Als 2. Teil seiner „dt. Chronik" ließ Walser das Drama *Der schwarze Schwan* folgen (U, V 1964). Im Mittelpunkt steht der Sohn des ehemaligen KZ-Arztes Goothein, der Kenntnis von der Vergangenheit seines Vaters erhalten hat. Er nimmt sich das Leben, nachdem er vergeblich versucht hat, diesen durch ein Erinnerungsspiel (in dem er einen SS-Offizier, den „schwarzen Schwan", spielt) zu einem Geständnis zu bewegen.

Die Zimmerschlacht. Übungsstück für ein Ehepaar. Drama in 2 Akten, U 1967.
Das 2-Personen-Stück handelt von dem Erdkundelehrer Felix und dessen Frau Trude, die ihren Beruf als Ärztin aufgegeben hat, um sich auf ihre Aufgaben als Hausfrau zu beschränken. Nach 20-jähriger Ehe wahren sie, innerlich frustriert, den Anschein der Normalität im Rahmen der gesellschaftlichen Konventionen. Während Felix seine Ehe aus Bequemlichkeit und dem Bedürfnis nach Sicherheit beibehält, vermisst Trude sexuelle Befriedigung. Zwar kommt es zu einer lange vermiedenen Aussprache über die Sinnlosigkeit dieser Ehe. Doch bleiben die eben noch Aufrichtigen ihrer Lebenslüge treu und sind bereit, auf der Party eines Freundes die Rollen glücklicher Eheleute weiterzuspielen.

Halbzeit. Roman, V 1960.
Der Aufstieg des Ich-Erzählers Anselm Kristlein führt vom Handelsvertreter über den Werbetexter zum Spezialisten für „künstliche Produktalterung". Beruf und Privatleben dienen der Werbung: Kristlein muss andere zum Erwerb von Überflüssigem animieren, und er wirbt um Frauen, die ihm das Gefühl vermitteln, gebraucht zu werden, obwohl er sich selbst für überflüssig hält. Der Titel aus der Welt des Fußballs ist charakteristisch für Walsers Vorliebe für die Mehrdeutigkeit der Sprache. Er kennzeichnet den Roman als eine Zwischenbilanz zur Zeit des „Wirtschaftswunders".

Das Einhorn. Roman, V 1966, **Verf B.D. 1977 Peter Patzak.**
Der Schauplatz wechselt von Stuttgart nach München. Anselm Kristlein übernimmt den Auftrag, ein Buch über die Liebe zu schreiben. Da ihm die eigene Ehe als Basis nicht ausreicht, die von der Verlegerin erwartete sexuelle Freizügigkeit in diesem „Sachbuch" unterzubringen, „etwas Genaues" zu beschreiben, macht sich Kristlein auf die Suche nach neuen Erfahrungen und scheitert. Das Fabeltier Einhorn dient als Sinnbild des Begehrens. Kristleins Metier gibt Gelegenheit zu Satiren auf den Kultur- und Literaturbetrieb: „Der Schriftsteller ein Fachmann für fast alles. Konnte er da zurückschreiben: Ich weiß es doch auch nicht! Oder fühlte er sich schon geschmeichelt, weil Leute glaubten, er wisse, wann die Wiedervereinigung fällig (...) sei?"

Der Sturz. Roman, V 1973, **Verf B.D. 1978 Alf Brustellin.**
Kristlein lebt im 3. Teil der Trilogie mit seiner Familie am Bodensee. Eine „Abwärtsbewegung" mit abenteuerlichen Stationen mündet in die Vorstellung einer Flucht in den Süden; der Absturz mit dem Auto in den Alpen scheint Kristleins Ende zu bedeuten; der Roman lässt aber eine Zukunft für den opportunistischen Kleinbürger offen.

Ein fliehendes Pferd.
Novelle, V 1978, Dramat 1985.
Der Stuttgarter Oberstudienrat Helmut Halm, ein Endvierziger, ist in eine Lebenskrise geraten. Die Beschränkung auf ein erlebnis- und gefühlsarmes Leben erscheint ihm als Schicksal und zugleich notwendige Überlebenshilfe. Während seines Urlaubs, den er wie schon seit Jahren mit seiner Frau Sabine am Bodensee verbringt, wird die resignative Selbstbegrenzung in Frage gestellt, und zwar durch Halms früheren Freund Klaus Buch und dessen attraktive Frau Helene. Beide sind der Inbegriff von sportlichem Lebenselan und erfolgsgewohnter Pragmatik. Aus den Kleinigkeiten des täglichen Urlaubsumgangs der beiden Paare entwickelt sich eine von Halm als gezielter Angriff empfundene Herausforderung („Die machten ihn fertig"). Zu Buchs Triumph gehört es, dass es ihm gelingt, ein fliehendes Pferd einzufangen. Schließlich entladen sich die in Halm aufgestauten Aggressionen: Bei einer Segelpartie stößt er Buch aus dem Boot. Doch selbst diese „Tat" misslingt, Buch kann sich retten; Halm sieht sich in seinem Selbstverständnis als ewiger Verlierer bestätigt.
Im 7. der 9 Kapitel (Gespräch der beiden Ehepaare) deutet sich Walsers Parteinahme für den „Versager" an: Klaus Buch zeigt sich „so glücklich zu sehen, dass Helmut kein Kleinbürger geworden sei". Als mittelbare Replik folgt: „Helmut dachte: Wenn ich überhaupt etwas bin, dann ein Kleinbürger. Und wenn ich überhaupt auf etwas stolz bin, dann darauf." Klaus lenkt das Gespräch auf das Verhältnis zur Arbeit als Lebensinhalt kleinbürgerlicher Existenz und erklärt als selbstgefälliger Liebhaber, „Arbeit sei ein Ersatz für Erotik". Buchs Frau Helene kommentiert spöttisch: „Er redet ein bisschen viel darüber. Das ist aber sein einziger Fehler." Dieses Gespräch führen die vier am Abend vor der stürmischen Bootsfahrt der beiden Männer. Ihre Schilderung spiegelt die Sachkenntnis des leidenschaftlichen Seglers Walser.

Ein springender Brunnen.
Roman, V 1998, auch als vom Autor gelesenes Hörbuch 1998.
Der nahezu einzige Schauplatz dieses Heimat-Romans über die Kindheit und Jugend des Protagonisten Johann ist Wasserburg am Bodensee, die Heimat Walsers, und wie dieser gehört Johann dem Jahrgang 1927 an. Der Handlungszeitraum reicht von 1932 bis 1945. Dennoch ist die Zeitgeschichte, die NS-Zeit, nur eines unter mehreren Themen und programmatisch beschränkt auf den Erfahrungsbereich des in der Provinz als Sohn einer Gastwirtin Heranwachsenden: Während der militärischen Ausbildung als Gebirgsjäger dichtet Johann; er hat ↑ Nietzsches *Zarathustra* bei sich, und er spürt „Zarathustra-Energie". Bald darauf greift er zu ↑ Stifter.
Ein roter Faden des figuren- und episodenreichen Romans ist das Wesen der Sprache. Sie versagt, als der pubertierende Johann onaniert (er „sagte dabei innendrin irgendwelche Silben auf, die keinen Sinn ergaben, aber einen Takt"). Nach der ersten Nacht mit Lena „trug (ihn) etwas, was er noch nie erlebt hatte. Er nannte es nicht Glück. Er lehnte das Wort sogar ab. (...) Vielleicht war das Wort Erlösung dafür zu gebrauchen." Das Leitthema verdichtet sich gegen Ende: „Die Sprache, die er nach 1933 erlernt hatte, war, nach der Kirchensprache, die zweite Fremdsprache gewesen." Johann erkennt als unabdingbar: „Sich den Sätzen anvertrauen. Der Sprache." Die Metaphorik des Titels unterstreicht der letzte Satz: „Die Sprache, dachte Johann, ist ein springender Brunnen."
Ein „Vorwort als Nachwort" erläutert einige im Roman verwendete Wörter, die aus dem Hochdeutschen verschwunden und nur noch im Dialekt erhalten sind bzw. waren. Walsers sprachgeschichtlicher Befund: „Natürlich stirbt der Dialekt, wenn seine Existenzbedingungen zu ungünstig werden. Um es zeitgenössisch auszudrücken: wenn das Logotop zerstört wird."

Robert Walser
***15.4.1878 in Biel (Kt. Bern)**
†25.12.1956 bei Herisau (Kt. Appenzell)

Der Sohn eines Buchbinders führte nach der Schulzeit ein Wanderleben mit wechselnden Tätigkeiten in Zürich, 1903/04 in Wädenswil am Zürichsee (Vorbild der Gemeinde Bärenswil im Roman *Der Gehülfe*), in Stuttgart (Zusammenleben mit dem als Maler tätigen Bruder Karl) und Berlin. Kurz vor dem I. Weltkrieg kehrte Walser in die Schweiz zurück, leistete seinen Militärdienst ab und wurde 1921 Angestellter am Kantonsarchiv in Bern. Anzeichen von Schizophrenie veranlassten 1929 seine Einweisung in die Berner Nervenheilanstalt, ab 1933 lebte Walser in der Nervenklinik von Herisau. Sein literarisches Schaffen ist erst nach 1945 wiederentdeckt worden. In jahrzehntelanger Arbeit gelang es dem Robert-Walser-Forscher Bernhard Echte, winzig geschriebene „Mikrogramme" zu entziffern *(Aus dem Bleistiftgebiet – Mikrogramme 1924/25,* 1985). Sie entstanden anfangs als Erstfassungen von Walsers Texten.

Als erstes größeres Erzählwerk entstand und erschien 1906 der autobiografische Roman *Geschwister Tanner*. Die Hauptfigur Simon Tanner führt ein planloses „Leben des bloßen Beschauens und Sinnens", ohne ungesellig zu sein; allerdings weigert er sich, einen als schön empfundenen Tag „durch Arbeit zu entweihen". Seine Grundhaltung gibt das Bekenntnis zu erkennen: „Ich stehe noch immer vor der Tür des Lebens, klopfe und klopfe, allerdings mit wenig Ungestüm, und horche nur gespannt, ob jemand komme, der mir den Riegel zurückschieben möchte." Zur vorherrschenden Darstellungsform wurden kleine Prosaskizzen, u. a. über ↑ Brentano und ↑ Kleist.

Der Gehülfe. **Roman, V 1907, Verf Schweiz 1975 Thomas Koerfer.**

Konzipiert als ein „Auszug aus dem schweizer. täglichen Leben", schildert Walsers autobiografisch fundierter Roman einen Abschnitt aus dem Leben des „Gehülfen" Joseph Marti. Er ist Kontorist des Fabrikanten Tobler, eines Erfinders skurriler Apparaturen, und wird Zeuge des Niedergangs des Unternehmens und des Zerfalls der Familie Toblers. Für alle beteiligten Personen ist eine orientierungslose Sprunghaftigkeit kennzeichnend. Sie drückt sich bei Marti im Wechsel zwischen Selbstkritik und Oberflächlichkeit aus, zwischen mutigem Eintreten für die geistig zurückgebliebene Tochter Silvi und Unterwürfigkeit. Leichtsinn und Schwermut paaren sich bei Toblers Frau, der Marti als Partner beim Kartenspiel dient. Was Marti zuletzt bleibt, ist der eigene Entschluss, seine Anstellung aufzugeben.

Jakob von Gunten. Ein Tagebuch. **Roman, V 1908, Verf B.D. 1971 Peter Lilienthal.**

Jakob von Gunten, Zögling des der Erziehung von Dienern und somit „brauchbaren Menschen" gewidmeten Berliner Instituts „Benjamenta's Knabenschule", ist sich bewusst, dass er und seine Mitschüler „etwas sehr Kleines und Untergeordnetes im späteren Leben sein" werden. Er fühlt sich zu dem Musterschüler Kraus und der Schwester des Direktors hingezogen. Auf rätselhafte Weise verödet das Institut, dessen Lehrer „aus irgendwelchen sonderbaren Gründen tatsächlich totähnlich daliegen und schlummern". Übrig bleiben Jakob und Benjamenta; sie beschließen, gemeinsam in die „Wildnis" des freien Lebens aufzubrechen. Die Tagebuchtexte spiegeln den Weg zur Befreiung in einem Gefüge aus erzählenden und essayistischen Passagen, aus Traumschilderungen und reflektierender Prosa.

Walther von der Vogelweide
*** um 1170 in Österreich, † um 1230 in Würzburg (?)**

Obwohl nur ein einziges gesichertes biografisches Datum urkundlich überliefert ist (am Martinstag des Jahres 1203 erhielt der Sänger vom Passauer Bischof Wolfger fünf Denare für einen Winterpelz), tritt Walther von der Vogelweide im Spiegel seiner vielfach personen- und ereignisbezogenen Dichtung innerhalb eines konkreten historischen Bezugsrahmens in Erscheinung. Vor allem aber bildet sein Schaffen den Ausdruck einer individuellen Persönlichkeit. So ist es kein Zufall, dass sein Autorenbild in der „Manessischen Handschrift" (um 1330) den Anfangsversen eines Gedichts nachgebildet ist, die als „Selbstbildnis" wirken: „Ich saz ûf eime steine / und dahte bein mit beine: / dar ûf satzt ich den ellenbogen: / ich hete in mîne hant gesmogen / daz kinne und ein mîn wange" (Ich saß auf einem Stein / und hatte ein Bein übers andere geschlagen, / darauf den Ellenbogen gesetzt, / ich hatte in meine Hand das Kinn / und eine meiner Wangen geschmiegt).
Walther stammt vermutlich aus niederem Adel, einem Ministerialengeschlecht. Um 1190 bis zum Tod seines Gönners, des Herzogs Friedrich von Österreich (1198), hielt er sich in Wien am Hof der Babenberger auf, als Schüler, Herausforderer und Konkurrent des betont höfischen, „klassischen" Minnesängers Reinmar der Alte. Fortan führte er als „Fahrender" ein Wanderleben; es kann zur Erklärung der Vielfalt der in Walthers Dichtung erkennbaren Einflüsse sowie der Aufhebung erstarrter Traditionen herangezogen werden. Zu Walthers Gönnern gehörten der dt. König Philipp von Schwaben und dessen Rivale, der spätere Kaiser Otto IV. aus dem Haus der Welfen, Landgraf Hermann I. von Thüringen, auf dessen Wartburg – wenn überhaupt – zwischen 1207 und 1210 der „Sängerwettstreit" u. a. mit ↑ Wolfram von Eschenbach stattgefunden hat, und der Staufer Friedrich II., der ihm um 1220 ein kleines Lehen in Würzburg vermachte.
Die überragende Bedeutung der Lyrik Walthers von der Vogelweide beruht zum einen auf der Erneuerung des Frauenbildes der Minnedichtung. Der Lobpreis gilt nicht mehr einer Traumvorstellung, sondern der sinnlich erfahrbaren Schönheit: „Si wunderwol gemachet wîp, / daz mir noch werde ir habedanc! / ich setze ir minneclîchen lîp / vil werde in mînen hôhen sanc" (Die wunderbar geschaffne Frau, / dass sie mir's einst noch danken möge! / Ich setze ihre liebliche Gestalt / herrlich in mein hohes Lied). Die Themen der Liebeslyrik reichen bis zum Mädchenlied (als Rollendichtung) der „niederen Minne": „‚Under der linden / an der heide, / dâ unser zweier bette was, / (...) tandaradei, / schône sanc diu nahtegal.'" Zum anderen entwickelte Walther eine politisch wirkungsvolle Spruchdichtung, die nicht allein Lebensweisheit vermittelt, sondern in umfassender Weise der Diagnose des moralischen, religiösen und staatlichen Lebens dient. In den Mittelpunkt rückte die Kritik an der Selbstherrlichkeit der päpstlichen Kirche: „ir pfaffen, ezzent hüenr und trinkent wîn", lässt Walther Innozenz III. höhnen, „unde lânt die tiutschen leien magern unde vasten!" (Ihr Priester, esst Hühner und trinkt Wein / und lasst die dt. Laien magern und fasten!). Als Vermächtnis ist Walthers wohl 1227 im Zusammenhang des zunächst gescheiterten Kreuzzugs Friedrichs II. entstandene sog. *„Elegie"* zu betrachten.

Frank Wedekind (eigtl. Benjamin Franklin W.)
***24.7.1864 in Hannover, †9.3.1918 in München**
Der Sohn eines Arztes und einer Schauspielerin machte in Aarau das Abitur, studierte in München und Zürich Jura, wurde Reklamechef der Firma Maggi, gehörte 1888 als Sekretär einem Zirkus an und wurde nach Aufenthalten in Paris und London als Dramaturg, Regisseur und Schauspieler tätig. 1896 wurde er Mitarbeiter des „Simplicissimus" (1899/1900 Festungshaft wegen Majestätsbeleidigung), 1900 gab er sein Debüt als Dramatiker (*Der Liebestrank*), 1901/02 trug er im Münchner Kabarett „Die elf Scharfrichter" seine provozierenden Lieder zur Laute vor, anschließend trat er im Berliner „Überbrettl" auf, 1905–08 gehörte er dem Berliner Dt. Theater an.
Wedekinds radikale Gesellschaftskritik bedient sich des Bekenntnisses zum Vitalismus, um die herrschende Scheinmoral zu entlarven. Die Zerstörung ursprünglicher Lebenskraft demonstriert die *Lulu*-Tragödie: Die im Prolog als „schönes Tier" vorgeführte Titelheldin richtet zwar sämtliche Personen, die sie in ihren Bann zieht, zugrunde und wird schließlich als Prostituierte von Jack the Ripper erstochen, ist aber zuallererst selbst das Opfer der auf sie gerichteten Begierden. Zur Macht gelangende Außenseiter wie der Hochstapler Marquis von Keith sind das Produkt einer zutiefst verlogenen Gesellschaft. Durch die Verwendung greller Kontraste in Sprache und szenischer Gestaltung bereitete Wedekind, ein Gegner des Naturalismus, das expressionistische Drama vor; als Lyriker beeinflusste er ↑Brecht.

Gedichtbände: *Die vier Jahreszeiten* (1905), *Lautenlieder* (postum 1920). – Romane: *Mine Haha oder Über die körperliche Erziehung der jungen Mädchen* (Fragment, E 1895, V 1901). – Dramen: *Lulu*-Tragödie (E ab 1892; 1. Teil *Der Erdgeist*, V 1895, U 1898; 2. Teil *Die Büchse der Pandora*, V 1902, U 1904; Gesamtausgabe *Lulu* 1913; Vert 1929–35 Alban Berg, U postum 1937), *Der Kammersänger* (U, V 1899), *Der Marquis von Keith* (V 1900, U 1901), *So ist das Leben* (U, V 1902, 1911 u. d. T. *König Nicolo*, Verf Dtl. 1919 P. Legband, Vert 1962 Hans Chemin-Petit), *Hidalla oder Sein und Haben* (V 1904, U 1905, 1911 u. d. T. *Karl Hetman, der Zwerg-Riese*), *Totentanz* (U, V 1905, 1909 u. d. T. *Tod und Teufel*), *Musik* (E 1906, V 1907, U 1908).

Frühlings Erwachen. Eine Kindertragödie. Drama in 3 Akten, E 1890/91, V 1891, U 1906, Vert 1928 Max Ettinger.
Im Mittelpunkt stehen die 14-jährige, von ihrer Mutter in sexueller Hinsicht in Unwissenheit gehaltene Wendla sowie die Schulfreunde Moritz und Melchior; Ersterer ist von der Schule und dem häuslichen Diktat der Pflichterfüllung überfordert, Letzterer ein tolerant erzogener Realist. Wendla und Moritz verführen einander. Nachdem er das Klassenziel nicht erreicht hat, nimmt sich Moritz das Leben; einer bei ihm gefundenen Aufklärungsschrift, die Melchior für ihn verfasst hat, wird die Schuld an seiner Verzweiflungstat gegeben. Wendla stirbt an einer von der Mutter veranlassten Abtreibung. Melchior, der von der Schule verwiesen worden ist, will sich an Wendlas Grab das Leben nehmen, bestärkt von dem ihm erscheinenden Moritz; ein „vermummter Herr" bricht die Verführungskraft der Todesschilderung, die Moritz gibt, und zieht Melchior mit dem Versprechen mit sich fort: „Ich erschließe dir die Welt."
Die Haupthandlung mit ihrer Anklage gegen die Verständnislosigkeit der Erwachsenen gegenüber den ihnen anvertrauten Jugendlichen wird von z. T. lyrisch-expressiven Dialogen der Heranwachsenden (über Idealismus und Materialismus, Selbstbefriedigung, Homoerotik) und groteske Auftritte der Pädagogen (Sonnenstich, Knochenbruch) begleitet.

Georg Weerth

***17. 2. 1822 in Detmold, † 30. 7. 1856 in Havanna (Kuba)**

Der Sohn eines Theologen (Generalsuperintendent) studierte in Bonn; ab 1843 war er in England in einem Textilunternehmen tätig (Bekanntschaft mit Friedrich Engels). 1847 trat er dem „Bund der Kommunisten" bei, 1848/49 leitete er in Köln das Feuilleton der von Karl Marx hg. „Neuen Rheinischen Zeitung". Für den hier veröffentlichten und 1849 als Buchausgabe erschienenen satirischen Roman *Leben und Taten des berühmten Ritters Schnapphahnski* wurde Weerth zu 3 Monaten Gefängnis verurteilt. Für eine Hamburger Firma unternahm er in den folgenden Jahren Handelsreisen, ab 1852 leitete er eine für die Karibik zuständige Agentur.

In einem zwischen 1843 und 1847 entstandenen, erst 1856 veröffentlichten Romanfragment schildert Weerth die Zustände in einer dt. Baumwollspinnerei (Ausbeutung von Jugendlichen und Kindern), die Wandlung eines Fabrikantensohnes zum Sozialisten und die Versuche eines aus England zurückgekehrten Mechanikers, die Arbeiter über ihre Lage aufzuklären (mehrfach wird aus der Studie *Die Lage der arbeitenden Klasse in England* von Engels aus dem Jahr 1845 zitiert). Der hier auftretende skrupellose Kapitalist Preiss gehört auch zu den Personen der in Fortsetzungen 1847/48 in der „Kölnischen Zeitung" und 1848 in der „Neuen Rheinischen Zeitung" erschienenen Satire *Humoristische Skizzen aus dem deutschen Handelsleben.* Im Roman über Schnapphahnski (den Namen prägte ↑ Heine im Versepos *Atta Troll* für den erzreaktionären preuß. Fürsten Ernst Lichnowski) dient die Schilderung der kläglichen Liebesabenteuer und schrittweisen Deklassierung des Titelhelden als Rahmen für Parodien traditioneller Erzählmuster. Als Lyriker schuf Weerth zunehmend klassenbewusste proletarische Gedichte; zu Lebzeiten erschien die Slg. *Lieder aus Lancashire* (1845).

Josef Weinheber

***9. 3. 1892 in Wien, † 8. 4. 1945 in Kirchstetten (Niederösterreich)**

Nach einer Kindheit und Jugend im Waisenhaus in Mödling bei Wien (bis 1908) war Weinheber Schlachterlehrling und Molkereigehilfe und trat 1911 in den Postdienst ein (bis 1932). Zugleich beschäftigte er sich als Autodidakt mit Malerei und Musik und als Schriftsteller: 1920 erschien der Gedichtband *Der einsame Mensch,* 1925 der autobiografische Roman *Das Waisenhaus,* 1926 die Erzählung *Der Selbstmörder.* Um 1930 fand er als Lyriker zu einem an klassischen Vorbildern geschulten Stil strenger Formgebung: Die Slg. *Adel und Untergang* (1934) enthält u. a. 10 Variationen auf ↑ Hölderlins Ode „An die Parzen", die Slg. *Zwischen Göttern und Dämonen* (1938) enthält 40 Oden, in denen sich die Auseinandersetzung mit ↑ Rilke spiegelt. Als Apologet des „kämpferischen Menschen" erwies sich Weinheber zeitweilig als konform mit der NS-Ideologie („Geehrt hat mich die Macht, doch nicht gefragt"). Mundartliche Gedichte enthält die Slg. *Wien wörtlich* (1935), Instrumente als Symbole von Lebenshaltungen schildern die Gedichte der Slg. *Kammermusik* (1939). Als Refugium diente die Naturlyrik („Glocken und Zyanen, / Thymian und Mohn. / Ach, ein fernes Ahnen / Hat das Herz davon", beginnt das Gedicht *Im Grase*). Weinheber nahm sich beim russ. Einmarsch das Leben.

Peter Weiss

***8. 11. 1916 in Nowawes bei Berlin, † 10. 5. 1982 in Stockholm**

Als Beendigung des „Interregnums der Mittelmäßigkeit“ (Friedrich Luft) wurde 1964 die Uraufführung eines Dramas gefeiert, das zwei berüchtigte Gestalten der Geschichte (Marat und den Marquis de Sade) auf die Bühne brachte und als Diskussionsstück doch vor allem Theater zu sein schien, in dem sich die Extreme gegenseitig aufhoben. Vier Jahre später erwies sich Weiss durch seinen *Diskurs über Viet Nam* als Autor, der nichts weniger als „über den Dingen“ stand, sondern Partei im antiimperialistischen Kampf bezog und „die Grenzen des friedlichen Protestes erreicht“ sah (1967 in *Che Guevara*). Derselbe Aufsatz enthält das Bekenntnis: „Wir glauben an die eingeborene Kraft, die den Menschen dazu befähigt, seine Unterdrücker zu stürzen“.

Der Sohn eines jüd., zum Christentum konvertierten tschech. Textilfabrikanten und einer Schauspielerin wuchs in Berlin und Bremen auf. 1934 emigrierte die Familie über London nach Prag (hier besuchte Weiss 1936–38 die Kunstakademie) und 1939 über die Schweiz nach Schweden; 1945 erhielt er die schwed. Staatsbürgerschaft. Weiss arbeitete zunächst als bildender Künstler (1. Ausstellung in Stockholm 1940). 1947 und 1948 veröffentlichte er schwed. Prosagedichte, 1952–60 entstanden Experimental- und Dokumentarfilme (Aufsatz *Avantgarde Film*, schwed. 1956, dt. 1963). Als erster dt. Text erschien der „Mikro-Roman“ *Der Schatten des Körpers des Kutschers* (E 1952, Zs 1959, V 1960). Weiss behielt Stockholm als Wohnsitz bei. Zu seinen Auszeichnungen gehören der Hamburger Lessing-Preis 1965, der Kölner (1981) und der Bremer Literaturpreis (1982) sowie der postum verliehene Georg-Büchner-Preis 1982.

Als Dramatiker ist Weiss neben ↑ Hochhuth und ↑ Kipphardt der bedeutendste Vertreter des dokumentarischen Theaters. *Die Ermittlung* (U, V 1965) basiert auf dem Frankfurter Auschwitz-Prozess und verknüpft als stilisierendes „Oratorium“ (Lesung von Texten) die Verbrechen der Vergangenheit mit dem Verdrängungsprozess der Gegenwart. *Der Diskurs über Viet Nam* (U, V 1968) rafft 2000 Jahre vietnames. Geschichte von Unterdrückung und Widerstand bis zur Vorbereitung des amerikan. Eingreifens. *Trotzki im Exil* (Handlungszeitraum 1928–40, mit Rückblenden) setzt sich mit dem Konflikt zwischen Lenins Mitkämpfer Trotzki und Stalin auseinander (U, V 1971). *Hölderlin* greift Bertaux' These vom „Jakobiner“ ↑ Hölderlin auf und enthält eine fiktive Begegnung zwischen dem in sein „großes Schweigen“ geflüchteten Dichter und Karl Marx (U, V 1971). Das 3-bändige Werk *Ästhetik des Widerstands* bildet eine imaginäre Rückschau als Suche nach der eigenen politisch-zeitgeschichtlichen Identität.

Romane: *Fluchtpunkt* (1962), *Die Ästhetik des Widerstands* (3 Bde., 1975–81). – Dramen: *Nacht mit Gästen. Eine Moritat* (U, V 1963), *Gesang vom lusitanischen Popanz* (U, V 1967), *Die Versicherung* (V 1967, U 1971), *Wie dem Herrn Mockinpott das Leiden ausgetrieben wurde* (E ab 1963, U, V 1968), *Der Prozess* (nach ↑ Kafka, U, V 1975), *Der neue Prozess* (nach ↑ Kafka, U, V 1982). – Essays: *Notwendige Entscheidung. 10 Arbeitspunkte eines Autors in der geteilten Welt* (1965), *Laokoon oder Über die Grenzen der Sprache* (1965), *Enzensberger Illusionen* (1966), Slg. *Rapporte* (2 Bde., 1968 und 1971).

Abschied von den Eltern.
Erzählung, E 1959, V 1961.

Die autobiografische Erzählung schildert zunächst den Kampf um Befreiung von der patriarchalischen Übermacht. Symptome der Unterlegenheit sind rückblickend die Unfähigkeit, sich in einer bestimmten Tätigkeit zu bewähren, und die relative Unberührtheit von den politischen Verhältnissen: „Meine Niederlage ist nicht die des Emigranten vor den Schwierigkeiten des Daseins im Exil, sondern die Niederlage dessen, der es nicht wagt, sich von seiner Gebundenheit zu befreien." Das Zusammenleben mit den Eltern, den „Portalfiguren" des Lebens, erweist sich aus der Rückschau als „gänzlich missglückter Versuch". Die Arbeit als Laborant in einer Dunkelkammer gewinnt den Charakter einer Rückkehr zur pränatalen „Dunkelheit".

Als Fortsetzung erschien 1962 der Roman *Fluchtpunkt*. Er umfasst den Zeitraum 1940–47 und enthält eine Begründung für den Vorrang des Autobiografischen vor anderen literarischen Themen: Durch Faschismus und Krieg war die Literatur „verwelkt"; die „Forderung nach Wahrheit konnten nur noch die intimsten persönlichen Aussagen" erfüllen, „Tagebücher, Krankenjournale, Berichte aus Gefängnissen nahmen den Romanen die Kraft". In autobiografischer Hinsicht bildet eine Wandlung den Mittelpunkt des Romans: Das Bedürfnis nach „fruchtbarer Unzugehörigkeit" („keinem Volk, keinem Ideal, keiner Stadt, keiner Sprache" wollte Weiss angehören) weicht der Einsicht in die „Vermessenheit des Abstandnehmens" und in die mit dem Kriegsende neu gewonnenen Voraussetzungen zur Teilnahme am „Austausch von Gedanken, der ringsum stattfand, an kein Land gebunden". Schauplatz dieser Befreiung zum Engagement ist Paris im Frühjahr 1947. Ihren Abschluss fanden die autobiografischen Reflexionen mittels eines Ich-Erzählers im 1937 einsetzenden Roman(-Essay) *Die Ästhetik des Widerstands* (3 Bde., 1975–81).

Die Verfolgung und Ermordung Jean Paul Marats, dargestellt durch die Schauspielgruppe des Hospizes zu Charenton unter Anleitung des Herrn de Sade.
Drama in 2 Akten, E 1963/64, U, V 1964, revidierte 5. Fassung 1965.

Im Jahr 1808, zur Zeit der „Vollendung" der Frz. Revolution durch Napoleon, spielen die Insassen der Heilanstalt in Charenton ein vom Marquis de Sade verfasstes Stück über die Ermordung des Jakobiners Marat durch Charlotte Corday im Jahr 1793. Als Zuschauer dienen andere Patienten, Pfleger, Schwestern, der Direktor und seine Frau. Das Spiel im Spiel entwickelt sich zu einer Konfrontation zwischen Marat und Sade, zwischen sozialrevolutionärer Aktion und bedingungslosem Individualismus. Sade fasst die Alternativen im Epilog in den Versen zusammen: „Ich war selbst ein Fürsprecher der Gewalt / doch im Gespräch mit Marat sah ich bald / dass meine Gewalt eine andre war als seine / und dass ich seinen Weg verneine / Einerseits der Drang mit Beilen und Messern / die Welt zu verändern und zu verbessern / andererseits das individuelle System / kraft seiner eigenen Gedanken unterzugehn." Das Schlusswort hat angesichts eines tumultuarischen Marsches („Charenton Charenton / Napoleon Napoleon / Nation Nation / Revolution Revolution / Kopulation Kopulation") der radikale Sozialist Roux: „Wann werdet ihr sehen lernen / Wann werdet ihr endlich verstehen!"

Das zentrale Thema des vom Individualkonflikt abrückenden Dramas ist die revolutionäre Veränderung der Gesellschaft am Beispiel der Frz. Revolution. Ihre soziale Ergebnislosigkeit wird (wie in ↑Büchners Drama „Dantons Tod") von vier „Sängern" als Repräsentanten des vierten Stands konstatiert: „Marat / wir sind immer noch arme Leute", worauf der „Ausrufer" sein „geehrtes Publikum" zu bedenken bittet, dass „das Volk immer wieder ins Unglück gerät / weil es von der Sachlage nichts versteht".

Dieter Wellershoff
***3. 11. 1925 in Neuß**
Nach dem Studium in Bonn promovierte Wellershoff 1952 über ↑Benn und wurde 1959 Verlagslektor in Köln. Seit 1982 lebt er hier als freier Schriftsteller. Der Romancier debütierte 1966 mit *Ein schöner Tag,* über die Auflösung einer Familie. Die perspektivische Erzählweise, hier verbunden mit dokumentarischem Material, kennzeichnet auch den Roman *Einladung an alle* (1972) über einen Kriminellen. Zu den Themen der autobiografischen Texte *Die Arbeit des Lebens* (1985) und *Der Ernstfall. Innenansichten des Krieges* (1995) gehören die Erfahrungen des 1943 eingezogenen Gymnasiasten. Der Essayist veröffentlichte 1988 die Slg. *Der Roman und die Erfahrbarkeit der Welt.* Seine Frankfurter Poetik-Vorlesung behandelte *Existentielle und formale Aspekte des literarischen Textes* (1996). Die jeweilige Sicht von 4 Beteiligten verbindet der Roman *Der Liebeswunsch* (2000).

Franz Werfel
***10. 9. 1890 in Prag, †26.(?) 8. 1945 in Beverly Hills (Kalifornien)**
Der Sohn eines jüd. Fabrikanten näherte sich während seiner Prager Schulzeit dem Katholizismus, ohne zu konvertieren. Nach einer kaufmännischen Ausbildung in Hamburg und dem Erscheinen des Gedichtbandes *Der Weltfreund* (1911) wurde Werfel in Berlin Verlagslektor (1913 Mitbegründer der Buchreihe „Der jüngste Tag"). 1915–17 leistete er Kriegsdienst. Ab 1918 war er freier Schriftsteller in Wien; Reisen führten ihn nach Italien, Ägypten und Palästina. Er genoss hohes Ansehen als Erzähler und Dramatiker (Schiller-Preis 1921, Grillparzer-Preis 1925). Nach dem „Anschluss" Österreichs emigrierte Werfel 1938 nach Frankreich (Zuflucht in Lourdes),1940 in die USA.
In Werfels Lyrik des Frühexpressionismus herrscht der Ton der Verkündigung vor („Herz, Herz, wie bist du schöpferisch! / Du schwebst! Die Erde wird himmlisch!", heißt es im Gedicht *Das Maß der Dinge*). Von seinem Gedicht *An den Leser* leitet sich die Bezeichnung „O-Mensch-Dichtung" her („Mein einziger Wunsch ist, dir, o Mensch, verwandt zu sein!"). In der Anthologie *Menschheitsdämmerung* (1920) ist er mit 27 Gedichten der am stärksten vertretene Dichter (die Slg. endet mit dem Gedicht *Ein Lebens-Lied,* das in die Verse mündet: „Doch über allen Worten / Verkünd' ich, Mensch, wir sind!!"). Der Vater-Sohn-Konflikt ist Thema der Erzählung *Nicht der Mörder, der Ermordete ist schuldig* (1920). Der Roman *Die vierzig Tage des Musa Dagh* (1933) schildert die türk. Verfolgung armen. Christen im I. Weltkrieg. Ein Gelübde liegt dem Roman *Das Lied von Bernadette* (1941, Verf USA 1943 Henry King) über die Entstehung der Wallfahrten nach Lourdes zugrunde. Die „Komödie einer Tragödie" *Jacobowsky und der Oberst* (E 1941/42, U 1944, Verf USA 1958 P. Glenville) spielt 1940 und handelt von der Flucht des poln. Juden Jacobowsky und des poln. Oberst Stjerbinsky durch das besetzte Frankreich.

Gedichtbände: *Wir sind* (1912), *Einander* (1915), *Gesänge aus den drei Reichen* (1917), *Der Gerichtstag* (1919), *Schlaf und Erwachen* (1927), *Zwischen Gestern und Morgen* (1942). – Romane: *Verdi, Roman der Oper* (1924), *Der Abituriententag. Die Geschichte einer Jugendschuld* (1928), *Der gestohlene Himmel* (1939, später *Der veruntreute Himmel,* Verf B. D. 1958). – Dramen: *Der Spiegelmensch. Magische Trilogie* (V 1920, U 1921), *Paulus unter den Juden* (U, V 1926).

Wernher der Gartenaere (Werner der Gärtner)
Das einzige erhaltene Werk des vermutlich aus Österreich stammenden „Fahrenden" ist die mhdt. Verserzählung in Reimpaaren *Meier Helmbrecht* (E zwischen 1250 und 1282, überliefert in 2 Handschriften des 16. Jh.s, V 1839). Im Mittelpunkt steht der Bauernsohn Helmbrecht. Von den Eltern verzogen, will er Ritter werden, wird jedoch der Spießgeselle von Raubrittern. In Gefangenschaft geraten, kehrt er verstümmelt und geblendet nach Hause zurück, wird jedoch vom Vater abgewiesen und von Bauern gehenkt. Die Kritik richtet sich gegen das verwahrloste Rittertum und Helmbrechts Übertretung der Standesgrenze (seine „ordenunge ist der pfluog"), die mit dem Verstoß gegen das 4. Gebot (Vater und Mutter ehren) verbunden ist. Sinnbild seiner Hoffart ist eine kostbare „hûbe" (Kopfbedeckung).

Urs Widmer
***21. 5. 1938 in Basel**
Der Sohn eines Lehrers und Übersetzers promovierte nach einem Studium der Germanistik, Romanistik und Geschichte 1966 über die dt. Nachkriegsprosa. Er war in Olten, dann in Frankfurt a. M. Verlagslektor; 1984 kehrte er in die Schweiz zurück. Als Schriftsteller beschäftigt sich Widmer u. a. mit Trivialmythen, z. B. in den Dramen *Die lange Nacht der Detektive* (U, V 1973) und *Stan und Ollie in Deutschland* (U, V und als Hörspiel 1979) oder in dem Roman *Die gelben Männer* (1976) über einen Science-fiction-Autor. Ein Merkmal seiner Erzählweise ist die Ironisierung von Erzählmustern und Erwartungshaltungen (*Die Forschungsreise. Ein Abenteuerroman*, 1974). Widmer übersetzte u. a. Kriminalromane von Raymond Chandler neu, erzählte die Dramen Shakespeares nach (*Shakespeares Geschichten*, 1978) und bot Beckett in Basler Dialekt (*Warte uf de Godot*, U 1980). Als Hörspielautor (*Wer nicht sehen kann, muss hören*, 1969) erhielt Widmer 1976 den Hörspielpreis der Kriegsblinden. Zum „Stück des Jahres 1997" wurde *Top Dogs* (U 1996) gewählt: Arbeitslose Manager werden in einem Outplacing-Seminar durch Rollenspiele für notfalls niedrigere Jobs „umerzogen". 2000 erschien die Erzählung *Der Geliebte meiner Mutter.*

Ernst Wiechert
***18. 5. 1887 bei Sensburg (Ostpreußen), †24. 8. 1950 in Uerikon (Kt. Zürich)**
Der Sohn eines Försters war in Königsberg Lehrer, nahm am I. Weltkrieg teil und arbeitete ab 1933 als freier Schriftsteller. 1938 war Wiechert im KZ Buchenwald inhaftiert. Nach Kriegsende führten ihn Vortragsreisen u. a. in die USA, 1948 ließ er sich in der Schweiz nieder. Die weiteste Verbreitung fand sein Roman *Das einfache Leben* (1939), in dem sich ein ehemaliger Korvettenkapitän nach dem I. Weltkrieg aus dem „Verfall und Rausch" des Lebens in der Stadt in eine Fischerhütte zurückzieht, eingehüllt in die symbolisch überhöhte ostpreuß. Landschaft. Wiecherts christliche Haltung zeigt die Erzählung *Hirtennovelle* (1935) mit dem Opfertod des jungen Dorfhirten Michael. *Die Jerominkinder* (E 1940/41, V 1945–47) schildert als Epochenroman eine ostpreuß. Dorfgemeinschaft bis hin zum passiven Widerstand gegen den NS-Terror. *Der Totenwald* (1945) handelt von den Leiden im KZ.

Christoph Martin Wieland

***5.9.1733 in Oberholzheim (= Achstetten bei Biberach)**
†20.1.1813 in Weimar

Der Sohn eines Pfarrers erhielt seine pietistisch geprägte Schulausbildung in Biberach und in der Schule des Klosters Bergen bei Magdeburg; 1749 begann er in Erfurt ein Studium, das er 1750 in Tübingen fortsetzte. Aufgrund des Epos *Hermann* (1751) erhielt Wieland eine Einladung ↑Bodmers, in dessen Haus er 1752–54 wohnte, anschließend war er in Zürich als Hauslehrer tätig. 1760 wurde Wieland Senator und Kanzleiverwalter der Freien Reichsstadt Biberach (bis 1769); 1761 übernahm er die Leitung der ev. Komödiantengesellschaft und brachte seine Übersetzung von Shakespeares *Sturm* zur Aufführung. Mit zwei Romanen schuf Wieland während der Biberacher Amtstätigkeit die Grundlagen der klassischen epischen dt. Literatur: *Der Sieg der Natur über die Schwärmerei* (1764) schildert in geistreicher Überwindung der bloßen Konfrontation von Vernunft und Einbildungskraft die Heilung des Don Sylvio von seiner Befangenheit in der Welt der Feenmärchen. Die *Geschichte des Agathon* (1766/67), der erste dt. Bildungs- und Erziehungsroman mit der Entwicklung des Helden zu Sittlichkeit und Humanität, spielt im antiken Griechenland. Ein Versepos ist *Musarion oder Die Philosophie der Grazien* (1768). 1769–72 lehrte Wieland in Erfurt Philosophie.
Der Staatsroman *Der goldne Spiegel* (1772) bildete den Anlass für Wielands Berufung als Erzieher des Kronprinzen Karl August und dessen Bruder nach Weimar. Hier bildete er den Mittelpunkt des „Musenhofs" der Herzoginmutter Anna Amalia, zu dem ab 1776 ↑Goethe und ↑Herder gehörten, ab 1787 stand Wieland in persönlicher Verbindung mit ↑Schiller. 1798 ließ Wieland sich mit seiner Familie auf Gut Oßmannstedt bei Weimar nieder (hier war 1802/03 ↑Kleist sein Gast); 1803 kehrte er nach Weimar zurück. Das lyrische Hauptwerk der Weimarer Zeit ist das Versepos *Oberon* (1780) mit Motiven aus Shakespeares *Sommernachtstraum,* den Sagen um Karl d. Gr. und orientalischen Märchen. Die späten Romanwerke setzen sich mit der spätantiken Philosophie auseinander. Besondere Bedeutung für das literarische Leben gewann Wieland als Herausgeber der Monatszeitschrift „Der Teutsche Merkur" (1773–89).

Die Abderiten. Eine sehr wahrscheinliche Geschichte vom Herrn Hofrat Wieland. Roman, E ab 1733, **V 1774, Neufassungen 1778 und 1781.** ***(Die Geschichte der Abderiten).***
Als Schauplatz dient Abdera in Thrakien, das antike Schilda. Seine Bewohner verkörpern die „Narrheiten des ganzen Menschengeschlechts (...), besonders unserer Nation und Zeit". Einer der Defekte ist eine weit verbreitete Unsicherheit in der Beurteilung von Kunst.
Ein Höhepunkt ist der „Prozess um des Esels Schatten": Als sich der Mieter eines Esels in dessen Schatten setzt, wird ihm dies verwehrt, denn er hat ja nur für den Esel bezahlt, nicht aber für den Schatten. Der Prozess droht, das gesamte Staatswesen zu zerstören. Am Ende müssen die Abderiten ihre Heimat verlassen, nachdem die heilig gesprochenen Frösche zur unerträglichen Plage geworden sind.
Charakteristisch ist die humoristische Abschwächung bei der Bloßstellung menschlicher Torheiten in satirischen „Bildern" von Engstirnigkeit, Provinzialität, Kulturlosigkeit und religiösem Fanatismus.

Gabriele Wohmann (geb. Guyot)
***21.5.1932 in Darmstadt**

Die Tochter eines Pfarrers studierte in Frankfurt a.M. Germanistik, Romanistik, Philosophie und Musikwissenschaft und war als Lehrerin tätig. Mitte der 1950er Jahre wandte sich Wohmann der Literatur zu (Erzählband *Mit einem Messer*, 1958), 1960–67 war sie Mitglied der „Gruppe 47", 1967 Stipendiatin der Dt. Akademie Villa Massimo in Rom; 1971 erhielt sie den Bremer Literaturpreis, 1992 den Konrad-Adenauer-Preis für Literatur.

Wohmanns zentrales Thema ist das menschliche Fehlverhalten im alltäglichen Umgang, dessen Niederschlag in psychischen Verstörungen sie mit der Schärfe eines ihr angelasteten „bösen Blicks" registriert. Kennzeichnend ist die Ausgangssituation des Romans *Ernste Absicht* (1970): Eine junge Frau versucht während einer Erkrankung, aus ihren Erinnerungen einen festen Standpunkt zu entwickeln. Stattdessen sieht sie sich am Ende der Einsicht ausgeliefert: „Ich sterbe, am Leben, immer weiter. Unverbindlich, unentschlossen. Sterbend enttäusche ich keine Ansicht über mich." Zu Wohmanns satirischen Darstellungen gehört der Roman *Paulinchen war allein zu Haus* (1974) über die mit Gewalttätigkeit verbundene antiautoritäre Erziehung eines Adoptivkindes. Seit Mitte der 1960er Jahre hat sie Hörspiele geschrieben; in ihrem Fernsehspiel *Entziehung* (1973) spielte sie auch die Hauptrolle. Autobiografische Essays enthält die Slg. *Ich lese. Ich schreibe* (1984), „Frauengeschichten" die Slg. *Die Schönste im ganzen Land* (1995) und „Sommergeschichten" die Slg. *Frauen machens am späten Nachmittag* (2000).

Gedichtbände: *Grund zur Aufregung* (1978), *Ich weiß das auch nicht besser* (1980). – Romane: *Jetzt und nie* (1958), *Abschied für länger* (1965), *Schönes Gehege* (1975), *Ausflug mit der Mutter* (1976), *Ach wie gut, daß niemand weiß* (1980). – Erzählungen: Slg. *Trinken ist das Herrlichste* (1963), Slg. *Ländliches Fest* (1968), Slg. *Böse Streiche* (1977), Slg. *Paarlauf* (1979), Slg. *Stolze Zeiten* (1981).

Frühherbst in Badenweiler.
Roman, V 1978.

Hubert Frey, Komponist und Dozent an einer Musikhochschule, lebt im September 1977 in einem Hotel im Kurort Badenweiler am Rand des Schwarzwalds. Aufgrund seiner labilen Gesundheit, des gestörten Verhältnisses zur Ehefrau Selma, deren Vitalität und Zielsicherheit ihn provozieren (er steht „dem Gedanken einer Scheidung nicht unaufgeschlossen gegenüber") und einer Schaffenskrise hat er sich zu diesem Kuraufenthalt abseits aller von außen auf ihn gerichteten Anforderungen entschlossen. Zweifel gelten seiner seit der Jugend anerkannten künstlerischen Begabung, auf die sich seine gesellschaftliche Stellung gründet.

Der Roman bildet das Psychogramm eines Künstlers, der in der „humanen Theorie" ein „Freund des Sozialstaats ist", doch sein „Menschheitspathos" hat sich aufgelöst. Insofern steht die individuelle Krise im Zusammenhang einer gesellschaftlichen Krise. Zu ihren Symptomen gehören Barrieren der Kommunikation und emotionale Vereinsamung des Protagonisten. Ob und wie diese durchbrochen werden kann, lässt der Roman offen – Hubert hat noch eine „Bedenkzeit". Die Erzählhaltung dokumentiert in formaler Hinsicht Isolation, indem sie ausschließlich Huberts mitunter ironische Perspektive verwendet, in Form von Wahrnehmungen einer gleichsam „subjektiven Kamera".

Christa Wolf (geb. Ihlenfeld)
***18. 3. 1929 in Landsberg a. d. Warthe (= Gorzów Wielkopolski)**
Die Tochter eines Kaufmanns studierte 1949–53 in Jena und Leipzig Germanistik und war anschließend wissenschaftliche Mitarbeiterin beim Dt. Schriftstellerverband, Redakteurin und Lektorin. Ab 1962 arbeitete Wolf in Ost-Berlin als freie Schriftstellerin (erste Erzählung: *Moskauer Novelle*, 1961). 1963 erhielt Wolf den Heinrich-Mann-Preis der DDR, 1977 den Bremer Literaturpreis, 1980 den Georg-Büchner-Preis; 1982 war sie Gastdozentin für Poetik an der Universität in Frankfurt a. M. (*Voraussetzungen einer Erzählung: Kassandra*, 1983). Im selben Jahr erschien, ebenfalls in der B. D., die Erzählung *Kassandra,* und auf dem geteilten dt. Buchmarkt folgte im Winter 1983/84 die DDR-Ausgabe *Kassandra. Vier Vorlesungen. Eine Erzählung* (mit Fotos u. a. von archäologischen Stätten und frühgeschichtlicher griech. Kunst). Im Juni 1989 trat Wolf aus der SED aus, am 4. 11. 1989 sprach sie, wie Stefan ↑Heym, auf der Kundgebung auf dem Alexanderplatz. Die wachsende internationale Anerkennung spiegelten ab den 1980er Jahren Ehrendoktorwürden (USA, Belgien, Italien). 1999 erhielt sie den Dt.-Poln. Literaturpreis und 2002 den Bücherpreis des Dt. Buchhandels.

Wolfs literarische Entwicklung führte von einer mit dem „Bitterfelder Weg" noch in Einklang stehenden Erzählweise (*Der geteilte Himmel*, 1963) zur als „Verinnerlichung" kritisierten perspektivischen Differenzierung. Ein Themenbereich sind die Ursachen und mittelbaren Nachwirkungen des Faschismus (diesen Fragen ist der autobiografisch geprägte Roman *Kindheitsmuster* aus dem Jahr 1976 gewidmet). Die Slg. *Unter den Linden* (1974) enthält die an ↑Hoffmann anknüpfende Satire *Die neuen Lebensansichten eines Katers* über Technokratiegläubigkeit. Die Schilderung einer Begegnung zwischen ↑Kleist und ↑Günderode (*Kein Ort. Nirgends*, 1979) steht im Zusammenhang einer Neubewertung der „dekadenten" Romantik in der DDR. Ein Höchstmaß an reflektierender, Geschichte und Gegenwart verknüpfender Darstellung zeigen die Erzählung *Kassandra* (1983) und der Roman *Medea. Stimmen* (1996). Als Essaybände erschienen *Lesen und Schreiben* (1971) und *Fortgesetzter Versuch* (1979). Wolfs Günderode-Werkausgabe (1979) enthält den Essay *Der Schatten eines Traumes*; die Beschäftigung mit B. v. ↑Arnim spiegelt der „Brief über Bettine" *Nun ja! Das nächste Leben geht aber heute an* (1980). 1986 veröffentlichte Wolf, die in der DDR unter dem Verdacht des „Subjektivismus" stand, die Slg. *Die Dimension des Autors. Essays und Aufsätze, Reden und Gespräche 1959–75* (2 Bde.). Unter dem Eindruck der Reaktor-Katastrophe in Tschernobyl (1986) entstand die Erzählung *Störfall. Nachrichten eines Tages* (1997). Die unmittelbar nach der „Wende" erschienene autobiografische Erzählung *Was bleibt* (1990) und die Slg. *Reden im Herbst* (1990) lösten heftige Diskussionen über Wolfs Stellung in der ehemaligen DDR aus (für kurze Zeit war sie IM der Stasi). Zu ihren Reaktionen gehörten die Slg. *Hierzulande Andernorts. Erzählungen und andere Texte 1994–98* (1999) und die Erzählung *Leibhaftig* (2002) mit der für Wolf kennzeichnenden Darstellung von Krankheit als Metapher gesellschaftlicher Verhältnisse.

Der geteilte Himmel. Roman, V 1963, Verf DDR 1964 Konrad Wolf.

Die angehende Lehrerin Rita Seidel, als Praktikantin Mitglied einer Arbeitsbrigade eines Waggonwerks, liegt nach einem Zusammenbruch im Krankenhaus. Aus ihrer Perspektive schildert der Roman retrospektiv das Scheitern ihrer Liebe zu dem Chemiker Manfred Herrfurth. Ihre Erinnerungen führen sie zurück zum eintönigen Leben in ihrem Heimatdorf und zu der unbefriedigenden Tätigkeit als Büroangestellte, zu ihrer Übersiedlung in die Stadt, zum Studium an einem Lehrerbildungsinstitut, zum Beginn ihrer Bekanntschaft mit Manfred und zu ihrem Zusammenleben. Dabei rekapituliert Rita mittelbar die Entwicklung ihres gesellschaftlichen Bewusstseins anhand der unterschiedlichen politischen Einstellungen in ihrem Bekanntenkreis.

Im Mittelpunkt steht die Auseinandersetzung mit Manfred. Er ist mit seiner Erfindung einer verbesserten Spinnmaschine an den zuständigen Wirtschaftsfunktionären gescheitert und sieht die Chancen für sein Fortkommen allein im Westen. Ohnehin fehlt ihm aufgrund seines Elternhauses und seines individualistischen Wissenschaftsbegriffs das Verständnis für den Kampf um eine sozialistische Gesellschaft. Manfred begeht „Republikflucht" zu seiner Tante nach West-Berlin. Nach einigen Wochen folgt ihm Rita (kurz vor dem Berliner Mauerbau 1961), kehrt jedoch in dem Bewusstsein, nur hier zur Selbstverwirklichung zu gelangen, in die DDR zurück.

Diskussionen entzündeten sich an der Tatsache, dass die von Manfred an Mängeln der Planwirtschaft und am Funktionärswesen geübte Kritik offensichtlich zutraf; auch geht die Entwicklung von Ritas gesellschaftlichem Bewusstsein nicht geradlinig voran und enthält die Möglichkeit der Kapitulation. Der Verzicht auf ein „mustergültiges" Verhalten der Heldin drückt sich auch in der aus Erinnerungsfragmenten zusammengefügten Darbietungsweise aus.

Nachdenken über Christa T. Roman, V 1968.

Aus eigenen Erinnerungen und authentischen Dokumenten (Zitaten aus Briefen und Tagebüchern) formt die Ich-Erzählerin das Lebensbild ihrer Schulkameradin und Freundin Christa T., die nach dem II. Weltkrieg in der DDR Lehrerin geworden und an Leukämie gestorben ist.

Die vielfältigen Ansätze des „Nachdenkens" sowie Reflexionen über den Gegenstand und den Vorgang des Schreibens haben als gemeinsamen Bezugspunkt die nach und nach deutlich werdende Spannung zwischen dem Aufbau der sozialistischen Gesellschaft der DDR und dem Anspruch der Christa T. auf individuelle Entwicklung ihrer Persönlichkeit. Markierungspunkte setzen schon die ersten Sätze: „Nachdenken, ihr nachdenken. Dem ‚Versuch, man selbst zu sein'. So steht es in ihren Tagebüchern, die uns geblieben sind, auf den losen Blättern, die man aufgefunden hat, zwischen den Zeilen der Briefe, die ich kenne." Über den Zweck des Nachdenkens heißt es: „Ein für allemal: Sie braucht uns nicht. Halten wir also fest, es ist unseretwegen, denn es scheint, wir brauchen sie." Die mosaikartige Darstellung gewinnt ihre Einheit durch das kommentierende Eingreifen der Erzählerin.

Ein kennzeichnendes Ereignis ist die Begegnung Christas mit einem ehemaligen Schüler, der die „Entdeckung" gemacht hat: „Der Kern der Gesundheit ist Anpassung. – Das wiederholt er gleich noch mal (...). Überleben, ist ihm klargeworden, sei das Ziel der Menschheit immer gewesen und werde es bleiben. Das heißt, ihr Mittel zu jeder Zeit: Anpassung, Anpassung um jeden Preis. Ob ihm nicht auffalle, daß er dieses Wort nun wenigstens zweimal zu häufig gebraucht habe?"

Als Motto dient eine Äußerung ↑Bechers: „Denn diese tiefe Unruhe der menschlichen Seele ist nichts anderes als das Witterungsvermögen dafür und die Ahnung dessen, daß der Mensch noch nicht zu sich selber gekommen ist."

Medea. Stimmen. Roman, V 1996.
Wie die Erzählung *Kassandra* (1983) dient auch dieser Roman dem Ziel, die weibliche „Kehrseite" der Geschichte zum Vorschein zu bringen und eine Form des „weiblichen Schreibens" zu verdeutlichen. Die Titelfigur ist eine literarisch und bildkünstlerisch auf vielfältige Weise überlieferte Frauengestalt der antiken Mythologie und Sage, hier der Argonautensage mit ihrem Helden Jason. Diesem hilft Medea, in Kolchis (in Georgien) das Goldene Vlies (heiliges Fell eines Widders) zu rauben und nach Korinth zu bringen.
Wolfs Roman gliedert sich in 11 Monologe von 6 Personen: die 3 Frauen Medea (1., 4., 8. und 11. Monolog), Agameda aus Kolchis und die Korintherin Glauke, Tochter des Königs Kreon, sowie die 3 Männer Jason, Akamas und Leukon, zwei Astronomen des Kreon.
Diese „Stimmen" handeln, einander ergänzend, von Medea, die mit Jason von Kolchis geflohen und in Korinth einem Verbrechen auf die Spur gekommen ist, dem Kreon den Fortbestand seiner Herrschaft verdankt: Die Königstochter Iphinoe wurde ermordet. Die Pest, die in Korinth wütet, wird nun durch Ränkespiel und Machtmissbrauch der „Zauberin" Medea angelastet. Die Korinther verbannen Medea und töten ihre Kinder (Umdichtung des Mythos).
Wolfs Medea ist eine Frau zwischen einer archaischen und einer angeblich kultivierten Welt, die sich hier wie da zu behaupten versucht: „Wohin mit mir. Ist eine Welt zu denken, eine Zeit, in die ich passen würde. Niemand da, den ich fragen könnte. Das ist die Antwort." Medeas 1. Monolog geht ein Zitat aus Senecas *Medea*-Tragödie voran: „Alles, was ich begangen habe bis jetzt, / nenne ich Liebeswerk ... / Medea bin ich jetzt, / gewachsen ist meine Natur durch Leiden." Platon stellt den Typus Jason vor: „Gewaltig ist der Antrieb der Männer, in Erinnerung zu bleiben und sich einen unsterblichen Namen auf ewige Zeiten zu erwerben."

Ein Tag im Jahr. 1960–2000. Aufzeichnungen, V 2003.
1960 forderte die Moskauer Zeitung „Iswestija" Schriftsteller in aller Welt auf, regelmäßig einen Tag im Jahr, den 27. September, möglichst genau zu beschreiben. Wolf, die damals auf dem „Bitterfelder Weg" (mit den Leitlinien „Greif zur Feder, Kumpel!" und „Dichter in die Produktion!") in Halle bei einer Produktions-Brigade hospitierte, griff diese Anregung auf und blieb ihr treu. Die Veröffentlichung dieser „Protokolle" umfasst 41 Momentaufnahmen, die nicht nachträglich redigiert und durch spätere Absichten und Einsichten erweitert worden sind. Die Texte veranschaulichen die jeweilige Lebenssituation mit ihren alltäglichen Anforderungen in Haushalt und Familienleben, an deren Bewältigung Christa Wolfs Ehemann, der Schriftsteller Gerhard Wolf, wachsenden Anteil gewinnt. Zu den Notaten, die Einblick in die politische Haltung der Schriftstellerin gewähren, gehört die Eintragung zum 27. 9. 1977, nachdem im November des Vorjahres ↑Biermann ausgebürgert worden war: „Immer noch bin ich verstrickt in einen inneren Monolog über dieses Thema, bemüht um Rechtfertigung und Selbstrechtfertigung. (...) Beobachte auch seit Tagen an mir eine Verfestigung meines Willens zum Hiersein, was immer das nun für die Zukunft bedeuten mag." In dieser Zeit am Beginn einer Art innerer Emigration im Interesse einer wachsenden Leserschaft bewohnte die Familie Wolf ein selbst hergerichteten Bauernhaus in Mecklenburg und genoss das „einfache Leben". 1983 fiel diese häusliche Oase einem Brand zum Opfer. In den 1980er Jahren wurden Aufenthalte im Westen zu einer Selbstverständlichkeit. So nahm Wolf 1985 an der Beerdigung von ↑Böll teil, 1986 traf sie in Zürich ↑Frisch. Dass Wolf eine Distanz zum Westen wahrte, lassen die Eintragungen nach 1989 erkennen . Das Buch zeigt die „subjektive Authentizität", die Wolfs Wiedergabe von Wirklichkeit kennzeichnet.

Wolfram von Eschenbach
*** um 1170/80 in Eschenbach (seit 1917 Wolframs-Eschenbach, Lkr. Ansbach), † um 1220 in Eschenbach**

Das 1903 enthüllte Berliner Wagner-Denkmal zeigt eine jugendliche Gestalt mit Harfe, die Rechte verehrend zum Komponisten erhoben. Diese Unterordnung des Sängers Wolfram von Eschenbach, der hier seinen Nachruhm vor allem Wagners „Bühnenweihefestspiel" *Parsifal* (U 1882) zu verdanken scheint, kennzeichnet nur einen Teilaspekt der breiten und nie völlig abgebrochenen Wirkungsgeschichte des Dichters, dessen Epen *Parzival* und *Titurel* die einzigen mhdt. Werke sind, die im 15. Jh. zum Druck gelangten. Wolfram stammt aus einem Geschlecht von Dienstleuten (Ministerialen) der Grafen von Wertheim. Über seinen Lebensweg geben lediglich Andeutungen in seinen Werken Auskunft. Mit Sicherheit hat er sich an verschiedenen Orten in Oberfranken (Wertheim, Burg Wildenberg im Odenwald) und Thüringen aufgehalten; Eisenach war der Sitz seines Gönners Landgraf Hermann I., die Wartburg der Schauplatz des – wenn überhaupt – zwischen 1207 und 1210 ausgetragenen „Sängerwettstreits" (↑ Walther von der Vogelweide). Nicht ausgeschlossen sind Aufenthalte in der Mark Steier und der Provence. Um 1195 bis um 1210 hat Wolfram an seinem fast 25 000 Verse umfassenden Epos *Parzival* gearbeitet. Es folgten das Fragment gebliebene Epos *Willehalm* über den hl. Wilhelm von Aquitanien und dessen Kämpfe gegen die Sarazenen und das Epos *Titurel* (überliefert sind zwei Fragmente), das von Sigune und Schionatulander, zwei Nebenfiguren des *Parzival*, handelt. Von Wolframs Minnelyrik sind neun Gedichte erhalten, darunter fünf *Tagelieder* mit dem Thema des morgendlichen Abschieds der Liebenden nach einer heimlich gemeinsam verbrachten Nacht. Zu den zentralen Themen in Wolframs Epik gehört – vor dem Hintergrund des „gerechten" Kampfes gegen die Heiden im Zeitalter der Kreuzzüge – die fortwirkende Schuld der Kainstat, des Brudermords. Die sog. Toleranzrede der getauften Kalifentochter Gyburg im *Willehalm* bringt klar Wolframs Ethos der Menschlichkeit zum Ausdruck.

Parzival. **Mhdt. Versepos, E um 1195 bis um 1210, überliefert in 84 Handschriften und Bruchstücken, V 1477, 1. nhdt. Teil-Ü (↑ Bodmer) 1753.**

Zugrunde liegt das 1186, von Chrétien de Troyes begonnene afrz. Versepos *Perceval*, das die Sagen um König Artus, den Gral und die Perceval-Gestalt verbindet.

Die Titelgestalt ist der Sohn des mit der Mohrenkönigin Belakane und Königin Herzeloyde verheirateten Königs Gahmuret. Dessen Tod auf einem Kriegszug im Dienst des Kalifen von Bagdad veranlasst Herzeloyde, Parzival fernab der Menschen im Wald Soltane aufwachsen zu lassen. Seinen Drang zum Rittertum versucht sie, durch die Ausstattung als Narr zum Scheitern zu verurteilen. Parzival lädt vielfache, durch Unwissenheit begründete Schuld auf sich (u. a. Verwandtenmord) bis hin zur Unterlassung der Mitleidsfrage angesichts des an einer unheilbaren Wunde leidenden Gralskönigs Anfortas, zu dessen Nachfolge Parzival bestimmt ist. Der Weg der Läuterung vom Zustand trotziger Gottesferne zur Würde des Gralskönigtums wird teilweise „verdeckt" durch die Abenteuer des Artus-Ritters Gawan. In diesem Zusammenhang steht der Zauberer Klingsor. Ein spiritueller Höhepunkt ist die Belehrung Parzivals durch den Einsiedler Trevrizent. Sie bestärkt den Gralssucher in seiner „staete"; sie entspricht Gottes „triuwe".

Wolf Wondratschek

***14. 8. 1943 in Rudolstadt (Thüringen)**

Aufgewachsen in Karlsruhe, studierte Wondratschek in Heidelberg, Göttingen und Frankfurt a. M. Literaturwissenschaft und Philosophie und engagierte sich in der Studentenbewegung. Seit 1968 ist er freier Schriftsteller, 1970/71 war er Gastdozent für Poetik in Warwick.

Unter der Devise „Die Geschichten machen keinen Spaß mehr“ veröffentlichte Wondratschek 1969 in der Slg. *Früher begann der Tag mit einer Schusswunde* u. a. 1-Satz-Liebesgeschichten; die Kurzprosa dient dem Ziel, „Zustände und Zusammenhänge“ widerzuspiegeln (Slg. *Ein Bauer zeugt mit einer Bäuerin einen Bauernjungen, der unbedingt Knecht werden will*, 1970). Seine Lyrik verwendet Themen und Sprachmuster aus der Pop- und Rock-Kultur; mit Erfolg erschienen die Lyrikbände *Chuck's Zimmer* (1974), *Das leise Lachen am Ohr eines andern* (1976), *Männer und Frauen* (1978), *Letzte Gedichte* (1980). 2001 kam der Erzählband *Die große Beleidigung* heraus.

Carl Zuckmayer

***27. 12. 1896 in Nackenheim (Rheinhessen), † 18. 1. 1977 in Visp (Kt. Wallis)**

Der Sohn eines Fabrikanten besuchte in Mainz das Gymnasium und meldete sich 1914 als Kriegsfreiwilliger. Ab 1918 studierte er Jura, Nationalökonomie, Biologie, Literatur- und Kunstgeschichte (Frankfurt a. M. und Heidelberg). 1925 erzielte Zuckmayer mit dem rheinhess. Volksstück *Der fröhliche Weinberg* einen ungewöhnlichen Publikumserfolg und wurde als Erneuerer des realistischen Theaters mit dem Kleist-Preis ausgezeichnet, 1929 bekam er den Georg-Büchner-Preis des Landes Hessen.

1933 erhielt Zuckmayer, der mütterlicherseits jüd. Herkunft war, Aufführungs- und Publikationsverbot. Er lebte bei Salzburg und floh nach dem „Anschluss“ Österreichs 1938 in die Schweiz, verlor 1939 die dt. Staatsbürgerschaft und emigrierte in die USA (Drehbuchautor, Dozent, Pächter einer Farm). 1946 kehrte er als Beauftragter für Kulturfragen nach Dtl. zurück. Mit seinem 1946 in Zürich uraufgeführten Drama *Des Teufels General* griff er das Thema des Widerstands gegen das Hitler-Regime auf, konzentrierte jedoch das Interesse auf den raubeinigen Fliegergeneral Harras (gemeint ist Udet) und dessen Entscheidung für den freiwilligen „Heldentod“; 1950 folgte das Résistance-Drama *Der Gesang im Feuerofen* (eine Widerstandsgruppe verbrennt in einem von der SS in Brand gesteckten Schloss). Ab 1951 lebte Zuckmayer erneut in den USA, ab 1958 in der Schweiz.

Erzählungen: *Der Seelenbräu* (1945, Verf Österreich 1949 Gustav Ucicky), *Die Fastnachtsbeichte* (1959, Verf B. D. 1960 Wilhelm Dieterle). – Dramen: *Der fröhliche Weinberg* (U 1925, V 1926; Verf Dtl. 1927 J. und L. Fleck, B. D. 1952 Erich Engel), *Schinderhannes* (U, V 1927; Verf Dtl. 1927 Kurt Bernhard, B. D. 1958 Helmut Käutner), *Katharina Knie. Ein Seiltänzerstück* (U 1928, V 1929; Verf Dtl. 1929 Karl Grune, Schweiz 1942 M. Haufler, Vert 1957 M. Spoliansky), *Der Schelm von Bergen* (U, V 1934), *Des Teufels General* (U, V 1946, Verf B. D. 1954 Helmut Käutner, Neufassung 1966), *Barbara Blomberg* (U, V 1949), *Der Gesang im Feuerofen* (U, V 1950, Neufassung 1966). – Autobiografisches: *Als wär's ein Stück von mir* (1967).

Der Hauptmann von Köpenick. Ein deutsches Märchen.
Drama in 3 Akten, V 1930, U 1931, Verf Dtl. 1931 Richard Oswald, B.D. 1956 Helmut Käutner, 1997 Frank Beyer, 2001 Katharina Thalbach.
Zugrunde liegt ein Ereignis aus dem Jahr 1906: Als Hauptmann verkleidet, übernahm der Schuster Wilhelm Voigt das Kommando über eine Abteilung Soldaten, ließ im Rathaus von Berlin-Köpenick den Bürgermeister verhaften und beschlagnahmte die Gemeindekasse. Zuckmayer schildert die Vorgeschichte: Der mehrfach vorbestrafte Voigt erhält ohne Arbeit keine Aufenthaltsbewilligung und ohne diese keine Arbeit. Erneut im Zuchthaus, macht er sich mit der Militärordnung vertraut und inszeniert, wieder in Freiheit, mit einer geliehenen Uniform jenen „Überfall", dessen eigentliches Ziel es ist, an ein Passformular zu gelangen. Die Satire auf Obrigkeitshörigkeit und Militarismus, auf den „Zauber" der Uniform, gewinnt ihre Überzeugungskraft durch den sozialen Längsschnitt, den die Folge von „Bildern“ anhand von Typen der wilhelminischen Gesellschaft bietet.

Stefan Zweig

***28.11.1881 in Wien, †23.2.1942 in Petrópolis bei Rio de Janeiro**

Aus einer großbürgerlichen jüd. Familie stammend, studierte Zweig in Berlin und Wien Philosophie, Germanistik und Romanistik; Reisen führten ihn nach Amerika, Afrika und Indien. Während des I. Weltkriegs lebte Zweig in der Schweiz, 1919–35 in Salzburg und emigrierte über England und New York nach Brasilien (1941). Er nahm sich mit seiner Frau das Leben.
Das Interesse des Erzählers Zweig richtete sich, beeinflusst u.a. von Freud, auf „rätselhafte psychologische Dinge“. Pubertäre Verwirrung ist das gemeinsame Thema der Novellen der Slg. *Erstes Erlebnis* (1911, darin u.a. *Brennendes Geheimnis*. 1922 erschien *Die Kette, ein Novellenkranz* (3 Bde., u.a. die Slg. *Amok. Novellen einer Leidenschaft*). Der Roman *Ungeduld des Herzens* (1938) spielt 1914 und schildert am Beispiel der Beziehung zwischen einem jungen Offizier und einer gelähmten Frau jene Form von Mitleid, „das eigtl. nur Ungeduld des Herzens ist, sich möglichst schnell frei zu machen von der peinlichen Ergriffenheit vor einem fremden Unglück“.
Zunehmende Bedeutung gewannen kulturgeschichtliche Themen. Die Slg. *Sternstunden der Menschheit* (1927) enthält 5, die erweiterte Ausgabe von 1943 12 Erzählungen; sie reichen von der Entdeckung des Pazifischen Ozeans 1513 bis zur Rückkehr Lenins nach Russland 1917.

Schachnovelle.
V 1941, Verf B.D. 1960 Gerd Oswald.
Der Ich-Erzähler berichtet von seiner Begegnung mit dem Schachweltmeister Mirko Czentovic an Bord eines Passagierdampfers auf der Fahrt von New York nach Buenos Aires. Czentovic wird von einem Millionär zu einer Simultanpartie herausgefordert; dank der Beratung des österreich. Emigranten Dr. B. kann der Herausforderer zu einem Remis gelangen. Es stellt sich heraus, dass Dr. B. als Gefangener der Gestapo seine Widerstandskraft durch das „blinde“ Nachspielen von 150 Meisterschachpartien gestärkt hat, bis ein Nervenfieber auftrat und zu seiner Entlassung führte. Im ersten Spiel gegen Czentovic siegt Dr. B. souverän. Bei der Revanche kommt jedoch jene „Schachvergiftung“ wieder zum Ausbruch und führt zur Niederlage. Diese dient als Sinnbild der Unterlegenheit der kultivierten Intelligenz gegenüber dem brutalen Ungeist, den Czentovic verkörpert, stellvertretend für den Faschismus als „Totengräber der abendländischen Kultur“.

Werke in chronologischer Folge

Die Georg-Büchner-Preisträger finden Sie im Internet unter:
http://www.deutscheakademie.de/PREISE/buechner.html.

Jurek Becker

***30.9.1937 in Łodz, † 14.3.1997 in Berlin**

Der Sohn eines jüd. Angestellten wuchs im 1939 errichteten Ghetto seiner Heimatstadt sowie in den KZs Ravensbrück und Sachsenhausen auf. Ab 1945 lebte er in Ost-Berlin, wo er nach einem Philosophiestudium (1957–60) als freier Schriftsteller für Film und TV arbeitete. 1969 erschien sein erster, in mehrere Sprachen übersetzter Roman: *Jakob der Lügner* (Heinrich-Mann-Preis der DDR 1971). *Irreführung der Behörden* (1973) schildert die in Anpassung mündende Laufbahn eines Schriftstellers, *Der Boxer* (1976) die Versuche eines ehemaligen KZ-Häftlings, sich in West-, dann in Ost-Berlin eine Existenz aufzubauen. 1976 beteiligte sich Becker (Nationalpreisträger der DDR 1975) am Protest gegen die Ausbürgerung ↑ Biermanns, wurde aus der SED ausgeschlossen und erhielt 1977 ein Ausreisevisum (1979 auf zehn Jahre verlängert). Nach Gastprofessuren in den USA und in Essen ließ sich Becker 1977 in West-Berlin nieder. Im Roman *Aller Welt Freund* (1982) verarbeitete er Erfahrungen nach der Übersiedlung. Als Drehbuchautor schuf er für die TV-Serie *Liebling Kreuzberg* (1986) die Figur eines unkonventionellen Berliner Anwalts. Von einer durch die dt. Einheit geschädigten DDR-Familie handelt die TV-Satire *Wir sind auch nur ein Volk* (1994). Seine Frankfurter Poetik-Vorlesungen sind eine *Warnung vor dem Schriftsteller* (1990). Die Slg. *Ende des Größenwahns* (1996) enthält Aufsätze und Vorträge (1971–95).

Jakob der Lügner.

Roman, V 1969, Verf DDR/ČSSR 1974 Frank Beyer, USA 1999 Peter Kassovitz.

Der Ich-Erzähler wurde aus dem jüd. Ghetto einer poln. Stadt (Łodz) in ein Vernichungslager geschafft. Dabei hat ihm Jakob Heym seine Geschichte anvertraut. Sie spielt 1944. Der alte Heym erfährt durch Zufall im „Revier" der Ghetto-Bewacher, dass die Rote Armee bis zu einem ca. 400 km entfernten Ort vorgerückt ist. Er verfügt nun im Ghetto, das von der Außenwelt isoliert ist, über ein Wissen, das den Lebenswillen zu erhalten vermag. Um glaubhaft zu sein, muss Heym den heimlichen Besitz eines Radios fingieren, ebenso die jeweils neuesten Nachrichten über den Vormarsch der Befreier. Der Blick des Erzählers richtet sich auf einzelne Leidensgefährten und ihren Umgang mit Heyms „Lügen". Sie sind human angesichts der Unmenschlichkeit. Problembereiche bilden das Verhältnis fiktionaler Literatur zum Holocaust sowie der Humor in der jüd. Erzähltradition.

Bronsteins Kinder.

Roman, V 1986, Verf B.D. 1990/91.

Der Bericht des 18-jährigen Ich-Erzählers Hans Bronstein handelt in der Gegenwart (1974) und im Jahr zuvor, in dem sein Vater Arno gestorben ist. Rückblenden beleuchten die Geschichte der jüd. Familie Bronstein. Die Tochter Elle war im Krieg bei Bauern versteckt und ist seitdem psychisch krank. Hans, ein Kind der Nachkriegsgeneration, wuchs in Ost-Berlin beim verwitweten Vater auf. Als Erzählender versucht Hans sich von seinen Erinnerungen ein „möglichst genaues Bild" zu machen. Ein Anlass ist die Entdeckung, dass der Vater mit zwei weiteren Überlebenden der Lagerhaft einen KZ-Aufseher entführt hat, um ihn zum Geständnis seiner Verbrechen gegen die Menschlichkeit zu zwingen Als Hans den Gefangenen befreien will, findet er den toten Vater als Opfer seiner Selbstjustiz. Zentrales Thema ist das Jude-Sein von Deutschen nach dem Holocaust im Spiegel eines Vater-Sohn-Konflikts.

Jürgen Becker

***10. 7. 1932 in Köln**

Der ehemalige Verlagslektor und Villa-Massimo-Stipendiat in Rom (1966/67) vertritt eine Form der experimentellen Literatur, bei der Texte ein Gefüge aus Beobachtungsfragmenten und Bewusstseinssignalen bilden. Der Prosaband *Ränder* (1968) zeigt zudem typografische Gestaltungsmittel, indem die Schrift zu einer im wörtlichen Sinne Randerscheinung der Buchseite schrumpft. Anregungen gingen von der Zusammenarbeit mit dem Happening-Künstler Wolf Vostell aus; gemeinsame Publikationen sind *Phasen, Texte und Typogramme* (1960) und die Dokumentation *Happenings* (1965). Mit seiner Frau, der Malerin Rango Bohne, entstanden u. a. der Lyrikband *Fenster und Stimmen* (1982) und der Prosaband *Häuser und Häuser* (2002). Der Autor mehrerer Hörspiele leitete 1974–94 die Hörspielredaktion des Deutschlandfunks in Köln. 1967 erhielt Becker den Preis der „Gruppe 47", 2001 den nach ↑ Johnson benannten Literaturpreis.

Gottfried Benn

***2. 5. 1886 in Mansfeld (Westprignitz), † 7. 7. 1956 in West-Berlin**

Die Verleihung des neu konstituierten Georg-Büchner-Preises an Benn im Jahr 1951 entfachte die Diskussion, inwiefern sein Eintreten für den Nationalsozialismus 1933 ein bloßer Irrtum oder aber die Konsequenz seines von ↑ Nietzsches Auffassung der Kunst als „letzte metaphysische Realität innerhalb des europäischen Nihilismus" geprägten Weltbilds gewesen sei.

Aus einem protestantischen Pfarrhaus stammend, wechselte Benn 1905 von der Theologie und Philosophie zur Medizin und promovierte 1912. Nach seinem Einsatz als Militärarzt in Belgien eröffnete er 1917 in Berlin eine Praxis für Haut- und Geschlechtskrankheiten (bis 1935 und 1945–53). Als eine Form der Emigration wählte er 1935 die Reaktivierung als Militärarzt. Ab 1936 unter Zensur, erhielt er 1938 Schreibverbot. Nach 1945 galt er als „unerwünschte Person"; seine Werke fanden jedoch ab 1949 wachsende Verbreitung.

Benns unbestrittene Modernität zeigt sich in seiner Auseinandersetzung mit der intellektuellen „Gehirnlichkeit" und dem Verlust umfassender Lebenswirklichkeit. Dieses Bewusstsein ließ ihn nach der absoluten künstlerischen Form im Sinne einer neuen Wirklichkeit der „Ausdruckswelt" streben.

Gedichtbände: *Morgue* (1912), *Söhne* (1913), *Fleisch* (1917), *Schutt* (1924), *Spaltung* (1925), *Betäubung* (1925), *Ausgewählte Gedichte* (1936, als *Trunkene Flut* 1949), *Statische Gedichte* (1948 in Zürich, dt. Lizenz 1949), *Destillationen* (1953), *Apreslude* (1955), *postum Späte Gedichte* (1961). – Erzählungen: Slg. *Gehirne* (1916), *Der Ptolemäer*. – Essays: *Das moderne Ich* (1919), *Nach dem Nihilismus* (1932), *Der neue Staat und die Intellektuellen* (1933), *Ausdruckswelt* (1949), *Probleme der Lyrik* (1951). – Autobiografisches: *Doppelleben* (1950).

Lyrik. Die frühen Gedichte (ab 1912) gehören dem Expressionismus an. Ihre Eigenart ergibt sich aus der Erfahrungswelt des Mediziners, die sich im Fachjargon und in der Schilderung körperlichen Verfalls Ausdruck verschafft (Mann und Frau gehn durch die *Krebsbaracke*).

Die „klassische" Form (oft vierzeilige gereimte Strophen) verknüpft Jargon, Fachbegriffe, Fremdsprachliches, Evokationen „Keime, Begriffsgenesen, / Broadways, Azimut, / Turf- und Nebelwesen / mischt der Sänger im Blut (...)" (*Der Sänger*, in: *Trunkene Flut*, 1949).

Marcel Beyer

***23. 11. 1965 in Tailfingen (Baden-Württemberg)**

In Kiel und in Neuss aufgewachsen, begann Beyer als Lyriker und machte sich durch „Konzertlesungen“, die er zuweilen am Schlagzeug begleitete, sowie durch das Lektorat der Literatur-Zs „Konzepte“ einen Namen in der Kölner Literaturszene. Dem Studium der Germanistik und Anglistik in Siegen (1987–91) folgten u. a. die Arbeit für das Pop-Magazin „Spex“ und von 1989 bis 2000 die Mitarbeit an der Reihe „Vergessene Autoren der Moderne“. Seit 1996 lebt er in Dresden. Verschiedene Stipendien führten ihn u. a. nach London, New York, Tokio und Kobe. Gedichte erschienen 1989 (Slg. *Walkmännin*) und 1997 (Slg. *Erdkunde*). In Romanen versucht Beyer, die Wahrnehmung ins Zentrum des Geschehens zu rücken. *Das Menschenfleisch* von 1991 (Fühlen), *Flughunde* von 1997 (Hören) und *Spione* von 2002 (Sehen) erschließen Geschichte und Gegenwart aus den jeweiligen sinnlichen Vermögen und reflektieren ihre Vermittlung u. a. in den Medien. In der Essay-Slg. *Nonfiktion* (2003) beschäftigt Beyer sein Verhältnis zur Sprache.

Flughunde.
Roman, V 1997.

Die Handlung spielt im Dtl. der Jahre 1940–45. Erzählende sind der Akustiker Karnau und Helga, eine der Töchter von Joseph Goebbels, die er als Angestellter des Propagandaministeriums gelegentlich zu betreuen hat. Karnau ist besessen von der Idee, dass sich die Geschichte eines Menschen auf den Stimmbändern einschreibt, und forscht mit dem Ziel, eine „Kartografie“ des Kehlkopfes zu erstellen. Politische Umstände und Kriegsgeschehnisse treten in dem Maße in Erscheinung, wie sie der Forschungsarbeit dienen: Karnau beteiligt sich an der „Entwelschung“, wird an die Front versetzt, um Aufnahmen von Feindsendern zu machen, gelangt an das Dresdner Hygiene-Museum und wird Leiter einer Sonderforschungsgruppe zur Sprachhygiene. Kennzeichnend ist der Wechsel der Perspektiven zwischen Karnau, dessen wissenschaftliche Interessen ihn zu Empathie unfähig machen, und der kindlich-unmittelbaren Sicht Helgas.

Peter Bichsel

***24. 3. 1935 in Luzern**

Der Sohn eines Handwerkers war 1955–73 Lehrer in Solothurn. Sein schriftstellerisches Schaffen umfasst Lyrik, Publizistik, Aufsätze (Slg. *Schulmeistereien,* 1985) und Erzählungen, die eine scheinbar distanzierte Schilderung des Alltäglichen in knappen Prosastücken kennzeichnet (21 Miniaturen *Eigentlich wollte Frau Blum den Milchmann kennen lernen,* 1964; *Geschichten zur falschen Zeit,* 1979). Die *Kindergeschichten* (1969) handeln u. a. von der sozialen Funktion der Sprache. Seinem Thema der Voraussetzungen für das Gelingen sprachlicher Kommunikation widmete er sich erneut mit dem Band *Ein Tisch ist ein Tisch* (1995), zusammen mit Angela von Roehl (Illustrationen). Der politische Publizist Bichsel veröffentlichte 1998 *Die Totaldemokraten. Aufsätze über die Schweiz.* 1965 erhielt Bichsel den Preis der „Gruppe 47“, 1981 das „Stadtschreiber“-Amt von Bergen-Enkheim und 1999 den Gottfried-Keller-Preis. 1981/82 las er an der Universität Frankfurt a. M. über Poetik (*Der Leser. Das Erzählen,* 1982).

